中西交通与华夏文明

刘再聪 ◎ 主编

中国社会科学出版社

图书在版编目(CIP)数据

中西交通与华夏文明/刘再聪主编. —北京：中国社会科学出版社，2019.12
ISBN 978-7-5203-5651-0

Ⅰ.①中… Ⅱ.①刘… Ⅲ.①丝绸之路—国际学术会议—文集
Ⅳ.①K928.6-53

中国版本图书馆 CIP 数据核字(2019)第 252844 号

出 版 人	赵剑英
责任编辑	王 茵
特约编辑	李凯凯
责任校对	周 昊
责任印制	王 超

出　　版	中国社会科学出版社
社　　址	北京鼓楼西大街甲 158 号
邮　　编	100720
网　　址	http://www.csspw.cn
发 行 部	010-84083685
门 市 部	010-84029450
经　　销	新华书店及其他书店
印　　刷	北京明恒达印务有限公司
装　　订	廊坊市广阳区广增装订厂
版　　次	2019 年 12 月第 1 版
印　　次	2019 年 12 月第 1 次印刷
开　　本	787×1092　1/16
印　　张	40
字　　数	762 千字
定　　价	188.00 元

凡购买中国社会科学出版社图书，如有质量问题请与本社营销中心联系调换
电话：010-84083683
版权所有　侵权必究

"历史与展望：中西交通与华夏文明"国际学术研讨会暨丝绸之路经济带高层论坛代表合影 中国·兰州 2014.8.19

参会代表合影

会议现场

目 录

挖掘丝绸之路的丰富内涵　助推华夏文明传承发展（代序）……………（1）
在"历史与展望：中西交通与华夏文明"国际学术研讨会暨丝绸之路
　经济带高层论坛上的致辞 ……………………………………………（1）

汉代以前的丝绸之路 ………………………………………………… 王　巍（1）
前张骞的丝绸之路与西域史的匈奴时代 …………………………… 王子今（7）
丝绸之路与中亚研究
　——以粟特为例 …………………………………………………… 薛正昌（21）
西北汉简与丝绸之路 ………………………………………………… 张德芳（26）
"丝绸之路"甘肃段的历史地位 ……………………………………… 刘再聪（46）
论甘肃为丝绸之路的"黄金路段" …………………………………… 李并成（50）
丝绸之路经济带的历史考察
　——以张掖地区为中心 …………………………………………… 魏明孔（62）
明代古地图所见 16 世纪的陆上丝绸之路 …………………………… 席会东（70）
略论丝绸之路饮食文化交流的研究 ………………………………… 高启安（78）

西风东渐？抑或东风西渐
　——从先秦时期河西走廊一带文化发展看早期
　　中西文化交流 …………………………………………………… 陶兴华（82）
从新疆出土的"蜻蜓眼"珠饰看古代中伊
　交通往来 …………………………………………………… 王　樾　秦　蓁（94）
两晋南北朝时期河陇高僧西域求法史迹钩沉 ……………………… 杨发鹏（100）

蒙元纳怜站道上的黄兀儿月良 ·· 特木勒（107）
北朝以来炳灵寺周围交通状况考索 ·· 刘　满（116）

胙土命氏：汉魏士族形成新解 ·· 范兆飞（143）
《职贡图》的研究情况 ···[日] 河上麻由子（171）
唐后期禁军扩召述论 ·· 宁　欣（179）
安史之乱前吐蕃进攻河西的军事地理研究 ·································· 朱悦梅（186）
通往唐永徽《律疏》之路
　　——中古律学"世议所轻"及其与佛教律学的互动 ····················· 陈灵海（201）
药元福墓志考
　　——兼论药氏的源流与沙陀化 ·· 仇鹿鸣（243）
突厥武德皇后的再研究 ·· 朱振宏（250）
墓志铭映印下的唐朝河北粟特人地著化问题
　　——以米文辩墓志为核心 ·· 李鸿宾（288）

从齐家到二里头：夏文化探索 ·· 易　华（308）
夏文化起源于西部渭水流域说 ·· 吴　锐（326）
东北亚地区考古资料中所见的狮子形象（草稿）···························· 孙　泓（339）

著名高僧法显西行求法行踪与学术成就论略 ················· 伏俊琏　张厚进（364）
佛教与《文心雕龙》"圆"范畴之生成 ····································· 张明娟（376）
梦通三界
　　——梦在佛教早期东传中的媒介作用研究 ······························ 李智君（391）
武则天的七宝：佛教转轮王对中古王权观的影响
　　——以图像为中心 ·· 孙英刚（419）
吐蕃归义军时期敦煌兰若和佛堂经济论略 ··················· 王祥伟　徐晓卉（431）
明代临洮宝塔寺及其法王史实考述
　　——明《宝塔寺报恩传流碑》笺释 ···································· 杜常顺（441）
甘肃省道教文化资源述要
　　——兼论甘肃省当代道教文化建设（初稿） ·························· 刘永明（453）
儒学研究不应回避的问题
　　——儒学与中国家族血缘制度的关系 ·································· 夏锦乾（473）

关于秦汉简所见"稍入钱"含义的讨论
　　——以新见岳麓秦简的资料为契机 ………………………… 李　力（481）
"属国秦胡卢水士民"考 …………………………………………… 李永平（493）
汉简中的大宛和康居
　　——中西交往研究的新资料 ……………………………… 郝树声（503）
敦煌《尚书》残卷和日本皎亭文库本《尚书》（提要） ………… 李　庆（521）
郑凤安及其相关契约文书
　　——走进《新疆博物馆新获文书研究》 ……………[日] 关尾史郎（526）
武威藏6749号西夏文佛经《净土求生礼佛盛赞偈》考释 ……… 于光建（535）
新疆古代语言文字资料的发现与整理 …………………………… 刘文锁（545）

汲古书院和刻《晋书·载记》序论及汉赵部校证
　　——五胡十六国霸史基础文献研究之一 ………………… 童　岭（556）
从写本到刻本演变中的书籍装帧杂考（提纲） ………………… 孟彦弘（578）
明代《蒙古山水地图》探微 ……………………………………… 张晓东（585）
炳灵寺的文学遗存初探（初稿） ………………………………… 曹学文（590）
长崎贸易中的清宫刻书
　　——以《舶载书目》为中心 ……………………………… 章宏伟（605）

（存目）
海上丝绸之路上的宝石贸易 ……………………………………… 姜　波
甘南藏区茶马古道文化遗产考察研究 …………………………… 郑国穆
"丝绸之路经济带"建设与"向西开放" …………………………… 李积顺
丝绸之路与近代商贸的发展 ……………………………………… 李建国
西夏、大夏与夏
　　——夏崇拜探索 …………………………………………… 易　华
泛突厥主义与新疆 ………………………………………………… 昝　涛
大夏解码 …………………………………………………………… 马志勇
李白《上云乐》中的女娲、大道及其他
　　——再辨《上云乐》为景教歌辞 ………………………… 盖佳择
1500—1910年西北地区沙尘天气研究 …………………………… 米小强
16—17世纪英人的中国观
　　——以印本书籍为中心 …………………………………… 徐亚娟

从佛山道嘉定：清代中国与越南的书籍交流 …………………… 李庆新
清代中越海上交通与书籍贸易 ………………………………… 李庆新
丝绸之路：民族交流与文化发展的动力 ………………………… 李大龙
唐乾陵少数民族首领石像题名"播仙城主何伏帝延"与
　　敦煌写卷中的人物"何伏帝延" ………………………… 杨　森
炳灵寺维摩诘像之初探 ………………………………………… 董婷婷
从保甲制在寺院的实施看国民政府在甘南的施政 ……………… 尹伟先

会议总结 ……………………………………………………………（627）
后　记 ………………………………………………………………（629）

挖掘丝绸之路的丰富内涵
助推华夏文明传承发展

（代序）

  甘肃是中华民族重要的文化资源宝库，是华夏文明重要的发祥地，是"彰显华夏文明的重要历史文化基地"。2012年9月19日，西北师范大学成立"华夏文明传承发展协同创新中心"，以"华夏文明"的起源与传承发展为主题开展研究。2012年12月，中心被认定为第一批甘肃省省级"2011协同创新中心"。2013年2月，国务院正式批复甘肃省建设"华夏文明传承创新区"，为"华夏文明传承发展协同创新中心"赋予新的时代命题。

  2013年9月7日，中国国家主席习近平在哈萨克斯坦纳扎尔巴耶夫大学作重要演讲，提出为了使欧亚各国经济联系更加紧密、相互合作更加深入、发展空间更加广阔，可以用创新的合作模式，共同建设"丝绸之路经济带"的倡议。西北师范大学审时度势，在充分论证的基础上，决定将中心的名称进一步凝练为"丝绸之路与华夏文明传承发展协同创新中心"。新的定名，使中心的定位和建设目标更加清晰，也使中心的特色与优势更加凸显。

  利用中心可以聚集国内外高层次人才的职能，聘请国内外知名专家参与中心的科研活动和研究生培养。2013年以来，中心聘请李学勤、樊锦诗、王巍、叶舒宪、晁福林、吴潜涛、王子今等30多位著名专家。中心围绕"丝绸之路与华夏文明传承发展"这一鲜明主题，确定七个研究方向：敦煌与丝绸之路文明、丝绸之路民族文献与宗教关系、丝绸之路考古与出土文献、丝绸之路与中外文化交流、丝绸之路环境变迁与生态安全、丝绸之路地缘政治与经济社会发展、西北边疆治理与中国向西开放战略。围绕主题，力争取得一批高水平的创新研究成果，创建西北一流的丝绸之路文明研究高地和高层次人才培养基地。

  2013年以来，"丝绸之路与华夏文明传承发展协同创新中心"成果卓著，主要体现在以下几方面。

1. 为甘肃"华夏文明传承创新区"建设提供了理论支撑。"华夏文明传承创新区"作为全国首个国家级文化传承创新区,是华夏文明传承创新的实验田。中心立足学术研究,为甘肃在"一带一路"规划中的定位和"华夏文明传承创新区"建设提供理论支撑。2013年以来,中心围绕"丝绸之路与华夏文明"主题,编辑出版《华夏文明在甘肃》等近百部(套)学术论著,召开学术会议近50场次,举办"丝绸之路与华夏文明"论坛37场,在甘肃省内、外作"丝绸之路与华夏文明"专题讲座近百场。这些论著、报告充分论证了丝绸之路文明的丰富内涵,论证了甘肃特色文化资源、典型文化资源的基本构建体系,论证了甘肃文化在华夏文明形成过程中的重要意义。

2. 用"学术敦煌"打造"丝绸之路(敦煌)国际文化博览会"独特的文化品位。2016年9月,首届"丝绸之路(敦煌)国际文化博览会"召开。中心发挥学科研究的优势,围绕"学术敦煌"的定位,发表《"学性"相通:敦煌学属于全世界》等学术论文。首次对"敦煌文博会"的学术价值予以探讨,提出"学术敦煌"的定位是丝绸之路文博会保持永久魅力的重要基石。2013年以来,中心成员完成13次"玉帛之路"田野调研,驱车与徒步的总行程近4万公里。极大地宣扬了"丝绸之路"的前身"玉帛之路"的历史意义,对"丝绸之路(敦煌)国际文化博览会"的学术内涵也给予充分的发掘和体现。

3. 挖掘甘肃古遗址丰富内涵,助推"丝绸之路:长安至天山廊道的路网"世界文化遗产申报成功。中心数次组织以"寻找最早的玉门关"为主题的实地调查活动,数十次召开以悬泉置遗址、麦积山石窟、炳灵寺石窟、锁阳城遗址为主题的学术会议,取得了良好的效果,为五处遗址成功入选世界文化遗产名录做了理论上的宣传。

4. 打造文化立法智库,助推华夏文明传承保护。中心在华夏文明传承保护立法理论研究、地方性法规起草、法规论证等领域开展了大量卓有成效的工作,特别是在甘肃省非物质文化遗产保护、敦煌历史文化名城保护、炳灵寺石窟保护、甘肃长城遗址保护等重大立法工作中发挥了重要的智库作用,为甘肃华夏文明传承创新区建设发挥了重要的法律支撑作用。

"历史与展望:中西交通与华夏文明"国际学术研讨会暨丝绸之路经济带高层论坛是"华夏文明传承创新区"建设初期召开的最重要的学术会议之一,意义重大,影响深远。20世纪30年代,张星烺出版《中西交通史料汇编》。该书收集了17世纪中叶(明末)以前中国与欧、亚、非洲各国和地区往来关系的重要史料,是我国第一部系统完整的中外关系史料辑注。会议主题之一"中西交通",其意也当为中西交往。今天,会议论文将结集出版,所收论文选题新颖、论证充分、见解独到。论文集出版后,必将为华夏文明传承创新区建设注入新的要素。

是为序。

西北师范大学党委书记　张俊宗
2019 年 11 月 13 日

在"历史与展望：中西交通与华夏文明"国际学术研讨会暨丝绸之路经济带高层论坛上的致辞

各位专家、各位来宾：

大家早上好！

在这气候宜人、瓜果飘香的美好时节，西北师范大学宾朋满座，召开"历史与展望：中西交通与华夏文明"国际学术研讨会暨丝绸之路经济带高层论坛，共同探讨华夏文明和丝绸之路经济带建设有关问题。在此，我代表西北师范大学向今天到会的各位专家、各位来宾表示热烈的欢迎和诚挚的感谢！

西北师范大学前身为国立北平师范大学，迄今已走过110余年的办学历程。在艰难曲折的发展过程中，学校虽数易其名，几经辗转，但始终砥砺前行，挺秀陇原。作为甘肃省人民政府和教育部共同建设的重点大学，长期以来，学校始终坚持"师范性、民族性、区域性"的办学方向，在人文社会科学领域具有良好的学科基础以及人才资源，尤其在华夏文明与文化研究方面具有独到的研究优势，为甘肃乃至西北地区经济社会发展和文化繁荣做出了积极贡献。

2013年，国务院批准在甘肃建立"华夏文明传承创新区"。这是我省继兰州新区之后，又一个摆到国家层面的战略平台。为配合"华夏文明传承创新区"建设，作出学校应有的贡献，由我校牵头，联合敦煌研究院、甘肃省社科院、读者出版集团、中国社科院考古所、中国文化传媒集团、中国电视剧制作中心、天水市人民政府等单位，共同组建了"华夏文明传承发展协同创新中心"。中心已成为甘肃省第一批省级"协同创新中心"，并被推荐申报国家级"协同创新中心"。中心成立以来，已推出一批卓有成效和有影响力的成果。同时，学校开始招收"华夏文明"研究方向的硕士研究生和博士研究生，加大了高层次人才的培养力度。

丝绸之路是古代中西方文明交流的第一大通道，甘肃是丝绸之路上的黄金路段。丝绸之路在甘肃境内绵延1600多公里，烽燧、城址、驿站、渡口、关隘、墓葬、寺塔、石窟等丝绸之路文化遗址分布全境。同时，甘肃素有"彩陶之乡""长城之省""简牍之乡""中国石窟艺术之乡"等美誉；敦煌文书被誉为"古代学术的海洋"；敦煌和新疆地区被季羡林先生誉为中国、印度、希腊、伊斯兰四大文化体系"汇流的地方"。如此众多的美誉，都从不同的角度对甘肃历史文化资源的价值给予了高度肯定。

当今，文化建设成为国家新的发展战略，文化资源成为新的发展动力。今天，上海市社会科学界联合会和甘肃"丝绸之路与华夏文明传承发展协同创新中心"通力协作，在兰州联合主办"丝绸之路经济带高层论坛"。按照会议安排，在接下来的两天时间内，各位与会专家将围绕考古资料中所见丝绸之路、丝绸之路上的民族宗教、丝绸之路经济带建设与向西开放等专题展开充分讨论和交流。同时，部分与会专家还将实地考察甘肃境内的丝绸之路文化遗址。我们相信，通过此次专题研讨和调研，必将进一步加深和推动对"丝绸之路"和"华夏文明"的认识和研究，对有关热点问题取得新的见解，并对丝绸之路经济带建设产生积极的影响。

最后，预祝此次会议圆满成功！祝各位专家、来宾在兰期间心情愉快、万事顺意！

谢谢大家！

（时任）西北师范大学党委书记　刘基
2014年8月19日

汉代以前的丝绸之路

王 巍

说起丝绸之路，大家都会想到西汉武帝时期派遣张骞出使西域，从此开通了中国王朝与西方交流的官方通道。丝绸之路在中西文化交流史上具有十分重要的意义。

那么，生活在古代中原地区的人们和西域及其以西地区人们之间的交流是不是自汉代才开始的呢？

一 古代文献中的重要线索——西周穆王与西王母的交往

在著名的《穆天子传》里，就记载着西周穆王游历四方的事迹。《穆天子传》卷三记载着穆王西行途中会见西王母的事："吉日甲子，天子宾于西王母。乃执白圭玄璧，以见西王母，好献锦组百纯，□组三百纯，西王母再拜受之。"穆王与西王母会见的地点究竟是现在的哪里，学术界众说纷纭，莫衷一是。诸多观点中，近者认为是在甘肃青海至新疆一带，远者以为在黑海甚至更西。迄今尚无定论。据《汉书·地理志》记载："临羌西北至塞外有西王母石室，仙海，盐池……"这是汉代史籍中唯一明确与西王母所在有关的记载。临羌在今青海湟源东南。从《穆天子传》等文献的记载，考虑到当时的交通手段，笔者认为，西王母在甘肃青海至新疆东部的可能性较大。从考古学文化来看，西周时期这一带是寺洼文化的分布范围。从文化面貌来看，寺洼文化与西周文化之间存在密切的交流。西王母很可能是创造寺洼文化的集团首领。根据以上文献记载，中原王朝与西域地区的交流至迟在西周中期的穆王时期已经开始。那么，在考古学上有没有能够说明汉代以前东西方文化交流的证据呢？下面，笔者就根据最新的考古发现，来探讨汉代以前中原地区和西域乃至以西地区的文化交流。

二 考古学所见汉代以前东西方的文化交流

（一）黍的原产地之争——一万年前黍的发明和传播

及至十年前，世界上年代最早的黍是在西亚出土的。据此，国际农学界多认为黍是最早在西亚被栽培的。2003年，北京东胡林遗址出土粟和黍，年代距今约一万年，被认为是迄今世界范围内发现的年代最早的栽培粟和黍。东胡林遗址发现的粟和黍两种栽培作物遗存对证明这两种农作物是起源于中国华北地区提供了至关重要的考古实物证据，具有极其重要的学术价值。

早在距今七八千年的史前新石器时代中期，生活在黄河中下游的先民们就与西域地区的居民发生了交流。黍大约就是在这一交流的背景下被中亚和西亚地区的居民们所栽培。

与此同时，丝绸也在这一时期被长江中下游的居民所发明，并随稻作传播至黄河中下游地区。

（二）彩陶传播方向的争论——彩陶文化西来说的终结和仰韶文化彩陶的西进

1921年，瑞典学者安特生在河南渑池仰韶村发掘了史前时期的遗址，根据这个遗址命名相同类型的文化为仰韶文化。仰韶文化的特点是彩陶，即在陶器的表面绘有美观的彩绘图案。安特生当年发现仰韶文化彩陶时，由于不了解它的年代，错误地提出仰韶文化的彩陶是接受了来自西亚地区彩陶的影响而产生的，并以此作为中国原始文化接受西方文化影响的证据，这就是"彩陶文化西来说"。中华人民共和国成立之后，多处仰韶文化的遗址和墓地被发掘，地层学和类型学特别是科学测年的结果表明，其年代最早可至距今6000年，比西亚地区的彩陶年代要早，从而使"彩陶文化西来说"不再成立。

距今5500年前后，仰韶文化彩陶达到高峰，并在周围地区产生强烈的影响，向西抵达甘青地区，出现了以有着繁缛彩绘的彩陶为主要特征的马家窑文化。这是中原文化第一次明显向周围地区包括向西的挺进。至于它和西亚地区彩陶有无关系，由于新疆地区尚未发现这一时期的文化遗存，因此目前难以断定。

（三）小麦的传入

小麦是原产于西亚地区的农作物，在甘肃、青海东部地区距今5000年到4500年前的马家窑文化遗址中开始出现。此后在黄河中下游地区距今4500年至

4000 年的遗址中也有少量发现。距今 3500 年前后的商代前期，在黄河中游地区，小麦显著增加，成为北方地区的主要农作物之一。

（四）令人吃惊的 DNA 分析结果——来自西亚的黄牛和绵羊

在黄河中游地区出土的部分黄牛和绵羊的骨骼中，发现了原产于西亚地区的黄牛和绵羊的 DNA，说明这些家畜来自西亚地区。它们可能与小麦一道，是通过丝绸之路传到黄河流域的。

（五）冶铜和冶铁术的传入

冶铜术最早发明于西亚地区，距今已有七八千年的历史。在甘肃东乡林家马家窑文化遗址中，出土了铜刀，其年代为距今约 5000 年。在山西襄汾陶寺遗址，出土了铜铃、铜环等铜器，其年代为距今 4300 年至 4100 年。我国西北地区出土的早期铜器都是小件铜工具、兵器和装饰品，与中亚和西亚的铜器从形制和种类都别无二致。有理由认为，冶铜术是通过丝绸之路传入我国的。

冶铁术在公元前 3000 年已在西亚地区出现。在我国，迄今发现的最早的铁器年代不早于公元前 1000 年，且是越靠近中亚地区，铁器出现得越早。由此可见，冶铁术也是从西亚经中亚地区传入我国的。

（六）4000 年前生活在西域的人们——安德罗诺文化

4000 年至 3500 年前，居住在中亚到新疆地区中部及以北地区的安德罗诺文化的人们成为连接黄河流域和西亚地区交流的重要媒介。他们的居住遗址和具有特色的石板墓群在这一地区广泛分布。新疆各地发现的这一时期的墓葬中出土的人骨，既有欧罗巴人种，也有相当数量的蒙古人种，而且会同时出现在一个墓地中，还有两者之间通婚导致的体质特征和遗传基因出现混合的现象。

（七）玉石之路——商代玉器中的和田玉

商代晚期都城——殷墟出土的玉器中，包含少量产自青海至新疆一带的和田玉，表明商王朝时期，存在一条"玉石之路"。说明这一时期起，中原地区与西域的文化联系逐渐增加。生活在甘肃、青海地区的古羌人可能发挥了重要的媒介作用。

（八）中国古代家马和马车的来源之谜——3000 多年前突然出现在中国华北地区的马车

在商代晚期都城——殷墟，出土了数十辆马车，是两匹马或四匹马拉的车子，车子的构造相当成熟。然而，令人不解的是，在黄河流域各地商代之前的遗址中，既未发现家马的骨骼，也未发现马车的踪迹。在夏代后期都城二里头遗址的道路路面上，虽然发现了车轮碾压造成的车辙痕迹，但两轮之间的距离是1米，与殷墟的马车两个车轮之间的距离达到2.4米左右迥然不同，显然不是马车。因此，目前在我国境内没有早于商代晚期的马车的踪迹，而在俄罗斯高加索地区至西亚，早在公元前2000多年已经发明了车子，马车至迟在距今3500年前已经被发明。不仅如此，在欧亚草原地区，发现了与商代晚期的马车结构非常相似的马车。因此，商代晚期的马车很有可能是接受了来自欧亚草原的影响而出现的。

（九）欧亚草原风格青铜器和动物纹饰的流行

在我国从内蒙古到甘肃、青海直至新疆的一些距今3000年至2400年之间的墓葬中，出土了为数众多具有欧亚草原风格的青铜武器、工具，以及具有强烈时代和地域风格的动物纹饰，主题往往是卧鹿、立羊、野兽猛扑或撕咬马等家畜。反映出这一时期欧亚草原文化的一致性。根据我国古代的文献记载，这一时期活跃在西域地区的部族有乌孙、月氏等。他们应当就是这些青铜器和墓葬的主人。

（十）玻璃器的传来

玻璃是最早在西亚地区发明的。中国境内最早的玻璃出现在春秋末年的贵族墓葬中。其玻璃成分为钠钙玻璃，显然是通过丝绸之路传来的外来品。

春秋末战国初，西亚玻璃珠饰——"玻璃蜻蜓眼"经中亚游牧民族为中介，作为贸易品进口到我国中原地区。其突然出现暗示中国最早的玻璃很可能是舶来品。

至战国中晚期，我国已经能够制造外观上与西亚玻璃制品相似，而成分又完全不同（铅钡玻璃）的玻璃珠，而且这种受西亚影响新建立起来的玻璃业很快就与中国的文化传统相融合，生产出玉的仿制品。

（十一）丝绸之路由东向西的主要出口物品——中国丝绸的发明和西传

我国丝绸始于何时尚待研究。在河南和山西的仰韶文化遗址中，都曾出土过蚕茧，其年代约在距今6000年前，与古史传说中说到的黄帝妻子嫘祖发明了养蚕、缫丝的年代相吻合。在浙江钱山漾遗址中，出土了距今约4200年的丝绸实物。

在《穆天子传》记载中，周穆王赠送给西王母的物品为"锦组百纯，□组三百纯"。锦组应为带有花纹的丝织品，纯则为丝织布帛的单位，一段为一纯（音读为"屯")。就是说，穆王赠送给西王母大量的丝织品。这应当是文献记载中有关丝织品赠送最早的记载。

在我国新疆以及中亚、西亚地区这一时期的很多贵族墓葬中，常常有古代中国精美的丝绸，它们显然是通过丝绸之路被运抵各地的。上述来自西亚的物品多数是通过与中国的丝绸交换、贸易来到中国的。公元前1世纪，丝绸已经被运抵古罗马。罗马人称它为"赛里斯"（serice）。serice一词，也许就源自"丝"这个中国字，只是在辗转的商旅中，发音有了讹变。起初，罗马人对丝绸产于何地一无所知，还以为是远方世界上的赛尔人（丝国人）制造的。他们只知道比赛尔人远些的地方，还有一个神秘的国家，叫作"西奈"（Chine）。

丝绸由于生产神秘，更由于质地优良而大受欢迎。它是中国和西方交流的第一种商品。当时，丝绸是一种奢侈品。它被用于装饰，有时包裹在坐垫上，也会用来制作服装。与亚麻和羊毛相比，丝绸柔韧、舒适，因此所到之处，无论男女都非常喜爱。

三　结论

早在距今七八千年的史前新石器时代中期，生活在黄河中下游的先民们就与西域地区的居民发生了交流。黍大约就是在这一交流的背景下被中亚和西亚地区的居民们所栽培。与此同时，丝绸也在这一时期被长江中下游的居民所发明，并随稻作传播至黄河中下游地区。

大约在5000年前，在西亚地区发明的冶金术、小麦、绵羊和黄牛的某些种类通过河西走廊，约在4500年前传入中原地区。

4000年至3500年前，居住在中亚到新疆地区中部及以北地区的安德罗诺文化的人们成为连接黄河流域和西亚地区交流的重要媒介。

距今3300年前的商代晚期，商王朝的首都——殷墟的贵族们使用的玉器中，有少量和田玉，表明商王朝时期，曾经存在一条连接中原地区与甘肃、青海、新疆一带的玉石之路。这一时期生活在甘肃、青海地区的古羌人可能发挥了重要的媒介作用。

商代末期，周人崛起。周文王时期，占据了关中及陇东地区。西周时期，羌人和周人通婚，分布于关中地区以西的辛店文化和寺洼文化应当就是羌戎集团。他们充当了沟通中国中原地区和西域地区交流的媒介。《穆天子传》中的西王母，可能就是辛店、寺洼文化人们集团的首领。

到了我国春秋时期，活跃于西域地区的塞人、乌孙、月氏等部族成为连接中原与西域的"中介"。西亚产的玻璃器和欧亚草原特征的动物纹饰以及青铜器及金器可能就是经由他们之手通过西域传入中国内地。

此后，秦人兴起于陇东，其势力逐渐强大，至秦穆公时成为春秋五霸之一。秦占据了大片原属西戎的土地，河西走廊被其所控制。

至迟在西周时期，中国内地生产的丝绸已经经过丝绸之路被运到西域，春秋战国时期，中国丝绸已经在西域乃至西亚受到广泛的喜爱，并可能已被销往地中海沿岸。

秦始皇统一中国后，在全国建立驰道，设置郡县，为西汉武帝时期张骞通西域奠定了基础。

要之，丝绸之路历史悠久，中西文化交流源远流长。汉代张骞通西域，并非丝绸之路的开始，而是开启了古代东方与西方交流的新时代。即由零星的、断续的、小规模的民间交流转变为大规模的、持续的、官民结合的交流，对于促进丝绸之路沿线国家和地区的政治、经济和文化的发展发挥了极为重要的作用。

丝绸之路自史前时期就是中华民族的先民与生活在中亚、西亚和地中海沿岸地区人们的友好往来之路、互通有无之路、相互学习之路、共同发展之路！

丝绸之路是世界各大古代文明汲取营养的通道。博大精深的中华文明是植根于中华大地的土生土长的原生文明，她的主要文化内涵是来自自身的发明和创造。同时，在她起源、形成和发展过程中，不断地吸收了来自其他古代文明的文化因素，并将其融入自身的文明体系之中。这些其他文明的文化因素很大一部分是通过丝绸之路传入的。

中华文明正是由于在同其他文明的不断交流中，保持活力、蓬勃发展、生生不息。这也是中华文明得以连绵不断、延续至今的重要原因之一。

如今我们研究丝绸之路的历史，传承丝绸之路的精神，具有十分重要而深远的意义！愿丝绸之路的精神不断发扬光大，深深扎根于丝绸之路沿线国家和地区人民的心中！

（王巍，中国社会科学院）

前张骞的丝绸之路与西域史的匈奴时代

王子今

匈奴作为北方草原强势军事实体，在冒顿时代进入空前强盛的时期。在这一历史阶段中，匈奴的作为影响着中国史和东方史的进程。正如有的学者所指出的："匈奴人创造了最初的游牧国家政治、经济、文化和生活模式，他们影响和决定了中亚地区许多民族的命运，与中原王朝、西域各族及北方诸古老部族发生过频繁密切的接触，在他们的历史和文化中留下了深刻的烙印。"[①] 据《史记》卷110《匈奴列传》记载"单于遗汉书曰"，匈奴在"夷灭月氏"之后，曾经控制了西域地方："定楼兰、乌孙、呼揭及其旁二十六国，皆以为匈奴。诸引弓之民，并为一家。"如果将"皆以为匈奴"理解为西域地方在这一时期曾经服从匈奴的军事强权，并对相关历史文化现象有所说明，则无论对于匈奴史还是西域史，乃至整个东方史，都有非常重要的意义。考察丝绸之路的早期作用，不能回避这一历史事实。

一 冒顿自强

正当中原政治史进入战国秦汉重要转折时期，冒顿作为在北方草原地方崛起的匈奴英雄，不仅在匈奴史上有重要地位，在中国史、东方史乃至世界史上也有重要的地位。

司马迁在《史记》卷110《匈奴列传》中以如下文字生动地记述了冒顿身世："单于有太子名冒顿。后有所爱阏氏，生少子，而单于欲废冒顿而立少子，乃使冒顿质于月氏。冒顿既质于月氏，而头曼急击月氏。月氏欲杀冒顿，冒顿盗其善马，骑之亡归。头曼以为壮，令将万骑。冒顿乃作为鸣镝，习勒其骑射，令曰：'鸣镝所射而不悉射者，斩之。'行猎鸟兽，有不射鸣镝所射者，辄斩之。已而冒

[①] 马利清：《原匈奴、匈奴历史与文化的考古学探索》，内蒙古大学出版社2005年版，第39页。

顿以鸣镝自射其善马，左右或不敢射者，冒顿立斩不射善马者。居顷之，复以鸣镝自射其爱妻，左右或颇恐，不敢射，冒顿又复斩之。居顷之，冒顿出猎，以鸣镝射单于善马，左右皆射之。于是冒顿知其左右皆可用。从其父单于头曼猎，以鸣镝射头曼，其左右亦皆随鸣镝而射杀单于头曼，遂尽诛其后母与弟及大臣不听从者。冒顿自立为单于。"通过以"鸣镝"为令"习勒其骑射"，"射其爱妻"，"射单于善马"，又"射头曼"，全数诛杀亲族大臣"不听从者"，遂"自立为单于"，以铁血强势树立政治权威的故事，冒顿的残厉和果决得到鲜明的体现。①

冒顿随即控制匈奴各部族，并且实行对外扩张。"遂东袭击东胡。东胡初轻冒顿，不为备。及冒顿以兵至，击，大破灭东胡王，而虏其民人及畜产。既归，西击走月氏，南并楼烦、白羊河南王。悉复收秦所使蒙恬所夺匈奴地者，与汉关故河南塞，至朝那、肤施，遂侵燕、代。是时汉兵与项羽相距，中国罢于兵革，以故冒顿得自强，控弦之士三十余万。""后北服浑庾、屈射、丁零、鬲昆、薪犁之国。于是匈奴贵人大臣皆服，以冒顿单于为贤。"马长寿说："匈奴在冒顿领导下征服了北方的浑窳、屈射、丁零、鬲昆、薪犁等部落和部落联盟。这些部落和部落联盟大部分是以游牧和射猎为生的。他们拥有广大而肥沃的牧场和森林，具有各式各样的生产工具和生产技术，对于匈奴奴隶主的经济发展有很大的利益，所以草原的贵族大人们都对冒顿单于竭诚拥护，拥护他建立一个以奴隶所有制为主要制度的国家。"②余英时记述："冒顿是一个杰出的有能力而且有活力的领袖，在短短数年之内，他不但成功地在各个匈奴部落之间实现了前所未有的统一，而且几乎向所有方面扩展他的帝国。""冒顿不但基本完成了他的新草原联合体的领土扩张，而且已经巩固了他对所有匈奴部落以及被征服民族的个人统治。"③

在"汉兵与项羽相距，中国罢于兵革"的时代，"冒顿得自强"的历史事实，可以理解为与项羽、刘邦等大致同时，另一位草原游牧族英雄在特殊时代条件下的崛起。有的学者以为，"冒顿单于的发迹是首可歌可泣的史诗"，体现出"不同寻常的领导天才"，"伟大的游牧领袖——冒顿继位为匈奴第二代单于，从此揭开了统一北亚细亚游牧世界，以及创造草原上空前惊天动地事业的幕帷"。论者称冒顿的事业，是"中国历史上最出色的草原英雄之一"，实现了"北亚细亚最早的统一"。④

---

① 白鸟库吉《蒙古民族起源考》曾说"冒顿"的意义是"圣"，又指出有"猛勇"含义。陈序经指出："冒顿是一个勇敢的人，所以'冒顿'象征猛勇的意义，是很可能的。"见陈序经《匈奴史稿》，中国人民大学出版社2007年版，第187页。
② 马长寿：《北狄与匈奴》，广西师范大学出版社2006年版，第23页。
③ 余英时：《汉朝的对外关系》，[英]崔瑞德、鲁惟一主编《剑桥中国秦汉史：公元前221—公元220年》，杨品泉等译，中国社会科学出版社1992年版，第413、414页。
④ 姚大中：《古代北西中国》，三民书局1981年版，第66—68页。

正是因为匈奴的强盛，汉帝国承受的外来军事压力主要来自北边，即《盐铁论·击之》所谓"边城四面受敌，北边尤被其苦"，而汉帝国对外交往的主要方向也是北边。汉帝国军事与行政的主要注意力亦长期凝聚于北边。社会上下对北边皆多关切。① 另一方面，通过对北边的经营，通过抗击匈奴又"乘奔逐北"②，"北挫强胡"③，"北略河外，开路匈奴之乡"④，"长驱六举，电击雷震；饮马翰海，封狼胥山；西规大河，列郡祁连"⑤，汉帝国显示了军事威势，扩张了文化影响。不过这是后来的事情。此前冒顿曾经有"质于月氏"的经历。据说"冒顿既质于月氏，而头曼急击月氏"，于是"月氏欲杀冒顿"。冒顿对月氏国情应当有一定的了解。据陈序经说，"冒顿曾为质于月氏，对于月氏的虚实情况，想必有所了解，他估计自己力量能胜月氏，所以才决定用兵"⑥。我们还应当注意到，此所谓"西击走月氏"，体现了冒顿向西方扩展势力范围的欲求。

二　匈奴兼并"楼兰、乌孙、呼揭及其旁二十六国"

所谓"定楼兰、乌孙、呼揭及其旁二十六国，皆以为匈奴"事，见于《史记》卷110《匈奴列传》载"单于遗汉书"。"皆以为匈奴"的语义，似接近匈奴对这一地区的全面征服。然而由于这只是冒顿自我夸耀的言辞，其历史真实度，可能还需要认真分析。但以当时西域形势，就汉与匈奴的影响力而言，大体可能是"汉朝与西域之间的交通为匈奴阻隔，西域尽为匈奴掌治"⑦。

据《史记》卷110《匈奴列传》，"单于遗汉书"言及汉文帝时匈奴控制西域

---

① 正如余英时所说，"汉代政治家在他们的外交政策形成过程中面对的第一个强敌，是北方草原帝国匈奴。那个时代的大部分岁月中匈奴问题是汉代中国世界秩序的中心问题"。见《汉朝的对外关系》，《剑桥中国秦汉史：公元前221—公元220年》，第413页。
② 桓宽：《盐铁论·诛秦》，中华书局1992年版，第488页。
③ 桓宽：《盐铁论·结和》，第481页。
④ 桓宽：《盐铁论·复古》，第79页。
⑤ 《汉书》卷100《叙传下》，中华书局1962年版，第4254页。
⑥ 陈序经：《匈奴史稿》，中国人民大学出版社2007年版，第193页。
⑦ 邵台新：《汉代对西域的经营》，辅仁大学出版社1995年版，第44页。今按：说"秦朝武功虽盛，势力尚未抵及西域"，"至汉文帝时，西域之地仍在匈奴控制之下"，是合理的。然而绝对否定中原与西域的早期联系，以为"在汉武帝之前，中国与西域并无往来"（邵台新：《汉代对西域的经营》，第43页），似有不妥。《穆天子传》记载了周穆王西行至西王母之邦，与西王母互致友好之辞，宴饮唱和，又继续向西北行进的事迹。许多研究者认为，周穆王行经西域地方。《左传·昭公十二年》言周穆王"周行天下"。与《穆天子传》同出于汲冢的《竹书纪年》也有周穆王西征的记录。《史记》卷5《秦本纪》和卷43《赵世家》可见造父为周穆王驾车西行巡狩，见西王母的故事。至于考古文物资料反映的先秦时期中原与西域民间的文化往来，则有更多例证。参看王子今《穆天子神话和早期中西交通》，《学习时报》2001年6月11日。

的情形，是这样表述的：

> 单于遗汉书曰："天所立匈奴大单于敬问皇帝无恙。前时皇帝言和亲事，称书意，合欢。汉边吏侵侮右贤王，右贤王不请，听后义卢侯难氏等计，与汉吏相距，绝二主之约，离兄弟之亲。皇帝让书再至，发使以书报，不来，汉使不至，汉以其故不和，邻国不附。今以小吏之败约故，罚右贤王，使之西求月氏击之。以天之福，吏卒良，马强力，以夷灭月氏，尽斩杀降下定之。定楼兰、乌孙、呼揭及其旁二十六国，皆以为匈奴。诸引弓之民，并为一家。北州已定，愿寝兵休士卒养马，除前事，复故约，以安边民，以应始古，使少者得成其长，老者安其处，世世平乐。未得皇帝之志也，故使郎中系雩浅奉书请，献橐他一匹，骑马二匹，驾二驷。皇帝即不欲匈奴近塞，则且诏吏民远舍。使者至，即遣之。"以六月中来至薪望之地。书至，汉议击与和亲孰便。公卿皆曰："单于新破月氏，乘胜，不可击。且得匈奴地，泽卤，非可居也。和亲甚便。"汉许之。

关于"楼兰"，裴骃《集解》引徐广曰："一云'楼湟'。"张守节《正义》："《汉书》云鄯善国名楼兰，去长安一千六百里也。"关于"乌孙、呼揭"，张守节《正义》："二国皆在瓜州西北。乌孙，战国时居瓜州。"《汉书》卷94上《匈奴传上》："楼兰、乌孙、呼揭及其旁二十六国皆已为匈奴。"颜师古注："皆入匈奴国也。"

对于冒顿"定楼兰、乌孙、呼揭及其旁二十六国，皆以为匈奴"的自我炫耀，匈奴史学者或信以为实。陈序经认为："乌孙在冒顿时，也在敦煌祁连间与月氏为邻。楼兰即后来的鄯善，在月氏之西。呼揭应在匈奴之西，丁令之西北，坚昆之东南，月氏乌孙之西北。匈奴除了征服这类国家之外，还征服了其旁二十六国，这等于说西域大部分的国家，都役属于匈奴了。《汉书》卷96上《西域传》上说，西域本三十六国。若把月氏、乌孙、楼兰、呼揭加上其旁二十六国已经有三十国。《汉书》卷70《傅常郑甘陈段传》说：'西域诸国本属匈奴也'，就是这个意思。"[1] 林幹《匈奴历史年表》在"公元前一七四年，汉文帝六年，匈奴冒顿单于三十六年，老上单于元年"条下也写道："匈奴灭月氏，定楼兰（在今甘肃若羌县）、乌孙（当时在今甘肃祁连、敦煌间）及其旁二十六'国'。"[2]

---

[1] 陈序经：《匈奴史稿》，中国人民大学出版社2007年版，第193页。
[2] 林幹：《匈奴历史年表》，中华书局1984年版，第10—11页。

今按，据《汉书》卷94上《匈奴传上》："至孝文即位，复修和亲。其三年夏，匈奴右贤王入居河南地为寇，于是文帝下诏曰：'汉与匈奴约为昆弟，无侵害边境，所以输遗匈奴甚厚。今右贤王离其国，将众居河南地，非常故。往来入塞，捕杀吏卒，驱侵上郡保塞蛮夷，令不得居其故。陵轹边吏，入盗，甚骜无道，非约也。其发边吏车骑八万诣高奴，遣丞相灌婴将击右贤王。'右贤王走出塞，文帝幸太原。是时，济北王反，文帝归，罢丞相击胡之兵。其明年，单于遗汉书曰……"是冒顿致书汉文帝，时在汉文帝四年（前176年）。余英时说："公元前177年，匈奴已成功地迫使张掖地区（甘肃）的月氏完全归附于它，制服了从楼兰（公元前77年易名鄯善，罗布泊之西；车尔成）到乌孙（位于塔里木盆地的伊犁河谷）的西域大多数小国，从那时起，匈奴能够利用西域的广大的自然和人力资源。这个地区对草原帝国来说是如此重要，以致被称为匈奴的'右臂'。"① 余英时"公元前177年"说，应据汉文帝四年推定。今按："车尔成"，韩复智主译本作"车臣"。"乌孙（位于塔里木盆地的伊犁河谷）"，韩复智主译本作"乌孙（在塔里木盆地北部的伊犁河谷内）"。② 关于伊犁河谷和塔里木盆地的位置关系表述有误。"车尔成"，应与经且末北流的车尔臣河有关。冯承钧原编、陆峻岭增订《西域地名》（增订本）："Charchan 车尔成，今新疆且末县，《前汉书》且末国……"③

对于这一时期匈奴对西域的控制，有学者分析说："冒顿在逐走月氏、兼定乌孙的同时，也征服了位于阿尔泰山南麓的呼揭国。对于呼揭，后来匈奴置有'呼揭王'镇守该处。而自呼揭居地往西，经由巴尔喀什湖北岸，可以抵达康居国的领土。早在大月氏被乌孙逐出伊犁河、楚河流域时，康居国已经'东羁事匈奴'，可见匈奴和康居的联系主要是通过前文所述《穆天子传》描述的道路实现的。由于离匈奴本土毕竟很远，康居'羁事匈奴'也许是比较松弛的。"西域其他国度的情形其实也大体类似。"至于楼兰，匈奴采取派驻督察的方式加以控制。由于楼兰离匈奴较远，匈奴对楼兰及其以西诸国的控制也是比较宽松的。"④

---

① 余英时：《汉朝的对外关系》，[英]崔瑞德、鲁惟一主编《剑桥中国秦汉史：公元前221—公元220年》，杨品泉等译，中国社会科学出版社1992年版，第438—439页。
② Denis Twitchett、Michael Loewe 编：《剑桥中国史》第1册《秦汉篇 前221—220》，韩复智主译，南天书局有限公司1996年版，第467页。
③ 冯承钧原编、陆峻岭增订：《西域地名》（增订本），中华书局1980年版，第19页。
④ 余太山主编：《西域通史》，中州古籍出版社1996年版，第48—49页。所谓"前文所述《穆天子传》描述的道路"，应即由河套地区西行的道路："再往西，越过阿尔泰山中段某个山口，到达额尔齐斯河上游：这里有一处宜于畜牧的平原，……旅程由此再往西，就来到了西王母之国，也就是来到了当时中国人心目中的极西之地。所传西王母之国的瑶池，有可能便是神话了的斋桑泊，西王母之国则可能相当或相邻于希罗多德所传阿里马斯普人的居地。"（第46页）

应当指出，陈序经所谓"《汉书》卷七十《傅常郑甘陈段传》说：'西域诸国本属匈奴也'"，原文作"西域本属匈奴"，见《汉书》卷70《陈汤传》：

> 建昭三年，汤与延寿出西域。汤为人沈勇有大虑，多策谋，喜奇功，每过城邑山川，常登望。既领外国，与延寿谋曰："夷狄畏服大种，其天性也。西域本属匈奴，今郅支单于威名远闻，侵陵乌孙、大宛，常为康居画计，欲降服之。如得此二国，北击伊列，西取安息，南排月氏、山离乌弋，数年之间，城郭诸国危矣。且其人剽悍，好战伐，数取胜，久畜之，必为西域患。郅支单于虽所在绝远，蛮夷无金城强弩之守，如发屯田吏士，驱从乌孙众兵，直指其城下，彼亡则无所之，守则不足自保，千载之功可一朝而成也。"延寿亦以为然。

其后有陈汤等矫制击杀郅支单于的"非常"行为。

陈汤所谓"西域本属匈奴"，是汉元帝建昭三年（前36年）语，很可能是指汉武帝之前的形势，即"僮仆都尉"经营西域时代的情形，而并非陈说汉文帝执政时代的西域政治局面。

三 "诸引弓之民，并为一家"

冒顿在致汉文帝书中自豪地声称："诸引弓之民，并为一家。"《盐铁论·伐功》出自"文学"之口，也有同样的话："……其后匈奴稍强，蚕食诸侯，故破走月支氏，因兵威徙小国，引弓之民，并为一家，一意同力，故难制也。"

对于"引弓之民，并为一家"的说法是否可以据以做出当时匈奴曾经全面控制西域的历史判断，还可以讨论。《史》《汉》可见"引弓之民"语例。《史记》卷27《天官书》写道："其西北则胡、貉、月氏诸衣旃裘引弓之民，为阴；阴则月、太白、辰星；占于街北，昴主之。"裴骃《集解》："韦昭曰：'秦、晋西南维之北为阴，犹与胡、貉引弓之民同，故好用兵。'"《汉书》卷26《天文志》也说："其西北则胡、貉、月氏旃裘引弓之民，为阴，阴则月、太白、辰星，占于街北，昴主之。"颜师古注："孟康曰：'秦、晋西南维之北为阴，与胡、貉引弓之民同，故好用兵。'"这里所谓"引弓之民"，指西北少数民族"胡、貉、月氏"等。

《汉书》卷54《李陵传》载司马迁为李陵辩护之辞："陵提步卒不满五千，深䤖戎马之地，抑数万之师，虏救死扶伤不暇，悉举引弓之民共攻围之。转斗千里,矢尽道穷,士张空拳,冒白刃,北首争死敌,得人之死力,虽古名将不过也。"这里所谓"引弓之民",只是指匈奴军民。

汉时所谓"引弓之民",大致是指以射猎为主要营生手段的草原游牧民族。而西域诸国中多数政治实体的主体经济形式与此不同。《汉书》卷96上《西域传上》所谓"西域诸国大率土著,有城郭田畜,与匈奴、乌孙异俗",指出了他们与"引弓之民"的区别。

从现有资料看,冒顿所谓"定楼兰、乌孙、呼揭及其旁二十六国,皆以为匈奴",似未可理解为当时匈奴已经全面控制了西域,"西域大部分的国家,都役属于匈奴了"。这一事实对于世界历史的进程意义十分重要。

如姚大中所说:

> (冒顿)再向西,又压迫中亚细亚游牧民族与塔里木盆地三十多个沃洲国家全行归于匈奴支配之下①,势力急速自吉尔吉斯草原伸向咸海、里海,并控制了东—西文明地带间的交通路,而建立起世界史上空前煊赫的第一个游牧大帝国。当时中国史书对匈奴这种西方支配势力的说明是:自乌孙以西至安息,匈奴使者只须凭单于一纸证明,便可以在任何地区接受招待和自由取得所需马匹,任何国家不敢违抗命令(见《史记·大宛列传》)。②欧亚大陆北方最早一次的游牧大同盟于是成立,而成立这个游牧大帝国所费时间,则数年间一气呵成。③

冒顿自称"诸引弓之民,并为一家",很可能只是反映了"夷灭月氏,尽斩杀降下定之"的军事成功。这样的成功,自然可以对西域多数国家产生强大的威慑力。所谓"皆以为匈奴""皆已为匈奴",应当是对这种军事霸权的服从,不应当如颜师古注所说,简单地理解为"皆入匈奴国也"。正如马长寿所说:"如西域三十六国,《汉书·西域传》记载:'西域诸国,大率土著,有城郭田畜,与匈

---

① 姚说"沃洲",即通常所谓"绿洲"。有学者讨论丝绸之路的文化特征,这样写道:"与欧亚草原之路、海上丝绸之路相对而言,这条道路被称为绿洲之路。在这条道路上曾经过许多浩瀚沙漠,而在广袤的沙漠里点缀着无数的天然绿洲,形成许多绿洲国家,为过往行人和畜群提供休息的场所。一块块绿洲形成交通网络的联结点,无数的点形成一条贯穿欧亚大陆的交通线,从而形成东西方经济和文化交流的大动脉。因此,这条路线得名'绿洲之路'。丝绸贸易是绿洲道路上商业交流的大动脉,通常所谓'丝绸之路'就是指这条绿洲路。"石云涛:《三至六世纪丝绸之路的变迁》,文化艺术出版社2007年版,第61页。

② 今按:《史记》卷123《大宛列传》原文为:"自乌孙以西至安息,以近匈奴,匈奴困月氏也,匈奴使持单于一信,则国国传送食,不敢留苦。"而所谓"单于一信"在纸尚未得到普及之前,不宜直解为"单于一纸证明"。

③ 姚大中:《古代北西中国》,三民书局1981年版,第68页。

奴、乌孙异俗，故皆役属匈奴。'由于西域人民的语言、风土与匈奴不同，又由于他们是城郭田畜经济，所以匈奴不能把西域的城郭搬到草原上来，而只能在西域的中心地区设立'僮仆都尉'，对各小国人民进行一种'敛税重刻'的赋役制度。"①

《汉书》卷96下《西域传下》："西域诸国，各有君长，兵众分弱，无所统一，虽属匈奴，不相亲附。匈奴能得其马畜旃罽，而不能率与之进退。"安作璋以为可以理解为西域各族"对匈奴离心离德，不愿顺从"②。匈奴对西域的控制和奴役，未能实现人心的征服。

四 匈奴强势与西域文化发展进程

有学者指出，今天的新疆地区和欧亚大陆许多地方一样，也存在"青铜时代"和"早期铁器时代"这样两个前后相继的时代。③或求简便而采用"新疆金属时代"的说法。④"早期铁器时代的下限，一般认为应在公元前2世纪张骞通西域以后，或者大致在公元前后。"⑤匈奴军事强权对西域地方文化形态和文化方向施行强劲的影响，正是在这一时期。

研究者指出，"早期铁器时代偏晚阶段（第三阶段），游牧文化在全疆进一步深入、普及，基本看不到不同文化系统在新疆对峙的局面"，"该阶段文化在全疆范围普遍存在趋同态势"，这正与冒顿所谓"诸引弓之民，并为一家"构成一致。论者以为，"这与游牧文化在全疆的深入、普及，与骑马民族迅捷的交流方式，更与汉文化、匈奴文化自东向西的强烈渗透都有关系"。这样的分析是有道理的。研究者写道，于是，"汉文化、匈奴文化的影响则日渐加强，并最终与新疆土著文化融为一体"。"在这一整合过程中，先是西端的伊犁河流域文化表现活跃、影响广泛，后是东方的汉、匈文明因素日渐西及。新疆的早期铁器时代文化最终与汉文化、匈奴文化融为一体，形成尼雅遗存所代表的特色鲜明的东汉魏晋时期文化。正是在此背景下才出现了贯通东、西方两大文化系统的丝绸之路。"⑥

---

① 马长寿：《北狄与匈奴》，广西师范大学出版社2006年版，第27—28页。今按："敛税重刻"语见《后汉书》卷88《西域传》言两汉之际事："（西域）哀平间自相分割，为五十五国。王莽篡位，贬易侯王，由是西域怨叛，与中国遂绝，并复役属匈奴。匈奴敛税重刻，诸国不堪命，建武中皆遣使求内属，愿请都护。光武以天下初定，未遑外事，竟不许之。"
② 安作璋：《两汉与西域关系史》，齐鲁书社1979年版，第9页。
③ 陈戈：《关于新疆地区的青铜时代和早期铁器时代文化》，《考古》1990年第4期。
④ 陈戈：《新疆远古文化初论》，《中亚学刊》1995年第4辑。
⑤ 韩建业：《新疆的青铜时代和早期铁器时代文化》，文物出版社2007年版，第1页。
⑥ 同上书，第121—122页。

认识"日渐加强"的"汉文化、匈奴文化的影响","汉文化、匈奴文化自东向西的强烈渗透"以及所谓"汉、匈文明因素日渐西及"的过程时,当然不宜忽略"匈奴文化"的影响更早并且在前期更为强劲的历史事实。

有的学者对这一历史趋向进行了这样的表述:"随着匈奴文化和汉文化影响的加强,新疆各地文化之间的交流更为频繁,作为东西文化交流通道的作用也日益显现出来。"① 在分析这一时期西域文化的发展进程时,将"匈奴文化"影响置于"汉文化影响"之前,是比较合适的处理方式。

五 匈奴控制西域通路

所谓"匈奴文化自东向西的强烈渗透",以及匈奴文明因素"日渐西及",均先于汉文化。这正是因为匈奴较早控制了西域通路。

有学者认为,对乌孙的控制,是匈奴打通西域道路的重要环节。《史记》卷123《大宛列传》记载张骞对汉武帝介绍匈奴与乌孙的关系:

> 臣居匈奴中,闻乌孙王号昆莫,昆莫之父,匈奴西边小国也。匈奴攻杀其父,而昆莫生弃于野。乌嗛肉蜚其上,狼往乳之。单于怪以为神,而收长之。及壮,使将兵,数有功,单于复以其父之民予昆莫,令长守于西域。昆莫收养其民,攻旁小邑,控弦数万,习攻战。单于死,昆莫乃率其众远徙,中立,不肯朝会匈奴。匈奴遣奇兵击,不胜,以为神而远之,因羁属之,不大攻。

乌孙昆莫曾经为匈奴"令长守于西域",后来方"中立,不肯朝会匈奴"。《汉书》卷61《张骞传》的记载较为详尽:

> 臣居匈奴中,闻乌孙王号昆莫。昆莫父难兜靡本与大月氏俱在祁连、焞煌间,小国也。大月氏攻杀难兜靡,夺其地,人民亡走匈奴。子昆莫新生,傅父布就翎侯抱亡置草中,为求食,还,见狼乳之,又乌衔肉翔其旁,以为神,遂持归匈奴,单于爱养之。及壮,以其父民众与昆莫,使将兵,数有功。时,月氏已为匈奴所破,西击塞王。塞王南走远徙,月氏居其地。昆莫既健,自请单于报父怨,遂西攻破大月氏。大月氏复西走,徙大夏地。昆莫略其众,

---

① 韩建业:《新疆的青铜时代和早期铁器时代文化》序一(严文明),第1页。

因留居，兵稍强，会单于死，不肯复朝事匈奴。匈奴遣兵击之，不胜，益以为神而远之。

《汉书》记载所增益的信息，说到乌孙军攻破大月氏事："时，月氏已为匈奴所破，西击塞王。塞王南走远徙，月氏居其地。昆莫既健，自请单于报父怨，遂西攻破大月氏。大月氏复西走，徙大夏地。昆莫略其众，因留居，兵稍强，……"战事的爆发，有乌孙昆莫"自请单于"的情节。亲匈奴的乌孙"留居"大月氏国旧地，使得西域形势发生了重大变化。余太山主编《西域通史》这样总结这一历史过程：

> 乌孙原来是游牧于哈密附近的一个小部落，一度役属于月氏。前177/176年匈奴大举进攻月氏时，西向溃逃的月氏人冲击乌孙的牧地，杀死了乌孙昆莫（王）难兜靡。乌孙余众带着新生的难兜靡之子猎骄靡投奔匈奴，冒顿单于收养了猎骄靡，猎骄靡成年后，匈奴人让他统率乌孙旧部，镇守故地，也参加一些匈奴的军事活动。约前130年，匈奴军臣单于（前161—126年）①指使猎骄靡率所部乌孙人征伐大月氏。乌孙大获全胜，占领了伊犁河、楚河流域；并在后来逐步向东方扩张，终于成为西域大国。虽然自军臣单于去世后，乌孙便"不肯复朝事匈奴"，但在一段很长时期内一直羁属匈奴，故不妨认为匈奴假手乌孙实现了向伊犁以远发展的目的。

论者忽略了"昆莫既健，自请单于报父怨，遂西攻破大月氏"中"自请"的情节，而以"指使"强调了匈奴的主动意识。确实，从西域历史的这一走向来说，匈奴确实因此"实现了向伊犁以远发展的目的"，局势发展对匈奴的扩张提供了新的条件。

余太山主编《西域通史》又写道："通过乌孙，匈奴间接控制了从伊犁河流域西抵伊朗高原的交通线：'自乌孙以西至安息，以近匈奴，匈奴困月氏也，匈奴使持单于一信，则国国传送食，不敢留苦。'②这种形势对匈奴的强盛自然是十分有利的。"③匈奴控制"从伊犁河流域西抵伊朗高原的交通线"表现得"强盛"，应当从世界史的视角进行理解。

汉王朝与匈奴对西域的争夺，其实在某种意义上主要是对这种"交通线"的

---

① 今按：应作"前161—前126年"。
② 《史记》卷123《大宛列传》，中华书局1959年版，第3173页。
③ 余太山主编：《西域通史》，中州古籍出版社1996年版，第48页。

控制权的争夺。

严文明曾经总结新疆青铜时代以后的历史文化演进。他说：

> 新疆各青铜文化的居民大体都是不同类型的欧罗巴人种，蒙古人种只进到东疆的哈密地区。哈密天山北路文化就是两大人种和两种文化会聚所产生的一种复合文化。进入早期铁器时代，情况似乎发生了逆转。与带耳罐文化系统有较多联系的高颈壶文化系统占据了全疆的大部分地区，蒙古人种也逐渐向西移动；而与筒形罐文化系统关系密切的圜底釜文化系统则仅见于帕米尔一小块地方。尔后随着匈奴文化和汉文化影响的加强，新疆各地文化之间的交流更为频繁，作为东西文化交流通道的作用也日益显现出来。早先是西方的青铜文化带着小麦、绵羊和冶金技术。不久又赶着马匹进入新疆，而且继续东进传入甘肃等地；东方甘肃等地的粟和彩陶技术也传入新疆，甚至远播中亚。这种交互传播的情况后来发展为著名的丝绸之路。①

在来自"东方"的文化影响"远播中亚"，即"匈奴文化和汉文化影响"向西传布的历史过程中，匈奴人曾经先行一步。

六 "僮仆都尉"名号与匈奴"赋税"西域

历史文献记载了有关匈奴起初实行对西域实行控制和奴役的信息。典型的文字，即《汉书》卷96上《西域传上》："西域诸国大率土著，有城郭田畜，与匈奴、乌孙异俗，故皆役属匈奴。匈奴西边日逐王置僮仆都尉，使领西域，常居焉耆、危须、尉黎间，赋税诸国，取富给焉。""僮仆"语义，在战国秦汉时期有特殊的社会文化背景。有的辞书解释"僮仆都尉"称谓即强调对西域各国的奴役："匈奴单于国在西域设置的官员，'僮仆'即指奴隶，僮仆部尉的职责是统管西域各国，从官名可知，匈奴将西域各国居民视为奴隶。"②

"赋税诸国，取富给焉"属于经济掠夺行为，但并非匈奴对汉地通常实行的突发式或季节式的掠夺，而具有了制度化的性质。这种经济关系，或许可以理解为体现了匈奴对外在经济实体进行控制和剥夺的方式的一种提升。另一方面，"赋税"又是国家行政管理的基本制度。既说"赋税诸国"，体现出匈奴实际上已

---

① 韩建业：《新疆的青铜时代和早期铁器时代文化》序一（严文明），第1页。
② 刘维新主编：《新疆民族辞典》，新疆人民出版社1995年版，第41页。

经通过行政方式实施了对西域地方经济的有效控制。匈奴骑兵对汉地等农耕区的侵犯，其实并不仅仅追求闪击式的劫掠和短暂的占领。他们理想的征服形式，应当是这种"役使"和"赋税"。"匈奴西边日逐王"对西域的控制，或许可以说实现了游牧族军事势力征服农耕区与农牧交错区的最完满的境界。这种"役属"形式，可以说是汉帝国北边农耕族与游牧族关系中比较特殊的情形。①

匈奴"赋税诸国"，除得到农产品外，也应当取得矿产、手工业制品和其他物产。在匈奴控制西域的形势下，当地商贸活动依然发生着活跃经济和沟通文化的作用。西域商贸的正常运行和发展的方向，在一定程度上得到匈奴的支持和鼓励。这是因为匈奴久有"乐关市"② 即重视商业联系以丰富自身经济生活的传统，也因为匈奴由此可以得到实际的经济利益。

正如林幹所指出的，"匈奴族十分重视与汉族互通关市。除汉族外，匈奴与羌族经常发生商业交换；对乌桓族和西域各族也发生过交换"。此说匈奴"和西域各族也发生过交换"，在另一处则说，"匈奴还可能和西域各族发生交换"。一说"发生过交换"，一说"可能""发生交换"，似乎存在矛盾。然而论者可以给我们有益启示的如下判断则是确定的："（匈奴）并通过西域，间接和希腊人及其他西方各族人民发生交换。"③ 这一时期丝路商道的形势，有的学者做过这样的分析，"匈奴人……企图控制西域商道，独占贸易权益"。"越来越强的贪欲，使他们亟欲控制商道，垄断东西贸易，以取得暴利。"④ 有学者以为，"匈奴贵族""做着丝绸贸易"，"匈奴人""进行丝绸贸易"，或说"丝绢贸易"。亦有关于"当时匈奴贵族向西方贩运的丝绸的道路"的分析。⑤ 然而这些论说，现在看来，似乎缺乏确切的史料的支持。"匈奴人"在西域及邻近地方"进行丝绸贸易""丝绢贸易"的经济行为如果得到证实，当然可以推进对匈奴史和西域史的认识。匈奴在西域"赋税诸国，取富给焉"，此所谓"赋税"是不是也包括商业税呢？从许多迹象考虑，匈奴对西域诸国的经济控制，应当包括对当地商业经营利润的超经济强制方式的盘剥。马长寿曾经写道："天山南北麓和昆仑山北麓，自古是中亚、南亚和东亚间商业交通要道，匈奴在其间设关卡，收商税，护送旅客，担保

---

① 王子今：《匈奴"僮仆都尉"考》，《南都学坛》2012年第4期；《论匈奴僮仆都尉"领西域""赋税诸国"》，《石家庄学院学报》2012年第4期。
② 《史记》卷110《匈奴列传》，中华书局1959年版，第2905页。
③ 林幹：《匈奴通史》，中华书局1984年版，第3、146—147页。
④ 殷晴：《丝绸之路与西域经济——十二世纪前新疆开发史稿》，中华书局2007年版，第111页。
⑤ 苏北海：《汉、唐时期我国北方的草原丝路》，张志尧主编《草原丝绸之路与中亚文明》，新疆美术摄影出版社1994年版，第28页。

过山，都可以收到不少的报酬，……"①

对于西域诸国在匈奴控制背景下的生存方式，以及匈奴对西域经济收益的依赖程度，有学者做如下分析："事实上，新疆沃洲对于匈奴，几乎已是他们最主要的物资综合补给站。"这种"补给"，包括可观的"商业利润"。论者指出："僮仆都尉驻准噶尔盆地直通塔里木盆地的天山南麓焉耆、危须、尉犁三个小国之间，征发三十六国亘于农、牧、工、矿各方面的产品，以及草原大道之外的沃洲大道上商业利润，构成匈奴经济面不可缺的一环节。惟其如此而当以后新疆统治权自匈奴转移到汉朝，匈奴立即会陷入经济困境，步上衰运。"②匈奴"征发"西域的物资，包括"亘于农、牧、工、矿各方面的产品"以及"三十六国"的"商业利润"，是可信的。不过，是否来自西域的经济收益会影响匈奴经济的主流，以致一旦丧失，"匈奴立即会陷入经济困境，步上衰运"，还需要确切的考察才能说明。匈奴在西域所获利益中"商业利润"占有怎样的比重，也需要论证。但是在物产丰足、商业繁盛的西域地方，匈奴以军事强权剥夺其"商业利润"的可能性，应是没有疑义的。对于"商业利润"的利益追求，可能会促使匈奴在西域的军事行政势力对商贸采取积极支持和鼓励的政策。

七 活跃的西域"贾胡"

西域商人曾经有非常活跃的历史表现。如《后汉书》卷89《南匈奴传》："（建武）二十八年，北匈奴复遣使诣阙，贡马及裘，更乞和亲，并请音乐，又求率西域诸国胡客与俱献见。"③ 极端的例证，又有《后汉书》卷47《班超传》："超遂发龟兹、鄯善等八国兵合七万人，及吏士贾客千四百人讨焉耆。"可知西域"贾客"亦参与战争。有学者以"游牧民族商业化的倾向，也就愈益显著"的说法概括匈奴对"贸易权益"的追求。④ 其实西域诸国可能更突出地体现出"商业化的倾向"。

《后汉书》卷51《李恂传》："复征拜谒者，使持节领西域副校尉。西域殷

---

① 马长寿还说，"（匈奴）有时还掠夺行商和马队的货物"。并指出，"这些事实都说明西域的物产和交通在匈奴经济中占相当重要的位置"。马长寿：《北狄与匈奴》，广西师范大学出版社2006年版，第31页。
② 姚大中：《古代北西中国》，三民书局1981年版，第76页。
③ 《太平广记》卷402《鬻饼胡》："……但知市肆之间，有西国胡客至者，即以问之，当大得价。生许之……将出市，无人问者。已经三岁，忽闻新有胡客到城，因以珠市之……"可知"胡客"多是"贾胡"。
④ 殷晴：《丝绸之路与西域经济——十二世纪前新疆开发史稿》，中华书局2007年版，第111页。

富,多珍宝,诸国侍子及督使贾胡数遗恂奴婢、宛马、金银、香、氍之属,一无所受。"所谓"贾胡数遗""奴婢、宛马、金银、香、氍之属",应是一种贿赂行为。也许这种行为曲折体现了匈奴占领时期特殊经济形式的历史惯性。"贾胡"身份,应是西域商人。李贤注:"贾胡,胡之商贾也。"西汉中期,即有西域商人活跃于北边的史实记录。如陈连庆所说:"在中西交通开通之后,西域贾胡迅即登场。"① 以敦煌汉简为例,所见乌孙人(88、90、1906),车师人(88),"囗知何国胡"(698)②,等等,未可排除来自西域的商人的可能。《后汉书》卷88《西域传》篇末有以"论曰"形式发表的对于西域问题的总结性文字,其中说到"商胡贩客":

　　论曰:西域风土之载,前古未闻也。汉世张骞怀致远之略,班超奋封侯之志,终能立功西遐,羁服外域。自兵威之所肃服,财赂之所怀诱,莫不献方奇,纳爱质,露顶肘行,东向而朝天子。故设戊己之官,分任其事;建都护之帅,总领其权。先驯则赏籯金而赐龟绶,后服则系头颡而衅北阙。立屯田于膏腴之野,列邮置于要害之路。驰命走驿,不绝于时月;商胡贩客,日款于塞下。

　　对于马援进击迟缓以致"失利"的指责,有"类西域贾胡,到一处辄止"的说法。③ 李贤解释说:"言似商胡,所至之处辄停留。"《马援传》说"西域贾胡",李贤注称"言似商胡",可知"商胡"和"贾胡"其实并没有严格的区别。
　　通过汉文史籍中"西域贾胡"的表现,可以说明西域商业传统的特征,而对于匈奴控制时期西域的商业政策,也可以得到深入理解的条件。④

(王子今,中国人民大学)

---

① 陈连庆:《汉唐之际的西域贾胡》,《中国古代史研究:陈连庆教授学术论文集》,吉林文史出版社1991年版。
② 吴礽骧、李永良、马建华释校:《敦煌汉简释文》,甘肃人民出版社1991年版,第9、202、71页。
③ 《后汉书》卷24《马援传》,中华书局1965年版,第844页。
④ 王子今:《匈奴控制背景下的西域贸易》,《社会科学》2013年第2期。

丝绸之路与中亚研究

——以粟特为例

薛正昌

一　粟特人背景

粟特人是操印欧语系伊朗语族东伊朗语支的一个古老民族，通用粟特文、摩尼文和古叙利亚文，在中亚阿姆河与锡尔河一带经营农业和畜牧业。两河流域位于现在的塔吉克斯塔、乌兹别克斯坦、吉尔吉斯斯坦、土库曼斯坦和哈萨克斯坦五国腹地，克孜勒库姆沙漠横亘其间，粟特人就在宜农宜牧的阿姆河中游和泽拉夫善河流域一带定居。由于地处丝路要道，该地境内市镇众多，商贾云集，行旅纵横，孕育了发达的商业文化，粟特人利用丝路沿途诸商贸集镇开展各种商业活动。粟特人"善于商贾，诸夷交易多辏其国"，有着悠久而成熟的商业传统。"生子必以石蜜纳口中，明胶置掌内，欲其成长常甘言，掌持钱如胶之黏物。俗习胡书。善商贾，争分铢之利。男子年二十，即送之旁国，来适中夏，利之所在，无所不到。"粟特人因其出众的商业才能而在古代中西交流史上扮演了重要角色，在东西文明之间、游牧文明与农耕文明之间建立了传递信息的桥梁，成为沟通古代中国与中亚和西亚诸国之间政治、经济、文化等方面的主要纽带。在对外开放空前、国际交流频繁的唐代，粟特人在经济、文化、军事等方面发挥了更为巨大的作用，对政治格局和文化发展产生了较为深远的影响。

粟特人广泛从事丝路沿线物资、文化传播活动，东汉以来就见于中国史籍。《后汉书·西域传》称其为"粟弋"；《魏略·西戎传》记作"属繇"；《宋书·文帝纪》称作"肃特"。隋唐史籍统称粟特为"昭武九姓"，他们本为大月氏人，居于张掖郡祁连山北的昭武城（今甘肃省高台县西南一带），因被匈奴所逼而迁居中亚，各自分邦建国，有康、安、曹、石、米、史、何、穆、毕等九姓，皆以昭武为姓。粟特和其他中亚民族共同从事丝路商贸活动，被统称为"昭武九姓胡"。

粟特商队在丝路沿线一些便于居住和贸易的地方定居下来，建立自己的商业聚落，留人居守经营，其他人继续前进开拓。在中原农耕地区形成聚落，草原游牧地区则成为部落。从十六国时期开始，这样的聚落在塔里木盆地、河西走廊、蒙古高原等地广泛分布，尤以蒲昌海（今新疆罗布泊）地区的粟特聚落最为典型。南北朝时期，姑臧（今甘肃武威）等丝路沿途商贸重镇已经出现昭武九姓的移民聚落，成为其进行长途贩运和丝路贸易的中转站。到了唐代，碎叶、蒲昌海、西州、伊州、敦煌、肃州（今甘肃酒泉）、凉州（今甘肃武威）、长安、蓝田、洛阳、关内道北部等地都出现了昭武九姓的商业聚落。康国大首领康艳典东来居于鄯善，胡人来随者甚众，渐成聚落。石城镇镇将康拂耽及其弟地舍拔也在石城广招胡人，附者甚众。中古时期入华的粟特人并非都居于聚落，有的进入突厥汗国从事商业活动，有的因骁勇善战而在唐代各级军政机构出任军职。不论追随中原王朝将领南征北战，还是担任翻译参与外交活动，都不同程度地扩大了粟特的影响。这些粟特人因其出众的才能而脱离聚落的主体，逐步融入中原汉文化之中。

二　粟特人在固原

20世纪80年代初，考古工作者在宁夏固原城南陆续发掘了系列的墓葬群，后人称为北朝和隋唐墓地。1982年至1987年，考古工作者先后在固原县南郊乡相继发掘隋唐时期墓葬9座，其中6座为中亚史姓家族墓，他们分别是隋朝正仪大夫、右将军、骠骑将军史射勿之墓，唐朝请大夫、平凉都督、骠骑将军史索严之墓，唐左亲卫史道洛之墓，唐司驭寺右十七监史铁棒之墓，唐游击将军、虢州刺史、直中书省史诃耽之墓，唐给事郎兰池正监史道德之墓，这6座墓葬分别属于一个大家族中的两个家族。墓葬中出土的保存完好的墓志铭，记载了史姓家族的经历，尤其以墓葬群的形式出现，在全国考古发掘中也实属罕见，它见证了丝绸之路在固原的繁荣和固原在当时的重要地位和影响力。

固原北朝和隋唐原州墓地出土的那些精美的玻璃器皿，鎏金银壶以及金银币等基本都是粟特人从东罗马帝国的领土上运到东亚的。粟特人早就出现在中原地区，尤其兴盛于北魏末、隋代和盛唐时期。因为北魏、北周之际正是粟特国家分裂、民族迁徙的又一个高潮。从文献记载和丝绸之路上的文化遗址（石刻、考古等）来看，中西方的相互交往，大都是通过粟特人进行的，在发展东西转贩贸易上起着关键作用。在文化传播上，佛教、祆教、摩尼教、景教，在很大程度上也是通过粟特人作为媒介东传来的。汉文典籍中，称粟特诸城邦的首领均以昭武姓。《北史·西域传》康国条说："其王本姓温，月氏人也，旧居祁连山昭武城，因被匈奴所破，西逾葱岭，遂有国。枝庶各分王，故康国左右诸国并以昭武为姓，示不忘本也。"《新唐书·西域传》康国条，详列"枝庶分王"诸国是以康、安、曹、石、米、何、火寻、戊地、史昭武为氏的九国，"世谓九姓"。唐代昭武九姓胡——粟特人在原州的活动及定居，是伴随丝绸之路古文化遗址的陆续发掘而被世人发现的。

近20年固原考古发掘和出土文物相互印证，已说明史姓家族在唐代的地位及其族属的渊源。史姓族属问题，涉及唐代原州境内的民族成分。既有利于研究唐代原州区域民族成分及其民族迁徙和融合，也更有利于人们认识少数民族在唐代的发展与流向。自史道德先祖入居原州，到史道德时止，史姓家族徙居固原至少120年。史道德家族在北魏时已入政为官，直到唐代。自北朝以来，他们就通过丝绸之路往来于中亚和中国之间。史姓家族主要成员早在北魏时已迁居固原，北周时已步入仕途，以族居的形式落籍固原。善于经商的粟特人，即使进入仕途，也不会放弃经商。他们不仅在中国做官并经商，而且将中国传统文化充分吸收，以籍贯为固原人的身份自居。据《墓志》载：史射勿自称这个家族就是平凉平高县人，即今固原人，他曾是北周隋朝的武将；史诃耽从隋朝开皇年间即入仕中原王朝，供职京师长安，在中书省任翻译。尤其是其妻康氏死后，续娶汉族张氏女为妻。他们从籍贯、民族成分和出仕等多个方面完全融入中国，体现的是中国传统文化的意义。墓地出土的石床与石门等高规格的丧葬遗物，同样见证了史姓家族的贵族阶层和官僚身份。

出土的文物有墓志、金戒指、萨珊银币、铜镜、鎏金桃花形花饰、金带扣、玉钗、东罗马金币仿制品、壁画、玻璃碗、蓝色圆宝石印章等大量珍贵文物。壁画艺术价值极高，蓝宝石印章属萨珊王朝时期工艺品，颇具艺术价值。最引文化界、学术界关注的还是罗马金币、萨珊银币、陶俑、玻璃器、鎏金铜制装饰等，影响最大的是金币和陶俑。陶俑分为武士俑和镇墓兽两大类，镇墓兽又分为人面与兽面两类造型，神态逼真，生机勃勃，周身施有精美的色彩，包括金箔和银箔，装饰十分华丽。

从墓葬文化看史姓家族，就反映出他们的华化程度与对多元文化的吸纳。它留给我们的是多维视角：墓道的形制，既有天井，也有长斜坡道。记载和反映墓主人身份的"墓志铭"每个墓地都有。墓志铭由盖与志石两部分构成，志盖造型为盝顶式，盖上面刻有非常精美的篆体文字，反映着那个时代书法艺术与审美特点。盖外围装饰图案体现了中国传统文化的内容，比如"四神"、青龙、天马、十二生肖等，这些文化符号雕刻在墓志铭盖上的不同位置，莲花瓣、卷草纹、忍冬等图案，制作得同样精致。粟特人的名字完全汉化，除姓名外，有的还拥有"字号"。从文化特征上，已经无法看出他们的身份是中亚人。

三 粟特人在灵州

唐朝统一全国后，分布在国内的粟特聚落逐步变成乡里一级基层组织机构，民众被人为分散。昭武九姓居住最为集中的是河套地区南部，这里因地处丝绸之路北段要道而出现了密集的商业集镇。对唐代政治生活影响最大的是分布在灵、夏二州南境的六胡州的九姓胡人。贞观四年（630年），唐朝击败东突厥颉利可汗，受突厥压迫的昭武九姓部落随之入塞，唐朝在宁夏北部地区设置了一些羁縻州进行安置。唐高宗调露元年（679年），正式在今内蒙古南部和宁夏北部地区设置鲁、丽、塞、含、伊、契六个昭武九姓羁縻州，史称"六胡州"。此后，这里成为昭武九姓在内地的重要聚居区与商贸集散地，对当地民族关系与经贸交流产生了重大影响。

唐朝在开元初年频繁调整六胡州地区行政区划，破坏了其原有社会结构，加之地方官员横征暴敛，终酿成反唐之事。《旧唐书·玄宗纪上》记载了对六胡州产生深远影响的这次武装叛乱，从相关记载来看，内迁的粟特人数量众多，分布相对集中。粟特因强烈的民族认同感、对祆教的坚定信仰而未能完全适应南迁后的江南风俗，在一定程度上保留了族居的生活与风俗习惯，孕育着新的反抗与斗争。这一切迫使唐朝于开元二十六年将河南、江淮等地的粟特民众迁回六胡州故地，重新设置宥州进行安置。通过对目前出土的大量唐代墓志的整理与研究，在入华的外来民族中，粟特或其后裔人数远胜波斯、天竺、吐火罗和新罗等，这皆源于数百年间大批粟特人因经商、从政、从戎等原因大量入仕中原王朝。

四 中亚与丝绸之路经济带

中国与中亚共建丝绸之路经济带大外交格局的确定，使丝绸之路再次从国家层面上得到了关注。西部的开发开放，是中国向欧亚大陆战略西进的地缘战略依托，也是我国边疆长治久安的战略需求，对于增强和维护国家安全的战略支撑能力有重要意义。中国的发展需要良好的周边国际环境。

无论向西发展战略还是丝绸之路经济带建设倡议，其发展的前提和基础是文化，文化是纽带。千百年来，我们的祖先在东进西出的过程中，留下了丰富而宝贵的丝路文化。丝路文化的鲜明特点是其开放性、包容性、创新性、务实性。做丝路文章，实施向西开放的战略，必须秉承丝路文化的特点，在传承历史的同时，提升中华文化的影响力。面对目前的大机遇，宁夏向西开放的前提是，必须坚持理论创新与实践创新相结合，即突出地域优势与国家重大需求相结合，立足本土与国际视野相结合，突出和加强宁夏历史文化的研究，拓展内涵，让宁夏地域文化（文化资源）走出去，将人文遗产与自然山水文化推向丝路文化覆盖的地方。当然，也包括地方学者的学术思想与研究成果。

在国家"十二五"规划提出"扩大内陆开放、加快沿边开放"过程中，宁夏获准设立内陆型经济特区，无论区位优势还是丝绸之路在宁夏的历史积淀，都将成为国家"向西开放"层面上的重要支点，成为丝绸之路经济带建设中的重要中转站。"丝绸之路经济带"不是人们通常理解的"带状合作区域，这实际上是欧亚大陆空间所生活的各国进行互利合作的网络"[①]。"打通太平洋到波罗的海的运输大通道"，这是未来"丝绸之路经济带"欧亚十字合作的世界空间，要充分认识到丝绸之路经济带在未来的重要意义。丝绸之路为中国对外交流做出过重要贡献，而当下意义上对丝路的理解要超越历史，要进一步挖掘丝绸之路的当代价值——使其成为中国向西开放的桥梁和纽带，发挥经济与文化协作的特殊作用，促进经济社会的更大发展。

（薛正昌，宁夏社会科学院）

[①] 邢广程：《"丝绸之路经济带"与欧亚地缘格局》，《光明日报》2014年1月12日。

西北汉简与丝绸之路*

张德芳

本文所谓"丝绸之路",是指汉武帝时期张骞出使西域而开通的中国中原王朝与中亚、西亚、南亚以及地中海沿岸北非、欧洲各国之间的经济文化交流和军事外交行为。不包括在此之前中国与周边民族之间的中转贸易和文化交往。严格地说,只要没有高山大河和难以通行的广漠戈壁,东西南北、四面八方,天下都是路、脚下都是路。正如鲁迅先生所说"其实地上本没有路,走的人多了,也便成了路"。再加上一句,"走的人少了,同样也是路"。只不过大路小路而已。西方名言"条条道路通罗马"也是这个意思。因此,在一个比较小的空间范围内,或者即使在一个比较大的空间而没有上述高山大河、沙漠戈壁阻隔的范围来讨论某地到某地的路,实际上是没有意义的。我们所说的"丝绸之路",是一个由一系列馆舍邸店、邮驿站点组成的交通设施体系。它能给长途跋涉的行旅提供停歇、食宿以及其他方面的便利。而这种机构一般由政府开办或者有法律许可、政府保护。当然,没有这些条件之前,张骞不是也到达了西域吗?可张骞去了13年,临走时一百多号人马和大群牛羊,回来时除了半路带回一位堂邑父之外,就只剩孤身一人了。至于他行走过的路线,至今还是个谜。这属于另外探讨的问题,不是本文意义上的丝绸之路。

从20世纪初到现在的一百多年里,甘肃河西走廊先后出土了大量汉代简牍,其大宗者,有居延汉简、敦煌汉简(包括悬泉汉简)等。青海的上孙家寨,新疆的土垠、楼兰、尼雅等地也都出土了数量不等的汉晋简牍,总数在70000多枚以上。总体上说,西北地区的70000多枚汉简,无一不与当年的丝绸之路有着直接或间接的各种关系,是研究丝绸之路的原始文献,是丝绸之路的全景式画卷。本

---

* 本文为2013年国家社会科学基金重大项目(项目号:13&ZD086)《悬泉汉简整理与研究》阶段性成果。

文根据汉简记载，就两汉丝绸之路的路线、走向和沿途站点作以下介绍，供有兴趣者参考。

一 两关以东的丝绸之路

两汉时期的丝绸之路，两关以西到葱岭以东（一般被划为丝绸之路的中段），由于南有昆仑，北有天山，中间是难以通行的塔克拉玛干大沙漠。所以通行只能沿塔克拉玛干沙漠边缘，南道从昆仑山北麓行进，北道从天山南麓通过。这在《汉书》上有明确记载，后来《三国志》裴注所引鱼豢的《魏略·西戎传》也有更详细的交代。但是从长安出发到两关以东（即丝绸之路东段）这条路段的走法，却在过去的史籍中没有具体记载。原因就是因为自然山川的分布，从长安到敦煌的路线可以有多种选择。大体说来有南、中、北三线。其中一条就是我们今天所走的道路，从西安出发沿渭河流域西行，经宝鸡、天水、秦安、通渭，翻越华家岭，经定西、榆中过河口，然后进入312国道，穿越乌鞘岭，进入河西走廊。这就是上面所说南、中、北三道中的中道。李约瑟的《中国科学技术史》第一卷记述："从甘肃省会兰州西北行是甘肃走廊，通过这条走廊，现在的省界显示出最古老最著名的古代通商之路——古代丝绸之路的轮廓。这条商路通过南山或祁连山的融雪所形成的许多绿洲，而使中国和中亚相沟通。"[①] 显然，他认为，丝绸之路是经过兰州进入河西走廊的。

夏鼐先生以西宁出土成批萨珊银币为根据，认为除上述中道以外还存在通往青海的南道。"'丝绸之路'在中国境内的路线，从前我们一般认为是由兰州经过河西走廊而进入今日新疆的。"[②] 1956年，青海省粮食厅在西宁城内城隍庙街开挖地基时挖出波斯萨珊朝卑路斯（457—483年）时期的银币76枚。这是迄今为止除新疆乌恰、吐鲁番、河南洛阳以外，发现萨珊银币最多的地方。因此夏鼐先生认为："尤其是一大批在一起发现的场合下，是作为商品的等价物携带或窖藏着。所以，它们发现的地点常可表示当时贸易和交通的线路。"[③] 由此认为："第四世纪末至第七世纪初，西宁是在中西交通的孔道上的。这条比较稍南的交通路线，它的重要性有一时期（第五世纪）可能不下于河西走廊。"[④] 从长安到河西要经过

[①] 李约瑟著：《中国科学技术史》（第一卷导论），孙燕明等译，科学出版社、上海古籍出版社1990年版，第57页。
[②] 夏鼐：《综述中国出土的波斯萨珊朝银币》，《考古学报》1974年第1期。
[③] 夏鼐：《青海西宁出土的波斯萨珊朝银币》，《考古学报》1958年第1期。
[④] 夏鼐：《综述中国出土的波斯萨珊朝银币》。

西宁的这条丝绸之路南道一说，最早由夏鼐先生提出，①后来有学者把它称为"羌中道"②。

严耕望《唐代交通图考》论述长安至凉州的交通最为详密。他认为："长安西北至凉州主要道路有南北两线，南线经凤翔府及陇、秦、渭、临、兰五州，渡河至凉州。北线经邠、泾、原、会四州，渡河至凉州。"③两道各州之间都有众多的驿站和小的城镇。严耕望所说的南道，就是我们上面说的中道，即兰州道；北道即泾河道，我们下文还要详加论述。但是，夏鼐先生所讲的西宁这条线是4至7世纪的情况，而严耕望先生细密考证的是唐代的情况。至于两汉的具体路线，只有汉简才给我们提供了确切的记录。

居延汉简和悬泉汉简中的道路里程简④，给我们提供了从长安到敦煌的基本路线、走向、里程以及停靠站体系，基本勾画出了两汉时期丝路东段的主干道。它的走向可以分为六段。

第一段，京畿段："长安至茂陵七十里，茂陵至茯置卅五里，茯置至好止（畤）七十五里，好止（畤）至义置七十五里。"这五个站点中，长安、茂陵、好畤是著名的历史地名，至今有遗址留存，好畤在今陕西干县东郊的好畤村，茯置在茂陵与好畤之间，义置在今永寿县以北。这一段路程全长255汉里，合106千米⑤。也就是从长安出发，经今兴平县境之茂陵、过干县、永寿、彬县进入泾水流域，而后经长武进入今甘肃东部的泾川、平凉。

第二段，安定段："月氏至乌氏五十里，乌氏至泾阳五十里，泾阳至平林置六十里，平林置至高平八十里。"这一段从月氏到乌氏、泾阳、平林、高平，240汉里，近100千米。高平是汉代安定郡首县，遗址在今固原市原州区。泾阳古城在今平凉市西北安国乡油坊庄村北，大体位置在东经106°30′41.17″，北纬35°39′15.66″左右。里程简所记从泾阳到高平140汉里，合58千米左右。中间有一个平林置，当是泾阳和高平之间的一个驿置。位置在中间偏南。泾阳县以南的两个地名乌氏和月氏，分别相隔20千米，因此按里程简的记载，乌氏的位置当在今崆峒区，月氏的位置当在今崆峒区以东四十里铺。总之，这一段路线是从平凉东部往

---

① 当然，有人认为霍去病远征河西，就是从青海湖以北穿越扁都口进入河西的。赵充国进军湟中，也曾进入青海。但这跟我们所说的丝路交通不是一回事。
② 初师宾：《丝路羌中道开辟小议》，《西北师大学报》1982年第2期；吴礽骧：《也谈羌中道》，《敦煌学辑刊》1984年第2期。
③ 严耕望：《唐代交通图考》（第二卷河陇碛西区），"中研院"史语所专刊之八十三，1985年5月，第416页。
④ 简号是：EPT59.582；Ⅱ90DXT0214①：130。
⑤ 1汉里=415.8米。

西北到固原，然后绕过六盘山经靖远渡河（北周曾置乌兰关）到甘肃景泰。

第三段，武威段："媪围至居延置九十里，居延置至觻里九十里，觻里至揟次九十里，揟次至小张掖六十里，小张掖去姑臧六十七里，姑臧去显美七十五里。"媪围、居延置、觻里、揟次、小张掖、姑臧、显美七个站点总长472汉里，约196千米。这是横贯武威郡的路线。汉代的媪围，即今景泰县芦阳镇响水村北的鸢沟城遗址，东经104°13′7.50″，北纬37°7′37.51″。现在尚有1—2米的城墙遗址留存。觻里的大体位置在今古浪县大靖镇，揟次在今古浪土门镇西3千米左右①。小张掖在今凉州区以南20多千米的武家寨子一带。② 小张掖即汉之张掖县，前面冠以"小"者，以示区别于同名的"张掖郡"。由于汉代武威郡是在张掖郡设置若干年后从后者分离出来的，所以早先已经设立的张掖县在武威郡分设时由于地理位置的原因就划归了武威郡，这就造成了张掖县不在张掖郡而在武威郡的状况。姑臧即今天的凉州区，显美在今天凉州区西北32千米的丰乐堡。

第四段，张掖段："删丹至日勒八十七里，日勒至钧耆置五十里，钧耆置至屋兰五十里，屋兰至氏池五十里，氏池去觻得五十四里，觻得去昭武六十二里府下，昭武去祁连置六十一里，祁连置去表是七十里。"这一段有九个站点，总长484汉里，200千米。是横贯张掖境内的东西大道。其中删丹、日勒、屋兰、氏池、觻得、昭武、表是七地是当时的县城所在地，而钧耆置、祁连置是两个驿置。

第五段，酒泉段："玉门去沙头九十九里，沙头去干齐八十五里，干齐去渊泉五十八里。右酒泉郡县置十一·六百九十四里。"这一段只有西半段四个地名玉门、沙头、干齐、渊泉（属敦煌郡），而东面的七个站点尚不得而知。不过从简文后面一句总括的记载"右酒泉郡县置十一·六百九十四里"，可知横跨酒泉停靠站点的数目和过境里程，总共11个站点，694汉里，288千米，每个站点相距28.8千米。横跨酒泉郡的路段大致如此。

第六段，敦煌段：进入敦煌郡以后，再没有具体里程的记载。但汉代敦煌郡六县的县城遗址基本确定，再加上悬泉置遗址中出土的大量汉简，敦煌郡境内从东面的渊泉到最西面的广武隧，东西横跨300千米，汉简中有"郡当西域空道，案厩置九所，传马员三百六十匹"的记载。这九所厩置中，渊泉置、冥安置、广至置、龙勒置四置设在当时的县城。玉门置、鱼离置、悬泉置、遮要置是交通线上的驿站（还有一置尚不得而知）。进入敦煌后，通过这些县城和驿站专设的传舍邸店，行旅商客可以西南出阳关，西北出玉门。

---

① 李并成：《河西走廊历史地理》，甘肃人民出版社1995年版，第39页。
② 郝树声：《敦煌悬泉里程简地理考述》，《敦煌研究》2000年第3期。

这六段路线，从陕西彬县到甘肃泾川将近90千米、从宁夏固原到甘肃景泰200千米，因简牍残缺而有所中断，其余都是连在一起的。河西四郡有35个站点，安定和京畿有记载的站点10个。从今天的西安到敦煌近2000千米的距离，除上述两段共300千米的空白外，其余1700千米的路段上，分布着45个停靠站点，平均每个站点相距约38千米。这就是汉简给我们提供的丝绸之路东段明确具体的行程路线，也就是严耕望先生所考定的唐代丝路东段的北道，这是两汉时期丝路东段的主干道。至于经过兰州的中道以及途经西宁的南道，两汉时期的情形尚不清楚。

二 两关以西、葱岭以东的道路

今天的新疆即天山南北，为丝绸之路的中段。《汉书·西域传》说："西域以孝武时始通，本三十六国，其后稍分至五十余，皆在匈奴之西，乌孙之南。南北有大山，中央有河，东西六千余里，南北千余里。东则接汉，阸以玉门、阳关，西则限以葱岭。"① 可见这里所说的"西域"主要指南疆地区，即塔里木盆地。按照今天的地理知识，塔里木盆地东西长1500千米，南北宽约600千米，总共50多万平方千米。"自玉门、阳关出西域有两道：从鄯善傍南山北，波河西行至莎车，为南道；南道西逾葱岭则出大月氏、安息。自车师前王廷随北山，波河西行至疏勒，为北道；北道西逾葱岭则出大宛、康居、奄蔡焉。"② 按照《汉书》的记载，汉代的西域之路只有两条，分列在塔克拉玛干沙漠的南北边缘。但是到西汉末年，从玉门关以西至吐鲁番高昌地区，又开了一条新道。"元始中，车师后王国有新道，出五船北，通玉门关，往来差近，戊己校尉徐普欲开以省道里半，避白龙堆之阸。"③ 东汉的情况，三国时鱼豢所修《魏略·西戎传》有记载："从敦煌玉门关入西域，前有二道，今有三道。从玉门关西出，经婼羌转西，越葱领，经县度，入大月氏，为南道。从玉门关西出，发都护井，回三陇沙北头，经居卢仓，从沙西井转西北，过龙堆，到故楼兰，转西诣龟兹，至葱领，为中道。从玉门关西北出，经横坑，辟三陇沙及龙堆，出五船北，到车师界戊己校尉所治高昌，转西与中道合龟兹，为新道。"④ 从鱼豢的记载可以得知，从玉门关西北到高昌，主要是避开了白龙堆大沙漠，但最后还是汇入龟兹，进入天山以南也就是《汉

---

① 《汉书》卷96《西域传》，中华书局1962年版，第3871页。
② 同上。
③ 同上书，第3924页。
④ 《三国志》，中华书局1982年版，第858页。

书》中所说的西域北道，这是局部路段的改变。但鱼豢继续写道："北新道西行，至东且弥国、西且弥国、单桓国、毕（卑）陆国、蒲陆国、乌贪国，皆并属车师后部王。王治于赖城，魏赐其王壹多杂守魏侍中，号大都尉，受魏王印。转西北则乌孙、康居。"① 这又告诉我们，北新道在高昌可以分岔，西行可汇入中道，西北行可直接进入乌孙、康居。说明天山以北这条线，在东汉才开通。

综合起来说，两汉时期的丝路中段（即新疆段），亦有三条道。南道沿昆仑山北麓走，中道（《汉书》中的西域北道）沿天山南麓走，两条道都沿塔克拉玛干沙漠南北边缘穿行。北道即天山以北，从玉门关西北行，经吐鲁番一带及天山东部诸多小国，直达乌孙，进入康居。西汉时大多走南、中两道，东汉时南、中、北三道都已通畅可行。

西汉末年，西域由早先的 36 国分为 55 国，除难兜、罽宾、乌弋山离、安息、大月氏、康居、奄蔡七国外，其余 48 个国家属西域都护府管辖。其中南道 17 国，中道 15 国，北道 16 国。南、中、北三道中诸多国家在丝绸之路上的来往活动情况，汉简有具体生动的记载。

（一）西域南道

南道 17 国中，从西到东分布着楼兰（鄯善）、且末、小宛、精绝、扜弥、渠勒、于阗、皮山、莎车、蒲犁等 10 国。而 10 国中，有些地处昆仑山山谷，不当道。沿途最重要者是楼兰（鄯善）、且末、精绝、拘弥、于阗、皮山、莎车。

> 楼兰王以下二百六十人当东传车马皆当柱敦（Ⅱ90DXT0115②：47）

意思是楼兰王及其所属 260 人要东至汉地，人员和随行车马要经过敦煌或住宿在敦煌某地。

> ……斗六升。二月甲午，以食质子一人，鄯善使者二人，且末使者二人，莎车使者二人，扜阗使者二人，皮山使者一人，疏勒使者二人，渠勒使者一人，精绝使者一人，使一人，拘弥使者一人。
>
> 乙未，食渠勒副使二人；扜阗副使二人，贵人三人；拘弥副使一人，贵人一人；车副使一人，贵人一人；皮山副使一人，贵人一人；精绝副使一人。
>
> 乙未以食疎勒副使者一人，贵三人。凡卅四人。（Ⅱ90DXT0213③：122）

---

① 《三国志》，中华书局 1982 年版，第 858—862 页。

此简文字细密，多有讹夺。每一段之间用横线隔开。第一段"质子"之前未交代是哪一国质子。于阗的"于"写作"扜"。疏勒的"疏"写作"踈"。"精绝使者一人"后，又有"使一人"，漏写了国名和"者"字。第二段，"车副使"之前可能脱一"莎"字。

简文中记载的西域国家有鄯善、且末、精绝、渠勒、拘弥、于阗、皮山、莎车、疏勒，以及可能漏写名字的国家。这些国家包括了上面提到的南道诸国。各国所派34人中，有质子、使者、副使、贵人。他们所到时间是甲午、乙未前后两天之内。从今天的公路里程来看，从若羌（即当时的鄯善）到疏勒有1447千米，从若羌到敦煌的直线距离是650多千米。也就是说，从最远的疏勒到敦煌悬泉有2000多千米的路程。南道诸国的相互距离，最远者如若羌到且末是345千米，且末到民丰是307千米（精绝在民丰北）。这些国家，处在漫长的将近1500千米距离的不同位置上，且在同一时间的先后两天内到达敦煌悬泉置，没有平时的频繁交流和事先的统一组织是不可能的。南道诸国能联络在一起，统一进京朝拜，说明他们在汉朝的管理下，相互之间是融洽和睦的。正是这种和睦相处，为丝路南道的畅通做出了贡献。

汉朝为保障南道交通的安全，采取的重大措施之一就是在伊循（在今若羌县东北之米兰一带）屯田。元凤四年（前77年）傅介子刺杀楼兰王，另立在汉为质子的王弟尉屠耆为新王。"更名其国为鄯善，为刻印章，赐以宫女为夫人，备车骑辎重，丞相将军率百官送至横门外，祖而遣之。王自请天子曰：'身在汉久，今归，单弱，而前王有子在，恐为所杀。国中有伊循城，其地肥美，愿汉遣一将屯田积谷，令臣得依其威重。'于是汉遣司马一人、吏士四十人，田伊循以填抚之。其后更置都尉。伊循官置始此矣。"[1] 现在在米兰发现的古渠道，即是当时及以后屯田的遗迹。根据第三次文物普查资料，古渠道除南部被沙漠埋没者外还剩一段4千米左右的干渠，干渠北端分成"枝杈"，有七条支渠和若干毛渠、斗渠。分岔之处的坐标是东经88°57′20.3″，北纬39°12′51.1″。西北距新疆生产建设兵团36团团部6千米左右，至今仍是一片可以耕种的平衍沃野。[2] 汉简中有大量伊循屯田的记录。比如：

> 甘露三年四月甲寅朔庚辰，金城大守贤、丞文，谓过所县道官：遣浩亹亭

---

[1]《汉书》卷96《西域传》，中华书局1962年版，第3878页。
[2]《新疆维吾尔自治区第三次文物普查成果集成·巴音郭楞蒙古自治州卷》，科学出版社2011年版，第77页。

长夈贺以诏书送施刑伊循。当舍传舍,从者如律令。(Ⅱ90DXT0114④:338)

这是公元前 51 年 6 月 1 日金城太守派亭长夈贺送弛刑徒到伊循屯戍的记载。汉王朝不光发刑徒到敦煌,还派发往伊循。在伊循的屯田戍卒中,相当一部分可能就是流放的犯人。这是在汉简中得知的情况。

敦煌伊循都尉臣大仓上书一封。甘露四年六月庚子上。(Ⅱ90DXT0216③:111)

这是伊循都尉给朝廷上书的记载,时值公元前 50 年 8 月 15 日。"伊循都尉"前冠以"敦煌",可能是因为当时的伊循都尉受敦煌太守的节制。

四月庚辰以食伊循候傀君从者二人(Ⅱ90DXT0215③:267)

这是伊循屯田吏卒过往敦煌悬泉置停留食宿的记录。"候",都尉下属之官员。

七月乙丑,敦煌大守千秋、长史奉憙、守部候修仁行丞事,下当用者小府、伊循城都尉、守部司马、司马、官候、移县置、广校候、郡库,承书从事下,当用者如诏书。掾平、卒史敞、府佐寿宗。(Ⅴ92DXT1312③:44)

这是敦煌太守转发皇帝诏书和朝廷公文的文件。罗列的转发对象中,有"伊循城都尉"。说明朝廷和地方对伊循的屯田机构十分重视。

总之,伊循屯田在丝路南道具有重要的政治、经济和军事意义。为保障南道诸国的社会稳定,为后来西域都护府的设立,为丝绸之路的畅通,均发挥了重要作用。

(二) 西域中道

中道 15 国中,汉简记载其具体活动者有山国、危须、焉耆、尉犁、渠犁、龟兹、姑墨、温宿、尉头、疏勒等 10 国[①]。这些国家都是分布在天山以南、塔里木盆地北

---

① 这些国家,如果按人口数量的多少排列,依次是:龟兹,81317;焉耆,32100;姑墨,24500;疏勒,18647;莎车,16373;尉犁,9600;温宿,8400;山国,5000;危须,4900;尉头,2300。

缘的城郭之国。它们在丝绸之路上的活动情况，汉简中有具体生动的记载。比如：

> 右使者到县置，共舍弟一传。大县异传舍如式。
> 龟兹王夫人舍次使者传。
> 堂上置八尺床卧一张，卑若青帷。
> □内共上四卧，皆张帷床内□
> 传舍门内张帷，可为贵人坐者。
> 吏二人道。（Ⅰ90DXT0114①：112）

此简文字残泐，但基本内容清楚。三栏文字，每栏两行。主要讲龟兹王夫人路过敦煌悬泉置的接待规格、居室摆设以及相关仪式。从行文口气看，这种接待规格还要通知到龟兹王夫人沿途所有下榻之处。简中"县""置"当为并列关系，"县"指县治所在地，犹今天的县城。"置"指类似悬泉置这样兼具邮驿接待功能的机构。"弟"的本义即次第之义，弟、第两字在汉代本可混用。"弟一传"可能指当地最好的宾馆。"如式"，即按有关规定必须达到一定规格和条件的传舍。"舍次"两动词连用，下榻住宿之意。"帷"乃帘帷。"道"与"导"通，指接待人员在前开路导引。悬泉置地处戈壁，土房一院。来往客人就地将息，尊卑贵贱已难有上下。但是，像汉朝公主、龟兹王夫人这样的皇室、贵族路过此地，还是会尽其所能以示尊贵，也不失汉地对王和夫人的一种隆重礼遇。

龟兹在城郭诸国中最为大国。在西汉末年的人口统计中，有户6970，有口81317人，胜兵21076人。其他国家人口最多者如焉耆，有户4000，有口32100人，胜兵6000人。所以龟兹在西域城郭诸国以及在丝绸之路上的地位十分重要，汉唐时期以龟兹为中心形成的龟兹文化就是中西文化交流的典型成果。汉与龟兹在公元前1世纪的关系大致可分为两个阶段。第一阶段，"龟兹先是受匈奴控制、掠杀汉使，后是受汉朝武力进攻，结城下之盟，和亲通好，归服汉朝。第二阶段，随着汉匈关系、汉乌关系、汉与西域其他诸国关系的发展，龟兹成为归属汉王朝领属下的一个地方民族政权，而且来往频繁，深受汉文化影响，对西域其他诸小国的依违向背具有带动作用"①。

太初四年（前101年）李广利伐大宛返回路过龟兹时发现，扜弥太子赖丹为质于此。李广利当场质问龟兹国王："外国皆臣属于汉，龟兹何以得受扜（扜）

---

① 张德芳：《简论西汉和新莽时期龟兹的历史地位及其与汉王朝的关系》，朱玉麒主编《西域文史》第五辑，科学出版社2010年版，第21页。

弥质？"遂将赖丹带回汉朝。昭帝时（前86—前74年）"乃用桑弘羊前议，以扞弥太子赖丹为校尉，将军田轮台，轮台与渠犁地皆相连也。龟兹贵人姑翼谓其王曰：'赖丹本臣属吾国，今佩汉印绶来，迫吾国而田，必为害。'王即杀赖丹，而上书谢汉，汉未能征"。① 本始二年（前72），长罗侯常惠出使乌孙回返，"惠与吏士五百人俱至乌孙，还过，发西国兵二万人，令副使发龟兹东国二万人，乌孙兵七千人，从三面攻龟兹，兵未合，先遣人责其王以前杀汉使状。王谢曰：'乃我先王时为贵人姑翼所误耳，我无罪。'惠曰：'即如此，缚姑翼来，吾置王。'王执姑翼诣惠，惠斩之而还"。② 这就是第一阶段的情况。地节四年（前66年），"时乌孙公主遣女来至京师学鼓琴，汉遣侍郎乐奉送主女，过龟兹。龟兹前遣人至乌孙求公主女，未还。会女过龟兹，龟兹王留不遣，复使使报公主，主许之。后公主上书愿令女比宗室入朝，而龟兹王绛宾亦爱其夫人，上书言得尚汉外孙为昆弟，愿与公主女俱入朝"。③ 从此后，龟兹亲汉，来往不绝，开始了龟兹与汉朝关系的新篇章。"元康元年（前65年），遂来朝贺。王及夫人皆赐印绶。夫人号称公主，赐以车骑旗鼓，歌吹数十人，绮绣杂缯琦珍凡数千万。留且一年，厚赠送之。后数来朝贺，乐汉衣服制度，归其国，治宫室，作徼道周卫，出入传呼，撞钟鼓，如汉家仪。外国胡人皆曰：'驴非驴，马非马，若龟兹王，所谓骡也。'绛宾死，其子丞德自谓汉外孙，成、哀帝时往来尤数，汉遇之亦甚亲密。"④

上引汉简，就是其时龟兹王夫人来汉时路过敦煌悬泉置的记载。除此以外，楼兰汉简、敦煌马圈湾汉简和悬泉汉简中还有若干关于龟兹来汉的记载，是第二阶段龟兹与汉朝关系的实录。

山国：

> 鸿嘉三年正月壬辰，遣守属田忠送自来鄯善王副使姑丽、山王副使乌不胜奉献诣行在所。为驾一乘传。敦煌长史充国行大守事、丞晏谓敦煌：为驾。当舍传舍、郡邸，如律令。六月辛酉西。（Ⅱ90DXT0214②：78）

这是一封为西域使者提供食宿乘车的传信，类同于后世的官方介绍信。不是原件，只是抄录了主要内容。公元前18年2月20日，鄯善王副使姑丽、山王副使乌不胜到京师朝贡回国，朝廷派守属田忠护送，驾一乘传，即用四匹马拉的车。

---

① 《汉书》卷96《西域传》，中华书局1962年版，第3916页。
② 同上书，第3004页。
③ 同上书，第3916页。
④ 同上书，第3916—3917页。

敦煌太守不在署，而以长史充国和丞宴的名义签发文件，要求境内传舍和郡邸，按规定安排食宿。公元前18年7月19日西去，前后五个月时间。山国是一个只有450户，5000人口的小国家，地当在今托克逊南部山区。

焉耆、危须：

> 永光元年二月癸亥，敦煌大守守属汉刚，送客移过所县置，自来焉耆、危须、鄯善王副使
> 匹牛牛车七两，即日发敦煌。檄到，豫自办给，法所当得。都尉以下逢迎客县界相（Ⅴ92DXT1310③：162）

这是一份敦煌太守派员迎送西域使者的过所抄件。时在公元前43年4月3日，三国使者及马若干匹，牛车七辆，从敦煌出发，沿途所需自行采买，都尉以下要在县界迎接。从行文看，三国使者由西向东，刚刚入境，在前往京师的途中。

尉犁：

> 尉梨贵人乌丹。丹三襄过，毋致，没入。（Ⅱ90DXT0215③：133）

这是尉犁贵人来汉的记载，可是不幸，他好像没有正规的身份证明（毋致）。

渠犁：

> 使送于阗王、渠犁、疏勒诸国客，为驾二封轺传，载从者一人。（节引）（Ⅰ91DXT0309③：19）

这是朝廷为派官员护送渠犁等诸国客人开具的传信。根据《汉书·西域传》记载，渠犁有户130，口1480人，胜兵50人。但此地地处西域中心，战略地位极为重要。早在太初（前104—前101年）年间李广利伐大宛之后，汉朝就派使者校尉在渠犁屯田，常驻屯田戍卒500人左右。是汉朝在丝路中道建立的一处重要的军事堡垒。"地节二年（前68年），汉遣侍郎郑吉、校尉司马憙将免刑罪人田渠犁，积谷，欲以攻车师。"[①] 此时的屯田戍卒已增加至三校，1500人。后来在汉与匈奴"五争车师"的战役中，渠犁屯田戍卒多次出征，与匈奴展开拉锯战，甚至往往迁车师的家属老弱到渠犁临时安置。正是以此为据点，后来才建立了西

---

① 《汉书》卷96《西域传》，中华书局1962年版，第3922页。

域都护府。河西汉简中记载渠犁屯田士卒过往的材料很多。如"五凤四年九月己巳朔己卯,县泉置丞可置敢言之:廷移府书到效谷,移传马病死爰书。县泉传马一匹,骊,乘,齿十八岁,高五尺九寸,送渠犁军司令史"。(Ⅱ90DXT0115③:98)"屯田渠犁　候丞王常、赵忠更终罢,诣北军。诏为驾一封轺传,二人共载,有请。甘露四年五月□□□庚子,使都护西域……□候谓敦煌以……" (Ⅱ90DXT0214③:67)可以说,渠犁屯田,在丝路中道的政治、经济、军事方面意义是十分重要的。

姑墨：

河平元年十二月癸巳大守使
姑墨王使者福奉献诣在所以令为驾一乘传 (Ⅱ90DXT0214②:341)

这是公元前27年2月8日,姑墨王使者来汉的记载。

温宿：

温宿王使者革□□二人来□□□□□□当舍传舍如律令。
以令为驾,人一乘,载从者各一人,至敦煌郡。愿十月戊寅西。从者三食,凡五人已得酒。(Ⅴ92DXT1311③:157)

这是温宿王使者来汉情况。温宿国,都城在今新疆乌什县。[①] 有户2200,有口8400人,胜兵1500人。西至尉头300汉里(125千米)。建昭三年(前36年)陈汤伐郅支时,曾发温宿国兵进入康居。王莽时,被姑墨所灭,并其国。

尉头：

尉头蒲离匿皆奉献诣
行在所以令为驾四乘传 (Ⅴ92DXT1311③:146)

这是尉头使者来汉奉献的记录。尉头国,王治尉头谷,有户300,口2300人,胜兵800人。都城当在今阿合县城以西50千米处。田畜随水草,衣服类乌孙。是游牧在天山南部沟谷地带的一个游牧部落。

---

① 冯志文:《西域地名词典》,新疆人民出版社2002年版,第483页。另,钟兴麒《西域地名考录》第965页认为在今"新疆阿克苏地区库玛拉克河及阿克苏河区域"。

疏勒：

> 甘露元年二月丁酉朔己未，县泉廏佐富昌敢言之。爰书：使者段君所将踈勒王子橐佗三匹，其一匹黄，牝；二匹黄，乘。皆不能行，罢亟死。即与假佐开、御田遂、陈……复作李则、耿癸等六人，杂诊橐佗丞可置前。橐佗罢亟死，审它如爰书，敢言之。（ⅡDXT0216③：137）

这是公元前52年，疏勒王子来汉奉献，所带三峰骆驼由于疲劳过度而死在敦煌悬泉置。悬泉置佐富昌和其他五人一起案验，证明确为疲劳而死所出具的法律文书。

西域中道的畅通除了如汉简所记上述国家始终同汉朝保持密切关系外，还有一个重要原因，就是西域都护的所在地就设在乌垒城（今轮台县野云沟）。而西域都护府的设立是汉朝在西域对匈奴的决定性胜利，是丝路交通史上的划时代事件。汉简中关于匈奴日逐王降汉以及西域都护府的相关活动，都有准确而生动的记载。

> 神爵二年八月甲戌朔□□，车骑将军臣□□谓御史□□
> 制诏御史□□侯□□□敦煌酒泉迎日逐王
> 为驾一乘传别□载……（节引）（Ⅱ90DXT0313③：5）

> 广至移十一月谷簿，出粟六斗三升。以食县泉廏佐广德所将助御效谷广利里郭市等七人送日逐王，往来三食，食三升。校广德所将御，故禀食县泉而出食，解何？（Ⅰ91DXT0309③：167—168）

前简是车骑将军韩增下达的朝廷公文，大意是要敦煌、酒泉等地一路迎接前来京师的匈奴日逐王。后简是悬泉廏佐广德等七人迎送日逐王时，在广至吃饭一次，用粟六斗三升。按规定他们应在悬泉置就餐，为何要在广至吃饭，应做出解释。《汉书·西域传》："匈奴西边日逐王置僮仆都尉，使领西域，常居焉耆、危须、尉黎间，赋税诸国，取富给焉。""其后日逐王畔单于，将众来降，护鄯善以西使者郑吉迎之。既至汉，封日逐王为归德侯，吉为安远侯。是岁，神爵三年也（《宣帝纪》记为神爵二年秋）。乃因使吉并护北道，故号曰都护。都护之起，自吉置矣。僮仆都尉由此罢，匈奴益弱，不得近西域。"① 上引汉简，就具体记述了

---

① 《汉书》卷96《西域传》，中华书局1962年版，第3872—3873页。

日逐王降汉后一路进入汉地的情况。关于西域都护在汉简中的反映：

> 二人使都护西域骑都尉安远侯吉谓敦煌
> 驾当舍传舍如律令三月甲寅过东（Ⅱ90DXT0213③：135）
>
> 五凤三年二月辛亥，使都护西域骑都尉安远侯吉，谓敦煌以次为驾当舍传舍，如律令（节引）（Ⅱ90DXT0214③：197）
>
> 出粟五斗二升。以食安远侯副卫司马遣假千人尊，所将送匈奴归义捕类王使十一人，质子三人，凡十三人，人一食四升，东。（Ⅱ90DXT0115④：39）

天山南麓、塔里木盆地南缘的西域中道，地处西域中心，不仅如《汉书》所言，"北道西逾葱岭则出大宛、康居、奄蔡焉"，就连到天山以北的乌孙赤谷城，在整个西汉时走的都是这条路。当年出使乌孙的使者都是从这条路西行到疏勒，再往北在今乌恰县的图噜噶尔特山口翻越天山到达伊塞克湖以西。汉朝公主和亲、常惠多次出使乌孙走的都是这条路。所以匈奴控制西域、汉朝选择都护府驻地，都是看中了这条通道的重要。

（三）西域北道

西汉时期的北道16国中，乌孙最为大国，有户12万，有口63万，游牧于伊犁河谷和天山北部草原。其他15国都是后来分割的一些小国，从东到西有：两蒲类（蒲类、蒲类后国）、四车师（车师前国、车师都尉国、车师后国、车师后城长国）、两卑陆（卑陆、卑陆后国）、两且弥（东且弥、西且弥）以及胡狐、郁立师、劫国、单桓、乌贪訾离。这些小国除车师前国和车师都尉国在今吐鲁番高昌故城一带外，其余都在东天山北部和东部，即乌鲁木齐以东到巴里坤。15国在西汉末年的总人口只有24251人。最多的车师前国有户700，有口6050人。最少的如单桓有户27，有口194人；乌贪訾离有户41，有口231人。根据史书的记载，丝路北道的正式开通当在东汉以后。一是避开白龙堆和三陇沙的北新道直到元始中（公元以后）才得以开通；二是东汉以后，上述天山以北的诸小国都被车师后国兼并。所以北新道从敦煌玉门关西北行，到高昌故城向西可并入天山以南中道，向北穿越车师古道到今吉木萨尔车师后国，可前往乌孙，西达唐居。

尽管西汉时期丝绸之路的重点在天山以南的中道，但西汉王朝始终未曾放弃对丝路北道的经营。其战略重点有两个：一是对车师的争夺和驻屯，二是同乌孙的频繁交往。

车师（即今吐鲁番地区）地处西域东部，是进入天山以南城郭诸国的门户，是匈奴和汉朝掌控西域的必争之地。开始"五争车师"，后来元帝初元元年（前48年）干脆置戊己校尉屯田车师。汉简中有大量车师屯田的记载，引数例：

> 五月壬辰，敦煌大守强、长史章、丞敞下使都护西域骑都尉、将田车师戊己校尉、部都尉、小府、官县、承书从事下，当用者。书到白大扁书乡亭市里高显处，令亡人命者尽知之，上赦者人数，大守府别之，如诏书。（Ⅱ90DXT0115②：16）

这是通过敦煌太守下发的一份大赦诏书，除在发往西域都护骑都尉等部门的同时，还专门发往"将田车师戊己校尉"。

> 出粟二斗四升。以食车师司马丞原成、孟定，从者二人，凡四人，人再食，食三升，东。（Ⅱ90DXT0115③：6）

这是四位曾在车师的屯田吏士东往京师时，路过悬泉置用餐两顿，用粟二斗四升的记录。

> 九月甲戌，效谷守长光、丞立，谓遮要、县泉置，写移书到，趣移车师戊己校尉以下乘传传副。会月三日。如丞相史府书律令。掾昌、啬夫辅。（Ⅴ92DXT1812②：120）

这是效谷县廷发给悬泉置和遮要置的文件，要他们将车师戊己校尉路过所用车马的通行文件上报县廷。

乌孙在西域，东接匈奴，"最为强国"。与乌孙交好是汉朝对抗匈奴、保障丝路通畅的一贯战略。张骞二使西域时就曾许诺乌孙"汉遣公主为夫人，结为昆弟，共距匈奴"。但其时昆莫中子大禄势强，与太子之子岑陬争夺昆莫王位。"昆莫年老国分，不能专制。"不过，张骞回国后（前115年）不久，乌孙就"使使献马，愿得尚汉公主，为昆弟"。汉朝先后送细君公主和解忧公主与乌孙和亲。宣帝本始二年（前73年），汉朝十五万骑五将军分道击匈奴，而常惠使持节护乌孙兵五万骑从西面入，"获单于父行及嫂、居次、名王、犁污都尉、千长、骑将以下四万级，马牛羊驴橐驼七十余万头。"取得了对匈奴的毁灭性打击。① 元康二年（前64年），乌孙昆弥通过常惠给朝廷上书："愿以汉外孙元贵靡为嗣，得令复尚汉公主，结婚重亲，畔绝匈奴。""昆弥及太子、左右大将、都尉皆遣使，凡三百余人，入汉迎取少主。上乃以乌孙主解忧弟子相夫为公主，置官属侍御百余人，舍上林中，学乌孙言。天子自临平乐观，会匈奴使者、外国君长大角抵，设乐而遣之。使长罗侯光禄大夫惠为副，凡持节者四人，送少主至敦煌。未出塞，闻乌孙昆弥翁归靡死，"汉朝"征还少主"。甘露年间（前53—前50年），翁归靡胡妇子（匈奴妻子所生）乌就屠袭杀狂王后自立，汉遣破羌将军辛武贤发大军五万集结敦煌准备讨伐。楚主侍者冯夫人锦车持节，招乌就屠赴赤谷城常惠帐下受封，表示"愿得小号"。从此，汉立元贵靡为大昆弥，乌就屠为小昆弥，皆赐印绶。复遣长罗侯常惠将三校屯田赤谷城，分别其人民地界，大昆弥户六万余，小昆弥户四万余。

汉简中公主和亲、少主出塞、常惠使乌孙、辛武贤穿渠积谷以及大、小昆弥来汉朝贡的材料都极为丰富。比如：

> 入糜小石二石。本始五年二月乙卯，县泉厩佐广意受敦煌仓啬夫过，送长罗令史。（Ⅰ90DXT0209⑤：17）

此简为公元前69年4月11日，敦煌仓啬夫过（人名）为悬泉置下拨糜子小石二石，悬泉厩佐广意为经手人。此事可能与接待长罗侯的属吏有关。

> 神爵二年正月丁未朔己酉，县泉置啬夫弘敢言之：遣佐长富将传迎长罗侯敦煌，禀小石九石六斗。簿入十月。今敦煌音言不簿入。谨问佐长富，禀小石九石六斗，今移券致敦煌□□。（Ⅰ91DXT0309③：215）

此简是公元前60年2月17日，悬泉置啬夫弘上报的一份文件。事由是派悬泉置佐长富用传车送长罗侯到敦煌，用粮九石六斗。按规定应在十月将用粮的账簿汇报到敦煌，结果未能按时报上。敦煌来文敦促此事，悬泉置啬夫上报文件以说明情况。

> 上书二封。其一封长罗侯，一乌孙公主。甘露二年二月辛未日夕时，受平望译骑当富，县泉译骑朱定付万年译骑。（Ⅱ90DXT0113④：65）

---

① 《汉书》卷96《西域传》，中华书局1962年版，第3905页。

这是公元前52年3月29日传递重要公文的实时记录。长罗侯常惠和乌孙公主分别给朝廷上书一份，日夕之时，由平望驿骑传递给悬泉驿骑，再由悬泉驿骑传递给万年驿骑。如此重大军务，不仅在时间上有严格规定，而且传递时要有详细记录。延误军机，要受到追查。简中"译"通"驿"。

> 使乌孙长罗侯惠遣斥侯恭上书，诣行在所。以令为驾一乘传。甘露二年二月甲戌，敦煌骑司马充行大守事、库令贺兼行丞事，谓敦煌：以次为当，舍传舍，如律令。（Ⅴ92DXT1311③：315）

此简记录的是长罗侯亲自派专人，诣行在所，给皇帝上书。敦煌太守府于公元前52年4月1日通令所属沿途各地，按规定为上书人员提供住宿和车辆。这与前简所记，将长罗侯和乌孙公主的上书逐站通过驿骑传递的情况是不同的。

> 甘露二年二月庚申朔丙戌，鱼离置啬夫禹移县泉置，遣佐光持传马十匹为冯夫人柱，廪穬麦小石卅二石七斗，又茭廿五石二钧，今写券墨移书到，受簿入三月报，毋令缪如律令。（Ⅱ90DXT0115③：96）

这是公元前52年4月13日鱼离置啬夫给悬泉置的移文，言冯夫人路过时，用传马十匹，用穬麦卅二石七斗，用茭廿五石二钧。现将有关凭据送来，在三月一总汇报。简中"柱"通"住"。"住、驻、柱，皆取止而不动之意。"《汉书·西域传》："宣帝征冯夫人，自问状。遣谒者竺次、期门甘廷寿为副，送冯夫人。冯夫人锦车持节，诏乌就屠诣长罗侯赤谷城，立元贵靡为大昆弥，乌就屠为小昆弥，皆赐印绶。"此简内容当与此有关。

> 甘露二年四月庚申朔丁丑，乐官（涫）令充敢言之：诏书以骑马助传马，送破羌将军、穿渠校尉、使者冯夫人。军吏远者至敦煌郡。军吏晨夜行，吏御逐马，前后不相及，马罢亟，或道弃，逐索未得，谨遣骑士张世等以物定逐各如牒。唯府告部、县官、旁郡，有得此马者，以与世等。敢言之。（Ⅴ92DXT1311④：82）

这是公元前52年6月3日酒泉郡乐涫县（今高台县西北）县令给敦煌郡的一件公文。言当时破羌将军、穿渠校尉以及冯夫人路过时，朝廷有诏书，以骑马助传马。

由于军情紧急，日夜兼程，一些马匹在半路上失散了，现在派骑士张世沿途寻找，请通告所属各地，有得此马者，交给张世等人。此简记录冯夫人等路过时，沿途郡县的护送和繁忙。

> 甘露三年九月壬午朔甲辰，上郡大守信、丞欣谓过所：遣守属赵称逢迎吏、骑士从军乌孙罢者敦煌郡。当舍传舍，从者如律令。十月。再食。（Ⅱ90DXT0115③：99）

这是公元前51年10月23日上郡太守府开具的一份过所，言派守属赵称等人到敦煌郡，迎候曾在乌孙屯田更尽返回的吏士，要沿途各地给予食宿方便。《汉书·西域传》载："汉复遣长罗侯惠将三校屯赤谷，因为分别其人民地界，大昆弥户六万余，小昆弥户四万余。"简中所言"从军乌孙罢者"当为跟随长罗侯屯田赤谷的上郡吏士。

> 甘露三年十月辛亥，丞相属王彭护乌孙公主及将军贵人从者道上，传车马为驾二封轺传，有请诏。御史大夫万年下谓成（渭城），以次为驾，当舍传舍，如律令。（V92DXT1412③：100）

> 甘露三年十月辛亥朔，渊泉丞贺移广至、鱼离、县泉、遮要，龙勒廄啬夫昌持传马送公主以下，过廪穧麦各如牒，今写券墨移书到，受簿入十一月报，毋令缪如律令。（Ⅱ90DXT0114③：522）

以上两简是公元前51年10月30日在同一时间发自不同机关的两份文件。前者是御史大夫陈万年签发的一份传信，言丞相属王彭护送乌孙公主、将军贵人，沿途要提供食宿和车辆。后者是渊泉县丞贺给五所厩置移送的文件，言公主路过时各厩置提供草料账目凭单要在十一月汇总上报。《汉书·西域传》云："公主上书言年老土思，愿得归骸骨，葬汉地。天子闵而迎之，公主与乌孙男女三人俱来至京师。是岁，甘露三年也。时年且七十，赐以公主田宅奴婢，奉养甚厚，朝见仪比公主。后二岁卒，三孙因留守坟墓云。"简中所言，当为解忧公主返回汉地时途经河西各地之记载。

> 出粟三石，马十匹。送大昆弥使者都吏张掾。阳朔四年二月戊申，县泉啬夫定付遮要廄佐常。（V92DXT1812②：58）

> 鸿嘉三年三月癸酉，遣守属单彭送自来乌孙大昆弥副使者簿游、左大将□使□□，皆奉献诣行在所。以令为驾一乘传。敦煌长史充国行大以次为驾如律令。凡二人。三月戊寅东。六月（Ⅱ90DXT0214②：385）

以上两简，分别是公元前21年3月23日和公元前18年4月2日，大昆弥派使者来汉朝贡，而朝廷派官员一路接送，留在敦煌悬泉置的记录。

> 出粟六升。以食守属高博送自来乌孙小昆弥使，再食，东。（Ⅰ90DXT0110②：33）

> 出粟二斗四升。以食乌孙大昆弥使者三人，人再食，食四升，西。（Ⅴ92DXT1611③：118）

以上两简是乌孙大小昆弥派使者来汉朝贡，途中由汉朝官员护送，在悬泉置的食宿记录。

总之，西汉时到达乌孙的道路尽管还是走天山以南，到疏勒后再北行翻越图噜噶尔特山口到达乌孙王都赤谷城，但从乌孙到康居的道路是通达的。西汉时汉帝国同乌孙的频繁来往和从盟国到属国的发展，为后来天山北路的开通创造了条件，奠定了基础。

三　葱岭以西的丝绸之路

在张骞到达中亚之前的公元前2世纪中后期，后来的丝绸之路西段（自帕米尔以西）实际上已经开通，而且此时距亚历山大东征已经过去两个世纪之久，东部希腊化世界的政治格局和文化面貌也发生了巨大变化。"当时的东西方商路主要有三条。北路连接印度、巴克特里亚与黑海。来自印度的货物可经巴克特里亚沿阿姆河（the Oxus）而下，进入里海（当为咸海），再转运至黑海。中路连接印度与小亚，有两条支路：一条先走水路，从印度由海上到波斯湾，溯底格里斯河而上，抵达曾为塞琉古王国都城之一的塞琉西亚（Seleucia on Tigris）；一条全部走陆路，从印度经兴都库什山、阿富汗的巴克特拉（Bactra）、伊朗高原到塞琉西亚城，至此，水陆两路会合，由此跨过底格里斯河和幼发拉底河，西达塞琉古王国的另一都城，即叙利亚的安条克（Antioch on the Orontes），由此转向西北到达小亚的以弗所。南路主要通过海路连接印度与埃及,从印度沿海到南阿拉伯,经陆路到佩特拉(Petra),再向北转到大马士革(Damascus)、安条克,或向西到埃及的苏伊士(Suez)、亚历山大里亚等地。"①

按照汉文文献的记载,翻越葱岭以后向南向西的通道主要有三条:南道,从皮山西南翻越悬度到罽宾(今克什米尔地区),进入印度等南亚次大陆,同时可从罽宾西到乌弋山离(今伊朗东部和阿富汗西部的锡斯坦地方)即所谓"罽宾、乌弋山离道";中道,从大月氏(今阿富汗)进入马什哈德、哈马丹、巴格达、大马士革;北道,从大宛(今费尔干纳)、康居(今锡尔河东北部哈萨克草原)进入咸海、里海和黑河北部,然后南转君士坦丁堡。

关于南道,汉简中关于罽宾、乌弋山离、祭越等国的记载,记述了从西域南道进入南亚印度半岛丝绸之路的畅通。②

关于中道,汉简中大量大月氏与中原王朝来往的记录,不仅为研究大月氏到贵霜帝国建立前这段"黑暗时代"的历史提供了重要资料,而且有帕米尔以西,经阿富汗到地中海以东地区丝路交通情况的生动记载。③

关于北道,汉简中关于大宛、康居的记载,是研究汉王朝与中亚各国和地中海北岸地区丝路交通的重要资料。④

总之,西北地区尤其是甘肃河西走廊出土的7万多枚汉代简牍无一不与两汉时期的丝绸之路密切相关,是研究中西文化交流以及丝路沿途各国历史的重要资料。

(张德芳,甘肃简牍博物馆)

---

① 杨巨平:《亚历山大东征与丝绸之路开通》,《历史研究》2007年第4期。
② 汉简有"以给都吏董卿所送罽宾使者□"(Ⅱ90DXT0213②:37);"出钱百六十,沽酒一石六斗,以食守属董并√叶贺所送沙车使者一人、罽宾使者二人、祭越使者一人。凡四人,人四食,食一斗。"(Ⅱ90DXT0113②:24);"遮要第一传车为乌弋山离使者"(Ⅱ90DXT0115②:95)等。论文有罗帅《悬泉汉简所见折垣与祭越二国考》,《西域研究》2012年第2期。
③ 大月氏西迁后征服大夏,其中五翕侯之一的贵霜翕侯逐步强盛,在公元1世纪左右统一各部建立了贵霜帝国。在贵霜帝国建立前,即公元前1世纪的历史,由于缺乏资料而被历史学家称为"黑暗时代"。而河西汉简中关于大月氏的材料,正是弥补了这方面的空白,为研究这段历史提供了第一手资料。关于这方面的文章有:张德芳《河西汉简中的大月氏》,宁夏考古研究所、北京大学中国古代史研究中心主办"第二届丝绸之路国际学术研讨会"论文集,2014年8月。
④ 郝树声:《简论敦煌悬泉汉简〈康居王使者册〉及西汉与康居的关系》,《敦煌研究》2009年第1期;郝树声:《汉简中的大宛和康居——中西交往的新资料》,《丝绸之路——中西文化交流的永恒通途》(太湖文化论坛巴黎峰会论文),(法)巴黎,2014年3月。

"丝绸之路"甘肃段的历史地位

刘再聪

丝绸之路是古代中国经中亚、西亚连接欧洲及北非的东西方交通路线的总称。由于输出的商品以丝绸作为代表，因而名之为"丝绸之路"。若按输入的商品而论，则有"香料之路""白银之路""玉石之路"等称呼。丝绸之路是互通互惠之路，是古代中国向世界输出文化的通道，也是向世界学习的窗口，它既是一条中西方的贸易之路，也是一条文化传播之路。"丝绸之路"甘肃段历史地位重要，历史文化遗存十分丰富。

一 "丝绸之路"甘肃段畅通与否成为中原王朝势力盛衰的重要标志

1877年，德国地理学家李希霍芬提出"丝绸之路"概念，指从公元前114年到公元127年间中国与河间地区（即阿姆河与锡尔河之间的地带）以及中国与印度之间以丝绸贸易为媒介的这条西域交通路线。随着东西方关系史研究的进一步深入，人们对丝绸之路的热情越发高涨。目前，国内关于"丝绸之路"路线的提法很多，有"陆上丝绸之路"和"海上丝绸之路"之分，"陆上丝绸之路"有"西北丝绸之路"和"西南丝绸之路"之分，"西北丝绸之路"有"草原之路""绿洲之路"之分，几乎视"丝绸之路"为"中西交通"之代名词。但国外学者对"丝绸之路"的认识一向比较稳定，德国史学家阿尔巴特·赫尔曼把丝绸之路的终点之一由河间地域向西扩延到遥远西方的叙利亚，英国彼得·霍普科克《丝绸之路上的外国魔鬼》、法国L. 布尔努瓦《丝绸之路》等著作中的丝绸之路依然以陆上为主。由于"海上丝绸之路"的繁荣迟至唐、宋以后，输出的商品以陶瓷为主，故日本学者三上次男《陶瓷之路——东西文明接触点的探索》一书称之为"陶瓷之路"。

应该说，从得名来看，"丝绸之路"本身有特定的时代和地域含义。近代以来，"丝绸之路"已成为其他交通网络的一个组成部分，基本上不再具备鲜明的个性和独立的体系。因此，上述众多提法将"丝绸之路"的范围无限放大，使"丝绸之路"的含义越来越模糊。根据"丝绸之路"的得名及繁荣的时代，我们认为，"丝绸之路"不等于中西交通，"丝绸之路"当指汉至唐、宋时期从今西安出发，经过甘肃、新疆，翻越葱岭进入中亚，或到达南亚、或直达西亚、北非以及欧洲的贸易和文化交流路线，这样才有助于彰显"丝绸之路"的时代特色和地域特色。

汉、唐的首都位于关中，长安是丝绸之路的起点。从今天的甘肃向东翻越陇山，就进入关中。向西出了阳关、玉门关，就进入狭义上的西域。因此，丝绸之路是否畅通，首先取决于甘肃一带局势是否稳定。历史上的甘肃是多民族活动区，乌孙、月氏、匈奴、氐、羌、突厥、回鹘、吐蕃、党项等部族先后在这里繁衍生息。对汉、唐等中原王朝而言，甘肃既是边防要地，又是经营西域之前沿基地。两汉及隋、唐国势强盛，华风远披中亚，甘肃一带局势稳定，丝绸之路畅行无阻。魏晋南北朝、五代十国及宋夏时期，中原动荡，甘肃一带分属不同的政权，丝绸之路通行受阻，可见，甘肃一带局势稳定与否，取决于活动在这一地区的少数民族与中央王朝的关系如何。因此，可以认为，甘肃境内丝绸之路畅通与否成为中原王朝势力盛衰的重要标志。

二 穿越甘肃全境是中原王朝走向世界的第一程

丝绸之路的全线贯通并非一蹴而就，而是中原王朝不断寻求向西发展的结果，而据有甘肃全境则是打通向西进发最关键的一步。先秦史籍记载，黄帝曾经去崆峒山向广成子问道，周穆王曾经去昆仑山拜见西王母。研究表明，崆峒山、昆仑山都在甘肃境内。另外，秦穆公霸西戎，秦昭王修陇西、北地长城，秦始皇、汉武帝经回中道西巡等行动的主要区域也在甘肃境内。这些先祖和帝王的西进活动是丝绸之路开通的序曲。张骞通使西域、汉武帝设置河西四郡，甘肃全境正式归属中原王朝管辖，意味着"丝绸之路"最终形成。

甘肃是战国秦长城、秦始皇长城、汉长城以及明长城的西端起点所在地，长城对丝绸之路的保护功能在甘肃境内表现得最为典型。丝绸之路在甘肃黄河以东地区可分为南北两线。南线沿渭河河谷穿行，与秦长城大体平行，沿线的临洮、渭源、陇西、通渭、静宁、镇原、环县、华池等8个县城全部在长城之南。北线沿六盘山东面北行在靖远、平川、景泰一带渡河后进入河西走廊。靖远、平川、景泰及河西走廊汉长城沿线的县城也全部分布在汉明长城以南。可见防御北方游牧民族南下、保护丝绸之路畅通是长城的主要功能。

陇山是丝绸之路必须翻越的第一座大山。"陇坻之隘，隔绝华戎"，"陇头流水，鸣声呜咽。遥望秦川，肝肠断绝"。登上陇山、翻越陇关，意味着出了关中正式踏上丝绸之路。黄河是丝绸之路必须跨越的第一条大河，沿线渡口大多数在甘肃境内，如临津、金城、索桥、乌兰、鹯阴、迭烈逊等。清人《许氏方舆百卷》对甘肃地区在古代历史上的战略地位论道："自河州以西、北至靖远，皆昔人控扼制胜之地也。"这里的"控扼制胜之地"应当包括丝绸之路各线道路跨越黄河的渡口。"西出阳关无故人"，过了敦煌，出了阳关、玉门关就意味着到了狭义的"西域"。如此看来，从关中出发，跨越陇山、渡过黄河、西出玉门关抵达狭义"西域"的路程恰好穿越了甘肃全境，穿越甘肃全境是中原王朝走向世界的第一程。

三国至隋，中原地区四分五裂，南北政权对抗。经过中原前往西域的大路受阻，东晋南朝政权则从蜀地出发，经过甘南或陇南地区进入青海境内。这条道就是"河南道"，又叫羌中道、吐谷浑道，起点在成都，终点在青海湖西伏俟城，最终通向漠北和西域。因此，在南北对峙时期，甘肃又是江南政权通往西域的第一站。

三 "丝绸之路"甘肃段丰富的文化遗产促进了近代中国学术的大发展

"丝绸之路"在甘肃境内绵延1600多千米，烽燧、城址、驿站、渡口、关隘、墓葬、寺塔、石窟等丝绸之路文化遗址如繁星般分布甘肃全境。汉晋简牍、敦煌文书、金石碑刻、壁画造像等出土文献和艺术品内涵极为丰富，为了解"丝绸之路"及中外文化交流提供了极为丰富的重要资料。

西去或东进有案可稽的人物数以百计，其中西游求法者中籍贯可考者65人。著名史家梁启超分析，其中属甘肃籍者10人，人数位居第一。西去人物如张骞、法显、宋云、玄奘、高居诲等，东进人物如鸠摩罗什等都经过甘肃，他们是丝绸之路甘肃段辉煌历史的见证人。同时，他们留下的极为重要的历史遗迹和对各自行程的文字记载，成为了解丝绸之路不可多得的重要史料：如武威的罗什塔、炳灵寺石窟中法显题记、瓜州县境内玄奘偷渡之五烽等及《法显传》《宋云行记》《大唐西域记》。

丝绸之路沿线佛教石窟有70多处，其中敦煌莫高窟、天水麦积山石窟、永靖炳灵寺石窟与洛阳龙门石窟、大同云冈石窟并称为中国五大石窟寺。中国境内最早的石窟造像在新疆，但是印度文化痕迹非常明显，进入甘肃，中国传统文化的因素骤然增多。而且时代越晚，中国文化因素越多。可以说，甘肃是佛教文化中原化的早期摇篮。炳灵寺"建弘元年题记"是目前我国石窟寺中最早的题记，为炳灵寺石窟和中国其他重要石窟的分期断代提供了参考标志和线索。武威马蹄寺石窟有中国石窟艺术中的"凉州模式"之称，直接影响了云冈石窟和龙门石窟的建造风格，为探寻中国石窟造像艺术的源头提供了极为重要的线索。

20世纪上半叶，甘肃河西走廊一带，有西方的探险家东来"盗"宝，有中国的学者西行考古，汉晋简牍与敦煌藏经洞遗书由此得以传世和流布世界各地。汉晋简牍和敦煌藏经洞文书被誉为中国近代学术四大发现之两种，直接催生了简牍学和敦煌学两门学科，丝绸之路甘肃段因此也再次受到世界关注。丝绸之路甘肃段出土的丰富文化遗产，极大地推动了中国近代学术的发展。

（刘再聪，西北师范大学）

论甘肃为丝绸之路的"黄金路段"

李并成

2013年9月,习近平主席在哈萨克斯坦纳扎尔巴耶夫大学演讲中提出建设"丝绸之路经济带"的倡议,随即在国内外引起广泛关注和响应。甘肃省积极行动,提出甘肃为丝绸之路的"黄金路段"。

甘肃为什么是丝绸之路的"黄金路段",其依据是什么,优势何在?甘肃省尚未对此做出清晰的论说和明确界定,也尚未能得到全国各地的一致认同。笔者不揣谫陋,拟对其进行必要的考证,以就教于学界及有关部门和领导,并借此为甘肃省的对外宣传提供参考。

一 甘肃位居丝绸之路的枢纽地带,是世界上四大文化体系的汇流之区

丝绸之路是古代沟通旧大陆三大洲最重要的通道,数千年来曾为整个人类世界的物质文明和精神文明做出过巨大贡献,被誉为"世界文化的大运河""世界文化的母胎""推动古代世界历史车轮前进的主轴"。此次成功进入世界文化遗产的"丝绸之路:长安—天山廊道的路网",贯穿甘肃全境,其主干线在甘肃东西绵延长达1600多千米,约占其全程总长度的1/4。从甘肃的地理位置来看,位处东亚与中亚的接合部,是我国东中部腹地通往西北地区乃至西方各国的天然走廊和必经孔道。就拿河西走廊来说,由于其南部发源地受到祁连山脉的石羊河、黑河、疏勒河三大内陆河系的滋润,沿程孕育了连绵的片片绿洲,其自然和交通条件较之其北部的茫茫荒漠和南部的青藏高原无疑要优越得多,因而自古以来就成为丝绸之路国际交通大动脉上最重要的路段之一。

笔者曾考证,贯穿甘肃境内的丝绸之路主要路段有:南回中道(西安—宝鸡—陇县—平凉—萧关—固原—靖远—景泰—武威及其以西)、北回中道(西安溯

泾河而上，经泾川、平凉与前道合）、陇关道（西安—陇县—大震关—秦安—通渭—兰州及其以远）、秦陇南道（西安—大震关—天水—陇西—临洮—临夏—兰州或西宁以远）、灵武道（西安—灵武—武威以远）、西兰道（大体与今312国道重合）、河西道（东西穿越河西走廊）、包绥道（武威—民勤—磴口—包头—呼和浩特—北京）、羌中道（兰州—西宁—日月山—柴达木盆地—若羌及其以西）、唐蕃古道（兰州—西宁—日月山—玉树—拉萨）、大斗拔谷道（西宁—扁都口—张掖）等。此外，还有直道（西安—子午岭—河套）、阴平道（秦陇入蜀）、白水道（秦陇入蜀）等，亦可归入广义的丝绸之路。由此甘肃成为东西方经济文化交流不可替代的桥梁，东西方文明在这里交融汇聚，西传东渐。丝绸之路及其丰富的文化遗存是甘肃历史文化资源中最有优势、最具光彩和魅力的品牌。

  国学大师季羡林先生有一段名言："世界上历史悠久、地域广阔、自成体系、影响深远的文化体系只有四个：中国、印度、希腊、伊斯兰，再没有第五个。而这四个文化体系汇流的地方只有一个，那就是中国的敦煌和新疆地区，再没有第二个。"诚如其言，敦煌乃至整个甘肃处在从陆上将世界上四大文化体系联结起来的区域，在世界文化地图上占据着举足轻重的地位。中国文化西传波斯、阿拉伯、埃及、希腊、罗马乃至更远，欧洲和西亚、中亚、北非文化的东渐，甘肃都是必经之地；中国文化南传印度和南亚，印度文化传入中国，甘肃亦是主要通道。

二　甘肃是我国历史上率先对外开放的地区，河西走廊可称为我国走向世界的第一条通道

  我国历史上的对外开放，可追溯至2100多年前汉武帝时期的张骞出使西域，随着丝绸之路的开拓，沟通了东西方经济文化的交流，使汉族和西北边疆各族、使中国和西方许多国家和民族建立了友好关系，因而史家称这一壮举为"凿空"。汉唐时期中国以其恢宏的气魄、灿烂的文化向世界敞开胸怀，随着丝绸之路的畅通，商旅、使者"相望于道"，不绝于途，位处四大文化体系汇流之区的甘肃，每每得风气之先，敞开大门，广接八方来客，海纳外来营养，表现出对外来文化强大的融合力。正是由于这种区位优势，陇原各地得以长时期地吸收、汲取丝绸之路上荟萃的各种文明成果来滋养自己，促进自身经济文化的发展和繁荣。如佛教和佛教艺术自两汉之际经河西、陇右传入我国内地，十六国时众多的西域佛僧来到河西，译经授徒，蔚成风气，凉州、敦煌等地成了我国佛经翻译的中心。蜚声中外的莫高窟等众多的佛教石窟群像明珠般地闪烁在丝路古道上，光艳夺目、

让世人惊叹。它们是中外文化友好交流的结晶,是丝绸之路上留下的一串串光辉的历史足迹。

三 甘肃许多城市都是因丝绸之路的开通而兴起,随丝绸之路的盛衰发展而兴颓,一些城市也因之成了丝路沿线重要的节点,乃至成为国际性都会

拿河西走廊来说,张骞"凿空"后,为了建立"制匈奴、通西域"的稳固的前进基地,汉武帝派骠骑将军霍去病远征河西、大败匈奴,随后在河西丝路沿线相继设置酒泉、张掖、敦煌、武威4郡及其所属35个县,实施大规模的开发经营。可以毫不夸张地说,这些郡县城市皆因丝绸之路而兴起和发展,河陇地区的开发史与丝绸之路的发展史是紧紧联系在一起的。例如,位居河西走廊西端、西域门户的敦煌,随着丝绸之路的畅通,迅速发展成为西出西域古道上无可替代的咽喉重镇。东汉应劭解释敦煌二字:"敦,大也;煌,盛也。"唐人李吉甫又云:"敦,大也;以其广开西域,故以盛名。"意思是说由于敦煌在开辟西域方面的重大意义,所以才赋予了它这样一个具有盛大含义的名字。《汉书·西域传》记载,出敦煌玉门关、阳关往西域有南北两道,据《魏略·西戎传》,曹魏时增至三道。《后汉书·郡国志》引《耆旧记》云:敦煌"国当乾位,地列艮墟,水有县泉之神,山有鸣沙之异,川无蛇虺,泽无兕虎,华戎所交,一都会也"。敦煌发展成了华夏民族与西方各民族交往的国际都会。隋代裴矩《西域图记》记载去西域道路有北、中、南三道,但无论哪一道都"发自敦煌","总凑敦煌,是其咽喉之地"。唐代以敦煌为中心更是辟有7条交通路线:即东通中原的丝路干道、北通伊州(今哈密)的稍竿道、西北通高昌(今吐鲁番)的大海道、西通焉耆和龟兹(今库车)的大碛道、西南通鄯善(今若羌)和于阗(今和田)的于阗道、南通吐谷浑和吐蕃(今青海、西藏)的奔疾道、敦煌东面瓜州西北通伊州的第五道(莫贺延碛道)。可见敦煌实为当时丝绸之路交通馆驿网络颇为密集的枢纽之地。

又如武威,地处长安连通河西南北两条丝绸之路(南、北回中道)的交会点。唐代《大慈恩寺三藏法师传》称:"凉州为河西都会,襟带西蕃、葱右诸国,商旅往来,无有停绝。""葱右"指葱岭(今帕米尔高原)以西的广大地区。武威作为河西都会,就像一件衣服上的襟和带子一样,把西方各少数民族和葱岭以西各国连带起来,以至于胡商汉贾络绎不绝,并有不少西域和中亚商客长期留居这

里。唐代诗人岑参写道："凉州七城十万家，胡人半解弹琵琶。"是说凉州大城之内有小城七座，城中居住的大量胡人受汉族文化的熏陶，已经能够一知半解地听懂琵琶的弹奏了。城内居民多达十万家，至少应有四五十万人，汉胡杂居，经济兴盛。武威不愧为国际性都会，以至汉唐时期发展成我国西北除首都长安之外最大的城市。武威西夏博物馆藏全国重点文物保护单位《西夏碑》记："武威当四冲地，车辙马迹，辐凑交汇，日有千数。"

张掖，地当横贯河西走廊东西的丝路干线与向南穿越祁连山大斗拔谷道的交会点，红尘走马，商贾络绎，物产丰饶，素有"金张掖"之美誉，自古以来就是中西交通贸易重镇。隋代西域各地和西方一些国家都到张掖交市，隋炀帝特派吏部侍郎裴矩到张掖"护视"，也就是主持对外贸易和联络西域各族事务，以至"西域诸蕃，往来相继"。清人胡悉宁《登甘州城楼》诗遥想当年张掖盛况："三边锁钥河山壮，万国车书驿路通。"

酒泉，位处河西大道与居延古道的交会处，位置显要，自古就为"诸夷入贡之要路，河西保障之襟喉"。早在十六国时的前凉、后凉、西凉、北凉等政权，都把酒泉作为交通西域诸国的基地。初唐诗人员半千《陇头水》吟道："路出金河道，山连玉塞门。旌旗云里渡，杨柳曲中喧。……将军献凯入，万里绝河源。"金河即流经酒泉城西的讨赖河，金河道即途经酒泉的丝路大道。由上引唐诗可见，该道的畅通与否甚或关乎整个西北一带的战局。元代《马可波罗行纪》载，"酒泉一带盛产大黄，商人来此购买，贩售世界"。明代酒泉更是成为西北经贸的前沿重镇。

再如兰州，地处中国版图南北之中、东西扼塞之处，九曲黄河穿城而过，故称"陆都"。护秦联蒙，援疆翼藏，这里既是陆上丝绸之路的要径，又是扼守黄河的重要渡口，历来为中西经济文化交流的咽喉重镇。由长安、天水西来的秦陇南道，由兰州北去的河西大道，由兰州西去青藏高原的羌中道、唐蕃古道等皆汇聚于此。丝绸之路的兴盛使其发展成了我国西部的中心城市之一。

四　甘肃是享誉遐迩的文物大省，是丝路古道上保存各类文物最丰富、文物价值最高的省区之一

在漫长的历史发展中，陇原大地上留存下了许多饮誉全球的文物古迹和遗址名胜。目前全省拥有世界文化遗产7处，是我国拥有世界遗产最多的省区之一。拥有全国重点文物保护单位近百处、省级重点文物保护单位500余处，已查明的文物遗存约1.5万处，全国重点收藏单位近百家，各类博物馆百余座，

馆藏文物50多万件，其中一级文物2000多件，这些数据均在全国居于前列。如武威雷台东汉墓葬出土的铜奔马，完美无缺地塑造出了一个天马腾空的形象，轰动海内外，一时间"四海盛赞铜奔马，五洲争说金缕衣"，它被确定为中国旅游标志图形。又如甘肃是我国彩陶保存最集中、品级最高的地区，为我国绚烂的彩陶文化中独树一帜的奇葩，从8000多年前的大地湾一期遗址到齐家文化都有大量的彩陶出土。其精美绝伦的造型，缤纷多彩的纹饰，堪称古代艺术的瑰宝，甘肃也因之被誉为"彩陶之乡"。又如清乾隆时编纂的《四库全书》文溯阁本，今天完整地保存在兰州。再如甘肃境内岩画、摩崖石刻多达千余处，其构图简括，笔法质朴，内涵丰富，蕴藏着大量珍贵的历史信息，被称为"留在石头上的史诗长卷"。成县西峡颂摩崖碑刻，为汉代三大颂碑中保存最完整的一处，其碑文和书法均有很高的考古研究和临摹鉴赏价值。他如，长城、石窟、简牍、古代文书、古代艺术品、古文明遗址、古城址、古建筑、古墓葬等文物遗存，争奇斗胜，不胜枚举。

五 甘肃是世界上独一无二的规模壮观的石窟走廊和艺术长廊，成为丝绸之路辉煌艺术成就和历史文化的杰出代表

莫高窟、麦积山、炳灵寺、榆林窟、马蹄寺、北石窟、南石窟、天梯山、云崖寺等50多处石窟群、2500多座洞窟、16000余身造像、56000余平方米壁画，灿若繁星，辉耀于丝路古道上。无论从石窟群和石窟的数量，所存造像、壁画的规模，还是从其艺术、历史价值来看，不仅在国内无有可及者，在世界上也难有其匹。世界文化遗产莫高窟是我国也是世界上所存规模最大、历时最长、内容最丰富的艺术宝库。瓜州榆林窟俗称万佛峡，以其精美的壁画、雕塑成为敦煌艺术的重要组成部分。世界文化遗产麦积山石窟，不仅被誉为"东方雕塑艺术馆"，而且也是全国诸多石窟寺庙中风景最秀丽的一座。世界文化遗产永靖炳灵寺石窟规模宏丽，艺术精湛，尤以石雕造像见长，并位处黄河三峡，峰峦叠嶂、飞流咆哮、气势非凡。全国重点文物保护单位马蹄寺石窟群由金塔寺、千佛洞、上中下观音洞和马蹄寺南北二寺等7部分组成，迤逦于祁连山麓，其中金塔寺的大型影塑飞天古朴典雅，为全国所仅见。全国重点文物保护单位天梯山石窟开凿于十六国时期，有"中国石窟鼻祖"之称。全国重点文物保护单位北石窟始建于公元6世纪初，而又以唐代洞窟最多，其中不乏盛唐艺术精品。近年泾河两岸又惊现百里石窟长廊，发现舍利塔基2处和禅房、僧房窟、生活窟等500余窟，成为整个

甘肃石窟走廊的重要组成部分。甘肃石窟艺术是丝绸之路辉煌艺术成就和历史文化的杰出代表。

六 甘肃是我国近代四大文献考古发现的两大奇观——敦煌遗书和汉代简牍的出土地，是最能代表丝绸之路学术成就的举世瞩目的国际性显学——敦煌学、简牍学、西夏学等的故里

1900年随着敦煌莫高窟藏经洞珍藏的5万余件古代文书和其他一批精美文物的发现，敦煌的名字震动了全球。甘肃大地先后出土汉简6万余枚，占全国所出汉简总数的82%，此外还有天水放马滩秦简及河西魏晋简、西夏和元代文书等的出土。随着丝路沿线这批珍贵文献的出土，引起世界上许多学者的瞩目，敦煌学、简牍学、西夏学遂应运而生，以至发展成为"世界学术之新潮流"，迄今已逾百年仍方兴未艾。大批相关学术成果面世，全方位、多视角地展示了昔日丝绸之路的辉煌，提供了两千多年来东西方经济文化交流的生动例证和独特见证，代表了丝绸之路文明和文化传统的杰出范例。

七 甘肃是丝绸之路上世界文化遗产万里长城所经的重要路段和现存长城长度最长、保存遗迹最多、形态结构最复杂、最能代表"长城文化"的地区

战国秦、汉、明三代长城如游龙走凤，至今仍绵延于陇原东西，总长度超过4000千米，气势磅礴，长城沿线许多烽燧、城障、关隘遗迹今仍历历可见。笔者实地考察所见，战国秦长城尤以今临洮杀王坡、尧甸、渭源庆坪、上盐滩、关门、陇西福星、云田、通渭四罗坪、榜罗镇、第三铺、寺子川、静宁红寺、高界、镇原城墙湾、环县城子岗、长城塬、华池城梁盖等地遗迹清晰，为整个战国秦长城中保存最佳的地段。敦煌西北的玉门关及其附近的长城塞垣，是我国汉长城中遗存最完好、气势最雄伟的一段。明长城的西端点嘉峪关，为万里长城全线中保存最完整、规模最宏大的关城，享有"天下第一雄关""边陲锁钥，长城主宰"的美誉。山丹境内汉、明长城相伴并存，古垒烽堠、驿站古道连绵不断，被誉为"中国长城露天博物馆"。汉、明长城又与兰新铁路、兰新高铁、连霍高速公路和国道312线并肩同行，形成古代文明与现代文明遥相呼应、交相辉映的壮观美景。

八 甘肃保存了古丝路上一批造型精美、艺术和历史价值极高的寺观庙宇，在国内外享有盛誉

位于夏河县的中国喇嘛教格鲁派六大寺院之一的拉卜楞寺，金碧辉煌，美轮美奂，建筑艺术巧夺天工，宗教文物弘富精美，成为甘、青、川三省交界地区藏民的宗教文化中心。号称"道家第一名山""西来第一山"的平凉崆峒山，早在秦汉时就是西北名胜，今山上所存隍城、真武殿、老君殿以及传说黄帝问道于广成子的问道宫等仍然凝重典雅，巍峨堂皇，山下凌空塔耸拔庄严。始建于公元11世纪末的西夏皇家寺院张掖大佛寺，是一座集塑像、壁画、建筑、藏经和其他文物珍品为一体的佛教艺术殿堂，今天仍完好保存着大佛殿、藏经殿、大佛塔等古建筑20余座和珍贵文物万余件，有中国最大的卧佛殿、亚洲最大的室内木胎泥塑卧佛、最完整的初刻初印本《北藏》佛经及般若金经。武威白塔寺遗址是元代阔端太子为西藏佛教领袖萨班所建，具有极高的历史文化价值。临夏市南关清真大寺雕梁画栋、庄严雄伟、苍松翠柏掩映，充分体现了伊斯兰风格融入民族特色的独特艺术。武威文庙布局宏伟、殿宇巍峨，庙内古柏参天、碑石林立，为西北"学宫之冠"。其他如泾川王母宫、天水南郭寺、玉泉观、静宁清真寺、卓尼禅定寺、碌曲郎木寺、合作米拉日巴佛阁等皆闻名遐迩。

九 甘肃是古丝路上古城遗址保存数量最多、类型最复杂、时代序列最齐全、出土物相当丰富的地区

据不完全统计，甘肃省境内现存各类古城址不下500座，其中仅河西遗存的汉唐时期古城址就有200余座，它们是古丝绸之路上留存的一笔丰厚的历史遗珍，是我国古代文明具有权威性的历史标本和实物载体。这些城址就其类型来看，既有省、府、州郡城、县城，又有土司城、乡城、村堡、驿站，既有军城、守捉城，又有障城、坞壁、折冲府城、戍所，可以构成一个完整的古代行政、军事城址系列。就其时代来看，最早的有距今约2700多年沙井文化时期的金昌三角城，更有大量汉唐明清时期的城址，时代序列相当完整。就其规模来看，有的十分壮观雄伟，高垣崇墉，气薄云天，周长可达几千米，如世界文化遗产瓜州锁阳城周长超过4千米，面积达80万平方米；有的则较为小巧，周长仅百十米甚或更小。就其形制而言，有的结构复杂，城垣设置齐备，有瓮城、马面、雉堞、望楼、弩台、龙尾（马道），城周还有羊马城、护城壕、烽燧和环卫小城堡等；有的则仅

存四壁，形制单调；有的城中有城，垣内套垣，构成二重、三重墙垣，有的则构筑简单。漫步其中，可以充分感受古丝路上波澜壮阔的历史风云，满足人们觅奇猎古的心理需求。

十 甘肃境内的古墓葬、墓群很多，有的品级颇高，为古丝路上的又一奇观

例如，礼县大堡子山秦公墓地是秦始皇先祖庄公、襄公、文公的墓葬群，距今已有2700余年，规模宏大，规格颇高，计有大墓2座、小墓9座、车马坑2座，出土了大批极珍贵的文物，是我国商周考古史上罕见的重大发现。武威雷台汉墓是著名的铜奔马和铜车马仪仗的出土地。嘉峪关、酒泉、高台等地的魏晋壁画墓群，保存彩绘砖墓画2000余幅，成为轰动中外的地下画廊。张家川马家塬战国墓群，随葬大量车以及金、银、铜、铁、陶器等物，颇为稀见。漳县汪氏家族墓是元明两代陇右豪族汪世显家族墓群，出土物丰富，考古价值很高。其他如汉代名将李广墓、赵充国墓、魏晋医学家皇甫谧墓、唐代宰相牛僧儒墓、唐代伊斯兰传教士吾艾斯墓、南宋抗金名将吴玠墓等亦驰名遐迩。

十一 甘肃在丝绸之路古代科技发展史上占有突出地位，保存了许多极为重要的文献和图像史料，其科技成就不少方面居于当时世界领先水平

如敦煌出土的科技方面的资料就很丰富，含医学、数学、天文学、历法、印刷、酿造、农作、建筑、冶炼、交通、纺织、服饰、饲养、园艺、护肤、颜料、工艺、洞窟开凿、彩塑彩绘、化学化工、军事兵器、交通工具、水利灌溉、玻璃制品、农林牧业生产、体育健身，等等，不一而足。除文献记载外，敦煌石窟亦是一座中国古代科技史的画廊。略举数例：敦煌文书S.3326《全天星图》，是世界上现存记载星数最多（1359颗）、绘制最科学的一幅中古时代星图；敦煌发现的公元6世纪陶弘景《本草集注》，收药730种，是目前所知最早的本草类著作，被医家奉为圭臬，具有"本草正典"之称；唐显庆四年（659年）李绩、苏敬《新修本草》20卷（S.4534等），收药9类844种，图文并茂，为我国第一部官颁药典；敦煌马圈湾、悬泉置遗址出土西汉纸多帧，将我国造纸史提前了170多年，敦煌文书本身就构成了一部完整的长达千余年的珍贵纸谱；敦煌所出唐咸通九年（868年）刻本《金刚经》，是迄今所见世界上第一件标有确切年份的雕版

印刷品；榆林窟第3窟西夏壁画烧酒蒸馏图，证明西夏时就已经发明了蒸馏技术，这是酿造技术史上划时代的进步。

十二 甘肃是丝路沿线人类口头与非物质文化遗存十分丰富、且颇具特色的地区

如洮岷花儿、河州花儿、洮砚、兰州太平鼓、庆阳香包与刺绣、陇东皮影、陇东道情、剪纸、天水雕漆、兰州刻葫芦、羊皮筏子、临夏砖雕、保安腰刀、酒泉夜光杯、拉卜楞寺酥油花、甘南藏戏、白马藏族服饰与习俗、裕固族民歌与服饰、敦煌古乐、敦煌舞谱，以及古典诗词、书画、地方餐饮等，多姿多彩，美不胜收。甘肃大地上还广泛流传着大禹治水、苏武牧羊、昭君出塞、霍去病收复河西、文姬归汉、鸠摩罗什传经、法显西行、薛仁贵征西、唐僧西天取经、马可·波罗东方探宝等许多脍炙人口的优美故事和传说。这批遗产文化学术价值颇高，许多堪称世界级品牌。甘宁青一带广泛传唱的花儿，已进入世界非物质文化遗产名录。

十三 甘肃在历史上向为屏蔽关中、中原的门户和中央王朝势力强盛之时向西发展的重要根据地，或名之曰中原王朝向西伸出的右臂，长期以来为古丝路的畅通做出巨大的历史贡献

汉、魏、隋、唐、宋、元、明、清各代都把河陇作为整个西北地区的战略支撑点，"昔人言，欲保秦陇，必固河西；欲固河西，必斥西域"。因之历代中央王朝大都十分重视对河陇的经营开拓：修长城、列亭障、筑关塞、屯兵戍守、徙民实边、广置屯田、大兴农牧业生产、发展对外贸易和对兄弟民族的茶马贸易，以至早在西汉时河陇许多地方就呈现出"风雨时节谷籴常贱，少盗贼，有和气之应，贤于内郡"的兴旺景象。盛唐时更是出现了"天下称富庶者无如陇右"的盛况。甘肃大地以其强有力的军防建设、坚实的农牧业基础，为丝绸之路的长期运行和繁荣、稳定做出历史性贡献。

十四 甘肃的古代文化曾独领风骚，为丝绸之路的历史发展做出特殊的重要贡献

十六国时期，天下动乱，而河西因位处偏僻、山河阻隔，未受或少受中原战

乱的波及，一时间"中原避乱来者日月相继"，其中有不少来自内地的著名学者。他们在河西著书立说、收徒授业，发达的中原文化和大批珍贵学术典籍得以在河西保存、发展。中原学术文化成果在河西炽成郁郁葱葱之势，史家称此为"五凉文化"。北魏统一北方后，侨寓河西的中原学者和河西本土学者大部东迁，中原大地遂激荡起河西文化的波澜。正如著名学者陈寅恪先生在其名著《隋唐制度渊源略论稿》中所论："西晋永嘉之乱，中原魏晋以降之文化转移保存于凉州一隅，至北魏取凉州，而河西文化遂输入于魏，其后北魏孝文、宣武两代所制定之典章制度遂深受其影响"，并影响到了后代。

十五　甘肃在历史上是祖国许多民族大迁徙、大融合的舞台，曾为民族间的交往、团结和发展做出过历史性贡献

甘肃位处黄土高原、青藏高原、内蒙古高原三大高原的接合带，历史上一直是生活在这些地域以至更大区域范围内的各民族往来、迁徙、交流、争斗、融合非常频繁的地区。农耕民族和诸多游牧民族在本区的进退及其政治、军事、经济等方面的活动，不仅对于甘肃历史的发展，而且在全国历史上都产生过不容忽视的重要影响。在陇原这个民族活动的历史大舞台上，汉族以及东方来的党项族、满族、鲜卑族等，北方蒙古高原来的匈奴、突厥、回鹘、蒙古等族，南方青藏高原来的羌、吐谷浑、吐蕃（藏）等族，西方来的昭武九姓、回族、哈萨克族等，以及从这里西出的塞种、乌孙、月氏等族，东去的沙陀等族，南迁的羌族等，都曾同台或轮番演出过一幕幕有声有色的历史话剧。多民族的共同开发建设，赋予甘肃历史文化多元的内涵和民族浑融的斑斓色彩。著名学者费孝通曾提出"民族走廊"的概念，指一定的民族或族群长期沿着一定的自然环境，如河谷或山麓地带向外迁徙或流动的路线。在这些走廊中必然保留着该民族或族群众多的历史与文化沉淀，几条大的民族走廊即是一条条古代交通路线。丝路主干道的河西走廊正是我国一条路线最长、历时最久、规模最宏大、文化沉淀最丰厚的民族走廊。

十六　甘肃是丝绸之路上诸多民族频繁往来、交流、聚集之地，文化特色上表现出鲜明的开放、多元的风格

以上主要是就国内民族的交往、融合而言，再拿沿着丝绸之路而来的中亚、西亚以至更为遥远地域的一些民族，如粟特人等来说，早自西汉张骞"凿空"不久，就不断涌入河陇地区，及至唐、五代时期达到高潮，中亚、西亚等地的胡文

化亦随之传入，遂为河陇当地的社会文化注入了新的血液和营养，使这里的文化面貌呈现出更为开放、多元的新气象。

由于开放性，甘肃历史文化必然表现为多元融合的格局而不会只有单一成分。从总体上看它既有中国文化，又有域外文化。进一步说，在中国文化中既有中原传统文化，又有西域文化、吐蕃文化等；在域外文化中则有印度文化、波斯文化、拜占庭文化等。多民族的聚住杂居、多种文化体系的交错融合、多种宗教的并存和互相渗透、多种风俗习尚的交互熏染，"海纳百川，有容乃大"，使甘肃历史文化发展演变为古丝绸之路上东西方文化交流的生动缩影和典型例证。

例如，唐代敦煌辖有13乡，其中从化乡为外来的粟特人聚居之地，全乡有1400多人，约90%为粟特人，至于散居在敦煌其他各乡的胡人亦不少。敦煌当地的民风习俗诸如赛祆、婚丧、服饰、饮食、乐舞、体育等，无不受胡风浸染。隋唐时期的九部乐中，天竺乐、康国乐、安国乐等都是经由敦煌、河陇传入中原而盛行于宫廷的。至于胡旋舞、胡腾舞、柘枝舞等，也是在敦煌、河陇流行并风靡于内地的，莫高窟壁画中留下了此方面大量精美的歌舞画面。又如武威，唐代诗人元稹《西凉伎》吟道："吾闻昔日西凉州，人烟扑地桑柘稠。葡萄酒熟恣行乐，红艳青旗朱粉楼。……大宛来献赤汗马，赞普亦奉翠茸裘……"凉州城中，人烟稠密，农桑兴旺，葡萄美酒，青旗粉楼，一派繁华景象；来自大宛（今中亚费尔干纳盆地）的使者献上了他们带来的红色汗血马，吐蕃赞普献上了绒毛细软的皮裘。又如张掖，隋大业五年（609年）炀帝亲自带着庞大的车马仪仗，出长安，经湟水流域，翻越祁连山大斗拔谷（今民乐县南的扁都口），历经艰辛，到达张掖，前来会见这里的二十七国国王和使者。隋炀帝还命令武威、张掖两地的女子盛装出来游玩观赏，结果观赏的游人和车马首尾长达数十百里，盛况空前。再如，明代的酒泉为西北经贸的前沿重镇，西方波斯、大食、印度、花剌子模、撒马尔罕、阿富汗等国客商，都要经由酒泉以西的嘉峪关通关，进入中国内地贸易。其他如兰州，早在魏晋北朝时就有不少来自中亚的粟特人经商、居住在这里，延及隋唐形成了大型粟特商人聚落，他们在兰州辟有葡萄园，建有火祆祠，从事商贸、园艺、宗教文化等活动。又如天水，为甘肃东部的第一大镇，隋唐时"城上胡笳奏"，"胡舞白斜题"，胡汉文化交互辉映。天水曾出土许多胡人牵马、牵驼的三彩俑、凤首壶、禽兽葡萄镜、波斯钱币等文物，从中亦可窥见当年这座丝路重镇的繁荣面貌。

通过以上的论证我们不难看出，甘肃的确为丝绸之路的"黄金路段"，名副其实，当之无愧。

熔古铸今，再造辉煌。古老而青春的甘肃今天又焕发出勃勃的生机，在建设丝绸之路经济带、建设华夏文明传承创新区的强力推动下，在实现"中国梦"的壮丽征程中，正在创造着前无古人的伟绩。

（李并成，西北师范大学）

参考文献

张星烺编注，朱杰勤校订：《中西交通史料汇编》，中华书局2003年版。

杨建新、卢苇：《丝绸之路》，甘肃人民出版社1981年版。

［法］布尔努瓦：《丝绸之路》，耿昇译，新疆人民出版社1982年版。

沈福伟：《中西文化交流史》，上海人民出版社1985年版。

王宗元、李并成：《丝绸路上》，地质出版社1989年版。

［日］长泽和俊：《丝绸之路史研究》，钟美珠译，天津古籍出版社1990年版。

姜伯勤：《敦煌吐鲁番文书与丝绸之路》，文物出版社1994年版。

［美］谢弗：《唐代的外来文明》，吴玉贵译，中国社会科学出版社1995年版。

李并成：《河西走廊历史地理》，甘肃人民出版社1995年版。

荣新江：《中古中国与外来文明》，生活·读书·新知三联书店2001年版。

刘光华主编：《甘肃通史》，甘肃人民出版社2009年版。

刘基、刘再聪等：《华夏文明在甘肃》，人民出版社2013年版。

李并成：《甘肃历史文化的内涵与比较优势》，《甘肃日报》2012年2月17日。

李并成：《敦煌：世界四大文化体系汇流之地》，《中国社会科学报》2014年2月28日。

丝绸之路经济带的历史考察

——以张掖地区为中心

魏明孔

丝绸之路是古代连接中国内地与中亚、西亚、欧洲乃至非洲的纽带，在历史上发挥了重要作用，其在经济、文化方面的影响是世界性的。丝绸之路贯穿甘肃全境，使得甘肃成为当时国内外经济、文化比较活跃的地区之一，出现了诸如敦煌莫高窟、天水麦积山等这样的人类文化艺术宝藏。对丝绸之路进行全面系统研究，甘肃全境是至关重要的，其中张掖地区是一个节点，在历史上发挥了无可替代的作用。下面，只是就隋炀帝主持的张掖互市以及张掖绿洲经济与丝绸之路的关系，略做一点叙述，以就教于大家。

一 隋炀帝与张掖互市再探讨

隋、唐是我国历史上的鼎盛时期，盛唐帝国不但国力雄厚、文化活跃、百姓生活水平比较高，而且在世界舞台上扮演着非常重要的角色，世界发展的方向在当时是以隋唐帝国为轴心展开的。隋炀帝被少数民族和外国人尊称为"皇帝可汗"，其后的唐太宗又被少数民族和外国人誉为"天可汗"。所谓可汗，就是当时少数民族和一些外国人对自己本民族或本国的首领或国王的尊称。由此可见，隋唐的国际地位之高，在历史上是空前的。隋唐的国际地位之所以如此之高，其原因诸多，比如，当时经济繁荣，国力雄厚，实行科举制使政权在一定程度上对下层开放，推行比较开放的外交政策，等等。但是，无论如何也不能忽略的一个原因是，公元609年隋炀帝亲自出席并主持的张掖（今甘肃河西地区）国际交易会，将隋代的国际影响进一步扩大，隋唐对外开放的格局由此而形成，以张掖为中心的对外开放的窗口被确定，中华帝国的国际地位得到明显提高成为无可争议的史实。

（一）畅通丝绸之路，矢志对外开放

自汉武帝时期张骞"凿空"以后，丝绸之路畅通，成为中国联系中亚、西亚和欧洲乃至非洲的纽带，在中外经济、文化交流中扮演着无与伦比的重要角色。但是，自东汉末年历经魏晋南北朝时期的三四百年间，由于国内战乱不止，政权林立，中央政府很难有效保证丝绸之路的畅通，使得中外交流通道时断时续。581年隋代建立了统一的帝国，由于这一时期国家将主要精力放在渡江并统一全国上，一时还无暇顾及采取措施畅通丝绸之路。这样，历史的重任便落在了隋炀帝身上。虽为亡国之君却系有为之主的隋炀帝，一生中所作所为颇多，即使在今日他仍是一个很有争议的历史人物。在丰富多彩的帝王生涯中，隋炀帝在张掖主持国际交易会，不失为这位"圣人可汗"在中国历史上留下的凝重一笔。

隋炀帝登基伊始，就采取一系列措施效法汉武帝时期的文治武功，想在政治、经济上尤其在国际舞台上有所作为。其中一项重要内容是派遣朝廷重臣，前去河西地区与少数民族和外国人进行联系，了解其风土人情、经济状况及各方面的信息，以作为中央政府制定对外政策的依据。将河西地区开辟为全国对外开放的窗口，并且决定在适当的时候在河西举行国际性的交易会，以进一步沟通隋帝国与世界的联系，提高隋帝国的国际影响力。

为了经营好丝绸之路，提高隋代中央政府在少数民族和国际上的信誉度，隋炀帝委派具有良好的家庭教育、勤勉好学、智略过人、志向高远，且非常留心于国内外政治的吏部侍郎裴矩于605年前去张掖上任。裴矩到达张掖后，即全身心投入与国外商人、使节等不同阶层的主动接触，他对外籍官商平等、真诚相待，取得了他们的信任。裴矩在与外籍人士交往的过程中，注意了解各国的自然地理、风土人情、物产特色、服饰礼仪等，同时参考了大量的图书典籍，积累了丰富的第一手访问材料及文献资料。在此基础上，裴矩撰写了图文并茂的《西域图记》一书，并且将《西域图记》上奏隋炀帝。《西域图记》全面记载了丝绸之路通过咽喉敦煌之后3条道路的走向，详细介绍了西域44国的政治、经济、文化、民族和历史上与中原王朝的关系等具体情况，对各国的服饰形状、国王百姓等还附有图画。裴矩的奏文和《西域图记》，受到了隋炀帝的高度重视，并且作为隋代全面开放河西并且不断扩大开放的基本依据。

隋炀帝具有强烈的开放意识，先后委派裴矩到河西地区从事了长达两年的调查和前期准备工作，当在张掖举行大规模的国际交易会的条件已经具备时，隋炀帝便抉择了"混一戎、夏"的决策，开始效法秦始皇和汉武帝的不朽事业。如果我们今天摒弃以成败论是非的偏见，隋炀帝在这一方面所表现出的战略眼光和博大胸怀，不仅前世秦始皇、汉武帝不可与之同日而语，即使后来的唐太宗和宋太祖也显得逊色不已。

（二）炀帝亲临张掖，主持国际盛会

隋炀帝和裴矩所采取的开放河西的措施，不但为隋代进一步的开放提供了理论依据，而且一开始就取得了初步成效。首先，使外国官商打消了顾虑。因为在这之前通过丝绸之路进行商业贸易的成本太高，甚至会付出生命的代价，而今隋代中央政府承诺并且真正采取措施使得通过丝绸之路进行贸易是既安全又有利可图的生意。其次，前来隋代的外国人数量明显增加。裴矩在主持河西对外贸易时，不断派遣隋政府使者前往高昌、伊吾等地，盛情邀请各国国王、使者和商人，前来隋王朝的版图内进行参观访问。同时，隋政府还授权裴矩以张掖为中转站，进而向首都长安和陪都洛阳等地招引外国使臣和商人。经过裴矩等人的悉心联络和全面安排，西域各国前来内地者络绎不绝，沿途各地政府无偿为他们提供食宿、交通和保卫工作，使这项活动成为一种不计成本的政府行为。这些外国商人和使节到达内地后，应邀参加各种祭典、娱乐和商业及考察活动，享受着非常优厚的待遇。

609年（隋炀帝大业五年）6月，在中国以至国际交往史上发生了一桩值得一提的事件，这就是隋炀帝亲自到达张掖，并且亲自主持了空前的国际交易会。炀帝到达张掖后，亲临燕支山（今甘肃张掖山丹境内）。由于裴矩等人的周密安排，27国的国王及使者前来接受隋炀帝的接见并参加由隋炀帝主持的国际交易会。27国国王和使者中，包括高昌王麹伯雅、伊吾吐屯设等。接见结束后，为了显示隋王朝的经济实力和皇帝的尊严，炀帝下令由隋政府为各国国王和使者提供佩戴的金玉，并且每人都披一件当时最珍贵也是最流行的毛纺织品——金罽。为了增加欢乐的气氛，隋政府还组织张掖、武威一带的百姓着节日盛装前来观看，数十里的地方，车水马龙、摩肩擦踵，气氛热闹非凡。大型国际时装表演成了这次国际交易会上精心组织的内容之一。隋炀帝还向各国国王和使者展示了一种可以拆卸和组装的豪华活动宫殿——观风行殿，这种活动宫殿在当时来说科技含量相当高，外国使者、商人和国王将其看作神物，认为是不可思议的，纷纷遥拜。炀帝与麹伯雅等国王和使者在观风行殿内一边观看具有民族特色的鱼龙戏，一边畅怀痛饮。在这次国际交易会上，演奏的是同样具有民族特色的歌舞《清乐》《龟兹》《西凉》等九部乐。在盛大的歌舞演出活动中，张掖成为不夜城。这次国际交易会使张掖旧貌换新颜，张掖一时成为国际交流的都市，全国对外开放的窗口，外国人进入中国内地的中转站。

隋炀帝出席并亲自主持的这次张掖国际交易会规模之大、规格之高、参加国之多、人数之众、耗资之巨，堪称史无前例。

（三）国内外影响深远，国际地位提高

由隋炀帝和裴矩等人策划和主持的张掖国际交易会，在当时产生了非常深远的社会影响，提高了隋朝的国际地位，标志着我国历史上鼎盛时期的到来。同时这次国际交易会也产生了一定的消极影响。隋代的这次国际交易会的主要影响表现在以下四点。

一是提高了隋朝的国际地位。张掖国际交易会的成功举行，扩大了隋朝在国际舞台上的影响，增强了隋王朝统治者的自信心和百姓的凝聚力。通过这次活动，前来隋朝的各国使者和商人，数量比以前有了显著增加，他们除了伫足河西外，还争相前往长安和洛阳，甚至络绎不绝前去扬州、广州等地从事商业等活动。这样，隋代的对外开放较包括汉代的以前有了进一步扩大，隋朝国际地位的提高是不言而喻的。以张掖国际交易会为标志，隋朝作为世界性帝国出现在世界舞台上，隋炀帝作为"圣人可汗"的声誉，是名副其实的。如日本多次派遣"遣隋使"到隋观摩和学习以及大化革新，是隋代对其他国家产生影响的典范，充分反映了隋帝国的世界性作用。唐太宗时"天可汗"的国际政治地位，实际上是对隋炀帝"圣人可汗"地位的继承和发展；同样，如日本的大批"遣唐使"，只不过是"遣隋使"的追随者而已。

二是标志着丝绸之路黄金时代的到来。自汉代开通丝绸之路以后，西域各国甚至欧洲和非洲与中原王朝的联系日益密切，中国不管在观念上还是在社会现实中，真正开始了对外开放。这是丝绸之路的第一次高潮。隋炀帝亲自在张掖主持国际交易会，意味着保证丝绸之路的畅通已经成为隋政府的自觉行动，是一种政府行为而非单纯的商业行为。在隋炀帝及其各级官吏的共同努力下，丝绸之路较汉代更加畅通，其道路不断拓展，内涵更加丰富，丝绸之路真正成为沟通亚欧非大陆的桥梁。通过丝绸之路，隋朝因不断吸取外来文明的营养而具有新的活力，并为盛唐开放风气和经济繁荣、文化发达奠定了基础。张掖国际交易会标志着丝绸之路黄金时代的到来，其黄金时代一直维持到海上丝绸之路的兴起。

三是将河西尤其是张掖视作对外开放的窗口。隋炀帝参加并亲自主持的张掖国际交易会，其意义不仅在于这次交易会本身，还刺激了外国商人和使者前来隋朝的热情，而河西国际交易会的进行也促进了当地与河湟、西域和中原的经济交流和民族交往，对当地经济的发展有一定的推动作用，"金张掖、银武威"谚语的出现，是有深远历史背景的。炀帝通过张掖国际交易会及此前的准备工作，使张掖已经成为丝绸之路上一个万商云集的国际性贸易的都市,隋代将其开辟为对外开放的窗口,其对全国的影响是积极和深远的。

四是具有粉饰太平、不计交易成本的消极因素。隋炀帝亲自筹划并主持的张掖国际交易会,主观上主要是基于扩大国威、粉饰太平、吸引外国使者前来朝贡的考虑而进行的,政治的、外交方面的目的明显大于商业贸易的目的。正如史书上说的在于"示中国之盛"。这样,与外国商人的贸易活动便不计成本,甚至为了帝国的面子而不惜劳民伤财。大规模国际交易会及之后不断鼓励外籍商人和使者前来内地,成为河西及隋境内丝绸之路沿途百姓面临的一种苛政,送往迎来,所费人力、物力和财力颇多,影响了当地居民正常的生活和生产秩序。据说张掖互市曾经引起过"关陇骚然"的严重后果,今天看来并非无稽之谈。另外,隋炀帝时的这种粉饰太平、不计交易成本、劳民伤财的国际贸易活动,对后世产生的消极影响也是不容忽视的。

二 张掖绿洲经济与丝绸之路经济带[①]

(一) 张掖绿洲经济的基本情况

我国广袤的西北地区,面积占比不到5%的绿洲哺育着该地区95%以上的人口,造就了源远流长的绿洲农业文明和丝路文化,构建起长达17个世纪的东西方商贸大动脉——古丝绸之路,为古代东西方之间经济、文化交流做出了重要贡献。经过岁月变迁,21世纪初,贸易和投资在古丝绸之路上再度活跃,中亚各国希望与中国扩展合作领域,在交通、邮电、纺织、食品、制药、化工、农产品加工、消费品生产、机械制造等行业进行投资,并在农业、沙漠治理、太阳能、环境保护等方面进行合作,为这块沃土注入"肥料"和"生机"。2013年9月7日上午,中国国家主席习近平在哈萨克斯坦纳扎尔巴耶夫大学作重要演讲,提出共同建设"丝绸之路经济带"的构想,为欧亚各国经济联系更加紧密、相互合作更加深入、发展空间更加广阔提出了新的合作模式。绿洲既是中国西北地区人们生存发展的空间,也为古丝绸之路和现代欧亚大陆桥奠定了重要的生态屏障。但由于受全球气候变暖及人口加剧、过度引水、盲目开垦等社会经济活动的影响,绿洲环境正面临着逐步退化的困境。如何加强绿洲研究和保护、实现绿洲经济社会的可持续发展,已成为亟须研究的重大课题。

[①] 本部分是由王开堂、魏明孔主持的中国社会科学院重大国情调研项目"张掖绿洲经济与丝绸之路经济带研究"的提纲部分。

甘肃省张掖市位于青藏高原和内蒙古高原的接壤之处，处于我国地形第一阶梯到第二阶梯过渡带的河西走廊中部，面积40874平方千米，人口131万，辖甘州区、临泽县、高台县、山丹县、民乐县、肃南裕固族自治县六个县区。2013年地区生产总值336.86亿元，财政收入16.72亿元，三次产业结构为27.6∶35.7∶36.7，城镇人均可支配收入15877元，农民人均纯收入8465元，多年来形成了玉米制种、马铃薯、高原夏菜、畜牧业、矿产开发、光伏发电、旅游业等主导产业。

市境南有祁连山水源涵养区、中有人工绿洲和黑河天然湿地、北有荒漠戈壁，三大生态系统在张掖境内交错衔接，是一座坐落在荒漠戈壁之中的典型的绿洲城市，也是西北重要的生态安全屏障、国家粮食主产区和交通枢纽。数千年的发展历程中，从游牧文明、农耕文明到现代农业文明，经济社会在不断转型中向前推进，在河西大地上留下了丰富多彩的文化遗产和绚丽无比的自然景观，以悠久的历史、灿烂的文化、秀丽的山川、淳朴的民族风情，构成了独具西部特色的绚丽画卷，1986年，被国务院命名为第二批中国历史文化名城之一，2005年被命名为中国优秀旅游城市。然而其生态又是极其脆弱的，生态用水和经济社会发展用水矛盾异常突出。而脆弱的生态屏障一旦破坏，北部巴丹吉林沙漠将南移，大片森林、草原、绿洲、湿地将被吞噬，祁连山北麓生态涵养区将被侵蚀，危及整个黑河流域的生存发展。张掖生态安全与否，不仅是事关张掖绿洲经济社会可持续发展的基本条件，而且对于维护西北乃至全国生态安全、巩固国防、促进边疆民族地区和谐稳定和区域经济可持续发展具有十分重要的战略意义。

新时期以来，张掖经济社会发展发生了巨大变化，人民群众切实感受到了改革开放带来的显著成果，但基础差、底子薄、财政自给能力弱的现实问题，始终是制约发展的瓶颈。受祁连山、黑河流域生态环境的特殊性和脆弱性影响，工业化进程缓慢，自然经济比重过大。历史形成的商品粮主产区定位，使得产业结构不均衡、一二三产业脱节，造就了传统农业大而不强、加工业多而不精、服务业兴而不优的格局。而生态战略地位和国家主体功能区划的定位，决定了张掖既要肩负起保障自身可持续发展的重任，又要担当确保国家生态安全的重任，努力提高在生态背景下统筹一二三产业、统筹经济与社会、统筹当前与长远的能力。这些状况表明，张掖发展问题已经走到了历史的转折点，实施经济转型跨越发展战略势在必行。

近年来，张掖市在以黑河湿地保护为切入点推进生态文明建设的进程中，越来越清晰地认识到，良好的生态环境就是张掖最大的优势、最大的潜力和最大的财富，也是经济转型跨越发展的坚实基础和有力保障。2008年国际金融危机之后，全球经济发生了一系列新变化，世界经济增速明显减缓，新一轮产业调整开始,各国经济竞争更加激烈,经济转型成为世界各国普遍面临的重大问题。审视各地新一轮经济转型,不管是内在的结构转型还是外在的形态转型,都在致力于不断改变传统的生产方式和消费方式,努力在转变发展方式的同时保护好生态环境,实现资源永续利用、环境有效保护、人与自然和谐共处。张掖数千年的历史,都是依赖黑河水而延续和发展,传统农业文明、现代农业文明和发育不完善的工业文明都建立在自然生态之上,经济转型发展,也必须以生态为根本,探索一种跨越工业文明而直达生态文明的生态经济模式。

张掖依托祁连山和黑河湿地两个国家级自然保护区,应提高在生态背景下统筹一二三产业、统筹经济与社会、统筹当前与长远的意识。紧紧抓住国家建设西部生态安全屏障的政策机遇,加快建设高原生态特色城市,发挥生态环境良好、交通方便快捷、公共保障能力较好的优势,使张掖"宜居宜游"特色得以彰显;抓住中央推动社会主义文化大发展大繁荣的历史机遇,保护历史遗迹,发展文化产业,彰显历史文化名城之魅力,使古城特色同生态特色有机融合,"半城芦苇,半城塔影"的自然历史风貌得以重现;顺应国家扩大消费、拉动内需的动力要求,顺应国内消费模式升级转型的趋势,大力发展以旅游为重点的现代服务业、现代农业,培育新的经济增长点。顺应自然规律、时代要求和人民意愿,张掖市围绕发展生态经济、转变发展方式探索了一些新途径,创造了一些新经验,以崭新的实践对经济转型跨越发展做出诠释。

(二) 张掖绿洲经济研究的理论意义和实践意义

保障绿洲可持续发展和建设丝绸之路经济带,是西北地区共同面临的课题,也是一项复杂而系统的工程。顺应新的历史条件和政策导向,西北绿洲经济面临着许多需要破解的难题,如何正确处理绿洲发展中存在的生态保护与经济发展的关系、人与自然的关系、应对全球气候变暖的冲击、探索绿洲现代农业发展模式、做好城乡统筹发展、科学利用水资源、发展现代物流和对外经济贸易等一系列重大理论和现实问题,都迫切需要做出回答。

位于西北河西走廊中部的张掖市近年来清醒地认识到了绿洲经济可持续发展的重要性,并通过积极探索生态经济之路,积累了宝贵经验,特别是连续四年举办"绿洲论坛",邀请国内外专家、学者把脉会诊、广泛建言,从理论到实践再到理论升华,为西北干旱半干旱地区绿洲的可持续发展提供了示范。但是,面对基础薄弱、生态脆弱、经济发展与生态建设矛盾突出等现实问题,如何实现绿洲经济效益、社会效益、生态效益的高度统一和可持续发展,还需要进一步探索和研究。尤其是在构建丝绸之路经济带和国务院批复建立"甘肃省国家生态安全屏障综合试验区"的历史背景下,张掖及河西走廊将面临新一轮的发展机遇,把握政策导向、设计长远规划,也是该地区面临的十分紧迫的现实问题。

(三)张掖绿洲经济研究的预期

一是探索建立绿洲生态保护与经济发展相生相伴的耦合体系,巩固西北生态安全屏障。

二是研究分析张掖国家级绿洲现代农业试验示范区积累的经验,为干旱区绿洲现代农业发展搭建试验示范和体制机制创新平台,促进现代农业高新技术成果转化。

三是探索绿洲地区经济生态化、生态产业化模式,为绿洲城乡发展提供对策。

四是研究分析绿洲可持续发展背景下构建丝绸之路经济带面临的历史机遇、存在的问题及应对措施。

三 简单的结论

在丝绸之路经济带发展史上,张掖地区的辉煌不仅仅只是隋炀帝时期的张掖互市,另外如北魏太武帝时期,清末左宗棠主政西北时对河西地区的开发,虽然只是昙花一现,却无疑具有重振丝绸之路的意义。我们认为,研究丝绸之路经济带,张掖具有典型意义,其在历史上的作用是其他地区难以取代的。

对张掖绿洲经济进行研究,对于加深了解历史上的丝绸之路具有一定的价值,同时对于建设丝绸之路经济带,也有一定的学术价值和现实意义。

(魏明孔,中国社会科学院)

明代古地图所见 16 世纪的陆上丝绸之路[*]

席会东

丝绸之路是欧亚大陆东西方贸易往来的通道和文明交往的纽带，中国对丝绸之路的开拓与经营源远流长。从汉武帝时期张骞凿空西域开始，以新疆、中亚为主要区段的丝绸之路就纳入中原王朝的政治关怀和官私史书的记载体系之中，并成为中国地理图籍记述和描绘的重要内容。东汉时期佛教经西域传入中原地区之后，历代高僧因取道丝绸之路前赴天竺取经求法朝圣而编绘丝绸之路地理图籍，如东晋释道安撰有《西域志》，并绘有《西域图》。隋、唐两朝政府大力经营西域，唐代僧人取道陆上丝绸之路前去天竺取经朝圣，留下了大量的西域地理图籍，包括隋代裴矩的《西域图记》，唐代程士章的《西域道里记》、许敬宗的《西域图志》、玄奘的《大唐西域记》、辩赞的《西域记》等。按照宋人郑樵《通志·图谱略》的记载，隋代裴矩绘有《西域图》，中唐贾耽绘有《西域图》等，[①]而许敬宗《西域图志》应该也有《西域图》。汉、唐时期的西域图反映了中原王朝对丝绸之路地理的认知水平和区域观念，但可惜这些地图都已经散佚。

现存最早描绘丝绸之路的地图始于宋代，南宋僧人志盘所编、咸淳六年（1270 年）刻本的《佛祖统纪》中有《汉西域诸国图》历史地图一幅，主要表现的是西汉时期西域诸国的地理与交通状况[②]。该图东起黄河上游兰州一带，西至大秦西海，南抵石山，北到瀚海，绘注西域地名 70 余处，描绘了广义西域诸国的

---

[*] 本文系教育部后期资助项目"陕甘古代地图研究"、陕西省教育厅人文社会科学专项基金项目"陕西古代地图的调查、整理与研究"（批准号：12JK0178）、教育部重点研究基地重大项目"3000 年来西北地区自然环境变迁研究"（批准号：13JJD770019）资助研究成果之一。

① 郑樵：《通志》卷 72《图谱略》，中华书局 1987 年影印版。

② 郑锡煌：《〈佛祖统纪〉中三幅地图初探》，《自然科学史研究》1985 年第 3 期；孙果清：《东震旦地理图与汉西域诸国图》，《地图》2005 年第 6 期；席会东：《中国古代地图文化史》，中国地图出版社 2013 年版，第 70—72 页。

位置和河西走廊通往西域的南北两道，是现存较早详细描绘广义西域和丝绸之路的交通地理图。不过，该图是主要根据传统史籍尤其是汉代地理志书编绘的历史地图，其内容与《史记》《汉书》所载大致相符，主要是为了便于士子通经明史和僧人了解曾经的佛教区域，并没有准确描绘当时的丝绸之路。元代受到伊斯兰地图影响而绘制的丝绸之路地图同样未能流传至今。

明朝是中国地图史上的一个辉煌时代，至少留下了6幅具有世界意义的地图：一是反映欧亚非三大洲轮廓和中国、阿拉伯地图文化交流的《大明混一图》[①]（1398年），二是反映15世纪初期郑和下西洋壮举以及明代太平洋、印度洋、地中海之间航路的《郑和航海图》[②]（1425—1430年间），三是反映16世纪欧亚大陆陆上丝绸之路的《西域土地人物图》（1523—1541年间），四是保留元明地图精华、反映16世纪中国和亚洲地理状况并影响欧洲所绘中国地图的大型综合图集《广舆图》[③]（1555年），五是17世纪意大利传教士利玛窦在中国绘制、反映欧洲

---

① ［德］福克司撰，［日］织田武雄译：《北京の明代世界図について》（Notiz zur Pekinger Weltkarte der Ming-Zeit），《地理学史研究》1962年第2辑；汪前进、胡启松、刘若芳：《绢本彩绘大明混一图研究》，曹婉如等编：《中国古代地图集》（明代卷），文物出版社1994年版，第51—55页；刘若芳、汪前进：《〈大明混一图〉绘制时间再探讨》，《明史研究》2007年第10辑；周运中：《〈大明混一图〉中国部分来源试析》，刘迎胜主编：《〈大明混一图〉与〈混一疆理图〉研究——中古时代后期东亚的寰宇图与世界地理知识》，凤凰出版社2010年版，第100—119页；席会东：《中国古代地图文化史》，第76—79页。

② 朱鉴秋：《〈郑和航海图〉之基本特点》，《中国航海》1984年第1期；朱鉴秋：《〈郑和航海图〉简述》，《上海大学学报》（社会科学版）1985年第2期；邱克：《试评〈郑和航海图〉的地名研究——兼评〈古今对照郑和航海图〉》，《上海大学学报》（社会科学版）1985年第2期；严敦杰：《释〈郑和航海图〉引言》，《自然科学史研究》1986年第1期；汪前进、胡启松、刘若芳：《绢本彩绘大明混一图研究》，曹婉如等编：《中国古代地图集》（明代卷），第51—55页；张箭：《〈郑和航海图〉的复原》，《四川文物》2005年第2期；洪振权：《郑和航海图今析》，《航海》2005年第3期；杨晓虹：《述评：世界现存最早的海图档案——〈郑和航海图〉》，《档案学通讯》2006年第2期；周运中：《论〈武备志〉和〈南枢志〉中的〈郑和航海图〉》，《中国历史地理论丛》2007年第2期；朱鉴秋：《解密〈郑和航海图〉》，《地图》2012年第5期。

③ Walter Fuchs, The "Mongol Atlas" of China, Monumenta serica monograph series, 8, Peiping: Fu Jen Catholic University, 1946；［日］海野一隆：《広輿図の諸版本》，《大阪大学教養部研究集録》（人文・社会科学）1966年第14卷，第147—164页；［日］海野一隆：《広輿図の資料となった地図類》，《大阪大学教養部研究集録》（人文・社会科学）1967年第15卷，第19—47页；［日］海野一隆：《「広輿図」の反響——明・清の書籍に見られる広輿図系の諸図》，《大阪大学教養部研究集録》（人文・社会科学）1975年第23卷，第1—34页；任金城：《〈广舆图〉的学术价值及其不同的版本》，《文献》1991年第1期；朱鉴秋：《〈广舆图〉图幅数及"副图"辨析》，《地图》1992年第1期；任金城：《广舆图在中国地图学史上的贡献及其影响》，曹婉如等编：《中国古代地图集》（明代卷），第118—133页；周建平、叶新建：《刍论罗洪先〈广舆图〉对朱思本〈舆地图〉的继承与发展》，《南昌大学学报》（人文社会科学版）1999年第1期；［日］海野一隆：《地図文化史上の広輿図》，久武哲也、小林茂监修，要木佳美编，东洋文库2010年版；成一农：《〈广舆图〉绘制方法与数据来源研究（一）》，《明史研究论丛》2012年第10辑；席会东：《中国古代地图文化史》，第83—86页。

地理大发现和地圆说以及中西地图文化交流的《坤舆万国全图》①（1602年），六是反映17世纪初期中国东南方民间航海与亚洲海洋航线及东亚、东南亚国家的彩绘本《大明疆理分野东西洋图》（1619年）。在这六幅图中，《大明混一图》《郑和航海图》《广舆图》《坤舆万国全图》都在世界范围内得到了重视和研究，《大明疆理分野东西洋图》也已得到英美学者和中国学者的注目，②而《西域土地人物图》仅有其中一个缩绘本《西域图略》曾于20世纪90年代得到日本学者海野一隆的关注，而该图在最近几年才因其一个绘本的发现和李之勤、林梅村先生的研究而得到社会各界的广泛关注。

虽然明代西北陆上丝绸之路相较于汉、唐时期已经大为衰落，但明王朝仍然继承了蒙元时期的西域政治关怀、知识关注和地图遗产，明朝对西域的经略与西域诸国的朝贡贸易、伊斯兰教信徒的朝圣往来推动了明代陆上丝绸之路地图的编绘。早在明朝永乐十三年（1415年）永乐帝使臣陈诚所撰著的《西域行程记》中就绘有"西使行程图"，可惜此图在清末时散佚未能流传至今。现存内容最翔实、流传最广的陆上丝绸之路图籍是明嘉靖年间成图的《西域土地人物图》及其图说《西域土地人物略》，该图详细描绘了从嘉峪关至鲁迷（今土耳其伊斯坦布尔）的西域山川、物产、城镇和民族，堪称16世纪欧亚大陆的陆上丝绸之路地图。

《西域土地人物图》及其图说《西域土地人物略》绘注和记载了明代嘉峪关到鲁迷城沿途300多个地方的山川、城镇、物产、种族、宗教、习俗等内容，所绘地域范围涵盖欧、亚、非三大洲的中国、乌兹别克斯坦、塔吉克斯坦、阿富汗、伊朗、黎巴嫩、突尼斯、沙特阿拉伯、叙利亚、土耳其等十多个国家，图中用汉字标注的地名来源于汉语、突厥语、蒙古语、粟特语、波斯语、阿拉伯语、希腊语、亚美尼亚语等十余种语言。图中绘有牵马或牵驼的商旅、背着行囊的旅客、缠头对酌的"回回"、牵着贡狮子往东朝贡的使者、头戴蒙古帽骑马飞奔的军士、

---

① 洪业：《考利玛窦世界地图》，《禹贡半月刊》1936年第5卷第3、4期《利玛窦世界地图专号》；[日]船越昭生：《坤舆万国全图と锁国日本——世界的视图の成立》，《东方学报》1970年第41册，第684—685页；曹婉如、薄树人、郑锡煌：《中国现存利玛窦世界地图的研究》，《文物》1983年第12期；黄时鉴、龚缨晏：《利玛窦世界地图研究》，上海古籍出版社2004年版；[日]海野一隆：《利玛窦『坤舆万国全图』の诸版》，《东洋学报》2005年第87册第1期；梅晓娟、周晓光：《利玛窦传播西学的文化适应策略——以〈坤舆万国全图〉为中心》，《安徽师范大学学报》（人文社会科学版）2007年第6期。

② 钱江：《一幅新近发现的明朝中叶彩绘航海图》，《海交史研究》2011年第1期；陈佳荣：《〈明末疆里及漳泉航海通交图〉编绘时间、特色及海外交通地名略析》，《海交史研究》2011年第2期；郭育生、刘义杰：《〈东西洋航海图〉成图时间初探》，《海交史研究》2011年第2期；孙光圻、苏作靖：《中国古代航海总图首例——牛津大学藏〈雪尔登中国地图〉研究之一》，《中国航海》2012年第2期；Robert Batchelor, "The Selden Map Rediscovered: A Chinese Map of East Asian Shipping Routes", c. 1619, *Imago Mundi: The International Journal for the History of Cartography*, 2013, Vol. 65, No. 1, pp. 37–63.

埋首耕种的农夫、在辇帐中接受跪拜的贵族，另有方形、椭圆形等形态各异的城镇，水磨、风磨、架子井、望日楼、藏式佛塔等多元的地理景观，使得西域呈现出一种不同于中原的异域风情。值得注意的是，除了绘注"回回""缠头回回"等信仰伊斯兰教的民族外，图中在西亚多个城镇中绘注有不少汉人聚居地：如怯迷城（今伊朗克尔曼）有"四族番汉"；文谷鲁城（今约旦安曼西南或埃及马格里布）"俱汉儿人，蓬头戴帽，种旱田"；也勤尕思城（今叙利亚塔尔图斯）"俱汉儿人，蓬头戴帽，种稻田"；撒黑四寨城（今叙利亚阿勒颇东北的撒黑）"有汉儿人，蓬头戴帽儿"；菲即城（今土耳其小亚一带）"俱汉儿人，剪踪（鬃）披发，戴帽儿，种旱田"；鲁迷城（今土耳其伊斯坦布尔）"有缠头回回及汉儿人，有通事"等①，反映了元明时期汉人在西亚的迁居与生活状况以及陆上丝绸之路上东西方的交流。根据该图将汉人称为"汉儿人"、将伊斯兰教士称为"出家回回"，判断此图是一幅由具有西域背景的非汉人也非穆斯林人所绘制的、百科全书式的西域地理图籍。

该图籍至少有三个抄绘本传世：一是台北"故宫博物院"藏《甘肃镇战守图略》所附的纸本彩绘《西域土地人物图》及其图说《西域土地人物略》、《西域沿革略》册页，②二是意大利地理学会所藏的《甘肃全镇图册》中的《西域诸国图》1幅及其他9幅分图册页，③三是北京瓯江草堂文化艺术有限公司从日本藤井友邻馆（The Museum of Fujii Yurinkan）购回的大型彩绘"蒙古山水地图"卷轴。另有两个明代刻本传世，一个是收入明嘉靖二十一年（1542年）马理主编的《陕西通志》中的《西域土地人物图》，④另一个是收入日本东洋文库藏明万历四十四年（1616年）延绥巡抚金忠士、荆州俊、马丛聘等7人所编、陕西三边总督刘敏宽和陕西巡抚李楠撰序《陕西四镇图说》中的《西域图略》。⑤其图说《西

---

① 赵廷瑞修，马理、吕柟纂：《陕西通志》，董健桥等点校，三秦出版社2006年版，第488—489、510页；李之勤：《西域史地三种资料校注》之《西域土地人物略校注》，新疆人民出版社2012年版，第40、44—45、47页。
② 卢雪燕：《一带山河万里墙——"国立"故宫博物院藏明彩绘本〈甘肃镇战守图略〉》，《故宫学术季刊》2009年第3期；卢雪燕：《〈甘肃镇战守图略〉——一本兼具美感与军防的明代边防图册》，《故宫文物月刊》2008年第10期。台北"故宫博物院"藏绘本《西域土地人物图》后的所附的《西域沿革略》内容较明嘉靖《陕西通志》中的《西域土地内属略》更为详细。
③ Claudio Cerreti, *Carte di Riso: Far Eastern Cartography with a Complete Catalogue of Collection of Chinese and Japanese Maps Owned by the Società Geographica Italina*, Rome: Società Geographica Italina, 2003, pp. 140 – 141, 218.
④ 赵廷瑞修，马理、吕柟纂：《陕西通志》，董健桥等点校，第484—510页；李之勤：《西域史地三种资料校注》之《西域土地人物图校注》，第48—69页。
⑤ [日]海野一隆：《「陕西四镇图说」所载西域图略について》，《东洋学报》1993年第74卷（3·4），第227—263页。台北"故宫博物院"图书文献处所藏《陕西四镇图说》之《甘肃镇图说》残卷中及上海图书馆善本部藏《陕西四镇图说》之《甘肃镇图说》后，均无《西域图略》。

图1 台北"故宫博物院"藏明嘉靖《西域土地人物图》哈密至阿克苏段

域土地人物略》另收入明嘉靖二十六年（1547年）张雨所编《边政考》、明万历四十四年（1616年）李应魁所编《肃镇华夷志》、① 明末顾炎武所编《天下郡国利病书》、清康熙年间梁份所编《秦边纪略》等边政志书中。② 总体来看，此图及图说在明代中后期流传广泛，有可能出自《陕西通志》所征引的《河套西域图》一书③。

---

① 高启安：《〈肃镇华夷志〉的名称及版本考辨》，《酒泉职业技术学院学报》2008年第1期；高启安：《〈肃镇华夷志〉文献价值初探》，《敦煌学辑刊》2005年第2期。
② 关于《西域土地人物略》的考释、译注和研究，参见［俄］Emil Bretschneider（贝勒），"Chinese intercourse with the countries of Central and Western Asia in the fifteenth century", *The China Review*, Vol. 5, No. 1 - 4, 1876 - 77, pp. 13 - 40, pp. 109 - 132, pp. 165 - 185, pp. 227 - 241；［日］和田博德：《明代の铁炮伝来とオスマン帝国—神器谱と西域土地人物略》，《史学》1958年第31卷第4号；［日］崛直：《中央アジア及び西アジアに関する明代の一史料"西域诸国"と"西域土地人物略"について》，《イスラム世界》1978年第14号；［日］崛直：《一五一一六世纪の中西交易路の一班—"西域土地人物略"について》，《アジア东西交涉史の基础的研究》，1982年，第49—68页；［日］崛直：《"西域土地人物略"地名考证》，《历史における民众と文化—酒井忠夫先生古稀祝贺纪念论集》，1982年，第831—844页；李之勤：《西域史地三种资料校注》之《西域土地人物校注》，新疆人民出版社2012年版，第15—47页；李之勤：《明代张雨〈边政考〉中的〈西域诸国〉与嘉靖〈陕西通志〉中的〈西域土地人物略〉》，《陕西史志》2003年第2期；李之勤：《〈西域土地人物略〉的最早、最好版本》，《中国边疆史地研究》2004年第1期；两文后收入李之勤《西域史地三种资料校注》，新疆人民出版社2012年版，第70—91页；沈玉萍：《有关〈西域土地人物略〉作者的考察》，《西北民族研究》2009年第4期；赵永复：《明代〈西域土地人物略〉部分中亚、西亚地名考释》，《历史地理》2006年第21辑。
③ 赵廷瑞修，马理、吕柟纂，董健桥等点校：《陕西通志》，三秦出版社2006年版，第18页。《河套西域图》一书，仅见于《陕西通志》所引，不见于《千顷堂书目》《国史经籍志》《内阁藏书目录》《明史·艺文志》等明清官私书目，作者和撰著年代不详。从嘉靖二十一年编著的《陕西通志》征引此书来看，此书编著于明嘉靖二十一年之前。

该图的大型传世绘本卷轴出自清末民初北京琉璃厂的书肆"尚友堂",由"尚友堂"题名"蒙古山水地图",民国年间流入日本,入藏藤井有邻馆。2004年,北京瓯江草堂文化艺术有限公司的易苏昊和樊则春两位先生将此图作为普通清代山水画从日本购回,后经林梅村先生研究考证为明代丝绸之路地图而名声大噪,先后在意大利罗马和中国嘉峪关市展出,并于2013年5月以8000万元的起价现身北京保利春季拍卖会,2014年1月在德国波恩大学举办"中国和中亚地理和地图视野下的中亚及其周边地区"学术研讨会,引起了社会各界的关注。该图绘于缣帛之上,宽0.59米,残长30.12米,现存之图绘制范围从嘉峪关到天方(今沙特麦加),缺少从天方到鲁迷城段。同《西域土地人物图》其他绘本和刻本的最大区别在于,此图采用明代青绿山水画法绘制,将图中西域的城镇、建筑全都绘为中原式,减少了异域色彩,且并未绘注其他图中出现的人物风俗,也没有图说。

林梅村先生根据此图起点为嘉峪关且未画嘉峪关外第一墩,判断其绘制年代在嘉靖三年至十八年间,并根据台北"故宫"藏本为明宫藏品而推断此图是嘉靖皇帝御用之图,也是其他诸图的母本,绘制早于其他诸图,又根据其绘法推断此图的绘制者为明代"吴门画派"的谢时臣[1],其论证方法和结论都有待商榷。

图2 台北"故宫博物院"藏明嘉靖《西域土地人物图》卷尾天方(麦加)至鲁迷(伊斯坦布尔)段

---

[1] 林梅村:《蒙古山水地图》,文物出版社2011年版;林梅村:《蒙古山水地图》,《地图》2014年第1期。

图3 尚友堂题记《蒙古山水地图》卷首嘉峪关段

图4 尚友堂题记《蒙古山水地图》卷中撒马尔罕段

《西域土地人物图》明显是具有西域背景的非汉人绘制，在明代嘉靖、万历年间流传甚广。北京清末民初琉璃厂书肆"尚友堂"题名的"蒙古山水地图"即便确是明人所绘而非后人仿古伪造（清末民初伪造古董文物之风极其盛行），也应该是明朝中原画师根据明代中后期广泛流传的《西域土地人物图》简化、改绘而成的。就其采用的青绿山水绘法来看，也与明代其他绘本地图有诸多相似之处，未必出自名家甚或是宫廷画师之手。如果"蒙古山水地图"确如林先生所言是嘉靖皇帝御用母本，抛开一般人能否接触到宫廷秘本不论，那么其他摹绘本不可能凭空大量增加母本中根本就没有的山泉湖泊、人物风俗等内容，更不可能将母本中的中原式城市、中式建筑改绘为比较符合西域现实的、多样化的城市形态和建筑景观。另外，嘉靖年间明朝皇帝和臣僚对蒙古人多采取仇视和蔑视的态度，各种官私文献一般都将蒙古人称为"虏",且明人抱持"普天之下莫非王土"的天朝观念,地图所涉及的地理范围明人称之"西域",不可能将其称为"蒙古山水地图",强调西域是蒙古的法统地域。"西域土地人物图"或"西域山水图"方才符合明人对此区域的命名原则和价值取向。所以,"蒙古山水地图"不可能是明代朝廷、士人的命名,而应该就是琉璃厂书肆"尚友堂"命名的。总而言之,即便"蒙古山水地图"确为明人所绘而非后人伪造,则其也仅具有较高的文物价值和艺术价值,而其史料价值和研究价值要远低于《西域土地人物图》的其他版本。

另外,日本《东洋文库》藏《陕西四镇图说》中明确注明编者为延绥巡抚金忠士、荆州俊、马丛聘等7人,并有万历四十四年(1616年)陕西三边总督刘敏宽和陕西巡抚李楠所撰的序言;而林梅村先生则说此书为无名氏编纂,并推断此书的编纂者为隆庆初年的兵部侍郎王崇古,不知是何缘故。林梅村先生还认为《蒙古山水地图》上南下北的方位受到了伊斯兰地图的影响,这一说法难以成立。中国古代地图的方位遵循实用性原则,各种方位都有出现。宋代以来绝大多数的区域地图都采用"上南下北"的方位,一般只有全国疆域总图才会采用"上北下南"的方位,所以该图的方位并非受伊斯兰地图影响的结果。

明朝饱受"北虏南倭"之患,不如汉唐武力之强、宋朝文化之盛,但明朝却也留下了紫禁城、明长城、明十三陵、天坛、孝陵、永乐大典等厚重的文化遗产,又派遣郑和"七下西洋",先于欧洲人开启了世界大航海时代,并留下了《郑和航海图》,在中国航海史和地图史上都写下了灿烂的篇章。15—17世纪,是世界历史上著名的大航海时代和地理大发现时代。7—13世纪间控制东西方贸易通道和印度洋航路的阿拉伯帝国趋于黯淡衰亡。15世纪前期,明朝为宣扬国威,派郑和率领当时世界规模第一的舰队"七下西洋",但由于中国的大航海没有经济和军事目的、空耗国力、未获实利而未能持久,仅留下了《郑和航海图》让人赞叹唏嘘。15世纪后期开始,葡萄牙人和西班牙人以规模远逊于郑和舰队的船舰起帆远航,先后开辟欧洲经非洲好望角通往印度新航路、发现美洲大陆、实现环球航行,进而开启了欧洲"发现"、殖民"世界"的历史。海洋时代和海权时代的到来,意味着陆上丝绸之路的相对衰落。中国人16世纪初期所绘的《西域土地人物图》,恰好是在世界陆、海时代转换之际,描绘了西域蒙古化和伊斯兰化大背景下多元文化互动的现实图景,反映了陆上丝绸之路的最后辉煌,因而具有世界意义。

(席会东,西北大学)

略论丝绸之路饮食文化交流的研究

高启安

丝绸之路不仅是一条贸易之路、政治沟通之路，也是一条文化交流之路。无论何人给它下一个定义，在这条道路上，饮食作为维持交流者生命和生存的重要条件，都是当时不可或缺、今天研究丝绸之路不可忽视的内容。

一 丝路饮食文化交流研究概况

交流是双向的。但目前，饮食文化学界在研究丝绸之路饮食文化交流状况时，有一个倾向，那就是顺着丝绸之路，从西向东，这样的研究较多较深入。无论是中国学者还是外国学者，从小麦的东传及胡麻、葡萄、其他一些水果蔬菜、调味料等，都研究得较为深入。而逆向传播的研究则很少，成果也不多。比如，中华饮食文化向中亚、西亚、印度、波斯等地的传播，研究者很少，成果寥寥。有一些早期的成果，还站不住脚，如所谓面条是从中国传到西方的，饺子是从中国传到西方的，等等，受到越来越多的质疑，我也是质疑者之一。所以，我有时候说"传来"而不说交流。这是因为我们确实不太了解西传的情况，这需要详细研究。我自己对此没有研究。因为要研究西传的中华饮食文化元素，就要越过葱岭，深入中亚国家、西亚国家、伊朗乃至更远的意大利、地中海一带去寻找。这些地方肯定有，这是毫无疑问的。但不光我，整个中国饮食学界，似乎都不太重视这一点。这也是今后需要加强的部分。

但中华饮食文化东传到朝鲜半岛、日本，却是被多人研究过的。我自己也曾在此方面做过一些努力。比如，我研究过敦煌文献记载的马头盘，也被传到了日本，没有日本的资料，就不知道唐代的马头盘是什么样，功能和作用是什么。再比如，从西亚传来的饆饠、馎饦传入日本，名实颠倒；唐代的"脆脐"，传入日本，成了"八种唐馃子"中的"黏脐"；唐代的团子，传入日本，成为"团喜"。

还有，就是日本的"驴肠羹"也是从中国传入的。① 日本的许多古代食物都从唐代以后传入，这方面的研究者很多，有日本学者，也有中国学者。但还有许多领域的工作要做。我在日本期间，热心的王三庆先生在做他的研究时，给我推荐早期横滨、长崎的日本人学习汉语的课本，内容类似《朴通事》《老乞大》，全是当时日常用语，且是福建、浙江一带的方言用语，饮食内容非常多。此类文献是研究中日当时饮食文化交流的重要资料。除此之外，日本的古史料抄本中，保存了许多在中国已经消失的饮食品和饮食礼仪内容。如上举的马头盘、"黏脐"、驴肠羹，等等。保存在天皇及权臣家的一些记事类文献可见，许多饮食礼仪其实是从大陆传入，借此可以研究中国古代的饮食礼仪，甚至是皇家的饮食礼仪。这些资料都保存在一些类书中，如大型类书《群书类丛》等。

朝鲜半岛的情况也大致相同。

我最近研究吐鲁番出土的小麦粉食物，发现其中圆柱状的食物，可能就是日本的所谓桃枝或梅枝；树叶造型的食物，可能对日本的椿饼设计匠心产生了影响；其他如日本的糫饼等在吐鲁番都有出土。② 不光是食物烹饪手法、名称，其他中华饮食文化元素，对朝鲜半岛、日本的影响巨大，如进食礼仪、食器等，难以尽述。日本饮食学者以及中国学者多有阐释、研究。

日本学者认为，日本的奈良是丝绸之路的东端。这个观点逐渐为学界所接受。那就是说，这些饮食文化元素的东传，也属于丝绸之路上的文化交流。

但这种研究的态势是沿着丝绸之路遗址向东，而逆向传播、交流、影响的研究显得薄弱。比如，日本、韩国的饮食文化对大陆的影响，研究者也很少，成果寥寥。以中华饮食文化之深厚、之多样、之泱泱无涯，其对世界各地饮食文化的影响绝不应限于近代，这方面的研究工作还比较薄弱。

二 研究内容显得单一

饮食文化构成元素很多，但研究者一般都重视饮食品的传播和交流，比如品种、名物，这当然是最能吸引人、也是研究者最先关注选取的研究课题，饮食原料也算是研究者投入精力较多的领域，但其他内容的研究就稍显薄弱，比如饮食

---

① 高启安：《"马头盘"的形状、功用及其东传日本——从敦煌到日本》，《转型期的敦煌文学》，甘肃人民出版社 2009 年版，第 517—532 页；高启安：《"饆饠"、"餢飳"的东传日本和变异》，第十一届中华饮食文化学术研讨会论文集，第 329—356 页；高启安：《中国古代的"驴肠"看馔——兼论"驴肠羹"的变异和传入日本》，《成功大学中文学报》2011 年第 34 期。

② 高启安：《吐鲁番出土唐代馃食名物研究》，待刊。

器的形状、设计匠心、饮食礼仪（取食方式、进食工具、宴饮坐具、座次、坐具、食物摆放方式等）、饮食心理、饮食禁忌等方面的研究成果偏少。

中华箸食文化，随着汉族人对西域的有效管理、驻军、屯垦传入了西域。但同时，南亚的手食文化也在向西域传播，于是，我们知道，新疆有了抓饭。"抓饭"不仅仅是取食方式为"手抓"，其制作方式也与印度类似食物的制作方式有相同之处。

但饮食文化的交流研究方面，大家多注重"胡食"，就是食物品种的传播，除了"胡姬"外，就属胡食最吸引眼球了。所以研究者关注较多。但食物品种仅是饮食文化研究内容的一个方面，其他还有食物的选择、食物的加工、饮食与环境、饮食与生产方式、饮食与传统、饮食心理、饮食禁忌、饮食礼仪、饮食烹饪，阶级饮食、特殊人群的饮食、餐饮具（加工具、炊具）、饮食营养观念、宴饮、饮食文学等。丝绸之路饮食文化交流的这些方面，其研究就薄弱多了。这也是今后应该加强和努力的方面。

三 饮食文化"传来"的研究状况

中华饮食文化之所以显得多样、复杂，主要是地理因素、生产方式不一，使饮食文化显得千差万别，多种多样，这是任何其他类型的饮食文化都无法比拟的。当然也与以中原腹地为圆心，大量吸收周边及域外饮食文化的融合能力和开放文化有密切关系。有些经过改造，甚至成为中华饮食文化的主流。比如，小麦粉食文化，尽管对小麦的东传、粉食加工技术的出现及其大量应用，学界尚有争论，但东传是无疑的。至少在东汉时，随着轮转磨加工技术的飞跃（磨盘由原先的点状坑，演化为排列整齐、有序、科学的磨齿，大大提高了出粉效率和质量），面粉的大量出现和不再难以加工，拓展了小麦粉食原料的制作烹饪空间，出现了一批"饼食"。这在刘熙的《释名》中有反映。小麦由原先的粗粮逐渐上升为细粮，中原上层社会以食用各种饼为时髦。随之而来的，还有植物油原料的种植及其加工（以小麦粉食为原料的饼类在当时大多为炸食）、水碓的出现、烹饪技术中的植物油煎炸、发酵技术（中国早就有了用酒糟发酵的技术，至今，酵母仍叫"糟子"）、食物保鲜、储存方式等的出现或传来。这一系列是一个相互作用的整体，才使各种饼食风行。束皙的《饼赋》和吴均的《饼说》正是在这一历史背景下出现的文学作品。

长安的胡食曾是学者关注较多的一个研究领域，经过多年的研究，以笔者所知，就饮食品种来说，从西域乃至更远的中亚、西亚、印度等地传入者，如下所示：

饮食原料的传入：小麦、豌豆、扁豆、胡豆（蚕豆）、水果、蔬菜等，中外学者已经多有研究。

小麦粉食包馅类食物：饆饠（饸子、□饼）①、馎饦、餺飥、胡饼、烧饼、馒头②等。从遥远的域外传入，时间大致在东汉到魏晋时期。

我最近在研究中，发现吐鲁番出土之多种形式的"馃子"（"点心"称谓不当，我已有辩证和系统讨论③）与佛教有关，其中一些造型或与早期罗马人的饼食有关。

酒精饮料类：葡萄酒（果酒类，可能不止此一种）、三勒浆、肉酒④等。

烹饪法：貊炙、浑炙、羌煮⑤、驼峰、驼蹄的烹饪方式等。

饮食（烹饪）器：鸭头勺⑥、胡瓶、貊盘、屈卮、叵罗、胡铁锅等。

围坐而食，可能也与游牧民族饮食方式的传入有关。这些胡食及具有"胡风"的饮食类元素，难以尽述。

因此，丝绸之路，亦可以说是一个饮食文化交流之路。许多饮食文化交流的现象不是像玉石、丝绸一样本身便是交流的主题和目标，饮食文化是交流的衍生物。因此，饮食文化始终伴随着人类的交往，丝绸之路上的饮食文化交流更是这样。今天，我们整理、研究丝绸之路的文化交流，饮食应该且必须是关注的重点之一。

最后，以此句话作为本文的结语：饮食很可能是人类第一次相遇时的交流内容！

（高启安，兰州商学院）

---

① 高启安：《吐鲁番出土所谓"饺子"名物考》，东方学研究论集刊行会编：《高田时雄教授退职记念·东方学研究论集》，临川书店2014年版。
② 同上。
③ 高启安：《吐鲁番出土之唐代馃食名物考》，待刊。
④ 高启安：《裕固族"杀羊泡酒"觅踪——丝绸之路饮食文化考察之一》，《中国饮食文化》2009年第1期。
⑤ 高启安：《"貊盘"考——兼论游牧肉食方式对中原的影响》，载赵荣光主编《留住祖先餐桌的记忆：2011杭州·亚洲食学论坛论文集》，云南出版集团、云南人民出版社2011年版，第113—136页。
⑥ 高启安：《丝绸之路上的"鸭头勺"》，《西域文史》2011年第4辑。

西风东渐？抑或东风西渐

——从先秦时期河西走廊一带文化发展看早期中西文化交流[*]

陶兴华

　　河西走廊地处甘肃西部，东连陇中黄土高原，西接塔里木盆地和哈密盆地，南通河湟谷地和青藏高原，北达蒙古高原和大漠，有所谓"接四境而扼三边"的说法，乃"天下要冲、国家藩卫"，历代中央王朝都将其视为国家的西北门户，其"安危关乎天下之治乱"，历来是兵家必争之地。由此可见，河西走廊在历史上既是东西交通要道，又是文化交流的重要孔道，区位优势明显，战略地位极其重要。河西走廊虽然迟至西汉中期才正式纳入中央大一统政权管辖范围，但早在先秦乃至史前时期，这里便已经成为东西方文化发生碰撞、融汇与交流的重要区域。相对优越的地理位置和独特的地形地貌特征促使河西走廊较早就进入了新石器时代、青铜时代和早期铁器时代，因之也产生了比较兴盛发达的彩陶文化、石器文化、青铜文化、牧业文化和早期农业文明。西汉武帝时期，张骞通过河西走廊出使西域，这被后世誉为"凿空"之举，此后便有了河西四郡和西域都护等的设立。通常认为，官方的、有组织的、长期延续的"丝绸之路"便于此时开通，但在实际上，民间的、自发的、时断时续的"羊马之路""铜铁之路""麦粟之路""彩陶之路""玉石之路""丝绸之路"早在先秦时期就已经形成了。因此，张骞出使西域仅是进一步"沟通"了本已存在的中西文化交流历史现状，而非首次"开通"这一中西政治、经济、文化交流通道。无论是先秦时期还是汉唐时期，河西走廊作为东西经济、文化交流咽喉通道的战略地位始终没有改变过，这里不仅是多种文明交流融汇的特别区域，也是诸多族群流徙变迁与互动融合的重要场所。

---

[*] 本文系国家社会科学基金青年项目"关陇区域周秦社会变革研究"（批准号：2014CZS0008）的阶段性成果。

一 河西走廊的地理位置和自然环境

　　河西走廊东起甘肃武威天祝藏族自治县境内的乌鞘岭，西至古玉门关和阳关，介于南北两大山脉之间，东西长约1000千米，南北宽度20—140千米不等，但通常都在50—60千米之间；该区域总体呈西北—东南走向，形如一狭长走廊，因位于黄河以西，故称河西走廊，又因地处甘肃，故又被称为"甘肃走廊"。河西走廊地涉甘肃、青海、内蒙古等多省区，其在甘肃省内总面积约27万平方千米，海拔介于1000—2500米不等，但通常都在1100—1500米之间。走廊北边山脉自东向西依次主要有龙首山、合黎山和马鬃山，走廊南边山脉主要为祁连山和党河南山。"南边的祁连山高耸入云终年积雪，极难翻越；走廊北边的北山远不像祁连山那样高耸陡峭、逶迤连绵，对于过往商旅和军队而言，并非不可逾越的屏障。但是，由于北山以外是腾格里沙漠和巴丹吉林沙漠，即使能翻过北山，也难以穿越浩瀚无垠、荒无人烟的沙漠。相比之下，走廊腹地则平缓易行，又有片片绿洲分布其间，无疑是理想的行进路线。不论是东来西往的使者、商旅，还是南下北上的征战军队，大多取道河西而行，因而使河西成为名副其实的交通走廊。"[①]

　　河西走廊中间总体比较平缓，大部分地方是由南北两侧山地的沙砾物质经河流、雨水长期冲刷而形成的倾斜平原，走廊地貌结构呈有规律性的带状分布，从两侧山坡到中间腹地依次为山麓坡积带、洪积扇带或冲积带以及洪积冲积带，因之形成了河西走廊山地、草原、荒漠、戈壁、河流、湖泊与绿洲盆地交错分布的局面。"河西走廊虽然土地面积辽阔，但不适宜利用的戈壁、沙漠、山地、寒漠、碱湖等占大部分。宜农土地不足总面积5%，人工绿洲仅占4.12%，它们像一个个绿色的小岛散落在茫茫荒原上，其生态环境受荒漠的强烈影响，潜在不稳定性强。尤其是下游绿洲多与流沙、盐碱地、戈壁相间分布，生态系统的潜在不稳定性更强。"[②]

　　河西走廊地处欧亚大陆腹地，气候类型属于典型的温带大陆性气候，区域内总体呈现干燥少雨，多风沙，光照充足，昼夜温差大等特征。年降水量各地有所不同，但大致呈自东南向西北依次递减的趋势，多者不超过500毫米，少的甚至不足50毫米。然而年蒸发量却可达2000—3500毫米，而且越是干旱少雨的地方，越易受到风沙的侵袭。[③] 河西走廊的土壤大部分为山地土壤和荒漠土壤，少部分

[①] 高荣：《先秦汉魏河西史略》，天津古籍出版社2007年版，第3页。
[②] 李并成：《河西走廊历史地理》，甘肃人民出版社1995年版，第8页。
[③] 高荣：《先秦汉魏河西史略》，第4页。

的绿洲可耕作土壤也主要是在荒漠条件下，经过长期的河流浇灌、切割、沉淀、农业施肥以及人为换土易壤等改良措施而逐渐形成的，这部分土壤土质较为肥沃细腻，但毕竟厚度有限，疏松多沙，在干旱少雨、多风沙等气候条件下，很容易受到侵蚀而倾向于荒漠化。

虽然河西走廊干旱少雨、多风沙、蒸发量远大于降水量、可耕作土壤面积极为有限，看似很不适合于人居。但是，天无绝人之路，上天把最好的礼物——祁连山冰川融水恩赐给了河西走廊。正如宁可先生所说："正是祁连山的雪水，哺育了河西走廊的草场和绿洲，大大改变了它的荒漠景观，把它变成了一个宜农宜牧、适于人们生养蕃息的丰饶之乡，从而使它从一条地理意义上的走廊变成了一条历史的走廊。"[①] 祁连山被誉为河西走廊的"高山水库"是完全当之无愧的。河西走廊的水资源大多来自祁连山冰川融水，仅是发源于祁连山，大体呈南北走向的河流有57条之多，且都属于内陆河。经由大黄山和黑山的自然分割，使得这为数众多的河流各有归属，分别形成了三大水系，自东向西依次为石羊河水系、黑河水系和疏勒河水系。

以上所述这三大水系的干流长度、地表径流量和流域面积各自差别很大，目前尚未形成较为精确的统一数据，但可以确定的一点是，无论是干流长度还是地表径流量，黑河水系都位列第一，其次是疏勒河水系，最后是石羊河水系。这三大水系不仅构成了河西走廊流域面积广阔的地表水资源，还对河西走廊较为丰富的地下水资源起到了重要的补给作用。凭借这三大水系众多河流所提供的地表水和地下水资源的灌溉滋养，河西走廊自东向西形成了三块面积较大的绿洲，即武威绿洲、张掖绿洲和酒泉绿洲，三大绿洲内部又存在一些小绿洲，如民勤绿洲、高台绿洲、临泽绿洲、敦煌绿洲、玉门绿洲等。这三大绿洲分别对应三大水系，虽然三大绿洲彼此之间受到高山、荒漠和戈壁一定程度的阻隔，但三大绿洲内部各个小绿洲又大体连成一片，于是在各大绿洲内部便产生了一定规模的农牧业、手工业和商业，进而形成了大大小小的村镇、各具特色的城市、商贸集散地、政治和文化中心。

总之，河西走廊一带区位特征明显，地理位置优越，易于较早步入文明时代，便于发生区域文明的碰撞与交流，也容易产生族群间的互动与融合。但是，河西走廊一带总体看来自然条件比较恶劣，生态系统也比较脆弱，农业可耕地面积所占比例极低，社会承载能力甚为有限，不适宜进行广泛移民和大规模的农业开发与利用。

---

① 宁可：《河西怀古》，载丝绸之路考察队编《丝路访古》，甘肃人民出版社1983年版，第258页。

二　先秦时期河西走廊的文化发展

就目前的考古发掘情况来看，河西走廊的史前文化遗址绝大多数属于新石器时代晚期和青铜时代，也有少部分属于铁器时代。涉及的考古学文化（类型）包括马家窑文化（马家窑类型、半山类型、马厂类型）、"过渡类型"遗存文化、齐家文化、四坝文化、董家台类型遗存文化、骟马类文化、沙井文化等。先秦时期，河西走廊一带主要生活着氐、羌、乌孙、月氏、匈奴等族群，可以推知，河西走廊的史前诸文化也主要是由他们经过长时期的创造、吸收、改进并加以传承利用而得以发展变化的。

（一）旧石器时代文化

1989年9月，甘肃省考古所的几名工作人员在酒泉市肃北蒙古族自治县马鬃山区明水乡霍勒扎德盖[①]一带考察马鬃山岩画时，偶然于地表以下1米的灰黄——灰白色中细砂层中发现了三件打制石器，分别是两件石片和一件石叶。发现者指出："关于下霍勒扎德盖石器地点的时代，就已发现的石制品看，两件用石锤直接打制的石片，形态比较规整，台面都经过细致的修理，此外还有石叶存在，时代不会太早。为慎重起见，我们还在附近的地层中和地面上作了调查，也未发现新石器时代的遗物。根据以上对石制品性质的分析，结合地层的堆积状态，初步判断霍勒扎德盖石器地点的时代可能为旧石器时代末期。"[②]

河西走廊一带发现了比较多的新石器时代晚期、青铜时代以及部分铁器时代等史前文化遗迹遗存，其中许多遗迹中往往是打制石器和磨制石器并存，出现打制石器未必就能说明属于旧石器时代遗物。而且马鬃山区采集到的这三件石器数量少，地点单一，缺少准确的地层关系，资料又很单薄，所以马鬃山区发现的这三件打制石器是否确属旧石器时代文化遗物，还有待更多的考古资料予以验证，目前尚难加以准确定性；另外，即便可以认定它们就是旧石器时代文化遗物，那么它们是否就是由河西走廊当时当地居民所独立制作而非因偶然原因流转来自它地，目前尚存诸多疑问，无法解释清楚。如果有更多材料支撑，且经过多方面细致比较研究，最终可以确定它们就是河西走廊一带的旧石器时代文化遗物，那么我们就可以将河西走廊一带的人类活动历史向前推进到旧石器时代，这无疑可以

[①] "霍勒扎德盖"系蒙古语音译，意为黑色宽阔谷地的意思。
[②] 谢骏义：《甘肃西部和中部旧石器考古的新发现及其展望》，《人类学学报》1991年第1期。

填补河西走廊及其附近干旱半干旱地区旧石器时代文化研究的空白。

(二) 马家窑文化

马家窑文化主要分布于甘青一带,以盛行绚丽多姿的彩陶作为其自身文化因素特征的强烈体现,因首次发现于甘肃省临洮县马家窑遗址而得名,曾经被称为"甘肃仰韶文化",存续时间大致处于铜石并用时代。

考古学界一般根据马家窑文化前后时代发展轨迹和文化特点的不同,将其大体划分为四大类型,分别是石岭下类型、马家窑类型、半山和马厂类型。石岭下文化类型主要分布在渭河上游地区,对于它是否可以归入马家窑文化范畴,学界存在争议。谢端琚先生指出:"石岭下类型是介于庙底沟类型与马家窑类型之间的一种古文化遗存……石岭下类型应处于马家窑文化的早期阶段。"[1] 有学者认为石岭下文化类型遗址材料少,特征不明显,提出应该将其改称为"大地湾仰韶晚期遗存"。[2] 也有学者从仰韶文化各阶段发展的时代特点和社会背景入手,分析了马家窑文化产生的历史地理原因,阐述了马家窑文化源自仰韶文化的这一观点,进而指出:"石岭下类型与大地湾仰韶晚期是两类遗存,不能相互替代。"[3]

马家窑文化曾经比较强劲地将势力扩展到了河西走廊一带,除了石岭下类型以外,其他马家窑类型、半山和马厂类型都在河西走廊发现了文化遗迹和遗物。无论石岭下类型是否可归入马家窑文化范畴,它都是在关陇区域产生的介于仰韶文化晚期和马家窑文化早期之间的一种文化类型。虽然在河西走廊一带未曾发现石岭下类型文化,通过对石岭下类型文化属性的认识,我们可以从一个侧面了解河西走廊史前文化的早期发生时间和来源线索。

1. 马家窑类型文化

河西走廊的马家窑类型文化遗存主要分布在东部武威地区,包括武威塔儿湾和五坝山[4]、永昌三角城和蛤蟆滩[5]、民勤黄蒿井和芨芨槽等遗存。另外,在走廊西部的酒泉照壁滩和高苜蓿地也发现了少量遗存[6]。马家窑类型文化遗存在河西走廊大致可分为早晚两期,"早期以武威塔儿湾遗存为代表,陶器为夹砂和泥质

---

[1] 谢端琚:《论石岭下类型的文化性质》,《文物》1981年第4期。
[2] 郎树德、许永杰、水涛:《试论大地湾仰韶晚期遗存》,《文物》1983年第11期。
[3] 张强禄:《马家窑文化与仰韶文化的关系》,《考古》2002年第1期。
[4] 甘肃省文物考古研究所:《武威塔儿湾新石器时代遗址及五坝山墓葬发掘简报》,《考古与文物》2004年第3期。
[5] 甘肃省文物考古研究所:《永昌三角城与蛤蟆墩沙井文化遗存》,《考古学报》1990年第2期。
[6] 李水城:《河西地区新见马家窑文化遗存及相关问题》,《东风西渐——中国西北史前文化之进程》,文物出版社2009年版,第42页。

红褐陶（橘黄或橘红色），彩陶流行圆圈卵点、弧线、三角纹，彩陶盆宽沿浅弧腹，也有夹砂侈口罐、小口瓮，年代在王保保期。晚期以酒泉照壁滩遗存和武威五坝山 M1 为代表，彩陶同样均为黑色彩，但线条宽粗饱满，内彩发达，有一定特色，有动物类像生纹，彩陶盆大口曲腹带盲耳，还有彩陶平底瓶、罐，年代约在小坪子期，也就是马家窑类型最晚期"[1]。基本可以肯定，河西走廊的马家窑文化是从河湟地区迁徙过来的，走廊东部文化遗存的基本特征与河湟地区几乎完全一致，发展序列也比较完整，西部酒泉地区的文化遗存则表现出较多的河西地方特色，发展阶段也偏晚。

2. 半山类型文化

河西地区半山类型文化是河西地区马家窑类型文化的延续，但分布地点很少，且面积有限，相关遗存目前主要见于走廊东段的永昌鸳鸯池墓地。随葬彩陶主要有双耳罐、单耳瓶、大口罐、小口瓮等，色彩主要为黑红夹杂的复彩，流行锯齿纹。目前正在持续发掘的张掖黑水国遗址材料尚未完全公布，据参与发掘的考古工作者介绍，其中不乏半山文化特征的遗存材料。倘若真如相关人士所言，那么该遗址的文化信息无疑将会填补河西走廊中西部马家窑文化之中马家窑类型与马厂类型之间的昔日研究空白，相信许多相关问题将会迎刃而解。

3. 马厂类型文化

与马家窑类型和半山类型文化不同，马厂类型文化在河西走廊，无论是遗址数量还是分布范围方面都获得了极大发展。李水城先生根据文化面貌和时间差异，将河西地区马厂文化分为甲、乙、丙三期。甲组以张掖市山丹县四坝滩遗址遗物为代表，主要有单耳彩陶瓶、双耳彩陶盆等，与河湟地区马厂类型文化遗物风格一致。乙组以永昌鸳鸯池墓地和武威磨嘴子墓地为代表，墓地流行竖穴土坑墓，墓主葬式多为仰身直肢，少量屈肢葬、二次葬和扰乱葬，墓主头向多为东南，单人葬与合葬并存；陶器以红陶、红褐陶为主，有部分灰陶、灰黑陶，基本组合包括双耳罐、单耳罐、瓮、单把杯、盆、钵和盂等；乙组遗存在河西走廊分布较为广泛，是河西马厂文化的主流，具有较多的地方特色。丙组以酒泉首蓿地遗址为代表，陶器质地、色泽、器类组合与乙组接近，但器盖数量增加，彩陶比例降低；丙组遗存主要分布在走廊西部，带有较多的异化色彩。河西走廊马厂文化石器数量发现不少，包括磨制石器、细石器和打制石器。另外，在丙组遗存中还发现了少量的早期铜器，主要是红铜锥和冶炼红铜块。[2]

---

[1] 韩建业：《中国西北地区先秦时期的自然环境与文化发展》，文物出版社 2008 年版，第 347 页。
[2] 甘肃省文物考古研究所、北京大学考古文博学院：《河西走廊史前考古调查报告》，文物出版社 2011 年版，第 416 页。

(三)"过渡类型"遗存文化

"过渡类型"遗存概念是由李水城先生率先提出的。对于此概念,李水城解释说:"1986年,在河西史前考古调查中,我们识别出一种新的文化遗存,这类遗存既有别于马厂,也不同于齐家和四坝文化,可是又与这三种文化(类型)有某种联系,鉴于它所具有的这种中介性质,本文暂称之为过渡类型遗存。"[1] 过渡类型遗存分布地点大体处于四坝文化分布区域范围内,且与四坝文化多所重合叠加。过渡类型遗存产生时间大约在距今4000年前后,开始由铜石并用时代向青铜时代过渡。该遗存所见陶器在器型、色泽、纹饰等特征方面,上承马厂文化,下启四坝文化,很少与马厂或四坝文化完全等同,但彼此之间又存在着密不可分的关系。由此可以推论,过渡类型遗存的主人既不是马厂文化的直接传人,也不是四坝文化主人的直系祖先,但他们之间的族类差别应该不大,大概属于同一族群的不同分支,彼此之间可能存在一定的亲缘关系。所以,他们彼此之间应该有着大体相似的社会组织和生产生活方式。

(四) 齐家文化

进入青铜时代后,甘青一带的齐家文化逐渐向西扩展势力,最终到达河西走廊东部地区,以武威黄娘娘台遗存为代表[2],另外,武威海藏寺遗址也有少量遗存发现[3]。河西的齐家文化面貌基本同于甘青齐家文化,陶器纹饰盛行绳纹、篮纹,也有少量菱形纹、三角纹、折线纹等。石器里面有一种齿轮形的权杖头,很有特色。铜器主要是红铜质地的工具和武器。此外,还保留有一定数量经过灼烧但未经过钻凿的卜骨,多为羊骨,少数为牛骨和猪骨。学界以前认为齐家文化在河西走廊的西界为武威、永昌一线[4],现在根据新发现的材料看来,齐家文化至少已经西向扩张至黑河流域的张掖一带。

(五) 四坝文化

四坝文化是广泛分布于河西走廊中西部一带的青铜时代文化,最初发现于张

---

[1] 李水城:《四坝文化研究》,《东风西渐——中国西北史前文化之进程》,文物出版社2009年版,第92页。
[2] 甘肃省博物馆:《甘肃武威黄娘娘台遗址发掘报告》,《考古学报》1960年第2期。
[3] 裴文中:《中国西北甘肃走廊和青海地区的考古调查》,《裴文中史前考古学论文集》,文物出版社1987年版,第256页。
[4] 李水城:《四坝文化研究》,《东风西渐——中国西北史前文化之进程》,第92页。

掖市山丹县四坝滩遗址[①]，并且以该遗存为典型代表。除此之外，玉门火烧沟[②]、玉门砂锅梁[③]、安西鹰窝树[④]、酒泉干骨崖[⑤]、民乐东灰山[⑥]等遗址也都颇具代表性。四坝文化的存续年代约为公元前1900—前1600年之间，大体与夏代同时。

四坝文化陶器多为夹砂红褐色，质地较粗糙，彩陶所占比重大。器类以带耳罐和带耳壶为大宗，典型的有双耳罐、四耳罐、双腹耳壶、三耳壶、四耳壶等。另外，带盖罐、筒形罐、单把杯、彩陶豆等也很有特色。四坝文化石器仍然是打制和磨制并存，其中出土了数量不少的较大型石磨盘、石磨棒以及石锄，这应该和农业生产生活方式有着极为密切的关系。四坝文化铜器种类繁多，且多为青铜制品，包括工具、武器和装饰品等，器型特征带有比较明显的北方草原风格。除了较为普遍地使用铜器外，四坝文化的一些墓葬中还出土了不少金、银装饰品。需要特别提及的是，在玉门火烧沟墓地曾经发现里面储藏有粟粒的大型陶罐，[⑦]在民乐东灰山遗址中发现了经过人为驯化的碳化小麦粒[⑧]和碳化大麦粒[⑨]等。这一方面说明黄河流域的粟、稷一类耐旱作物传到了河西走廊，而原产西亚一带的小麦、大麦等农作物则传到了中国；另一方面说明河西走廊的先民早在四坝文化所在的青铜时代，就已经具备了一定程度的农业生产生活经济模式。四坝文化遗址中还发现了海贝，经相关部门鉴定，其中一些贝壳产自台湾、海南岛和西沙群岛，无论鉴定准确与否，都说明河西走廊当时存在一定程度的对外贸易。[⑩]

（六）董家台类型遗存文化

1953年，甘肃省文物考古工作者在武威天祝县董家台发现了墓葬，出土的陶器独具特色，此后在东南起于天水，西北至武威民勤一线的甘谷、武山、榆中、

---

① 安志敏：《甘肃山丹四坝滩新石器时代遗址》，《考古学报》1957年第3期。
② 甘肃省博物馆：《甘肃省文物考古工作三十年》，《文物考古工作三十年（1949—1979）》，文物出版社1979年版，第142页。
③ 李水城：《四坝文化研究》，《东风西渐——中国西北史前文化之进程》，第80页。
④ 同上书，第82页。
⑤ 同上书，第59页。
⑥ 甘肃省文物考古研究所、吉林大学北方考古研究室：《民乐东灰山考古——四坝文化墓地的揭示与研究》，科学出版社1998年版。
⑦ 甘肃省博物馆：《甘肃省文物考古工作三十年》，《文物考古工作三十年（1949—1979）》，第143页。
⑧ 甘肃省文物考古研究所、吉林大学北方考古研究室：《民乐东灰山考古——四坝文化墓地的揭示与研究》，科学出版社1998年版，第140页。
⑨ 李璠、李敬仪等：《甘肃省民乐县东灰山新石器遗址古农业遗存新发现》，《农业考古》1989年第1期。
⑩ 甘肃省文物考古研究所、吉林大学北方考古研究室：《民乐东灰山考古——四坝文化墓地的揭示与研究》，第141页。

古浪等地，又陆续发现了一些类似特征的文化遗存。这些遗存的陶罐大多为夹砂橙色陶，均为圜底，绘红褐色彩，纹饰规整，以颈部饰菱形纹和腹部饰下垂的细长条纹为其显著特征。李水城先生认为："尽管这些陶器多数为采集品，但它们所拥有的独特风格已具备了构成一种新的考古学文化类型的条件。鉴于天祝董家台遗址发现的时间最早，且彩陶、素陶具备，有一定的代表性，建议暂将这组陶器以该遗址为代表命名为董家台类型遗存。"① 虽然该遗存被李水城先生单列为一种新的考古学类型文化，但它曾经长期被归入沙井文化；② 也有人认为这类彩陶在纹饰和出土地点等方面看来，都与沙井文化有比较明显的区别，而"与齐家文化有密切的关系"，遂将其直接归入了齐家文化；③ 后来又有人将其认定为辛店文化的山家头类型，其理由是该类型文化"在年代上紧接齐家文化"，并且带有齐家文化因素。④ 虽然目前学界对于该遗存的文化归属尚存争议，但将其认定为介于齐家文化和沙井文化或齐家文化与辛店文化之间，并且彼此之间有一定关系的一种独特文化遗存，大体还是说得过去的。

（七）沙井文化

在青铜时代晚期和早期铁器时代，河西走廊的文化遗存主要是沙井文化和骟马类文化。前者因最早发现于武威民勤沙井子一带而得名，后者则是因为首先发现于玉门骟马城而得名，它们一东一西大体同时并存，共同构成了河西走廊的史前晚期文化，存续年代大体相当于中原的西周春秋时期。

沙井文化集中分布在民勤绿洲和永昌盆地之间，在民勤以沙井柳湖墩遗址⑤为代表，在永昌以三角城⑥、蛤蟆墩⑦、西岗柴湾岗⑧等遗址为代表。

沙井文化陶器以夹砂红褐陶为主，流行素面，少量饰以附加堆纹、乳丁纹、绳纹等，彩陶较少，且多施红彩。器型较简单，以平底器为主，三角器次之，圈足器和圜底器较少。器类里面的单耳杯和双耳杯颇具特色，这很可能与当时当地畜牧业发达，人们已经开始汲取和利用剩余的牲畜奶汁作为饮料或加工奶制品有

---

① 李水城：《论董家台类型及相关问题》，《东风西渐——中国西北史前文化之进程》，文物出版社2009年版，第108页。
② 张学正：《甘肃古文化遗存》，《考古学报》1960年第2期。
③ 张鹏川：《中国彩陶图谱》，文物出版社1990年版，第67页。
④ 韩翀飞：《陇山两侧青铜文化研究——青铜时代西北古代民族考古遗存》，《西北民族研究》2008年第3期。
⑤ 张学正：《甘肃古文化遗存》，《考古学报》1960年第2期。
⑥ 蒲朝绂、赵建龙：《甘肃永昌三角城沙井文化遗址调查》，《考古》1984年第7期。
⑦ 蒲朝绂、庞跃先：《永昌三角城与蛤蟆墩沙井文化遗存》，《考古学报》1990年第2期。
⑧ 甘肃省文物考古研究所：《永昌西岗柴湾岗：沙井文化墓葬发掘报告》，甘肃人民出版社2001年版。

一定关系。沙井文化石器仍然是打制与磨制并存，以斧、刀为大宗，还有石磨盘、石杵、石臼、石球等。在沙井文化遗存中发现了为数不少的骨弓弭，这种器物多见于内蒙古东部地区长城以北的相关遗存中。蒲朝绂先生据此指出："据目前发现的材料看，可能是由长城地带开始的。它是属于相对定居状态，具有畜牧射猎经济的北方草原部族共有的狩猎工具。可见沙井文化的人们，与北方草原民族的关系之密切了。"① 沙井文化遗存中保留有大量的金属器，材质有铜器、铁器和金器，器类主要包括工具、武器和装饰品。其中装饰品不仅用于人体装饰，还有大量的马饰品。

沙井文化墓地多建在聚落附近的坡地上，墓葬以竖穴土坑墓居多，偏洞室墓次之，葬式流行单人仰身直肢葬，间有侧身屈肢葬、乱骨葬、二次葬及合葬，个别墓葬中出现了看似是人为的肢体残缺现象，这可能与杀殉或陪葬有关。与之前的齐家文化、四坝文化等相比，沙井文化的畜牧业比重明显增加，这从随葬品中殉牲种类之繁、数量之大以及狩猎工具之多等现象可予旁证。

对于沙井文化的族属问题，学界进行了长期的探索和研究，多数学者认为是先秦时期的月氏，最具代表性的是戴春阳先生的说法。戴先生指出："史籍所载月氏在河西地区活动的时间，驻牧的区域和文化属性正与上述沙井文化的分布范围、文化特征以及活动时限相吻合，因此可以认为沙井文化是古代月氏在河西驻牧时期的文化遗存。"②

（八）骟马类文化

骟马类文化遗存主要分布在河西走廊西部的酒泉盆地和敦煌——玉门盆地之间，以玉门骟马城遗址③、安西兔葫芦遗址④以及玉门蚂蟥河墓地遗址⑤为代表。

骟马类文化陶器主要为夹砂红褐、黑褐、灰褐陶，器类以双耳带乳突平底罐为代表，另外还有无耳平底罐、小口壶、陶鬲、陶纺轮等。骟马类文化遗存中的陶鬲与沙井文化遗存中的陶鬲多有相似之处，可能是沙井文化西向扩张的产物。石器有刀、斧、磨盘、磨棒、锄、锛、球、网坠等，铜器主要是武器和装饰品。

骟马类文化遗存的分布范围大体与四坝文化相同，但两者的文化面貌差别很大，看不出有前后承续关系。李水城先生指出：走廊西部在四坝文化之后出现了

---

① 蒲朝绂：《试论沙井文化》，《西北史地》1989年第4期。
② 戴春阳：《月氏文化族属、族源刍议》，《西北史地》1991年第1期。
③ 张学正：《甘肃古文化遗存》，《考古学报》1960年第2期。
④ 安西县文化馆：《甘肃安西县发现一处新石器时代遗址》，《考古》1987年第1期。
⑤ 甘肃省文物考古研究所：《甘肃玉门蚂蟥河墓群发掘简报》，《考古与文物》2005年第6期。

文化断裂，骟马类文化与四坝文化之间存在着明显的发展缺环。① 至于骟马类文化的主人，学界通常认为其文化分布范围和时代，恰与古籍记载的乌孙在河西走廊活动的区域相吻合，因而多认为骟马类文化很可能是由乌孙创造的。对于骟马类文化和沙井文化的族属问题，高荣先生曾在前人的研究基础上，做了比较系统全面的总结，他最终指出："分布于河西走廊东西部的沙井文化和骟马文化就是月氏和乌孙活动的遗存。"②

三 小结

河西走廊在先秦时期的文化发展虽然自成体系，但又或直接或间接地受到甘青一带陇中、河湟等地区的文化发展谱系的影响，同时它与北方草原地区也有一定的文化联系。另外，河西走廊的东西部在文化发展谱系上存在一定程度的差异，东部的考古学文化发展脉络比较清晰，前后连贯性比较强，较为明显地体现了与河湟、关陇区域文化的联系性；而西部的考古学文化发展面貌则表现出较多的地方特色，受关陇、河湟文化的影响比较弱，文化谱系之间联系不甚紧密，比如四坝文化与骟马类遗存之间就存在中间发展缺环。

先秦时期河西走廊一带的经济类型基本上是维持半农半牧的生产生活方式，至于偏重于农业还是牧业，则是因时而异，因地而异。从时间角度看来，大体是史前早期以狩猎、采集为主，畜牧次之，农业又次之；史前中期畜牧业比重适当下降，农业比重有所增加，狩猎、采集比重明显减少；到了史前晚期，畜牧业比重反弹升高，农业比重有所降低，狩猎、采集比重则继续下降。从地点角度看来，大体是河流、湖泊边缘、绿洲、盆地一带农业比重高，山地、荒漠、草原地区牧业比重高。

河西走廊史前期的经济和社会发展程度明显低于关陇区域，与关陇及其以东大多数地区相比，虽然河西走廊一带在先秦时期也逐渐步入文明时代，并且已经开始出现贫富分化和阶级对立现象，但当时当地尚未形成统一的政权中心，人地矛盾尚不是很突出，河西地区的政治势力对关陇区域基本上没有形成冲击或威胁，其社会内部冲突也远不如中原地区那样激烈。

总体看来，河西走廊一带的文化发展序列及其特征，早在先秦时期就已经较多地受到了中国中原地区广泛而深远的影响，这为秦汉以后河西走廊正式纳入中

---

① 李水城：《公元前1千纪的河西走廊西部》，《东风西渐——中国西北史前文化之进程》，文物出版社2009年版，第124页。
② 高荣：《月氏、乌孙和匈奴在河西的活动》，《西北民族研究》2004年第3期。

原大一统王朝版图奠定了较为坚实的文化基础。虽然早在先秦时期，中西文化交流就已经长期存在并持续发生着，但河西走廊一带的史前文化发展序列及其特征并未体现出较为强烈的东西文化碰撞交流色彩，这就说明早期中西文化交流的主通道应该不是在河西走廊一带，那么这一早期中西文化互动交融的边界区域和主要发生场所在地理位置上很可能会比河西走廊更加偏西和偏北。

（陶兴华，西北师范大学）

从新疆出土的"蜻蜓眼"珠饰
看古代中伊交通往来

王 樾 秦 臻

公元前2500年前后，作为人工制品的玻璃在西亚或埃及被发明后，最早呈现的产品形式就是玻璃珠饰。蜻蜓眼是一种古老的玻璃制品。通常做法是在一种单色玻璃体上嵌入其他颜色的玻璃，构成图案一般为同心圆，由于环环相套，形似动物眼珠，所以在英文中被称为"复合眼珠"（compound eye-bead），中文俗称简化为"蜻蜓眼"。

装饰自身、追求美丽是人类的本能。公元前3000年的墓葬中，就发现有陪葬的饰品，这些饰物一方面说明了人们对装饰的追求。另一方面，陪葬的装饰物也可被视作人类信仰世界的部分体现。考古发现表明，蜻蜓眼的使用几乎遍及亚欧大陆。从这个意义上说，对此类饰物的考察研究，在说明饰物本身形制对周边地区影响的同时，另外也表现出一种观念类精神文化的变化式传播。

一 蜻蜓眼在新疆的出土发现

蜻蜓眼珠饰在中国境内的出土比较多见，仅见诸各类科学考古发掘记录的，大致近千枚。分布范围主要在新疆、甘肃、陕西、内蒙古、山西、河北、山东、河南、湖北、湖南、四川、浙江、广东等地。

国内学者中，安家瑶较早关注并系统整理研究了中国出土的早期玻璃器。[①]由于研究的相关性，1996年又发表《镶嵌玻璃珠的传入及发展》，[②] 第一次将中

[①] 安家瑶：《中国的早期玻璃器皿》，《考古学报》1984年第4期。
[②] 安家瑶：《镶嵌玻璃珠的传入及发展》，见联合国教科文组织、中国社会科学院考古研究所编《十世纪前的丝绸之路和东西方文化交流——沙漠路线考察乌鲁木齐国际讨论会论文集》，新世界出版社1996年版。

国境内出土的蜻蜓眼式玻璃珠做了系统的整理研究。2012 年，赵德云发表《中国出土的蜻蜓眼式玻璃珠研究》，[1] 系统研究了国内考古出土的蜻蜓眼式玻璃珠。在蜻蜓眼类型区分的基础上，对其来源和形式变异以及进入中国的途径都做了研究。

新疆出土的蜻蜓眼作为性质特殊的文物种类，对其探讨有助于了解古代中国与伊朗的早期联系情况。蜻蜓眼在新疆出土发现的大致情况如下。

（一）新疆轮台县群巴克墓葬出土的蜻蜓眼

1985—1987 年，考古工作者在新疆轮台县群巴克乡发掘了两处墓地。于 I 号墓地的 27 号墓出土有蜻蜓眼玻璃珠一枚。发掘报告中称其为"料器"。墓葬时代为西周中期至春秋中期。

27 号墓为有墓道的单室墓，墓室中葬有 29 人，成年男性 16 人，成年女性 11 人，未成年者 2 人。出土物有陶器、石器、铜器、铁器与木器，石器位于骨架之间。"料器"编号为 IM27:31，暗黄色，圆鼓形，中穿一孔。其上装饰 6 个白色圆圈，内有黑色圆点。[2] 直径 0.9 厘米、厚 0.6—0.8 厘米。

（二）新疆洛浦县山普拉墓地出土的蜻蜓眼

古代于阗王国山普拉墓地，位于昆仑山北麓和田河畔，洛甫县南郊。墓地东西长 6 千米、南北宽 1 千米，总面积达 6 平方千米，墓葬丛集。配合农田水利工程，在 1983 年至 1999 年间，新疆考古工作者 3 次发掘，共清理、发掘古代墓葬 68 座、殉马坑 2 座。

墓葬形制多样。除多座长方形竖穴土坑墓外，还有大型刀形竖穴土坑墓。葬具复杂，有木质尸床、柳条编席、桶形木棺、半圆木棺、箱式木棺，以毛毡、毛毯裹尸等。葬式有单人、双人、多人、丛葬之别。丛葬墓中，84LSIM01 入葬 133 人，84LSIM02 入葬 146 人，主要为男女成人。

随葬文物多系死者生前用物，如日常生活用品、食品、饰品，丝毛织物，木、陶器，铜、铁工具、兵器，等等。生动表现了墓葬主人农、牧、手工业生产及日常生活情况。从墓地出土"见日之光""宜家常贵"汉式铜镜，丝织物，书于丝绢上的于阗文书，结合碳 14 测年结论，可以判定早期墓葬可以到公元前 1 世纪，

---

[1] 赵德云：《中国出土的蜻蜓眼式玻璃珠研究》，《考古学报》2012 年第 2 期。
[2] 中国社会科学院考古研究所新疆队、新疆巴音郭楞文管所：《新疆轮台县群巴克墓葬第二、三次发掘简报》，《考古》1991 年第 8 期。

晚期则到公元3世纪中期至公元4世纪末。①

墓地内出土玻璃珠1369颗。颜色差别较大，有橘红色、褐紫色、鎏金、鎏银、蓝色、深蓝色、赭黄色、白色、绿色和深绿色、黑色，流云和斜线纹、同心圆纹。蜻蜓眼、两色珠等15种，主要用作手链、项链。早晚均见。出土墓葬编号如下：84LSIM23；84LSIM49；92LSIIM6；84LSIM01；84LSIM45；84LSIM37；84LSIM30；84LSIM34；84LSIIM42；84LSIIM6；92LSIIM3。其中，蜻蜓眼玻璃珠21颗，皆为算盘珠形，蜻蜓眼纹浮出于珠面，呈泡状。

（三）新疆民丰县尼雅遗址1995年3号墓出土的蜻蜓眼

民丰县尼雅遗址位置在新疆塔里木沙漠南缘。1995年10月，考古工作者发掘了尼雅遗址一号墓地，其中3号墓规模最大，出土文物丰富，显示出了墓主较高的社会等级。

墓葬基本形制为长方形竖穴沙室，矩形箱式木棺，棺上盖毯、复草和压沙。棺外侧放置木制框架，插以小木桩固定，形成外椁。墓内男女二人合葬，身上衣物为东汉时期的锦、绸等，认为墓葬时代当为西域都护府时，即东汉中后期。

出土文物有陶器、木器、兵器、皮具和各类织物。蜻蜓眼饰珠编号95MN1M3:52，珠近圆形，天蓝色地，白色圆点纹。直径1.8厘米，中穿孔，内穿皮带，带子长130厘米，男尸贴身斜背。②

（四）新疆且末扎滚鲁克1996年14号墓出土的蜻蜓眼

同尼雅遗址一样，扎滚鲁克也是一处位于塔里木盆地南缘的古代墓葬遗迹，考古工作者在此进行过多次发掘。1996年，在扎滚鲁克第二期文化墓葬的14号墓中，出土有"蜻蜓眼"料珠。14号墓形制为长方形竖穴土坑棚架墓，墓道位于墓室西北角，斜柄刀形墓。墓内有19人丛葬，成人15，未成年4人。随葬器物大都位于身体附近。③ 墓葬时代为春秋早期。

出土文物多见陶器和各类木器，也有毛织物。还有铜环和石珠的串饰。报告称蜻蜓眼为料珠。料珠两串。M14L:28:1:2:3，玻璃质，有的气泡明显。圆鼓形。高0.5—0.7厘米、直径0.8—0.9厘米。M14G:43:1:2:3，圆鼓形，底色为蓝色，

---

① 新疆维吾尔自治区博物馆、新疆文物考古研究所编著：《中国新疆山普拉——古代于阗文明的揭示与研究》，新疆人民出版社2001年版，第3—32页。

② 新疆文物考古研究所：《尼雅95一号墓地3号墓发掘报告》，《新疆文物》1999年第2期。

③ 新疆博物馆、巴州文管所、且末文管所：《新疆且末扎滚鲁克一号墓地发掘报告》，《考古学报》2003年第1期。

饰以白色环纹。高1.1—1.6厘米、直径1.6—1.7厘米。

二 出土蜻蜓眼的文化解读和伊朗西来玻璃器

蜻蜓眼一类文物最早的发现是属于古埃及十八王朝，约公元前15世纪。西亚两河流域、伊朗高原也有发现。蜻蜓眼珠饰起源于此范围，大致没有异议。① 逐渐地，中亚、亚洲东部的中国也都有考古出土，蜻蜓眼的使用可谓是遍布亚欧大陆。虽然只是装饰作用的珠饰，但其背后有着与原始信仰有关的文化内涵，文化或巫术方面的信仰追求则是推动传播的力量。当然在早期，使用珠饰还可能有一些乞求神明的诉求，但时代越晚，饰物本身的装饰性质会占据主导地位，尤其是在那些本来就不是蜻蜓眼文化内涵产生的地域。

新疆出土蜻蜓眼的几处墓地，时代从西周中期至东汉后期。赵德云做了比较分析后，认为新疆境内出土的蜻蜓眼的形制与西亚伊朗高原最为接近。试做进一步推论，公元前4至前2世纪，新疆的蜻蜓眼式玻璃珠应该是来自伊朗高原。

先秦时期典籍《管子》中也有关于"琅玕"②的记载："……昆仑之虚不朝，请以璆琳、琅玕为币乎？……簪珥而辟千金者，璆琳、琅玕也；然后，八千里之昆仑之虚可得而朝也。故物无主，事无接，远近无以相因，则四夷不得而朝矣。"③ 文字清晰说明，"琅玕"是西方昆仑的宝贵之物。让我们联想到尼雅王族墓葬的主人将蜻蜓眼穿绳贴身斜背的情节。

而且，这些来自伊朗高原的玻璃制品和技术方式，到公元前后，也间接催生了中国的玻璃技术产生。④ 另外，通过丝绸之路，古代伊朗东销中国的商品中，玻璃器具有重要地位。

伊朗的玻璃器生产有着悠久的历史。公元1世纪，已经掌握了吹制玻璃器皿生产工艺，公元3至7世纪，古代伊朗的玻璃生产制造业进入发达阶段，除了大量生产珠饰、纺轮外，主要制作比较精美的各式高级玻璃器皿，供本国上层社会使用和大量出口。这一阶段也是萨珊王朝最为强盛的时期，这一阶段的伊朗玻璃器常被称为"萨珊玻璃"。此阶段玻璃器的主要特征，就是喜欢用连续的圆饼形

---

① 赵德云：《中国出土的蜻蜓眼式玻璃珠研究》，《考古学报》2012年第2期。
② 先秦典籍中，"琅玕"被视作"似珠玉的美石"。《尚书·禹贡》曰："厥贡惟球、琳、琅玕。"孔安国曰："璆，琳，皆玉名。琅玕，石而似珠者。"孔颖达疏："琅玕，石而似珠者。"蜻蜓眼虽非玻璃制品，但看上去呈玛瑙质，而且，新疆发现的蜻蜓眼皆是呈珠圆状的玻璃制品。琅玕所指就是早期的玻璃产品。
③ 张友直：《〈管子〉货币思想考释》，北京大学出版社2002年版，第434页。原文出自《管子·轻重甲第八十》。
④ 沈从文：《玻璃工艺的历史探讨》，《沈从文全集》，北京文艺出版社2002年版，第131页。

作为玻璃器表的装饰图样。如同他们在金银器和钱币上经常做出的联珠纹一样。萨珊玻璃的制作工艺还继承、发展了罗马玻璃制作中心的冷加工磨琢工艺，在玻璃器皿上磨琢出凹球面或突起的凹球面，形成为一个又一个小小凹镜，透过凹镜，可以看到相对在壁上数十个小圆形装饰，同样有联珠装饰的效果。

古代伊朗的玻璃器，汉代开始陆续进入中国，典籍中常可见到伊朗产"颇黎"的记录。综合近些年的各地考古发现：如北京市西晋华芳墓出土的圜底球腹玻璃碗，淡绿色，腹部装饰一排椭圆形乳钉，底部有七对突起的刺钉；湖北鄂城西晋墓，也见过淡黄绿色圜底玻璃碗，腹部也有三排椭圆形稍内凹的饰纹。这两件西晋时期的玻璃碗，都是无模吹制成型。而器表纹饰，则是在冷却后用砂轮打磨而成。同样类型的玻璃碗，还见于江苏镇江句容六朝墓中，碗表六排凹球面圆形装饰，互相错叠，形如龟甲。宁夏固原北周时期李贤夫妇墓中，出土的玻璃碗，淡黄绿色，虽有微小气泡，但透明度还好，腹部同样见到圆形装饰，圆面微微下凹。这类风格造型的玻璃碗，还见于新疆楼兰古城、LK古城及天山南麓巴楚托库孜萨来，保存多不完好。1996年出土于昆仑山下且末县扎滚鲁克古墓中的深腹玻璃碗，透明度较好，腹部有三排磨琢出的椭圆形纹饰，圆面也稍稍下凹；1995年在营盘的汉—晋时期墓地中发现玻璃器，腹部也是下凹圆形纹装饰。这些玻璃器，装饰风格完全一致。都是十分典型的萨珊王朝玻璃制品。

当年萨珊王朝与中国的政治关系密切，中国许多地方考古出土萨珊玻璃，合情合理。公元7世纪后，阿拉伯人东进，灭萨珊王朝，西亚、中亚都逐渐步入伊斯兰时期，在这种政治性的变革下，始终东输的萨珊玻璃会有何变化？从典籍文献上无法解决这样的问题，但借助数十年的考古出土材料，却可以帮助清晰、明确这一阶段状况：经济生活传统，不太容易受到政治的变革而产生影响。萨珊王朝后，古代伊朗的玻璃制器，仍是东销中国的主要物资。

20世纪80年代发现的陕西扶风县法门寺地宫出土了完整无损的玻璃器皿20件，[①] 大部分是来自伊朗的伊斯兰玻璃，如腹部有四排同心圆装饰、肩部缠贴玻璃丝的贴花盘口瓶、多件刻纹蓝玻璃盘，娴熟地将葡萄叶、葵花、植物枝条，及其他一些几何形图案刻划在盘底，细密繁缛；与法门寺出土者差不多同一时期，在内蒙古草原奈曼旗辽陈国公主墓中，出土了来自伊朗的七件玻璃器皿，[②] 墓葬年代为辽开泰七年（1018年），这是最晚到11世纪初叶的一批玻璃器标本，其中

[①] 安家瑶：《试探中国近些年出土的伊斯兰早期玻璃器》，《考古》1990年第12期；任新来：《法门寺地宫出土的伊斯兰琉璃器之研究》，《文博》2001年第1期。

[②] 傅宁：《内蒙古地区发现的辽代伊斯兰玻璃器——兼谈辽时期的对外贸易和文化交流》，《内蒙古文物考古》2006年第2期。

有缠玻璃丝的带把玻璃杯，颈、腹部磨刻几何花纹的刻花玻璃瓶，腹壁装饰了五排小乳钉的乳钉纹玻璃瓶，有用融熔玻璃条堆砌起来的花式镂空把手。

东输中国的伊朗玻璃器，十分易碎，但陆上丝路还是这些商品主要的运输路线。西晋诗人潘尼在其《琉璃碗赋》中说："览方贡之彼珍，玮兹碗之独奇，济流沙之绝险，越葱岭之峻危。"诗意地刻画了通过"丝绸之路"沙漠道运输玻璃制品的艰难。法门寺地宫、辽陈国公主墓、辽宁耿延毅墓等玻璃器的出土，则明确显示出，辽元时期古代中原与伊朗之间通过草原丝路频繁交流的贸易状况。

蜻蜓眼式珠饰清晰表明了公元前 2 世纪之前，新疆已经成为古代中国和伊朗间的交通环节。通过人群的往来，西南亚的信仰文化对早期新疆居民有部分影响，并进而反映在丧葬习惯中。中原对伊朗的认识不一定非常全面，但至少对西域"昆仑"的了解是十分清楚的。古代西亚的蜻蜓眼珠饰所代表的玻璃技术和直接产品，也始终被中原王朝接受和喜爱、了解、认识，这也是异质文化间交流融合的基本推动力。

（王樾，上海博物馆；秦蓁，上海社会科学院）

两晋南北朝时期河陇高僧西域求法史迹钩沉

杨发鹏

河陇是河西与陇右的简称。在人们心目中，河陇是一个约定俗成的地理概念。它在中国古代主要指今陇山以西、塔里木盆地以东、青藏高原以东以北、内蒙古高原西段以南、陇南山地以北的广大地区。从地理位置及地形地貌上看，河陇可分为河西走廊平原和陇西黄土高原两个较大的地理单元，大概是各取河西和陇西（或陇右）两个名称的第一个字，因此合称为河陇[①]。以现在的行政区划来看，河陇应包括甘肃和宁夏两省区的全部及青海省西宁以东之地区。

但凡提及中国僧人前往西域求法之事，人们想到的往往是东晋的法显、唐代的玄奘，而对于其他僧人西行求法的事迹，关注似乎不多，因此他们的功绩也多隐没于历史的烟尘之中。由于地接西域的缘故，两晋南北朝时期河陇地区佛教获得长足发展。这一时期河陇地区高僧辈出，他们有些以译经著称，有些擅长义解，有些精于戒行，有些以禅法知名，另外还有一些高僧远涉西域，历险求法。河陇高僧在译经、义学、戒律、禅法方面的贡献姑且不论，本文仅对十六国北朝时期前往西域的河陇高僧的事迹加以考察，以彰显他们对中国佛教发展的历史功绩。

一 西晋时期前往西域的河陇高僧

三国曹魏时期的朱士行，发现汉末竺佛朔所译《道行经》文句简略，译理未尽，于是发誓前往西域寻求《道行经》原本。"遂以魏甘露五年发迹雍州，西渡

[①] 杨发鹏：《汉唐时期"河陇"地理观念的形成与深化》，《中国边疆史地研究》2010年第2期。

流沙，既至于阗，果得梵书正本凡九十章。"① 朱士行西行，可谓内地僧人西行求法的肇始。

迨及西晋，以译经称誉西晋一代的河陇籍高僧竺法护，亦曾遍游西域诸国。《高僧传》竺法护本传云：

> 是时晋武之世，寺庙图像虽崇京邑，而方等深经蕴在葱外。护乃慨然发愤，志弘大道。遂随师至西域，游历诸国。外国异言三十六种，书亦如之，护皆遍学。贯综诂训，音义字体，无不备识。遂大赍梵经，还归中夏，自炖煌至长安，沿路传译写为晋文。所获览即《正法华》、《光赞》等一百六十五部。②

传中"炖煌"即敦煌。竺法护为西晋一代最大的翻译家，他随师游历西域诸国，遍学西域三十六国语言文字，为其以后翻译出大量的佛教典籍，奠定了坚实的语言文字基础。竺法护之所以能够在较短时间内通晓西域多国语言文字，固然与其祖上为西域月氏人有关，但与他游历西域诸国，亲身感受真实的语言环境亦当有很大关系。

西晋时期另外一位河陇籍高僧于道邃跟随其师竺叔兰欲前往西域，可惜未到西域而病死途中，《高僧传》于道邃本传云其"后随兰适西域，于交趾遇疾而终，春秋三十有一矣"③。

二 东晋十六国时期前往西域的河陇高僧

到了东晋十六国时期，前往西域求法的内地僧人渐渐多了起来。慧常、进行便是东晋十六国早期前往西域的河陇僧人，道安所撰《合放光光般赞略解序》中有云："至此会慧常、进行、慧辩等持如天竺，路经凉州，写而因焉。展转秦雍，以晋泰元元年五月二十四日乃达襄阳。"④

慧常、进行本是凉州僧人，道安在《渐备经十住胡名并书叙》中曾云"凉州

---

① 释慧皎撰、汤用彤校注：《高僧传》卷4《朱士行传》，中华书局1992年版，第145页。
② 释慧皎撰、汤用彤校注：《高僧传》卷1《昙摩罗刹传》，第23页。
③ 释慧皎撰、汤用彤校注：《高僧传》卷4《于道邃传》，第170页。
④ 释僧佑撰，苏晋仁、萧鍊子点校：《出三藏记集》，中华书局1995年版，第266页。

道人释慧常,岁在壬申(公元373年),于内苑寺中写此经,以酉年因寄。"① 月支人支施仑为张天锡翻译《首楞严》等经时,二人都曾在场。《首楞严后记》中载有"时在坐沙门释慧常、释进行",②《开元释教录》中也有类似的记载。③ 前凉为前秦所灭以后,慧常、进行等人又到了长安,因为前秦译经中能见到慧常的名字。昙摩侍、竺佛念为前秦翻译《比丘大戒》时,慧常曾做笔录。不过慧常、进行似乎未能到达天竺,因为道宣在昙摩侍译经之后按有"今以秦僧慧常元不游于天竺"的句子。慧常、进行是否到过天竺?仅凭道宣的一句话我们尚不能做出完全肯定或否定的结论。如果他们没有到达天竺,最远又走到哪里?根据现有的资料,我们还无法做出回答。然而慧常、进行确实准备前往天竺,并已经到达凉州,此当毫无疑问。

智严是十六国后期到过西域的河陇僧人,他前往西域的目的是"博事名师、广求经诰",《高僧传》智严本传云:

  释智严,西凉州人。弱冠出家,便以精勤著名,纳衣宴坐,蔬食永岁。每以本域丘墟,志欲博事名师、广求经诰。遂周流西国,进到罽宾。入摩天陀罗精舍,从佛驮先比丘谘受禅法,渐深三年、功踰十载。佛驮先见其禅思有绪,特深器异。彼诸道俗闻而叹曰:"秦地乃有求道沙门矣。"始不轻秦类、敬接远人。时有佛驮跋陀罗比丘,亦是彼国禅匠。严乃要请东归,欲传法中土。跋陀嘉其恳至,遂共东行。于是踰沙越险,达自关中。④

智严周游西域诸国,并在罽宾从佛驮先比丘谘受禅法。佛驮先即佛大先,是西域著名的禅师。由于智严学禅悟性很高,学习3年的效果超过了普通人10年的效果,因此得到佛大先的器重,故而罽宾之人不敢再轻视来自中国的僧人。智严

---

① 释僧佑撰,苏晋仁、萧錬子点校:《出三藏记集》卷9《渐备经十住胡名并书叙》中云:《渐备经》,以泰元元年十月三日达襄阳,亦是慧常等所送,与《光赞》俱来,顷南乡间人留写,故不与《光赞》俱至耳。《首楞严》、《须赖》,并皆与《渐备》俱至。凉州道人释慧常,岁在壬申,于内苑寺中写此经。以酉年因寄,至子年四月二十三日达襄阳。苏晋仁、萧錬子点校本将"《首楞严》、《须赖》,并皆与《渐备》俱至。凉州道人释慧常,岁在壬申,于内苑寺中写此经"一句断作"《首楞严》、《须赖》,并皆与《渐备》俱至凉州。道人释慧常,岁在壬申,于内苑寺中写此经",误。文中本意为《渐备经》《首楞严》《须赖》与《光赞》等经是从凉州一起送出,但《渐备》等经由于南乡人留写,比《光赞》晚到襄阳几个月,但《渐备》《首楞严》《须赖》三部经是一起送达襄阳的。《渐备经》《首楞严》《须赖》等经本来就在凉州,一起送到凉州还有何意义。
② 释僧佑撰,苏晋仁、萧錬子点校:《出三藏记集》卷7,第271页。
③ 智升:《开元释教录》卷4,《大正藏》第51册,第9页。
④ 释慧皎撰、汤用彤校注:《高僧传》卷3《智严传》,中华书局1992年版,第98—99页。

这次西域之行不但自己从佛大先处学到了罽宾禅法,更为重要的是他把精通罽宾禅法的另外一位西域高僧佛陀跋陀罗邀请到了中国。佛陀跋陀罗是中国禅法发展史上的一位重要人物,对于中国早期禅法的发展起过重要作用。总之,智严这次西域之行取得了很大成果,一是使西域僧人改变了以往轻视中国僧人的态度,二是把罽宾禅法引入中国。

智严在未出家时,尝受五戒有所亏犯。后来出家受具足戒,常常怀疑没有得戒,因此经常担心,多年禅观而不能自了。为了弄清楚自己是否真正得戒,智严在其晚年再次前往西域,最后在罽宾去世,《高僧传》智严本传又云:

> 遂更泛海重到天竺谘诸明达。值罗汉比丘,具以事问罗汉。不敢判决,乃为严入定往兜率宫谘弥勒。弥勒答云:"得戒"。严大喜,于是步归至罽宾,无疾而化,时年七十八。①

值得注意的是,《高僧传》中智严第一次去西域的路线未做交代,不过由于智严跟法显、宝云等人去西域的时间相差无几,而后两人西行的路线都是由陆路西行,即经河西走廊,渡过流沙而进入西域,因此智严西行的路线应该与他们基本相同。《高僧传·宝云传》中即有"(宝云)与法显、智严先后相随,涉履流沙,登蹑雪岭"的记载。智严第一次去西域的路线虽然未做交代,但返回的路线是明确的:"于是蹈沙越险,达自关中",即由陆路返回。智严第二次去的路线《高僧传》中做了明确交代,即从海路乘船到达天竺,然后徒步到罽宾,最后在罽宾无疾而终。

与智严不相前后前往西域的河陇高僧还有宝云,《高僧传》宝云本传云:

> 宝云,未详氏族。传云凉州人。少出家精勤有学行,志韵刚洁,不偶于世,故少以方直纯素为名。而求法恳恻,亡身殉道,志欲躬睹灵迹,广寻经要,遂以晋隆安之初远适西域,与法显、智严先后相随。涉履流沙,登蹑雪岭,勤苦艰危不以为难。遂历于阗、天竺诸国,备睹灵异。乃经罗刹之野,闻天鼓之音。释迦影迹,多所瞻礼。云在外域遍学梵书。天竺诸国音字诂训,悉皆备解。②

---

① 释慧皎撰、汤用彤校注:《高僧传》卷3《智严传》,中华书局1992年版,第99页。
② 释慧皎撰、汤用彤校注:《高僧传》卷3《宝云传》,第102—103页。

宝云后来驻锡宋京师道场寺，众僧以宝云"志力坚猛、弘道绝域，莫不披衿谘问，敬而爱焉"。宝云在建康译出新《无量寿经》，后来建康译出诸经，大多经过宝云的修订。由于宝云"华戎兼通，音训允正"，所以经过宝云之手制定的译本，大家都很信服。在晋末宋初，南方佛经翻译的水平没有人超过宝云，这与宝云游历西域诸国，学习诸国语言文字有很大关系。

三　南北朝时期前往西域的河陇高僧

南北朝时期，前往西域求法的河陇僧人仍不绝如缕，慧览即为其中的一位。慧览，俗姓成，酒泉人，年少时与玄高都以寂观见称。慧览曾游历西域，学习禅法和菩萨戒法，《高僧传·慧览传》云：

> 览曾游西域，顶戴佛钵，仍于罽宾从达摩比丘谘受禅要。达摩曾入定往兜率天，从弥勒受菩萨戒，后以戒法授览。览还至于阗，复以戒法授彼方诸僧。后乃归，路由河南。河南吐谷浑慕延世子琼等敬览德问，遣使并资财令于蜀立左军寺，览即居之。①

慧览西游的重要成果就是在罽宾从达摩禅师学到了菩萨戒法，慧览将其学到的菩萨戒法传授给于阗僧人。慧览在回归途中，路经河南国，吐谷浑世子派人向他致礼问讯，并为他在四川修建了左军寺。因此，西游归来的慧览对吐谷浑的佛教应当产生过一定的影响。

南北朝时期到过西域的河陇高僧还有法献。法献俗姓徐，西海延水人，他在梁州出家，元嘉十六年（439年），他来到宋京师，驻锡定林上寺。法献博通经律，志业强悍，善能匡拯大众，修葺寺宇。法献受道智猛西游的影响，发誓前往西域，《高僧传·法献传》云：

> 先闻猛公西游，备睹灵异，乃誓欲忘身，往观圣迹。以宋元徽三年发踵金陵，西游巴蜀，路出河南，道经芮芮。既到于阗，欲度葱岭，值栈道断绝，遂于于阗而反。获佛牙一枚舍利十五身，并《观世音灭罪咒》及《调达品》，又得龟兹国金锤鍱像，于是而还。②

---

① 释慧皎撰、汤用彤校注：《高僧传》卷11《慧览传》，中华书局1992年版，第418页。
② 释慧皎撰、汤用彤校注：《高僧传》卷13《法献传》，第488页。

法献西行的路线与智严、宝云等不同,他从金陵出发,先到巴蜀,然后从巴蜀向北,途经吐谷浑统治的河南国,即今天甘肃陇南、青海东部一带,然后继续向北,到了柔然统治的北方,最后折而向西,到达于阗。不过由于栈道断绝,法献未能翻越葱岭而到达更多的地方。

四 西行求法的河陇高僧人数较多的原因及他们的历史贡献

两晋南北朝时期为求法而前往西域的河陇之人还有北凉的安阳侯沮渠京声、北魏的宋云等,不过由于他们不是出家僧人,所以此处不作详论。

河陇僧人西行求法者多,当与河陇毗邻西域有关。首先,由于地接西域的地缘优势,使得河陇僧人前往西域时比中国当时其他地区的僧人更为近便。其次,由于河陇毗邻西域,其自然环境与西域也非常相似,故河陇僧人较之中国当时其他地区的僧人更容易适应西域的自然环境。西域地处亚洲大陆腹地,距离海洋遥远,湿润空气难以到达,所以干旱少雨、气候干燥、多沙漠戈壁,自然条件较为恶劣,与其毗邻的河陇尤其是河西地区自然条件与西域大致相似。正由于自然条件相似的缘故,生长于河陇地区的僧人更能适应西域的自然环境,克服旅途中的各种困难。而河陇以外地区尤其是南方的自然条件与西域差别较大,这些地区的僧人前往西域,首先会遇到适应西域恶劣的自然环境的问题。与河陇僧人相比较,他们前往西域要面对更多的困难,所以西行求法者相对较少。

两晋南北朝时期河陇籍僧人前往西域求法,做出的贡献概括起来主要有以下三个方面。其一,学习西域诸国的语言文字,为以后翻译佛经打好基础。如竺法护遍学西域三十六国语言文字,"贯综诂训,音义字体,无不备识",这为竺法护后来成为西晋一代的译经大师奠定了坚实的基础;又如宝云"在外域遍学梵书,天竺诸国音字诂训,悉皆备解",这使宝云翻译梵语的水平在晋宋之际的江左没有人能超过他。其二,学习和引进禅法与戒法。如智严在罽宾从佛驮先比丘谘受禅法,并在返回时把佛陀跋陀罗禅师邀请到中国内地,从而使罽宾禅法在内地流行一时;又如慧览在罽宾从达摩比丘谘受禅要,并从达摩受菩萨戒法,慧览回到于阗时把菩萨戒法传授给于阗僧人。其三,带回佛经和佛像等。如竺法护"大赍梵经,还归中夏";法献"获佛牙一枚舍利十五身,并《观世音灭罪咒》及《调达品》,又得龟兹国金锤鍱像,于是而还"。

处于现代交通条件下的人们,虽然可以从古代文献典籍之中阅读到当时僧人西行求法的事迹,感受他们经历的艰难险阻和坚韧不拔的意志,但却无法真正体验到他们当时所经历的艰辛,也无法全面透视他们走过的心理路程。两晋南北朝时期有如此多的河陇僧人徒步穿过流沙、翻越雪山、历尽艰辛、九死一生,只为他们心中真诚的信仰和对佛教真理的执着追求。虽然他们取得的成就没有东晋的法显及后来唐代的玄奘那样卓著,但他们所怀抱的信仰、所经历的磨难应该与法显、玄奘是一样的。他们这种舍生忘死、执着追求的精神千百年来一直感动着许许多多的中国人,激励着中华民族自强不息。鲁迅先生在《中国人失去自信力了吗》一文中说道:"我们从来就有埋头苦干的人,有拼命硬干的人,有为民请命的人,有舍身求法的人,……虽是等于为帝王将相作家谱的所谓'正史',也往往掩不住他们的光耀,这就是中国的脊梁。"[1] 鲁迅先生把我国古代舍身求法的人与埋头苦干的人、拼命硬干的人、为民请命的人一起喻作中国的脊梁,足见他们精神之可贵。今天,当我们再次检寻出当年河陇僧人历险求法的事迹,感受他们对于佛教的热诚信仰和对佛法真理的执着追求时,我们不由得对他们那种舍生忘死、执着追求的精神肃然起敬,也为那一时期河陇地区能够涌现出如此众多的求法志士而备感自豪。

(杨发鹏,石河子大学)

---

[1] 鲁迅:《且介亭杂文》,人民文学出版社1973年版,第94页。

蒙元纳怜站道上的黄兀儿月良

特木勒

1977年，陈得芝师在《元史及北方民族史研究集刊》第1期发表《元岭北行省诸驿道考》，他在文章中说：

> 三道中的纳怜道是"专备军情急务"而设的。规定只许"悬带金银字牌面，通报军情机密重要使臣"经行，其余一切人员则只能由"兀鲁思两道"来往。纳怜道的路线大致是出东胜（今内蒙古自治区托克托县），溯黄河而西，穿过甘肃行省北部，直达西北边境，因为这条驿道的大多数站都在甘肃行省境内，故常被称为"甘肃纳怜驿"。[①]

陈师文章讨论的重点是兀鲁思两道（帖里干站道和木怜站道）和漠北乞里吉思至外剌站道、和林通察哈罗封地站道，但是指出了纳怜站道的基本走向和特性："大致是出东胜（今内蒙古自治区托克托县），溯黄河而西，穿过甘肃行省北部，直达西北边境，因为这条驿道的大多数站都在甘肃行省境内，故常被称为'甘肃纳怜驿'。"相对于"兀鲁思两道"而言，有关蒙元时期纳怜站道的史料稀少而零散。所以，尚无讨论此站道的专题论文。但是其中某些驿站，如黄兀儿月良，是纳怜站道上的重要站点，在史料中多次出现，因此也一直是学者们长期关注的问题。

有关黄兀儿月良，有几条主要的史料。其中两条出自《经世大典·站赤》，该书记中统三年：

> 十月二十三日，中书省奏，近以西夏之西，近川黄兀儿于量站、塔失八

[①] 陈得芝：《元岭北行省诸驿道考》，载南京大学元史研究室编《元史及北方民族史研究集刊》第1期，后收录于《蒙元史研究丛稿》，人民出版社2005年版，第4页。

里站、揽出去站，此三处阙铺马。奉旨令塔察儿、夺罗不觧与都省制国用使司马区处增置之……黄兀儿于量站，令阿木干驸马民户出骟马一百五十匹，牡马五十匹，牛五十只，外增买走递骟马、牡马二百匹。①

同书延祐三年（1316年）四月条记，通政院言：

> 纳怜二十三站消乏，除晃忽儿月良九站已济刍粟外，哈温至东胜一十四站未有与。甘肃行省非奉都省明文，率不津济。今每站有马二百匹，去年天旱无草，靡不羸瘠，设有军情，给驿岂不失误？都省遣本院通事彻里前去甘肃等处，给散料粟七千九百九十六石七斗。②

《元史·世祖本纪》还有两条相关材料：至元二十六年七月，"黄兀儿月良等驿乏食，以钞赈之"③。同年十二月，"命甘肃行省赈千户也先所部人户之饥者。给钞赈黄兀儿月良站人户"④。"黄兀儿于良""晃忽儿月良""黄兀儿月良"和后面还将出现的"黄忽儿玉良"应该都是对同一处地名的不同音写，学者对此尚无异议。为叙述方便起见，本文将称此地为黄兀儿月良。黄兀儿月良是纳怜站道上重要的站点。其方位和今地何在？学者众说纷纭，歧异颇多。

前引《经世大典·站赤》延祐三年的史料提到"纳怜二十三站"。其中，由哈温向东，从西夏核心区到东胜的十四站，晃忽儿月良向西的九站，合起来就是"纳怜二十三站"。这里的晃忽儿月良站，周清澍先生《蒙元时期的中西陆路交通》根据"西夏之西，近川"句说："这就可以推论，东至哈温十四站是东胜至西夏的站，晃忽儿月良九站是西夏西去的站。"⑤

这里，晃忽儿月良地处"晃忽儿月良九站"的东端还是西端，周先生没有明言。杉山正明在谈及纳怜站走向时说："从上都经黄河湾曲部北缘的东胜，经过亦集乃和哈密里，再向西延展的急使专用的秘密驿道。"⑥ 但是关于亦集乃和东胜之间的路径，他并未说明。

"西夏之西，近川"是确定黄兀儿月良方位的关键史料。我们的问题是，就

---

① 解缙等：《永乐大典》卷19417《经世大典·站赤》，中华书局1986年影印本，第7196页。
② 同上书，第7232页。
③ 《元史》卷15《世祖本纪》，中华书局1976年版，第324页。
④ 同上书，第328页。
⑤ 周清澍：《蒙元时期的中西陆路交通》，《元蒙史札》，内蒙古大学出版社2001年版，第264页。
⑥ ［日］杉山正明：《ふたつのチャガタイ家——チュベイ王家の興亡》，载《モンゴル帝国と大元ウルス》，京都大学学术出版会2004年版，第319页。

"晃忽儿月良九站"而言，黄兀儿月良是"九站"的东端还是西端的驿站？如果是东端的驿站，那么此站理应在甘肃行省境内。党宝海先生说："中兴府是蒙古纳怜站道上的重要驿站，从中兴府附近的哈剌温站向东到东胜（内蒙古托克托）的哈必儿哈不剌共有十四个驿站，向西至西域哈密附近的晃忽儿月良站有9个驿站。晃忽儿月良已在甘肃行省之外，附近有蒙古诸王设置的塔失八里站（哈密东北石城子）、揽出去站（哈密西）。"① 因为"西夏之西"的记录，他显然把黄兀儿月良视为"晃忽儿月良九站"的最西端的驿站，其他的驿站似仍在甘肃境内，但是到黄兀儿月良，其位置"已在甘肃行省之外"了。有关黄兀儿月良，前辈学者还发现一条史料，这就是《元史·世祖本纪》至元七年（1270年）八月己巳条所记："诸王拜答寒部曲告饥，命有车马者徙居黄忽儿玉良之地，计口给粮，无车马者就食肃、沙、甘州。"②

关于拜答寒，杉山正明根据民国《昌乐县续志》卷十七《金石志》所载《赵敦武先茔记》中关于"大王伯大罕"的记录，拜答寒是察合台庶出长子后裔，其活动地域在瓜州一带。③ 其中的"黄忽儿玉良之地"，杉山氏认为与《西域同文志》的地名 Qongqur-ölöng（意谓 fallow sedge）是同一个地方。按，《钦定西域同文志》的"天山北路地名·雅尔路"有"烘郭而鄂笼"，汉文释文为"准语。烘郭而，黄色也。土色黄，多柔草，故名"。满文写为"Honggor Olung"，"蒙字"一栏内写为"Qongqor Olong"。④ 1916年编《百万分之一中国舆图》的《乌鲁布拉克台》图中所记"霍努尔乌连河"，是塔尔八哈台山脉东麓的河流，注入准噶尔盆地的 Dabusun-naγur，清代在这个河谷地带设置北土尔扈特旗。杉山先生据此说，考虑到"黄忽儿玉良"的语义的话，耶律铸《双溪醉隐集》诗中所记"黄草泊"可能就是对 Qongqur-ölöng（意谓 fallow sedge）的意译。这样的话，他基本断定，"黄忽儿玉良"在艾比湖的黄草泊一带。⑤ 山杉正明认为此黄忽儿玉良与《经世大典》所见黄兀儿于量是同一个地方。胡小鹏认为，"大多数时间元朝的势力并不能达到这一带，而且也不可能将诸王部曲分隔太远。所以黄忽儿玉良还应该从瓜、沙附近寻找"。我们的问题是，如果这个黄忽儿玉良地处艾比湖畔，拜答

---

① 党宝海：《蒙元驿站交通研究》，昆仑出版社2006年版，第296页。
② 《元史》卷7《世祖本纪》，中华书局1976年版，第130页。
③ ［日］杉山正明：《ふたつのチャガタイ家——チュベイ王家の興亡》，载《モンゴル帝国と大元ウルス》，第307页。
④ 傅恒：《钦定西域同文志》卷之一，《故宫珍本丛刊》第726册，海南出版社2001年版，第322页。
⑤ ［日］杉山正明：《ふたつのチャガタイ家——チュベイ王家の興亡》，载《モンゴル帝国と大元ウルス》，第307页。

寒部曲要从瓜州附近去远去艾比湖畔，那么纳怜站道上的驿站相对于甘肃纳怜驿而言，即使对于"有车马者"，这个距离也似乎太过遥远。

《世祖本纪》这条材料说明，诸王拜答寒部曲的居住地域距离肃州、沙州和甘州较近，很明显，其部曲中"无车马者就食肃、沙、甘州"比较方便，而黄忽儿玉良之地应该距离肃州、沙州和甘州较远，所以令"有车马者"徙居，以"计口给粮"。胡小鹏说："观此，黄忽儿玉良当在瓜、沙边外有水草处。"① 笔者认为，这个结论不能成立。在这一点上，陈广恩分析说："黄兀儿月良离拜答寒驻地较远"，其地理方位"应该不在瓜、沙附近"云，应该是妥当的。

关于"黄兀儿月良"的语义，陈广恩先生根据《元史语解》之"鸿和尔鄂隆：鸿和尔，黄马也；鄂隆，肚带也"句，将此词解释为"黄马的肚带"②，如果这个推测成立，蒙古文拉丁转写应该是 qongγor-olong，olong 是蒙古语后元音词，与杉山氏转写的前元音词 ölöng 判然有别，二者显然不能勘同。清人对辽金元三史非汉语词汇的妄改和妄解早已恶名昭彰，学者应该保持充分警惕。作为元代音写蒙古语的译音用字，"玉"和"月"多音写突厥语和蒙古语的前元音，例如月儿鲁那颜（örlüg noyan）、玉昔帖木儿（üsütemür），还有月儿篾怯土（örmegetü）也是显例。关于此地的位置，陈广恩说：

> "西夏之西，近川"的说法，表明黄兀儿月良在西夏之西，并且靠近亦集乃西北沙碛（即"川"）。而作为纳怜道上的三个驿站，黄兀儿于量、塔失八里、揽出去在《经世大典》中同时出现，想必黄兀儿月良不会在离其他两站近千千米之外的非元朝控制区。因此，杉山正明先生认为黄兀儿月良在霍努儿乌连河，即新疆艾比湖一带的说法，便不符合《经世大典》的描述。此三站又不见于黑水城文书，而受亦集乃路管辖的站赤，如蒙古八站，在黑水城文书中频频出现，这说明黄兀儿于量等站赤并不在亦集乃路的管辖范围之内。诸王拜答寒部曲告饥，朝廷命有车马者徙居黄忽儿玉良之地，无车马者就食肃、沙、甘州，似乎表明黄兀儿月良离拜答寒的驻地较远，而肃、沙、甘州可能离拜答寒的驻地较近。拜答寒，又作拜答罕、伯答罕，系察合台系后王，其统帅的大军受出伯节制，协力出伯抵御窝阔台汗国的进攻。拜答寒的驻戍地，杉山正明先生认为在瓜州一带，但瓜、沙、肃三州是豳王的辖地。胡小鹏先生认为拜答寒归附元朝后，"活动于黄忽儿玉良到河西一带是确实的"，那么拜答寒的驻地可

---

① 胡小鹏：《元代西北历史与民族研究》，甘肃文化出版社1999年版，第237页。
② 陈广恩：《北庭元帅府与亦集乃路的关系初探——兼谈黄兀儿月良站的地理位置》，《元史论丛》第14辑，天津古籍出版社2014年版，第467—468页。

能在瓜、沙、肃以东的河西走廊一带。此外，黄兀儿于量等三站均是纳怜道上的驿站，顺帝初，亦辇真奉诏巡视驿传，历答失八剌哈孙，抵晃火儿目连之地。亦辇真应该是从中原出发向西巡视，说明黄兀儿月良当在答失八剌哈孙之西。答失八剌哈孙，即《经世大典·站赤》提到的塔失八里（又作"塔什八里"）。"塔失"突厥语"石"之意，八里，balïk，突厥语"城市、城堡"之意。八剌哈孙，蒙古语"城"Balghasun。《皇明经济文录》卷四十《哈密分壤》载哈密东有他失把力哈逊城。他失把力哈逊城即答失八剌哈孙，也就是"石城"，位置在今哈密东北约70里处石城子。揽出去在哈密西之拉布楚喀。塔失八里离哈密只有70里，拉布楚喀距离哈密约50里，从距离判断，黄兀儿月良似不应在塔失八里、哈密、揽出去之间，而应在拉布楚喀以西。①

陈广恩的观点与胡小鹏先生稍有不同，但是仍然将"西夏"比定为整个的西夏疆域，将"西夏以西"认定为西夏疆域之外，所以结论说"如此来看，黄兀儿月良站的大致地理范围，应该是在拉布楚喀以西通往北庭或者火州的驿道上"。李治安先生新近发表的文章对此亦表示赞同。②

按，所谓"顺帝初，亦辇真奉诏巡视驿传，历答失八剌哈孙，抵晃火儿目连之地"之事，出自黄溍《黄金华集》。值得注意的是，如果不能确定"晃火儿目连"是"晃火儿月连"之讹误，那么"晃火儿目连"更可能是 qongɣor-müren，而不是 qongɣor-olong。蒙古高原的河流名为"晃火儿目连"，并不是没有，库伦之南就有一"红郭尔河"。所以，《黄金华集》史料是否与黄兀儿月良有关联，尚需审慎。

现在再回到我们的主题，黄兀儿月良的位置究竟在哪里？杉山正明根据《钦定西域同文志》所记"烘郭而鄂笼"而推测黄兀儿月良在在新疆艾比湖畔。考虑到地名使用的历史延续性，清代的地名应该可以给予我们一些重要启发。蒙古高原和西域异地同名者例子很多，清代史料还记录了一个地名 qongɣor-ūlung。

新近出版的齐光《大清帝国时期蒙古的政治与社会——以阿拉善和硕特部研究为中心》一书说："康熙十六年，噶尔丹打倒鄂齐尔图车臣汗，成为天山南北卫拉特蒙古诸部的首领。鄂齐尔图车臣瓦解之后属众除一部分被噶尔丹所兼并外，余下四处逃散。其中巴图尔额尔克济农和啰理率领所部，迁徙至今内蒙古自治区西部，甘肃省北部一带，后服属清朝，被称为'阿拉善和硕特或阿拉善厄鲁特'

---

① 陈广恩：《北庭元帅府与亦集乃路的关系初探——兼谈黄兀儿月良站的地理位置》，《元史论丛》第14辑，天津古籍出版社2014年版，第467—268页。
② 李治安：《元中叶西北"过川"及"过川军"新探》，《历史研究》2013年第2期。

(Mon: alaša qošuud 或 alaša ögeled)。"① 康熙二十五年（1686年），大清朝派遣理藩院侍郎拉都虎为阿拉善和硕特指授游牧地域，《亲征平定朔漠方略》（以下简称《朔漠方略》）收录的拉都虎报告说：

> 本月二十三日臣等至东大山北，令巴图尔额尔克济农跪，宣旨毕，巴图尔额尔克济农奏云："臣等系亡国流裔，蒙皇上矜怜，给以牧地，俾令得所，高厚之恩，愧弗克当。"当即叩头谢恩。臣等又谓巴图尔额尔克济农曰："尔所请喀尔占布尔古忒、空郭尔俄垄、巴颜努鲁、鸦布赖、噶尔拜瀚海等地方给汝游牧外，自宁夏所属玉泉营以西，罗萨喀喇山嘴后至贺兰山阴一带布尔哈苏台之口，又自西宁所属倭波岭塞口以北，奴浑努鲁山后甘州所属镇番塞口以北，沿陶阑泰、萨喇春济、雷浑希里等地，西向至厄济纳河，俱以离边六十里为界，随与巴图尔济农属下达尔汉噶卜楚喇嘛、波克寨桑及提督孙思克标下游击李本善等画地为界而记之。"②

关于拉都虎指出的游牧地域的几个地名，齐光说："史料中的喀尔占布尔古忒，指今阿拉善左旗境内喀尔占布尔古特山。巴颜努鲁，即是阿拉善左旗的巴彦努鲁山。雅布赖，指阿拉善右旗境内的雅布赖山。玉泉营为今宁夏回族自治区境内的玉泉营堡。"③ 这样说是可靠的，《中国历史地图集》清代《内蒙古六盟、套西二旗、察哈尔》大多已经标示。④ 在满文本《朔漠方略》中，喀尔占布尔古忒写为 kaljan burgutei；巴颜努鲁为 bayan nuru；鸦布赖为 yaburai；噶尔拜瀚海为 galbai gobi。我们要重点关注空郭尔俄垄，关于这个地名，满文本《朔漠方略》写为 konggor-ūlung。⑤ 有前面几个地名确定坐标，其地理位置可以大体确定，应该也在阿拉善左旗或阿拉善右旗境内寻找。所幸此地名现在仍然沿用。内蒙古自治区

---

① 齐光：《大清帝国时期蒙古的政治与社会——以阿拉善和硕特部研究为中心》，复旦大学出版社2013年版，第5页。
② 温达等编纂：《亲征平定朔漠方略》卷3，康熙二十五年七月癸巳（十一日）条，《影印文渊阁四库全书》第354册，第497页。黑龙《论清朝对西套蒙古问题的解决》（《内蒙古大学学报》2006年第5期）较早引用了这段史料，参见同作者论文集《满蒙关系史论考》（民族出版社2013年版，第105—115页）。
③ 齐光：《大清帝国时期蒙古的政治与社会——以阿拉善和硕特部研究为中心》，复旦大学出版社2013年版，第79—80页。
④ 谭其骧主编：《中国历史地图集》第8册，中国地图出版社1987年版，第57—58页。
⑤ 温达等纂修：《御制平定朔漠方略四十八卷》，满文本，han i araha wargi amargi babe necihiyemetoktobuha bodogon bithe，第3卷，中国民族图书馆藏清康熙四十八年（1709年）内府刻本，见此书第2册，第14b、36b页。

测绘局编《内蒙古自治区地图集》之《阿拉善盟政区》图中的阿拉善左旗有洪格日鄂楞苏木。① 可以确定，阿拉善左旗的洪格日鄂楞苏木大体就是《朔漠方略》所记空郭尔俄垄的今地。阿拉善左旗的蒙古人对"洪格日鄂楞"的解释有两种：其一是一种黄草，这一解释与杉山正明所引《西域同文志》的解释相契合，其二是 qongγor-qulan，指代一种野驴。值得注意的是，当地蒙古人并不认可所谓"黄色肚带"的解释。② 还有学者引《元史·世祖本纪》至元二十八年所记"发兵塞晃火儿月连地河渠，修城堡，令蒙古戍兵屯田川中以御寇"句，证明"晃火儿月连乃河川名，月连乃蒙古语'河'的音译"。③ 实际上，《元史·世祖本纪》这条材料只能证明晃火儿月连之地有河渠，无法证明"晃火儿月连"本身是河川名。月良（öleng）在《元朝秘史》第 255 节写作"斡郎突儿"（öleng tür），旁译是"青草里"，④ 显然是草的名字。《西域同文志》的解释看来不能忽略。

接下来的问题是，清初阿拉善的"空郭尔俄垄"是否即元代"黄兀儿月良"？重审"西夏之西，近川"的记录，笔者认为，所谓"西夏之西"之"西夏"未必指整个西夏疆域，而是指"西夏中兴路"，后改名"宁夏府路"。"西夏之西"指"西夏中兴路"之西。而"近川"之"川"，有学者理解为河流，误。"川"未必指河流，而是蒙古语 čöl（意谓戈壁），如此而已。陈得芝师《元岭北行省诸驿道考》讨论木怜站道一节，提到过沙井以后的"川"中诸站，就是指木怜站道在戈壁瀚海中的驿站。"近川"意谓黄兀儿月良再向西北，就进入戈壁沙漠了。黄兀儿月良临近噶尔拜瀚海（满文 galbai gobi），是进入纳怜站道"川"中诸站之前的重要驿站。我们认为，阿拉善左旗境内的空郭尔俄垄应该就是元代黄兀儿月良。如果这个推断正确，"哈温至东胜一十四站"是以中兴府附近哈温站为中心，由西向东数，顺黄河而下的水路十四站。而"黄兀儿月良九站"应该是仍以西夏核心区域为中心，以"西夏之西"的黄兀儿月良为起点而向西延伸的陆路九站。这样的话黄兀儿月良应该是位于甘肃行省境内。《经世大典·站赤》中的一条史料值得重视：

---

① 内蒙古自治区测绘局编：《内蒙古自治区地图集》，内蒙古自治区测绘局 1987 年印刷，第 166 页。
② 承蒙内蒙古大学艺术学院的研究生海乐（Qaira）帮助，她电话请教在阿拉善左旗老家的父亲，并转告这些知识，谨此致谢。
③ 胡小鹏：《元甘肃行省诸驿道考》，载氏著《西北民族文献与历史研究》，甘肃人民出版社 2004 年版，第 227 页。
④ 《元朝秘史》乌兰校勘本，中华书局 2012 年版，第 354 页；《元朝秘史》（畏吾体蒙古文）亦邻真复原本，内蒙古大学出版社 1987 年版，第 251 页。

>　　（延祐元年）十二月三日中书省奏："通政院言'纳怜一道二十三站，人户缺食，请接济'事。臣等议得：当站之人，各与三月口粮。近仓者给以米粟，去仓远者量价给钞。"上曰："可。"都省遣使，与甘肃省委官，亲诣二十三站，取勘户数。每户五口为则，少者从实。大口月支二斗，小口月支一斗，接济三月口粮。就于各处附近仓分见在粮内支给，去仓远者，照依时值，准支官钱。支讫米三千七百六十七石四斗，钞五千二百七十三锭二十两。

这条材料应该与前面正文所引延祐三年四月的材料有关，其中提到命"甘肃省委官亲诣二十三站"，至少表明"黄兀儿月良"应位于甘肃行省境内。这条材料同时也证明，纳怜站道被称为"甘肃纳怜驿"自有其道理。

陈广恩说："黄兀儿月良在西夏之西，并且靠近沙漠。黄兀儿于量、塔失八里、揽出去等驿站，不见于黑水城文书，而受亦集乃路管辖的站赤，如蒙古八站，在黑水城文书中频频出现，也反映出黄兀儿于量等站赤并不在亦集乃路的管辖范围之内。"如果说，黄兀儿于量因不属亦集乃路管辖范围而没有出现于黑城文书，这完全合乎情理，黄兀儿于量的位置虽然在甘肃行省境内，却不在亦集乃路境内，而是在兀剌海路境内。

至于诸王拜答罕的部曲，他的游牧地域如果在瓜州附近，那么部曲中"有车马者"未必是向西去遥远的艾比湖畔就食，而是横穿河西走廊，沿雅布赖山南麓或北麓山地草原至黄兀儿月良地方，接受由驿路运来的粮食，"计口给粮"。对于因灾荒而饥饿的部曲而言，这个距离似更合乎常理。

1926年，拉铁摩尔（Owen Lattimore）西行考察，由于甘肃等西北地区的匪患和蒙古国的独立，河西走廊和蒙古国境内的草原丝绸之路都无法通行，他被迫选择了途经归化、包头、阿拉善北部到额济纳的沙漠之路。9月20日，拉铁摩尔从山丹庙到达土克门庙（Tukomen Miao）。他说："我以为额济纳之重要，必基于其为北通外蒙，东达归化的商业便利地点，昔日气候虽较潮润，并不足以使戈壁为适宜居住之所，但颇足使阿拉善北部槽状平原可通行的商路。"[1] 他没有说到洪格日鄂楞，但是这个土克门庙位于今阿拉善左旗图克木苏木，紧邻洪格日鄂楞苏木。拉铁摩尔一行由土克门庙向西北出发，沿着"阿拉善北部槽状平原"（the trough-line that I have indicated through northern Ala Shan）而进入额济纳境。拉氏推测，这

---

[1] 这段在《亚洲腹地之商路》的基础上稍作改动，载魏长洪、何汉民编《外国探险家西域游记》（新疆美术摄影出版社1994年版，第120页）。原文参见 Owen Lattimore, "Caravan Route of Inner Asia", *Studies in Frontier History: Collected Papers, 1928–1958*, Paris: Mouton & Co., 1962. p. 51. 关于拉铁摩尔此次旅行的全部过程，参见 Owen Lattimore, *The Desert Road to Turkistan*, Boston: Little, Brown, and Company, 1930.

个"Jao lu"或者"风之路"（Winding Road）一定是古老的商路。这个论断是正确的，至治二年（1322年），木华黎五世孙乃蛮台由岭北行省右丞"改甘肃行省平章政事，佩金虎符。甘肃岁籴粮于兰州，多至二万石，距宁夏各千余里至甘州，自甘州又千余里始达亦集乃路，而宁夏距亦集乃仅千里。乃蛮台下谕令挽者自宁夏径趋亦集乃，岁省费六十万缗"①。这里，"自宁夏径趋亦集乃"的路径应该就是"穿过甘肃行省北部，直达西北边境"的"阿拉善北部槽状平原"。学者讨论黄兀儿月良的方位，观点颇多歧异，其根本原因不外有二：首先，将"西夏之西"认定为整个西夏疆域之西；其次，他们显然都没有注意到的阿拉善北部这条交通路线。实际上这正是宁夏路和亦集乃之间最近的路线。学者忽视这个交通路线，而远去哈密之东西漫无边际的范围内寻找黄兀儿月良的位置，这种做法似不可取。

（特木勒，南京大学）

---

① 《元史》卷138《乃蛮台传》，中华书局1976年版，第3351—3352页。

北朝以来炳灵寺周围交通状况考索

刘 满

学术界有一种说法，就是认为炳灵寺侧的黄河寺沟峡中有路，可以东西穿越，也可以南北通行；有人认为，炳灵寺侧的黄河上是有渡口的；还有人认为炳灵寺侧的黄河上建过桥梁，甚至认为西秦乞伏飞桥就建在这里。这种说法不仅见于专家学者的著作中，还见于一些颇具权威性的历史地名辞典和历史地图中。[①] 持炳灵寺侧寺沟峡上有路有桥说的学者是不少的，其中以陇上著名学者冯国瑞先生的说法最为有力。冯先生认为，在炳灵寺侧的寺沟峡上"有桥，可能始于西秦时"；而且十分肯定地认为，这里"唐人有桥可渡无疑，至北宋绍圣时还是有桥"。[②] 为了说明北宋时这里有桥，冯先生还举出两条证据，一是《宋史·吐蕃·瞎征传》中"羌若断桥塞隘，我虽有百万之师，仓卒不能进"的记载；二是《西夏书事》中"干顺使保忠……先断炳灵寺桥，烧星章峡栈道"的记载。据此，他断言说："这是北宋时，炳灵寺有桥，及西夏李干顺毁桥及栈道的确证。"[③] 冯先生的这一说法在学界的影响是很大的，自20世纪50年代以来，凡是持炳灵寺侧寺沟峡上有桥说者，不少人都在引用上述证据来证明自己的观点。

我们认为：自古以来，炳灵寺侧的黄河上，南北无路，东西不通，这里的黄河上既没有道路，也没有渡口，更没有桥梁，西秦时的乞伏飞桥根本就没有建在这里。[④] 宋人所说的"炳灵寺桥"，其实指的是宋代的安乡关下的浮桥，乃其别

---

① 谭其骧主编：《中国历史地图集》第5册，中国地图出版社1996年版，第61—62页。唐·陇右道东部图，将凤林关标在灵岩寺（即今炳灵寺）对面的黄河南岸，其地就在炳灵寺所在的黄河寺沟峡南岸；史为乐主编：《中国历史地名大辞典》上册（中国社会科学出版社2005年版，第479页）"凤林关条"说：凤林关 "在今甘肃省永靖县西南七十里炳灵寺石窟南500米阎王砭"。按：凤林关、凤林津同在一地，以上两家将凤林关置于炳灵寺所在的黄河寺沟峡上，实际上就是说这里有路，也有渡口。

② 冯国瑞：《炳灵寺石窟勘察记》，郑炳林主编《永靖炳灵寺石窟研究文集》，甘肃文化出版社2011年版，第171页。

③ 同上。

④ 刘满：《西秦乞伏飞桥有关问题辨正》，《敦煌学辑刊》2012年第1期。

称，根本不是建在炳灵寺侧黄河上的河桥。

本文的思路是，通过对北朝以来，下至唐、宋、明、清各代有关记载的梳理分析，重点说明在炳灵寺侧的寺沟峡上自古以来是没有道路的，也是没有渡口的；最后集中举证说明，宋人所谓的"炳灵寺桥"就是宋代安乡关下的浮桥。

管蠡浅见，请大家批评。

一 《水经注》等书记载的炳灵寺附近的交通

> 河水又东北（左）会两川，右合二水，参差夹岸连壤，负险相望，河北有层山，山甚灵秀。山峰之上，立石数百丈，亭亭桀竖，竞势争高，远望参参，若攒图之托霄上。其下层岩峭举，壁岸无阶。悬岩之中，多石室焉。室中若有积卷矣，而世士罕有津达者，因谓之积书岩。岩堂之内，每时见神人往还矣，盖鸿衣羽裳之士，练精饵食之夫耳。俗人不悟其仙者，乃谓之神鬼。彼羌目鬼曰唐述，复因名之为唐述山。指其堂密之居，谓之唐述窟。其怀道宗玄之士，皮冠净发之徒，亦往栖托焉。故《秦川记》曰：河峡崖傍有二窟：一曰唐述窟，高四十丈；西二里有时亮窟，高百丈，广二十丈，深三十丈，藏古书五笥。亮，南安人也。下封有水，导自是山溪水，南注河，谓之唐述水。①

这就是《水经注》中记载的炳灵寺及其所在的黄河寺沟峡的山形地势。寺沟峡两岸，是"参差夹岸连壤，负险相望"，就是说这里的黄河两岸是参差的山峰，有绵延不断的险阻。黄河寺沟峡北岸是重重叠叠的山峰，山峰之上又是"亭亭桀竖，竞势争高"的岩峰。而炳灵寺所在积石山临河的地方，"层岩峭举，壁岸无阶"，就是说靠近河岸的地方是高高耸立的石壁，这些壁立的石崖上没有可以攀登的石阶。郦道元的这些记述，突出了唐述山的高大险峻，清楚地说明炳灵寺所在的今寺沟峡北岸的山峰之上根本是没有道路的，而且寺沟峡中黄河北边的河岸也是没有道路可以东西通行的。进一步说，在黄河寺沟峡北岸临河的地方都是陡峭的石壁，既无法由南向北攀缘而上，也无法沿河岸东西穿行。

正是因为这里特殊的山河形势，郦道元才说"室中若有积卷矣，而世士罕有

---

① 陈桥驿：《水经注校证》，中华书局2007年版，第43—44页；《水经注疏》会贞按曰："下言夹岸，则河之南北俱有水，会两川上当有左字"，见（北魏）郦道元著，杨守敬、熊会贞注《水经注疏》，江苏古籍出版社1989年版，第138页。

津达者"。《全祖望校水经注稿本合编》说:"何焯曰:归太仆家抄本作'津造',赵清常从之。"①《合校水经注》说:"官本曰:案'达'近刻作'逮'。案:朱、赵作'逮'。赵释曰:何氏曰,归太仆家钞本作'津造'。"②《水经注疏》也说:"何氏曰:归太仆家钞本作'津造',戴作'津达'。守敬按:黄本、吴本作'逮'。'逮'字不误,毛氏《津逮秘书》取此。"③

上述诸家的"津达"一作"津逮",又作"津造",都是有所本的,就是通过河上的津渡由此岸到达彼岸。"世士罕有津达者",就是说当时很少有人在炳灵寺所在的寺沟峡上渡河到达石室所在的地方。这就说明当时这里没有渡口,所以很少有人从这里渡河前往炳灵寺。上述论证可知,尽管当时人们已经开凿了石窟,但是这里依然是一个与世隔绝的地方,没有道路,也没有常设的渡口,很少有人能够渡河直接到达这里。

因为交通闭塞,人迹罕至,炳灵寺才成为所谓的"鸿衣羽裳之士""练精饵食之夫"等神人往还的神秘地方;而"俗人不悟其仙者,乃谓之神鬼"。因为当地的羌人把"鬼"称为"唐述",于是也就把山称作"唐述山",山中的洞窟也就名之曰"唐述窟"。因为当时这里闭塞不通,人迹罕至,久而久之就成了一个神秘的地方,并出现了神仙鬼怪之说。试想:如果这里有路、有渡口,甚至有桥,是一个人来人往、车水马龙的津要之地,能有所谓的鬼怪神灵的容身之地吗?这就说明炳灵寺自为世人所知之日起,就是一个交通闭塞的地方、一个神秘的地方、一个没有道路的地方。

以上就是我们对《水经注》中关于唐述窟、时亮窟有关记载的解读。既然如此,那么当时河州城里的人们从什么地方渡过黄河,到达今天炳灵寺洞窟所在的寺沟峡的黄河北岸呢?

我们认为,这个渡河的地点不在别处,就在炳灵寺所在的今寺沟峡的下峡口、银川河的入河口上,即今临夏县莲花镇西北的唵哥集(已成为刘家峡水库的库区)。为了说明今唵哥集是北朝时河州和炳灵寺之间必经的渡口,必须要证明三个问题,一是北朝时唵哥集已经是黄河上的渡口,二是唵哥集是当时河州到炳灵寺的最便捷的渡口,三是唵哥集渡与北朝时河州和鄯州间的大道相通相连。

先来讨论第一个问题。上引《水经·河水注》在记载炳灵寺时还记载了一条

---

① 《中国公共图书馆古籍文献珍本汇刊·全祖望水经注稿本合编》卷2,中华全国图书馆文献缩微复制中心1996年版,第82页。
② 王先谦:《合校水经注》,中华书局2009年版,第25页。
③ 郦道元著,杨守敬、熊会贞注:《水经注疏》,江苏古籍出版社1989年版,第138页。

水，该水"导自是山溪水，南注河，谓之唐述水"，这条水就是流经上、下炳灵寺的黄河支流——今大寺沟水。在记载唐述水以后，《水经·河水注》紧接着又记载了一条水："河水又东得野亭南，又东北流，历研川，谓之研川水，又东北注于河，谓之野亭口。"①

熊会贞在《水经注疏》一书中说，这条水本名野亭水，发源于野亭之南。因该水流经研川，又名研川水，研川水的入河口名为野亭口，亦作野城口。熊氏还认为：

> 《通鉴》宋元嘉六年，"秦安太守翟承伯等据罕开谷，以应河西，乞伏暮末破之，进至治城"。"治"乃"冶"之误，冶、野音同，冶城即野城，亦即野亭也，在今河州西北……《宋书·氐胡传》赫连定"率部曲至治城峡口渡河"，"治"亦"冶"之误，即野城口也。②

陶保廉在论述研川水和野城口的位置时也说：

> 又东北历研川，谓之研川水，东北注河（按：河州西北红岩关有银川河，东北流，"银"即"研"之转音），谓野城口（按：银川河入河处，今名唵哥集）……又东与漓水合（按：今河州北漓水入黄河处，曰莲花渡，莲花即漓河之转音……）③

上述论证说明：研川水就是今银川河，野城口就是银川河入河口东的唵哥集，野城峡就是今寺沟峡，野城峡口就是唵哥集北寺沟峡的下峡口。因此赫连定率领的部曲就是从唵哥集北的峡口上渡过黄河的。唵哥集渡的前身野城口早已见于《水经·河水注》和《宋书·氐胡传》，这个渡口无疑就是北朝古渡了。关于这一问题的论证，详见拙作《西北黄河古渡考》（二）的"凤林关渡"（冶城峡口渡、野城口渡、安乡关渡、唵哥集渡）部分，和《凤林津、凤林关位置及其交通路线考》一文。④

第二个问题，就是要讨论此冶城峡口渡即唵哥集渡，是否为北朝时河州到炳

---

① 陈桥驿：《水经注校证》，中华书局2007年版，第44页。
② 郦道元著，杨守敬、熊会贞注：《水经注疏》，江苏古籍出版社1989年版，第140—141页。
③ 陶保廉撰，刘满点校：《辛卯侍行记》，甘肃人民出版社2002年版，第237页。
④ 刘满：《西北黄河古渡考》（二），《敦煌学辑刊》2005年第4期，后收入《河陇历史地理研究》，甘肃人民出版社2009年版，第61页；刘满：《凤林津、凤林关位置及其交通路线考》，《敦煌学辑刊》2013年第1期。

灵寺最近、最便捷的渡口。《水经注》等古书记载了几处炳灵寺寺沟峡上下的黄河渡口和桥梁：一是炳灵寺寺沟峡西边、今积石山县大河家乡关门村东的临津和白土津（在今民和县杏儿乡的余家村附近）；① 二是寺沟峡之东的古冶城峡口渡（野城口渡），也就是我们所说的原唵哥集渡；三是位于今永靖县原白塔公社（今已没入刘家峡水库之中）的左南津；四是建在今永靖县岘塬乡李家塬头南刘家峡上的西秦乞伏飞桥。② 这几处津梁都是北朝古渡（桥），从地图资料中可以明显看出，其中冶城峡口渡与炳灵寺的距离是最近的，无疑是河州与炳灵寺之间方便快捷的渡口。还要说明一点，就是有的专家误将位于临夏县原莲花城北黄河上的莲花城渡指为古凤林津，对此我们已做过专门考证，结论是莲花城渡不是古凤林津，它是明清时期才出现的渡口，当时的名字叫剌麻川渡，后来才叫莲花城渡。③

第三个问题是要证明唵哥集渡与当时河州、鄯州间的道路相通相连。可以肯定地说，唵哥集渡与北朝时的河州、鄯州间的道路是相通相连的。如前引《通鉴》说，乞伏暮末"进至冶城"与"秦安太守翟承伯等据罕开谷，以应河西"有关；《宋书·氐胡传》赫连定"率部曲至冶城峡口渡河"，也说明这里是大路经过的地方。再如据《元和郡县图志》记载："后魏大统十二年（546年），刺史杨宽于河南凤林川置凤林县"，说明后魏时已在今唵哥集渡所在的地方设置了凤林县。④ 严耕望先生说：

> 后魏所置之凤林县本在河州之北，凤林山北之河南地区也，地望与唐县不同。此即《通典》所谓凤林县故城也。其地在河州之北数十里。《通典》云鄯州东南至此二百八十五里者，殆即北朝以来，即为通道也。⑤

严耕望先生所说的北朝以来的"通道"，就是当时经由凤林故城到鄯州的道路，也就是河州经由凤林津到河湟地区的道路。上述论证说明，从河州经冶城峡口（野城口）渡河到鄯州的道路是一条重要道路，这条道路并不经过炳灵寺。也就是说北朝以来炳灵寺所在的寺沟峡上是没有道路的，也是没有渡口的，当然也就没有桥梁。有的学者坚持说，西秦乞伏飞桥建在炳灵寺侧的黄河寺沟峡上。我们

---

① 刘满：《西北黄河古渡考》（二），《敦煌学辑刊》2005年第4期，后收入刘满《河陇历史地理研究》，甘肃人民出版社2009年版，第48页。
② 刘满：《西秦乞伏飞桥有关问题辨正》，《敦煌学辑刊》2012年第1期。
③ 刘满：《凤林津、凤林关位置及其交通路线考》，《敦煌学辑刊》2013年第1期。
④ 李吉甫撰，贺次君点校：《元和郡县图志》，中华书局1983年版，第990页，河州"凤林县"条。
⑤ 严耕望：《唐代交通图考》卷2 河陇碛西区，上海古籍出版社2007年版，第506—507页。

已在《西秦乞伏飞桥有关问题辨正》一文中对这一说法做了探讨，考证的结论是：乞伏飞桥建在今甘肃省永靖县岘塬乡李家塬头南、原刘家峡上峡口的河峡上。①

二 唐人记载的炳灵寺附近的交通

《法苑珠林》一书记载了从河州到唐述谷寺的道路："晋初河州唐述谷寺者，在今河州。西北五十里度凤林津，登长夷岭，南望名积石山，即《禹贡》导河之地也。"②

《释迦方志》也记载了河州到鄯州以及更远的道路，其文曰：

> 其东道者，从河州西北度大河，上漫天岭，减四百里至鄯州。又西减百里至鄯城镇，古州地也。又西南减百里至故承风戍，是隋互市地也。又西南减二百里至清海，海中有小山，海周七百余里。海西南至吐谷浑衙帐……又南少东至吐蕃国，又东南或西南，缘葛攀藤，野行四十余日，至北印度尼波罗国。（此国去吐蕃约为九千里。）③

上面引文中记载的是一条从河州经鄯州、鄯城镇、青海湖到吐蕃、印度的道路。这条道路经过鄯州（治所在今青海民和县）、鄯城镇（治所在今西宁市城关），再经由承风戍到清海（即今青海湖）。关于承风戍的位置，严耕望先生认为"约今青海贵德峡稍南或即千户庄"。④ 我们认为，承风戍当在今青海湟中县南的拉脊山口，不应远在拉脊山南、贵德县尕让乡的千户庄。关于这一问题，将另外撰文讨论。

上面两书的记载都涉及了一条道路，即从唐河州出发，渡黄河，前往鄯州的一段道路。这里要讨论的是《释迦方志》和《法苑珠林》两书中记载的渡河地点问题。《释迦方志》说是"从河州西北度大河，上漫天岭"，《法苑珠林》说是在河州"西北五十里度凤林津，登长夷岭"。将两条记载合在一起去读，这个问题就变得清楚了：当时从河州出发到鄯州，都是在河州西北五十里的地方渡河，这

---

① 刘满：《西秦乞伏飞桥有关问题辨正》，《敦煌学辑刊》2012年第1期。
② 释道世撰，周叔迦、苏晋仁校注：《法苑珠林校注》卷39《伽蓝篇》，中华书局2003年版，第1247页。笔者按：上面引文的标点为笔者所加，与中华书局版不同。
③ 释道宣著，范祥雍点校：《释迦方志》，中华书局1983年版，第14页。
④ 严耕望：《唐代交通图考》卷2河陇碛西区，上海古籍出版社2007年版，第533—534页。

个渡口名叫凤林津，由此过黄河前行，就登上了长夷岭（漫天岭）。这条道路就是上文中严耕望所说的北朝以来的"通道"，渡河的凤林津就是北朝时的冶城峡渡（野城口），即唐代的凤林津，亦即今唵哥集渡。文中的漫天岭，又名扪天岭，亦名长夷岭，就是今甘肃永靖县和青海民和两县间西北—东南走向的山岭，即今永靖县杨塔乡、王台乡、小岭乡、川城镇和民和县塔城乡、马营乡等乡镇所在的山岭。① 这说明唐代初年，从河州往北到鄯州，走的是这一条道路，而且是在北朝时的冶城峡口渡、即唐代的凤林津渡过黄河的。必须指出的是，唐代初年，人们到炳灵寺走的也是这一条道路，也是在凤林津过河的。《法苑珠林》就记载了当时人们从河州前往唐述寺窟的道路及其经过的地方：

> 晋初河州唐述谷寺者，在今河州。西北五十里度凤林津，登长夷岭，南望名积石山，即《禹贡》导河之地也。众峰竞出，各有异势，或如宝塔，或如层楼，松柏映岩，丹青饰岫，自非造化神功，何因绮丽若此！南行二十里得其谷焉，凿山构室，接梁通水，绕寺华果，蔬菜充满，今有僧住。南有石门，滨于河上，镌石文曰：晋太始年之所立也。寺东谷中有一天寺，穷讨处所，略无定止，常闻钟声，又有异僧，故号此谷名曰唐述，羌云鬼也。②

上述记载又见于《集神州三宝感通录》，③ 两书的记载都清楚地说明，当时人们要从河州州治枹罕县到唐述谷寺，都是先要从枹罕县西北五十里的凤林津（在今临夏县莲花镇的原唵哥集，今已没入刘家峡水库之中）过黄河，而后"登长夷岭"；从长夷岭上再"南行二十里"，进入一条山谷，沿山谷向南行进，才能到达黄河之滨的唐述谷寺。

此处的记载是很简略的，如果将这一段路复原在今地图上，就会发现这是一条长而弯曲的道路（见图1）。从今临夏市城关往西北，到今临夏县莲花镇境内的

---

① 刘满：《西北黄河古渡考》（二），《敦煌学辑刊》，2005年第4期，后收入刘满《河陇历史地理研究》，甘肃人民出版社2009年版，第71—72页；刘满：《凤林津、凤林关位置及其交通路线考》，《敦煌学辑刊》2013年第1期。

② 释道世撰，周叔迦、苏晋仁校注：《法苑珠林校注》卷39 "伽蓝篇"，中华书局2003年版，第1247页。

③ 释道宣撰：《集神州三宝感通录》，见《大正藏》第52册，第423页。文字稍有出入："《禹贡》导河"作"《禹贡》导"，少一"河"字；"绕寺华果，蔬菜充满"作"绕寺华药，果菜充满"；"定指"作"定止"；"羌云鬼也"作"羌云鬼神也"。笔者按：这一条重要史料是兰州大学敦煌研究所张善庆博士提供的。

图1 河州至炳灵寺交通路线示意图

五女山，五女山即《水经注》中记载的凤林山。① 从五女山往北行，就是今莲花镇的原唵哥集（今已没入刘家峡水库之中），故凤林县、凤林津、凤林关和凤林桥就建在这里。从这里渡过黄河以后，因为西面北面有高山韭滩岭（海拔2232米）阻隔，既无法沿黄河北岸西行到炳灵寺，也无法往北直接到达享临公路。只能沿黄河岸边的川地往东走，经今永靖县杨塔乡的原寨子村和原崇王家村（以上两地均已没入刘家峡水库之中）上山，这个山今名王家大山，就是古代长夷岭的一部分。如上述，长夷岭即今永靖县杨塔乡、王台乡、小岭乡、川城镇和民和县塔城乡、马营乡等乡镇所在的山岭。该山岭杨塔乡境内的一段，正位于今炳灵寺所在的小积石山北的山岭上。所以《法苑珠林》说，"登长夷岭，南望名积石山，即《禹贡》导河之

---

① 刘满：《西北黄河古渡考》（二），《敦煌学辑刊》2005年第4期；刘满：《河陇历史地理研究》，甘肃人民出版社2009年版，第64—65页；刘满、史志林：《凤林山、凤林津有关问题辨正》，《敦煌学辑刊》2012年第2期。

地也"。从长夷岭再"南行二十里",就进入了一条河谷("得其谷焉"),这就是上文所说的《水经注》中的唐述水,即今寺沟水;这条河谷中"凿山构室"的地方,这就是今上炳灵寺。从今上炳灵寺顺寺沟水前行,就到了"南有石门滨于河上"的地方,这就是位于黄河之滨的下炳灵寺。① 如果在今地图上把上述从临夏城关到炳灵寺的几个地名用虚线连起来,就是一条炳灵寺和河州间的道路,好像一个不那么规整的"?",问号上面的起点就是炳灵寺,问号弯曲的地方就是当时从黄河北岸边通往炳灵寺的路,问号下面的点就是道路的起始点临夏城关,问号中间断开的地方就是黄河。从《法苑珠林》的记载可以看出,唐初人们从河州到炳灵寺不是直接从炳灵寺所在的寺沟峡上渡河的,而是绕了一个很大的弯。

我们粗略地在今地图上做了一下计算:从今临夏市城关往西北到原唵哥集是50里,从原唵哥集往东北到崇王家村是18里,从崇王家村往西北到杨塔公社20里,再从今杨塔所在的长夷岭上往南到上炳灵寺又是20里,这就超过了百里;再加上从上炳灵寺南至"滨于河上"的石门的路,就是一百多里了。这里就出现一个问题,如果今炳灵寺所在的寺沟峡上有路、有渡口的话,人们为什么不走捷路而偏要去绕行远道呢?《法苑珠林》和《集神州三宝感通录》两书都如实记载了这条从唐河州绕行远道通往唐述谷寺的道路,为我们提供了当时这条道路的实际情况,这就说明:至迟在唐代初年还没有从寺沟峡渡河直达炳灵寺的道路。既然当时的寺沟峡上没有道路直达炳灵寺,那么当时寺沟峡所在的黄河上也就没有渡口或桥梁了。

必须指出,有唐一代河州到鄯州的道路及其所经的黄河渡口,发生了很大的变化。变化之一是,原来的治城峡口渡(野城口渡),即后来的唵哥集渡所在的地方,因为后魏时设置了凤林县,已改名为凤林津。这条路就是前引《释迦方志》记载的道路,也就是严耕望先生所说的北朝以来的"通道"。从唐初已经成书的《法苑珠林》和《集神州三宝感通录》的记载中知道,至迟在唐初这个渡口已经改名为凤林津了。

变化之二是,从河州州治枹罕县(今临夏市城关镇)经由凤林津到鄯州的道路,已经成为河州通往河湟地区的驿道,《通典》《元和郡县图志》和《太平寰宇记》等书的河州西北至鄯州三百里的记载,指的就是这一条道路。② 不仅如此,

---

① 刘满:《凤林津、凤林关及其交通路线考》,《敦煌学辑刊》2013年第1期。
② 杜佑:《通典》卷174(中华书局1988年版,第4548页)安乡郡下载:"北至西平郡三百里";李吉甫撰,贺次君点校:《元和郡县图志》卷39(中华书局1983年版,第989页)河州下载:"西北至鄯州三百里";乐史撰,王文楚等点校:《太平寰宇记》卷151(中华书局2007年版,第2569页)河州下载:"(西)北至鄯州三百里。"

这里还是河州通往凉州的通道之一,《释迦方志》所说的"从鄯州东川行百余里,又北出六百余里至凉州",指的就是这条道路的其中一段。经由凤林津的道路是唐代河州到鄯州的主干道,而从河州经由临津关到鄯州(治所在今青海乐都县碾伯镇)的道路,也就是隋炀帝西巡河西时行经的道路,已经变成这条主干道的支线了。① 再如左南津,是河州、鄯州间重要的渡口之一,这一道路当时也成了河州、鄯州间的辅助线路。②

变化之三是,唐代在凤林津上设置了凤林关。据《大唐六典》记载,大概在开元年间唐王朝在凤林津上设置了凤林关,是唐代全国七个下关之一。③ 在丝路必经的黄河渡口上,当时只有会宁关(今甘肃靖远县双龙乡北城滩古城)和凤林关是唐朝国家级的关口。④

变化之四是,唐王朝在凤林津、凤林关所在的黄河上第一次建造了河桥凤林桥。唐代在开元二十一年(733年)设置陇右节度使,节度使驻地在今鄯州州治湟水县(今青海乐都县驻地碾伯县),管兵七万五千人。从管兵人数上讲,仅次于范阳节度使,是唐代第二大军区。因为唐蕃战争的关系,大概在开元、天宝年间,在凤林津上建造了凤林桥。唐代诗人高骈在《寓怀》一诗中说,"为问昔日青海畔,几人归到凤林桥"⑤,可见当时从河州经由凤林桥到青海湖一带的道路,无疑也是一条重要的军事通道。

上述论证说明,有唐一代从河州经由凤林津到鄯州及其更远的道路,是一条重要的通道,而当时炳灵寺所在的黄河寺沟峡上还是一个既没有道路也没有渡口的地方。

三 宋人记载的炳灵寺附近的交通

晚唐、五代之后,这种状况并没有改变。这一点可以从《太平寰宇记》一书关于今炳灵寺的记载中得到证明:

---

① 刘满:《西北黄河古渡考》(二)"临津关渡"部分,原载《敦煌学辑刊》2005年第4期,后收入《河陇历史地理研究》,甘肃人民出版社2009年版,第48—58页;刘满:《隋炀帝西巡有关地名路线考》,《敦煌学辑刊》2010年第4期。
② 刘满:《西北黄河古渡考》(二)"左南城渡"部分,第76—79页。
③ 李林甫等:《大唐六典》卷6(三秦出版社1991年版,第153页):"下关七:凉州甘亭、百牢,河州凤林。"
④ 李林甫等:《大唐六典》卷6(第152页)载:"中关十三:……会州会宁。"
⑤ 彭定求等编:《全唐诗》卷598,上海古籍出版社1986年版,第1520页。

> 唐述窟，在县西龙支谷，彼人亦罕有至者，其窟有物若今书卷，因谓之精岩。岩内有时见神人往还，盖西仙所居耳。羌胡惧而莫敢近。又谓鬼为唐述，故指此为唐述窟。窟高四十丈。①

从北魏时的《水经注》到唐初的《法苑珠林》，时间过去了100多年；再从唐初的《法苑珠林》到宋初的《太平寰宇记》，时间又过去了300多年。我们将《水经注》中有关炳灵寺的内容和《太平寰宇记》中的记载作一对比，就会发现，在几百年的时间里，这里并没有什么改变，依然是在重述着《秦州记》中当年"彼人亦罕有至者""岩内有时见神人往还"的故事，仍然是一个"羌胡惧而莫敢近"的地方。试问：这么一个人迹罕至、令人望而生畏的地方，能够成为丝绸之路上主要道路、津渡、桥梁所在的地方吗？回答当然是否定的了。反过来说，如果当时这里有路、有渡口还有桥梁的话，那么这里还会是一个人们不敢靠近的地方吗？回答当然也是否定的。由此可见，从《水经注》到《法苑珠林》，再到《太平寰宇记》，在这480年左右的时间里，炳灵寺所在地一直是一个人迹罕至、神秘莫测的地方。也就是说，自北朝到晚唐、五代，这里根本不是丝绸之路经过的地方，这里的黄河寺沟峡上还是没有道路、渡口和桥梁的。

既然宋代的炳灵寺仍然是一个人迹罕至的地方，那么原来这一带的黄河渡口和道路的状况有什么变化呢？宋代及之后的文献记载了唐之后凤林津、凤林关和凤林桥有关情况。《宋史·地理志》河州下记载："安乡关，旧城桥关，元符三年赐名。"②《读史方舆纪要》河州宁河城条下记载："安乡城，在州东北五十里。吐蕃所置城桥关也。熙宁中收复，元符二年赐名安乡关。金因之，亦曰安乡关城，元升为县，属河州，元末废。"③

吐蕃占领期间，凤林关已改名城桥关。之所以命名为城桥关，可能是与唐代在这里修建了凤林关和凤林桥有关。上述记载说明：宋代的安乡关上承北朝的冶城峡口渡、唐代的凤林关渡和吐蕃时的城桥关渡，下开金安乡关城渡和元安乡县渡，自古以来这里一直是河州北边黄河上最重要的渡口。

从宋人的有关记载看，当时的安乡关渡受到北宋王朝的高度重视。宋神宗

---

① 乐史撰，王文楚等点校：《太平寰宇记》卷151（中华书局2007年版，第2925页）鄯州龙支县下"唐述窟"条。
② 《宋史》卷87《地理志》，中华书局1977年版，第2164页。
③ 顾祖禹撰，贺次君、施和金点校：《读史方舆纪要》（中华书局2005年版，第2884—2885页）河州"安乡城"条。

熙宁六年（1073年）二月，收复了河州，同年十月朝廷就下令建造安乡城黄河浮桥："诏河州安乡城黄河渡口置浮梁，筑堡于河之北。上曰：安乡城，鄯、廓通道也。滨河戎人，尝刳木以济行者，艰滞既甚，何以来远？故命景思立营之。"①

上引记载说明，宋神宗时命令河州知州景思立在安乡关所在的黄河上架设了浮桥，同时在浮桥北的黄河边上建筑了城堡。安乡关之所以受到朝廷的高度重视，就是因为这里是当地黄河上重要的渡口，是河州前往鄯州和廓州的重要通道。所以姚雄在知河州期间，又在原凤林关和原城桥关所在建了安乡关。《宋史·姚雄传》是这样记载的："（雄）知河州，……遂筑安乡关，夹河立堡，以护浮梁。通湟水漕运，商旅负贩入湟者，始络绎于道。"

因为景思立架桥筑堡在前，姚雄建筑安乡关城在后，这样安乡关所在的黄河上，南北两岸是拱卫河桥的城堡，中间是连接南北的浮梁。这样重点设防的黄河渡口，在当时的丝路所经的黄河渡口上，可以说是绝无仅有的！

"夹河立堡，以护浮梁"，这在丝路必经的古黄河渡口中是罕见的。据《大唐六典》记载，唐开元年间会宁关是当时全国十三个中关之一，处于鼎盛时期的会宁关渡就是"会宁、乌兰两关夹河并置，中为河津"。② 宋代的安乡关的规模可以说不仅超过了唐代的凤林关和凤林桥，而且与唐会宁关和乌兰关的规模不相上下。究其原因，宋代会州以北濒临黄河的地方已沦入西夏之手，兰州城黄河以北的地方也为西夏所掌控，原来从黄河以北进入河湟地区的道路已经断绝，所以河州安乡关一线就成了唯一安全的通道。因此"夹河立堡，以护浮梁"，是一项重要的举措，它保证了这条道路的畅通无阻，稳定了当地的形势，也就促进了中原地区和河湟地区的往来。

宋安乡关，金时为河州宁河县安乡关城，③ 元时为河州路安乡县。④ 尤其是元朝在此设立安乡县一事，说明在金、元时期安乡关渡还继续保持着唐凤林关渡、宋安乡关渡的重要作用和地位。我们发现，河州地区的黄河渡口上都先后设置过县城，有的渡口还不止一次地设置过县城。如上述炳灵寺沟峡之西、今积石山县大河家乡关门村东的临津和白土津（今民和县杏儿沟乡余家村附

---

① 李焘撰，上海师范大学古籍整理研究所、华东师范大学古籍整理研究所点校：《续资治通鉴长编》卷247，中华书局2008年版，第6019页。
② 严耕望：《唐代交通图考》卷2，台北"中央研究院"历史语言研究所1985年版，第412页。
③ 《金史》卷26《地理志》（中华书局1975年版，第655页）河州宁河县下："城一安乡关。"
④ 《元史》卷60《地理志》（中华书局1975年版，第1432页）河州路下："领县三：定羌下，宁河下，安乡下。"

近），前凉曾在此设置临津县和白土县；①再如寺沟峡之东的古冶城峡口渡（野城口渡），也就是我们所说的原唵哥集渡，后魏时曾设置凤林县，元代还设置过安乡县；②又如今永靖县原白塔公社（今已没入刘家峡水库之中）的左南津，前凉、西凉、后凉和南凉政权先后在这里设置过左南县；③还有明清时才出现的所谓黄河下渡剌麻川渡，也在1929年设置了永靖县。上述几个渡口中，原唵哥集渡是河州地区名列第一的黄河古渡，也是这一带最为重要的黄河古渡，历史上这里不仅设置过凤林关、城桥关、安乡关和安乡关城，这里的黄河上还先后建造过凤林桥和安乡关桥，而且还在这里设置过凤林县和安乡县。那么与原唵哥集渡相去不远的炳灵寺所在的寺沟峡上，历史上有过关津吗，建过桥梁吗，设置过县城吗？没有，都没有。因为这里是一个"两崖如削、黄河中流"的黄河峡谷，④黄河两岸既没有可供人们往来行走的道路，又没有可供商旅食宿休息的地方，在炳灵寺所在的黄河北岸甚至连一个容身立足的地方也没有。在这样的地方有必要设置关津或县城吗？总之，宋人及其相关的记载说明，宋、金、元时期，炳灵寺所在的黄河寺沟峡上是没有道路可以通行的，而今的唵哥集渡才是河州、鄯州间的驿道通衢。

四 明清以来记载中的炳灵寺附近的交通

明、清时期河州北边的黄河渡口上发生了一个可以说是很大的变化，这就是莲花渡的出现与兴起和历史上有名的凤林津和安乡关渡（即原唵哥集渡）的衰落。这两个黄河渡口的一盛一衰是存在着因果关系的，因为莲花渡的出现和兴起，很快就取代了唵哥集渡的作用和地位，这就直接导致了后者的衰落，这一重要变化的标志是元代安乡县的废止。安乡县的废止说明，大概在元朝就出现了一个叫

---

① 洪亮吉：《十六国疆域志》（二十五史补编编委会《二十五史补编》，中华书局1955年版，第4169页）晋兴郡下。笔者按：《中国历史地图集》第2册（中国地图出版社1982年版）西汉·凉州刺史部图（第33—34页）、东汉·凉州刺史部图（第57—58页），均将两汉河关县标定在今甘肃积石山县大河家乡附近；史为乐《中国历史地名大辞典》（中国社会科学出版社2005年版）第1655页"河关县"条云：河关县"治所在今甘肃积石山保安族东乡族撒拉自治县西北长宁驿古城"。上述二说因与《水经注》所记两汉河关县位置不符，今不取。

② 李吉甫撰，贺次君点校：《元和郡县图志》，中华书局1983年版，第990页，河州凤林县条下载："后魏大统十二年（546），刺史杨宽于河南凤林川置凤林县"；《元史》卷60《地理志》第432页河州路下："领县三：……安乡"。

③ 洪亮吉撰：《十六国疆域志》（二十五史补编编委会《二十五史补编》），分别见卷7，第4169页，前凉晋兴郡下"左南县"条；卷8，第4174页，西凉晋兴郡下"左南县"条；卷10，第4181页，后凉晋兴郡下"左南县"条；卷11，第4184页，南凉晋兴郡下"左南县"条。

④ 顾炎武撰，谭其骧、王文楚、朱思荣等点校：《肇域志》，上海古籍出版社2004年版，第1620页。

刺麻川（即后来的莲花渡）的新渡口，而且人们已经改道从刺麻川渡过黄河了。因为安乡县是一个与渡口相依存的城镇，经由刺麻川渡过河的人日渐增多，必然导致从安乡县城过河的人日益减少，久而久之就使得安乡县的常住户口和人口减少，最后朝廷就撤销了安乡县。在安乡县日渐衰落的时候，刺麻川渡和未来的另一个县城永靖县及其驻地莲花城正在这里悄然兴起。

关于安乡县的废止时间，《读史方舆纪要》和《大清一统志》都说是在元末，①《明史·地理志》说是在明初："又南有宁河县，东北有安乡县，元俱属河州路，洪武三年废。六年复置。十二年复废。"②

上述记载说明，安乡县的废止当在元末明初，而刺麻川渡一名最早见于《大明一统志》："积石渡，在卫城西北一百二十里。刺麻川渡，在卫城北六十里。"③

《大明一统志》是明朝官修的地理总志，该书在河州段的黄河上只记载了两个渡口：一是积石渡，又称积石关渡，即历史上有名的临津即临津关渡；另一个就是位于今大夏河入河口西边的刺麻川渡，即后来有名的莲花渡。刺麻川本来是对今大夏河入河口一带河川的称呼，因为新的渡口出现了，人们就以它所在地方的名字命名为刺麻川渡。这个新渡口一出现，就与历史上有名的临津渡（临津关渡）并肩而立，成为当时河州地区黄河上的重要渡口。在《肇域志》《读史方舆纪要》和《大清一统志》等书中，这一渡口虽然还在沿用旧时的称呼"刺麻川渡"，但是渡口名称前已经加上了"黄河下渡"四字，与所谓的"黄河上渡"对称，显然已成为当时河州地区两个重要渡口中的一个了。④如《读史方舆纪要》临洮府河州"黄河"条下："黄河下渡，直州北六十里之刺麻川，路通庄浪，谓之刺麻川渡；黄河上渡直州西北百二十里之积石关，路通西宁，谓之积石渡。"⑤

历史上有名的临津、临津关渡，这时已改名为积石关了，而且被冠以"黄河上渡"四个字，说明它依然是一个重要渡口。但是历史上一直有名的凤林津、安乡关渡，即后来的唵哥集渡已经被刺麻川渡即后来的莲花渡取代了。莲花渡这一

---

① 顾祖禹撰，贺次君、施和金点校：《读史方舆纪要》卷60（中华书局2005年版，第2884—2885页）河州"安乡城"条下："在州东北五十里。吐蕃城桥关也。宋熙宁中收复，元符二年赐名安乡关。金因之，亦曰安乡关城。元升为安乡县，属河州，元末废。"《嘉庆重修一统志》卷253，中华书局1986年版，第12674页，兰州府·古迹·安乡废县条下："元升为县，元末废。"

② 《明史》卷42《地理志》，中华书局1974年版，第1009页。

③ 李贤等：《大明一统志》卷37，三秦出版社1990年版，第649页。

④ 顾炎武撰，谭其骧、王文楚、朱思荣等点校：《肇域志》，上海古籍出版社2004年版，第1620页；顾祖禹撰，贺次君、施和金点校：《读史方舆纪要》卷60（第2886页）"黄河"条下；《嘉庆重修一统志》卷253（第12693页）"黄河上渡""黄河下渡"条。

⑤ 顾祖禹撰，贺次君、施和金点校：《读史方舆纪要》卷60"黄河"条下，第2886页。

名称的出现可能在清初,成书于清康熙年间的《河州志》记载:

> 黄河下渡在剌麻川莲花寨,通庄浪路。宋筑安乡关,夹河立堡,以护浮梁(今废止),设千户一员,每年守把。明嘉靖辛酉,知州刘卓议申院道动支银造船二只,编佥水夫六名,以便往来。(后船废,以牛革木筏渡之)。康熙四十四年,知州王全臣于莲花、哈脑、黑城、潘家渡四渡口捐资各设船一只。①

需要指出,剌麻川渡即后来的莲花渡,是元代才出现的新渡口;而《河州志》说在剌麻川渡上"宋筑安乡关,夹河立堡,以护浮梁",这些说法显然是错误的。② 但是,《河州志》是当时地方政府编纂的本地方志,明嘉靖辛酉(1561年)到康熙年间相去只有百余年,因此该书上述记载中的明代及其以后的事情应该是可信的。明、清时河州北边的渡口改变了,当然从河州到黄河渡口的道路也就随之改变了。清人王荷泽的《游灵岩寺》一文就记载了这种变化:

> 康熙十九年庚申之五月,南安王荷泽与孙谦若来游。先一日从莲花寨过黄河,上驼项山,抵暮行三十里。磴道蜿蜒,坡沙滚砾,几不受足,从者挽扶而行。至上寺,过佛母殿,则峰回路转,数十折,方至大佛阁。③

冯国瑞先生的《炳灵寺石窟勘察记》对上述记载是这么解说的:"康熙十九年庚申,游灵岩寺,荷泽年七十五,自云老矣。是由现在永靖县城北渡黄河,取道驼项山,先到上寺,再到下寺。"④

冯国瑞先生所说的永靖县城就是当时的永靖县的老县城,名叫莲花城,其地在今临夏县莲花镇莲花台北面的黄河边上,今已成为刘家峡水库的库区。这说明王荷泽一行渡河的地点不是在唐代的凤林津和宋代的安乡关渡,即后来的唵哥集渡,而是在唵哥集东十几里的莲花城。原来渡河的地点在河州西北的唵哥集,所走的道路也是经由凤林山和凤林津古道;现在渡河地点东移了,所走的道路也成了河州东北到原莲花城的享(堂)临(夏)公路了。但是,渡河以后前往炳灵寺

---

① 张璒:《河州志》,《西北稀见方志文献》卷49,兰州古籍出版社1990年版,第535页。
② 详见刘满《凤林关、凤林津位置及其交通路线考》中"从唵哥集和莲花城渡的历史看凤林关的位置"部分,《敦煌学辑刊》2013年第1期。
③ 王荷泽:《风雅堂稿》,王氏手抄墨迹,转引自冯国瑞《炳灵寺石窟勘察记》,载郑炳林主编《永靖炳灵寺石窟研究文集》,甘肃文化出版社2011年版,第180页。
④ 冯国瑞:《炳灵寺石窟勘察记》,载郑炳林主编《永靖炳灵寺石窟研究文集》,第180页。

的道路与《法苑珠林》所记是一模一样的。《游灵岩寺》中所说的驼项山，是说山形弯曲，犹如骆驼的脖项，故名。驼项山就是今杨塔乡东南、享（堂）临（夏）公路上的骆驼巷，因为当地人把"项"xiang 读为巷 hang（巷道），所以后来测绘地图的人就把"驼项山"记为"骆驼巷"了。其实"骆驼巷"就是"骆驼项"，也就是驼项山。驼项山的所在就是《法苑珠林》中所说的登上长夷岭的地方，沿此路继续前行是炳灵寺的上寺和下寺。《法苑珠林》成书于唐高宗总章元年（668年），到康熙十九年（1680年）王荷泽游灵岩寺时，已经过去了一千余年。这期间尽管渡河的地点从原唵哥集往东移动了约二十里，但是人们从黄河北岸到炳灵寺的道路还是唐人走过的旧路，其中从莲花城北黄河边到今杨塔乡的一段道路，也还是唐时河州到鄯州的古道，即严耕望先生所说的北朝以来的古道。由此可见，自唐、宋以至明、清，人们到炳灵寺去，都不是直接从炳灵寺所在的寺沟峡上渡河的，他们或者像唐、宋时的人一样在唵哥集渡过河，或者像明、清时的人一样在剌麻川渡过河，都要绕一个大弯子。这里需要说明的是，虽然两者都要绕弯子，走弯道，但此弯道非彼弯道：从河州西北经原唵哥集渡河，再往东到莲花城对面的河北岸上山，走的大致是一个三角形的两个边，其间的路程是七八十里；而从河州直接到东北的莲花城渡河上山，走的是三角形的一个边，只有四五十里。这样，从河州直接到莲花城渡河上山，就可少走二三十里，这就是后来改道的主要原因。

从康熙十九年到1951年，又过去了270多年。当时冯国瑞先生等要到炳灵寺去考察，他们一行出发的地方也是古河州，和清人王荷泽一样也是由河州到永靖县城莲花城。关于当时到炳灵寺的道路，冯先生的《炳灵寺石窟勘察记》一文是这样记叙的：

> 由永靖走炳灵石窟，有两条路。一，北渡黄河，经过崇王家，至王家大山，海螺山，到石窠，山路崎岖，穿过蛇倒蜕，是形容路的难走，才到炳灵上寺，再到下寺，再到老君洞。以及迤西的藏寺等，共四十里，河面很宽，筏渡也稳……①

必须注意，引文中所说的永靖即当时永靖的老县城莲花城。引文中所说的第一条路，就是自唐初以来人们前往炳灵寺的道路，也就是《法苑珠林》和《游灵

---

① 冯国瑞：《炳灵寺石窟勘察记》，载郑炳林主编《永靖炳灵寺石窟研究文集》，甘肃文化出版社2011年版，第170页。

岩寺》中分别记载的道路。1952年，文化部派遣的炳灵寺石窟考察团撰写的《炳灵寺石窟第一次勘察报告》中，对这条道路记载得比较具体：

  二十日，晴，早十时，由永靖县出北门，人员骑乘行李等先后渡过黄河，骑行入山口，沿旧赴永登的废公路登山，十余里抵骆驼项，在崇姓家稍休息，继到烟墩，折而南行，到盘坡，山势陡峻，舍骑步行，窄径极险，沙砾散溜，几不可步，互相牵扶而过，这样走了约十余里。对面小积石山，突兀起伏，千峰攒涌，心目惊奇。回望立足危崖，下临深谷，俯仰的时候，真为眩悸。下山入谷又骑行，群峰参聚，千奇百怪。约五里至上寺，……继续沿谷步行，……进入大寺沟，立山口高处，大佛及石窟全貌均已在望。下坡涉小溪（即古唐述水），出谷循黄河北岸沿山行二三里，至喇嘛下寺院宿住。①

上面引文中所说的"旧赴永登的废旧公路"，指的就是享（堂）临（夏）公路；"骆驼项"就是前文所说的驼项山；"崇姓王家"当与这条路上的崇王家村有关；"烟墩"当在今杨塔乡驻地杨塔村附近。从上面的记载中可以看出，从唐初成书的《法苑珠林》到20世纪50年代的《炳灵寺石窟第一次勘察报告》，这期间长达1300多年的时间里，人们从今临夏到炳灵寺，都要从今临夏市西北的原唵哥集或者是莲花城渡过黄河，经由今崇王家村、骆驼项村，在今杨塔村折而向南，而后到达炳灵寺的上寺和下寺。就是因为今炳灵寺侧的黄河两岸没有供人们通过的道路，而且这里的黄河上又不适宜设置渡口，人们就不得不绕行远道了。

  冯先生所说的第二条道路是从莲花城沿黄河南岸西行的：

  二是沿河南岸的崖谷西行，路要少些，我们决定骑马走这条路。经过众渡川，至唵哥集，是个富有意义的集市，河边巨石上刻"凤林关"三字……涉过唵哥集的银川河，上了小坡，积石峡谷中的奇异状态渐渐地陈列出来……经过果园魏家的庄子，……大家争先到河南崖岸，是一大石滩，石块都像屋子大，我们一边候渡，一边寻访石滩的材料，有"龙窝"二字石刻，及"万笏朝天"四字石刻。又有诗刻一首："山峰滔浪浪滔沙，两岸青

---

① 炳灵寺石窟勘察团：《炳灵寺石窟第一次勘察报告》，载郑炳林主编《永靖炳灵寺石窟研究文集》，甘肃文化出版社2011年版，第196页。

山隔水涯。第一名桥留不住，吾侪□□卧芦花。"未题名，都在水石激荡之处，拿字看，最远不过唐宋。①

这第二条道路是前人没有记载过的山间小道，这条山间小道"是沿河南岸的崖谷西行的"，还要经过原唵哥集西边的一段"积石峡谷"（笔者按：此处应为寺沟峡），才能到达炳灵寺对面黄河南岸的果园魏家。果园魏家北的黄河边"是一大石滩"，因传说这里曾建过河桥，人称"桥滩"，不少学者认为历史上炳灵寺所在地的河桥和渡口就在这里。这是一条在"河湾峡谷之中"行进的崎岖小道，因为受到河水上涨的影响，就会沿泝阻绝，上下不通，这是我们必须要注意到的。1951年冯国瑞先生一行是经由此路渡河到达炳灵寺的，1963年阎文儒先生到炳灵寺考察时走的也是这条路，但我们不能以此为据就认为这是一条人们经常往来的道路，也不能认为这是一条古已有之的道路。

还要指出，这一条通往炳灵寺的山间小道除了难以行走外，在桥滩附近要渡过黄河是很困难的，而且也是相当危险的。在上面所说的莲花渡口过河，冯先生只用了"河面很宽，筏渡也稳"几个字，就轻松地过河了。可是记叙在桥滩过河时，情况就大不相同了，下面就是冯国瑞先生当时的亲身经历：

> 羊皮筏有两个水手，只能坐三人，峡窄岸陡，全闭着眼不能看，……对岸崖头，立着一人，手持绳索，远远地掷给筏上水手，水手急忙把绳索拴在筏子横木上，崖上人拼命拉筏靠岸。②

渡河时人们之所以显得如此紧张害怕，就是因为这里是黄河的峡谷，而黄河的峡谷中根本就不是渡河的地方。这里两岸大多是高耸壁立的石山，峡谷的上峡口和下峡口之间落差较大，水流湍急；水中岸边又多礁石，波涛汹涌。因此在这里渡河不仅困难，也比较危险，所以人们在渡河时尽可能地避开峡谷所在的地方。在有峡谷的地方，渡口往往设在黄河峡谷的上峡口或者是下峡口。

关于在寺沟峡段黄河上行筏的危险，冯国瑞先生也为我们留下他当时的见闻：

> ……从青海黄河上游放的木筏，到炳灵寺石窟附近，因水流过急，怕出

---

① 郑炳林主编：《永靖炳灵寺石窟研究文集》，甘肃文化出版社2011年版，第170—171页。笔者按："众渡川"一本作"佥渡川"，"□□"一本作"含恨"，见王亨通、杜斗城主编《炳灵寺石窟研究论文集》，炳灵寺文物保管所编，第5—6页。

② 王亨通、杜斗城主编：《炳灵寺石窟研究论文集》，炳灵寺文物保管所编，第172页。

危险，把木筏解散，任其顺流而下。人便遵陆而行，到唵哥集，再鸠集散木，重编木筏，可以从此直到兰州。①

必须指出，炳灵寺所在的寺沟峡是一个连顺流而下的木筏都"怕出危险"的地方，而在它不远处的地方就是黄河上有名的唵哥集渡，再往东就是明、清时新兴的渡口莲花渡，在这里"河面很宽，筏渡也稳"，人们有什么必要在炳灵寺下的黄河上冒险过河呢？这也是自古以来，人们去炳灵寺时选择在唵哥集（如《法苑珠林》所记）或莲花城（如王荷泽《游灵岩寺》所记）渡河的原因。

我们也注意到，有的学者认为：

> 凤林渡和临津渡之间的黄河上，尚有多处小渡口，炳灵寺这里也是其中一个特殊的渡口。这是沿黄河入炳灵寺的另一条主要道路，具体路线是由莲花砦沿黄河南岸西行，经唵哥集，过寺沟峡，果园魏家，渡河至北岸，可以入炳灵寺，还可以西去青海……②

《炳灵寺石窟第一次勘察报告》也记载说：

> 从大寺沟出口处，依山向黄河上游步行，约有四里路，看到河边危岩的北侧，有一座窣堵坡（不详年代），这地点称作"西方境"，下有小沙滩渡口。在枯水期，这里水流比较平些，我们回程就是在这里乘皮筏子渡河的。③

《炳灵寺石窟第一次勘察报告》还说："在'龙窝'渡口原装有钢丝缆，横贯河面，系在河两岸，以便渡河的筏子可以攀握，免得被急流冲到下游，可以减少渡河的危险性。"④

毫无疑问，这些记载说的都是渡口，但这是黄河两岸两点间往来的临时小渡口，是"在枯水期"才可以摆渡的渡口，不是与大道（或驿道）相通相连的常设

---

① 冯国瑞：《炳灵寺石窟勘察记》，载郑炳林主编《永靖炳灵寺石窟研究文集》，甘肃文化出版社2011年版，第170页。
② 张宝玺：《炳灵寺石窟的自然环境和人文环境》，载郑炳林主编《永靖炳灵寺石窟研究文集》，第137页。
③ 炳灵寺石窟勘察团：《炳灵寺石窟第一次勘察报告》，载郑炳林主编《永靖炳灵寺石窟研究文集》，第191页。
④ 同上。

的定点的渡口，更不是连接"西平道"的渡口。① 因为我们讨论的是丝绸之路上的渡口，所以像这样的临时性的小渡口是不能称其为丝路黄河古渡的。

总之，从20世纪50年代到今天，无论是黄河南岸，还是黄河北岸，都没有一条沿黄河河岸直达炳灵寺石窟的道路。这些事实雄辩地说明：古往今来，今寺沟峡上东西不通、南北无路，此处的黄河上既没有渡口，也没有桥梁。

五 对宋人所谓"炳灵寺桥"有关记载的解读

不少学者认为，炳灵寺侧的寺沟峡上不仅建过桥，而且认为西秦乞伏飞桥就建在这里；有的学者甚至举证说，宋朝时这里有一座"炳灵寺桥"。邓隆先生认为，历史上有名的西秦乞伏飞桥就建在今炳灵寺侧的黄河寺沟峡上。他在《甘肃黄河桥梁考》一文中说：

> 《秦州记》："枹罕有河夹岸，岸广四十丈。义熙中，乞佛于此作飞桥，高五十丈，三年乃就。"此亦握桥也。《水经注》引此文于"大河东迳赤岸北"之下。又云："河水又东，洮水注之。"考《水经》于漓水入河后记曰："河水又迳左南城南"，是左南城即白塔寺川。下文云："大河又东迳赤岸北"，是赤岸即今红崖子也。下游数里，黄河入峡。望文生义，桥应在此。然此处无迹可寻。②

邓氏是甘肃著名的学者，其《甘肃黄河桥梁考》是最早探讨黄河桥梁位置的文章。他的飞桥为"握桥"说，"左南城即白塔寺川"（即今永靖县原白塔公社，今已没入刘家峡水库）说，以及"赤岸即红崖子"（即今东乡县考勒乡的红崖子村）说等，无疑都是正确的。他还认为，乞伏飞桥就在红崖子附近。红崖子的北边就是今永靖县岘塬乡李家塬头南、原刘家峡上峡口，乞伏飞桥就建在这里。③邓氏的这一说法与飞桥的实际位置可以说是很接近了，可惜的是邓氏没有循此向

---

① 李吉甫撰，贺次君点校：《元和郡县图志》卷40山丹县下"大斗拔谷"条记载说："隋大业五年，炀帝躬率将士出西平道讨吐谷浑，还此谷，会大霖雨，士卒冻死者十六七。"按：西平道是唐代经由鄯州道路的名称，因鄯州又称西平郡，故名。《元和郡县图志》卷40凉州八道下："东北至上都取秦州路二千里，取乌（原作'皋'）兰路一千七百（原作'一千六十'）里。"这一记载将经由当时秦州（治所在今甘肃天水市）的道路称作"秦州路"，将经由当时乌兰县（治所在今甘肃景泰县五佛乡西南沿寺附近）的道路称作"乌兰路"。

② 邓隆：《甘肃黄河桥梁考》，《邓隆全书》（上册），中国文化出版社2010年版，第365页。

③ 刘满：《西秦乞伏飞桥有关问题辨正》，《敦煌学辑刊》2012年第1辑。

前，而是转身到炳灵寺所在的寺沟峡上去寻找乞佛飞桥了。邓氏接着又说：

> 上距赤岸三十里为冰灵寺，河面极狭，滨卧巨石，镌曰"天下第一桥"。渡河入峡，凿山为佛，数逾百十，必为乞佛遗迹。而文献无征，殊难臆断。桥下数里曰凤林关，旧为湟凉孔道……赤岸以下今名刘家峡，两岸甚狭，作桥极便。光绪乙未，曾造索桥，俗名"扯船"，悬索峡石，人挽索蹴船。民国十七年，作浮桥渡军。然古代作桥，必当孔道。且岂能于数十里内，架两飞桥？意者《秦州记》所云，即冰灵寺桥也。闲尝游冰灵寺，童山壁立，色间赤黄，善长足迹未至，仅凭传闻，故致误载于赤岸。①

在这里，邓氏不仅完全否定了他原来的飞桥位置说，而且还说："意者《秦州记》所云，即冰灵寺桥也。"他的飞桥即炳灵寺桥说虽然显得不那么肯定，但是他说"善长足迹未至，仅凭传闻，故误载于赤岸"。邓氏在这里明确否定了《水经注》关于飞桥在赤岸附近的记载，揣测说《秦州记》记载的飞桥"即冰灵寺桥也"，认为此桥可能就在炳灵寺侧的寺沟峡上。

在邓氏之后，冯国瑞先生进一步肯定了炳灵寺侧寺沟峡上有桥说。冯氏也是陇上著名的学者，他也引用了《秦州记》中关于飞桥的记载，肯定地认为乞伏飞桥就建在炳灵寺侧的寺沟峡上：

> 这里有桥，可能始于西秦乞伏时期（公元409年前后），因为西秦据枹罕全境，曾作过枹罕飞桥，就是握桥，……这里距刘家峡四十余里，并且渡河是往湟中及西凉的要道，遗迹最早很可能是乞伏时期的。唐人张籍的〈山寺〉诗："凤林关里水东流，白草黄榆六十秋。诸将皆承主恩泽，无人解道取凉州。"唐人有桥可渡无疑。至北宋时绍圣时（815），还是有桥。②

冯氏不仅认为乞伏飞桥建在这里，而且说这里是通"往湟中及西凉的要道"，"唐人有桥可渡无疑"，甚至还举证说北宋时绍圣年间这里"还是有桥"。为了证明北宋时这里有桥，冯氏还提出了两条证据，其中一条见于《宋史·吐蕃·瞎征传》：

---

① 邓隆：《甘肃黄河桥梁考》，《邓隆全书》（上册），中国文化出版社2010年版，第365页。
② 冯国瑞：《炳灵寺石窟勘察记》，载郑炳林主编《永靖炳灵寺石窟研究文集》，甘肃文化出版社2011年版，第171页。笔者按：冯国瑞先生所引诗为张籍《凉州词》三首之第三首，文中的"山寺"二字与张籍诗无关。另外，冯氏在这里误将张籍诗中的"凤林关"定位在炳灵寺侧的寺沟峡。

瞎征，……以绍圣四年正月为河西军节度使……议者谓"今不先修邈川以东城障而遽取青唐，非计也。以今日观之，有不可守者四：自炳灵寺渡河至青唐四百里，道险地远，缓急声援不相及，一也；羌若断桥塞隘，我虽有百万之师，仓卒不能进，二也；……"①

冯氏提出的另一条证据说：

时间不久，到元符二年（1099年）桥及栈道都毁于西夏李干顺，《西夏书事》卷三十一："元符二年，夏永安二年，闰九月，统军仁多保忠率兵助西蕃，围湟州不克。干顺使保忠及达摩等三监军兵十万助之。先断炳灵寺桥，烧星章峡栈道，四面急攻……"这是北宋时，炳灵寺有桥，及西夏李干顺毁桥及栈道的确证。②

如上所述，在《西秦乞伏飞桥有关问题辨正》一文中，我们已对西秦乞伏飞桥的位置做了专门的考证。我们的论证有二：一是用事实证明西秦飞桥就建在今甘肃永靖县岘塬乡李家塬头南原刘家峡峡谷之上，二是证明西秦飞桥根本不可能建在炳灵寺侧的寺沟峡上。所谓飞桥建在炳灵寺侧黄河上的说法，一是出于前人的误判，二是后人疏于考证的认同。③ 这就从根本上否定了西秦飞桥在炳灵寺侧的寺沟峡上的说法，此处就不赘述了。

下面我们就专门讨论冯先生所说的"炳灵寺桥"及其位置问题。冯先生引用的《瞎征传》和《西夏书事》中"炳灵寺桥"的有关记载，又见于《续资治通鉴长编》：

瞎征、陇拶虽相继出降，然其种人本无归汉之意，议者谓今王师不先修邈川以东城壁而取青唐，非计也。王赡不顾后患，遽入其地，可谓无策。以今日计之，青唐有不可守者四：自炳灵寺渡河至青唐，凡四百里，道险地远，缓急声援不相及，一也；羌若断炳灵之桥，塞省章之隘，我虽有百万之师，仓卒不能进，二也……

先是，羌人以数千人围邈川。壬午，夏国遣仁多保忠、白苍牟等三监军，

---

① 《宋史》卷492《吐蕃传》，中华书局1977年版，第14166页；冯国瑞：《炳灵寺石窟勘察记》，载郑炳林主编《永靖炳灵寺石窟研究文集》，甘肃文化出版社2011年版，第171页。
② 冯国瑞：《炳灵寺石窟勘察记》，载郑炳林主编《永靖炳灵寺石窟研究文集》，第171页。
③ 刘满：《西秦乞伏飞桥有关问题辨正》，《敦煌学辑刊》2012年第1辑。

率众助之，合十余万人。先断炳灵寺桥，烧省章峡栈道，四面急攻……①

《续资治通鉴长编》是研究北宋一代历史的重要原始史料，将《瞎征传》《西夏书事》中的记载与《续资治通鉴长编》中有关记载加以校读，就会看出三书所记都是宋绍圣、元符年间的历史事件，其中的人物相同，所记的地名邈川、青唐、炳灵寺、炳灵寺桥、省章峡也是相同的。这就说明冯先生引用的《瞎征传》和《西夏书事》中关于"炳灵寺桥"的有关记载，都是有根据的，也都是可信的。因此，冯先生就以此为根据，十分肯定地说：这些记载就"是北宋时，炳灵寺有桥，及西夏李干顺毁桥及栈道的确证"。

冯先生关于"炳灵寺桥"的举证，以及他做出的"炳灵寺有桥"的判断，得到了一些专家学者的认同。自20世纪50年代以来，凡是持"炳灵寺有桥"说者，大多引用冯先生的上述说法来证明自己的观点。我们认为，冯先生提供的佐证是真实的、可信的，但他对这些史料的解读，他用这些史料做出的判断，即"炳灵寺有桥"说是有问题的，是不能成立的。我们的解读和判断与冯先生的不同之处是：上述记载中宋人所说的"炳灵寺桥"不能解读为炳灵寺下的桥，或者是建在炳灵寺侧的河桥，而是当时人们对安乡关黄河浮桥的称呼。因此，西夏李干顺所毁的桥也不是建在炳灵寺侧的河桥，而是宋安乡关黄河浮桥，被烧毁的省章峡栈道也不在炳灵寺附近，当是青唐城东、湟水河谷上的栈道。我们的理由如下：

第一，上面引述的《续资治通鉴长编》说，"羌若断炳灵寺桥，塞省章峡之隘，我虽有百万之师，仓卒不能进"。这一段记载十分重要，它说明，"炳灵寺桥"是建在宋代河州、湟州和青唐之间的交通干线上的，是这一区间最重要的黄河桥梁，在河州地区的黄河上具有无可替代的地位和作用。这里要问：这座"炳灵寺桥"真的如冯先生所说，是修建在今炳灵寺侧黄河上的桥梁吗？我们的回答当然是否定的。因为如上所述，宋代的安乡关渡上承北朝的冶城峡口渡、唐代的凤林津和吐蕃时的城桥关渡，下开金安乡关城渡和元安乡县渡，自古以来一直是河州北边黄河上最重要的渡口。而且在安乡关渡上修建的桥梁，前为唐凤林桥，后为宋安乡关浮桥，这是北宋时河州地区黄河上唯一的浮桥。因此，这个能通过百万之师的河桥，只能是安乡关浮桥，绝对不可能是另一个建在炳灵寺侧黄河上的"炳灵寺桥"。

---

① 李焘撰，上海师范大学古籍整理所、华东师范大学古籍整理所点校：《续资治通鉴长编》卷516，中华书局2008年版，第12286—12287页。

设使如冯先生所说,当时夏人破坏的是炳灵寺下的"炳灵寺桥",那根本不可能造成百万之师不能过河的困局,因为在"炳灵寺桥"东不远处还有一个安乡关浮桥,军队完全可以在那座桥上渡河。再说,若如冯先生所说,在炳灵寺下的黄河上有一座"炳灵寺桥",并且夏人也没有破坏"炳灵寺桥",这样宋朝的军队就可以去增援青唐,那么问题就出现了,炳灵寺所在的寺沟峡两岸及古唐述山地区,这千军万马及其辎重,通过哪条道路到达"炳灵寺桥",过桥之后又是通过哪条道路走出唐述山地区?因为自古至今,这里是没有可供大队人马通行的道路的。这就说明,冯先生的上述解读是不通的,是与文献记载不相符的,与当地的实际情况也是不合的。

第二,如上所述,安乡关桥是当时黄河上最重要的桥梁,所以受到北宋王朝的高度重视。当时安乡关渡所在的黄河上,南北两岸是拱卫河桥的安乡关城和安乡关堡,中间是连接黄河南北两岸的浮梁——安乡关桥。宋人所说的"夹河立堡,以护浮梁"的"浮梁",指的就是安乡关桥。如此高度重视,如此重点设防的黄河渡口,在当时的丝路沿线的黄河渡口上,是绝无仅有的!如果"炳灵寺桥"真的如冯先生所说,是一个可以通过百万大军的关梁,那么这座桥理所当然地要受到朝廷的高度重视,也会被重点设防保护的。可是,炳灵寺所在的黄河南北两岸上,设置过保护桥梁的堡、寨、关、城吗?在炳灵寺侧的黄河两岸有设置堡、寨、关、城的空间吗?对第一个问题的回答是没有,对第二个问题的回答也是没有。这就说明,北宋时这个在河州段黄河上能让百万之师通过的河桥,这个在河州地区的黄河上具有无可替代的地位和作用的河桥,不可能是建在炳灵寺侧黄河上的"炳灵寺桥",只能是当时的安乡关桥。

第三,上引《续资治通鉴长编》说,"自炳灵寺渡河至青唐,凡四百里",这说明当时从"炳灵寺桥"到青唐城的距离是四百里。炳灵寺桥肯定是建在宋代河州、湟州和青唐之间的这一交通干线上的,那么这么一条干线具体指的是哪一条道路呢?我们认为这条道路只能是严耕望先生所说的"北朝以来龙支至河州之道"[①]。在唐代,这条道路就是前引《释迦方志》一书中所说的河州—鄯州—鄯城县间的道路,也就是宋代从河州经安乡关到湟州、青唐的道路。渡河的地点就是唐代的凤林津,亦即宋代的安乡关。因为据《续资治通鉴长编》记载:

> 枢密院言:"熙河兰会路经略使胡宗回奏:'自来自河州安乡关城过黄河入邈川,虽是洮西本路,缘道径迂险,般运艰难。臣近体问得兰州西关堡近

---

① 严耕望:《唐代交通图考》卷2,"中央研究院"历史语言研究所1985年版,第505页。

西，地名把京玉相近，可以系桥通路，直入邈川，不惟路径平坦，兼道里甚近，可以互相照应，兼可以于宗河行船，漕运直入邈川，……'"①

上引宋人的记载说明了一个事实，就是"自河州安乡关城过黄河入邈川"的道路，"自来"就是"洮西本路"，也就是我们今天所说的主干道。可是，按照冯先生的说法，这条"自炳灵寺渡河至青唐""凡四百里"的道路，是从今炳灵寺下的所谓"炳灵寺桥"过河的。下面我们就通过唐宋时人的记载，来验证一下这条从炳灵寺桥到青唐城、距离四百里的道路，是经由唐凤林关、宋安乡关的驿道，还是经由所谓"炳灵寺桥"的另一条道路。

据《通典》和《太平寰宇记》两书记载，凤林故城到鄯州的距离是280里，②再加上鄯州湟水县到鄯州鄯城县的120里，③刚好是400里，与《续资治通鉴长编》所记的自河州安乡关渡河到邈川400里的记载完全相符。

另据《武经总要》记载，凤林关到龙支县的里数是140里，④《元和郡县图志》和《太平寰宇记》记载：龙支县到鄯州治湟水县135里，鄯州治湟水县到鄯城县城120里。⑤ 以上三个里数相加为395里，这与《续资治通鉴长编》所记的自河州安乡关渡河到邈川400里的记载也可以说是相符的。

可是从《水经注》到《法苑珠林》，再到《太平寰宇记》，在这480年左右的时间里，炳灵寺所在的今寺沟峡一直是一个人迹罕至、神秘莫测的地方。也就是说，自北朝到晚唐、五代，这里根本不是丝绸之路经过的地方，这里的黄河寺沟峡上是没有道路、渡口和桥梁的。因此也就无法计算从炳灵寺到青唐的里程，而且宋人也不会将这么一个地方的山间小道视为"洮西本路"的。因此，宋人所说的"炳灵寺桥"是不会建在炳灵寺侧的黄河上的。

---

① 李焘撰，上海师范大学古籍整理所、华东师范大学古籍整理所点校：《续资治通鉴长编》卷516，中华书局2008年版，第12272页。
② 杜佑：《通典》卷174（中华书局1988年版，第4551页）西平郡下记载："东南到安乡关郡凤林县故城二百八十里"；又乐史撰，王文楚等点校《太平寰宇记》卷151（中华书局2007年版，第2923页）载："东到河州凤林县故城二百八十里。"
③ 李吉甫撰，贺次君点校：《元和郡县图志》卷39（中华书局1983年版，第993页）鄯州鄯城县下载："东至州一百二十里"；又《太平寰宇记》卷151（第2925页）鄯州鄯城县下载："（州）西一百二十里。"
④ 曾公亮：《武经总要》前集卷19下："自（河）州北百里过凤州（林）关，渡黄河，百四十里至鄯州龙支县。"
⑤ 李吉甫撰，贺次君点校：《元和郡县图志》卷39（第993页）龙县下："北至州一百三十五里。"同书同页鄯城县下载："东至州一百二十里"；（宋）乐史撰，王文楚等点校《太平寰宇记》卷151（第2925页）龙支县下记载："（鄯州）南一百三十五里。"同书同卷同页鄯州鄯城县下载："（鄯州）西一百二十里。"

第四，宋人记载中的"炳灵寺桥"不是炳灵寺侧河桥的专称，而是宋人对当时河州地区黄河上唯一的桥梁安乡关下浮桥的别称，所以不能把宋人所说的"炳灵寺桥"解读成为建在炳灵寺侧黄河上的浮桥。宋神宗熙宁六年（1073年），王韶收复河州，同年十月朝廷命河州知州景思立建造安乡关浮桥。断河州黄河上桥梁的事，一次是在元祐二年（1087年）种谊复洮州、擒鬼章时，另一次是在元符二年（1099年）王赡下邈川时。这两次事件都"断"了当时河州地区黄河上唯一的浮桥，即安乡关下的浮桥，可是各种史书记载的所断河桥的名字不一样：

《宋史·游师雄传》说："攻讲朱城，断黄河飞梁，青唐十万众不得度。"[1]《宋史·刘舜卿传》说："捣讲朱城，遣人间道焚河桥以绝西援。"[2]《续资治通鉴长编》一作："羌若断炳灵之桥，塞省章峡之隘……"《续资治通鉴长编》又作："先断炳灵寺桥，烧省章峡栈道……"《东都事略》亦作："遣人走间道，焚河桥以绝西援。"[3]《东都事略》又作："攻讲朱城，断莫（黄）河飞梁，青唐十万众不得度。"[4]《玉海》作："遣人走间道，焚河桥，绝西援。"[5]《历代名臣奏议》作："（种）谊既出，先命焚飞桥以断援兵。"[6]

上述史书中记载的"黄河飞梁""河桥""炳灵之桥""炳灵寺桥""黄河飞桥"和"飞桥"等不同的名称，指的都是当时河州地区黄河上唯一的浮桥，即安乡关桥。文献中出现的这些不同的名称，说明安乡关浮桥当时并没有专有的名称。从其名称的情况来看，因为是架在黄河上的桥，故称之为"河桥"；或者是要说明这座桥在军事方面的作用，就称之为"飞桥"；或者是因为这座桥是建在黄河上的有军事用途的桥，就称之为"黄河飞梁"；再或者是因为这座桥建在炳灵寺附近，就称之为"炳灵寺桥"。这些不同的名称是完全可以互换的，只有这样解读才符合文献中关于河州地区河桥的记载。如果按照冯先生的说法，将上述记载中的桥梁名称置换成"炳灵寺桥"，都解读成建在炳灵寺侧黄河上的桥梁，那就不仅窒碍不通，与文献记载相违背，而且与当地的实际情况也不符合了。

总之，上述论证意在说明，自古以来炳灵寺侧的黄河上是南北无路、东西不通的。也就是说这里不是丝绸之路主线或支线经过的地方，隋炀帝西巡从临津关到西平的道路不经过这里，唐代河州经凤林关到鄯州的道路也不经过这里，唐代

---

[1] 《宋史》卷332《游师雄传》，中华书局1977年版，第10689页。
[2] 《宋史》卷349《刘舜卿传》，第11063页。
[3] 王称：《东都事略》卷84，《二十五别史》，齐鲁书社2000年版，第710页。
[4] 王称：《东都事略》卷91，第779页。笔者按：原文作"莫河"，当作"黄河"。
[5] 王应麟：《玉海》卷193兵捷门之"熙河兰会路经略使复洮州禽鬼章青宜结崇政殿献俘"，《四库全书本》，第33页。
[6] 黄淮、杨士奇编：《历代名臣奏议》卷188，上海古籍出版社2012年版，第3837页。

吕温入蕃时经左南桥到河源军的道路也不经过里，唐代刘元鼎入蕃的道路还是没有经过这里，但是这些道路都在它的周围。临津（临津关渡）、白土津、凤林津（凤林桥）和左南津（左南桥），这些黄河上有名的津梁，都在离炳灵寺不远的黄河上，但是炳灵寺侧的黄河上却是没有渡口的，也是没有桥梁的。那种以为炳灵寺必定和丝路相通相连的想法，甚至认为石窟寺必定和丝路相通相连的说法，实际上是一种误会。

（刘满，兰州大学）

胙土命氏：汉魏士族形成新解*

范兆飞

　　士大夫是传统中国的社会精英，但是士大夫从来不是帝制中国统治阶层的唯一来源。中国统治阶层的来源充满多样性和复杂性。因此，士大夫的重要使命之一就是担任国家政权和地方社会之间的调解器。士大夫高居庙堂，担任高官显宦，是其国家性的一面；隐居乡里，充当地方领袖，是其社会性的一面。士大夫欲冠冕相袭，必须掌握基本的文化技能；欲啸傲山林，则须整合乡里宗族的重要资源。前者以学术文化见长，后者以血缘纽带为基，两者结合最充分的体现莫过于中古时期的士族阶层。学界关于中古时期的士族研究，成果极为宏富。中外学界的士族研究，在经历百余年的积累之后，21世纪以来逐渐呈现出后劲乏力的迹象。不过，近年来随着中古石刻资料尤其是墓志的大量发现及整理出版，成为诱发中古士族研究的驱动力。学人近年的研究主要围绕以下内容重点展开：具有问题意识的个案研究、地域社会背景下的士族群体、新出墓志的疏证和整理，等等。[①] 从更大的学术视野来看，中古士族突破重围的有效路径，还应当转移中古士族研究时段的主战场，从而达到"瞻前顾后"的效果。所谓"瞻前"，就是充分关注战国至秦汉的历史连续性，侧重于考察先秦氏族与秦汉士族的连续性。所谓"顾

---

* 国家社会科学基金后期资助项目"汉唐之际太原士族群体研究（12FZS014）"、山西省高等学校优秀青年学术带头人支持计划"身份与秩序：北朝隋唐的家族、地域与社会"（2013052005）、山西省回国留学人员科研资助项目（2014年度）。

① 如以谱系为中心的探讨成为近年学人关注的话题，参见陈勇《汉唐之间袁氏的政治沉浮与籍贯变迁——谱牒与中古史研究的一个例证》，《文史哲》2007年第4期；仇鹿鸣《"攀附先世"与"伪冒士籍"——以渤海高氏为中心的研究》，《历史研究》2008年第2期；张金龙《高欢家世族属真伪考辨》，《文史哲》2011年第1期；陈爽《出土墓志所见中古谱牒探迹》，《中国史研究》2013年第4期；范兆飞《中古郡望的成立与崩溃——以太原王氏的谱系塑造为中心》，《厦门大学学报》2013年第5期，后收入氏著《中古太原士族群体研究》，中华书局2014年版，第254—274页。

后",就是追踪隋唐士族与宋代士族的异同及其影响。① 有关魏晋士族和两汉士族的关系,也是学人曾经关注的话题。前贤主要集中于探讨西汉社会势力与国家政权的互动、东汉政权的建国基础、魏晋门阀制的建立以及两汉士族发展的不平衡性等话题,成就斐然;② 稍嫌不足者,他们极少关注汉魏士族确立的历史渊源以及内在理路。拙文拟以汉代史传和碑志中的祖先追溯为切入点,旁涉《新唐书·宰相世系表》中的世系构成,考察汉魏士族形成的历史脉络以及两汉贵族意识的成长过程,从而掌握中古时期的国家政权与社会势力之间的力量消长。

一

秦汉帝国立足关中,面临的首要难题就是如何处理关东六国仍然存在的贵族势力。秦汉帝王挟权力之威号令关东,强制迁徙大族于关中,是秦汉帝国解决历史问题的必要选择。实际上,在传统中国的帝制时代,凡是采用自上而下的革命手段取得政权者,几乎无一例外,都强制迁徙前朝贵胄,集中到新朝畿内地区,以便控制。秦始皇统一宇内,立即着手解决六国贵族问题,"徙天下豪富于咸阳十二万户"。③ 刘邦建国以后的处理方法如出一辙,"徙豪杰诸侯强族于京师",④ 西汉帝王迁徙贵族豪杰的主要对象和名目是:

> 汉兴,立都长安,徙齐诸田,楚昭、屈、景及诸功臣家于长陵。后世世徙吏二千石、高訾富人及豪杰并兼之家于诸陵。盖亦以强干弱支,非独为奉山园也。是故五方杂厝,风俗不纯,其世家则好礼文,富人则商贾为利,豪杰则游侠通奸。⑤

---

① 甘怀真:《再思考士族研究的下一步:从统治阶级观点出发》,载《身分、文化与权力:士族研究新探》,台湾大学出版中心2012年版,第1—26页;仇鹿鸣:《士族研究中的问题与主义——以〈早期中华帝国的贵族家庭——博陵崔氏个案研究〉为中心》,《中华文史论丛》2013年第4期。

② 唐长孺:《士族的形成和升降》,载《魏晋南北朝史论拾遗》,中华书局1983年版,第53—63页;杨联陞:《东汉的豪族》,《清华学报》第11卷第4期,后收于氏著《东汉的豪族》,商务印书馆2011年版,第1—58页;余英时:《汉代循吏与文化传播》《东汉政权之建立与世家大族之关系》,载《士与中国文化》,上海人民出版社1987年版,第129—286页;许倬云:《西汉政权与社会势力的交互作用》,载《求古编》,新星出版社2006年版,第336—358页;卢云:《汉晋文化地理》,陕西人民教育出版社1991年版,第1—55页;崔向东:《汉代豪族地域性研究》,中华书局2012年版,第23—268页;崔向东:《汉代豪族研究》,崇文书局2003年版,第43—189页;马彪:《秦汉豪族社会研究》,中国书店出版社2002年版,第107—187页。

③ 《史记》卷6《秦始皇本纪》,中华书局2014年版,第304页。

④ 《史记》卷129《货殖列传》,第3930页。

⑤ 《汉书》卷28下《地理志》,中华书局1962年版,第1642页。

秦国立国短促，强迁六国贵族的意图远未达到，秦末六国贵族的复国运动就是证明。汉帝国吸取前车之鉴，将强迁关东豪族作为汉帝国的基本国策，在百余年间加以持续而有力地执行。实际上，如"徙郡国豪杰及訾三百万以上茂陵""徙郡国吏民豪杰于茂陵、云陵""徙郡国豪杰任侠及有耐罪以上""淮南衡山王叛，郡国豪杰坐死数千人""徙郡国豪杰吏民及资百万以上茂陵""齐王燕王交结郡国豪杰以千数谋反"。[1] 与之匹配的是，西汉曾经实行强迫分散大族的措施。史料记载郑弘家族的情况，"其曾祖父本齐国临淄人，官至蜀郡属国都尉，武帝时徙强宗大姓不得族居，将三子移居山阴，因遂家焉"。[2] 形形色色的地方精英和豪杰领袖成为西汉帝国政治权威疑惧和猜忌的对象。在这场持续的斗争过程中，最显著的正是豪杰和郡国的有机结合，有关"郡国豪杰"的记载频见西汉史传。汉帝国实行郡国并行制，郡国正是豪杰势力形成乃至壮大的依托，诸侯王欲尾大不掉，必得援引郡国豪杰方能颃颉中央。汉武帝时期，江充诣阙告状，罪名正是"太子丹与同产姊及王后宫奸乱，交通郡国豪猾，攻剽为奸，吏不能禁"。[3] 昭帝时期，齐孝王孙刘泽发动叛乱，"交结郡国豪杰谋反，欲先杀青州刺史"。[4] 上官桀等人发动宫廷政变，企图拥立燕王刘旦，其凭借力量正是"许立桀为王，外连郡国豪杰以千数"。[5] 可见，郡国豪杰是西汉政治舞台极为活跃的社会力量。"郡国+豪杰"的构成也极为有趣，"诸县豪杰"的描述虽然偶有出现，但是以"郡国"置于"豪杰"之前是比较常见的情况。中古士族以郡为望的理念，或许正是与这种渊源的结合。

汉帝国打击郡国豪杰的另一种手段，就是任命无条件秉承旨意的酷吏，对地方豪杰的力量进行肆意弹压。班固、司马迁《酷吏传》集中反映了中央与地方豪强之间的冲突及解决方式。西汉颍川地区是豪族麇集之所，昭宣时期帝国对待颍川地区的态度可谓典型，赵广汉和韩延寿正是坚定不移的执行者，其执行手段分别是：

> 赵广汉字子都，涿郡蠡吾人也，故属河间。少为郡吏、州从事……迁颍川太守。郡大姓原、褚宗族横恣，宾客犯为盗贼，前二千石莫能禽制。广汉

---

[1] 《史记》卷188《淮南衡山列传》，第3732页；《汉书》卷6《武帝纪》，第170、205页。
[2] 《后汉书》卷33《郑弘传》，中华书局1965年版，第1155页；周天游：《八家后汉书辑注》，《谢承后汉书》卷2《郑弘传》，上海古籍出版社1986年版，第37页。
[3] 《汉书》卷45《江充传》，第2175页。
[4] 《汉书》卷71《隽疏于薛平彭传》，第3036页。
[5] 《汉书》卷65《武五子传》，第2756页。

既至数月，诛原、褚首恶，郡中震栗。先是，颍川豪杰大姓相与为婚姻，吏俗朋党。广汉患之，厉使其中可用者受记，出有案问，既得罪名，行法罚之，广汉故漏泄其语，令相怨咎……其后强宗大族家家结为仇雠，奸党散落，风俗大改。

韩延寿字长公，燕人也，徙杜陵……颍川多豪强，难治，国家常为选良二千石。先是，赵广汉为太守，患其俗多朋党，故构会吏民，令相告讦，一切以为聪明，颍川由是以为俗，民多怨仇。延寿欲更改之，教以礼让，恐百姓不从，乃历召郡中长老为乡里所信向者数十人，设酒具食，亲与相对，接以礼意，人人问以谣俗，民所疾苦，为陈和睦亲爱销除怨咎之路。长老皆以为便，可施行，因与议定嫁娶、丧祭仪品，略依古礼，不得过法。延寿于是令文学校官诸生皮弁执俎豆，为吏民行丧嫁娶礼……黄霸代延寿居颍川，霸因其迹而大治。①

西汉时期颍川地方势力羽翼已成，汉帝国采用迁徙的单一手段已经不能奏效，遂对留置本土的豪族采取强硬两手：赵广汉采取让其内部揭发检举，诛杀首领，打乱朋党的酷吏之法；而韩延寿则是教以礼让，羁縻长老，论定古礼的循吏之法。两种手段，见证汉帝国与颍川地域社会之间的关系变迁。赵广汉、韩延寿均系昭宣时期的人物、昭宣以前的酷吏，名列《史记·酷吏传》所载十人。这些酷吏至少有七人并非世家大族出身，而是刀笔吏。这些出身寒微的"近臣"正是执行武帝个人专制权力的最佳工具。② 这些酷吏对付地方豪强的手段，和赵广汉对付颍川原、褚诸豪的强硬手段别无二致。韩延寿以礼相待的怀柔之策，固然意味着汉朝国策的转型。但是，必须承认，赵广汉对待地方豪强的粗暴做法，是汉魏以降国家对付地方势力的常态。《酷吏传》中的人物多数为武帝时的郡守，或在霍光掌权时，这说明武帝及其继承者鼓励郡守们以非常手段铲除豪强。与酷吏并行的似乎正是刺史制度。学人指出，汉代皇权干预地方社会，既见之于皇权人格化的"酷吏"，又见之于制度化的部刺史制。③ 班固、司马迁《酷吏传》所载酷吏的地域出身，五人是关中人，五人是河东人，四人是河洛人，四人是齐鲁人，他们的出身大多数并不高贵，甚至卑微。学人认为，关中和齐鲁地区分别是西汉的政治中心和文化中心，这两个地区也是西汉士族最为集中的地带。④ 由于《酷吏传》

---

① 《汉书》卷76《赵尹韩张两王传》，中华书局1962年版，第3199、3200、3210页。
② [日] 增渊龙夫：《中国古代的国家与社会》，弘文堂1957年版，第235页。
③ 许倬云：《西汉政权与社会势力的交互作用》，《求古编》，新星出版社2006年版，第344页。
④ 卢云：《汉晋文化地理》，陕西人民教育出版社1991年版，第1—55页。

所载仅是汉景帝至宣帝年间,尤其集中于武帝时期汉帝国对地方豪强采取强硬手段的记载,因此仅在这个时段具有抽样学的意义。酷吏的地域分布印证了学者关于西汉文化核心区的判断,但三河地区同样也是值得关注的区域。另外,再核以酷吏镇压豪杰的地理分布,酷吏对付郡国豪杰的地理分布主要是:关中地区七例,河南八例,河东三例,河内二例,齐鲁四例,江夏一例。我们发现,关中和河南地区是地方豪强最为活跃的地区,齐鲁地区豪杰的活跃度紧随其后,河东、河内地区的豪杰不甘示弱,其他地方豪杰的活跃程度并不高。

表1　　　　　　　　　　　西汉酷吏简表

姓名	籍贯	时期	主要任职地	镇压对象	被镇压者	资料来源
郅都	河东洪洞	景帝	济南	瞯氏	豪族	史记122
宁成	南阳穰人	景帝	长安	刘氏	宗室	史记122
周阳由	绛州闻喜	武帝	河东	—	诸豪	史记122
赵禹	扶风斄	武帝	长安	—	诸豪	史记122
张汤	杜陵	武帝	长安	—	豪强	史记122
义纵	河东	武帝	长安/河内	穰氏	豪族	史记122
王温舒	冯翊阳陵	武帝	广平/河内	—	群豪	史记122
尹齐	东郡茌平	武帝	长安	—	群豪	史记122
杨仆	宜阳	武帝	长安/淮阳	—	豪恶	史记122
杜周	南阳杜衍	武帝	两河	—	诸豪	史记122
咸宣	杨	武帝	南阳/楚/齐/燕赵	梅/段/杜/徐/范	群盗	汉书90
田广明	郑	昭宣	淮阳	—	郡国盗贼	汉书90
田延年	阳陵	宣帝	河东	—	豪强	汉书90
严延年	东海下邳	宣帝	涿郡/河南	高氏	豪大家	汉书90
尹赏	巨鹿杨氏	成帝	三辅/江夏	—	奸猾	汉书90
尹翁归	河东平阳	宣帝	东海	许仲孙	大豪	汉书76
赵广汉	涿郡蠡吾	宣/昭	颍川	原氏/褚氏	豪杰大姓	汉书76
韩延寿	燕	宣帝	颍川	—	长老	汉书76

那么,汉帝国与六国贵胄后嗣等地方势力之间的拉锯战,结果如何?学人论断:"武帝时期六国遗族多已零落,这迁徙的办法就用来打击新豪族了。"[①]情况是否的确如此呢?在此,我们暂取汲黯的举动为线索稍作分析。《酷吏传》记载

---

① 杨联陞:《东汉的豪族》,商务印书馆2011年版,第3页。

周阳由"与汲黯俱为忮,司马安之文恶,俱在二千石列"。汲黯当然不能归入酷吏之属,不过太史公的评价显示,汲黯身上具有酷吏的若干特征。值得注意的是汲黯之出身,《史记》记载:"汲黯字长孺,濮阳人也。其先有宠于古之卫君。至黯七世,世为卿大夫。黯以父任,孝景时为太子洗马,以庄见惮。"《汉书》的记载略有不同:"汲黯字长孺,濮阳人也。其行有宠于古之卫君也。至黯十世,世为卿大夫。以父任,孝景时为太子洗马,以严见惮。"① 战国时期,卫国是魏国的"卫星"国,在卫嗣君时期降侯为君,统治地域仅为濮阳一城,不成一国。两书所谓的"卫君"始于卫嗣君,统治时期大致为公元前334年至前293年,汲黯生卒年不详,景帝统治时间为公元前188至前141年,取其最大时间段,两者时间悬隔大致为两百年左右,以每世三十年计,则为七世,以每世二十年计,则为十世,应该说,《史记》和《汉书》所载虽有抵牾,却各有可能性。

实际上,太史公在记载西汉王侯将相的时候,除却六国世家之外,几乎很少采用"世为著姓"一类的词语描述西汉人物,这一点正好符合史家关于西汉社会是"布衣将相之局""平民社会"之说。极为少见的例证是关于汉帝国的政敌项羽之记载,"其季父项梁,梁父即楚将项燕,为秦将王翦所戮者也。项氏世世为楚将,封于项,故姓项氏"②。太史公还在评论东越人物的时候,采用这种记载方式。只是,余善等人也是西汉的悍敌,"然余善至大逆,灭国迁众,其先苗裔繇王居股等犹尚封为万户侯,由此知越世世为公侯矣"。实际上,太史公关于一个家族世代显赫的记载寥寥可数,项羽家族"世世为楚将",以尚武见长;第二条"世世为公侯",强调爵位所代表的政治地位及官僚属性。在这种情况下,关于汲黯家族的记述就显得突兀而有趣,其"世为卿大夫"的高贵身份透露,汲黯家族从先秦时代一直延续到汉代的贵族特征,需要明确的是,这种贵族主义的特征,是充满先秦时代特色——卿大夫——的贵族主义,和中古时期的贵族制存在着鲜明的区别。

如果继续跟踪所谓秦汉帝国致力打击的"徙陵豪杰",在两汉社会中仍然隐晦不明地持续发展。实际上,这些贵胄豪杰并没有因为远离六国的故土而凋零败落,也没有因为帝国酷吏的强横治理而灰飞烟灭。他们在两汉的政治舞台中,以另一种面貌和姿态,继续发挥着地方精英乃至地方政治领袖的角色。汉武帝的一系列决策,正是为了应对各地风起云涌的地方势力。武帝对地方豪杰的连环打击措施,破坏了地方秩序,乡里社会因失去领袖而趋于混乱。元帝以后,世家大族

---

① 《史记》卷120《汲黯传》,中华书局2014年版,第3747页;《汉书》卷50《汲黯传》,中华书局1962年版,第2316页。

② 《史记》卷7《项羽本纪》,第375页。

盘根错节，在地方上已经不容忽视，所以元帝在公元前40年发布诏令，废除"徙郡国民以奉园陵，令百姓远弃先祖坟墓"的规定。赵翼云："成帝作初陵，继又改新丰戏乡为昌陵，又徙郡国豪杰，资五百万以上者，哀帝作义陵，始又诏勿徙。"① 中央不能再随意迁徙郡国豪杰，无疑是中央与地方势力消长的分水岭。② 只是，这样的事件是偶然发生的，还是豪宗大姓生长壮大的影响增大而成为惯例？这些大族的前生今世如何？甘怀真先生提示："许多史料可以证明西汉前期的地域社会中，从先秦延续而来的豪族大量存在。《史记》的《循吏》与《酷吏》两列传是最好的证明。"③ 甘氏之说，尤其是前半句洞若观火，较之前文所引杨联陞所谓"武帝时期六国遗族多已零落"之说，更为可信。但是，后半句所举的证据却是不能成立的。前文所言《酷吏传》主要针对关中及河东地区的豪族，自然有可能是先秦贵族的遗嗣，但并无充分的证据予以支持；而《循吏传》所言，几乎很少涉及和地方豪族的关系，更谈不上这些地方领袖是先秦贵族之后裔。《循吏传》侧重于地方官僚对国家法令的践行，尤其在礼法冲突时所面临的艰难抉择。④ 那么，我们必须要追问的是，濮阳汲黯家族所保留的先秦贵族之特质是一个孤立的个案呢，还是具有相当的代表性？

汉帝国在百余年间持续执行的"徙陵"政策，说明关东地区以大姓世族或郡国豪杰为代表的地方势力在不断发展，成为西汉中央政权想象中的心腹大患。许倬云指出："整个两汉由汉初政治权力结构与社会秩序，各不相涉的局面，演变为武帝时两方面激烈的直接冲突，又发展为昭宣以后的逐渐将社会秩序领袖采入政治权力结构，而最终规定为元成以后帝室与士大夫共天下的情势。"⑤ 许氏关于"帝室与士大夫共天下"之论高屋建瓴，对于理解两汉政权与社会势力的相互作用极有帮助。换句话说，关东地区的郡国豪杰具有持续发展的特征。有些六国贵族由于各种各样的原因抛弃原来姓氏，改头换面，姓氏因地制宜地发生变化。如齐国田氏贵族分化出车氏、第五氏家族和法氏家族。先看法雄家族改易田姓的原因，"齐襄王法章之后。秦灭齐，子孙不敢称田姓，故以法为氏。宣帝时，徙三辅，世为二千石"⑥。又如车千秋，"本姓田氏，其先齐诸田徙长陵。千秋为高寝

---

① 赵翼：《陔余丛考》卷16《汉时陵寝徙民之令》，中华书局2006年版，第300—302页。
② 许倬云：《西汉政权与社会势力的交互作用》，《求古编》，新星出版社2006年版，第356页。
③ 甘怀真：《再思考士族研究的下一步：从统治阶级观点出发》，"国立"台湾大学出版中心2012年版，第23—24页。
④ 关于汉代循吏的研究，参见余英时《汉代循吏与文化传播》，《士与中国文化》，上海人民出版社1987年版，第129—216页。
⑤ 许倬云：《西汉政权与社会势力的交互作用》，《求古编》，新星出版社2006年版，第356页。
⑥ 《后汉书》卷38《法雄传》，中华书局1965年版，第1276页。

郎"①。再如第五伦家族：

> 第五伦字伯鱼，京兆长陵人也。其先齐诸田，诸田徙园陵者多，故以次第为氏。伦少介然有义行。王莽末，盗贼起，宗族闾里争往附之。伦乃依险固筑营壁，有贼，辄奋厉其众，引强持满以拒之，铜马、赤眉之属前后数十辈，皆不能下。

第五伦本为齐国田氏后裔，田氏家族在汉帝国打击郡国豪杰的过程中，遭到极大的削弱，正是"诸田徙园陵者多"，后来居然以次第排行为姓氏。但是，远离故土的第五伦家族在京兆郡仍然拥有相当的活动能量。第五伦所构建的"营壁"，正是魏晋南北朝极为流行的坞壁。坞壁是战乱时期大姓豪族赖以生存、纠集宗人、抵抗叛军的军事堡垒和空间依托。魏晋士族的一系列行为，在两汉之际极为活跃的豪族大姓身上，得以充分地展现。类似第五伦构建坞壁的例证尚多，兹不赘举。在西汉末年，一度如日中天的王莽也要以田氏为祖先：

> 莽自谓黄帝之后，其《自本》曰：黄帝姓姚氏，八世生虞舜。舜起妫汭，以妫为姓。至周武王封舜后妫满于陈，是为胡公，十三世生完。完字敬仲，奔齐，齐桓公以为卿，姓田氏。十一世，田和有齐国，二世称王，至王建为秦所灭。项羽起，封建孙安为济北王。至汉兴，安失国，齐人谓之"王家"，因以为氏。②

诸如此类的改易姓氏者，有的出于应对严酷的政治环境，有的出于美化自身的文化需求，毕竟是少数行为。有的大姓继续沿用原来的姓氏，如诸田后裔没有改姓的，如田叔为鲁相，其先世"齐田氏苗裔也"。③ 又如田横、田荣、田儋等人，是故齐王田氏之后，"皆豪，宗强，能得人"。④ 另外，长陵诸田的后裔田蚡、田胜俱上升为列侯。略具反讽意味的是，曾经一度作为汉帝国徙陵政策的"受害者"，田延年的祖先"先齐诸田也，徙阳陵"，⑤ 阳陵是昭帝陵寝，居然倒戈充当起宣帝时期的酷吏。

---

① 《汉书》卷66《车千秋传》，中华书局1962年版，第2823页。
② 《汉书》卷98《元后传》，第4013页。
③ 《史记》卷104《田叔列传》，中华书局2014年版，第3341页。
④ 《史记》卷94《田儋传》，第3189页。
⑤ 《汉书》卷90《酷吏传》，第3665页。

齐国田氏之外，众多先秦氏族通过各种各样的方式，试图在西汉的政治舞台上展现自己的能量。虽然有人指出，"大量的齐鲁移民及移民后裔登上更高的政治舞台"，① 但并没有充分地考察先秦氏族和汉魏士族形成之间的关系。兹聊举数例。晋国贵族之后，有梁统，"安定乌氏人，晋大夫梁益耳，即其先也。统高祖父子都，自河东迁居北地，子都子桥，以赀千万徙茂陵，至哀、平之末，归安定"。② 梁统在西汉末年，居然重新回归故土。韩国贵族之后，张良辅助刘邦世所习知，还有上党冯氏：

> 上党潞人也，徙杜陵。其先冯亭，为韩上党守。秦攻上党，绝太行道，韩不能守，冯亭乃入上党城守于赵。赵封冯亭为华阳君，与赵将括距秦，战死于长平。宗族由是分散，或留潞，或在赵。在赵者为官帅将，官帅将子为代相。及秦灭六国，而冯亭之后冯毋择、冯去疾、冯劫皆为秦将相焉……汉兴，文帝时冯唐显名，即代相子也。至武帝末，奉世以良家子选为郎。③

赵国贵族之后，有冯唐，"其大父赵人。父徙代。汉兴徙安陵。唐以孝著，为中郎署长"。④ 冯氏之外，还有扶风马氏：

> 马援字文渊，扶风茂陵人也。其先赵奢为赵将，号曰马服君，子孙因为氏。武帝时，以吏二千石自邯郸徙焉。曾祖父通，以功封重合侯，坐兄何罗反，被诛，故援再世不显。援三兄况、余、员，并有才能，王莽时皆为二千石。⑤

《新唐书·宰相世系表》"马氏"条对此有所继承，也有所发挥：

> 马氏出自嬴姓，伯益之后。赵王子赵奢为惠文王将，封马服君，生牧，亦为赵将，子孙因以为氏，世居邯郸。⑥

---

① 贾俊侠：《秦汉时期齐鲁贵族迁徙关中考述》，《陕西师范大学学报》2012 年第 1 期。
② 《后汉书》卷 34《梁统传》，中华书局 1965 年版，第 1165 页。
③ 《汉书》卷 79《冯奉世传》，中华书局 1962 年版，第 3293 页。
④ 《史记》卷 102《冯唐传》，中华书局 2014 年版，第 3317 页。
⑤ 《后汉书》卷 24《马援传》，第 827 页。
⑥ 《新唐书》卷 72 下《宰相世系表》，中华书局 1975 年版，第 2722 页。

魏国贵族后裔,有颍川贾山,"祖父袪,故魏王时博士弟子也"。① 还有南阳冯氏:

> 冯鲂字孝孙,南阳湖阳人也。其先魏之支别,食菜冯城,因以氏焉。秦灭魏,迁于湖阳,为郡族姓。王莽末,四方溃畔,鲂乃聚宾客,招豪桀,作营堑,以待所归。②

鲁国贵族之后,有鼎鼎大名的孔子后裔孔光家族,还有陈国袁氏:

> 君讳良,字厚卿,陈国扶(乐人)也。厥先舜苗,世为封君。周之兴,虞阏父典陶正,嗣满为陈侯。至玄孙涛涂,初氏父字,并姓曰袁,鲁公四年为大夫,哀十一年,颇作司徒。其末或适齐楚,而袁生。(阙)独留陈。当秦之乱,隐居河洛。高祖破项,实从其册,天下既定,还宅扶乐。③

另外,还有扶风鲁氏:

> 鲁恭字仲康,扶风平陵人也。其先出于鲁顷公,为楚所灭,迁于下邑,因氏焉。世吏二千石,哀、平间,自鲁而徙。④

诸如此类,六国贵族的后裔经过一段时间的沉寂隐忍之后,再度活跃于政治舞台。⑤《鲁恭传》中的"世吏二千石"是需要注意的记述方式。只是这个说法出自《后汉书》,我们无法排除其中可能含有六朝人贵族意识的影响。不过,《史记》中有所谓"万石"的说法,如石奋,系赵人之后,居然因为"其父及四子皆

---

① 《汉书》卷51《贾山传》,中华书局1962年版,第2327页。
② 《后汉书》卷33《冯鲂传》,中华书局1965年版,第1147页。
③ 《隶释》卷6《国三老袁良碑》,中华书局2012年版,第70—72页。
④ 《后汉书》卷25《鲁恭传》,第873页。
⑤ 当然,还有些家族的祖先不能确定是否来自六国贵族,如弘农杨氏。《后汉书》卷54《杨震传》记载:"杨震字伯起,弘农华阴人也。八世祖喜,高祖时有功,封赤泉侯。"(第1806页)杨震本传反映弘农杨氏的起家是因为其八世祖杨喜在刘邦建国过程中建有赫赫军功,封赤泉侯,杨熹似乎只是在楚汉战争中涌现出来的政治新贵。但是,《杨震碑》给出更多的历史内容。《杨震碑》记载:"(缺三字)字伯起。(阙二十二字)氏焉。圣汉龙兴。杨熹佐命。"《杨震碑》较之《杨震传》在杨震和八世祖杨熹之间多出二十四个字,只是前二十二个字残剥脱落,仅余"氏焉"二字。根据碑志的书写惯例,我们有理由相信,前面一定是将祖先追踪到上古某位帝王、传说人物,抑或是先秦贵族。参见《隶释》卷12《太尉杨震碑》,第136页。

二千石",号为"万石君",而《史记》篇名居然是《万石张叔列传》。这种概念的出现,正是家族成员频繁担任二千石官职的反映,也是西汉士人官僚化的政治追求,更是时人对某个家族多名成员担任高官的仰慕。大族成员通过"世吏二千石"展现自己的政治能量和社会声望。同样,扶风秦氏亦有此称号,"自汉兴之后,世位相承。六世祖袭,为颖川太守,与群从同时为二千石者五人,故三辅号曰'万石秦氏'"。[1] 楚国贵族之后,鲁国韦氏的情况大致相同,"其先韦孟,家本彭城,为楚元王傅,傅子夷王及孙王戊……自孟至贤五世……宗族至吏二千石者十余人"。[2] 或许正是出于这种以"世吏二千石"为荣的氛围,汉碑里也出现相似的措辞,西汉《武斑碑》记载"汉兴以来,爵位相踵"。[3] 这些概念的累积以及内外环境的激发,逐渐产生诸如鲁国史氏这样冠冕相袭的家族,"史氏凡四人侯,至卿、大夫、二千石者十余人"。[4] 元始初,王太后颁布《益封孔光等四辅诏》,诏书中的用词已经具有鲜明的贵族化倾向,"宿卫四世""积累仁孝""三世为三公"等世世代代高居显宦的观念,蔚然成为朝野上下尊崇的对象。

二

两汉之际,王莽改制诱发了一系列的社会问题,社会动荡不安。汉末八十八个起兵集团中,五十六个是世族或大姓,[5] 世族在王莽末年的起兵集团中所占的比例是63.6%。那么,大姓在西汉末地方社会中已经蔚然坐大,权重可见一斑。豪族大姓成为社会上最为活跃的政治力量。该时期的郡国起兵,多以世族大姓为核心,大则进攻州郡,小则据守堡寨,"时赤眉、延岑暴乱三辅,郡县大姓各拥兵众"。[6] 从逆推的角度而言,两汉之际极为活跃的社会势力,自然不可能是王莽时期一时的产物。

光武中兴不久,地方豪右的活动仍未止歇,"时赵魏豪右往往屯聚,清河大姓赵纲遂于县界起坞壁,缮甲兵,为在所害"。[7] 所谓赵魏豪右,往往屯聚,似指赵魏故地涌现的新豪族,也有可能指战国时期赵魏豪右的孑遗。班固、司马迁史

---

[1] 《后汉书》卷76《循吏传》,中华书局1965年版,第2467页。
[2] 《汉书》卷73《韦贤传》,中华书局1962年版,第3101、3107页。
[3] 《隶释》卷6《敦煌长史武斑碑》,中华书局2012年版,第73页。
[4] 《汉书》卷82《史丹传》,第3379页。
[5] 余英时:《东汉政权之建立与世族大姓之关系》,《士与中国文化》,上海人民出版社1987年版,第217—286页。
[6] 《后汉书》卷17《冯异传》,第645页。
[7] 《后汉书》卷77《酷吏传》,第2492页。

书中屡屡出现"赵魏""燕赵"之类表示先秦时代的词语，固然不少出自两汉封国的意义，但这些词语的频繁出现，多少可视作两个时代连续性的体现。这些概念透露出，东汉士族与西汉士族，乃至先秦贵胄之间具有相当的连续性。京兆廉氏就是其中的一例：

> 廉范字叔度，京兆杜陵人也，赵将廉颇之后也。汉兴，以廉氏豪宗，自苦陉徙焉。世为边郡守，或葬陇西襄武，故因仕焉。曾祖父褒，成、哀间为右将军，祖父丹，王莽时为大司马庸部牧，皆有名前世。①

廉范活跃于东汉明帝时期，上距廉颇活动的战国近三百年。范晔信誓旦旦地将廉范归于"赵将廉颇之后"，而非"自云"，范晔必有所本。又如北海郑玄，"北海高密人也。八世祖崇，哀帝时尚书仆射"。② 郑氏家族在西汉也是郡县大姓，"郑崇字子游，本高密大族，世与王家相嫁娶。祖父以訾徙平陵"。③ 又如南阳樊氏，《后汉书》记载其先祖云："樊宏字靡卿，南阳湖阳人也，世祖之舅。其先周仲山甫，封于樊，因而氏焉，为乡里著姓。父重，字君云，世善农稼，好货殖。"④ 司马彪《续汉书》载，"仲山甫封于樊，因氏国焉。爰自宅阳，徙居湖阳"。⑤ 石碑的记载大同小异："君讳安，字子仲，南阳湖阳人也。厥祖曰仲山父，翼佐周宣，出纳王命，为之喉舌，以致中兴，食采于樊，子孙氏焉。亦世载德，守业不怠。在汉中叶，笃生哲媛，作合南顿，实产世祖，征讨逆畔，复汉郊庙。"⑥ 樊宏、樊安为兄弟，史传和碑志对他们祖先记述的相似性，显示东汉士族欲把祖先追溯至先秦的意愿和努力。另外，耿氏的行为在东汉很具代表性。耿氏经过数百年的发展，与东汉政治的兴衰共始终，不啻为西汉鲁国史丹家族的升级版，史传云：

> 耿氏自中兴已后迄建安之末，大将军二人，将军九人，卿十三人，尚公主三人，列侯十九人，中郎将、护羌校尉及刺史、二千石数十百人，遂与汉

---

① 《后汉书》卷31《廉范传》，中华书局1965年版，第1101页。
② 《后汉书》卷35《郑玄传》，第1207页。
③ 《汉书》卷78《郑崇传》，中华书局1962年版，第3254页。
④ 《后汉书》卷32《樊宏传》，第1119页。
⑤ 司马彪：《续汉书》卷3《樊宏传》，周天游《八家后汉书辑注》，上海古籍出版社1986年版，第384页。
⑥ 《隶释》卷78《中常侍樊安碑》，中华书局2012年版，第78—79页。

兴衰云。①

实际上，正如本传所云，耿氏家族实际上在西汉时期已经名著一时，"其先武帝时以吏二千石自巨鹿徙焉"。《耿勋碑》记载，耿氏家族原居住于巨鹿，"其先本自巨鹿，世有令名，为汉建功俾侯三国，卿守将帅爵位相承以迄于君"。② 洪适在碑后按语："碑云其先本自巨鹿，世有令名，为汉建功俾侯三国卿守将帅爵位相承以迄于君。按，汉史云台功臣牟平侯耿纯者，巨鹿人，其三弟亦同时封侯，好畤侯。耿弇者，茂陵人，传云其先武帝时以吏二千石自巨鹿徙。中兴初，其父况，封隃糜侯，弟舒封牟平侯。所谓'俾侯三国'者，谓隃糜父子也。"洪适之考证看似严丝合缝，实际上未必符合历史事实。最关键者，就是无法将耿勋和耿况、耿弇等人的世系排列下来。中古时代士族的谱系构造，充满了典故传说和人为塑造的痕迹。如果后来者根据谱系中的典故传说按图索骥，将传说故事和历史名流一一对应，看似精当缜密，实则失之千里。两汉之际耿氏的活动引人注意，《东观汉记·耿嵩传》记载：

> 耿嵩，履清高之节，龀童介然特立，不随于俗，乡党士大夫莫不敬异之，王莽败，贼盗起，宗族在草中，谷食贵，人民相食，宗家数百，升合分粮，时嵩年十二三，宗人长少，咸共推令主廪给，莫不称平。

耿嵩赈济宗族的作为，与南北朝士族救济乡里的"豪族共同体"的举动极为相似。宗人之间无论在政治经济还是各种危机时的互相援助客观存在，但是这种互助共进的合作关系也不应过于夸大，同族相争、兄弟相残的例证也比比皆是。那么，应该如何看待秦汉以降延续到南北朝，甚至在历朝历代都不同程度地存在同一宗姓之间的互助、冲突、乃至利益关系呢，比如北宋就存在范氏义庄这类赈济宗人的社会组织。③

宗人之间的互助乃至强大的内聚性，仅仅是士族形成的必要条件而非充分条

---

① 《后汉书》卷19《耿弇传》，中华书局1965年版，第703页。东汉时期诸如耿氏一样显赫的家族、外戚大族比比皆是，我们需要注意的是史家对他们的撰写方式大致雷同，如梁冀家族，"冀一门，三皇后，六贵人，二大将军，夫人、女侯邑称君者七人，尚公主三人，其余卿、将、尹、校五十七人。梁氏在位二十余年，穷极满盛，威行内外，百僚侧目，莫敢违命"。参见《谢承后汉书》卷2《梁竦传》，周天游《八家后汉书辑注》，上海古籍出版社1986年版，第40—41页。
② 《隶续》卷11《武都太守耿勋碑》，中华书局1986年版，第392—393页。
③ Denis C. Twitchett: "The Fan Clan's Charitable Estate. 1050–1769", *Confucianism in Action*, ed., David S. Nivision and Arthur F. Wright. Stanford, Calif, 1959.

件。族人聚集同地，相互扶持，共同进步的资料大规模存在于汉代。汉代士族势力的成长壮大，除却政治上的兴风作浪之外，还体现在积极从事公共事业方面。同一宗人集资立碑成为东汉经常发生的事件。如永寿二年（156年）鲁相敕敬造孔庙礼器，碑阴胪列六十二人，其中"孔族凡十四人，有谱可考者曜及郎中宙、御史翊、侍郎彪，皆孔子十九世孙也"。① 光和五年（182年），《孔耽碑》记载："厥先出自殷烈，殷家者质，故君字伯本。初鲁遭亡新之际，苗胄析离，始定兹者，从叔阳以来。"洪适按语："孔氏谱皆不著，以圣人之后，见之碑刻尚如此，况它人乎？"② 永兴二年，《孔谦碣》载："孔谦字德让者，宣尼公廿世孙，都尉君之子也。"洪适按："所谓都尉君者，太山都尉宙也。《孔融别传》云：宙有七子，融之次第六，载于谱录者，惟有谦褒融三人，褒之名见于史晨碑。"③ 孔氏族人的集体活动之外，建宁五年（172年），名不见经传的仲氏宗人出钱修建灵台碑，"凡诸仲三十人一人，异姓者四人"。④ 延熹七年（164年），都乡孝子《严举碑阴》所列的十二名掾吏中，杨氏人物四人，居三分之一；弟子二十三人，杨氏十一人，占近二分之一。⑤ 由此可见，汉末巴郡的杨氏人物兼具血缘的"族"和文化的"士"两种特征，这两种特征的有机结合，促成郡县士族的成立。

　　东汉士人贵族意识的成长壮大，史传碑志中的措辞和记述方式也引人注意。"世为著姓""著姓""世吏二千石""家世冠冕""世为族姓""家代为冠族"一类的书写模式开始频繁出现于记载东汉人物的正史列传中，表2所举不过东汉资料的沧海一粟。"世为著姓"等描述士族世代居官、世代显赫的贵族性语辞，在司马迁、班固的《史记》《汉书》中极为罕见，而在《后汉书》以及八家《后汉书》中频繁出现。《后汉书》等史籍中贵族性词语的涌现，无疑是士族阶层发展到一定程度的集中体现。前文提到，《汉书》中有关贵族性的词语多以"世吏二千石"的形式加以呈现，"万石君"为显著例证。两汉之际，魏郡冯勤的曾祖冯扬在汉宣帝时任弘农太守，其八子均为二千石，赵魏间荣之，人称"万石君"。《史记》中极少出现类似含有贵族性的词语。汉碑如《王元宾碑》《郭君碑》中的撰写方式"历秦迄汉，将相不辍""历秦及汉，有国有家，宰相牧守，躧武相袭"是"世吏二千石""世仕州郡为著姓"的夸大化、虚拟化和升级换代。这也演化为北朝隋唐碑志描述贵族家庭"冠冕相袭"等表示成员世代高居显宦的程序

---

① 《隶释》卷1《鲁相韩敕造孔庙礼器碑》《韩敕碑阴》，中华书局2012年版，第19—21页。
② 《隶释》卷6《梁相孔耽神祠碑》，第59—60页。
③ 《隶释》卷6《孔谦碣》，第76页。
④ 《隶释》卷1《灵台碑阴》，第16—17页。
⑤ 《隶续》卷11《都乡孝子严举碑》《严举碑阴》，中华书局1986年版，第393—395页。

化语言。除此之外，就东汉贵族意识的表征，文化的世袭性即家学的积累和形成，也是至关重要的因素。《后汉书》大多数列传在介绍完传主的出生地域之后，着重介绍的就是其学术专长，而这种文化特征又经常具有世袭性。东汉文化世家的涌现，也是魏晋学术从国家走向家族的滥觞。文献中"世习尚书""世习韩诗"之类的记载，频繁出现。

表2　　　　　　　　　　东汉贵族性词语举例简表①

姓名	籍贯	描绘性语辞	资料来源
李通	南阳宛	世以货殖著姓	后汉15
邓晨/禹	南阳新野	世吏二千石/累世宠贵	后汉15/后汉16
寇恂	上谷昌平	世为著姓	后汉16
魏霸	济阴句阳	世有礼仪	后汉25
冯勤	魏郡繁阳	赵魏间荣之，号曰"万石君"	后汉26
羊续	泰山平阳	七世二千石卿校	后汉31
法雄	扶风郿	世为二千石	后汉38
何敞	扶风平陵	代为名族/累祖蒙恩，至臣八世	后汉43
朱晖	南阳宛人	家世衣冠	后汉43
韩棱	颍川舞阳	世为乡里著姓	后汉45
郭躬	颍川阳翟	家世衣冠	后汉46
陈龟	上党泫氏	家世边将	后汉51
姜肱	彭城广戚	家世名族	后汉53
陈球	下邳淮浦	历世著名	后汉56
公孙瓒	辽西令支	家世二千石	后汉56
王龚	山阳高平	世为豪族	后汉56
盖勋	敦煌广至	家世二千石	后汉57
张衡	南阳西鄂	世为著姓	后汉58
钟皓	颍川长社	为郡著姓，世善刑律	后汉62
王允	太原祁	世仕州郡为冠盖	后汉66
贾淑	太原祁	世有冠冕	后汉68
孟尝	会稽上虞	三世为郡吏	后汉76
李章	河内怀	五世二千石	后汉77

① 笔者按，姓名一栏是该族的代表性人物，多数为传主；资料来源部分，"后汉"指《后汉书》，"华后"指"华峤《汉后书》"，"司马续"指"司马彪《续汉书》"，"谢后"指"谢承《后汉书》"，数字表示卷次。

续表

姓名	籍贯	描绘性语辞	资料来源
阳球	渔阳泉州	家世大姓冠盖	后汉77
陆续	会稽吴	世为族姓	后汉81
杨震	弘农华阴	累世宰相/累世为公	华后3/司马续4
袁绍	汝南汝阳	累世宰相/五世公族	华后3/司马续5
薛君	—	作汉卿尹，七世相承	隶续1
郭君	—	历秦迄汉，将相不辍	隶续19
王元宾	—	历秦及汉，有国有家，宰相牧守，踵武相袭	隶续19
张堪	南阳宛	为郡族姓	司马续3
杜乔	河内林虑	累祖吏二千石	司马续4
韦彪	扶风平陵	三辅冠族	谢后2
皋弘	吴郡	家代为冠族	谢后3
宗资	南阳安众	家代为汉将相名臣	谢后4
王况	京兆杜陵	代为三辅名族	谢后6

不同地区不同时代的宗族，有不同的表现形式，北朝颜之推曾经说：

> 凡宗亲世数，有从父，有从祖，有族祖。江南风俗，自兹已往，高秩者，通呼为尊，同昭穆者，虽百世犹称兄弟；若对他人称之，皆云族人。河北士人，虽三二十世，犹呼为从伯从叔。梁武帝尝问一中土人曰："卿北人，何故不知有族？"答云："骨肉易疏，不忍言族耳。"当时虽为敏对，于礼未通。①

颜之推所言"百世犹称兄弟""虽三二十世，犹呼为从伯从叔"。一世大概为二三十年，二三十世就是四百年至九百年不等，百世就是两千至三千年不等。一个宗族在二千年甚或三千年间仍序昭穆，犹称兄弟，不敢断然说没有，因为西汉士族、东汉士族乃至唐代士族追祖至先秦甚或上古传说人物为祖先的谱系构造正是致力说明一个光辉族姓的源远流长。但是，在现实世界中，究竟几世之内的族人才是一个坚强的亲属团体，才是一个相互认同的共同体。《白虎通义·宗族篇》记载汉儒关于宗族的认识云：

---

① 王利器：《颜氏家训集解》卷2《风操篇》，上海古籍出版社1980年版，第94页。

> 上凑高祖，下至玄孙，一家有吉，百家聚之，合而为亲……故谓之族……宗其为始祖后者为大宗，此百世之宗也……宗其为高祖后者，五世而迁者也。

东汉社会所谓姓族之族，是指包括自始祖以来的五世以下的大小宗族及其若干家族的大型家族（extended family）或亲族集团（kinship group），这种亲族集团也显然就是《尔雅·释亲》所论自高祖至玄孙辈的宗族集团；所不同的是，《尔雅》仅言高祖至玄孙的五世的亲属，且仅认为从曾祖而别的三从兄弟辈为"族兄弟"或"亲同姓"，五世以上的亲属，或疏远难计，而不认为是亲同姓。这里可举刘备的例证加以说明：

> 年十五，母使行学，与同宗刘德然、辽西公孙瓒俱事故九江太守同郡卢植。德然父元起常资给先主，与德然等。元起妻曰："各自一家，何能常尔邪！"起曰："吾宗中有此儿，非常人也。"①

刘元起资助刘备的经历，经常被学人视作同宗之间的经济与政治互助的关系。实际上，刘元起妻所谓"各自一家"的抱怨和不屑，恐怕更符合当时的实情。从严格意义上说，刘备和刘元起已经出乎五服，不能归属同一宗族。实际上，就笔者近年在山西运城、晋中、太原、河北邢台、甘肃白银等地农村所进行的一系列调查也可知道，如以某人为核心，他/她通常交往的家族网络正是往上两代，往下两代，正好是五代人，换言之，只有共曾祖父的家族成员之间，才会在日常的社会生活中经常来往，尤其在红白诸事中互相帮助，这已经是家族网络的极致。R. H. Edwald 和 B. M. Schwartz 有感于人们使用 clan 和 sib 的混用，解释 clan 云："这种大型亲族集团大抵包括至少三世亲族，很少是超过四世同堂的。"② 所谓宗族在四世及以内，道理非常浅显易懂。尤其在汉魏六朝时期，政治动荡，战乱频繁，家族成员多数不可能在一个和平的时空环境内共同生存，换言之，宗族成员不可能在一百年以外的时间内仍然有规律、整齐地、昭穆有序地聚居一地，从而拥有共同的祭祀和社会生活。各种各样的内外环境，以及现实利益的驱动，必然导致宗族成员出于各种需要，向各处四散迁徙和输出，又有成员由于政治动荡或城市暴动向原籍回流，最终导致原来宗族成员联系的日益疏远。尽管南北朝史籍

---

① 《三国志》卷32《先主传》，中华书局2011年版，第871页。
② R. H. Edwald & B. M. Schwartz, *Culture and Society*, 1968, p. 292.

中提到同姓成员在多年之后重逢，依然备感亲切，以同姓为荣，但是这种族人关系缺乏刚性的约束，以及弹性的利益，只能流于表面，不过是对此前宗族成员相互扶持、共同促进景象的怀旧而已。①

三

中国古代亲属集团的形成，总系于宗族和姓氏的分化与演变。中古士族的形成，无论是主张官品重要者，还是主张文化因素重要者，都是在亲属集团之外，再加上一些非亲属的政治社会的因素，官品或文化都是非亲属的因素，官品是国家机器的有效部件，文化则是帝国社会的润滑剂。汉魏士族壮大之后，往往需要编修谱牒，"氏族之书，其所由来远矣……其中国士人则第其门阀。有四海大姓、郡姓、州姓、县姓及周太祖入关诸姓。子孙有功者并令为其宗长，仍撰谱录，纪其所承"。② 编修谱牒，排列房次尤为重要。房支和宗族有本质的区别，学人论云：

> 房断不可与宗混为一谈。而且严格言之，宗道兄道也，宗法的中心组织在于以兄统弟，后世根本没有这种意识，也没有这种组织。兄长断没有统弟的权力，每一房的统治者是父而不是兄。③

瞿先生的论断至为精当，对于我们了解中古大族尤其是汉代士族的房分，颇有帮助。中古大族的房分，在汉代已经开始进行，兹以崔氏为例：

> 崔氏出自姜姓。齐丁公伋嫡子季子让国叔乙，食采于崔，遂为崔氏……

---

① 中古时期的一些宗族势力，如许褚、李典、薛辩、李显甫等族动辄千余家，甚或数千家。学人已经证明有些宗族不过是同姓之人的松散团体，并不是严格意义上的宗族，如杨际平、李卿：《李显甫集诸李开李鱼川史事考辨——兼论魏收所谓的太和十年前"唯立宗主督护"》，《厦门大学学报》2003年第3期。关于中古宗族强盛最典型的记载是："瀛、冀诸刘，清河张、宋，并州王氏，濮阳侯族，诸如此辈，一宗将近万室，烟火连接，比屋而居。"参见《通典》卷3《食货三》所引，中华书局1988年版，第62页。实际上，中古时期宗族势力的脆弱性，屡屡可见。兹举数例："始，侯景之乱，护儿世父为乡人陶武子所害，吴氏每流涕为护儿言之。武子宗族数百家，厚自封植。护儿每思复怨，因其有婚礼，乃结客数人，直入其家，引武子斩之，宾客皆慑不敢动。乃以其头祭伯父墓，因潜伏岁余。"参见《北史》卷76《来护儿传》，中华书局1974年版，第2590页。又如："刘氏之居彭城者，分为三里，帝室居绥舆里，左将军刘怀肃居安上里，豫州刺史刘怀武居丛亭里。三里及延孙所居吕县凡四刘，虽同出楚元王，由来不序昭穆。"参见《南史》卷17《刘康祖传》，中华书局1975年版，第490页。
② 《隋书》卷32《经籍志二》，中华书局1973年版，第990页。
③ 瞿同祖：《中国法律与中国社会》，中华书局1981年版，第22页。

十五世孙意如，为秦大夫，封东莱侯。二子：业、仲牟。业字伯基，汉东莱侯，居清河东武城……。（恪）七子：双、邸、寓、金、虎、蕃、固。双为东祖，邸为西祖，寓为南祖，亦号中祖。寓四世孙林，魏司空、安阳孝侯。曾孙崔悦，前赵司徒、左长安、关内侯。三子：浑、潜、湛。湛生觊，后魏平东府咨议参军。生蔚，自宋奔后魏，居荥阳，号郑州崔氏。

清河崔氏的几个著房如东祖、西祖、南祖、中祖之分化，大致在东汉之时。清河崔氏是汉魏六朝的显姓，家族成员显然不会轻易放弃这个名号。清河崔氏还有清河大房、清河小房、青州房之谓。由此看到，清河崔氏的房支在汉魏之际呈现遍地开花的样态。有些所谓的"大房"仅是按照兄弟昭穆次序而定，并非最显赫的房支，如北魏名臣崔玄伯、崔浩父子是南祖崔寓之后，并不出自清河大房。崔颐子崔蔚，出仕刘宋，后居荥阳，号郑州崔氏。或与其出仕敌国政权有关？在家国同构的逻辑之下，如何考虑不同历史时段家族的不同房支所发生的天翻地覆的剧变，抑或细雨润物的推移。在这里，我们看到政治因素和官僚属性在士族分房上的影响力。实际上，《新唐书·宰相世系表》（以下简称《新表》）所列各族有哪些著房的标准，其实就是看哪一房的家族成员在唐代出任过宰相，这从每个世系表后介绍宰相的情况即可明知。

崔氏的另一个重要分支是博陵崔氏。博陵崔氏的始祖是崔仲牟，与清河崔氏始祖崔伯基俱为秦大夫崔意如之子，一居清河，一居博陵，因为居地的差异，遂分化为清河崔氏与博陵崔氏。值得注意的是，博陵崔氏分化为所谓的大房、二房和三房崔氏，并未因后嗣分居各地，而各有名号。博陵崔氏之诸房划分完全依兄弟名分，前五房当是嫡出兄弟，自长兄至五弟依次分房，第六房所含三兄弟当庶出。[1] 学人将博陵崔氏的可信始祖归于西汉的崔朝，伊沛霞并将崔朝之前的祖先记载视为传说故事。但正如伊氏所指出的那样：关于崔氏始祖的传说几乎没有争议。[2] 谱牒家经常把贵族人物的祖先追溯到上古经典所记载的人物，显而易见，有些是不可靠甚至荒诞不经的。[3] 必须指出，民间传说或神话故事中孕育着真实的历史内容。如谱牒家将博陵崔氏的祖先追溯至姜太公之孙季子食采于齐国崔邑，因地命氏，取为崔姓。十一世后，齐国崔杼父子的情况得以记载。崔杼和西汉崔

---

[1] 马新、齐涛：《试论汉唐时代的宗姓与房分》，《中国史研究》2013年第1期。
[2] 杨联陞：《东汉的豪族》，商务印书馆2011年版，第15—16页；伊沛霞：《早期中华帝国的贵族家庭——博陵崔氏个案研究》，商务印书馆2011年版，第46—49页。
[3] 范兆飞：《中古郡望的成立与崩溃》，《中古太原士族群体研究》，中华书局2014年版，第254—274页。

朝之间的世系呈现断裂状。《宰相世系表》和《元和姓纂》都将崔杼记载为博陵崔氏的祖先，自有根据，这至少显示中古崔氏家族的姓氏认同。唐人的碑志及其意识必然左右了这种记载。同时需要强调的是，《后汉书·崔骃列传》《崔琦传》并没有将博陵崔氏的祖先攀附至上古时代。这多少反映六朝人在追溯祖先方面，具有"实用理性"的特征。在所谓的可靠始祖之前，那些虚实之间、半隐半显的祖先追忆，不排除有人为构造的痕迹，但这些虚幻缥缈的祖先记忆至少反映两点：一是贵族身份的陈陈相因，二是家族血缘的连续不断。

《新表》中的祖先记忆虽然介于亦真亦幻之间，①但就其所列的世系情况而言，其祖先大致可分为两种：具有血缘关系的真实祖先和没有血缘关系的想象祖先。表3对唐代三百六十九位宰相所涉及的九十八个姓族的祖先记忆进行分类，大致可划为三个时段：一是上古人物，包括神话人物、传说故事、上古帝王、先秦贵族等；二是秦汉人物，包括名将贤相、士人良吏等；三是六朝人物，主要是名傅俊良、高官显宦等。就上古时段的祖先记忆而言，几乎没有什么证据能够说明那些上古人物和秦汉以降的人物存在真实的血缘关系，同样似乎也很难证其伪，因为有些士族谱系看起来极为完整。秦汉时代的祖先塑造，介于半真半假之间，不排除有些家族的祖先可以明确上溯到秦汉时期，但是《新表》所列的有些世系，当然不能一概视为可靠。守屋美都雄曾经一针见血地指出，汉代的王霸不能视作太原王氏的可靠始祖，主要理由是：《新表》记载王霸为王氏第二十八代孙，而王泽为第四十九代孙，相隔二十代，以一代三十年计，则有近六百年的差距，而王霸和王泽生活的时代仅仅相隔一百六十余年，显然不合理。②《新表》中还存在着一些类似错误荒唐的祖先塑造。兹聊举数例。比如，《新表》"宋氏"条记载，"楚有上将军义，义生昌，汉中尉，始居西河介休。十二世孙晃，晃三子：恭、畿、洽"。③其中宋恭为前燕河南太守。从宋义至宋恭，相隔十四代，应有三百年的时间差，实际却有近六百年，一代人竟有四十三年之多，不合情理。最荒谬者，《新表》"敬氏"条记载，"裔孙韶，汉末为扬州刺史，生昌，封猗氏侯。昌生归。"而敬归任南凉枹罕太守。敬归不过敬韶之孙，却相隔二百年之久，敬氏族人难道是一百年一代人？不过，我们需要指出，单纯从世系年代的排比而言，

---

① 沈炳震：《唐书宰相世系表订讹》，《二十五史补编》第6册，中华书局1995年版，第7576页；周一良：《〈新唐书宰相世系表引得〉序》，《周一良集》第5卷，辽宁教育出版社1998年版，第4页；伊沛霞：《论〈新唐书·宰相世系表〉的可靠性》，《早期中华帝国的贵族家庭——博陵崔氏个案研究》，商务印书馆2011年版，第157—177页。

② ［日］守屋美都雄：《六朝门阀の一研究——太原王氏系谱考》，日本出版协同株式会社1951年版，第20—22页。

③ 《新唐书》卷75《宰相世系表》，中华书局1975年版，第3356页。

《新表》所及九十八族的大多数世系,这种荒唐的错误并不多见,毕竟《新表》作者欧阳修和吕夏卿都是谱牒名家。只是,其他显而易见的盲目攀附也是客观存在的。如,《新表》"昌乐郭氏"条,将汉末名士郭泰追溯为祖先,但从汉至唐近七百年的时间,中间世系断裂,竟无一人,这应该是宰相郭元振家族塑造祖先的结果。与此类似的案例,又如《新表》"范氏"条,将汉末名士范滂追溯为祖先,同样地,从汉末至唐七百年间,中间世系断裂,亦无一人。很难想象,在六朝贵族制时代,如果郭泰、范滂真是郭氏、范氏可靠祖先的话,六朝人物不会对这种稀缺而珍贵的资源熟视无睹。

表3　　　　　　　　　　《新唐书·宰相世系表》追祖简表①

姓氏	本姓	远祖	先秦祖先	汉魏祖先	六朝祖先	命氏方法
裴氏	风姓	颛顼	○	○	○	因地为氏
刘氏	祁姓	帝尧陶唐氏	○/×	○	○	以纹命氏
萧氏	姬姓	帝喾	○	○	○	因地为氏
窦氏	姒姓	夏后氏/少康	○	○	○	因地为氏
陈氏	妫姓	虞舜	○	○	○	因地为氏
封氏	姜姓	炎帝	○	○	○	因地为氏
杨氏	姜姓	周宣王	○	○	○	因地为氏
高氏	姜姓	齐太公	○	○	○	以字为氏
房氏	祁姓	帝尧	○	○	○	以国为氏
宇文氏	—	南单于/神农氏	○/×	○/×	○	因号为氏
长孙氏	—	拓跋郁律	×	×	○	次第为氏
杜氏	祁姓	帝尧	○	○	○	因地为氏
李氏	?	?	○	○	○	因地为氏
王氏	姬姓	周灵王太子	○	○	○	因号为氏
魏氏	姬姓	周文王	○	○	○	因地为氏
温氏	姬姓	唐叔虞	○	○	○	因地为氏
戴氏	子姓	宋戴公	○	○	○	以谥为氏
侯氏	姒姓	夏后氏	○	○	○	因地为氏
岑氏	姬姓	周文王	○	○	○	因号为氏
张氏	姬姓	黄帝	○	○	○	帝王赐氏
马氏	嬴姓	伯益	○	○	○	因号为氏

① 表格中"○"表示有,"×"表示无,"○/×"表示模棱两可。

续表

姓氏	本姓	远祖	先秦祖先	汉魏祖先	六朝祖先	命氏方法
褚氏	子姓	宋共公	○	○	○	因地为氏
崔氏	姜姓	丁公伋	○	○	○	因地为氏
于氏	姬姓	周武王	○	○	○	以国为氏
柳氏	姬姓	鲁孝公	○	○	○	因地为氏
韩氏	姬姓	晋侯	○	○	○	因地为氏
来氏	子姓	商	○	○	○	因地为氏
许氏	姜姓	炎帝/伯夷	○	○	○	因地为氏
辛氏	姒姓	启	○	○	○	因地为氏
任姓	任姓	黄帝	○	○	○	因地为氏
卢氏	姜姓	齐文公	○	○	○	因地为氏
上官氏	芈姓	楚王	○	○	○	以族为氏
乐氏	子姓	宋戴公	○	○	○	以字为氏
孙氏	姬姓	卫康叔	○	○	○	以字为氏
姜姓	姜姓	炎帝	○	○	○	因地为氏
陆氏	妫姓	田完	○	○	○	因地为氏
赵氏	嬴姓	颛顼	○	○	○	因地为氏
阎氏	姬姓	叔虞	○	○	○	因地为氏
郝氏	郝省氏	帝乙	○	○	○	因地为氏
薛氏	任姓	颛顼	○	○	○	以国为氏
韦氏	风姓	颛顼	○	○	○	因地为氏
郭氏	姬姓	周文王弟	○	○	○	因地为氏
武氏	姬姓	周平王	○	○	○	以纹命氏
骞氏	—	闵损	○	○	○	以字为氏
沈氏	姬姓	周文王	○	○	○	因地为氏
苏氏	己姓	颛顼	○	○	○	因地为氏
范氏	祁姓	帝尧	○	○	×	因地为氏
邢氏	姬姓	周公	○	×	×	以国为氏
傅氏	姬姓	黄帝	○	○	○	因地为氏
史氏	—	佚	○	○	○	以官为氏
宗氏	子姓	宋襄公	○	×	×	以字为氏
格氏	—	允格	○	○	○	以字为氏
欧阳氏	姒姓	夏后氏/少康	○	×	○	因地为氏
狄氏	姬姓	周成王	○	○	○	因地为氏
袁氏	妫姓	陈胡公满	○	○	○	以字为氏

续表

姓氏	本姓	远祖	先秦祖先	汉魏祖先	六朝祖先	命氏方法
姚姓	姚姓	虞舜	○	○	○	因地为氏
姒氏	姒姓	夏后氏/少	○	×	×	因地为氏
豆卢氏	—	—	×	×	○	次第为氏
周氏	姬姓	黄帝后稷	○	○	○	以国为氏
吉氏	姞姓	黄帝	○	×	×	以姓为氏
顾氏	己姓	顾伯	○	×	○	以国为氏
朱氏	曹姓	颛顼	○	○	○	去邑为氏
唐氏	祁姓	帝尧	○	○	○	以国为氏
敬氏	妫姓	陈厉公	○	○	○	以谥为氏
桓氏	姜姓/子姓	齐/宋桓公	○	○	○	以谥为氏
祝氏	姬姓	黄帝	○	○	○	因地为氏
纪氏	姜姓	炎帝	○	×	×	以国为氏
郑氏	姬姓	周厉王	○	○	○	以国为氏
钟氏	子姓	伯宗	○	○	○	因地为氏
宋氏	子姓	帝乙	○	○	○	以国为氏
源氏	—	—	×	×	○	帝王赐氏
牛氏	子姓	宋微子	○	○	○	以字为氏
苗氏	芈姓	若敖	○	×	×	因地为氏
吕氏	姜姓	炎帝	○	○	○	帝王赐氏
第五氏	妫姓	齐国田氏	○	×	×	次第为氏
常氏	姬姓	卫康叔	○	×	×	因地为氏
乔氏	姬姓	桥玄	×	○	○	帝王赐氏
关氏	—	关龙逄	×	×	○	以姓为氏
浑氏	—	浑邪王	×	×	○	因号为氏
齐氏	姜姓	炎帝	○	○	○	因地为氏
董氏	姬姓	黄帝	○	○	○	帝王赐氏
贾氏	姬姓	唐叔虞	○	○	○	以国为氏
权氏	子姓	武丁	○	○	○	因地为氏
皇甫氏	子姓	宋戴公	○	○	○	以字为氏
程氏	风姓	颛顼	○	×	×	因地为氏
令狐氏	姬姓	周文王	○	○	○	因地为氏
段氏	姬姓	郑武公	○	○	○	以字为氏
元氏	—	黄帝	○	×	○	帝王赐氏

续表

姓氏	本姓	远祖	先秦祖先	汉魏祖先	六朝祖先	命氏方法
路氏	姬姓	帝挚	○	○	○	以国为氏
舒氏	偃姓	皋陶	○	×	×	以国为氏
白氏	姬姓	周太王	○	○	○	以名为氏
夏侯氏	姒姓	夏禹	○	×	×	因地为氏
蒋氏	姬姓	周公	○	○	○	以国为氏
毕氏	姬姓	周文王	○	○	○	以国为氏
曹氏	—	颛顼	○	×	×	?
徐氏	嬴姓	皋陶	○	○	○	以国为氏
孔氏	子姓	帝乙	○	○	○	以字为氏
独孤氏	—	—	×	○	○	以部为氏

不仅如此，《新表》所载家族世系的可靠性只是问题的一个面向，我们同时需要注意《新表》所载世系所反映的宋人乃至唐人的观念，以及中古士人家族的连续性和持久性。以《新表》所涉九十八族而言，只有宇文氏和刘氏两个家族在祖先认同上模棱两可，其余九十六族基本上线索分明、世系清晰，即便是错误丛出的世系。依照上文对《新表》世系的简单解析，九十六族的世系构建大致可分为四种情况：其一，在上古、秦汉、六朝三个时代的祖先塑造浑然一体，没有明显断裂的有七十三族，占《新表》所列家族的76%。其二，没有将祖先追溯至上古时代的家族，共有七族，仅占《新表》所列家族的7.3%，其中独孤氏、长孙氏、源氏、豆卢氏、浑氏都是胡人贵胄，仅有关氏和乔氏家族可计入汉人家族，而根据关氏人物追溯的祖先为关羽——姑且不论真伪——判断并不能算作严格意义上的士族。其三，努力将祖先攀附至先秦时期，却在上古至隋唐之间存在整整汉魏六朝近八百年的巨大缺环，这类家族有十二例，占《新表》所列家族的12.5%。其四，努力将祖先攀附至先秦时期，却在秦汉或六朝时期存在近四百年的世系缺环，这类家族共四例，占《新表》所列家族的4.2%。就反映中古时期的氏族文献而言，《新表》无疑具有样本学的意义。从统计数据来看，《新表》反映唐人具有鲜明的追祖意识，正是将祖先记忆的触角尽量延伸，迈过汉魏六朝，抵达遥远的上古时期，在攀附两千年间甚或更为久远的精英名流、猛将贤相、上古帝王甚或传说人物的同时，也在彰显中古家族连绵不断的追求和认同。

不仅如此，我们还需要注意到《新表》中沉淀和层累着汉人的祖先意识。兹以《隶释》所载汉碑中与《新表》姓氏重复者进行复核比对。《陈球碑》记载其祖先云："有虞氏之裔也。当周盛德。有虞遏父。为陶（下缺）公生公子完。适齐。为桓公公正。其后强大。遂有齐土。楚汉之（下缺）官生屯有令名广汉太守。"①《新表》"陈氏"条载："虞帝舜之后。夏禹封舜子商均于虞城，三十二世孙遏父为周陶正，武王妻以元女大姬，生满，封之于陈，赐姓妫，以奉舜祀，是为胡公。九世孙厉公他生敬仲完，奔齐，以国为姓。"可见《新表》"陈氏"条的内容虽然详细，但其基本线索来自《陈球碑》。又如，《张纳碑》载其先世云："其先（缺二字）之胄，立姓定氏。应天文像，炎汉龙兴。留侯维干，枝裔滋布，并极爵秩。君之曾祖。"《张寿碑》记载其先世云："其先晋大夫张老盛德之裔。"《张表碑》记载其祖先云："系帝高辛，爰暨后稷。张仲孝友，雅艺攸载，天挺留侯，应期佐治。与汉龙兴，诞发神谋，君其胤也。"②而《张良传》记载其先世非常简略："其先韩人也。大父开地，相韩昭侯、宣惠王、襄哀王。父平，相厘王、悼惠王。"③《新表》"张氏"条记载："黄帝子少昊青阳氏第五子挥为弓正，始制弓矢，子孙赐姓张氏……其后裔事晋为大夫。张侯生老，……至三卿分晋，张氏任韩。韩相张开地，生平，凡相五君。平生良，字子房，汉留文成侯。"④由此可见，除却张良被塑造为张氏共同的祖先之外，《张寿碑》中关于"晋大夫张老盛德之裔"的记忆资源为《新表》所接收。实际上，西晋《张朗碑》就已经吸收了这种记载模式，"其先张老，为晋大夫，……。自春秋爰迄周朱，弈世相□显名战国。沓于子房，黄父授书"。而北魏《张宁墓志》记载其祖先"帝喾之元胄，张衡之后焉"。北魏《张玉怜墓志》记载"深源峻远，胄自炎皇。子房处汉，秩穷衮命"。⑤可见北魏墓志张氏祖先的记载，和汉晋碑志并非同源。而《新表》吸收了汉晋碑志的成分。再如，汉代《唐扶碑》记载其先世云，"其先出自庆都，感赤龙生尧，王有天下。苗胄枝分，相土视居，因氏唐焉"。《新表》"唐氏"条记载其祖先系"帝尧初封唐侯"云云。

与此相反，也有的条目和汉碑中的记载迥然不同。如《高颐碑》记载其祖先，"其先出自帝颛顼之苗胄裔乎"。⑥而《新表》"高氏"条则云，"齐太公六世孙文公赤"。又如《祝睦碑》载其先世云："伊余祝君，兆自黎辛，祝融苗胄，承获祯庆。光裔炽藐，分仁六国，张雄诸夏，郑有祝聃者，君其胤也。"⑦而《新

---

① 《隶释》卷9《太尉陈球碑》，中华书局2012年版，第110—111页。
② 《隶释》卷5《巴郡太守张纳碑》，第61—62页；《隶释》卷7《竹邑侯相张寿碑》，第88—89页；《隶释》卷8《冀州从事张表碑》，第91页。
③ 《史记》卷55《留侯世家》，中华书局2014年版，第2457页。
④ 《新唐书》卷72下《宰相世系表》"张氏条"，中华书局1975年版，第2675页。
⑤ 赵超：《汉魏南北朝墓志汇编》，天津古籍出版社2008年版，第11、305、319页。
⑥ 《隶释》卷11《益州刺史高颐碑》，第129页。
⑦ 《隶释》卷7《山阳太守祝睦后碑》，第83—84页。

表》"祝氏"条云:"周武王克商,封黄帝之后于祝,后为齐所并,其封域至齐之间祝阿、祝丘是也。"《国语·郑语》载昆吾及苏、顾、温、董为己姓,是较早的姓号之一,据说己姓源出传说的祝融部。如此,两者的祖先记忆截然不同。《新表》诸族的世系来源,具有不平衡性的层累特征:有些条目的构成极为简略,甚至粗制滥造,如关氏条,有些条目的构成极为详备,有些条目根据北朝墓志所反映的家谱所作,有些条目根据唐人的碑文或家状所录,甚至有些条目在汉碑里都能找到一鳞半爪。

四

研究中古政治社会史,必须辨析史传碑志中的重要概念,尤其是同一词语在不同语境不同时代的区别。"姓族""氏族"一类的词汇,在上古和中古的意义迥然不同。关于先秦时期的姓氏制度,学人经常引用《左传·隐公八年》的一条资料:

> 无骇卒。羽父请谥与族。公问族于众仲。众仲对曰:"天子建德,因生以赐姓,胙之土而命之氏。诸侯以字为谥,因以为族。官有世功,则有官族,邑亦如之。"公命以字为展氏。

秦汉以降,历代前贤纷纷就这条资料若干歧异进行激烈讨论。不过,学者形成的基本共识是,这段史料所记述的基本事实应该是可靠的,不会出于后人的编造。只是,文中两个"谥"字,按上下文意,皆当读作"氏",而不当理解为谥号。汉代以降,姓、氏族名不分,从而姓、氏二词之义也不分而同指家族名称。所谓"赐姓、胙土、命氏"义指"分赐族属人民及土地而封建其国,而分民、裂土、建国则是先秦分封制度的三项重要措施","姓、氏分别指称先秦社会的姓族(clan or gens)和氏族(political-local group)组织。前者系具血缘世系关系的亲族集团(kinship group),后者则系邦国或采邑之类的政治区域性集团。一般所谓氏族(clan or gens)实为姓族的误用,而非先秦氏族之义"。[①] 表3显示,《新表》所载九十八族的命氏方式存在多种类型,分布情况大致是:"因地为氏"四十四例,"以国为氏"十六例,"以字为氏"十一例,"帝王赐氏"六例、"因号为氏"

[①] 杨希枚:《论先秦姓族和氏族》,《先秦文化史论集》,中国社会科学出版社1995年版,第197—198页。

五例,"以谥为氏"三例,"次第为氏"三例,"以纹命氏"二例,"以姓为氏"二例,"去邑为氏"一例、"以部为氏"一例,"以官为氏"一例,"以名为氏"一例,"以族为氏"一例,不明者一例。其中,"因地为氏"和"以国为氏"表达的本质就是"胙土命氏",两者共六十例,占《新表》命氏方式的61.2%。紧随这两种命氏方式的,就是"以字为氏",占《新表》命氏方式的11.2%。在某种程度上印证了学人关于"以字为谥"应为"以字为氏"是确论。《新表》的构成呈现不平衡性特征,其命氏方式的构成也不言而喻,其中渗透着汉魏六朝人的命氏意识,唐宋士大夫关于命氏思想的形成,直接来自汉魏六朝乃至上古"胙土命氏"的思想,显示从上古到唐宋贵族意识的一以贯之。当然,应该注意的是,《新表》某氏条后依照惯例紧跟"出自某姓"云云,这在汉碑中极为罕见,应是汉魏以降姓氏思想的叠加和层累。

申言之,在研究中国古代社会阶层的流动以及政治社会的巨大变动时,长时段的考虑亟须重视。所谓的长时段,即指打破断代史的藩篱和朝代为限的人为分割。中国古史本是滔滔不绝的江河,这条历史江河的不同流域自然风景殊异。不过,我们也要清醒地认识到,历史时段的形成,多数情况只是简单的王朝更迭,而被后来的史家多少有些人为地把它们分割为独立而断裂的研究时段,这些家族在这种情况之下的变化和不变都有可能被赋予本身不曾具有的被夸大的印象。姑且不考虑中外学人关于中国古代史的历史分期问题,就将中国古史简单地划分为先秦、秦汉、魏晋南北朝、隋唐等时段而言,固然有助于各个时段的深入研究。但是,这种拦腰斩断的时段分法,可能对某些本身具有连贯性和内在逻辑的重要问题,如精英阶层的"前生"和"来世"都缺乏足够的认知,从而陷入瞎子摸象的窠臼。清儒赵翼有感于两汉开国气象的不同,洞见西汉开国是布衣将相之局,而东汉功臣则是儒者气象。[1] 后世的学人基本认同这样的结论。我们同样需要注意,西汉所谓的"平民社会"底层所蕴藏的先秦氏族不懈发展乃至成长壮大的潜流和能量。六朝的范晔已经意识到汉代与战国地方势力的连续性,"汉承战国余烈,多豪猾之民。其并兼者则陵横邦邑,桀健者则雄张闾里"。[2] 毋庸置疑,有的先秦贵族已成落花流水,而先秦贵族和汉魏士族的重叠也应充分关注。构成中古精英阶层"波动发展"的驱动力,正是一波旧族的沦落和另一波新族的崛起,如此往复的社会流动源源不断。

不仅如此,我们还需要注意不同的史料所具有的异质性和同质性。史传的作

---

[1] 王树民:《廿二史札记校证》卷2"汉初布衣将相之局",卷4"东汉功臣多近儒"条,中华书局1984年版,第36、90页。

[2] 《后汉书》卷77《酷吏传》,中华书局1965年版,第2487页。

者在处理史料之时，尤其在处理两汉人物与先秦祖先的关系时，具有人为删减的痕迹。先秦时期的胙土命氏，在汉魏时期通过郡望的显达得以复活。《后汉书》《三国志》中屡屡将郡名和人名相结合，名流以名郡而益贵，名郡以名士而益显，而以《隶释》《隶续》等记载的汉碑及碑阴如《韩敕孔庙后碑阴》《刘宽碑阴门生名》《王纯碑阴》等所胪列的人物名称，通常也是郡名和人名的组合。两相印证，说明郡和士的结合，赋予汉晋大族和地方社会以焕然一新的政治社会意义。不仅如此，现存汉碑碑阴所胪列的人物，以同郡乡族居多，正所谓"乡人姻族，相与刊石树碑"。[①] 从这个方面来看，名郡和大族的结合，促成中古士族的最终形成，而这不啻于先秦时期"胙土命氏"的传承更新和升级换代。如此，士族通过冠于其前的郡名，得以和其他地域的其他同姓士族区别开来，从而强化拥有该郡"胙土"的自我认同。先秦氏族的势力范围在"胙土"之内，而中古士族的势力范围远逾"胙土之外"，剑指中央政权。汉魏士族的成长壮大，并未因史家在记述其先世时的"实用理性"而减缓步伐，也未因碑志作者在追溯其祖先时的"漫天想象"而增光溢彩，阶层发展的内在逻辑决定着一切。

（范兆飞，山西大学）

[①] 《隶释》卷17《吉成侯州辅碑》，中华书局2012年版，第178页。

《职贡图》的研究情况

[日] 河上麻由子

一 《职贡图》的完成过程

《职贡图》是为纪念梁武帝即位40年，由武帝的第七子萧绎所作。它是一幅描绘了到达南朝梁的诸国使者图，并附有关于该国的所处位置、风俗习惯以及同包括梁在内的中国诸王朝的通关方面的文字信息（题记）。1960年，据金维诺氏称，当时南京博物院所藏《阎立德王会图》（本稿称之为"北宋本"）实为《职贡图》的摹本①，并且是于北宋熙宁十年（1077年）所摹写的。继承金氏的研究，榎一雄氏对"北宋本"使者图与题记进行分析，使得关于《职贡图》的研究获得了进展。虽然榎氏之后关于《职贡图》的研究略微停滞，但近年来相继出现了一些在考察《职贡图》意义方面的极为重要的研究。本稿学习了上述的先行研究，以整理今后的研讨课题为目的。

2011年，有学者在清末《爱日吟庐书画续录》② 一书中发现了乾隆四年（1739年）据鉴赏了《职贡图》的张庚摘录出的题记之佚文（以下称之为"题记佚文"）。根据此发现，在中国、韩国、日本，《职贡图》再次受到瞩目。在此以"北宋本"题记与"题记佚文"，以及《攻媿集》卷七五《跋傅钦甫所藏职贡图》③ 等为参考，对《职贡图》的完成过程进行确认。

---

① 《职贡图》，现藏于中国国家博物馆。
② 葛金烺：《爱日吟庐书画续录》卷5《清张庚诸蕃职贡图卷》，民国二年（1913年）葛刻本，中国基本古籍库，第100—103页。
③ 《攻媿集》卷75《跋傅钦甫所藏职贡图》，《文渊阁四库全书》第1153册，台湾商务印书馆1982年版，第2016c—2016d页。

据榎氏的研究，对即将到来的武帝即位40年（541年），在荆州刺史任上（526—539年）的萧绎对《方国使图》进行增补后形成了《职贡图》。

《方国使图》为裴子野据武帝敕令所撰述。据《梁书·裴子野传》，滑国与白题国前来朝贡之时，众人都不清楚对历代王朝均无朝贡的此二国的来历。裴子野说道滑国为汉代后车师王国的王族八滑之后，白题国为斩汉颍阴侯白题之后。时人敬服，武帝命裴子野撰述《方国使图》并记录下对梁朝贡的信息①。总而言之，《方国使图》是520年前后，以新的朝贡国滑国、白题的登场为契机根据敕命所作成。并且榎氏根据《职贡图》题记中滑国为八滑之末，白题国为白题之末的记述推断出《职贡图》是对裴子野《方国使图》的增补。当然，众所周知，滑国是Ephthalites（嚈哒），白题是Balkh。裴子野的认识不正确，以滑国和白题国为汉代的八滑和白题之末只是强词夺理。但是，如果《职贡图》是对《方国使图》进行了增补的话，萧绎的增补又是在什么范围内进行的呢。

文末所附"诸国朝贡表"为从正史、《册封元龟》、《建康实录》、"北宋本"题记、"题记佚文"、《跋傅钦甫所藏职贡图》等中收录的关于梁代诸国朝贡的记录。

榎氏推定《方国使图》的撰述年代是白题朝贡的普通三年（522年）之后数年。如此一来，如果史书网罗了各国的遣使的话，那么普通三年以后仅传有朝贡的波斯、渴盘陀、高昌、末、师子国、盘盘国、丹丹国便是萧绎追加的吧。尤其关于波斯、渴盘陀、高昌的遣使在题记、"题记佚文"等中都有残留。波斯朝贡时间为大通二年（528年）："北宋本"题记（另《梁书》作中大通二年）；渴盘陀为大同元年："题记佚文"（另《梁书》作中大同元年）；高昌为大通中（527—529年）："题记佚文"（另《梁书》作大同中）。因此毫无疑问上述三国均为萧绎所增补。另外，如王素所说，《职贡图》中所描绘的蛮偏向于荆州附近的集团，在此基础上可以认为建平蛮、临江蛮、天门蛮等被推定位于荆州附近的诸蛮是由荆州刺史萧绎所附加的。

另外，《职贡图》所描绘的各国中，史书中记载普通三年以前曾朝贡的有宕昌国、河南王、武都国、龟兹、邓至国、于阗国、芮芮国、滑国、白题国、周古柯国、呵跋檀国、胡蜜丹国、高句丽、百济、新罗、扶南、中天竺、北天竺、狼牙修国、婆利国、林邑二十一国。

此二十一国中，在"北宋本"题记、"题记佚文"、《跋傅钦甫所藏职贡图》中还残留记载的有宕昌、河南、龟兹、邓至、于阗、滑、白题、周古柯、呵跋檀、

---

① 《梁书》卷54《诸夷传》，中华书局1973年版，第442—443页。

胡蜜丹、高句丽、百济、新罗、中天竺、北天竺、狼牙修、婆利、林邑十八国。需要注意的是，史书中所载普通三年前后的遣使，也在《职贡图》"北宋本"题记、"题记佚文"、《跋傅钦甫所藏职贡图》中留有记载的这十八国中，关于宕昌、河南、于阗、滑国、百济、狼牙修、林邑，虽然普通三年之后的遣使在史书中有所记载，但在各国的"北宋本"题记、"题记佚文"、《跋傅钦甫所藏职贡图》中却并无记载。特别是滑国，正如榎氏所设想的，毫无疑问曾存在于《方国使图》中。其中也必然记载有普通三年以前的遣使。但是关于《方国使图》完成之后《职贡图》完成以前的普通七年（526年）、大同元年（535年）的遣使，《职贡图》却并未提及。当然还有"北宋本"的题记和其他书中所引用的佚文是否抄写了原图题记的全部这一问题。但是如文末"诸国朝贡表"所示，题记、"题记佚文"、《跋傅钦甫所藏职贡图》中所记载的普通三年以前曾遣使的国家与其中所记载的普通三年之后遣使的国家无一重复。这一点对于检讨由萧绎所增补的范围的问题有着重要意义。

可是王素着眼于据《梁书》记载于中大同元年（546年）初次朝贡的渴盘陀国在《职贡图》中被提到这一点，认为在庆祝武帝在位40周年向武帝献上《职贡图》之后，在546年以后还对其进行了增补。

渴盘陀国的"题记佚文"中记录："大同元年（535年）、遣使史蕃匿奉表贡献。"① 关于波斯献上佛牙的时间，《梁书》作中大通二年，题记却作大通二年。关于诸如此类的诸国遣使年，两书存在着几处不一致的地方。《职贡图》中多有书写错误，基本上均应按《梁书》加以订正。关于渴盘陀国的题记，也应当首先考虑其本来应该是中大通元年却被误写的可能性。虽说如此，考虑到滑国曾于大同元年遣使，处于嚈哒支配下的小国渴盘陀国也如同样位于前者支配下的周古柯国、呵跋檀国、胡蜜丹国一样（普通元年，周古柯国、呵跋檀国、胡蜜丹国的使者随着滑国使者入朝贡物），曾与滑国一起向梁国遣使的这一可能性是不可否认的。

以上本节依据榎氏的论证考察，对《职贡图》的完成过程进行了再次检讨。就在《职贡图》创作完成之前的540—541年，宕昌、河南、于阗、芮芮国、滑国、高句丽、百济、盘盘国派遣了使者。这也许是因为面对即将到来的武帝即位40周年，梁对使者的来访展示了欢迎的态度。可以说《职贡图》是在如此背景下，以萧绎就职荆州刺史期间首次前来向梁朝贡的国家以及荆州周边的诸蛮为中

---

① 葛金烺：《爱日吟庐书画续录》卷5《清张庚诸蕃职贡图卷》，民国二年（1913年）葛刻本，中国基本古籍库，第100页。

心，以《方国使图》为基底，最晚于546年之前完成的。

二 关于使者的献上品

笔者在此之前着眼于南北朝时代以后存在着的佛教色彩浓郁的中外交往，并对其进行了研究。结论是，佛教色彩浓郁的对中交往从南北朝开始，持续到隋唐时代，并且可以确认根据中国国内崇尚佛教的动态来计划实施的这一倾向十分明显。

在《职贡图》制作完成的梁武帝时代，基于笔者过去的调查，从亚洲各地派遣带有佛教色彩的使者共有21次。从南北朝直到唐末，接纳了如此之多的佛教色彩浓郁的使者的皇帝再无人能出其右。在这个被后世认为由于过度信奉佛教而致王朝倾覆的武帝时期，佛教色彩浓郁的使者也最多，这一点正显示了佛教色彩浓郁的对中交往是与皇帝的崇佛态度成比例关系进行的。

本节中将对武帝时期所进行的佛教色彩浓郁的中外交往简单地加以举例介绍。（1）大通二年（528年）波斯国（萨珊波斯）遣使，"北宋本"题记波斯国条载"大通二年，遣中使安马□越献佛牙"；① （2）中大通六年（534年）的盘盘国（被推定在马来半岛的班敦湾附近）遣使，《梁书》卷54《诸夷传》盘盘国条载"（大通）六年八月，复使送菩提国真舍利及画塔，并献菩提树叶、詹糖等香"②。（3）大同五年（539年）扶南（柬埔寨）遣使，《梁书》卷54《诸夷传》扶南国条记"（大同）五年，复遣使献生犀。又言，其国有佛发长一丈二尺。诏遣沙门释云宝随使往迎之"③。

第一条为波斯献上佛牙的史料，以榎一雄氏的著作集第七卷所登载的"北宋本"照片下方的录文为基础，参照了榎氏《描绘的倭人使节——北京博物馆藏〈职贡图卷〉》一文的新作而加以校订的。第二条中盘盘国献上的是"菩提国"的"真舍利"。第三条中，大同五年到达的扶南使者告诉武帝本国有一丈二尺长的佛发。扶南并未献上佛发。但毫无疑问扶南是在赠与梁武帝的前提下告知其佛发的存在，因此扶南遣使也和上述两国遣使具有同样的性质。当时，由于梁同舍利信仰一起开始关注佛发指甲信仰，才相继以诸如佛牙、真舍利、佛发等佛教性的圣物作为献上品。

关于波斯使者与扶南遣使，在此利用梁《职贡图》再加以详细探讨。榎氏

---

① 《职贡图》，现藏于中国国家博物馆。
② 《梁书》卷54《诸夷传》，中华书局1973年版，第793页。
③ 《梁书》卷54《诸夷传》，第790页。

"北宋本"照片下方附加的录文中,波斯使者名字的第二个字作"马□";但《描绘的倭人使节——北京博物馆藏〈职贡图卷〉》一文中却作"安越"。仅以其著作集中所登载的照片来看,毫无疑问这个字是"马"字旁,但不得不说旁边是否是"太"依然不明确。《梁书》以及近年发现的梁《职贡图》"题记佚文"中并未记录波斯使者的姓名,因而很难确定这个文字。但是在此之外也能找到关于波斯向梁派遣的安氏的信息。

《广弘明集》卷19载,中大通五年(533年),作为武帝《摩诃般若波罗蜜经》讲经的参加者,提到了波斯国使主安拘越。以下为引用史料。

> 又波斯国使主安拘越,荒服远夷,延参近座,膜拜露顶、欣受未闻。①

"安拘越"和"安马□越"不只都包含有"越"字,而且在相近的历史时期内同样作为使者与梁进行交往,很难将这两者看作不相关。

根据吉田农氏的指点,"安拘越"可以看作"Kawad"的汉字记载。这也许是使者到达梁之前支配着萨珊王朝的卡瓦德一世的名字的汉字记载。梁《职贡图》滑国条中,本应是国家名的嚈哒被记录为国王名,可以推测为在入境使者与梁朝的官员之间的问答中产生了围绕人名的混乱。同样的,《职贡图》中将末国国王的姓记作安,名记作末粲盘也是由于梁的官员误解了关于末国由萨珊朝波斯的Marzban(边境侯)等于末粲盘支配下的这些使者的信息。从诸如此类的事例中进行类推,可以推定使主的名字写作安拘越的背景是波斯使者与梁朝官员间产生的关于人名的混乱。

不管怎样,从6世纪20年代后半期到6世纪30年代前半期的波斯对梁交往带有浓郁的佛教色彩,而这些佛教色彩浓郁的朝贡是由自称安氏的人物所主导的这一点也无可辩驳。《职贡图》的波斯国条在冒头部分叙述了萨珊朝的王是释迦时期保护佛教的柯萨拉国王Prasenajit的后裔,这也许是受到了波斯国使者参加了武帝的佛典讲义并献上佛牙的行为的影响。

接着来看关于扶南赠送佛发一事。《梁书》扶南传中,在扶南献上佛发的两年前,修复健康长干寺的阿育王塔之际,有如下叙述:

> 先是,(大同)三年八月,高祖改造阿育王寺塔,出旧塔下舍利及佛爪发,发青绀色、众僧以手伸之,随手长短,放之则旋、屈为蠡形。案僧伽经

---

① 《广弘明集》卷13《御讲金字摩诃般若波罗蜜经序》,中华书局1970年版,第273页。

云,"佛发青而细、犹如藕茎丝"。佛三昧经云,"我昔在宫沐头,以尺量发,长一丈二尺,放已右旋,还成蠡文"。则与高祖所得同也。①

叙述了武帝得佛发,青绀色蠡形,展开有一丈二尺,与《僧伽咤经》以及《佛三昧经》中所说佛发特征一致。但是据《梁书》所提的《佛三昧经》,即东晋佛陀跋陀罗译《佛说观佛三昧海经》,释迦的头发出家前一丈二尺五寸,出家后一丈三尺五寸。

> 母以尺量,长一丈二尺五寸,放已右旋,还成蠡文。(中略)今当更量,即申量之,长一丈三尺五寸。②

即若按照《佛三昧经》中的内容,武帝所得佛发为释迦出家前的。原本东晋时期从该塔首次"发现"佛发之时,长仅数尺。关于东晋时期"发现"的佛发,武帝应该是知道其详细情报的,可武帝及其周围人员为何要制造出不同于东晋时期的"发现",并且据《佛三昧经》为出家前长度的佛发的"再发现"这一奇瑞,这一点尚不明确。但是"再发现"的同时受到了大规模的供养的佛发,远远长于东晋时期从该塔中"发现"的佛发,但也只有释迦出家前的长度,可以推测这些都曾引起众人注目。

从位于建康的扶南馆的存在,以及扶南拥有南海贸易的主导权这些看来,扶南很有可能得到了关于梁的佛发"再发现"及其特征的信息。由扶南赠送的一丈二尺长的佛发到达梁之后按理会同梁国内"再发现"的佛发进行比较。而其结果应该确认了梁"再发现"的佛发的真伪。扶南的意图也正在于此,即通过证明武帝"再发现"的佛发的正当性来证明得到"真"佛发的武帝崇佛及其正当性,进而来顺遂武帝心意。

三 关于《职贡图》的使者图

最后,触及一下梁《职贡图》的使者图。关于《职贡图》的研究史,可由前文提到的《梁职贡图与欧亚大陆东部世界》中收录的诸氏的论文来加以说明。可是近年,深津行德氏的研究表明,台北"故宫博物院"所藏《南唐顾德谦模梁元

---

① 《梁书》卷54《诸夷传》,中华书局1973年版,第790页。
② 《大正藏》卷15,大正一切经刊行会1912—1925年版,第649页。

帝蕃客入朝图》（以下称"南唐本"）和《唐阎立本王会图》（以下称"传阎立本本"）均为梁《职贡图》的摹写本；前者的摹写时期可追溯至南唐，后者摹写时期虽不明，但其与已确认为梁《职贡图》写本的"北宋本"属同一系统。可称作研究史上划时代的研究成果。"南唐本"和"传阎立本本"虽很早便确认了其存在，但目前为止关于这两个写本的研究全无进展。而通过深津氏的研究，首次确认了这两个写本完全可以作为分析对象。

原本梁《职贡图》的研究以题记的分析为中心而展开，使者图虽有部分（倭国使图等）被提及，也大都仅以"北宋本"为考察对象，将"南唐本"与"传阎立本本"的使者图进行比较研究的很少。但是虽说包含了国名比定错误等的种种问题，"南唐本"仍是比"北宋本"更早的摹写本。"传阎立本本"最为鲜明，还很好地残存有彩色，可以借此推想"北宋本"曾经的样子。加上唯一残存有题记却严重破损的"北宋本"，将这两个写本作为分析对象，应该可以探讨出《职贡图》的整体意图。

举以下三例。第一是"南唐本"与"传阎立本本"中残存有"北宋本"残缺的于阗国使图。

两摹写本中的于阗国使均胸前抱一壶状容器。隶属不同系统的两个写本具有相同特征，大概梁代的《职贡图》中，于阗国使也抱有壶状容器。在此需注意的是，于阗曾于天监十八年（519年）献上琉璃罂。"传阎立本本"中于阗国使抱着的青色半透明容器，无疑就是琉璃罂。那么"传阎立本本"于阗国使图应该多半是保留了原图的色彩。残缺的于阗国使题记也应当有关于于阗国天监十八年遣使的记载。这再一次确认了制作梁《职贡图》的主要目的并非描绘周边诸国人们的衣服容貌之类，而在于描绘如此各类各样的人们因武帝的德望慕名前来朝贡的情形。

接下来，关于狼牙修国使者图与高昌国使者图。狼牙修国题记中记录曰："男女悉袒而被发。古贝绕身、国王以云霞布覆体、贵臣着草屐、腰金绳、耳着金钗"（"北宋本"题记，狼牙修国条）。[①] 使者图中短发无冠，着短袴状衣服，露出的上半身的肩、背、腰、腕上缠绕有布，"传阎立本本"为五色，"北宋本"为白面红里。两手举起到胸前，右手握着左手手腕。使者佩有金耳环、手镯及脚环，毫无疑问描绘的是身份高贵的人物，但未能确认贵臣所穿戴的鞋子与金带。

---

① 《职贡图》，现藏于中国国家博物馆。

需注意的是,"传阎立本本"使者图中,使者缠绕着五色条纹的布。《南史》卷78林邑国条中记载:"古贝者,树名也。其华成时如鹅毳。抽其绪纺之以作布,布与纻布不殊。亦染成五色,织为斑布。"①

由此可知古贝可制作分五色染成的布。若狼牙修国使者图保留了原图的色彩,那么"传阎立本本"中的五色布即为《南史》中所说的"斑布"。如此一来,"传阎立本本"的狼牙修国使者图,也与于阗国使者图同样,有可能保留了原图的色彩。

题为高昌国的使者图仅"南唐本"中有残存。"北宋本"与"传阎立本本"中并无高昌国使者图,亦无同"南唐本"中的高昌国使者图近似的使者图。若假定"南唐本"的高昌国使者图是摹写了原图的高昌国使者图,不得不注意到身后垂下的长长的头发。《职贡图》高昌国的"题记佚文"中记载:"面貌类高丽,辫发为十条,垂肩项之间。着长身小〈袖〉袍、缦裆袴、金革莫靴、无裙履。"②

使者图中的头发虽乍看并不似辫发,但是与栗特人墓中6世纪的石椁上,担当栗特商人的护卫的突厥人,将垂至背上的头发辫到肩膀以下的样子十分相似。再稍晚的时期阿弗拉西阿卜壁画中也出现了同样的施辫发的突厥人。

使者图中身着袖子很长的窄袖上衣和裤子、长靴。题记中,高昌国人着"长身小袖"袍。同样身着"长身""小袖"袍子的还有武兴蕃和渴盘陀的使者,两国使者图中身着竖领并长至膝下的长衫。高昌国使者图中虽看似交领开领,原本应与前两国使者图相同,描绘了身着竖领并长至膝下的长衫的样子。

曲氏高昌国在6世纪被纳入突厥支配下。在那之前数十年描绘的其国使者图,呈现了与突厥人相近的头发服饰,对此如何理解尚有待美术史、文献学方面的讨论研究。

像这样将梁《职贡图》作为一个整体来探寻其具有的视觉意义,有必要针对每一幅使者图进行分析,不单单是题记,包括使者的姿势及所持之物,甚至身着的衣服及其纹样。本稿谨从最新研究中整理出《职贡图》的研究课题。详细的讨论研究将另文进行,本稿就此搁笔。

(河上麻由子,日本奈良女子大学)

---

① 《南史》卷78《夷貊上》,中华书局1975年版,第1948页。
② 葛金烺:《爱日吟庐书画续录》卷5《清张庚诸蕃职贡图卷》,民国二年(1913年)葛刻本,中国基本古籍库,第100页。

唐后期禁军扩召述论[*]

宁 欣

安史之乱爆发以后，唐朝为抗击叛军，曾有一次大规模的募兵之举，召募的目的是充实禁军。此后，因为与藩镇的抗衡，中央禁军不断有扩编和召募之举。充实到禁军行列中的有边兵、藩镇兵、市井之人（即城市居民）、滞留京师的胡客等。比较重要的有九次。大致可以分为四个时期：玄宗时期；代宗时期；德宗时期；僖宗昭宗时期。城市居民的大量涌入，饱受诟病的"富家子""市井无赖"在唐后期以神策军为主的禁军中是否成为主要兵源？这些是本文关注的问题。

一 玄宗和代宗时期

唐朝禁军自安史之乱爆发后，到唐末昭宗时期有多次召募和扩编之举[①]，现梳理如下。

第一次，玄宗天宝十四载（755 年），缘于安史之乱的爆发。玄宗以封常清为范阳平卢节度使，募兵六万，开赴洛阳，阻击安史叛军的进攻。命高仙芝在京师

---

[*] 本文为国家社会科学基金项目《唐五代宋初城市社会中下阶层研究》阶段性成果，项目批准号：10BZS057。

[①] 对唐朝禁军构成及在唐前后期的变化已经有不少研究成果，与本文有直接和间接关系的论文有：齐勇峰《中晚唐五代兵制探索》，《文献》1988 年第 3 期；《唐后期的北衙六军、飞龙、金吾、威远和皇城将士》，《河北学刊》1989 年第 2 期；《说神策军》，《陕西师范大学学报》1983 年第 2 期。薛平拴《试论开元天宝以后的长安商人与禁军》，《唐都学刊》1992 年第 3 期。张国刚《唐代禁卫军考略》，《南开学报》1999 年第 6 期。葛承雍《唐京的恶少流氓与豪雄武侠》，《唐史论丛》1998 年第 00 期。周敏《论唐代京都"禁军侠少"及在唐诗中之表现》，《西北大学学报》2000 年第 3 期。贾宪保《神策中尉与神策军》，《唐史论丛》第五辑，三秦出版社 1990 年版。齐勇峰《唐后期的北衙六军、飞龙、金吾、威远和皇城将士》一文，梳理了唐后期的中央禁军，指出："唐后期中央禁军的名号繁多，时有分合，大体说来有两种类型：一是作为天子六军的左右羽林、左右龙武和左右神武军，以及飞龙、金吾、威远和皇城将士，这类禁军的主要职能是守卫宫廷和京城，一般不外出征战；二是兼备宿卫和征伐双重功能、作为中央禁军主力的神策军。"因此，我们经常看到临时有事，而禁军不集，是因为这些禁军不具有对敌作战的素质和能力。

募兵十一万，加上原有的"飞骑彍骑"及"边兵"，发兵五万人，东征驰援。[①] 本次募兵的来源，封常清"乘驿赴东京，召募旬日，得兵六万，皆佣保市井之流"[②]；高仙芝"于京师募兵十一万，号曰'天武军'，旬日而集，皆市井子弟也"[③]。如记载无误，这次募兵，两京共召募十几万人，来源主要是市井子弟[④]，也就是城市居民。

第二次，代宗广德元年（763年），因吐蕃犯长安。时安史之乱刚刚平定，局面未稳，吐蕃乘机进犯，"禁军不集，征召离散"[⑤]，但并没有集合为有效的抵抗力量，仓促间，代宗奔陕，鱼朝恩"率神策军以迎，兼护车驾，幸其营焉"。京师克平之后，鱼朝恩所统率的这支原镇守陕州的地方军"归于禁中"[⑥]，成为中央禁军的主力。转为中央禁军的神策军，包括：原戍守临洮陇右边军；神策军在陕州收编的河西、陇右军和安西、北庭军，都属戍边部队；"归入禁中"时召募的士兵，估计总数约有万人。"主要成分，无疑是训练有素，具有作战能力的原西北边军。"[⑦] 这次在严格意义上讲，不属于扩编，而是中央禁军的重组。

第三次，代宗大历（766—779年）初年，神策军扩编，主要是收编方镇军，包括平卢军邢君牙部、阳惠元部，安史降将尚可孤部，朔方军郝廷玉部、侯仲壮部等，都英勇善战、久经沙场。[⑧]

在此阶段，从玄宗为抵抗安史叛军而仓促召募的"佣保市井"之徒，到代宗时期对中央禁军的被迫重组和主动扩编，初步建立了一支新的具有战斗力、以神

---

① 《文苑英华》卷614：陈子昂《为乔补阙论突厥表》云："比来看国家兴兵但循于常轨，主将不选，士卒不练，徒知驱市人以战耳。故临阵对寇，未尝不先自溃散，遂使夷狄乘利轻于国威。"（中华书局1966年版，第3185页）应该是武则天时期上的表，是针对边防与夷狄，但不知所指摘"徒知驱市人以战耳"，难道是边防兵吗？如果是，说明武则天时期征兵的对象包括有不少城市居民。

② 《旧唐书》卷104《封常清传》，中华书局1975年版，第3209页。关于高仙芝召募的士兵，《旧唐书》卷104《高仙芝传》："十一月，安禄山据范阳叛。是日，以京兆牧荣王琬为讨贼元帅，仙芝为副，命仙芝领飞骑彍骑及朔方河西陇右应赴京兵马，并召募ander辅五万人，继封常清出潼关进讨"（第3206页）。《旧唐书》卷9《玄宗下》载："甲申，以京兆牧荣王琬为元帅，命高仙芝副之，于京城召募，号曰天武军，其众十万"（第230页）。（《册府元龟》同）这样也有五万、十万、十一万（《资治通鉴》）的不同数字；召募地点有"关辅""京城"的不同说法；高仙芝出征所率将士，《资治通鉴》采用了"五万"之说。但如按《资治通鉴》所记召募"十一万"，其他六万哪去了？是充作禁军保卫京师，还是沙汰不合格者，抑或是临战逃散，没有交待。

③ 《资治通鉴》卷217"玄宗天宝十四载十一月丁丑"条，中华书局2013年版，第7146页。

④ "市井子弟"的内延和外涵需要界定和澄清。狭义的"市井子弟"主要指城市中商贩及其子弟，但广义的"市井子弟"外延要丰富得多。如封常清召募的人员被归纳为"佣保市井"但具有很广的外延性。将在后面论及。

⑤ 《旧唐书》卷184《鱼朝恩传》，第4763页。

⑥ 《唐会要》卷72《京城诸军》，中华书局1955年版，第1294页。

⑦ 齐勇峰：《说神策军》，《陕西师范大学学报》1983年第2期。

⑧ 同上。

策军为主的中央禁军。玄宗时召募的兵员大多"离散",此后陆续召募的新兵还会有部分"佣保市井"① 之徒,但不是禁军的主要成分。

二 德宗时期

德宗时期,中央禁军至少有三次颇具规模的扩编之举,采取两条线并举的方式:一是加大在长安居民中召募的力度,二是继续收编已有军队,主要是京畿、关内及西北地区的军队。

第一次是德宗建中四年(783年),泾原兵变前,李希烈反叛,攻陷汝州,逼近洛阳,朱滔、王武俊、田悦、李纳各遣使诣希烈上表称臣劝进,形成五镇连兵的局面。原有禁军四处出征,于是"上以神策军使白志贞为京城召募使,募禁兵以讨李希烈"。这次白志贞主要的募兵对象集中在京城。一是"请诸尝为节度观察都团练使者,不问存没,并勒其子弟帅奴马自备资装从军,授以五品官。贫者甚苦之,人心始摇"②,范围应该仅限于京城和京畿地区。郭子仪女婿端王傅吴仲孺,因家财巨万,"以国家召募有急,惧不自安。乃上表请以子弟率奴客从军。德宗嘉之,超授五品官"③,白志贞顺势而上,才有前述举措。召募而来的有"豪家不肖子"、贫苦之人,组成"子弟军",并在刘德信的率领下,驻守汝州承担救援襄州的任务。④ 泾原兵变时,子弟军回军救援。但其他应募的"沽贩之徒","皆在市廛,诏令拒贼","无一人至者"⑤。显然,没有受过军事训练的"沽贩之徒",导致了新募士卒的临战缺阵,⑥ 但其中应该还有隐情。⑦

第二次是贞元初,李泌对自天宝以来,"安西北庭奏事及西域使人在长安"滞留长达数十年仰给官费的"胡客"进行清理整顿,凡得四千人,先是征求他们的意见,是否愿意被遣送回国,结果胡客"无一人愿归"。于是实行第二方案,

---

① "佣保市井"或"市井子弟"的概念范围,应该予以界定。狭义是通常所指的商贩为主的城市居民及其子弟,但在古典城市化的浪潮中,大量外来人口涌进大中城市,学者们讨论过的"客户""流庸""游民"等都属于这类。
② 《资治通鉴》卷228 "德宗建中四年夏四月"条,中华书局2013年版,第7556页。
③ 《旧唐书》卷135《白志贞传》,中华书局1975年版,第3719页。
④ 《资治通鉴》卷228 "德宗建中四年夏四月"条,第7556页。
⑤ 《册府元龟》卷180《帝王部·失政》,中华书局1989年版,第446页。
⑥ 《旧唐书》卷135《白志贞传》载:"时禁军募致悉委志贞,两军应赴京师杀伤殆尽都不奏闻,皆以京师沽贩之徒以填其阙。其人皆在市廛。及泾师犯阙,诏志贞以神策军拒贼,无人至者。"(第3719页)《册府元龟》卷180《帝王部·失政》略同:"又令神策军使白志贞募致禁军,皆以京城沽贩之徒充之,具问其人,皆在市廛。及泾师犯阙,诏神策军拒贼,无一人至者"(第446页)。
⑦ 见笔者另文《市民化与世袭化:唐后期禁军构成及其变化》(待刊)。

"皆分隶神策两军。王子、使者为散兵马使或押牙,余皆为卒。禁旅益壮"①,岁省经费"五十万缗"②。这些胡客,早就和城市居民打成一片,"留长安久者或四十余年,皆有妻子,买田宅,举质取利"③,自然属于广义的"市井沽贩"之徒。

第三次是德宗贞元年间(785—805年),神策军屡次扩编,时间比较集中,主要包括收编方镇军队,兼并京畿及关内诸军,召募新兵④。收编的藩镇军加上召募的新兵,号称"十五万",并不是都驻守长安,很多是将原有建制编入神策军行营,镇守京畿、关内、西北,以及担负出征讨伐的任务⑤。

此后,不再有大的扩编之举。宪宗元和年间废天威军,编入神策军,这实际上是南衙禁军系统逐渐削弱而被北衙禁军取代的过程。⑥外围诸镇还有如元和年间,范希朝收服沙陀,将归顺的三千人编入神策军京西行营。⑦长庆二年(822年)收编傅良弼部和李寰部,⑧主要任务是镇守地方和出军征讨。

应该说,从德宗以后,禁军处于相对稳定时期,没有进行过大规模的召募和扩编举动。神策军从人员构成到管理机制饱受诟病,这时期也最为激烈。

三 僖宗和昭宗时期

僖宗、昭宗时期,唐廷已经摇摇欲坠,朝臣、军将、藩镇等多方面都加入对一支独大的神策军掌控权的争夺,神策军将领外廷化,皇帝已经失去了对其有效的控制。

僖宗广明元年(880年),黄巢军队已入东都境,"上命选两神策弩手,得二千八百人,令张承范等将以赴之"⑨,以救援东都。大宦官田令孜考虑到京师空

---

① 《资治通鉴》卷232"唐德宗贞元三年七月"条,中华书局2013年版,第7710页。
② 《新唐书》卷170《王锷传》,中华书局1975年版,第5169页。
③ 《资治通鉴》卷232"唐德宗贞元三年七月"条,第7710页。
④ 齐勇峰:《说神策军》,《陕西师范大学学报》1983年第2期。
⑤ 齐勇峰在《说神策军》一文中,对贞元年间神策军的扩编有比较详细的列举。
⑥ 《旧唐书》卷14《宪宗本纪》载:"(元和三年春正月)戊申罢左右神威军合为一,号天威军"(中华书局1975年版,第424页)。《新唐书》卷50《兵志》载:"元和二年省神武军,明年又废左右神威军,合为一曰:天威军。八年废天威军,以其兵骑分隶左右神策军。"(第1335页)参见张国刚《唐代禁卫军考略》,《南开学报》(哲学社会科学版)1999年第6期。
⑦ 《唐语林》卷6载:"沙陀本突厥余种,元和中三千人归顺,隶京西。节度使范希朝主之。弓马雄勇,冠于诸蕃"(中华书局1987年版,第587页)。元和时,范希朝任朔方灵盐(今宁夏灵武县西南)节度使,这里的"隶京西",应该是指将沙陀归顺的部落编入神策军京西诸镇行营。
⑧ 《资治通鉴》卷242"穆宗长庆二年夏四月甲戌"条,第8040页。
⑨ 《资治通鉴》卷254"僖宗广明元年十一月辛酉"条,第8463页。

虚，于是"奏募坊市人数千以补两军"①。僖宗光启元年（885年），僖宗避黄巢之乱在蜀时，"田令孜在蜀募新军五十四都，每都千人，分隶两神策为十军以统之"②。

昭宗天复三年（903年），宰相崔胤以"侍卫单寡"为由，请于市区立格募兵六千六百人，承担"分番侍卫"③的任务。结果招来的是杀身之祸，引起朱温的猜疑，朱友谅（朱温兄子）索性发兵将包括崔胤在内的朝臣和宦官尽数诛杀，独揽大权。不仅遣散了原有禁军，还诛杀了护卫皇帝的"小儿"④，全部换成"汴卒"，最终将皇帝的生杀予夺大权牢牢控制在自己手里，其结果也可想而知。

僖宗和昭宗朝的三次召募和扩编，似乎回到了玄宗天宝年间的起点，面临禁军已经不足以组成抗敌救援部队的局面，在藩镇的轮流进逼包夹中，于是仍然采取了在城区（坊市）公开召募禁军兵士的方式，自然又有大量的市井之徒。僖宗避蜀，事出仓促，就地召募，组成新军，没有说明来源，成分应该以流散人员和城市居民为主。

四　间歇期间的博弈

三段时间具有一定规模和公开招募的举动有九次。玄宗和代宗三次，德宗三次，僖宗和昭宗三次。德宗的第二阶段和僖宗昭宗的第三阶段相隔大约八十多年。

这八十多年，是中央和藩镇博弈的拉锯时期，也是以神策军为主要力量的禁军因充斥市井之徒而最受诟病的时期。而神策军的掌控权在经过几番争夺后，

---

① 《资治通鉴》卷254"僖宗广明元年十一月辛酉"条，中华书局2013年版，第8464页。
② 《资治通鉴》卷256"僖宗光启元年"条，第8550页。同卷："是时，藩镇各转租税，河南北江淮无复上供，三司转运无调发之所，度支惟收京畿、同、华、凤翔等数州租税，不能赡。"（第8550页）藩镇各专租税，自然也是兵源各专。
③ 《资治通鉴》卷264"昭宗天复三年"条：崔胤奏："左右龙武、羽林、神策等军名存实亡，侍卫单寡。请每军募步兵四将，每将二百五十人，骑兵一将百人，合六千六百人。选其壮健者，分番侍卫。从之。令六军诸卫副使、京兆尹郑元规立格召募于市（第8839页）。""此崔胤所判六军也。六军各军步兵千人，骑兵百人，合六千六百人。"《册府元龟》卷124《帝王部·修武备》（中华书局1960年版，第1492页）略同。《旧唐书》卷20上《昭宗本纪》载："初，茂贞凌弱王室，朝廷姑息，加尚书令。及全忠方守太尉，茂贞惧，乞罢尚书令故也。崔胤奏六军十二卫名额空存，实无兵士，京师侍卫，亦藉亲军。请每军量召募一千一百人，共置六千六百人。从之。乃令六军诸卫副使、京兆尹郑元规，立格招收于市。"（中华书局1975年版，第777页）
④ 南衙系统的禁军在唐后期逐渐衰落并被取缔，但在南衙系统上衍生的"小儿"成为围绕皇帝的武备力量，最终也随着唐朝覆亡而被集体诛杀。关于唐朝的"小儿"，可参看拙文《唐朝的"给使小儿"》，《张广达先生八十华诞祝寿论文集》，新文丰出版公司2010年版，第311—330页。

最终落入宦官手中,也是发生在这个时期。柏良器于德宗贞元二年(786年)以平淮西功任左神策军将军,八年迁大将军,受到德宗的信任,于是着手对神策军进行整顿和改编,"士卒之在市贩者悉挥斥去,募勇者代之"①。柏良器曾在讨伐李希烈的战斗中,"以劲卒万人泝流千里倍程救援"②,尽显骁勇之姿。召募的"才勇之士",很可能就是他统率过的这些能征善战的"劲卒",引起"当权宦官的不满和猜忌,为阻止他对神策军的大换血而陷害他,监军窦文场借"妻族饮醉寓宿宫"③之缘由,将他换任右领军卫,失去了执掌神策军的权力。柏良器遭到清洗为何得到德宗的首肯,史无明文。但德宗经历几次叛乱后,对藩镇已有防范和猜忌之心,柏良器的大换血,未必是德宗所愿意看到的,毕竟在奉天之难时,追随左右的是宦官统领的人马。而藩镇的反复无常,德宗已深有体会。将这些劲卒召募为环绕身边倚重的禁军,由久经战阵的军将统领,是宦官之大忌。但柏良器在与宦官争夺神策军权落败后,收编和兼并方镇诸军进入神策军的措施并没有中止④,不过是在领导权已经牢牢掌握在宦官手里的前提下继续进行的。这是神策军第一次也是唯一一次的整编之举,而且半途夭折。当力量对比的天平最终向藩镇一方倾斜时,"市井之徒"也成为遣散禁军的最好借口。

九次扩编和召募之举,充实到禁军行列中的有边兵、藩镇兵、市井之人(即城市居民)、周边地区人士、⑤滞留京师的胡客(实际等同于城市居民)及来源不

---

① 李翱:《李文公文集》卷13《唐故特进左领军卫上将军兼御史大夫平原郡王赠司空柏公神道碑》,四部丛刊本。
② 《文苑英华》卷973《左仆射韩滉行状》,中华书局1956年版,第5118页。
③ 《资治通鉴》卷234"德宗贞元八年"条,中华书局2013年版,第7760页。
④ 齐勇峰在《说神策军》(《陕西师范大学学报》1983年第2期)一文中,指出:神策军成为禁军后,曾有两次较大规模的扩编,一次是代宗大历年间,收编了一批久经沙场的方镇军,此后出征、御敌,都立下汗马功劳;第二次扩编是在德宗贞元年间,扩编的兵士主要有三部分来源:一是其他方镇军队,二是强行兼并京畿和关内诸军,三是召募新军。齐勇峰在《中晚唐五代兵制探索》(《文献》1988年第3期)一文中,指出:"神策军成为禁军后,大历、贞元间,两度大规模扩编。至贞元后期,神策军兵力已达十五万之众。可见神策军虽不免包含挂名军籍的富豪商贾子弟,但其主要成分,并非流行的看法那样,是"不堪一击"的"市井无赖、豪强、奸猾之徒",而是"有较强作战能力的边军和方镇军"。不过,被兼并的藩镇兵将,常驻京师,很快也会被同化,即市民化。也有一些藩镇隶属神策军,未必常驻京师。上文所举柏良器欲整顿清理神策军,而由他所能控制的军卒取代,遭到宦官的猜忌和抵制,执掌禁军的权力被收夺。
⑤ 如张光晟,据《旧唐书》卷127记载,为京兆盩厔人,应募入伍,大历末累迁单于都护兼御史中丞振武军使,因劫杀回纥进京使者并掠夺财物和妇女,贬任睦王傅、太常卿等闲职,心怀不满,加入叛军。但叛乱平定后,李晟爱其才,并未受到惩处,而是"令归私第,表请特减其罪,每大宴会皆令就坐"(中华书局1975年版,第3574页)。私第显然是在长安。

明人员。神策军的驻防范围大体是在京畿和关内。①

禁军为两大系统，北衙系统，主要是宫廷和京城警卫，逐渐衰落，属非神策军系统，主要招收京畿地区以长安城内外为主的人员，不承担出征任务，最后逐渐被南衙取代，但还保留了一部分宫内武装，主要是"小儿"，崔胤试图建立外廷禁军，最终内外武备都被消灭。

南衙系统以神策军为核心，分为两部分，一部分出镇京畿和关内诸镇，大部分是原有方镇和边兵，人员不会变动太大，也不驻守京城，很多是挂衔，以行营名义享受待遇，也属于中央能控制的与藩镇抗衡的外围武装；另一部分驻守京城②，很多富家子、市井无赖充斥其间，原军队的将士在多年熏染下，常驻京城，不承担出征任务，城市化、市井化日趋严重。受到诟病的主要是后者。

因此，唐后期以神策军为主的禁军，到底是充斥着富家子、市井无赖、奸猾之徒、豪强子弟而不堪一击，还是颇具战斗力以收编方镇军为主要来源，应该区分不同时间、不同地域和担负不同职能的禁军系统，才能了解得更清楚。为何唐后期禁军（主要是驻京部队）充斥着"市井无赖""富家子"，为何这些人仅占禁军的一部分或一小部分，却引起如此强烈的抨击，以至需要一千多年后的学者出来予以澄清？待另文探讨。

2014年7月18日第一稿

（宁欣，北京师范大学）

---

① 《资治通鉴》卷237"宪宗元和二年"胡注："按宋白《续通典》：'左神策京西北八镇，普润镇、崇信城、定平镇、□□□、阙归化城、定远城、永安城、合阳县也。右神策五镇，奉天镇、麟游镇、良原镇、庆州镇、怀远城也'"（中华书局2013年版，第7862页）。同书卷241"宪宗元和十五年条"胡注："左右神策军分屯近畿，凡八镇：长武、兴平、好畤、普闰、合阳、良原、定平、奉天也。宋白所记与此稍异。"（中华书局2013年版，第8008页）齐勇峰认为，关于神策军建制，不同记载中有八镇、十二镇、十三镇的不同说法，"八镇似为德宗以后神策军比较稳定之驻地，其他两说与八镇有出入者，当是由于军事形势的变化，神策军临时或短期出镇之地点"。

② 齐勇峰在《说神策军》（《陕西师范大学学报》1983年第2期）一文中将唐后期的神策军担负的职能归纳为四项：一是警备京师；二是与防秋诸军犄角相应，防遏吐蕃；三是随时应命出征，讨伐藩镇的叛乱；四是监临关内诸军。

安史之乱前吐蕃进攻河西的军事地理研究

朱悦梅

河西走廊是汉代通西域的瓶颈之地,历史上的河西走廊,在西汉以前曾经是月氏、乌孙、匈奴等游牧民族的天然牧场,西汉武帝以后,这里逐渐被开发为农耕经济地区。吐蕃王朝对河西走廊的用兵,以安史之乱为分界线,可分为前后两期,采取的是完全不同的军事策略。

万岁通天二年(697年),郭元振受武后之遣入蕃,途中与吐蕃大将论钦陵相遇,在两人论唐蕃形势的谈话中,论钦陵曾言及对河西走廊军略情势:"陵若遣兵,或出张掖,或出玉门,使大国春不遑种,秋无所获,五六岁中,或可断汉右界矣。"① 樊衡《河西破蕃贼露布》更有:"臣自以马步三千于大斗、建康、三水、张掖等五大贼路变应接。"② 很明显,从祁连山诸多纵谷北入河西走廊的交通是畅通的,吐蕃军队利用这些通道可以从青藏高原跨入走廊内部,对唐通往西域的通道构成威胁。

下面从吐蕃针对河西走廊的几次战例,对吐蕃在河西走廊用兵的军事地理及军事交通给予勾勒,并探讨吐蕃军事行动与河西走廊自然地理的关系与特征。

一 吐蕃军队进入凉州的军事地理及交通

两《唐书》、《册府元龟》卷二五、《资治通鉴》卷二〇六均记载吐蕃在神功元年(697年)攻击了凉州。③ 但《资治通鉴》"万岁通天"条载是突厥攻击了凉

---

① 杜佑:《通典》卷190《边防六》吐蕃条,中华书局1988年版,第5175页。
② 董浩等编修:《全唐文》卷352,中华书局1982年版,第3573页。
③ 《旧唐书》卷6《则天皇后本纪》,中华书局1975年版,第125页;另见《旧唐书·吐蕃传》;《册府元龟》卷25;《资治通鉴》卷206"神功元年正月己亥"条。

州。藏语史料仅记载藏王集中了大量人马而已，并未谈到攻击凉州一事。①《资治通鉴考异》亦分析，当为突厥寇凉州，而非吐蕃。据考，此时吐蕃已经与突厥联兵。② 吐蕃军事力量此时开始涉足凉州。

咸亨元年（670年）赤水流域中打败唐军的论钦陵在吐蕃专统兵马，势力炙手可热，与赞普器弩悉弄之间开始出现对立。圣历二年（699年），赞普杀论钦陵亲党二千余人，并将兵讨伐论钦陵，论钦陵兵溃自杀，追随论钦陵的赞婆带领所部千余人及其侄莽布支等归降唐朝。《资治通鉴》卷二〇六圣历二年十月条云："丁亥，论赞婆至都，太后宠待，赏赐甚厚，以为右卫大将军，使将其众守洪源谷。"胡三省注云："洪源谷在凉州昌松县界。"昌松即今古浪县境，陈炳应先生考洪源谷为今庄浪河谷，是武威地区六道由祁连山通来的河谷之一。③

吐蕃赞普对赞婆率残余进入唐境不能容忍，对其追剿，以"麹莽布支新知贼兵，一欲曜威武"④。久视元年（700年），相尾随而攻击凉州。"吐蕃又遣其将曲莽布支寇凉州，围逼昌松县。陇右诸军州大使唐休璟与莽布支战于洪源谷，斩其副将二人，获首二千五百级"⑤。从昌松入凉州，洪源谷是必经之路。

洪源谷是唐军较早设防的入凉州的军事通道，而吐蕃这次攻凉州对当时的军事设防有直接的影响。⑥ 唐朝对凉州的军事防戍体系以郭元振上任凉州都督后臻至完善。郭元振以则天大足元年（701年）为凉州都督陇右诸军大使，⑦"先是，凉州封界南北不过四百余里，既逼突厥、吐蕃，二寇频岁奄至城下，百姓苦之。元振始于南境硖口置和戎城，北界碛中置白亭军，控其要路，乃拓州境一千五百

---

① 《大事记年》696年条，见黄布凡、马德《敦煌藏文吐蕃史文献译注》，甘肃教育出版社2000年版，汉译文第45页，藏文第13页。巴考（Bacat）《有关西藏历史的敦煌文献（Documents de Touen-Houang relatifsal' histoire du Tebet）》对此问题亦有注意。

② 关于吐蕃与突厥联兵一说，详见王小甫《唐吐蕃大食政治关系史》，北京大学出版社1992年版，第157页。

③ 《新唐书》卷216《吐蕃传》（中华书局1975年版，第6080页）载："赞婆以所部及兄子莽布支等款塞，遣羽林飞骑迎劳，擢赞婆特进辅国大将军归德郡王，莽布支左羽林大将军、安国公，皆赐铁券，礼尉良厚。赞婆即领部兵戍洪源，死，赠安西大都护。"

④ 陈守忠：《公元八世纪后期至十一世纪前期河西历史论述》，《河陇史地考述》，兰州大学出版社1993年版，第78页。

⑤ 《旧唐书》卷196《吐蕃传》，中华书局1975年版，第5226页；《册府元龟》卷393《将帅部威名二》，中华书局2003年版，第4661页，同书卷四二八《将帅部料敌》，第5103页。

⑥ 乾隆和民国时修的《古浪县志》言其建于唐嗣圣十八年（684年），当误。

⑦ 李昉、宋白编：《文苑英华》卷972（中华书局1966年版，第5112页）所收睿宗、玄宗时宰相张说《兵部尚书代国公赠少保郭公（郭振、郭元振）行状》载701年"吐蕃与突厥连合，大入河西，破数十城，围逼凉州，节度出城战殁，蹂禾稼，米斗万钱。则天方御洛城门酺宴，凉州使至，因辍乐。拜公为凉州都督，兼陇右诸军大使，调秦中五万人，号二十万以赴河西"。此事《资治通鉴》卷207系于"长安元年"条下，实为同一年。两《唐书》《郭元振传》、《册府元龟》卷429《将帅部拓土》等亦有载。

里，自是寇虏不复更至城下。元振又令甘州融刺史李汉通开置屯田，尽其水陆之利。旧凉州粟麦解至数千，及汉通收率之后，数年丰稔，乃至一匹绢籴数十斛，积军粮支数十年，元振风神伟壮，而善于抚御，在凉州五年，夷夏畏慕，令行禁止，牛羊被野，路不拾遗"①。

郭元振于南境硖口置和戎城，北界碛中置白亭军，拓州境一千五百里。② 白亭军在今民勤县境内，是防御突厥的要冲。和戎城，不言而喻是为了防御吐蕃入侵凉州的。其位置估计在当时的凉州昌松县洪源谷附近，可以比定为今之古浪县以南，胡三省注城所置之南境缺口在此洪源谷偏北的溪口③。顾祖禹将该地比定在古浪。④ 洪源谷是唐军防守的重中之重。

噶尔家族退出吐蕃政治舞台，使一度由论钦陵兄弟操控的对外军事行动出现脱节。吐蕃开始越过吐谷浑，借口剿灭论钦陵旧部散入河西的那部分力量，向北对河西用兵。对河西的用兵，在当时吐蕃的对外军事地理部署中还没有上升到主要地位，因为河湟、西域都还牵动着吐蕃的主要军事力量和政治动机。因此，吐蕃于 700 年对凉州用兵失败后，对河西走廊一时难以再有机会染指，直到唐蕃河湟战场上拉锯战出现黏滞期间，吐蕃又转移军事战线，重回河西走廊战场做试探性攻略，以扯动唐军的防线。

733 年秋，吐蕃入河西，左威卫郎将王忠嗣大败之⑤。此后，吐蕃与唐双方都有了和平的姿态，于开元二十二年（734 年）于赤岭立碑分界。

凉州作为河西走廊的军事重镇，是吐蕃的必争之地。⑥《吐蕃历史纪年》758 年，至德三年，乾元元年："大论囊热尔（blon-che-snang-bzher）返回蕃地……论泣藏与悉颊藏达囊等领兵开赴坚城凉州方面"⑦。从地理地形分析，吐蕃军队要进入河西走廊，在唐防戍体系健全的情况下，只能实施集团军规模的作战，以偷袭方式进入一个汉族控制的区域，于地利、人和都不具条件。故集团军集中攻击河西走廊之一要镇，胜则有进一步深入攻击的依托。这就是吐蕃为何以凉州为攻略对象，且选择洪源谷为军事交通线路，只有这里能够通过吐蕃足够与唐军作战的军队。

除了洪源谷，从大通河流域通往凉州的通道还有若干条，有一些到现在还为

---

① 《旧唐书》卷 97《郭元振传》，中华书局 1975 年版，第 3044 页；《资治通鉴》卷 207 "大足元年"条，中华书局 2011 年版，第 6557—6558 页。
② 王钦若等：《册府元龟》卷 249《将帅部拓土》，中华书局 2003 年版，第 5117 页。
③ 《资治通鉴》卷 206 "圣历二年冬十月丁亥"条所附胡三省注，第 6542 页。
④ 顾祖禹：《读史方舆纪要》卷 63 "陕西十二庄浪卫洪源谷"条，中华书局 2003 年版，第 3003 页。
⑤ 《册府元龟》卷 358《将帅部·立功一一》，第 4245 页；同书卷 396《将帅部勇敢三》，第 4699 页。
⑥ 杨铭：《通颊考》，《敦煌学辑刊》1987 年第 1 期。
⑦ 王尧、陈践：《敦煌本吐蕃历史文书》，民族出版社 1980 年版，第 39 页。

民众所用。据《秦边纪略》载，从永昌南通黄城滩①，"黄城儿在祁连山中，连山叠嶂，崎岖山谷间，地势忽宽衍，循两山之谷面北，东通庄、凉，西趋甘州，无不可者。明时，兵民处城中，黑番处城外，故凉州、永昌间，高枕而卧……其内有唐有沙沟、黑沟口、一棵树、红泉口之可扼，外有烂泥、打班、江宁口、水关口之可防"②。据考，由于农业区的扩大，今天的草原面积已大大缩小，寒占口的位置已在黄城滩草原之外③。但这里作为河西走廊与青海间的通道却始终畅通着，蒙元至明代，蒙藏间的往来亦多由此通行，土默特蒙古俺答汗、青海蒙古固实汗等都在这里留下过足迹。

此外，可考的通凉州的南山纵谷还有一些，如兰门山谷。古代的弱水亦称羌谷水，《史记·夏本纪》"弱水至于合黎"下《正义》引《括地志》云："兰门山，一名合黎，一名穷石山"，《淮南子》云："'弱水源出穷石山'"。又云："合黎，一名羌谷水"，"亦名张掖河，南自吐谷浑界流入甘州张掖县"。这里自吐谷浑界流入甘州之羌谷水，其谷能否作为交通道路还不好说，仅备于此。

通凉州的通道当不止于此，祁连山山间纵谷不仅是吐蕃进入河西走廊的军事交通路线，在吐蕃尽占河西走廊之后，还是吐蕃诸部落从事畜牧生产的栖息场地。并对后世河西走廊及祁连山地的部族分布产生影响。五代时期吐蕃六谷部据说就是分面于祁连山的六道纵谷中而得名。

吐蕃对河西地区的入寇，早期是以掠夺为目的，掠得财物后能扩张则扩张，没有机会就撤走，这一方面是由吐蕃部落军事制度决定的，特别是在生活物资出现短缺时。但吐蕃军事部落从河湟战场转而攻击河西走廊，也有战略上的互动关系，即扯动河西唐军的防线，以分唐军力量助河湟战场与西域战场一臂之力。随着政治军事态势的发展，河西走廊地区以其在经济贸易、军事战略等方面的重要价值，成为唐蕃争夺西域控制权的战略必争之地。安史之乱后，吐蕃趁势攻夺了河西走廊，于贞元二年（786年）最后收降洮州，控制了整个河西走廊，这期间的战事基本都是在走廊内完成的。

二 吐蕃军队进入甘州的军事地理及交通

安史之乱前的河西走廊甘凉形势，陈子昂在上书中直言："河西诸州，军兴

---

① "大草滩"指甘凉之间之草原，西自张掖东南，东至武威西南，南邻祁连山脉之草原地带，后随着草原面积的减少，今以黄城滩地名取而代之。详见韩官却加《"青海大草滩"考》，《青海民族学院学报》1998年第4期。

② 《秦边纪略》卷3，广文书局1974年版，第147—148页。

③ 韩官却加：《"青海大草滩"考》，《青海民族学院学报》1998年第4期。

以来，公私储蓄，尤可嗟痛。凉州岁食六万解，屯田所收，不能偿垦。陛下下欲制河西，定乱戎，此州空虚，未可动也。甘州所积四十万斛，观其山川流不息，诚河西喉咽，地北当九姓，南逼吐蕃，奸回不测，伺我边罅，故甘州地广粟多，左右受敌。但户只三千，胜兵者少，屯田广夷，仓庚丰衍，瓜、肃以西，皆仰其饣军，一旬不往，士已枵饥，是河西之命，系于甘州矣……异时吐蕃不敢东侵者，鹤孚甘、凉士马强盛，以振其人。今甘州积粟万计，兵少不足以制贼，若吐蕃敢大人，燔蓄谷，蹂诸屯，则河西诸州，我何以守！宜屯兵"①。

开元初年，吐蕃开始了攻伐活动，表现积极，先是占据了青海山脉中的石堡城，此城直到开元十七年（729年）才为唐信安王李祎攻拔。同年，吐蕃又进攻位于瓜州西北千里、罗布泊东部地区的墨离军。从吐蕃攻破墨离军推测，开元十四年至十六年（726—728年），吐蕃侵寇河西西部的活动实际上只不过是吐蕃大举入寇整个河西地区的一环。②

开元十四年（726年），吐蕃大将悉诺逻突然率众进入大斗拔谷，焚烧了甘州城乡。但由于吐蕃军遇到大雪，冻死了不少人，不得不经积石军西路返回。③《新唐书·吐蕃传》对之有详细的记载：

> 后二年（726年），悉诺逻兵入大斗拔谷，遂攻甘州，火乡聚。王君㚟勒兵避其锐，不战。会大雪，吐蕃被冻如积，乃逾积石军趋西道以归。

《旧唐书·吐蕃传》亦载：

> （开元）十五年（727年）正月君㚟率兵破吐蕃于青海之西，虏其辎重及羊马而还。先是，吐蕃大将悉诺逻率众入攻大斗谷，又移攻甘州，焚烧市里。君㚟畏其锋，不敢出战。会大雪，贼冻死者甚众，遂取积石军西路而还。

两文参照，则吐蕃攻大斗拔谷的具体过程历历在目。

大斗拔谷，约在今民乐西南扁都口，《元和郡县志》中写作大斗支谷，④是甘州删丹县以南200里的一块绿洲，六朝时代称作赤泉。它对通过河西的商队来说

---

① 《新唐书》卷107《陈子昂传》，中华书局1975年版，第4072页。
② [法]戴密微：《吐蕃僧诤记》，耿昇译，甘肃人民出版社1984年版，第234页。
③ 王钦若等：《册府元龟》卷358《将帅部立功一一》，中华书局2003年版，第4254页。
④ 李吉甫：《元和郡县图志》卷40"陇右道甘州删丹县"条，中华书局1983年版，第1022页。

是甘州与凉州间最好的休憩地。① 因此此路为进入甘州的必经之地，唐军对大斗拔谷防御相当严密，吐蕃欲与唐一争甘州，亦置有相应的军事建置，这就是"吐蕃新罗城"，两军在这里呈剑拔弩张之势。

开元二十六年（738年）三月，吐蕃攻河西，崔希逸击破之。鄯州都督杜希望攻拔吐蕃新罗城。② 取新罗城是河西节度使杜希望的军事计划，史载，"杜希望欲取吐蕃新罗城，有言忠嗣才者，希望以闻，诏追赴河西，进拔其城"③。唐拔其城后，又置威戎军于此，这说明新城的地理位置与以凉州城为中心的防戍体系密切相关，即新罗城是吐蕃从大通山脉东端入姑臧南山的军事据点。严耕望先生在解读天宝元年樊衡撰写的《河西破蕃贼露布》亦得出结论，新城为大斗拔谷南之要地，大斗至新城必有一通道无疑。④

新罗城即新城，《唐会要》卷七八记"在鄯州界"，《通典》卷一七二记其在"西平郡西北三百十里"；《元和郡县志》卷三九鄯州条作"州西三百五十里"，兰州条作"河源军西一百八十里"；《新唐书·地理志》亦云在鄯州"西北三百五十里有威戎军"；胡注旧传："州星宿川西北三百五十里有威戎军。"严耕望先生以"星宿川"三字为衍字，故推新罗城在鄯州西或西北三百五十里，并指出《一统志·西宁府卷·沿革》大通县条将威戎城（即威戎军城）置于大通县为后人误将安人军为威戎军。⑤ 此说甚是。由于考古资料缺乏，严先生亦未能确指威戎军城所在，只将新城威戎军考在今湟源之西至海晏间，但是依"威戎军北至大斗，西至鱼海军"的判断，这个位置与新城至大斗拔谷的地理关系似嫌远了。《中国历史地图集》虽将威戎军标在大通河北岸的门源，位置较为合适，但从里程上算甚至可以更西。这里无疑是与唐大斗拔谷守军更适宜的对峙地点，同时向凉州方向亦有捷近的道路相通。

考虑到当时吐蕃占据着石堡城，我们就会很容易地理解他们可以从大通河谷北岸上任何一个山谷进入祁连山，穿过南山山脉诸纵谷，特别是大斗拔谷。当时，虽然吐蕃尚未完全控制大斗拔谷，但是可以看出他们是从该地南部北上进入河西的。⑥

另，今天的大都麻谷，"大都麻"藏语作 ta-gtor-ma，to 为汉语译音，gtor-ma

---

① ［日］前田正名：《河西走廊历史地理学研究》，陈俊谋译，中国藏学出版社1993年版，第79页。
② 王钦若等：《册府元龟》卷986《外臣部征讨五》，中华书局2003年版，第11586页。
③ 严耕望：《河湟青海地区军镇交通图》，《唐代交通图考》卷2"河陇碛西区"（"中央研究院"历史语言研究所专刊之八十三），"中央研究院"历史语言研究所1985年版，第526页。
④ 《新唐书》卷133《王嗣忠传》，中华书局1975年版，第4552页。
⑤ 严耕望：《河湟青海地区军镇交通图》，第525页。
⑥ ［日］前田正名：《河西走廊历史地理学研究》，陈俊谋译，第79页。

即神馐（食子），因大都麻河谷东岸为牛毛寺山，牛毛寺山为祁连山主峰之一，河谷西岸山崖为一红沙山，呈崖状，形似"多麻"（食子），"大都麻"因此而得名。当地大都麻谷谷口瓦房城水库西岸附近有一古城遗址，今名古城子，其位置为控扼谷川交通之咽喉，谷口的位置在今民乐县与肃南裕固族自治县的交界处，今天当地人称其为"大都麻口子"，沿大都麻河逆流而上，可达青海。与之相对应，还有小都麻河，"小都麻"藏文作 zho-gtor-ma，zho 亦为汉字"小"的译音，亦得名于小都麻河东岸的照壁山山形，而在小都麻谷谷口西岸也有古城遗迹，从地势上亦为扼控交通之要冲。

三 吐蕃军队进入肃州之军事交通

《旧唐书·公孙武达传》载："岁余，突厥数千骑，辎重万余，入侵肃州，欲南入吐谷浑。武达领二千人……急攻之，大溃，挤之于张掖河。"[1] 严耕望先生据此指出肃州必有道南通吐谷浑。

侵入肃州并欲南下入吐谷浑境的突厥军队被击溃挤入张掖河上游地区。此河与从肃州西由北向南流的陶勒水相连。《清史稿》卷七九《地理志》二十六青海条载：

> 洮赉河亦作滔来、陶赖、讨来，在肃州南，下流合张掖河，即古呼蚕水也。《汉书·地理志》禄福县，"呼蚕水出南羌中，东北至会水，入羌谷"。《寰宇记》："呼蚕水一名潜水，俗谓之禄福河，西南自吐谷浑界流入。"《一统志》："按今讨来河发源州西南五百余里番界中，有三派，最西曰讨来河，其西又有辉土巴尔呼河，北流，与讨来河合。又东北百余里，南有巴哈、额济纳二河，分流而合，又北与讨来河会为一，又东北流入边。绕州南，至州东北，合西来之水，又东北出边，过金塔寺，稍折而北，又转东与张掖河合，又北入居延海。"

在今天的地图上查找，陶勒河与张掖河由托来山分水，两水并不合流。但是两水的上游在托来山的今热水达坂形成道路沟通，这条道路向东沿黑河与吐蕃的祁连城相通。

开元十六年（728年）八月"辛卯，萧嵩又遣杜宾客击吐蕃于祁连城，大破

---

[1] 《旧唐书》卷557《公孙武达传》，中华书局1975年版，第2300页。

之，获其大将一人，斩首五千级"①。祁连城，在今民乐县西南张掖河（今黑河）支流八宝河南岸，为吐蕃所置，并管兵的底限数字为五千，是为吐蕃一重要军事驻扎据点。

岑参《送李副使赴碛西官军》诗云：

火山六月应更热，赤亭道口行人绝。
知君惯度祁连城，岂能愁见轮台月。
脱鞍暂入酒家垆，送君万里西击胡。
功名只向马上取，真是英雄一丈夫。②

这是岑参于天宝六载（747年）六月，李副使将离武威，远赴碛西的安西都护府时所作。开元十六年萧嵩破吐蕃祁连城后，直到安史之乱前，河西走廊对吐蕃的防御都是较为成功的，故到天宝间，祁连城还是走吐谷浑路西去安西都护府的通道。从肃州南通吐谷浑之路由陶勒水上游贯通张掖水上游，再沿张掖水东至祁连城，可东南与吐蕃渔海军或东向与吐蕃新罗城相接。从肃州沿陶勒水南下继续向西，还有通玉门军的山间谷道。

玉门军，《元和郡县图志》卷四〇陇右道下肃州条中载道："玉门军，开元中置，玉门县为吐蕃所陷，因于县城置玉门军。"从大通河流域进入玉门有一条穿过祁连山的山间谷道，为野马川、滔赖河，光绪乙未年（1895年）湟中穆斯林起义军残余势力出逃玉门走的就是此道。③

日本学者前田正名氏将敦煌文书P.2555《窦昊为肃州刘臣璧答南蕃书》④ 中"三年已前七月十五，劳规摩大军远辱弊邑"一语解释为吐蕃的一次入侵行动。⑤ 并根据伊州、凉州、肃州的陷落时间次序，认为吐蕃的这次行动是从额济纳河上游向南攻击肃州的。⑥

从目前资料所反映的情况看，吐蕃是否在河西走廊北部活动过还不甚清楚。

---

① 王钦若等：《册府元龟》卷986《外臣部征讨五》，中华书局2003年版，第11585页。
② 岑参著，陈铁民、侯忠义校注：《岑参集校注》，上海古籍出版社2004年版，第122页。
③ 指循化撒拉族中伊斯兰教发生的新老教派之争，后发展为撒拉族、回族的反清斗争。事见崔永红、张德祖、杜常顺主编的《青海通史》，青海人民出版社1999年版，第441—450页。
④ 文书作于宝应元年（762年），录文见邓小楠《为肃州刺史刘臣璧答南蕃书（伯二五五五）校释》，收录于北京大学中国中古史研究中心编《敦煌吐鲁番文献研究论集》，中华书局1982年版，第596—598页；唐耕耦、陆宏基《敦煌社会经济文献真迹释录》第四辑，全国图书馆文献缩微复制中心1990年版，第354—356页。
⑤ ［法］戴密微：《吐蕃僧诤记》，耿昇译，甘肃人民出版社1984年版，第417页。
⑥ ［日］前田正名：《河西走廊历史地理学研究》，陈俊谋译，中国藏学出版社1993年版，第165页。

S.6342《张议潮咸通二年收复凉州奏表并批答》中谈及陷没河西陇右的吐蕃子民时道:"伏以凉州是国家边界。"① 因此,吐蕃军队如果借回鹘道由北方南压河西走廊,从完全军事意义上的交通选择虽然不是没有可能,但尚需有效的证据说明。

四 吐蕃军队进入瓜沙的军事地理进程

《旧唐书·吐蕃传》云:

> 其年(727年)九月,吐蕃大将悉诺逻恭禄及烛龙莽布支攻陷瓜州城,执刺史田元献及王君㚟之父寿,尽取城中军资及仓粮,仍毁其城而去。又进攻玉门军及常乐县,县令贾师顺婴城固守,凡八十日,贼遂引退。俄而王君㚟为回绝余党所杀,乃命其部尚书萧嵩为河西节度使,以建康军使、左金吾将军张守珪为瓜州刺史,修筑州城,招辑百姓,令其复业。时悉诺逻恭禄威名甚振,萧嵩乃纵反间于吐蕃,云其与中国潜通,赞普遂召而诛之。②

从这段记载可以推测,吐蕃军队前入甘州与后毁瓜州城是分别从不同的路途北上的,前者入大斗拔谷后退回青海湖南。这就排除了吐蕃人从河西走廊内部西入瓜州的可能。而九月攻陷了瓜州城后,吐蕃军队又分别向东进击玉门军、向西攻打常乐,因县令贾师顺死守常乐县,吐蕃未能攻占,只好离去。这样的行军路线表明入瓜州的吐蕃军队是直接走祁连山谷北上的。关于吐蕃由祁连山南麓北上通瓜州的交通道路,可以从唐在河西走廊设置的军事建置的位置得以寻觅。

景云二年(711年)唐分陇右道设置河西节度,目的是隔断吐蕃、突厥及其对河西走廊的侵寇,河西节度"统赤水、大斗、建康、宁寇、玉门、墨离、豆卢、新泉八军,张掖、交城、白亭三守捉,屯凉、肃、瓜、沙、会五州之境,治凉州,兵七万三千人"③。其中豆卢军下又有子亭镇,又称紫亭镇,设有镇遏使④、副使、监使。敦煌遗书P.5034《沙州都督府图经》记:

---

① 唐耕耦、陆宏基编:《敦煌社会经济文献真迹释录》第四辑,全国图书馆文献缩微复制中心1990年版,第363页。
② 《旧唐书》卷196《吐蕃传》,中华书局1975年版,第5230页。
③ 《资治通鉴》卷215"天宝元年春正月"条,中华书局2011年版,第6848页。
④ 1972年冬天,新疆文物考古工作者在吐鲁番阿斯塔那古墓群进行了一次古墓清理工作,发现了著名的张氏家族墓地,出土唐游击将军上柱国张礼臣、唐昭武校尉沙州子亭镇将张公夫人麹娘、麹仙妃等人的三方大型石刻墓志铭。"沙州子亭镇将"即镇遏使一职。

西子亭山，右在（龙勒）县西南一百九十八里，东接龙勒山，西经樊石戍西出，连延接石城镇（今新疆若羌）南山。汉开郑善旧路，因山置亭。其山石紫色，故号紫亭，时人语讹为子亭。①

西子亭山，即今阿尔金山东段；所谓"郑善旧路"，指敦煌通往楼兰（今新疆若羌县东米兰一带）的道路，随着此路的开通紫亭即已设立。十六国西凉时对子亭进一步修缮，名为子亭城，"以威南虏"。《沙州都督府图经》卷三记载，甘泉水（党河）流至子亭镇出山后，又向西北流至山网烽，水东即是鸣沙山。唐山网烽遗址今日犹存，位于党河水库西侧、鸣沙山西麓山头，残高约2.5米。据考，沙州归义军时期，子亭镇的历任镇守者均为归义军首脑的亲贵，足见其特殊地位。②唐开元十五年（727年）九月吐蕃攻瓜州、长乐，从当时的军事布设看，吐蕃没有机会从东、西二翼进攻，走此间道当在情理之中。此役吐蕃虏掠瓜州后转攻玉门军，没有得逞，又返回瓜州，攻长乐不下，从瓜州撤兵。其进出道路，当以党河南山之子亭山谷为最佳。

开元十七年（729年）"三月，瓜州刺史张守珪、沙州刺史贾师顺攻吐蕃大同军，大破之"③。吐蕃大同军的地望今无从可考，可能是在吐蕃攻瓜州的祁连山以南的吐蕃军事交通的道路上。

五 渔海、游奕二军的后方军勤设置

《新唐书》卷五《玄宗本纪》载天宝元年（742年）十二月"庚子，河西节度使王倕克吐蕃渔海、游奕军。"《全唐文》卷九六二录天宝元年中书门下《河西大破吐蕃贺表》云："今日王倕果奏大破吐蕃鱼海及游奕等军。"④

渔海、游奕二军的地望，无法确知，但大致方位尚可推敲。樊衡《河西破蕃贼露布》云：

朝议大夫守左散骑侍郎河西节度经略使营田九姓长行转运等事使判武威

---

① 唐耕耦、陆宏基编：《敦煌社会经济文献真迹释录》第一辑，全国图书馆文献缩微复制中心1986年版，第27页。

② 李并成编：《大漠中的历史丰碑——敦煌境内的长城和古城遗址》，甘肃人民出版社2000年版，第31页。

③ 《资治通鉴》卷213"开元十七年三月"条，中华书局2011年版，第6784页；《册府元龟》卷128《帝王部明赏》，中华书局2003年版，第1534页。

④ 董诰等编修：《全唐文》卷962，中华书局1982年版，第9992页。

郡事赤水军使摄御史中丞赐紫金鱼袋上柱国臣某破蕃贼露布事……蠢兹吐蕃，僻在西裔……卵而翼之，犬长吠主，反伐勃律之属国，匿我四乱之亡人，诱我石堡之城，践我蕃禾之麦，多行背德，是恶贯矣。我皇帝怒之，密发中诏，使乘不虞以袭之，臣以统五原之帅，拥中军之师，奉圣略，凭天威，以今月初六日戒严，引高牙而出。十二月会于大斗之南，择精骑五千，皆蓬头、突鬓、剑服之士。乃遣都知兵马使左羽林军大将军安波主帅之。先锋使右羽林大将军李守义副之，十将中马军副使折冲李广琛等部之。臣自以马步三千，于大斗、建康、三水、张掖等五大贼路为应接……十二日至新城南。吐蕃已烧尽野草，列火如昼……十五日至清海北界，遇吐蕃两军游奕二千余骑。波主乃使先锋使大将军李守义领铁骑一千穿贼之中，取首而阵；又使先锋副使郎将安贞领铁骑二百摩贼之垒，斩馘而旋；又使中马军副使李广琛领勃律马骑一千攻其旁；又使节度总管李朱师等领兵八百骑亢其下，使右马军副使张仁贤以游兵一千敌其南北东西……自朝至于日中，凡斩二千余级。十六日进至鱼海军，千里烟尘，百道旗鼓。波主已先遣前军副使折冲傅光越设伏于便道，及交矢石，又使节度总管唐朝英等寇而伪奔。戎争追之，遇伏皆死，因得戮巨鲸于鱼海，坠封豕于鹿泉。平积骸成京观，斩鱼海军大使剑具一人，生擒鱼海军副使金字告身论悉诺匝，生擒弃军大使节度悉诺谷，生擒游奕副使诺匝，生擒副使金字告身拱赟，生擒鱼海军副使银字告身统牙胡。其余偏裨，难以尽载。斩首三千级，生俘千余人、牛马、羊驼八万余头。数获未毕，虏救潜来，在山满山，在谷满谷，顾盼之际，合围数重。诸将皆曰："兵法所谓致之死地，今则是也。亦焉能陷于虏庭，辱明主之深料乎？"于是谋夫一心，战士倍力，择强弩长戟为外拒，置辎重生级于其内。虽喜获多，急何能保？其俘因有因动而将变，且驱而斩之；其虏畜有力极而难致，则拥而焚之。候暮夜之时，望归路而突之。其初也，衔枚屏气，鬼神无声，既出而奋臂大呼，天地摇动。诸部将驰逐而元黄（疑）且战且行，一千余里……①

据露布可知，渔海军为青海北之一要地。《新唐书》卷一三六《李光弼传附李国臣传》有"以折冲从收鱼海五城"。王倕兵十二日至新城南，十五日在青海湖北界唐蕃两军发生激战，十六日即进至渔海军，结束战斗后，河西取建康西路而归。建康军在大斗拔谷西北四百里以上的今高台县南境。严耕望先生将"合河"假定为今布哈河，并因以指出"新城威戎军西通鱼海军一道正当即隋以前西

---

① 董诰等编修：《全唐文》卷352，中华书局1982年版，第3571—3573页。

平郡通青海北龙夷城之故道也"。度戎地西南去伏俟城不远。①

渔海军②一通新城，形成相连之势；一通建军康，形成大斗拔谷—新城—渔海军—建康交通环线，是为吐蕃攻略之合理设置。渔海军辖下，从上引露布提供的资料，殒命战场者三千余，被生俘千余人，从总数目看，其军事配置与吐蕃祁连城相当。同时，在渔海军辖区内，尚有牛马、羊驼八万余头，以此数目，说明吐蕃的随军部落就驻扎在渔海军附近，这一点从渔海军受挫后，"数获未毕，房救潜来，在山满山，在谷满谷，顾盼之际，合围数重"，吐蕃救兵得以迅速集结反扑可见一斑。吐蕃军事部落制的特点，即在于吐蕃部落适宜于迅速有效地集结，并机动灵活地投入战事中心地。这种特点已在唐蕃战争中数度展示，特别是在像大非川战役这样的战例中，吐蕃军队都显示出回防救援的快速反应能力。

渔海军的位置也是适宜于吐蕃部落驻扎的。渔海军在青海北，与伏俟城的位置相去不远，这与吐蕃新城、祁连城、大同军的祁连山南麓军事交通连线相较要靠后得多。渔海军及其周围辖域，在吐谷浑立国后期，为吐谷浑王族游牧之地，周围地区草场丰美，宜牧宜居，吐蕃军队以河西走廊为攻略目标的部落游牧于此是上佳选择。所以，渔海军不仅是构成吐蕃对河西攻略阵线上的联络站，还是吐蕃后勤补给的基地，王倕指挥军队由大斗拔谷南下后，目标明确，直捣吐蕃北方阵线的总后方渔海军，正是战术上的要害所在。

另外，在王倕的战表及樊衡露布中，都将渔海、游奕二军并指，但游奕军是否为吐蕃一有固定军事堡垒的军镇建置尚不能肯定。其一，露布中详述的王倕兵攻渔海军，涉及渔海军的将领有"鱼海军大使剑具一人""鱼海军副使金字告身论悉诺匝""弃军大使节度悉诺谷""鱼海军副使银字告身统牙胡"等，而"游奕副使诺匝""副使金字告身拱赞"是夹在这些渔海军将领之间述及，不似一军镇设置。其二，在吐蕃进入关陇战场后，亦有游奕出现。如"镇西节度马璘遇吐蕃游奕四百余人于武功东原，使五十人击而尽杀之，无噍类"③。唐有"游奕使"一职，其职掌有胡三省在《资治通鉴》卷二〇九"中宗景龙二年"条注："游奕使，领游兵以巡奕者也"④。杜佑曰："游奕，于军中选骁勇、谙川泉井者充，常与烽铺土河计会交牌，日夕罗候于亭障之外，捉生问事。其军中虚实举用，勿令

---

① 严耕望：《河湟青海地区军镇交通图》，《唐代交通图考》第二卷河陇碛西区（"中央研究院"历史语言研究所专刊之八十三），"中央研究院"历史语言研究所1985年版，第527页。
② 顾祖禹：《读史方舆纪要》卷60"河州平夷城"条："渔海城，亦在州境。郭子仪破枹罕十寨，取渔海等五县。盖吐蕃所置县也。"（中华书局2005年版，第2885页）渔海城在河州境内之说仅此一见。
③ 《旧唐书》卷196《吐蕃传》，中华书局1975年版，第5240页。
④ 《资治通鉴》卷209"中宗景龙二年"条，中华书局2011年版，第6825页。

游奕人知。其副使、子将,并久军行人,取善骑射者兼。"①

吐蕃人与唐朝正式的、非正式的以及战争形式的交往密切、频繁,对唐的典章制度学习、吸收,并结合自身特点融入有效的治理程序相当自如。游奕使之职的设置,当与唐制有关,结合吐蕃部落本有的巡逻、侦察特点,引入游奕一名,或汉族史家根据吐蕃此类军种之类型,与唐制游奕一词相对应而载入史籍,都是有可能的。

因此这里的游奕军为渔海军下的一个军种的可能性更大,游奕军与渔海军为再一级别及类型的军镇设置。

六 唐军事建置反映的吐蕃军事交通地理

从上一节吐蕃对河西走廊的入寇及其军事路线的分析可以看出,开元年间唐对吐蕃的军事打击力度及军事防御体系成功地遏制了吐蕃从祁连山南麓向走廊内部的渗透。同时,唐朝在河西走廊军事建置的部署,从反面可以反映出吐蕃进攻的交通地理及军事步骤。

景云二年(711年)唐分陇右道设置河西节度,目的是隔断吐蕃、突厥及其对河西走廊的侵寇,河西节度统赤水、大斗、建康、宁寇、玉门、墨离、豆卢、新泉八军,张掖、交城、白亭三守捉,屯凉、肃、瓜、沙、会五州之境,治凉州,兵七万三千人。沟通河西走廊与吐蕃辖境的阿尔金山、祁连山诸纵谷形成了一条有效的军事防线。文献所载具有交通价值的山谷间道及其针对这些间道所设的戍守机构等,自西向东有豆卢军下的子亭镇、玉门军、大斗军之大斗拔谷、建康军之祁连戍、张掖守捉和交城守捉,均为针对祁连山纵谷之设置。

与唐军事建置相对应,吐蕃亦建立了一条相应的由军事戍堡连接起来的祁连山南麓阵营,从上一节吐蕃在安史之乱之前对河西走廊的军事攻略路线,可以基本看到这条阵线,自东向西依次为新罗城—渔海军—游奕军—祁连城—大同军。这条阵线以祁连山为屏障,分别对应于祁连山若干重要纵谷通道,军事布防的要害分别为:以新罗城布控针对凉州昌松道的和甘州大斗拔谷道;以祁连城针对唐张掖河通甘州之道,并对东进瓜沙形成后援,故这里驻军之规模相当可观;以渔海军东联新城针对大斗拔谷指甘州,西北有道路交通往建康;以大同军针对唐瓜沙,当与子亭镇对阵。

---

① 杜佑:《通典》卷152《兵五·守拒法》,中华书局1988年版,第3901—3902页。

七 唐军建置对吐蕃军事交通地理选择的影响

从自然地理条件分析，吐蕃的军镇设置在紧贴祁连山南麓的交通线路上，每一个军镇的位置都兼顾与沿途前后两军镇之间的相互联系，并且中间的新罗城、祁连城两处驻军对联系河西走廊的祁连山纵谷交通的控制区域不止一条。相反，唐军戍守建置一般是固守进入走廊的通道，且每个军的控御范围相对集中于一条交通路线。两相比较，吐蕃的军镇部署既避开了唐军的锋线，又兼顾各军之间的呼应，带有明显的进攻型特征。

安史之乱前唐军在河西走廊南侧对吐蕃的防御体系显然是较有成效的，虽然开元间吐蕃进攻河西走廊的军事战略是采取对河西走廊的各军事行政要镇各个击破的战术，但面对唐军防御体系连贯有续、部署合理的局势，吐蕃很难有大的突破，可以说唐军的防御体系是成功的。这种部署对吐蕃在安史之乱后入据走廊的交通步骤都产生了相当大的影响。

从敦煌文书所反映的情况看，与开元年间吐蕃入寇河西走廊的军事交通线路完全相反，吐蕃军队选择了从东部青海北上，占领陇右，切断河西与中央的联系，继而进入走廊，之后自东向西在走廊内部蚕食的战略方式。先是在代宗广德二年（764年）攻占凉州，河西节度使杨志烈被迫西奔甘州；永泰二年（766年），吐蕃攻陷甘州、肃州，继任河西节度使杨休明退守沙州；大历十一年（776年），吐蕃攻陷瓜州，进围沙州，围困十年，敦煌弹尽粮绝，被迫于贞元二年（786年）"寻盟而降"。

这种战略交通的转变，除了安史之乱使驻守河西的唐军劲旅前往靖难，河西走廊空虚给了吐蕃从走廊内部蚕食的机会外，与祁连山脉纵谷的自然环境、气候变化亦有很大关系。以大斗拔谷为例，隋炀帝大业五年（609年）西巡，于六月八日率百官、宫妃等经大斗拔谷至张掖。由于谷中山路险峻，人皆"鱼贯而行"。时遭大风雪突然袭击，"风雪晦冥，文武饥馁沾湿，夜久不逮前营，士卒冻死者太半，马驴什八九，后宫妃、主或狼狈相失，与军士杂宿山间"①。海拔3500米的扁都口，四季飞雪是寻常之事，天气一旦阴晦，一片云遮住峡谷，立马雨雪交加。这里的气温，就是在夏季，到傍晚也会降至零度以下，所谓"祁连六月雪""四时积雪，六月飞霜"，就是祁连山气候和自然景观的真实写照。

隋炀帝的遭遇同样在吐蕃身上亦发生过。开元十四年（726年），吐蕃大将悉

---

① 《资治通鉴》卷181"隋纪大业五年"条，中华书局2011年版，第5646页。

诺逻突然率众进入大斗拔谷,焚烧了甘州城乡。但由于遇到大雪,吐蕃军士冻死者多,不得不经积石军西路返回。这样的自然地理条件对吐蕃军队军事交通路线的选择是不可能不产生影响的,所以在有条件直接在走廊内部行进的情况下,宁可沿走廊内部逐城蚕食,也不会再选择祁连山间纵谷有针对性地各个击破。

八 吐蕃攻占河西走廊的军事交通

吐蕃对河西走廊的进攻是从凉州开始的,接着,河西诸州自东向西依次陷于吐蕃。根据文献记载,广德二年(764年)凉州陷落,永泰二年(766年)甘州陷落,大历元年(766年)肃州陷落,大历十一年(776年)瓜州落蕃。沙州陷落的时间,学界说法众多,今多倾向于贞元二年(786年)说。

河西走廊的尽占,又为吐蕃继续向西沿丝绸之路对沿途诸镇的攻夺提供了方便。贞元六年(790年)吐蕃攻陷北庭,"自是安西阻绝,莫知存否,唯西州之人,犹固守焉"[1]。而进入河西走廊后,吐蕃人仍然对祁连山各纵谷异常重视,至少其大部的部落还是分散其间从事畜牧生产活动。这种活动终吐蕃在河西走廊的统治延续。

(朱悦梅,西北民族大学)

---

[1] 《旧唐书》卷196《吐蕃传》,中华书局1975年版,第5257页。

通往唐永徽《律疏》之路

——中古律学"世议所轻"及其与佛教律学的互动

陈灵海

一 问题之提出

众所周知,唐永徽二年(651年)所修《律》与四年(653年)所修《律疏》,合称《唐律疏议》,是迄今完整保存的中国古代最早的法典。[1]清代以来,学者对其评价甚高,如《四库提要》称其"一准乎礼……得古今之平"[2]。近现代学者更不吝赞辞,认为《唐律疏议》是"法典之王","堪称中华法系的一大杰作",永徽《律疏》"标志着中国传统律学进入成熟阶段","使中国古代律学达到了最高水平"。[3]清末以来,薛允升、戴炎辉、刘俊文、钱大群、王立民、郑显文、岳纯之等学者对《唐律疏议》做了深入研究。近30年来,相关成果仍层出

---

[1] 《唐律疏议》目前常用的版本,有滋贺秀三等《唐律疏议译注》、刘俊文点校《唐律疏议》及撰《唐律疏议笺解》、钱大群《唐律疏义新注》、岳纯之点校《唐律疏议》等,本文主要使用岳纯之先生最新点校本,上海古籍出版社2013年版。

[2] 纪昀等:《四库全书总目提要》,河北人民出版社2000年版,第2061页。

[3] 怀效锋:《中国传统律学述要》,《华东政法学院学报》1998年创刊号,载何勤华主编《律学考》,商务印书馆2004年版,第3页;阮元:《〈唐律疏议〉"律疏"的律学意义》,《宁夏大学学报》(人文社会科学版)2007年第6期;何敏:《传统注释律学发展成因探析》,《比较法研究》1994年第3、4期;戴炎辉:《唐律通论》,元照出版公司2010年黄源盛"改版序",第1页;徐永康等:《法典之王——〈唐律〉与中国文化》,河南大学出版社2005年版。按,中国古代文献中的"律学",有音律学(音乐)、格律学(诗词)、律历学(历法)、律令学(法律)、戒律学(佛教)等含义。为免误解,本文有时将法学意义上的"律学"称为"律令学",将佛教意义上的"律学"称为"戒律学",引用原始文献时则一仍其旧。行文中,"律学"一律不指称"音律学""格律学""律历学"。对于本就能清楚区分各种"律学"之不同的同人,或许反而生出质疑,认为"律令学"并非习语,当时人们主要研究律而非令,不如仍用"律学",敬请海涵。

不穷，《唐律疏议》作为中国古代法典代表作的地位进一步凸显。① 学术界对永徽《律疏》"使中国古代律学达到了最高水平"等观点，也大多习以为常，很少质疑。

然而，历史事实是否真的如此呢？

检诸唐代文献，似难见到唐人自己对《律疏》的赞誉，反有一些批责之语。如显庆二年（657年），距《律疏》撰成仅3年，前主修官长孙无忌就上奏说："修律疏人不知礼意！……今请修改《律疏》。"② 在《旧唐书·经籍志》《新唐书·艺文志》中，也很难找到唐代学者的律学著述。③ 宋人虽袭用《唐律》，却也很少表彰其成绩。④ 所谓唐代律学昌盛，似乎并无证据。这不免令人疑惑：《唐律疏议》作为中国古代律学史上一座"高峰"，是中古旧有的共识，还是近现代的想象呢？所谓"法典之王"，是否只是近现代学术史的公式化、符号化产物呢？

20世纪70年代睡虎地秦简、80年代张家山汉简发现前，由于秦、汉、曹魏、晋、北魏、南齐、梁、北齐、北周、隋的律典全部亡佚，无法与《唐律疏议》比较，使后者处于一种"孤峰"状态。过于突兀的位置，使其被过度赞誉，也情有可原。但是近20年来，秦汉简牍所载《秦律》《汉律》条文被陆续公布，上述局面实已大为改变。秦汉律典的高水准，当有助于消解此前对《唐律》的过度崇拜。

另外，自薛允升以来，学者对《唐律疏议》的研究，往往着眼于其内容、结构，对其修撰前史则关注甚少。实际上，自西晋"张杜律"后，世俗律学经历了300年低落，为官、学两界所轻。研习律学者甚少，律学作品几近于无，呈现"一线之延"的衰微态势。而儒家"义疏学"、佛教"律疏学"则渐次发达，对永徽《律疏》的撰制无疑有深刻影响。通往唐永徽《律疏》的道路，可以说是由世俗律学、佛教律疏学、儒家义疏学等多条分支道路汇合而成的，永徽四年修撰《律疏》本身的成绩则不宜高估。

---

① 戴炎辉：《唐律各论》，成文出版社1977年版；戴炎辉：《唐律通论》，元照出版公司2010年版；薛允升：《唐明律合编》，中国书店出版社2010年版。关于《唐律疏议》近30年的研究成果，参见王立民先生《30余年来中国唐律研究的审视与前瞻》（待刊）。

② 《旧唐书》卷27《礼仪志七》，中华书局1975年版，第1021页。

③ 《宋史》卷204《艺文志三》（中华书局1977年版，第5138页）仅有"萧昊（嵩）《开元礼律格令要诀》一卷""张戣《大中统类》十二卷、《大中刑法总要》六十卷"或许稍相关。

④ 《宋史》卷270《剧可久传》（第9256页）中说："朝廷之所用者，《律》十二卷、《律疏》三十卷、《式》二十卷、《令》三十卷、《开成格》一十卷、《大中统疏》一十二卷、后唐以来至汉末《编敕》三十二卷及国朝制敕等。"剧可久于后周、宋初任立法官，他列举当时延用的唐律时说："律令则文辞古质，或难以详明；格敕则条目繁多，或有所疑误。"

二　所谓汉代律家"并世其业"

中古世俗律学为"私议之所轻贱",原因要从汉代开始探寻。

一般认为,汉代律学相当"发达",连小孩也要学律,童蒙教材《急就篇》中的"春秋尚书律令文"就是明证。[①] 两汉400年间,确实出了不少律家。如西汉中后期,有"三大律家":杜延年、于定国、陈咸。东汉前期,有"律三家":杜林、郭躬、陈宠;后期,更有"律九家":许慎、马融、钟皓、吴雄、郑玄、何休、服虔、文颖、应劭。[②] 300多年后,南齐官员崔祖思(卒于480年)不无羡慕地赞叹道:

> 汉来治律有家,子孙并世其业,聚徒讲授至数百人。故张、于二氏絜誉文宣之世,陈、郭两族流称武明之朝。决狱无冤,庆昌枝裔,槐衮相袭,蝉紫传辉。[③]

如崔氏所言,汉代律学"发达",特点是"子孙并世其业",以律令为家学。郭氏、陈氏、吴氏,都是当时的代表。其中郭氏最典型:郭弘"习《小杜律》",郭躬"少传父业",郭晊"亦明法律",郭镇"少修家业",郭祯"亦以能法律至廷尉",郭禧"少明习家业"。同一家族中,七名成员先后出任廷尉。[④] 陈氏、吴氏家族也有多名成员,陆续担任廷尉或司隶校尉。[⑤]

然而,历史事实往往比文献表述复杂得多。汉代律学"发达"的光鲜表象背后,有三点不容忽视。

其一,汉代律学的"发达",很大程度上是汉承秦制,延续"以法为教""以吏为师"的法家之治的结果。

汉初奉行"黄老之道",实行休养生息,但并未抛弃秦代的法家之治。从张家山汉简"二年律令"可见,汉初法制仍相当严厉,肉体残害刑、终身劳役刑、连坐刑、思想治罪等,几乎一仍秦制之旧。直到文帝时代,才逐步改弦易辙,但

---

① 史游:《急就篇》,岳麓书社1989年版,第290页。
② 龙大轩:《汉代律家与律章句考》,社会科学文献出版社2009年版,第4—8页。
③ 《南齐书》卷28《崔祖思传》,中华书局1972年版,第519页。
④ 《后汉书》卷46《郭陈列传》,中华书局1965年版,第1543—1545页。
⑤ 《后汉书》卷46《郭陈列传》,第1555—1556页。陈咸"以律令为尚书",陈宠(?—106年)"明习家业……掌天下狱讼",陈忠(?—125年)"明习法律……自以世典刑法,用心务在宽详"。吴氏家族中,有吴雄"明法律,断狱平",吴欣、吴恭"三世廷尉,为法名家"。

也只是小修小补，整体上严刑峻罚并无大变。秦法之峻严毋庸多说，更重要的是，秦严禁民众议论法律，违者处以重刑。①"以法为教""以吏为师"就是只许熟记法条，不许产生真正的律学。所以，汉代精通律令的官员，按汉代人自己（如郑玄）的说法，应该叫"律家"而非"律学家"。②对此，沈家本正确地指出："李斯相秦……若欲学法令者，以吏为师。自是，法令之书藏于官府，天下之士，厄于闻见……此学亦遂衰。"③

汉代确有许多官员精通律令，如丙吉"治律令，为鲁狱史"，于定国"少学法于父"，黄霸"少学律令，喜为吏"，薛宣"法律任廷尉有余"，路温舒"求为狱小吏，因学律令"，郑弘"通法律政事"，孔光"明习汉制及法令"等。④但清晰可见的是，他们崇尚的是律令，而非律学；他们大多从基层小吏干起，凭"吏才"升至京官；他们无一人将律令才能，传授给学生或子孙。⑤换句话说，至少在西汉，律令只是基层吏技，并未上升为学术。

而且多数场合，西汉人对律令颇为歧视，鄙之为"刀笔""刀笔吏"。如高祖时，有人赞赵尧为"奇士"，周昌不屑地鄙称其"刀笔吏耳"。⑥文帝时，贾谊直斥律令为"俗吏之所务，在于刀笔筐箧，而不知大体"。⑦即使汉代最著名的法官、以善法知名的张释之，升任廷尉也不是凭其律令之学，而是以宏观治道为文帝赏识。⑧

要之，汉代官、学两界注重的，是作为规则的律令，是承秦而来的吏技，

---

① 《商君书》中有"世之为治者多释法而任私议，此国之所以乱也"的话。参见蒋礼鸿《商君书锥指》卷3《修权十四》，中华书局1986年版，第83页。

② 龙大轩：《汉代律家与律章句考》，社会科学文献出版社2009年版，第2页。

③ 沈家本：《历代刑法考·法学盛衰说》。沈氏认为秦以前的法学为自由之学，秦以后则成为官方垄断之学，诚为确论。苏亦工先生也曾指出，秦代"以法为教""以吏为师"，将官方的价值观为预设之取舍，对法律的研究失去了学术的独立性，其衰落也就在情理之中了。参见苏亦工《法学盛衰之辨》，载《沈家本与中国法律文化国际学术研讨会论文集（下册）》，中国法制出版社2003年版，第478页。

④ 《汉书》卷74《丙吉传》，中华书局1962年版，第3142页；《汉书》卷71《于定国传》，第3041页；《汉书》卷89《循吏·黄霸传》，第3627页；《汉书》卷83《薛宣传》，第3392页；《汉书》卷51《路温舒传》，第2367页；《汉书》卷66《郑弘传》，第2902页；《汉书》卷81《孔光传》，第3352页。

⑤ 东汉初，郭躬任廷尉，人们将其父郭弘"比之东海于公"，实已暗示将郭躬比之为于定国，意指通过律令才能爬上高位后，应继之以儒学。

⑥ 《史记》卷96《张丞相列传》，中华书局1959年版，第2675页；《汉书》卷42《周昌传》，第2676页。

⑦ 《汉书》卷48《贾谊传》，第2245页。

⑧ 《汉书》卷50《张释之传》，第2307页。以赀为骑郎，事文帝十年不得调，亡所知名。……补谒者。释之既朝毕，因前言便宜事。文帝曰："卑之毋甚高论，令今可行也。"于是释之言秦汉之间事，秦所以失，汉所以兴者，文帝称善，拜释之为谒者仆射。从行，上登虎圈，问上林尉禽兽簿，十余问，尉左右视尽不能对。虎圈啬夫从旁代尉，对上所问禽兽簿甚悉，欲以观其能口对向应亡穷者。文帝曰："吏不当如此邪？"

而非作为学术的律学。在政府高层，就完全是另一回事了。武帝时，汲黯公然辱骂以律令跻身九卿的张汤："天下谓刀笔吏不可为公卿，果然！"① 意思是说，政治层面要的是"知大体"而不是"刀笔"。到了东汉末，更发展到官员直接拒任最高司法长官的事件："数日（杨赐）出为廷尉，赐自以代非法家，言曰：'三后成功，惟殷于民，皋陶不与焉，盖吝之也。'遂固辞，以特进就第。"②

杨赐（？—185年）认为，自己的祖父杨震、父亲杨秉以儒名家，所以自己羞于担任法官。汉灵帝竟然同意他改任，可见当时之贬低律令，已是朝野共识。

其二，东汉律令研究虽较西汉进步，但仍未形成"律学""律令学""律令之学"等概念，更未形成独立的学科，所谓"引经注律"，只是经学的副产品。

与西汉相比，东汉的律令研究确有不同的面貌，特点是"以注经之法注律"，即《晋书·刑法志》所谓"诸儒章句十有余家，家数十万言"。但是，这种被视为汉代律学"发达"的状况，实是不折不扣的虚假繁荣，是东汉经学"皓首不能穷其一经"在律令领域的野蛮生长。关于这一点，《晋书·刑法志》说得很清楚，而且几乎通篇都是贬斥之语：

> 一章之中，或事过数十，事类虽同，轻重乖异。而通条连句，上下相蒙，虽大体异篚，实相采入……若此之比，错糅无常。后人生意，各为章句。叔孙宣、郭令卿、马融、郑玄诸儒章句十有余家，家数十万言。凡断罪所当由用者，合二万六千二百七十二条，七百七十三万二千二百余言。言数益繁，览者益难。天子于是下诏，但用郑氏章句，不得杂用余家。③

所谓"后人生意，各为章句"，就是按照据说由子夏发明的方法，对律条进行解释，号称"章决句断，事事可晓"。但即使在当时，这种做法已遭到不少批评，认为只是咬文嚼字，不达大体，如夏侯胜（宣帝时）批评其侄建之学为"章句小儒，破碎大道"。④ 另一些学者如桓谭（前23—50年），则转而走上通儒道

---

① 《汉书》卷50《汲黯传》，中华书局1962年版，第2318页。
② 《后汉书》卷54《杨赐传》，中华书局1965年版，第1784页。李贤注："吝，耻也"。
③ 《晋书》卷30《刑法志》，中华书局1974年版，第923页。
④ 《汉书》卷75《夏侯胜传》，第3159页。

路,"博学多通,遍习五经,皆诂训大义,不为章句"。①

东汉中期,樊准(？—118年)上疏安帝(106—125年),比桓谭更猛烈地批评当时的法制混乱,直陈基层小吏已放弃律令这项基本技能:

> 今学者盖少,远方尤甚……文吏则去法律而学诋欺,锐锥刀之锋,断刑辟之重,德陋俗薄,以致苛刻……臣愚以为宜下明诏……复召郡国书佐,使读律令。②

我们不禁要问,为什么在东汉群儒"引经注律"的大背景之下,竟会出现官员"去法律而学诋欺"这样颇为矛盾的状况呢？

这仍要从政策导向找原因。秦代重视律令,设刑名博士,"掌通古今","掌教弟子,国有疑事,掌承问对"。③汉武帝元年(前156年),取消了文学贤良对策中"刑名"对策者的博士录取资格。武帝六年(前151年),又"绌黄老、刑名百家之言,延文学儒者数百人"。这两项政策一实施,基层官员通过律令跻身上层,渠道变得更狭窄,就不得不变"诋欺"以求晋升。第一位取得成功的官员,就是著名酷吏张汤:

> 是时上方向文学,汤决大狱,欲傅古义,乃请博士弟子治《尚书》、《春秋》补廷尉史,亭疑法。④

张汤原是典型的"以吏为师"者,熟习法规,他转而决狱"傅古义",无疑是汉武帝元年罢黜"申、商、韩非、苏秦、张仪之言"、否定刑名法家的结果。⑤既要执行律令,刑名又不为君主所喜,"傅古义"也就成了必然选择。就此而言,

---

① 《后汉书》卷28上《桓谭传》,中华书局1965年版,第955页。同页李贤注也称:"章句,谓离章辨句,委曲枝派也。"按,桓谭对东汉法制混乱的批责,可以说深切当时律章句学之弊:"又见法令决事,轻重不齐,或一事殊法,同罪异论,奸吏得因缘为市,所欲活则出生议,所欲陷则与死比,是为刑开二门也。今可令通义理、明习法律者,校定科比,一其法度,班下郡国,蠲除故弊。如此,天下知方,而狱无怨滥矣。"但桓谭并未见到东汉末"各为章句""言数益繁,览者益难"的最坏情况,光武帝更不可能意识到,因而没有采纳他的建议。见《后汉书》卷28上《桓谭传》,第959页。
② 《后汉书》卷32《樊准传》,第1126页。
③ 《后汉书》卷115《百官志二》,第3571页。
④ 《史记》卷122《张汤传》,中华书局1959年版,第3139页;《汉书》卷59《张汤传》,中华书局1962年版,第2639页。
⑤ 《汉书》卷6《武帝纪》(第156页)云:"建元元年冬十月……丞相卫绾奏:'所举贤良,或治申、商、韩非、苏秦、张仪之言,乱国政,请皆罢。'奏可。"

后世将"引经决狱"的发明权归于董仲舒，斥张汤为酷吏，实近于玩笑，要知道赴陋巷咨请董仲舒者，正是张汤。①

张汤之后，继任者杜周"大抵仿张汤"，实则进一步否定律令的权威和稳定，全面倒向唯君唯上。有人问他为什么"专以人主意指为狱"，他竟回答："三尺安出哉？前主所是著为律，后主所是疏为令；当时为是，何古之法乎！"② 与秦代、西汉初"以法为教""以吏为师"相比，张汤、杜周二人的态度，使律令本身变得不再重要，重要的是具体执行律令时，如何解释律令。这不但无助于律学的发达，更破坏了律学发展的稳定根基。③ 这正是樊准所说郡国书佐等不愿学习律令、视之为贱学，经学家则热衷于"后人生意，各为章句"这一看似矛盾的现象之主因。

与西汉律家（张汤、杜周、杜延年、于定国、陈咸）大都为政府高官不同，东汉律家的代表，如许慎、马融、郑玄、应劭、服虔等，均兼习经律，非"以法名家"，也非"以官名家"，而是"以儒名家"。他们"注律"，并不是真正从律令出发，而是从经学出发的，注律只是注经的副产品，将经学研究方法扩展到法律领域，表面光鲜，其实是走入了死胡同。

其三，崔祖思对汉代律学的赞誉，是相对于南朝律学的衰落而言的。南朝律学衰落，崔氏是亲历者，所述毋须质疑。但他所说汉代律学"子孙并世其业"，也不过依据《史》《汉》的记载，所见与今人无大不同。换言之，从崔氏的这段话里，我们只可读出南朝律学衰落的信息，至于汉代律学的状况，则须重新审视。

崔氏认为汉代律学"子孙并世其业"固然没错，但说某一行业"子孙并世其业"就一定发达，恐怕未必。任何国家、任何时代，无论引车卖浆，贩夫走卒，还是农林牧渔，都有"子孙并世其业"者在，只能说明这些行业有社会需求，不

---

① 近年有学者提出，董仲舒提请汉武帝"罢黜百家、独尊儒术"，可能并无其事。参见孙景坛《汉武帝"罢黜百家，独尊儒术"子虚乌有——中国近现代儒学反思的一个基点性错误》《南京社会科学》1993年第6期。无论其观点是否成立，张汤"决大狱，傅古义"确实在董仲舒"引经决狱"之前。张汤的历史恶评，有重新审视的必要。此外，旧史将张汤之为酷吏，归咎于其品性恶劣，其实亦非。张汤承办"陈皇后巫蛊案"，以"深竟党与"获武帝赏识。与赵禹共定律令时，又因"务在深文"被提升廷尉。这些做法不但得到武帝认可，丞相公孙弘也"数称其美"，足可见其政治性格养成实为时代产物，与个性无关。《史记》中称张汤"舞文巧诋"，列其于《酷吏列传》，既夹杂了司马迁的偏见，也与司马氏未见西汉后期、东汉"引经注律"成为主流有关。张汤"决大狱，傅古义"可说是"引经注律"的始作俑者，只不过其方法没有达到东汉经学的水平而已。
② 《汉书》卷60《杜周传》，中华书局1962年版，第2659页。
③ 有意思的是，张汤、杜周这两个酷吏，却发展出西汉绵延最长的两个家族。他们依靠的显然不是律学，也不是儒学，而是与皇帝的亲近。《汉书》赞称："张汤、杜周并起文墨小吏，致位三公，列于酷吏。而俱有良子，德器自勉，爵位尊显，继世立朝，相与提衡，至于建武，杜氏爵乃独绝。迹其福祚，元功儒林之后莫能及也。"

足以说明其昌盛,这是再简单不过的道理。

其实,汉代除了郭、陈、吴等"子孙并世其业"的家族外,"放弃律学祖业"的反例更多。典型者如张汤父—张汤—张安世、① 杜周—杜延年—杜缓、② 于公—于定国—于永。③ 他们的共同特点是,第一代以律令技艺(如丙吉、于定国、黄霸、路温舒那样)从基层小吏做起,第二代乘势而上在中央谋得高位,第三代即远离律令实现转型。

总之,仅以郭氏、陈氏、吴氏等家族"子孙并世其业"为据,论定汉代律学"发达",只能说是崔祖思相对于南朝律学的衰落状况而言的。具体到汉代,毋宁说是一种简单化的判断。相对来说,东汉的律家,比西汉更有延续性,但与其说是律学的繁荣,不如说是律学衰落之前的回光返照。促使其回光返照的,也不是什么神秘的力量,是汉武帝时代开始的政策。东汉经师"以注经之法注律",律学在本质上是经学研究的副产品。东汉末期官吏鄙视法律,法律制度极度混乱,律学的发达根本无从谈起。

三 "一线之延":汉唐间律学的不振

沈家本先生在《法学盛衰说》中说"东汉律学衰落",无疑是正确的。但又说"晋、北齐、隋、唐皆法学盛世",则明显悖于史实。曹魏、南齐时,各有一段关于中古律学不振的论述,第一段来自魏明帝时名臣卫觊(155—229年):

> 九章之律,自古所传,断定刑罪,其意微妙,百里长吏,皆宜知律。刑法者,国家之所贵重,而私议之所轻贱。狱吏者,百姓之所县命,而选用者之所卑下。王政之弊,未必不由此也。请置律博士,转相教授。④

---

① 《汉书》卷59《张汤传》,中华书局1962年版,第2657页;《汉书》卷59《张安世传》,第2637页。张汤之父精通律令,张汤从小"文辞如老狱吏",很快以善治狱升任廷尉、御史大夫,留下酷吏之名。但其子张安世走的完全是另一条路,以宽谨见信于宣帝。张氏后人中,"为侍中、中常侍、诸曹散骑、列校尉者凡十余人",无人再习律学。

② 《汉书》卷60《杜周传》,第2683页。杜周本无学,以逢迎发迹,"义纵为南阳太守,以周为爪牙,荐之张汤,补廷尉史"。他"论杀甚多,奏事中意",得以升任廷尉。他的长子、中子均任郡守,"治皆酷暴",但皆声迹无闻。唯幼子延年,以注《汉律》成名,但也已向"行宽厚"转型。延年之子杜缓、杜钦,孙杜业等,都未以律学为业。

③ 《汉书》卷71《于定国传》,第3042—3046页。于公是基层法吏,于定国"少学法于父",一路升至廷尉,随后迅速转向儒学,"迎师学《春秋》,身执经,北面备弟子礼。为人谦恭,尤重经术士,虽卑贱徒步往过,定国皆与钧礼,恩敬甚备,学士咸称焉"。即使仍要决狱,也"务在哀鳏寡,罪疑从轻,加审慎之心",深具儒者风范。于定国之子于永、孙于恬,也都未以律学为业。

④ 《三国志》卷21《卫觊传》,中华书局1959年版,第611页。

第二段则出自南齐官员孔稚珪（447—501年，比崔祖思略晚）：

> 寻古之名流，多有法学。故（张）释之、（于）定国，声光汉台；元常（钟繇）、文惠（高柔），绩映魏阁。今之士子，莫肯为业，纵有习者，世议所轻。①

卫、孔二人相距近300年，近乎横跨中古，观点则全然相同，后者只是将前者的"私议之所轻贱"改为"世议所轻"，可见汉唐之间律学不振之无疑。

卫觊奏请魏明帝（226—239年在位）设置律博士，过去常被认为是当时重视法律的证据，其实非也。② 如邢义田先生所言，这正是汉唐之间律学衰落的标志性事件。设置律博士，恰恰不是基于对律学的重视，而是基于律学"私议之所轻贱"的状况，这一点卫觊已讲得很清楚。用邢义田先生的话来说，律博士的设置"不过是律令学在没落中的挣扎罢了"，并不能阻止律学衰退的大趋势。魏晋以后，不要说律学"沦落为寒门的技艺"了，连寒门也不愿学习这门"私议之所轻贱"的技艺。③

或许有人会说，晋初仍有不少学者，在律学方面也卓有成绩，如王朗、钟繇、陈群、丁谧、杜预、张斐、袁准、刘颂等。此诚事实。但同样明显的是，这些学者不是经学家，就是实务官僚，无一出自律学世家，更无"家世掌法""三世廷尉"者，《晋书》中也全未提及他们的律学成绩，多数只是在政论中偶涉律令。

除杜预外，晋代真正的律学家是异军突起的张斐。此君以明法掾身份，不但为《泰始律》作注（与杜预所注合称"张杜律"），还撰写了《律解》《杂律解》《汉晋律序注》等著作。然而，晋武帝并未因张斐的律学成绩，任其为法务要职。唐初修《晋书》时参考"十八家晋史"，"采正典与杂说数十部"，这些史书竟也全未注意张斐的律学成就，以至于《晋书》除《刑法志》外，无一处提及张斐。

---

① 《南齐书》卷48《孔稚珪传》，中华书局1972年版，第837页。按，孔稚珪的这段话里首次出现"法学"一词，法史学者对此较为熟知。参见何勤华《汉语"法学"一词的起源及其流变》，《中国社会科学》1996年第6期。

② 如有观点认为，"从我国律博士、律学生、律学的设置，说明我国古代法学还是比较发达的。"又有观点认为，"设置律博士之官，对魏晋律学的昌盛起了有力的推动作用"。参见李龙《我国古代的"律博士"和"律学生"》，《法学杂志》1985年第2期。

③ 邢义田：《秦汉的律令学——兼论曹魏律博士的出现》，《秦汉史论稿》，东大图书出版公司1987年版，第316页。按，《宋书·百官志》云："廷尉律博士，一人，魏武初建，魏国置"。事在汉献帝建安二十一年（216年）。魏明帝时代，根据卫觊的建议，魏明帝将王国制下的律博士升为隶属廷尉的中央官员。

这也是汉唐间律学"世议所轻"的旁证之一。①

至迟从曹魏正始时（240—249年）起，学界一反汉代经学烦琐之弊，出现讲求简约、玄妙的风气。基于社会生活的法律，不可能不受其影响。法律讲求确定与清晰，不厌纷繁细琐，宁近于经学，不近于玄学，这应是晋以后律学不振的原因之一。在曹魏《新律》修撰时，这种倾向已有体现，只不过时间仓促，虽有所更张，成效尚不明显。

晋初修撰《泰始律》，更直指《魏律》"科网本密"问题（实际遗传自《汉律》），"蠲其苛秽，存其清约"，定为20篇，620条，27657言。与东汉末的26272条、7732200余言相比，实不可同日而语。② 参与《泰始律》修撰的经学家杜预，在作律注时也采取了与东汉经学家截然不同的方式，力主简约，直言法律"非穷理尽性之书"，须"文约而例直，听省而禁简"，"例直易见，禁简难犯"：

> 措刑之本，在于简直，故必审名分。审名分者，必忍小理。古之刑书，铭之钟鼎，铸之金石，所以远塞异端，使无淫巧也。今所注皆网罗法意，格之以名分，使用之者执名例以审趣舍，伸绳墨之直，去析薪之理也。③

晋以后相当长一段时间里，简约成为修律者执着追求的目标。从东晋开始，律学衰落的趋势也日益明显，真正陷入低迷。④ 这些低迷与不振，主要表现在以下方面。

其一，律学著作稀少，汉代经师"以注经之法注律"的做法，几乎已被完全抛弃。

其二，律令学家稀少，尽管渤海封氏还有几位律学家如封隆之、封绘、封述，但"自此以后，遂成绝响"，被称为"中国法律史上最后一个法律世家"。⑤

---

① 《晋书·刑法志》中大段抄录张斐的《晋律注序》，又说明了至少唐人比晋人更明确地注意到张斐在律学方面的重要成就。

② 《晋书》卷30《刑法志》，中华书局1974年版，第927页："文帝为晋王，患前代律令本注繁杂，陈群、刘劭虽经改革，而科网本密，又叔孙、郭、马、杜诸儒章句，但取郑氏，又为偏党，未可承用。于是令贾充定法律……蠲其苛秽，存其清约，事从中典，归于益时……四年正月，大赦天下，乃班新律。"

③ 《晋书》卷34《杜预传》，第1025页。

④ 日本学者中田薰认为晋代律学仍是发达的，但"在晋朝东迁之后开始走向衰弱"，"如此之律学的衰微，不仅仅是南齐，而是南朝末各国之普遍的现象"。参见［日］中田薰《论支那律令法系的发达——兼论汉唐间的律学》，中译文载何勤华编《律学考》（商务印书馆2004年版，第80—81页）。前引怀效峰《中国律学丛刊》总序（即《中国传统律学述要》）认为"魏晋南北朝时期是中国传统律学的重要发展时期""律学得到了空前的发展"，恐不确。

⑤ 徐道邻：《中国法律史论集》，台北志文出版社1976年版，第103页；郭东旭、申慧青：《渤海封氏——中国律学世家的绝响》，《河北学刊》2009年第5期。

其三，律学在官僚体系中不受重视，不但无助官员升迁，甚至反遭歧视，在解决重大疑难案件时，也不能起到太大帮助。崔祖思曾说：

> 今廷尉律生，乃令史门户，族非（陈）咸、（郭）弘，庭缺于训。刑之不措，抑此之由。如详择笃厚之士，使习律令，试简有征，擢为廷尉僚属。苟官世其家，而不美其绩，鲜矣；废其职而欲善其事，未之有也。①

其四，晋《泰始律》制定以后相当长的时间里，未见旧律修订，亦未见新律颁订。孔稚珪说"江左相承用晋世《张杜律》"，说的就是东晋、刘宋一直承用晋《泰始律》，无论当时政治形势如何剧变，也未引起当权者的修律兴趣。直到南齐武帝才"留心法令"，修撰《永明律》，此时距晋《泰始律》颁行已过了两个多世纪。②

中古时代的律学，大致来说，是儒学的附属物。东晋以后，儒学受到佛教义理、道教玄谈的冲击而趋衰弱，律学也随之沉浮，长期不振。晋初修《泰始律》时，这种风气已由郑冲之口道出：

> 贾充定律令，与羊祜共咨太傅郑冲。冲曰："皋陶严明之旨，非仆闾懦所探。"羊曰："上意欲令小加弘润。"冲乃粗下意。《续晋阳秋》："初，文帝命荀勖、贾充、裴秀分定礼仪律令，皆先咨郑冲，然后施行也。"③

郑冲所谓律令"非仆闾懦所探"，表面上是谦虚，其实是看不起律学，认为那是底层吏才的事务。《晋书》《南史》中的两段话，更是非常适合作为这一时期律学衰落的写照，《晋书·儒林传》：

> （晋人）莫不崇饰华竞，祖述虚玄，摈阙里之典经，习正始之余论，指礼法为流俗，目纵诞以清高，遂使宪章弛废，名教颓毁，五胡乘间而竞逐，二京继踵以沦胥，运极道消，可为长叹息者矣。④

《南史·儒林传》则说：

---

① 《南齐书》卷28《崔祖思传》，中华书局1972年版，第519页。
② 《南齐书》卷48《孔稚珪传》，第835—836页。
③ 刘义庆：《世说新语·政事第三》，三秦出版社2008年版，第68页。
④ 《晋书》卷91《儒林传》，中华书局1974年版，第2346页。

> （刘宋、萧齐时）国学时或开置，而劝课未博，建之不能十年，盖取文具而已。是时乡里莫或开馆，公卿罕通经术，朝廷大儒，独学而弗肯养众，后生孤陋，拥经而无所讲习，大道之郁也久矣乎。①

魏晋儒学、律学等实用学术的衰落，与尚玄谈、崇佛教、蔑弃吏职、以实用技能为俗不可耐的风气，有必然的关联。陈顾远先生说："东晋以后，胡族称强，阀阅阶级乘时而盛，清谈相尚，不重名法；治乱无关于心，帝王非其所贵，益无求于律令，律学之衰盖自此始。"②

那么，近现代法史学者为什么会认为，"魏晋南北朝时期是中国传统律学的重要发展时期""律学得到了空前的发展"呢？

这仍与唐《永徽律》《律疏》作为"孤峰"，缺乏比对有关。迄今为止，除了甘肃玉门出土了晋《泰始律》抄本残片（内容很少，且尚未公布）外，未见曹魏《新律》、晋《泰始律》的完整文本，《唐律》的"孤峰"地位无从动摇，仍被视为"中华法系最具代表性的法典"，由此层累起这样的观点：既然《唐律》优秀，那么晋唐之间律学也必定发达。张斐、杜预注《泰始律》被称为"张杜律"，则进一步强化了人们对晋唐之间律学发达的印象。③

律学的发展，并不存在某种"规律"，放诸四海而皆准，而是受制于不同时期君主的好恶、意识形态取向、由此形成的中央政权对于律令的态度，以及其他学术领域的发展对人才的吸引。中古时代，各方面的形势都对律学不利，其长期不振、"私议之所轻贱""世议所轻""一线之延"也就在情理之中了。

直至萧梁时期，汉唐之间鄙弃律学的风气才有所扭转。梁天监元年（502年）八月修撰《梁律》：

> 梁武帝承齐昏虐之余，刑政多僻。既即位，乃制权典，依周、汉旧事，有罪者赎。其科，凡在官身犯，罚金。鞭杖杖督之罪，悉入赎停罚。其台省令史士卒欲赎者，听之。时欲议定律令，得齐时旧郎济阳蔡法度，家传律学，云齐武时，删定郎王植之集张、杜旧律，合为一书，凡一千五百三十条，事

---

① 《南史》卷71《儒林传》，中华书局1975年版，第1730页。
② 陈顾远：《中国法制史概要》，商务印书馆2011年版，第48页。按，清末民初程树德先生认为，"自晋氏失驭，海内分裂，江左以清谈相尚，不崇名法。故其时中原律学，衰于南而盛于北"（《九朝律考》，第301页）。其观点已由吕志兴先生逐条驳斥，见吕志兴《南朝律学的发展及其特点——兼论"中原律学，衰于南而盛于北"说不能成立》（《政法论坛》2012年第1期）。
③ 薛菁：《魏晋律学昌盛之原因探析》，《东南学术》2007年第4期。

未施行,其文殆灭。法度能言之。于是以为兼尚书删定郎,使损益植之旧本,以为《梁律》。①

其中提到"家传律学",能言"殆灭"的南齐《永明律》的"齐时旧郎"蔡法度,大概是萧齐时修撰《永明律》的"删定郎"。《永明律》《梁律》都是在佛教兴盛的背景下修撰的,这将是下文要探讨的问题。

四 中古佛经传译与佛教律学的兴起

将世俗律学与佛教律学联系起来研究,已有不少学者提出。② 晋唐之间,佛教寺院与僧尼的数量剧增,佛教影响日广,人才辈出。③ 佛教律学也随之兴盛,律师的地位相当高,官员、学者、艺术家都愿与之交往,且留下许多诗文书画。④ 有意思的是,到永徽《律疏》修撰前后,佛教律学也恰臻全盛,同期世俗律学人才却少之又少。⑤ 两者关系值得关注挖掘。

(一)"律学"一词的出现

"律学"一词,不见于秦"以法为教"、汉"引经注律"时期,⑥ 不见于晋"张杜律"前后,而见于相对冷僻的后赵。《晋书·石勒载记下》:

---

① 《隋书》卷25《刑法志》,中华书局1973年版,第697页。
② 如劳政武先生在其《佛教戒律学》一书《绪论》(宗教文化出版社1999年版,第21页)中谈到,该书采用的是法制史、法律学、伦理学的研究方法,第一章就是"从中国佛教法制史的角度去作研究的"。孙英刚先生在与笔者交流时,也曾谈到中古佛教"教会法"与政府"世俗法"的关系,是中国法制史学中很值得研究的问题。李力先生亦撰有《出家·犯罪·立契——1—6世纪僧人与法律问题的初步考察》,《法制史研究》(台湾"中研院"史语所编)第17期,2010年,第1—56页。
③ 法琳:《辩正论》卷3载:东晋、刘宋、萧齐、萧梁、陈的佛教寺院与僧尼数量分别为1768所/24000人,1913所/36000人,2015所/32500人,2846所/82700人,1232所/32000人。《大正藏》卷52,第503页。
④ 仅举一例,唐代宗时律师昙一与"少保兖国公陆公象先、贺宾客知章、李北海邕、徐中书安贞、褚谏议庭诲为儒释之游,莫逆之友"。《唐文粹》卷62《越州开元寺律和尚塔碑铭》。
⑤ 唐代后期百丈怀海(749—814年,一说720—814年)之后,佛教律学渐趋平淡,至元明两代"贬学律为小乘,忽持戒为执相","无人学毗尼","律之一宗扫地矣",直至明末清初才有所复兴。参见释圣严《明末中国的戒律复兴》,载《从传统到现代——佛教伦理与现代社会》,东大图书出版公司1990年版,第145页。
⑥ 《魏书·江式传》(亦见于《汉制考》卷4)载:"汉兴,有尉律学,复教以籀书……吏民上书,省字不正辄举劾焉"云云,其"尉律学"大概是一种专掌文字规范的基层小官,与律令之学的"律学"无关。

> 太兴二年（319年）……署从事中郎裴宪、参军傅畅、杜嘏并领经学祭酒，参军续咸、庾景为律学祭酒，任播、崔浚为史学祭酒。①

续咸是杜预弟子，像东汉郭弘一样，被时人"比之于公"。《晋书·儒林传》：

> 师事京兆杜预，专《春秋》、《郑氏易》……又修《陈杜律》，明达刑书。永嘉中，历廷尉平……后遂没石勒，勒以为理曹参军，持法平详，当时称其清裕，比之于公。②

石勒为羯族君主，却崇尚汉文化，"常令儒生读《春秋》、《史》、《汉》诸传而听之"，又"置宣文、宣教、崇儒、崇训十余小学于襄国四门，简将佐豪右子弟百余人以教之"，"置大小学博士"。他任续咸为律学祭酒，希望引入汉族法律文化。80年后，其做法被同样崇尚汉族文化的后秦君主姚兴效仿（约400年）。③

为什么后赵石勒、后秦姚兴会使用"律学"一词呢？笔者推测应与佛教有关。这一时期，正是佛教在中土取得最大进展的时期，也是佛教律典译入最鼎盛的时期。尤其值得一提的是，晋永嘉四年（310年），西域高僧佛图澄（？—348年）抵洛，对佛教戒律的传入带来深远影响。他的著名弟子道安，在评价其师在佛教律学史上的贡献时说：

> 如来举（律）为三藏之首也。外国重律，每寺立持律，月月相率说戒。说戒之日，终夜达晓，讽乎切教，以相维摄。犯律必弹，如鹰隼之逐鸟雀也。大法东流，其日未远，我之诸师，始秦受戒。又乏译人，考校者勘，先人所传，相承谓是。至澄和上多所正焉。余昔在邺，少习其事，未及检戒，遂遇世乱，每以怏怏不尽于此。④

---

① 《晋书》卷105《石勒载记下》，中华书局1974年版，第2735页。亦见《资治通鉴》卷91"晋元帝太兴二年"条，中华书局1956年版，第2871页。

② 《晋书》卷91《儒林·续咸传》，第2355页。按，其中"陈杜律"显为"张杜律"之误。

③ 《晋书》卷117《姚兴载记上》（第2980页）云："兴立律学于长安，召郡县散吏以授之。其通明者还之郡县，论决刑狱。若州郡县所不能决者，谳之廷尉。兴常临咨议堂听决疑狱，于时号无冤滞。"关于姚兴崇佛材料甚多，如《高僧传》卷1《晋江陵辛寺昙摩耶舍传》（中华书局1992年版，第42页）云："至义熙来入长安，时姚兴僭号，甚崇佛法。耶舍既至，深加礼异。"

④ 释道安：《比丘大戒序》，释僧佑《出三藏记集》卷11，中华书局1995年版，第412—419页。

正是这位佛图澄,襄助石勒称帝,深受崇敬。也正是这位佛图澄,自己特重戒学,"酒不逾齿、过中不食、非戒不履",又培养了一大批注重戒律的弟子,包括法首、法祚、法常、法佐、僧慧、道进、僧朗、竺法汰、竺法和、竺法雅等,都对佛教律学做出了贡献。

(二) 中古佛教律典的传译

佛教经、律、论"三藏"中,经、论多说教,较早传入,律部多规范,较晚传入。① 这与东汉、曹魏、西晋只许西域人为僧、禁止汉人出家有关。虽说东汉灵帝时,有汉僧严佛调,② 曹魏嘉平二年(250 年)朱士行(203—282 年)在洛阳白马寺昙柯迦罗所设戒坛受戒,但毕竟是个例。③ 直到东晋前期,仍是"晋人略无奉佛,沙门徒众皆是诸胡"的局面,汉僧稀少,未成社团,对戒律的需求不迫切。

从东晋中后期开始,汉人出家渐多,需要行为、组织方面的规范,律典传译的需求也就应运而生。④

律部分广律、戒经、律论。最早传入的是较简单的戒经(又称戒本、戒心、波罗提木叉经),不称"律",如《法镜经》⑤《披陂菩萨经》⑥《受十善戒经》⑦《四十二章经》⑧ 等。《四十二章经》中,虽有"五戒""二百五十戒""十恶""十善"等规范性内容,但也不称"律"。⑨ 东汉永平十年(67 年)竺法兰译出的《二百六十戒合异》,应是一部戒条的简抄。⑩ 曹魏时昙柯迦罗所译《僧祇戒心》,

---

① 当然,对佛教本身来说,经、律、论中都有规范因素,如中唐兴善惟宽(755—817 年)说:"被于身为律,说于口为法,行于心为禅,应用三者,其致一也……律即是法,法不离禅,云何于中妄起分别!"见《五灯会元》卷 3 "兴善惟宽禅师"条。
② 《高僧传》卷 1《汉洛阳支楼迦谶传附严佛调传》。也有学者认为严佛调实无其人,为晋时竺佛调之误,竺佛调见《高僧传》卷 9《晋常山竺佛调传》(中华书局 1992 年版,第 11 页)。因无关本文论旨,此处不赘。
③ 严耀中:《从严佛调、朱士行说中土的僧姓法名》,《史林》2007 年第 4 期。
④ 释慧皎撰,汤用彤点校:《高僧传》卷 9《佛图澄传》,中华书局 1992 年版,第 352 页;僧佑:《弘明集》卷 12《桓玄与王令书论道人应敬王事》,《大正藏》卷 52,第 31 册,第 8b 页。
⑤ 安玄译,严佛调笔受,现收入《大正藏》第 12 册。
⑥ 失译者,现收入《大正藏》第 13 册。
⑦ 失译者,现收入《大正藏》第 24 册。
⑧ 迦叶摩腾、竺法兰译,现收入《大正藏》第 17 册。
⑨ 《四十二章经》中有"佛言:众生以十事为善,亦以十事为恶,身三、口四、意三。身三者,杀、盗、淫;口四者,两舌、恶骂、妄言、绮语;意三者,嫉、恚、痴,不信三尊,以邪为真。优婆塞行五事,不懈退,至十事必得道也"。不少学者认为隋、唐《律》中的"十恶"即受到佛教的影响。不赘。也有观点认为《四十二章经》抄成较晚。
⑩ 已佚,见载于费长房《历代三宝记》。

被认为是完整翻译戒经之始。①

> 于是魏境虽有佛法,而道风讹替……诸僧共请迦罗译出戒律,迦罗以律部曲制,文言繁广,佛教未昌,必不承用,乃译出《僧祇戒心》,止备朝夕。更请梵僧立羯磨法(受戒仪式)受戒。中夏戒律,始自于此。②

其后,又有约50部戒经被陆续译入。③它们均被称为"戒本""戒经",而非"律""戒律",尽管其内容与律典无本质差异(因而汤用彤等学者也径称其"律典")。

宋代高承《事物纪原》中,则将东汉灵帝建宁三年(170年)安世高所译《义决律》,作为第一部佛教律典,视作中国戒律之始:④

> 灵帝建宁三年,安世高首出《义决律》二卷,次有《比丘诸禁律》。魏世天竺三藏昙摩迦罗到许洛,慨魏境僧无律范,遂于嘉平中,与昙谛译《四分羯磨》及《僧祇戒心图》,此盖中国戒律之始也。⑤

但学者屈大成指出,《义决律》应非律典,其残佚文字有"知前事,如后事""三十七品""四谛"等语,均与戒律无关。⑥其实曹魏时,昙摩迦罗仍"慨魏境

---

① 印顺:《波罗提木叉经集成的研究》,中华(台北)学术院佛学研究所:《华冈佛学学报》,1968年第1期。湛如也认为,嘉平二年(250年)昙柯迦罗译《僧祇戒心》,与同期昙谛之译《四分羯磨》,是戒律传入中国之开始。参见湛如《敦煌佛教律仪制度研究》(中华书局2003年版,第89页)。

② 慧皎撰,汤用彤点校:《高僧传》卷1《译经上·魏洛阳昙柯迦罗传》,中华书局1992年版,第13页。

③ 屈大成:《广律东来前早期中国的律典传译》,载觉醒主编《觉群佛学》,宗教文化出版社2008年版,第411—420页。其中律论有《鼻奈耶》《毗尼母经》等;比丘、比丘尼戒本有《僧祇戒心》《十诵比丘戒本》《大比丘二百六十戒三部合异》《比丘戒经》《比丘尼大戒》《大露精比丘尼戒》《五百梵律经抄》《僧祇尼戒本》等;犍度(汇编)有《僧祇尼羯磨》《五部僧》《教授比丘尼法》《打揵法》《沙弥离威仪》《威仪经》《沙弥十戒经》《衣服制》《恒水戒经》《五十五法告诫经》等;有关忏悔的有《三品悔过法》《文殊师利五体悔过经》《舍利弗悔过经》《菩萨悔过经》《佛悔过经》等;有关在家律者有《八关斋经》《戒德香经》《戒消灾经》《道本五戒经》等;其他大乘律书有《文殊师利净律经》《菩萨斋法》《法律三昧经》等;其他小乘律书有《应行律》《迦叶戒经》《律解》《大爱道受戒经》《六净经》等;内容不明的有《三十七品经》《义决律》。

④ 《大唐内典录》卷1(《大正藏》第55册,第223a页)载:"《义决律》一卷,一云《义决律法行》,或云《经》者,道安云出阿含,见《佑录》。"

⑤ [日]长泽规矩也编:《事物纪原·小学绀珠》,《和刻本类书集成》第二辑,上海古籍出版社1990年影印版,第179b页。

⑥ 屈大成:《广律东来前初传中国佛教律典的传译》,觉醒主编《觉群佛学》,宗教文化出版社2008年版,第411—420页。按,安世高名下的译著还有两部为"律",一是《比丘诸禁律》,二是《法律三昧经》,但后者今存本题为支谦,译于222—254年间。此外,当时称为"律"的佛典中,尚有《五百梵律经抄》《文殊师利净律经》《应行律》《律解》,或已佚失,或难辨真伪,有些其实是广律东传以后才出现,假托为汉魏时译本。

僧无律范",说明《义决律》确非戒律,汉地律典的正式译入应在西晋以后。

将佛教经典中的约束、规范等用语译为"律",应归于道安(约312—385年)。他在《比丘大戒序》开篇就说:"世尊立教法有三焉:一者戒律也,二者禅定也,三者智慧也。"佛教律典的大规模翻译,也当始自道安等。他曾说:"此乃最急,四部不具,于大化有所阙""此乃兹邦之急者"。

不过,《高僧传》载道安所编的宗教活动仪式、日常生活轨范、僧团制度等规则,仍称为《僧尼轨范》《佛法宪章》,而不称"律"。道安晚年提到的律典,也仍未称为"律",而称《十诵比丘戒本》《比丘尼大戒》《比丘尼受戒法》《鼻奈耶》等。尤值得注意的是,前秦苻坚建元十八年(382年),《鼻奈耶》由耶舍(生卒不详)诵出,道安在《鼻奈耶序》中序文赞道:"而今而后,秦土有此一部律矣。"这说明至4世纪末,汉地僧侣才习惯用"律"来指称佛教中的约束、轨范即"毗奈耶"。① 也正由于此,稍后(5世纪初)的法显(337—422年)才会"常慨经律舛阙,誓志寻求"。

中国最早译出的广律,是说一切有部(萨波多部)的《十诵律》(六十一卷)。姚秦弘始六年(404年),罽宾僧侣弗若多罗诵出、罗什译文,未完成;次年,昙摩流支与罗什译成初稿;罽宾僧侣卑摩罗叉又整理编辑为六十一卷。② 其次,是昙无德部(法藏部)的广律《四分律》。姚秦弘始十二年至十五年(410—413年)由罽宾僧侣佛陀耶舍诵出,竺佛念译,道含笔受。当时并无梵本,所以由耶舍忆诵。《高僧传》载:

> 耶舍先诵《昙无德律》,伪司隶校尉姚爽请令出之……即以弘始十二年译出《四分律》凡四十四卷并《长阿含》等,凉州沙门竺佛念译为秦言,道含笔受。

再次,是大众部广律《摩诃僧祇律》。东晋义熙十二至十四年(416—418年),法显与佛陀跋陀罗合作译出。

从佛经翻译的过程看,最初由西域僧侣主导,对含有戒条内容的佛经,往往称"经""戒"等,不称"律"。从4世纪末开始,道安等汉地僧侣开始主导翻译。他们熟悉汉文化,用世俗法律中的"律"字,来翻译佛经中的戒条、轨范等义,当然更贴切了。劳政武先生曾说,佛教传入中国后,"三学"中"戒"的中

---

① 释道安:《鼻奈耶序》,《大正藏》第24册,第851a页。
② 释僧佑:《出三藏记集》,中华书局1995年版,第425页。

国化比"定""慧"更明显,受到中古世俗法律的影响甚大。① 律"字的使用也可算是旁证之一吧。

(三)佛教"律师"的发展及专职化

随着佛教律典的传译,佛教律学也渐次发达,从事律学研教的"律师"渐多,并呈现专业化的趋向。笔者简要统计了《高僧传》《续高僧传》《宋高僧传》中的"律师"人数(见表1),可以看到从刘宋开始,"律师"已成为佛教僧侣的重要组成部分。

表1

	慧皎《高僧传》 正传　附见	道宣《续高僧传》 正传　附见	赞宁《宋高僧传》 正传　附见	合计
宋	8　　5			13
齐	5　　3	2　　4		14
梁		2		2
陈		2		2
隋		6　　7		13
唐		17　　4	58　　10	89
合计	13　　8	29　　15	58　　10	133

从《高僧传》《续高僧传》所载佛教律师的履历看,多数以分析细密、擅长辩论著称,学术特征与世俗律学相近。如刘宋时,释慧询"研精经论,尤善《十诵》《僧祇》。乃更制条章,义贯终古。宋初中,还止广陵,大开律席"②。释道俨"以律部东传,梵汉异音,文颇左右,恐后人谘访无所,乃会其旨归,名曰《决正四部毗尼论》。后游于彭城,弘通律藏"③。释僧隐"学尽禅门,深解律要……备穷经律,禅慧之风,被于荆楚"④。

又如萧齐时,释志道"学通三藏,尤长律品……讲是律明戒,更申受法。伪国僧禁获全,道之力也"⑤。释法颖"伏膺已后,学无再请,记在一闻。研精律

---

① 劳政武:《佛教戒律学》,宗教文化出版社1999年版,第9页。
② 释慧皎撰,汤用彤点校:《高僧传》卷11《明律·宋京师长乐寺释慧询传》,中华书局1992年版,第430页。
③ 释慧皎撰,汤用彤点校:《高僧传》卷11《明律·宋彭城郡释道俨传》,第431—432页。
④ 释慧皎撰,汤用彤点校:《高僧传》卷11《明律·宋江陵释僧隐传》,第432页。
⑤ 释慧皎撰,汤用彤点校:《高僧传》卷11《明律·齐钟山灵曜寺释志道传》,第435页。

部，博涉经论"①。释法琳"专好戒品，研心《十诵》……诸部毗尼，洞尽心曲"②。释智称"专精律部，大明《十诵》，又诵《小品》一部……谘决隐远，发言中诣，一时之席，莫不惊嗟"③。

有意思的是，慧猷以后，大量研习佛教戒律的僧侣，都不称其学术为"律学"，而称为"律部""律藏""律禁""律品""律苑"等。④ 前述石勒、姚兴将汉语"律学"一词用于世俗官职中的"律学祭酒"，影响在于北方，僧侣们往来南北，或许知晓其情况，而主动不使用"律学"一词？

梁代慧皎所撰《高僧传》中，还很少用"律学"一词，但唐代道宣所撰《续高僧传》中，就多次出现"律学"一词。如梁代释法超：

> 晚从安乐寺智称，专攻《十诵》。致名命家语，其折衷者，数过二百。自称公殁后，独步京邑……以超律学之秀，敕为都邑僧正。庶其弘扇有徒，仪表斯立。武帝又以律部繁广，临事难究，听览余隙，遍寻戒检，附世结文，撰为一十四卷，号曰《出要律仪》。以少许之词，网罗众部，通下梁境并依详用。普通六年，遍集知事及于名解，于平等殿敕超讲律，帝亲临座，听受成规。⑤

又，"智称法孙建康奉诚寺智文，平生讲《十诵》八十五遍，僧尼从其受戒者三千余人，著《律义疏》十二卷、《羯磨疏》四卷、《菩萨戒疏》二卷等。陈代僧昙琼，撰《十诵疏》十卷、《戒本疏》、《羯磨疏》各二卷"⑥。又如陈代释昙瑗：

> 以戒律处世，住持为要，乃从诸讲席，专师《十诵》……不逾数载，道器大增。其有学成，将还本邑，瑗皆聚徒对问理事，无疑者方乃遣之。由是律学更新上闻天听。帝又下敕荣慰，以瑗为国之僧正……以太建年中，卒于

---

① 释慧皎撰，汤用彤点校：《高僧传》卷11《明律·齐京师多宝寺释法颖传》，中华书局1992年版，第436页。
② 释慧皎撰，汤用彤点校：《高僧传》卷11《明律·齐蜀灵建寺释法琳传》，第437页。
③ 释慧皎撰，汤用彤点校：《高僧传》卷11《明律·齐京师安乐寺释智称》，第438页。
④ 此外值得注意的还有，佛教僧侣的称谓就被称为"法名"。被用于"法名"的汉字中，除释、竺、支用于姓之外，最频繁的大概就是"法"了。以《高僧传》的记载为例，东汉有竺法兰，晋有法盛、法维、竺法雅、康法朗、竺法乘、竺法行、竺法存、竺法潜、竺法友、竺法蕴、康法识、支法度、竺法仰、于法兰、竺法兴、支法渊、于法道、于法开、于法威、竺法崇、竺法义、释法和、竺法汰、释法遇、竺法旷、释法安等。晋代尤其多。
⑤ 道宣撰，郭绍村点校：《续高僧传》卷22《梁扬都天竺寺释法超传》，中华书局2014年版，第819页。
⑥ [日]金山正好：《东亚佛教史》，刘果宗译，文津出版社2001年版，第154页。

住寺，春秋八十有二……著《十诵疏》十卷、《戒本》《羯磨疏》各两卷、《僧家书仪》四卷、《别集》八卷，见行于世。①

又如隋代释洪遵：

> 及受具后，专学律部……承邺下晖公，盛弘《四分》，因往从焉。听徒五百，多以巧媚自通，覆讲坚论，了无命及。晖实律学名匠，而智或先图。遵固解冠时伦，全不以曲私在虑。后因盛集异学充堂，遵乃束晖制疏，捧入堂中曰："伏膺有日都未见知，是则师资两亡，敢以文疏仰及。"便置之坐上往覆……齐主既敞教门，言承付嘱，五众有坠宪网者，皆据内律治之。以遵学声早举，策授为断事沙门。时青齐诸众，连诤经久，乃彻天听，无由息讼。下敕令往，遵以法和喻，以律科惩，曲感物情，繁诤自弭。由是更增时美，法侣欣之。②

又如释法砺：

> 受具已后，敦慎戒科。从静洪津师，咨学《四分》……当即博引所闻，开讲律要。词吐简诣，攻难弥坚。故得邻几独绝，尤称今古……以贞观九年十月，卒于故邺日光住寺，春秋六十有七。前后讲律，四十余遍，制《四分疏》十卷、《羯磨疏》三卷、《舍忏仪轻重叙》等。各施卷部，见重于时。时卫州道烁，律学所崇，业驾于砺，为时所重矣。③

又如唐初释昙光：

> 于砺、烁两师，听受成教，逮至立年，盛明律藏。命宗章义，是所推崇。砺叹曰："使吾道流河右，诚此人乎？"……四方律学，莫不咨询。故其房宇门人，肩联踵接。成就所举，远近遵承。西明寺律师君度。奕奕标举，一时俊烈，亦光之所进也。④

---

① 道宣撰，郭绍村点校：《续高僧传》卷21《陈扬都光宅寺释昙瑗传》，中华书局2014年版，第829页。
② 道宣撰，郭绍村点校：《续高僧传》卷22《隋西京大兴善寺释洪遵传》，第839页。
③ 道宣撰，郭绍村点校：《续高僧传》卷23《唐相州日光寺释法砺传》，第860页。
④ 道宣撰，郭绍村点校：《续高僧传》卷23《洛州敬爱寺释昙光传》，第883—884页。

到了唐代,"律师"甚至成为人们熟知爱用的"美词",被人们用于为孩子取名。如贞观初太宗曾审理"元律师案",太宗之妹临海长公主嫁裴寂之子裴律师,仪凤中有立法官员卢律师等。①

唐代以后,"律师"的称呼稍有改变,敦煌文书中《吴僧统碑》(P.4640.5)中说"遂使知释门都法律、兼摄副教授十数年",《沙州释门索法律窟铭》(P.4640.6)中说"和尚即当中子也,前沙州释门都法律",《癸酉年正月十一日梁户史泛三沿寺诸处使用油历》(P.3578)中,则多次出现"泛法律""张法律"等人名,均称"律师"为"法律"。②到了宋代,"律师"又有更细的分类,如惟显将其分成五类:一诵戒至三十,二诵戒至九十,三诵广戒,四诵二部戒,五诵二部律。③

值得注意的是,大量精英进入佛教领域,使佛教僧侣在与世俗知识界的竞争中屡占上风。如释僧盛"大明数论,兼善众经,讲说为当时元匠。又特精外典,为群儒所惮。故学馆诸生,常以盛公相胁"④。这种优胜,逐渐成为一种心态,影响到对经典的取舍、命名和范围概括。僧侣对世俗文化的轻视、蔑视甚至排斥态度日益显现,特别表现在传统经学书籍称为"外典""世典",并给予很低的评价。如鸠摩罗什(344—413 年)译《大庄严论经》中说:"汝于昔来读诵外典,亦甚众多,今闻佛经,须臾之间,解其义趣,悉舍外典。"⑤

五 佛教律疏学与儒家义疏学

研究唐永徽《律疏》的修撰背景,除了解佛教律学的发展外,更须对佛教"律疏学"、儒家"义疏学"的发展做一探讨。

---

① 《新唐书》卷97《魏征传》(中华书局1975年版,第3873页)云:"陛下初即位,论元律师死,孙伏伽谏以为法不当死,陛下赐以兰陵公主园。"《旧唐书》卷57《裴寂传》载,寂之子亦名律师,"尚太宗妹临海长公主,官至汴州刺史"。《新唐书》卷83《诸公主列传》(第3641页):"临海公主,下嫁裴律师。"《旧唐书》卷50《刑法志》(中华书局1975年版,第2142页)云:"至仪凤中,官号复旧,又敕左仆射刘仁轨……金部郎中卢律师等删缉格式,仪凤二年二月九日撰定奏上。"

② 上海古籍出版社、法国国家图书馆编:《法国国家图书馆藏敦煌西域文献》(32),上海古籍出版社2005年版,第255—256页;《法国国家图书馆藏敦煌西域文献》(25),上海古籍出版社2002年版,第377页。亦参高启成《唐宋时期敦煌人名探析》,《敦煌研究》1997年第4期。

③ 惟显编:《律宗新学名句》,《续藏经》第一辑第二编第二套第四册,上海涵芬楼影印本1925年版,原书无页码。

④ 释慧皎撰,汤用彤点校:《高僧传》卷8《梁京师灵曜寺释僧盛传》,中华书局1992年版,第334页。

⑤ 鸠摩罗什译:《大庄严论经》,《大正藏》第4册,第260页。

(一) 佛教律疏学

中古佛教律学的传译,最主要的成果是"四律五论"。"四律"即《十诵律》《四分律》《摩诃僧祇律》和《五分律》,"五论"即《毗尼母论》《萨婆多部毗尼摩得勒伽》《善见律毗婆沙》《萨婆多毗尼毗婆沙》和《律二十二明了论》。如前所述,这些经典的传入,始于曹魏嘉平时期(249—254年)昙摩迦罗译《僧祇戒心》。

姚秦弘始六年(404年),弗若多罗、鸠摩罗什共译《十诵律》,未成,弗若多罗去世。① 其后,昙摩流支译出,② 卑摩罗叉校订,③ 形成了《十诵律》通行译本。弘始十年(408年),佛陀耶舍、竺佛念又译出《四分律》。④ 东晋义熙十四年(418年),法显、佛陀跋陀罗又译出《僧祇律》。刘宋景平二年(424年),竺道生、佛陀什又译出《五分律》。至此,"四律"陆续译出。随后,解释广律的论著《毗尼母论》《摩得勒伽论》《善见论》《萨婆多论》《明了论》也陆续译出,佛教律学渐次兴起,进而推动大量戒律解释著述即"律疏"的产生。

佛教传入中国之初,僧侣通常使用汉人熟悉的语汇,特别是老、庄术语,以比附诠释,称为"格义"。道安(312—385年)等佛教学者开始意识到,以"格义"方式理解佛义,容易引起误解,在解释上也颇受局限。在道安与其友僧先的论辩中,鲜明地呈现了两种学术流派的争锋:"安曰:'先旧格义,于理多违'。先曰:'且当分析逍遥,何容是非先达。'安曰:'弘赞教理,宜令允惬,法鼓竞鸣,何先何后?'"⑤

僧先相对保守,认为"格义"为先贤所传,不应怀疑。道安不以为然,认为弘扬教理,首先要求正确,"先达"并非不可置疑,"先旧格义,于理多违",必须有所突破,才能真正实现对佛理的准确解释。

汤用彤先生认为,佛家的"疏"源起于道安(312—385年),"道安以前,虽有注经,然注疏创始,用功最勤、影响甚大者,仍推晋之道安"⑥。然而,检诸

---

① 释慧皎撰,汤用彤点校:《高僧传》卷2《晋长安弗若多罗传》,中华书局1992年版,第60页。
② 释慧皎撰,汤用彤点校:《高僧传》卷2《晋长安昙摩流支传》,第62页。
③ 释慧皎撰,汤用彤点校:《高僧传》卷2《晋寿春石涧寺卑摩罗叉传》,第64页。
④ 关于本书之译者,一般皆以佛陀耶舍与竺佛念共译,然据《宋高僧》卷十四昙一传之记载,则谓本书为佛陀耶舍与鸠摩罗什所共译。此外,本书历来所流传之卷数,除六十卷本外,另有四十卷、四十四卷、四十五卷、七十卷等数种之多。
⑤ 释慧皎撰,汤用彤点校:《高僧传》卷5《僧先传》,第195页。
⑥ 汤用彤:《汉魏两晋南北朝佛教史》,北京大学出版社1997年版,第391页。他同时指出,佛教典籍"注疏"的出现,原因是"佛典译本,或卷帙太多,研读不易,或意义深奥,或译文隐晦,了解甚艰。不藉注疏,普通人士曷能通达"? 就当时"注疏"撰写的状况来说,"南朝尚文,重思想,故注疏较多。北朝尚质,重行为,故注疏较少"。

《高僧传·道安传》等，未见提及道安曾作"疏"。可见汤先生说的是广义的"疏"，即一般所说的"注"。尽管如此，汤先生的判断仍离事实不远，佛教领域"义疏学"的兴起，确始于4世纪中叶，代表人物僧敷、法汰、昙影、道融、法崇等，可以说掀起了第一股"疏"的高潮。①

僧敷可能早于道安，法汰约与道安同时，昙影稍晚于道安，与鸠摩罗什同时。《高僧传·僧敷传》："竺僧敷，未详氏族。学通众经，尤善《放光》及《道行波若》。西晋末乱，移居江左……后又着《放光》、《道行》等义疏。"②

《高僧传·法汰传》云：

> 竺法汰，东莞人。少与道安同学，虽才辩不逮，而姿貌过之。与道安避难行至新野，安分张徒众，命汰下京。临别谓安曰："法师仪轨西北，下座弘教东南，江湖道术，上焉相望矣。"……汰所著《义疏》并《与郗超书论本无义》皆行于世。③

《高僧传·昙影传》载：

> 释昙影……后入关中，姚兴大加礼接，及什至长安，影往从之……兴敕住逍遥园，助什译经，初出《成实论》，凡诤论问答，皆次第往反。影恨其支离，乃结为五番，竟以呈什，什曰："大善，深得吾意。"什后出《妙法华经》，影既旧所命宗，特加深思，乃著《法华义疏》四卷，并注《中论》……以晋义熙中卒，春秋七十矣。④

尤值得注意的是昙影。他与罗什合译《成实论》，"诤论问答，皆次第往反"，"恨其支离，结为五番"，将争论、问答分类、整理、结集，得到了罗什的赞赏，为他后来"旧命所宗，特加深思"撰写《法华义疏》奠定了基础，也证明了佛教"经疏"并非"听课笔记"，而是与儒家"经疏"同类的答疑解惑之作。

---

① 梁启超：《见于〈高僧传〉中之支那著述》，《佛学研究十八篇》，辽宁教育出版社1998年版，第316页。按，佛教僧侣著"疏"的第二个高潮，为陈、北齐、北周、隋之际，著"疏"者如宝琼（陈）、法上（北齐）、宝象（北周）、昙延（隋）、慧远（隋）等，亦请参见梁启超此书，第324—325页。
② 释慧皎撰，汤用彤点校：《高僧传》卷5《义解二·晋京师瓦官寺竺僧敷传》，中华书局1992年版，第197页。按，僧敷于晋末（311年永嘉之乱，317年西晋亡）移居江左，当最早。
③ 释慧皎撰，汤用彤点校：《高僧传》卷5《义解二·晋京师瓦官寺竺法汰传》，第192—193页。
④ 释慧皎撰，汤用彤点校：《高僧传》卷6《义解二·晋长安释昙影》，第243页。按，昙影于义熙（405—418年）中去世，享年七十，则其生年当340年，与鸠摩罗什（约334—413年）接近。

撰"疏"最多的是罗什的弟子道融（355—434年）。《高僧传·释道融传》："融后还彭城，常讲说相续，闻道至者千有余人……所著《法华》、《大品》、《金光明》、《十地》、《维摩》等义疏，并行于世矣。"①

什门弟子众多，杰出者有"四圣""八俊""十哲"等，道融正是"四圣"之一。他为《法华经》作"疏"，显然也出于与上述昙影类似的原因，即最初的译本难以畅顺。证据之一，是罗什的另一弟子、同样名列"四圣"的道生（355—434年），也著有《法华经疏》二卷。这表明罗什译经之后，其弟子以"疏"的方式进一步解释经文，将"疏"这种解释文体推向蓬勃。关于这一点，《高僧传·道安传》里讲得很清楚：

初，经出已久，而旧译时谬，致使深义隐没未通，每至讲说，唯叙大意，转读而已。安穷览经典，钩深致远，其所注《般若道行》、《密迹》、《安般》诸经，并寻文比句，为起尽之义，及析疑甄解，凡二十二卷。序致渊富，妙尽深旨，条贯既叙，文理会通，经义克明，自安始也。②

汤用彤先生之所以将佛教"义疏学"的源起归之于道安，即由于此。比道安等人晚一些的，还有法崇（生卒时间不详，著《法华义疏》四卷）。③刘宋时慧猷（生卒年不详）所撰《十诵义疏》，是中国包括世俗律学和佛教律学在内的第一部"律疏学"著作。④

《高僧传·慧猷传》云：

释慧猷……及具戒已后，专精律禁。时有西国律师卑摩罗叉，来适江陵，

---

① 释慧皎撰，汤用彤点校：《高僧传》卷6《义解三·晋彭城郡释道融传》，中华书局1992年版，第242页。道融是鸠摩罗什（344—413年）的弟子，曾被后者赞为"佛法之兴，融其人也"。道融年轻时，其师曾"爱其神彩，先令外学"，能背诵整部《论语》不遗一字。

② 释慧皎撰，汤用彤点校：《高僧传》卷5《义解二·晋长安五级寺释道安传》，第179页。

③ 释慧皎撰，汤用彤点校：《高僧传》卷5《义解二·晋剡葛岘山竺法崇传》，第170—171页。《高僧传·法崇传》："竺法崇，未详何人……尤长《法华》一教……著《法华义疏》四卷云。"按，唐代李邕《麓山寺碑》云"麓山寺者，晋太始四年之所立也，有若法崇禅师者，振锡江左"，令不少人误以为，法崇于西晋泰始四年（268年）主修此寺。张松辉先生指出，李邕所书"晋太始四年"有误，法崇修麓山寺，当在宋明帝泰始四年（468年）。其说甚确。只有这样，法崇才可能见到刘宋文帝时的隐士孔淳之（372—430年，事见《宋书·隐逸列传》）并与之交往。张松辉：《竺法崇初建麓山寺时间新考》，《船山学刊》2002年第2期。张松辉先生未说清楚的一点，是《法崇传》中附见的"晋丞相道之弟"释道宝。拙意以为，这里的"丞相道"不可能是东晋初的王导（276—339年），可能是东晋末的司马道子（364—402年）。如为司马道子之弟，则可能生至465年前后，但仍年长于法崇。

④ 此处采梁启超先生观点，参见氏著《佛教研究十八篇》，辽宁教育出版社1988年版，第321页。

大弘律藏，猷从之受业。沉思积时，乃大明《十诵》，讲说相续，陕西律师莫不宗之。后卒于江陵，著《十诵义疏》八卷。①

卑摩罗叉于姚秦弘始八年（406年）抵长安，后于寿春石涧寺宣讲戒律，重校鸠摩罗什所译《十诵律》，又赴江陵辛寺宣讲《十诵律》。慧猷从其受业，大兴律藏，大概在公元410年。后卑摩罗叉重返石涧寺，义熙九年（413年）示寂。慧猷撰《十诵义疏》，约在415年前后，比唐永徽《律疏》早近两个半世纪。

"四律"译介至中土后，《十诵律》《僧祇律》一度盛行于宋、齐、梁，江南多尚《十诵律》，关中则尚《僧祇律》。译成于姚秦时的《四分律》，一度无人问津。约从北魏起，《四分律》开始蒸蒸日上。先是法聪律师（468—559年）精研《四分律》，口授弟子道覆作《四分律疏》六卷。② 北魏末，慧光（487—536年）又作《四分律疏》百二十纸，为《四分律》的盛行奠定了基础。③ 其后，慧光的弟子道云又奉遗命，著《四分律疏》九卷。慧光另一弟子道晖将慧光所撰，整理为《四分律疏》七卷。昙隐也精通律部。道乐有弟子法上。法上有弟子法愿，著《四分律疏》十卷，有"律虎"之称。道云有弟子洪遵、道洪。道洪有弟子智首（567—635年）、慧进、慧休、道杰等。由道云三传至道宣，律宗完全建立。

智首是中古佛教律学发展史上的重要人物，后来形成了四分律宗。贞观九年，智首示寂，太宗敕令国葬，"自隋至唐，僧无国葬，创开模楷，时共重之"，一时尊荣无匹。

《续高僧传·智首传》载：

> 后听道洪律席，同侣七百，锋颖如林。至于寻文比义，自言迥拔，及玄思励勇，通冠群宗，刚正严明，风飙遗绪者，莫尚于首矣。故未至立年，频开律府，懿德敏行，咸共器之……三十余载，独步京辇，无敢抗衡。
>
> 于是三藏众经，四年考定，其有词旨与律相关者，并对疏条，会其前失。自律部东阐，六百许年，传度归戒，多迷体相。五部混而未分，二见纷其交杂。海内受戒，并诵法正之文。至于行护，随相多委，师资相袭，

---

① 释慧皎撰，汤用彤校注：《高僧传》卷11《明律》，中华书局1992年版，第428页。
② 唐代亦有僧侣释法聪（586—656年），俗姓梅，任苏州常乐寺住持，尝于栖霞寺讲《华严》《涅盘》，学众三百余人。
③ 慧光曾任少林寺住持，在佛学、教理和禅学等方面都有很高的造诣，撰《四分律疏》，弘《四分律》分通大乘之说，是中国佛教律宗的奠基人。

缓急任其去取，轻重互而裁断。首乃衔慨披栝，往往发蒙，商略古今，具陈人世，著《五部区分钞》二十一卷，所谓高墉崇映，天网遐张。再敞殊文，统疏异术。群律见翻，四百余卷，因循讲解，由来一乱，今并括其同异，定其废立。本疏云师所撰，今缵两倍过之。故得诸部方驾于唐衢，七众周睇于贞观者，首之力矣。①

智首撰有《四分律疏》二十卷，今仅存卷九。其撰述方式与永徽《律疏》最大的不同，在于文句冗长，不厌其烦。试举以其"雨衣过前求、过前用"为例，其中就使用了分解、问答的方式：

婆云："过前求、过前用，二俱犯堕。"所以制，不听过前求、用者。然此雨衣，资身要用，是故开听时中乞用。今时既未至豫乞，先用长已贪结违反圣教，是故制也。

过前求五缘成犯：一是雨衣，二过前求，三自为己，四彼与，五领受入手便犯。

问：过前求与乞衣戒何异？

答：有三种别：一衣体不同，此是雨衣，彼非雨衣；二开缘别，此听时而乞，过时便犯，彼无时限，唯除四缘。三亲非亲别彼亲不犯。此二俱。

犯过前用四缘成：一是己雨衣，二时中得，三过前受持，四过前用便犯。②

比智首小两岁的法砺（569—635年），先后随静洪、洪渊等律师学《四分律》《十诵律》，武德时期，于河南讲《四分律》，一生讲《四分律》四十余遍。武德九年（626年）与慧休合撰《四分律疏》十卷、《羯磨疏》三卷，并著有《舍忏仪轻重叙》等。

唐代《四分律》先有"三大疏"，即慧光《略疏》四卷、法砺《中疏》十卷、智首《广疏》二十卷。③ 其后又有道宣（596—667年，智首弟子）集其大成，撰成南山律宗要典"五大部"，即《四分律删繁补阙行事钞》（简称《行事钞》）、《四分律删补随机羯磨疏》（简称《随机羯磨疏》）、《四分律拾毗尼义钞》

---

① 道宣撰，郭绍村点校：《续高僧传》卷23《明律下》，中华书局2014年版，第855—856页。
② 智首：《四分律疏》卷9《过前求雨衣、过前用戒第二十七》，《中华律藏》第22册，第117页。
③ 按，法砺、智首均于贞观九年示寂，距永徽《律疏》之撰，仅20余年。换句话说，永徽《律疏》修撰之时，正处于佛教"律疏学"大盛的背景之中。

（简称《毗尼义钞》《要义钞》）、《比丘含注戒本疏》（简称《含注戒本疏》）、《比丘尼钞》，形成了一套从理论到实践的著作体系，奠定了中国佛教戒律学的基础。①《宋高僧传·唐京兆西明寺道宣传》载：

> 隋大业年中，从智首律师受具……撰《法门文记》、《广弘明集》、《续高僧传》、《三宝录》、《羯磨戒疏》、《行事钞》、《义钞》等二百二十余卷……乾封二年春，冥感天人来谈律相，言钞文轻重，仪中舛悮，皆译之过，非师之咎，请师改正。故今所行著述，多是重修本是也。……宣之持律，声振竺干，宣之编修，美流天下。②

高宗时代，道宣享有盛名。高宗一度敕令僧人跪拜君亲，正是在道宣等人的周旋护法之下，高宗才被迫收回了敕令。

唐代武德、贞观两朝，正是佛教戒律"律疏"撰述最繁荣的时期。武德六年（623 年），智首撰成《四分律疏》二十卷。九年，法砺亦撰成《四分律疏》二十卷。贞观八年（634 年），道宣撰《四分律含注戒本疏》三卷。九年，又撰《四分律删补随机羯磨疏》二卷。二十二年、永徽二年（651 年），道宣重修二《疏》。而且很有意思的是，永徽二年之后，这种"律疏"的撰写突然变得很少，直到建中元年（780 年），才由圆照上《新佥定疏》，乞新旧二《疏》并行，敕准。世俗"律疏"与佛教"律疏"的撰述时代高度重合，节奏也非常相近。

（二）儒家义疏学

汉魏学者著述，未见称为"疏"者，《汉书·艺文志》所列著作无一以"疏"为名。③《补后汉书艺文志》中，亦未见称为"疏"者，多数著作以"注""章句""解诂""难""异同""疑义"为名。④ 拙见所及，最早的以"疏"为名的

---

① 《四分律删繁补阙行事钞》简称《行事钞》，有三卷、六卷、十二卷本；《四分律删补随机羯磨疏》简称《随机羯磨疏》，有四卷、八卷本；《四分律拾毗尼义钞》简称《毗尼义钞》或《要义钞》，三卷；《比丘含注戒本疏》简称《含注戒本疏》，四卷；《比丘尼钞》三卷。道宣还围绕"五大部"撰写了一些简明的或专题式的作品，如《比丘戒本》《比丘尼戒本》，还有《章服仪》《归敬仪》《正行忏悔仪》《护法仪》《量处轻重仪》《净心观戒仪》《关中创立戒坛图经》等。
② 赞宁撰，范祥雍点校：《宋高僧传》卷 14《唐京兆西明寺道宣传》，中华书局 1987 年版，第 327—330 页。
③ 如毛亨之于《诗》、郑玄之于《三礼》与《孝经》、赵岐之于《孟子》、王弼之于《易》、郭璞之于《尔雅》，均称"注"而不称"疏"；何晏之于《论语》、杜预之于《春秋经传》，亦称"集解"而不称"疏"。
④ 侯康：《补后汉书艺文志》，王云五主编《丛书集成初编》，中华书局 1985 年版，第 79 页。

儒家著作，是《隋书·经籍志》所见"乌程令吴郡陆玑"所撰《毛诗草木虫鱼疏》和"晋乐安王友伊"所撰《尚书义疏》。

《毛诗草木虫鱼疏》一书的作者陆玑，三国时吴人，曾任乌程令，其撰《毛诗草木虫鱼疏》大约在公元250—260年。陆玑的姓名、族望与著名诗人陆机（261—303年）相近，因此《旧唐书》《初学记》等均误为"陆机"或"陆士衡"。① 此书至今尤存，已非原帙，而是历经后人增补，书名亦增为《毛诗草木鸟兽虫鱼疏》，记载了动植物175种，被称为"中国第一部有关动植物的专著"。

《尚书义疏》的撰者"晋乐安王友伊"，应是活跃于西晋前期的一位儒者。"乐安王"当指西晋初的司马鉴。② 《晋书·乐安王鉴传》载，晋武帝践祚（265年），为司马鉴等遴选师友，诏曰："乐安王鉴、燕王机并以长大，宜得辅导师友，取明经儒学，有行义节俭，使足严惮。"③ 这条史料所载司马鉴学习儒家经典，与其师友撰写《尚书义疏》这样的著作吻合。这部《尚书义疏》存至梁代才亡佚。

尽管有《毛诗草木虫鱼疏》《尚书义疏》这两部书，但总体来说，三国、西晋时期，以"疏"作为著作体裁还比较罕见。儒家"义疏学"的蓬勃发展期，要等200年之后。

自刘宋时代起，以"疏"为名的著作开始大量出现。对于了解这段历史来说，《隋书·经籍志》是最重要的史料之一。该《志》是唐武德五年"尽收其图书及古迹"，并从中选出"四部经传三千一百二十七部，三万六千七百（零）八卷"的产物。④ 其中，出现了大量以"疏"为名的著作。⑤ 其中《周易》类最多。⑥ 最早的儒

---

① 《隋书·经籍志》《新唐书·经籍志》均载撰者为"陆玑"。韩威：《〈毛诗草木鸟兽虫鱼疏〉研究初探》，《齐齐哈尔师范高等专科学校学报》2010年第5期。按，《毛诗草木虫鱼疏》的作者陆玑恐非三国时人，一则三国时对《毛诗》的研究还没有细化到"草木虫鱼"的地步，二则后一部以"疏"为名的著作晚至宋明帝，两者相距近200年，其间却没有以"疏"为名的著作，未免令人生疑。

② 历史上，曾有不止一位乐安王。东汉章帝（75—88年在位）长子刘伉之子刘宠（卒于122年），于永元七年（95年）封乐安王。晋武帝司马炎（236—290年）之异母弟司马鉴也曾封乐安王。后赵石虎（334—349年在位）之子石弘，于建平四年（333年）封乐安王。北魏泰常七年（422年）拓跋范封乐安王。北魏明元帝拓跋嗣（409—423年在位）曾孙元绪也曾乐安王。后两位封王时，东晋已亡（420年）。故宫博物院藏有其墓志，刻于北魏正始五年（508年）。

③ 《晋书》卷38《文六王·乐安王鉴》，中华书局1974年版，第1137—1138页。

④ 据学者统计，今本《隋书·经籍志》总序、小序、类序统计数与实际著录数，类序合计、小序合计与实际著录总数之间，存在较多差异。参见张晚霞《〈隋书·经籍志〉著录情况的统计研究》，《淮北煤炭师范学院学报》（哲学社会科学版）2004年第10期。本文述及《隋书·经籍志》所录书籍数目，采用该文按照中华书局点校本《隋书》实际统计所得数目。

⑤ 《隋书》卷32《经籍志一》，中华书局1973年版，第911页。《隋书·经籍志》"经部"共著录645部，包括易（70部）、书（32部）、诗（40部）、礼（137部）、乐（44部）、春秋（104部）、孝经（20部）、论语尔雅五经总论（74部）、图谶（13种）、小学（111部）共十类。

⑥ 值得注意的是，当时不少僧侣也擅长《老》《易》。如《高僧传·法汰传》（第193页）载："汰弟子昙一、昙二，并博练经义，又善《老》、《易》，风流趣老，与慧远齐名。"

家"义疏学"作品，就是对《周易》的解释之作。

表2　　　　　　　　《隋书·经籍志》所见经、疏数量

部类		总量	"疏"的数量	
			正文	注文
易		70	11	2[①]
书		32	4	1
诗		40	10	2
礼	周官	137	4	
	仪礼		2	
	丧服		3	4
	礼纪		6	1
	中庸		1	
乐		44		
春秋		104	3	
孝经		20	4	4
论语、尔雅、五经总论		74	5	1
图谶		13		
小学		111		
总数		645	53	15

表3　　　　　　　　宋、齐、梁、陈、隋"疏"类著作表[②]

《周易义疏》十九卷	（宋）刘瓛	《丧服义疏》二卷	（梁）贺瑒
《齐永明国学讲周易讲疏》二十六卷	？	《丧服经传疏》五卷	（齐）司马宪
《周易讲疏》三十五卷	（梁）萧衍	《丧服经传义疏》二卷	（齐）楼幼瑜
《周易讲疏》十六卷	（梁）褚仲都	《丧服经传义疏》一卷	（齐）刘瓛
《周易义疏》十四卷	（梁）萧子政	《丧服经传义疏》一卷	（齐）沈麟士
《周易系辞义疏》三卷	（梁）萧子政	《丧服经传义疏》一卷	（梁）何佟之
《拟周易义疏》十三卷	（梁）？	《丧服文句义疏》十卷	（梁）皇侃

---

①《隋书·经籍志》在"宋明帝集群臣讲《周易义疏》十九卷"后，又列"《宋明帝集群臣讲易义疏》二十卷"，当为同一书。

②《隋书》卷32《经籍志一》，中华书局1973年版，第912—914页。因无关宏旨，此处未计入张鹏一《隋书经籍志补》、章宗源《隋书经籍志考证》、姚振宗《隋书经籍志考证》中的相关信息，可参见此三书，《二十五史补编》第四册，第4929、4943、5039页。

续表

《周易讲疏》三十卷	（陈）张机	《礼记义疏》三卷	（宋）雷肃之
《周易义疏》十六卷	（陈）周弘正	《礼记新义疏》二十卷	（隋）贺瑒
《周易讲疏》十三卷	（隋）何妥	《礼记义疏》九十九卷	（梁）皇侃
《周易系辞义疏》二卷	（齐）刘瓛	《礼记讲疏》四十八卷	（梁）皇侃
《周易系辞义疏》一卷	（梁）萧衍	《礼记义疏》四十卷	（梁）沈重
《周易系辞义疏》二卷	（梁）萧子政	《礼记义疏》三十八卷	？
《尚书义疏》四卷	（晋）伊	《礼记疏》十一卷	？
《尚书义疏》十卷	（梁）费甝	《中庸讲疏》一卷	（梁）萧衍
《尚书义疏》三十卷	（西梁）蔡宝	《春秋五十凡义疏》二卷	不详
《尚书义疏》七卷	不详	《春秋序义疏》一卷	不详
《尚书疏》二十卷	（隋）顾彪	《春秋公羊疏》十二卷	不详
《毛诗义疏》十卷	（西晋）谢沈	《孝经义疏》二卷	（齐）李玉之
《毛诗义疏》五卷	（？）张氏	《孝经义疏》十八卷	（梁）萧衍
《毛诗序义疏》一卷	（齐）刘瓛等	《孝经义疏》五卷	（梁）萧纲
《毛诗草木虫鱼疏》二卷	（？）陆玑	《孝经义疏》一卷	（梁）萧子显
《毛诗义疏》二十卷	舒援	《孝经义疏》一卷	（？）赵景韶
《毛诗义疏》二十八卷	（西梁）沈重	《孝经义疏》三卷	（梁）皇侃
《毛诗义疏》二十卷	不详	《孝经讲疏》六卷	（？）徐孝克
《毛诗义疏》二十九卷	不详	《论语疏》八卷	（宋）张略等
《毛诗义疏》十卷	不详	《论语义疏》十卷	（？）褚仲都
《毛诗义疏》十一卷	不详	《论语义疏》十卷	（梁）皇侃
《毛诗义疏》二十八卷	不详	《论语义疏》八卷	不详
《毛诗章句义疏》四十卷	（隋）鲁世达	《论语讲疏文句义》五卷	（？）徐孝克
《周官礼义疏》四十卷	（梁）沈重	《论语义疏》二卷	（？）张冲
《周官礼义疏》十九卷	不详		
《周官礼义疏》十卷			
《周官礼义疏》九卷			
《仪礼义疏》六卷	？		
《仪礼义疏见》二卷	？		

由表 3 至少可见两点：其一，除陆玑《毛诗草木虫鱼疏》与"晋乐安王友伊"《尚书义疏》外，最早的儒家"义疏学"作品，是宋明帝刘彧（439—472

年）所撰《周易义疏》。据《宋书·明帝纪》，刘彧"好读书，爱文义，在藩时，撰《江左以来文章志》，又续卫瓘所注《论语》二卷，行于世"。即位后，又引进才学之士，"参侍文籍，应对左右，于华林园芳堂讲《周易》，常自临听"。其撰《周易义疏》，当在景和元年（465年）即位后。

其二，与《汉书·艺文志》形成鲜明对比，《隋书·经籍志》中保存了大量以"疏"为名的儒家著述，大多为宋、齐、梁、陈学者所著。不过，刘宋时"义疏学"仍未臻繁荣，自梁武帝之后始见大盛。齐、梁、陈时期，以"疏"为名的著作比晋、宋时更普遍。其中梁代时尤其繁盛，萧衍、萧子政、沈重、贺瑒、皇侃等均出于此时。

从现存最早的儒家注疏著作皇侃（488—545年）《论语义疏》，[①] 可略观儒家"义疏学"的特征。在《论语义疏叙》中，皇侃说，《论语》"皆夫子平生应机作教，事无常准，或与时君抗厉，或共弟子抑扬，或自显示物，或混迹齐凡"，因而，书中自有"问同答异，言近意深，《诗》、《书》互错综，典、诰相纷纭"的情况，因此"义既不定于一方，名故难求乎诸类"，后世对其解释，遂呈现多样化。

> 此书遭焚烬，至汉时合壁所得，及口以传授，遂有三本……昔撰录之时，岂有三本之别，将是编简缺落，口传不同耳……晚有安昌侯张禹，就建学《鲁论》，兼讲《齐》说，择善而从之，号曰《张侯论》，为世所贵。至汉顺帝时，有南郡太守扶风马融字季长，建安中大司农北海郑玄字康成，又就《鲁论》篇章，考《齐》验《古》，为之注解，汉鸿胪卿吴郡苞咸字子良，又有周氏不悉其名，至魏司空颍川陈群字长文，太常东海王肃字子雍，博士炖煌周生烈，皆为义说。魏末吏部尚书南阳何晏字平叔，因《鲁论》集季长等七家，又采《古论》孔注，又自下己意，即世所重者。今日所讲，即是《鲁论》，为张侯所学，何晏所集者也……右十三家，为江熙字太和所集。侃今之讲，先通何集，若江集中诸人有可采者，亦附而申之，其又别有通儒解释，于何集无好者，亦引取为说，以示广闻也。

从上述引文看，皇侃对于"疏"的看法，已不同于《说文》所说的"疏，

[①] 按，皇侃采集江熙所集的蔡谟、袁弘、孙绰、范宁等十三家学说，撰成《论语义疏》十卷。敦煌本《论语皇侃疏》为唐抄本，是现存最早的论语疏。另撰有《礼记义疏》《礼记讲疏》《孝经义疏》等，均佚。参见《梁书》卷48《儒林·皇侃传》（中华书局1973年版，第680—681页）。

通也"之本义,而在其"通"的本义基础上,兼用了其"分"这一引申义。①如他说,张禹先"学《鲁论》",又"兼讲《齐》说,择善而从之"。又说马融、郑玄"就《鲁论》篇章,考《齐》验《古》,为之注解"。又说何晏"因《鲁论》集季长等七家,又采《古论》孔注,又自下己意"。又说他自己"先通何集",又"江集中诸人有可采者,亦附而申之,其又别有通儒解释,于何集无好者,亦引取为说,以示广闻"。一系列证据显示,魏晋南北朝"义疏学"最为发达的时候,"疏"主要是被作为"通"和"分"来讲的,其大概的意思是"分而后通",但并没有"记录""镂刻"等意思。当时大多数学者使用的"疏"字,均未远离"分解以使之清理"之义。唐永徽《律疏》使用的"疏"字,亦当作如是解。

由上文的梳理可见,在唐永徽《律疏》修撰以前的200—400年间,"疏"已经作为一种文体,盛行于儒家学者中。不过,对于理解永徽《律疏》之修撰原委来说,这种梳理恐怕仍是不够的。无人能保证,对永徽《律疏》产生影响的只是儒家作品,而无佛教作品。

六 佛教律学对世俗律学的影响

宋、齐、梁、陈四代,可说是佛教最为兴盛的时期,佛教经、律、论也成为当时最重要的学术。僧侣们创作了大量以"疏"为名的著作,与儒家"义疏学"的盛行几乎同步。《隋书·经籍志》录有儒家经传3127部、36708卷,佛教经典1962部、6198卷,如果就民间而言,则佛教经书远多于儒家经典,无怪乎《隋书》作者感叹说:"天下之人,从风而靡,竞相景慕,民间佛经,多于《六经》数十百倍。"②

佛教传播日广,僧侣与世俗学者的交往也日益频繁,则佛教对世俗学术形成影响,也就很容易理解了。值得注意的是,当时,一部分佛教僧侣也广泛学习儒家经典,称其为"外学",自称佛教经典为"内典",称世俗法律为"外法",自称佛教律典为"内律"。如《高僧传·法雅传》:"少善外学,长通佛义……时依门徒并世典有功,未善佛理。雅乃与康法朗等,以经中事数拟配外书,为生解之

① 清人皮锡瑞也说:"如皇侃之《论语义疏》,名物制度,略而弗讲。多以老、庄之旨,发为骈俪之文,与汉人说经相去悬绝。此南朝经疏之仅存于今者,即此可见。"
② 《隋书》卷35《经籍志四》,中华书局1973年版,第1099页。"附录"分"道经""佛经"两类。其中"佛经"共著录1962部,6198卷。按《志》载佛经总数为"一千九百五十部,六千一百九十八卷",此处所录为学者实际清点数目。

例，谓之格义。"①

当时僧侣读"外典"已是普遍的状况，所以又说："佛言：人命迅速，刹那无定，不应年月分作三时，可于一日分为三分，比丘朝习外典，暮读佛经。"

义净（635—713年）译《根本说一切有部毗奈耶杂事》卷6中则说：

> 时诸比丘闻佛世尊许，学书论遂无简别。愚昧之愿，亦学外书。佛言：不应愚痴少慧、不加分明者令学外书，自知明慧、多闻强识、能摧外道者，方可学习。

北周僧侣道安在《二教论》中分析儒家、佛教两种经典，已是互济的关系：

> 故救形之教，教称为外；济神之典，典号为内……若通论内外，则该彼华夷；若局命此方，则可云儒、释。释教为内，儒教为外。备彰圣典，非为诞谬。详览载籍，寻讨源流，教唯有二，宁得有三？②

僧侣学习儒家经典，对于佛教加深对世俗知识分子的影响，有推波助澜的作用。关于当时世俗知识分子受佛教方法论的明显影响，已有许多学者的研究，如陈垣先生《云冈石窟之译经与刘孝标》一文指出：

> 孝标（462—521年）之注《世说》及撰《类苑》，均受其在云冈石窟寺时所译《杂宝藏经》之影响。印度人说经，喜引典故；南北朝人为文，亦喜引典故。《杂宝藏经》载印度故事，《世说》及《类苑》载中国故事。当时谈佛教故事者，多取材《杂宝藏经》；谈中国故事者，多取材于《世说新语注》

---

① 释慧皎撰，汤用彤点校：《高僧传》卷4《法雅传》，中华书局1992年版，第152页。佛教作为一种外来宗教，在传入中土后，必须面对如何正确理解原典、原旨、原义的问题，以及如何融入本土思想的问题。在鸠摩罗什译介佛教经典以前，中国佛教对印度佛教的理解，根据罗什弟子僧睿的分类，可分为格义、六家七宗这两派，倡导格义的是竺法雅。由于史料记载匮乏，对于格义是如何进行的，难以确知，但所谓"以经中事数拟配外书"，很显然是站在中国文化的立场上理解印度佛教。最初的译经传教僧人中，多为外族人，他们不可能做到和中国本土思想的结合，而往往站在印度佛教的立场上看中国的本土文化。以中国思想为母文化的法雅则不同，可以很自如地站在中国本土文化的立场上来理解印度佛教，不只是对个别概念的理解，而是对一整套概念系统地理解。所以也难免会较多比附，甚至牵强附会，执著于表象分析，忽略佛教的真正内涵，所以僧睿批评格义"迂而乖本"。道安是竺法雅的同学，对格义方法提出了温和的批评，指出其"考文察句"之弊在于会失去文句的原初本义。

② 道宣：《广弘明集》卷8，《大正藏》第52册，第136页。按，此道安约北周时，具体生卒年代不详，非东晋之高僧道安（312—385年）。

及《类苑》，实一时风尚。《南史》称"梁武帝每集文士，策经史事，加其赏赉。曾策'锦被'事，咸言已罄。武帝试呼问峻，峻请纸笔，疏十余事，坐客皆惊。及峻《类苑》成，帝即命诸学士撰《华林遍略》以高之"。其博洽见忌如此。其根底全植于云冈石窟为沙门时也。①

与此同时，佛教知识也侵入世俗律学的领域，一方面是石勒、姚兴、苻坚、梁武帝等深受佛教影响的君主，在施政与立法时，主动吸收佛教的精神与规则。另一方面，受佛教影响较深的世俗学者，也将其佛学知识运用到律令中的时代。

佛教对政府立法的影响，最初不可能是直接的，而是不经意的、不自觉的、无声息的，其后才慢慢变得明显。最主要的途径，是大量笃信佛教或受过佛教影响的官员，成为立法的主持者或参与者。这里只举萧嶷、萧子良和齐《永明律》为例。

由于久已失传，《永明律》一直较少被关注。据史载，其修撰始于永明七年（489年），主持者似为时任廷尉的孔稚珪。实际上，孔稚珪仅是修撰官之一，主持修撰的是两位齐室宗亲：萧嶷（444—492年）、② 萧子良（460—494年）。③ 据《南齐书》载，萧嶷家中"后堂楼可安佛，供养外国二僧"④，而萧子良更是笃信佛教：

> （子良）招致名僧，讲语佛法，造经呗新声，道俗之盛，江左未有也……又与文惠太子同好释氏，甚相友悌。子良敬信尤笃，数于邸园营斋戒，大集朝臣众僧，至于赋食行水，或躬亲其事，世颇以为失宰相体。⑤

他还曾多次邀请僧佑（445—518年，《出三藏记集》《弘明集》编者）讲律。⑥ "僧佑住建康建初寺，为律学之专家，为竟陵、文宣二王讲律……梁武帝

---

① 陈垣：《云冈石窟之译经与刘孝标》，《陈垣学术论文集》第一集，生活·读书·新知三联书店1980年版，第446页。
② 齐高帝萧道成第二子，齐武帝萧赜之弟。见《南齐书》卷22《豫章文献王传》（中华书局1972年版，第405页）。
③ 齐武帝萧赜次子。
④ 《南齐书》卷22《豫章文献王传》，第417页。
⑤ 《南齐书》卷40《竟陵文宣王子良传》，第698—700页。集学士抄《五经》、百家，依《皇览》例为《四部要略》千卷。
⑥ 释慧皎撰，汤用彤点校：《高僧传》卷11《齐京师建初寺释僧佑传》，中华书局1992年版，第440页。

等，皆崇敬其戒法。僧俗门徒一万一千余人。"①

齐永明九年（491年），由王植等人起草，孔稚珪、宋躬②、萧嶷、萧子良等"公卿八座"参议的《永明律》上奏施行：

> 稚珪上表曰："……敕臣与公卿八座共删注律。谨奉圣旨，咨审司徒臣子良，禀受成规，创立条绪。使兼监臣宋躬、兼平臣王植等抄撰同异，定其去取。详议八座，裁正大司马臣嶷。其中洪疑大议，众论相背者，圣照玄览，断自天笔。始就成立《律》文二十卷，录叙一卷，凡二十一卷。今以奏闻，请付外施用，宣下四海。"③

这部《永明律》是否真的"竟不施行"，非本文关注之点。本文关注的是，《永明律》的修撰采取的是"共删注律""抄撰同异"的方式，颇为新奇。所谓"抄撰同异"，实与当时佛教经典有多种译本，各种译本之间存在区别有关。到了萧梁时期，在蔡法度的努力下，《永明律》竟以《梁律》之名得以颁施行，而且更为直接地采取了佛教经典常用"合本子注"的编撰方式。《隋书·刑法志》载：

> 天监元年八月，乃下诏曰："律令不一，实难去弊。杀伤有法，昏墨有刑，此盖常科，易为条例。至如三男一妻，悬首造狱，事非虑内，法出恒钩。前王之律，后王之令，因循创附，良各有以。若游辞费句，无取于实录者，宜悉除之。求文指归，可适变者，载一家为本，用众家以附。丙丁俱有，则去丁以存丙，若丙丁二事注释不同，则二家兼载，咸使百司议其可不，取其可安，以为标例。宜云'某等如干人同议，以此为长'，则定以为《梁律》。留尚书比部，悉使备文，若班下州郡，止撮机要。可无二门侮法之弊。"
>
> 法度又请曰："魏、晋撰律，止关数人，今若皆咨列位，恐缓而无决。"于是以尚书令王亮、侍中王莹、尚书仆射沈约、吏部尚书范云长、兼侍中柳恽、给事黄门侍郎傅昭、通直散骑常侍孔蔼、御史中丞乐蔼、太常丞许懋等

---

① ［日］金山正好：《东亚佛教史》，刘果宗译，文津出版社2001年版，第154页。
② 宋躬生平不详，但却是晋宋时期繁盛的《孝子传》的撰述者之一。汉代刘向撰《孝子传》之后，陆续撰写同类著作的还有萧广济（晋辅国将军）、徐广（晋）、陶潜（晋）、虞盘佐（生平不详）、王歆（生平不详）、王韶之（刘宋）、郑辑之（刘宋）、师觉授（刘宋）、梁武帝、梁元帝、周景式（生平不详）、申秀（北燕）、韩显宗（北魏）以及一些佚名作者。其中宋躬除撰《孝子传》二十卷外，还撰有《齐永明律》八卷、《止足传》十卷。参见何晓薇《隋前〈孝子传〉文献初探》，硕士学位论文，复旦大学，2004年，第14—15页。
③ 《南齐书》卷48《孔稚珪传》，中华书局1972年版，第836页。

参议断定，定为二十篇。①

这段史料相当重要。据此，不但对南齐《永明律》之修撰相当了然，更重要的是，由于史籍中对《唐律疏议》的修撰记载相当简略，而两者的过程应相当近似，因此，根据这段史料，也可大致了解《唐律疏议》的修撰过程，也应是"旧《律》底本+法务官集议+重臣决断+皇帝御定"的模式。

这里所说的"载一家为本，用众家以附"，正是陈寅恪先生所说的"合本子注"的编修方式，源自佛教。②

与此同时，中古佛教本身的戒律也日益繁盛，形成了自足的体系，甚至与世俗律令鼎立。北魏永平元年（508年），终于发生了决定性的转折，世宗诏令采取"僧俗分断之制"："缁素既殊，法律亦异。故道教彰于互显，禁劝各有所宜。自今以后，僧犯杀人已上罪，仍依俗断，余犯悉付照玄，以内僧、僧制治之。"③

在这份诏书中，世俗律令、佛教戒律均称为"法律"，两者不但名称相同，而且同时生效，分别作用于僧、俗两域，互不干涉。相对于佛教戒律，世俗律令并无特殊优势，只有在触犯杀人罪时，才稍有例外。

直到唐代，这种将世俗律令之"律"与佛教戒律之"律"相提并论的做法，仍然没有改变。在辑录唐代令、式的《唐六典》中，仍将政府颁布的世俗法律概括为"律、令、格、式"，而将佛教律法概括为"禅、法、律"，将道士之法概括为"法、威仪、律"。④ 参与《武德律》修撰的萧瑀（昭明太子萧统曾孙、后梁宣帝萧詧孙、世宗萧岿子），也是一位笃信佛教的官员，"好释氏，常修梵行，每与沙门难及苦空，必诣微旨"，后又因此遭太宗贬斥。⑤

---

① 《隋书》卷25《刑法志》，中华书局1973年版，第698页。
② 陈寅恪先生在其《支愍度学说考》中提出了著名的"合本子注"的观点。参见陈寅恪《支愍度学说考》，《金明馆丛稿初编》，生活·读书·新知三联书店2001年版，第186页。在《读〈洛阳伽蓝记〉书后》一文中，陈寅恪先生又进一步发展了上述"合本子注"的观点。参见陈寅恪《读〈洛阳伽蓝记〉书后》，《金明馆丛稿二编》，生活·读书·新知三联书店2001年版，第180页。又《陈述〈辽史补注〉序》。参见陈寅恪《金明馆丛稿二编》，第264页。
③ 《魏书》卷114《释老志》，中华书局1974年版，第3040页。又如刘宋时，周朗（425—460年）怒斥一些僧侣恶行"乃外刑之所不容戮，内教之所不悔罪……今宜申严佛律，裨重国令"，也是将世俗律令、佛教戒律并论。而且周朗还遵循当时的惯例，将"律令"作为外，将佛教作为"内"。参见沈约撰《宋书》卷82《周朗传》，中华书局1974年版，第2100页。
④ 李林甫撰，陈仲夫点校：《唐六典》卷6《尚书刑部》（中华书局1992年版，第180页）云："凡文法之名有四：一曰律，二曰令，三曰格，四曰式。"《唐六典》卷4《尚书礼部》（第125页）："僧持行者有三品：其一曰禅，二曰法，三曰律。"《唐六典》卷4《尚书礼部》（第125页）："道士修行有三号：其一曰法师，其二曰威仪师，其三曰律师。"
⑤ 《旧唐书》卷63《萧瑀传》，中华书局1975年版，第2398页。

参与《律疏》修撰的官员，据永徽四年十一月十九日长孙无忌《进〈律疏议〉表》，共19人。① 共有七名宰相（长孙、李、于、褚、柳、来、韩）参修。② 详见表4：

表4　　　　　　　　　　参与《律疏》修撰的官员

		职事官	散官	勋官	史官、爵位
1	长孙无忌	太尉、扬州都督（正一）	（未署）	上柱国	监修国史、赵国公
2	李绩	司空（正一）	（未署）	上柱国	英国公
3	于志宁	尚书左仆射（从二）、兼太子少师（从二）	（未署）	上柱国	监修国史、燕国公
4	褚遂良	尚书右仆射（从二）	（未署）	上柱国	监修国史、开国公
5	柳奭	守中书令（正三）	银青光禄大夫（从三）	上骑都尉	监修国史
6	唐临	守刑部尚书（正三）	银青光禄大夫（从三）	上轻车都尉	
7	段宝玄	守大理卿（正三）	太中大夫（从四上）	轻车都尉	
8	韩瑗	守黄门侍郎（正四上）	太中大夫（从四上）	护军	颍川县开国公
9	来济	守中书侍郎（正四上）	太中大夫（从四上）	骁骑尉	监修国史
10	辛茂将	守中书侍郎（正四上）	朝议大夫（正五下）		
11	刘燕客	守尚书右丞（正四下）	朝议大夫（正五下）	轻车都尉	
12	裴弘献	使持节颍州诸军事、守颍州刺史（正四下）	朝请大夫（从五上）	轻车都尉	
13	贾敏行	守御史中丞（正五上）	朝议大夫（正五下）	上柱国	
14	王怀恪	守刑部郎中（从五上）	朝议郎（正六上）	轻车都尉	
15	董雄	前雍州盩屋县令（正六上）	（未署）	云骑尉	
16	路立	行大理丞（从六上）	朝议郎（正六上）	护军	

---

① 原文当为《进〈律疏〉表》，清人误加"议"字，乃受宋人影响。
② 当时宰相共10名，未参修者为张行成、高季辅、宇文节，此三人均参加了《永徽律》的修撰。参见周道济《汉唐宰相制度》附录《汉唐宰相年表》，大化书局1978年版，第55页。另，朱彝尊《曝书亭集》卷52《唐律疏义跋》（国学整理社1937年版）云："永徽二年闰月诏曰：……尚书左仆射张行成、光禄侍中高季辅、右丞段宝玄、太常少卿令狐德棻、吏部侍郎高敬言……此见诸《唐大诏令集》者也……无忌等表进有……而无张行成、高季辅、令狐德棻、高敬言，或疑纂修诸臣姓名不符。考诏令所载，乃总修律令格式之员，而表进于二年之后，所列县令、丞、博士，盖系召至解律人，若张、高、令狐四公不与纂修义疏。"

续表

		职事官	散官	勋官	史官、爵位
17	石士达	守雍州始平县丞（从七上）	承奉郎（从八上）	骁骑尉	
18	曹惠果	大理评事（从八下）	（未署）	云骑尉	
19	司马锐	守律学博士（从八下）	儒林郎（正九上）	飞骑尉	

《进〈律疏〉表》罗列 19 位修撰人时，依照职事官品阶为序，当然不表明他们在修撰中的作用亦以此为序。长孙、李、于、褚四人皆贞观旧臣，时任宰相，只是挂名领修，实际参与有限。柳奭为王皇后之舅，亦任宰相，不过当时武氏已生下李弘，"（王皇）后渐见疏忌，奭忧惧，频上疏请辞枢密之任"，其在修撰中的作用也不大。① 真正承担修撰主要任务的，应是当时分任刑部尚书、大理卿的唐临和段宝玄。

贞观时期，唐临就很有名。他任县丞时，曾令轻囚十数人归家耕种，至时毕集诣狱，由此赢得声誉。高宗即位后，他先后担任大理卿、御史大夫，深受器重。② 永徽二年，唐临又在"华州刺史萧龄之任广州都督时赃案"中对奏称旨，迁刑部尚书，理所当然地成为《律疏》修撰的核心官员。不过，从唐临撰《冥报记》可知，他也是一位崇信佛教的官员。

段宝玄（两《唐书》无传）是既参修《永徽律》、又参修《律疏》的极少数官员之一。除领修官外，有类似经历的仅有刘燕客、贾敏行两人。永徽初，段宝玄任大理卿，任期内参与办理了"刘大器妄说图谶案"（永徽四年十二月）、"李义府—淳于氏—毕正义案"（显庆元年），并且很可能因此开罪李义府，自此不受器重，声迹无闻。③

韩瑗和来济两人，均于《律疏》修撰期间入相。韩瑗"少有节操，博学有吏才"。其父韩仲良，"武德初为大理少卿，受诏与郎楚之等掌定律令"，贞观时期曾任刑部尚书，熟悉律令。他与高祖关于律令"崇宽简"的对话，还被作为名臣奏议载入了国史。

---

① 《旧唐书》卷 77《柳奭传》，中华书局 1975 年版，第 2682 页。
② 《旧唐书》卷 85《唐临传》，第 2812 页。唐临事迹亦见于《大唐新语》卷 2《持法》《册府元龟》卷 151 等，亦可参见郁贤皓、胡可先《唐九卿考》，中国社会科学出版社 2003 年版，第 353 页。
③ 王钦若编纂，周勋初等校订：《册府元龟》卷 150《宽刑》，凤凰出版社 2006 年版，第 1674 页；《旧唐书》卷 82《李义府传》，第 2765 页。

仲良言于高祖曰："周代之律，其属三千。秦法已来，约为五百。若远依周制，繁紊更多。且官吏至公，自当奉法，苟若徇己，岂顾刑名。请崇宽简，以允惟新之望。"高祖然之。于是采定《开皇律》行之，时以为便。①

来济是隋代名臣来护儿之子，《旧唐书》本传称其"笃志好学，有文词，善谈论，尤晓时务，举进士"，虽未见其法务任职履历，但"尤晓时务"云云，可知其与韩瑗一样富于吏才。②

辛茂将和刘燕客（两《唐书》均无传）也是当时著名的法务官员。永徽二年，辛茂将任大理少卿，后迁大理卿，显庆三年迁侍中。③ 据唐临在《冥报记》中说，他曾与辛茂将、刘燕客一起审理案件，两人都熟习律令，是司法实践的行家里手，当无疑问。④

裴弘献以下的七名修撰官中，大多鲜有事迹见载史籍，唯有裴弘献较知名。⑤ 熟悉唐代立法史的学者，对其参与修订《贞观律》的事迹不会陌生。《旧唐书·刑法志》载：

> 其后，蜀王法曹参军裴弘献又驳律令不便于时者四十余事。太宗令参掌删改之。弘献于是与玄龄等建议，以为"古者五刑，刖居其一，及肉刑废，制为死、流、徒、杖、笞凡五等，以备五刑。今复设刖足，是为六刑，减死在于宽弘，加刑又加烦峻"。乃与八座定议奏闻。于是又除断趾法，改为加役流三千里，居作二年。

由于在《贞观律》的修订中表现出色，裴弘献随后得到重用，永徽时已升至颍州刺史（正四品），并再次受命参与《律疏》的修撰。《贞观律》颁布时，身

---

① 《旧唐书》卷80《韩瑗传》，中华书局1975年版，第2739—2740页。
② 《旧唐书》卷80《褚遂良传》，第2742页。
③ 据《旧唐书·高宗本纪》、《新唐书·宰相世系表上》载，"显庆三年十一月，（许）敬宗为中书令，大理卿辛茂将兼侍中"。
④ 释道世：《法苑珠林》卷79引《冥报记》：永徽二年……六月九日，尚书都官令史王璹暴死，经二日而苏。自言初死之时，见……临闻其事。时与刑部侍郎刘燕客、大理少卿辛茂将在大理鞫问，请刘召璹至，与辛卿等对问之云尔。参见周叔迦、苏晋仁校注《法苑珠林校注》，中华书局2003年版，第2324页。
⑤ 李昉：《太平广记》卷112《报应十一》（中华书局1961年版，第774—775页）引自《法苑珠林》卷36 "唐董雄念观音"条，此处记述较《太平广记》简之。又如董雄，《太平广记》载：唐贞观年中，有河东董雄为大理寺丞。少来信敬蔬食。十年至十四年中，为坐李仙童事，主上大怒，使侍御韦琮鞫问甚急，因禁数十人。大理丞李敬玄、司直王欣同连此坐。雄与同屋囚锁，专念普门品日得三千遍，夜坐诵经锁，忽自解落地。雄惊以告欣，欣等共视锁，坚全在地，而钩锁相离数尺……不久俱免。

为王府法曹参军（正八品下）的裴弘献已敢于公然"驳律令不便于时者四十余事"，可见其不仅纯熟于律令，也是个很愿意展示才学的人。以此推测其在《律疏》修撰中发挥重要作用，当非无据。

总体来说，《唐律疏议》的修撰官员，除宰相领修外，仍以法务官员为主，律学色彩深厚。除领修官外，包括刑部尚书1人、大理卿1人、御史中丞1人、刑部郎中1人、大理丞1人、大理评事1人、县令1人、县丞1人、律学博士1人，主要来自熟习司法实务的刑部、大理寺、御史台即所谓"三法司"以及基层衙门。① 这一点比修撰《永徽律》时更为明显，《永徽律》参修官中，除领修宰相外，有右丞、太常少卿、吏部侍郎、刑部侍郎、给事中、中书舍人、少府丞、大理丞、太府丞、刑部郎中各1人，律学色彩显然不如参修《律疏》者。

如果与同期进行的《五经正义》的修撰作一对比，这一点就更为明显。与《唐律疏议》的修撰明显不同，《五经正义》的修撰调集了多位国子监的硕学耆儒，包括国子博士2人、太学博士3人、太常博士1人、四门博士1人、太学助教3人、四门助教2人、宏文馆学士2人、宏文馆直学士1人。② 其中谷那律、贾公彦、刘伯庄都是当时著名的儒学大师。就整个国家意识形态而言，确是"一准乎礼"，但如就《五经》与《唐律》、礼与法律的关系而言，或许还是"出礼则入法"一语更适于概括其关系。

七 简要的结论

在永徽《律疏》的《名例律》"立法说明"中，修撰者这样写道：

> 昔者，圣人制作谓之为"经"，传师所说则谓之为"传"，此则丘明、子夏于《春秋》、《礼经》作传是也。近代以来，兼经注而明之则谓之"义疏"。疏之为字，本以疏阔、疏远立名。又《广雅》云："疏者，识也。"案

---

① 朱彝尊：《曝书亭集》卷52"唐律疏义跋"条云：永徽二年闰月诏曰：……尚书左仆射张行成、光禄侍中高季辅、右丞段宝玄、太常少卿令狐德棻、吏部侍郎高敬言……此见诸《唐大诏令集》者也……无忌等表进有……而无张行成、高季辅、令狐德棻、高敬言，或疑纂修诸臣姓名不符。考诏令开载乃总修律令格式之员，而表进于二年之后，所列县令、丞、博士，盖系召至解律人，若张、高、令狐四公不与纂修义疏。

② 董诰等编修：《全唐文》卷136长孙无忌《进〈五经正义〉表》，中华书局1983年版，第1374—1375页。

疏训识，则书疏记识之道存焉。《史记》云："前主所是著为律，后主所是疏为令。"《汉书》云："削牍为疏。"故云疏也。①

"立法说明"本应简洁明晰，上引文字却相当含糊，语焉不详，包含着复杂的信息。遗憾的是，既往学者尚未深究。《旧唐书·刑法志》载："（永徽）三年，诏曰：'律学未有定疏，每年所举明法，遂无凭准。宜广召解律人，条义疏奏闻，仍使中书门下监定。'"

可知《律疏》的修撰原因，一是"律学未有定疏"，二是"每年所举明法，遂无凭准"。过去，由于秦、汉、魏、晋、南北朝各代律典佚失殆尽，《唐律疏议》处于实际上的"孤峰"状态，学者通常认为，《唐律疏议》的修撰水平代表了中国古代立法的最高峰，永徽《律疏》则是中国古代律学发展过程中的杰作。

但从上述考察可知，晋代张斐、杜预注《泰始律》后，世俗律学实际上呈现明显的衰退，以"一线之延"的状态，一直持续到隋唐。唐永徽《律疏》修撰前，不要说中央政府高层，连基层小吏，也不愿学习律令，律学成为"私议之所轻贱"之学。

另一方面，自东汉佛教传入中土后，在佛教经典的传译过程中，律学也逐渐发达。佛教僧侣借用了世俗律学的"律"的概念，进而形成了"律疏"概念。齐《永明律》、梁《梁律》都是在佛教律学发达的背景下修撰的，永徽《律疏》继其余绪，是世俗律学从佛教律学、儒家经学借用"疏"这一概念的产物。永徽《律疏》的修撰，应放在佛教律疏学、儒家义疏学的背景下考察，才能得到较准确的评价。

关于《唐律》与《律疏》的合称，究竟应称为"唐律疏议"还是"唐律疏义"，戴炎辉先生已经讲得很清楚："此书系官撰注释书，原名为律疏，但因文中称'疏议曰'之故，后代误称为'唐律疏议'。"也就是说，尽管称"唐律疏议"并不正确，但既然这种称呼已被人们普遍接受，也就只好将错就错了。钱大群先生提出应称为"唐律疏义"，或许反倒将问题复杂化了。"疏议"还是"疏义"，只能说并非肯綮所在。唐人确将今人所说的"解释"称为"义疏"，但倒过来称为"疏义"则并无其例。

宋代以后，佛教律学不再有重大发展，相反，世俗律学则开始走上发展之路，

---

① 刘俊文点校：《唐律疏议》卷1《名例律疏文》，法律出版社1998年版，第2页。

以《律音义》《折狱龟鉴》为代表,世俗知识分子开始研究律学,并逐步发展出具有自身特色、方法的学术体系。这一方面是因为宋代以后律令体系开始往律例体系转型,另一方面也是因为儒学的重新振兴,以及佛教、道教、玄学等对世俗学术的影响渐小。认为宋代以后世俗律学逐渐衰落的观点,是建立在"永徽《律疏》代表中国古代律学最高峰"这一误解之上的连锁性错误。

(陈灵海,华东政法大学)

药元福墓志考[*]

——兼论药氏的源流与沙陀化

仇鹿鸣

近日，复旦大学汉唐文献工作室因重新点校中华本新旧《五代史》之需，购入了数种新出五代墓志拓本，其中有五代名将药元福墓志志拓一张，尚未见刊布研究。药元福历仕后唐、后晋、后汉、后周诸朝，有善战之名。然因卒于宋初，故新旧《五代史》中未为其立传，而传见于《宋史》，故清人赵翼《廿二史札记·宋史排次失当》条指摘药元福、扈彦珂、薛怀让等数人皆五代时人，宋初即病殁，《宋史》不当为其立传。[①] 目前所见关于药元福生平的史料，除《宋史》本传及新旧《五代史》、《通鉴》等书中的零星记录外，另曾巩《隆平集》卷十六有《药元福传》。《隆平集》系曾巩值史馆时所撰集，故其文字上虽与《宋史》稍有出入，但大体相同。而药元福墓志文长近1500字，记其仕宦履历甚详，大大丰富了我们对其生平的认识，多有可与传世文献互相发明之处，故笔者不揣谫陋，撰文考释，以求教于方家。为讨论方便，兹据拓片录文如下：

  大宋故推诚奉义协戴功臣彰信军节度曹单等州观察处置等使光禄大夫检校太师使持节曹州诸军事行曹州刺史兼御使大夫上柱国河内郡开国公食邑一千五百户赠侍中药公墓志铭并序
  前彰信军节度掌书记朝散大夫试大理司直兼殿中侍御史张谔撰
  维皇宋元年秋八月二十六日，公寝疾薨于藩守，享年七十七。天子闻讣，嗟痛久之，辍朝两日，遣使吊祭，赠侍中，崇礼异也。不周山折，夜壑舟藏，

---

[*] 本文系教育部人文社会科学研究青年基金项目"五代碑志的整理与研究"的成果之一，项目批准号：11YJC770008。墓志校录过程中曾得到唐雯、张小艳、张金耀三位的指点。

[①] 赵翼著，王树民校证：《廿二史札记校证》，中华书局1984年版，第514页。另赵翼《陔余丛考》卷13《宋史一》亦有类似议论，河北人民出版社1990年版，第198页。

既罢市以兴哀,谅牧民之有惠。陵谷虑迁,勋迹聊书。公太原寿阳人也,其先少暤之苗裔,世因职业,因赐氏焉。析派分流,始滥觞于一勺;传枝易叶,遂辉赫于华宗。簪绂冠绶,家谍备载。曾王父道纪、王父规和,云州左教练使、应州都知兵马使,以公贵赠千牛卫将军、金吾卫将军。曾王妣范氏、王父妣张氏,追封南阳县君、清河县君。列考绍言,检校工部尚书,累赠司徒。妣阎氏,追封河南郡太夫人。公即是司徒令子也。岳渎孕灵,星辰钟秀,幼不好弄,长乃沉机。见鸿图百六之初,看豹变九三之趋。潜游侯甸,起足下之程;竟历和门,展彀中之术。龙德中,履邢、郓、邓等州厅头军使。天成间转拱卫、威和等指挥使。清泰中,又转亲从、马聞等都指挥使。公倜傥有勇,果敢驰声,累立战功,亟承恩渥。天福初,授金紫光禄大夫、检校司空、行深州刺史,兼进户封相。次两移原州。首尾五年,周旋三任,每至罢秩,咸有去思。后除千牛卫将军,随驾澶渊,斗敌丑虏。兵罢,授凑、威二州刺史,兼命统领师徒,剪除部落,开通灵武、青岗一路。授取回鹘进奉诸番。未及归朝,又有诏旨,令攻收雍州赵思绾,孤城欲拔,又改充凤翔行营马步军都虞侯。持矛荡寇,破川军于石鼻关西;挑鞭攻城,陷逆垒于鸣鸡祠畔。归阙,授淄州刺史。未及征还,属以彭门遽敢跋扈,召公充行营兵马都监,尽其力也。城下授检校司徒,行陈州防御使,仍进户封。绮襦才泳,刁斗还兴。平阳告急于阙庭,丹凤四征于将帅。诏充西北面行营都排阵使。重围立解,群贼奔归。剑戟方拟于销」镕,洙泗复云于梼杌。又诏充行营马步军都虞侯。慕容凤在戎行,服公武略;杜门守杞,不敢斗敌。数月之间,尽诛朋党。制授建雄军节度、晋慈隰等州观察处置等使。北军不起,畏黑稍之威棱;东道仍开,延青钱之事业。二年,移定国军节度、同州管内观察处置等使。旋召随驾攻讨并门。师回,改授保义军节度,陕虢等州观察处置等使。六年在镇,逆迎无一日曾亏;八面受敌,逶迤仰五申之令。国家优宠,特移近藩。未及周星,以在降恩渥,就加检校太师,兼进国公、食邑。公从微至著,积行累功,无夷险以不登,是艰难而皆历。声扬名遂,冠古绝今。仁风喧六郡之中,惠爱布四镇之内。比期犀节,临济水以长居;不谓龙泉,跃平津而不返。公娶河南贺氏、弘农杨氏,先公而终,继室天水赵氏,皆闺庭积训,兰蕙争芳。石窌疏封,俱耀雍和之德;鹊巢著咏,弥光婉娩之容。公五男一女。女适江夏黄氏。男长曰重遇,殿前散指挥使;次令珂,威州衙内指挥使;次可钧,殿直;次可勋,西头供奉官;次可琼,曹州衙内都指挥使。云情鹤态,士林之趣俱高;赵璧隋珠,宝肆之光交暎。四人早世,今唯可勋、可琼护丧,自曹之洛,以其年十一月二十四日,葬于洛阳北原金谷乡。弘农」郡夫人祔焉，礼也。□深辍社，痛极绝浆，欲报劬劳，请雕琬琰。谔披砂虽学，瀽瓦无功，徽猷莫叙于佳城，实□茂草，乃为铭曰：

　　元后临轩，凄□□随。怪天有始，疑神不明。坏我梁栋，毁我长城」。一念前事，皆□□生。南攻北讨，东战西征。无所不去，所去俱平」。实是心腹，真个股肱。襄帷渐贵，登坛益荣。平阳着颂，冯翊流声」。甘棠播美，陶丘积馨。方当重寄，俄忽云倾。柳翜动兮朝露泣，薤歌丛」兮愁云兴。卜京洛之北，宅瀍涧之滨。此时魂魄虽归地，万古声光不化尘」。

　　药元福墓志长、宽各 65 厘米，38 行，满行 38 字，缺盖。撰者张谔结衔为"前彰信军节度掌书记"，后周广顺二年于曹州置彰信军，而药元福即卒于曹州节度使任上，张谔盖以故吏身份为其撰写墓志。目前已刊布的五代军将墓志为数不少，仅于新旧《五代史》中有传者便可举出牛存节、毛璋、冯晖、西方邺等多人，颇为学者瞩目。但比读相关墓志文本，虽可称得上篇幅冗长，纪事巨细靡遗，辞藻亦可言华丽，但揆其实质，不过详叙志主生平履历之"仕历簿"而已，故多为后世国史传记所取资。就笔者粗浅的观察，较之中晚唐墓志文体趋于生动别致、撰者常抒个人胸臆、叙事多溢出史传之外的多元气象，总体而言，五代墓志行文转趋枯涩格套，多少限制了其所传递历史信息的丰富性，药元福墓志亦不例外。故本文为避烦琐，仅论及志文记载可补充史传及相异处，至于相合者，读者自可比读，无需笔者一一胪列。

　　首先值得注意的是药元福家族的族属及其源流，尽管《隆平集》《宋史》及墓志皆云其为太原人，志文中进一步附会"其先少暤之苗裔，世因职业，因赐氏焉"，盖循唐代墓志常见的书写模式，将其家族先世攀附为黄帝之后，然细绎相关史料，则疑窦丛生。《元和姓纂》记载药姓有河内一望："（河内）后汉南阳太守药崧，又有太尉掾药穆。《蜀录》，晋有药伦，牙门药仲。大历有殿中监、闲廐使、兼御史大夫药子昻。"①

　　由于药为稀姓，素乏人物，故药姓之河内郡望在唐代恐未得到广泛行用。岑仲勉曾据《李鼎墓志》考订李鼎妻药氏之父药之昂，即药子昂，"昻"系《姓纂》版刻之误。而《李鼎墓志》云其妻族为广陵药氏，未书河内郡望。② 另开元二年（714 年）《药言墓志》亦自称广陵人，③ 似乎暗示广陵才是唐代药姓

---

① 林宝：《元和姓纂》卷 10，中华书局 1994 年版，第 1544 页。
② 林宝：《元和姓纂》卷 10，第 1544 页。《李鼎墓志》，吴钢编《全唐文补遗》第 4 辑，三秦出版社 1997 年版，第 121 页。
③ 吴钢编：《全唐文补遗》第 8 辑，三秦出版社 2005 年版，第 346 页。

习用的郡望。

邓名世《古今姓氏书辩证》一书虽记载宋代有太原药氏一望，然无疑是药元福家族显贵后所增入，① 若要追索药元福家族的源流，则颇为复杂，恐与河内、广陵、太原三望皆无关系。众所周知，五代后唐、后晋、后汉、后周四朝与沙陀关系密切，药虽为小姓，却在此四朝中异常活跃，颇有人物，仅于新旧《五代史》中立传者，便有药彦稠、药纵之二人。② 其中，药纵之亦自称太原人，③ 而《旧五代史·药彦稠传》则透露出较多的信息，云其出自沙陀三部落，药彦稠之子《药继能墓志》则改称应州金城人，④ 盖取其著籍之地，稍洗却胡族色彩。⑤《旧五代史·武皇纪》云李克用之先为陇右金城人，⑥ 故所谓应州金城县或系为安置迁入代北的沙陀人所侨置，⑦ 明宗李嗣源便出生于斯，称帝后特置四庙于应州金城县，并升应州为望州，金城为望县。⑧ 而出身代北酋豪的后唐军将李德珫、郭崇威之辈亦以金城为乡里。⑨ 据药元福墓志所载，其曾祖药道纪、祖父药规和分别任云州左教练使、应州都知兵马使，则其与药彦稠一样，亦当出自沙陀三部落，所谓太原寿阳人云云，不过是随李克用进据河东之后的定居之所。至于药纵之，虽无更多的证据，但大抵当与药元福、药彦稠等情形类似，亦出自沙陀，由于其较早使用太原这样的汉式郡望，又云"太原地雄边服，人多尚武，耻于学业，惟（张）宪与里人药纵之精力游学"⑩，或可推测其于唐末便已融入了汉地社会。

由于沙陀三部落本身便是混杂多种民族成分而逐步形成的共同体，因此药氏何时融入其中尚未有确证，而近年发现的《药言墓志》《药元墓志》则提示了重要的线索，这两方墓志皆出土于陕西榆林靖边县北红墩界乡华林洼林场，⑪ 其地

---

① 邓名世：《古今姓氏书辩证》卷38，江西人民出版社2006年版，第595页。
② 除此二人外，《旧五代史》卷99《高祖纪》提及晋州大将药可俦。中华书局1976年版，第1325页。
③ 《旧五代史》卷71《药纵之传》，第941页。
④ 《药继能墓志》拓本，载《北京图书馆藏中国历代石刻拓本汇编》第37册，中州古籍出版社1990年版，第184页。
⑤ 邓小南：《试谈五代宋初"胡/汉"语境的消解》，《朗润学史丛稿》，中华书局2010年版，第89—90页。
⑥ 《旧五代史》卷25《武皇纪》，第331页。
⑦ 按应州始置时间无考，《通鉴》卷275，胡注推测为李克用分云州所置，并云："薛史周密传，神武川属应州。盖朱邪执宜徙河东，始保神武川之黄花堆，沙陀由是而基霸业，故以其地置应州也"，中华书局2011年版，第9115页。然药元福祖药规和曾任应州都知兵马使，则其当置于晚唐。
⑧ 《旧五代史》卷35《明宗纪一》，第481页；《旧五代史》卷40《明宗纪六》，第544页。
⑨ 《旧五代史》卷90《李德珫传》，第1191页；《宋史》卷250《郭崇传》，中华书局1985年版，第8901页。
⑩ 《旧五代史》卷69《张宪传》，第911页。
⑪ 这两方墓志的出土信息及拓本，见《榆林碑石》，三秦出版社2003年版，第42、61页。

在唐代属夏州辖境，据墓志记载药言、药元皆葬于夏州治所朔方县南二十五里处，而唐代著名的六胡州最初便置于灵、夏二州之南境。① 而朔方县又寄置云中都督府、呼延州都督府、桑干都督府、安化州都督府、宁朔州都督府、仆固州都督府等羁縻府州，押领突厥、铁勒诸部众。② 药言、药元分别葬于开元二年与天宝六载（747年），尽管志文未记两人有亲属关系，但由于两人葬于同地，且年代相接，大体可以判定出于同族。据墓志所记药言、药元皆世居朔方，出身将家，先后充飞骑番上于长安，又分别任汾州清胜府、绛州万泉府、鄜州洛安府折冲都尉等职，药元还曾武举擢第。墓志制作简陋，文词浅显，如药言墓志所云"夫人王氏，魏侍中粲之孙女也。前亡夫人常氏，汉相惠之孙女也"，虽本意在于迎合攀附显贵先世的士人风尚，反倒暴露了军将阶层较低下的文化程度。尽管夏州本是胡汉杂处之地，但目前尚无证据表明药氏之先系由北方胡族改姓而来，③ 且其在玄宗时便已使用汉式姓名与广陵郡望，先后婚对的王氏、常氏、蔡氏亦当为汉人。因而，将夏州药氏视为世居边地、沾染胡风的汉人军将家族或较为稳妥。

安史之乱后，唐西北边境日益受到吐蕃势力的挤压，国势日蹙，故六州胡于德宗贞元二年（788年）被迁往云、朔之间，元和初沙陀为吐蕃所破，自甘州一路转战至灵州，为朔方节度使范希朝所安置，元和四年（809年）由于范希朝转任河东，遂转徙代北，并逐步与云朔一带的六州胡相融合，形成三部落。④ 而根据前引药言、药元墓志提示的信息，药氏在玄宗时为世居夏州的边将家族，则其颇有可能在贞元初与六州胡一起迁往云朔，与沙陀混杂后，成为沙陀三部落中的一员。药元福曾祖药道纪曾任云州左教练使，上推其生活时代，恰好与之相接。沙陀三部落除了沙陀本部之外，萨葛、安庆两部一般都认为出自昭武九姓，故药氏一支在其中显得颇为特殊，据药元福墓志，曾祖至其本人四代先后婚对范氏、张氏、阎氏、贺氏、杨氏，从姓氏判断大都是汉人，故其虽已有沙陀化之一面，但依旧保持了以汉人为主的通婚圈。⑤ 尽管我们对药彦稠的婚姻情况所知不详，但根据其子药继能墓志所反映出的婚姻情况来看，亦当为汉人，而由其侄药永图

---

① 张广达：《唐代六胡州等地的昭武九姓》，载《文本、图像与文化流传》，广西师范大学出版社2008年版，第80页。
② 《新唐书》卷43《地理志》，中华书局1975年版，第1120—1122页；樊文礼：《唐代灵、庆、夏、银等州界内的侨置府州》，《民族研究》1990年第4期。
③ 陈连庆引《华阳国志》所载夷朐忍药何，指出賨人中有药氏，载《中国少数民族姓氏研究》，吉林文史出版社1993年版，第334页。按此即《古今姓氏书辩证》中药姓果州武都一望的由来，但与北方民族无涉。
④ 樊文礼：《唐末五代的代北集团》，中国文联出版社2000年版，第32—48页。
⑤ 这与森部丰据安万金墓志、何君政墓志所展示的粟特系沙陀人的婚姻情况有明显不同，《ソグド人の東方活動と東ユーラシア世界の歴史的展開》，関西大学出版部2010年版，第195—208页。

撰写的志文，虽称不上文采斐然，但亦中规中矩，显示出了较高的文化水准。

颇为奇怪的是，药元福虽出身代北，但却出仕于后梁，为邢州节度使王檀厅头军使，从墓志记载的先世仕宦经历来看，曾祖、祖父皆为代北军将，唯其父药绍言，仅言"检校工部尚书，累赠司徒"，未叙实际职任，颇疑药氏在梁、晋争霸之际尝降于朱温，故至于此，志文中"见鸿图百六之初，看豹变九三之趋"一语当暗指此事。梁开平二年（908年）六月分邢、洺、惠三州建保义军，[①] 并以王檀为节度使，药元福始受其知遇，[②] 王檀分别于乾化三年（913年）、贞明元年（915年）移节邓州、郓州，药元福当追随左右，故志文所云"龙德中，履邢、郓、邓等州厅头军使"，在时间与历官次序上皆有小误。正由于药元福曾出仕后梁的经历，故不显于庄宗，至明宗时方得转拱卫、威和等指挥使。

药元福真正得以崭露头角一直要到开运年间两次随晋少帝御契丹于澶渊，因勇敢善战，深得少帝赏识，一举奠定骁将之名，《宋史》及《隆平集》本传叙其事甚详。墓志又记："兵罢，授溱、威二州刺史。""溱州"，《宋史·药元福传》作"泰州"，按唐五代无溱州、泰州，墓志中的"溱"当是"溱"字误刻，唐江南西道置溱州，地方荒僻，多用于安置贬谪流人，时已不在后晋控制之下，药元福溱州刺史之任盖系遥领，而这样事例在五代史中并不稀见，如药彦稠便尝遥领澄州刺史。[③] 药元福于威州刺史任上，尝协助朔方节度使冯晖击破党项拓跋彦超等部，[④] 即志文所云："兼命统领师徒，剪除部落，开通灵武、青岗一路。授取回鹘进奉诸番"，后晋天福四年（939年）升灵州方渠镇为威州，[⑤] 方渠当甜、咸两河及青刚川诸水之会，县西北青刚川大路至灵州，控扼长安至灵州的要冲，[⑥] 而分布于朔方境内的党项经常钞略经此道朝贡的回鹘，"其在灵、庆之间者，数犯边为盗。自河西回鹘朝贡中国，道其部落，辄邀劫之，执其使者，卖之他族以易牛马"，[⑦] 如长兴二年（931年）党项劫回鹘入朝使乌仑红贡物，后唐命康福、药彦稠大举进讨，击破党项。[⑧] 故威州之置本身就有强化中央控制之意，而开运三年（946年），冯晖、药元福重新打通青岗、灵州道，不过是长兴之役的翻版。其后，药元福先后参与平定赵思绾、杨温、慕容彦超之乱，从拒契丹于晋州，历转

---

① 王溥：《五代会要》卷24，上海古籍出版社2006年版，第382页。
② 《宋史》卷254《药元福传》，中华书局1985年版，第8894页。
③ 钱大昕：《廿二史考异》卷62，上海古籍出版社2004年版，第898页。
④ 《旧五代史》卷84《少帝纪》，中华书局1976年版，第1113页，云药元福所击破者为吐蕃，误，当以《宋史》卷254《药元福传》为正，第8895页。
⑤ 《旧五代史》卷150《郡县志》，第2015页。
⑥ 严耕望：《唐代交通图考（一）》，上海古籍出版社2007年版，第189页。
⑦ 《旧五代史》卷138《党项传》，第1845页。
⑧ 周伟洲：《早期党项史研究》，中国社会科学出版社2004年版，第131—143页。

淄州刺史、陈州防御使、晋州节度使、同州节度使、陕州节度使、曹州节度使，墓志所记皆可与《宋史》《隆平集》本传相印证，故不赘述。唯《宋史》云其陕州任后，"又历定、庐、曹三镇"，则记事有误，后周显德六年（959年）八月"以前陕州节度使、检校太尉药元福为曹州节度使"，[①] 墓志亦云其"六年在镇，逆迎无一日曾亏"，则其未尝历定、庐二镇。

药元福卒于建隆元年（960年）八月二十六日，《宋史》云卒于九月，盖取奏到之日。生五子：重遇、令珂、可钧、可勋、可琼，其中四人早逝，次子药令珂卒时，官为威州衙内指挥使，推断其卒于开运中，时药元福为威州刺史。唯第五子药可琼在世，主持丧事，与后妻杨氏祔。药可琼时任曹州衙内都指挥使，则宋初节镇仍袭安史以后以节度使之子嗣、亲信掌握亲兵之故习，药可琼后数见于宋史，为军器库使，预平蜀、伐辽之役。

药氏在五代时期的活跃如昙花一现，不久便重新隐没于历史的洪流之中，本文对药氏族源的考论虽仍不无推测的成分，但或可窥见盘踞代北的沙陀集团复杂的人员构成与族属之冰山一角。

（仇鹿鸣，复旦大学）

[①] 《旧五代史》卷120《恭帝纪》，中华书局1976年版，第1594页。

突厥武德皇后的再研究*

朱振宏

一 引言

1993年8月2日，陕西省咸阳市底张镇陈马村南一座古墓葬被盗掘，后经考古工作队钻探调查，探明这座古墓即是北周武帝宇文邕与皇后阿史那氏合葬的"孝陵"。同年12月1日，咸阳市文物局和渭城公安分局在渭城区开展打击盗掘古墓、盗卖走私文物犯罪活动中，陈马村村民王满社夫妇，上缴一合"北周武德皇后墓志"给文物管理部门。此合墓志分为志盖与志文两部分，皆石灰岩青石质地，呈正方形，长、宽各48cm，厚9cm。志盖呈覆斗形，斜刹无雕饰，盖顶中央阳刻篆书3行7字；志文四边亦无纹饰，阴刻楷书7行，满7行，共48字。[①] 此合墓志志盖及志文，现藏于陕西省咸阳市渭城区文物保护中心（墓志盖及墓志志文拓本，见文末附录一）。[②]

武德皇后是中国历史上唯一一位突厥族的皇后，同时武德皇后墓志也是迄今所发现最早的一方隋朝时期突厥人汉文墓志。[③] 因此，孝陵的发现与墓志的出土格外具有意义。这方墓志全文字数虽仅有48字，但其内容有可纠谬正史及史籍记

---

* 本文系台湾"国科会"研究计划《隋唐时代突厥人汉文墓志考释及综述（Ⅱ）》（计划编号：NSC102-2410-H-194-097）之部分研究成果。

① 马先登：《北周武德皇后墓志》，《文物天地》1995年第2期；张建林、孙铁山、刘呆运：《北周武帝孝陵发掘简报》，《考古与文物》1997年第2期；曹发展：《北周武帝陵志、后志、后玺考》，《大陆杂志》第93卷第5期。

② 本篇墓志志盖及志文拓本取自王其祎、周晓薇《隋代墓志铭汇考》第1册，线装书局2007年版，"004 北周武帝皇后阿史那氏志"第14—16页，本篇志文系笔者重新点校。

③ 现今出土隋朝时期的突厥人汉文墓志一共有两方：一方是本墓志；另一方是卒逝于隋炀帝大业十二年（616年）三月一日的"□彻墓志"。有关"□彻墓志"的内容及其重要性，可参看朱振宏《隋"□彻墓志"笺证考释》，《碑林集刊》总第18辑，三秦出版社2012年版，第50—69页。

载不足之处，具有很高的史料价值。此外，孝陵中所出土的武德皇后其他相关文物，也为我们对于北周历史、北周墓葬形制等方面的研究，提供了宝贵的材料。

本文以探讨"武德皇后墓志"为核心，辅以《周书》《北齐书》《隋书》《北史》等正史以及相关史籍文献记载，探讨墓志所呈现的内容，并讨论武德皇后阿史那氏进入中原后政治地位荣衰情形、对中原文化的影响以及本墓志和孝陵相关文物发现的重要性。

兹录其文字如下：

志盖：

周武德皇后志铭

志文：

大隋开皇二年，岁次壬寅，四月甲戌朔，廿三日（乙）甲未，周武帝皇后阿史那氏，徂，谥曰武德皇后。其月廿九日壬寅，合葬于孝陵。

二 笺证

（一）"大隋开皇二年，岁次壬寅，四月甲戌朔，廿三日（乙）甲未"

"开皇"为隋文帝杨坚代周建隋后的第一个年号，共20年（581—600年）。开皇二年，岁次壬寅，公历582年。

志文第19、20字"乙未"或"甲未"的勘刻先后，学者间有着不同的看法，一说认为："乙未"原刻为"甲未"，复改"甲"为"乙"；[①] 另一种说法是认为：志文中"廿三日乙未"的"乙"，后改刻成"甲"字。[②] 然学界一致同意，志文中无论刻的是"乙未"或"甲未"均不正确，开皇二年四月甲戌朔（初一），乙

[①] 王其祎、周晓薇编：《隋代墓志铭汇考》，线装书局2007年版，第16页。侯养民、穆渭生：《北周武帝孝陵三题》，也主张"志文中'乙'字系先刻为'甲'字，又于其上改刻为乙字。"《文博》2000年第6期。

[②] 张建林、孙铁山、刘呆运：《北周武帝孝陵发掘简报》，《考古与文物》1997年第2期。曹发展：《北周武帝陵志、后志、后玺考》，指出"四月'二十三日乙（甲）未'有误。从志文第三行第五字看，似乎先刻成'乙'字，后又改成'甲'字。"《大陆杂志》第93卷第5期，又曹氏与李慧注考的《咸阳碑刻》下册，"013周武德皇后志铭"【考跋】亦同，三秦出版社2003年版，第390页。张延峰：《咸阳渭城 北周墓及相关问题》，指出"墓志铭第3行四月廿三日的干支曰先刻成'乙未'，'乙'字在界格中的位置不正，后改刻成'甲'字"，《咸阳师范专科学校学报》第15卷第1期。

未为二十二日,二十三日应当是"丙申"。至于"甲未"则不合干支历法。①

(二)"周武帝皇后阿史那氏"

周武帝,即是北周武帝宇文邕。《周书·武帝纪》记载:

> 高祖武皇帝讳邕,字祢罗突,太祖第四子也。母曰叱奴太后。大统九年(543年),生于同州……武成二年(560年)夏四月,世宗崩,遗诏传帝位于高祖……壬寅(廿一日),即皇帝位,……(宣政元年,578年)六月丁酉(案:当为闰五月初一),帝疾甚,还京。是夜,崩于乘舆。时年三十六。②
>
> 谥曰武皇帝,庙称高祖。己未(闰五月廿三日),葬于孝陵。③

宇文邕是宇文泰第四子,北周第三位皇帝,生于西魏文帝大统九年,十八岁即皇帝位,在位十九年(560—578年),是北周五位皇帝(孝闵帝、明帝、武帝、宣帝、静帝)二十五年国祚中(557—581年)在位时间最长者。

1994年9月30日,陕西省考古研究所与咸阳市考古研究所共同发掘周武帝"孝陵",出土"周武帝孝陵志"(以下省称"陵志")等文物。"陵志"为石灰岩质,志盖为正方形,边长85cm,厚达14cm,志盖顶呈覆斗形,斜刹,四侧素面无纹饰。志石亦为正方形,边长与志盖同,厚11.5cm。志面阳刻篆书三行,每行三字,共九字:"大周高祖武皇帝孝陵"。④

周武帝皇后阿史那氏,东突厥(Kök Türk,又称突厥第一汗国、北突厥,552—630年)第三任大可汗木杆可汗(553—572年在位)之女。"阿史那"

---

① "干支纪时"是以天干顺序的单数(奇数)配地支顺序的单数;天干顺序的双数(偶数)配地支顺序的双数。是以不会出现天干单数与地支双数搭配的情况。参看刘乃和《中国历史上的纪年》,海豚出版社2012年版,第5页。

② 《北史》卷10《周本纪下》(中华书局1997年版,第371页)亦作"六月丁酉"。《资治通鉴》卷173《陈纪七》,记载:"(太建十年,即宣政元年,578年),六月,丁酉朔,帝疾甚,还长安。是夕殂,年三十六。"中华书局1995年版,第5387页。吴玉贵《资治通鉴疑年录》(中国社会科学出版社1994年版),后有戊戌、己未、甲子诸日。按是年六月丙寅朔,丁酉非朔日,月内亦无丁酉、戊戌、己未、甲子诸日。《周书》卷5《武帝纪》亦作"六月丁酉",中华书局1997年版,第180页。本年陈闰五月,周闰六月,周之六月即陈闰五月。《通鉴》从《周书》作"六月",误。闰五月丁酉朔,戊戌二日,己未二十三日,甲子二十八日。此"六月"当作"闰五月"。

③ 《周书》卷5《武帝纪上》,第63页;《周书》卷6《武帝纪下》,第106页。

④ 参看张建林、孙铁山、刘呆运《北周武帝孝陵发掘简报》,《考古与文物》1997年第2期;曹发展《北周武帝陵志、后志、后玺考》,《大陆杂志》第93卷第5期。

（Ašins，A-shih-na）是东突厥汗国可汗的姓氏，对其语源与义涵，学界有着不同的看法。①

有关突厥阿史那氏的起源，《周书·突厥传》有详细记载：

> 突厥者，盖匈奴之别种，姓阿史那氏……后为邻国所破，尽灭其族。有一儿，年且十岁，兵人见其小，不忍杀之，乃刖其足，弃草泽中。有牝狼以肉饲之，及长，与狼合，遂有孕焉……狼匿其中，遂生十男。十男长大，外托妻孕，其后各有一姓，阿史那即一也……或云突厥之先出于索国，在匈奴之北……讷都六有十妻，所生子皆以母族为姓，阿史那是其小妻之子也。讷都六死，十母子内欲择立一人，乃相率于大树下，共为约曰，向树跳跃，能最高者，即推立之。阿史那子年幼而跳最高者，诸子遂奉以为主，号阿贤设……②

从上所征引内容可知，突厥是由母系社会发展而来，阿史那氏乃是从母族姓

---

① 林恩显：《突厥名称及其先世考》，引日本人白鸟库吉说法，认为"阿史那"音近于"跳跃"意义的土耳其语 Ašin，与乌孙（Ašn，Ašän）为同音异译；而卜弼德（Boodberg）则认为"阿史那"系由突厥语aš-ašin（to cross a mountain）而来，载《突厥研究》，台湾商务印书馆1988年版，第46页。刘义棠：《周书突厥传考注》，指出"阿史那"者，突回语 Aʃna，Ašna，土耳其文 Aşna，一般写作 Ašina 之汉译，义为"友爱的""相好的""相识的"，一群人彼此相识、友爱以后相互结合而成的一部落团体，《突回研究》，经世书局1990年版，第474—475页。克利亚什托尔内著，李佩娟译：《古代突厥鲁尼文碑铭——中亚细亚史原始文献》，认为"阿史那"一名的原型不是从突厥系语言中去寻找，而要从伊兰和吐火罗诸方言中去寻找，可将塞语的 āsāna（可尊敬的、高贵的）作为阿史那一名的假设原型之一，黑龙江教育出版社1991年版，第114—115页。古米列夫：《三个消逝的民族》，载《东方的国家和民族》第2册，认为"阿史那"一词是由蒙古语"狼"（Шоно）的音译加汉语常用尊称"阿"作前缀构成的，故"阿史那"意即"尊贵的狼"。转引自蔡鸿生《唐代九姓胡与突厥文化》，中华书局1998年版，第125页。李树辉：《乌古斯和回鹘研究》，认为"阿史那"为突厥语 Aбuznɜ/Aбuznз/Oбuznɜ/ Oбuznз 等音译，可释为"初乳的""把初乳"或"乌古斯的""把乌古斯的"，是乌古斯部族名称之一，民族出版社2010年版，第91—96页。芮传明：《阿史那人"史前"居地考》，提出"阿史那"可能直接由 Asiana 族名（阿兰、奄蔡）而来，《西北民族研究》1991年第2期（总第9期）。玉成：《论"索国"与突厥部的起源》，推断"阿史那氏"即《后汉书·西域传·蒲类国》所提到的"阿恶氏"，也就是《酉阳杂俎》所谓的"阿尔部落"，《新疆师范大学学报》（哲学社会科学版）第32卷第1期。也有日本学者认为，目前可见东突厥时代最古老的石刻"布古特碑"（The Bugut inscription），其题记采用粟特语书写，由此可推测阿史那氏（Ashinas）是从阿拉伯语源而来，参看森安孝夫、林俊雄《ブグト遗迹 Site of Bugust》，森安孝夫、オチル 编辑《モンゴル国现存 遗迹·碑文调查研究报告 1996—1998》，中央ユラシア学研究会1999年版，第121页；吉田丰、森安孝夫《ブグト碑文 Bugust Inscription》，载森安孝夫、オチル 编辑《モンゴル国现存遗迹·碑文调研究报告》，中央ユラシア学研究会1999年版，第123—124页。

② 《周书》卷50《异域传下》，中华书局1997年版，第907—908页。又可参看《北史》卷99《突厥传》，中华书局1997年版，第3285—3286页；《隋书》卷84《北狄传》，中华书局2000年版，第1863页。

氏转变成为可汗姓氏。① 由于东突厥汗国系由阿史那土门（布民，伊利可汗，Tümän, Bumïn, Il Kaghan, 552年在位）破柔然后所建，在突厥的可汗继承王统观念中，阿史那土门（布民）一系，乃正统王权的代表，是以东突厥大可汗位的继承者，除了须出自"阿史那氏"外，也必须要出自土门（布民）的后裔，才具有正当性与合法性。② 东突厥亡国后，唐太宗曾一度以阿史那思摩为乙弥泥熟（孰）俟利苾可汗，率内附唐朝的突厥旧部返还河北，然而，阿史那思摩因"不类突厥，疑非阿史那族类"，③ 使突厥部众在相当程度上怀疑思摩并非是阿史那种，④ 正统王权的代表性不足，不能统驭突厥部众。其后又有突厥别部阿史那车鼻者，自称乙注车鼻可汗，据有薛延陀故地，唐高宗永徽元年（650年），降附唐廷。⑤ 调露元年（679年），内附的突厥部众连年起兵反唐，先有阿史德温傅、奉职两部，拥立阿史那泥孰（熟）匐，再有阿史那伏念自夏州渡河北返，自立可汗；永淳元年（682年），阿史那骨咄禄鸠集突厥余众，入据总材山黑沙城，自立为颉跌利施可汗，脱离唐朝的统治，重新建立突厥第二汗国政权（又称后突厥汗国、后东突厥汗国、突厥复兴汗国，682—745年）。无论是乙注车鼻可汗、温傅与奉职两部拥立的泥匐（孰）熟，抑或是伏念、骨咄禄自立为可汗，担任可汗者，皆为"阿史那氏"，且都出自东突厥创始者土门（布民）一系，由此可看出突厥民族在认同上与王统观有着紧密的关连性。⑥

有关周武帝与东突厥木杆可汗的和亲过程，《周书·武帝阿史那皇后传》记载道：

> 武帝阿史那皇后，突厥木杆可汗俟斤之女……高祖即位，前后累遣使要结，乃许归后于我。保定五年（566年）二月，诏陈国公纯、许国公宇文贵、神武

---

① 有关突厥的起源传说，可参看丹尼斯·塞诺（Denis Sinor）《突厥的起源传说》，吴玉贵译，载《丹尼斯·塞诺内亚研究文选》，中华书局2006年版，第54—82页。
② 突厥民族可汗继承的正统原理与王统观，可参看护雅夫《突厥の国家と社会》，载《古代トルコ民族史研究》Ⅰ，山川出版社1967年版，第10页。《古代トルコ民族史研究》Ⅲ，山川出版社1967年版，第46页。铃木宏节：《突厥可汗国の建国と王统观》，《东方学》第115辑。《突厥第二可汗国の历史观：キョル＝テギン碑文东面冒头の再検讨》，《史学杂志》第117辑。
③ 《旧唐书》卷194《突厥传上》，中华书局1995年版，第5163页；（唐）杜佑撰，王文锦、王永兴、刘俊文、徐庭云、谢方点校：《通典》卷197《边防典十三·突厥上》，中华书局1988年版，第5415页；《新唐书》卷215《突厥传上》，中华书局1995年版，第6039页。所记略同。
④ ［日］铃木宏节：《突厥阿史那思摩系谱考——突厥第一可汗国の可汗系谱と唐代オルドスの突厥集团》（《东洋学报》第87卷第1号）认为阿史那思摩在东突厥汗国时代统辖管理过粟特民族，与粟特胡有很深的关系，其貌胡人，可能与粟特人有关。
⑤ 《旧唐书》卷194《突厥传上》，第5165页。
⑥ 朱振宏：《突厥第二汗国建国考》，《欧亚学刊》第10辑，中华书局2012年版，第81—118页。

公窦毅、南安公杨荐等,奉备皇后文物及行殿,并六宫以下百二十人,至俟斤牙帐所,迎后……天和三年(568年)三月,后至,高祖行亲迎之礼。①

同书,《武帝纪》载:

(保定五年)二月辛酉(初八),诏陈国公纯、柱国许国公宇文贵、神武公窦毅、南安公杨荐等,如突厥逆女……(天和三年)三月癸卯(初八),皇后阿史那氏至自突厥。②

同书,《异域传下·突厥》亦载:

(保定)五年,诏陈公纯、大司徒宇文贵、神武公窦毅、南安公杨荐等往逆女……乃许纯等以后归。③

西魏恭帝时,东突厥木杆可汗曾许与宇文泰和亲,因泰死而未果,其后木杆可汗又许他女与宇文邕和亲。然而,是时北齐也遣使向东突厥请婚,木杆可汗于是游移两端,北周与东突厥和亲一事始终悬荡未决。天和三年,木杆可汗最终决定将女嫁予周武帝,三月初八,阿史那氏自东突厥经甘州抵达周都长安,武帝命于翼总司仪制,④ 行亲迎之礼,完成这场交涉了长达六年的和亲[有关此次和亲背景及过程见"考释(一)"]。周武帝崩逝后,宣帝宇文赟即位,上尊阿史那氏为"皇太后",又先后改称为"天元皇太后""天元上皇太后";宣帝崩,静帝宇文衍又尊其为"太皇太后"。⑤

(三)"徂"

"徂",意指死亡。"徂",古通"殂"字,清朱骏声《说文通训定声·豫部》记载:"徂,假借为殂。"⑥ 宋戴侗《六书故·人九》记载:"徂,人死因谓之徂。

---

① 《周书》卷9《皇后传》,中华书局1997年版,第143—144页。又可参看《北史》卷14《后妃传下》,中华书局1997年版,第528页。
② 《周书》卷5《武帝纪上》,第71、75页。又可参看《北史》卷10《周本纪下》,第351、354页。
③ 《周书》卷50《异域传下》,第911页。又可参看《北史》卷99《突厥传》,第3289页。
④ 《周书》卷30《于翼传》,第524页。
⑤ 《周书》卷9《皇后传》,第144页。又可参看《北史》卷14《后妃传下》,第528页。
⑥ 朱骏声:《说文通训定声》卷9《豫部第九》,《字典汇编》第8册,国际文化出版社1993年版,第433页。

生者来而死者往也。"① 清王筠《说文解字句读》有云："殂之言徂也。徂，往也，此谓不忍死其君者，讳而言殂也。"②《孟子·万章上》载："《尧典》曰：'二十有八载，放勋乃徂落，百姓如丧考妣，……'"朱熹注云："徂，升也；落，降也。人死则魂升而魄降，故古者谓死为徂落。"③ 案：《周书·武帝阿史那皇后传》记载阿史那皇后："隋开皇二年（582年），殂，年三十二。"④ 考古代皇帝、皇后之丧曰"崩"，而墓志志文与正史却书"徂"（殂）而非"崩"，何也？细检《周书》《北史》，记载北周皇后卒逝之用字有三。

一曰"崩"：《周书·文宣叱奴皇传后》载："文宣叱奴皇后，……太祖为丞相，纳后为姬，生高祖。天和二年（567年）六月，尊为皇太后。建德三年（574年）三月癸酉，崩。"⑤ 同书《明帝独孤皇后》载："明帝独孤皇后，……二年（558年）正月，立为王后。四月，崩，葬昭陵。武成初，追崇为皇后。"⑥

二曰"薨"：《周书·文帝元皇后传》载："文帝元皇后，……改封后为冯翊公主，以配太祖，生孝闵帝。大统七年（案：当为十七年，551年），薨……孝闵帝践祚，追尊为王后。武成初，又追尊为皇后。"⑦

三曰"殂"：《周书·孝闵帝元皇后传》载："孝闵帝元皇后名胡摩，……帝之为略阳公也，尚焉。及践祚，立为王后……建德初，高祖诛晋国公护，上帝尊号为孝闵帝，以后为孝闵皇后，居崇义宫。隋氏革命，后出居里第。大业十二年（616年），殂。"⑧ 同书《武帝李皇后》载："武帝李皇后名娥姿，……隋开皇元年三月，出俗为尼，改名常悲。八年，殂，年五十三。"⑨ 此外，周宣帝杨皇后丽华、朱皇后满月、尉迟皇后炽繁等，也皆曰"殂"。⑩

---

① 戴侗：《六书故》卷17《人九》，《字典汇编》第12册，国际文化出版社1993年版，第364页。
② 王筠：《说文解字句读》卷8《四篇下·歺》，中华书局1988年版，第140页。
③ 朱熹集注，林松、刘俊田、禹克坤译注：《四书》，《孟子·万章篇上》，台湾古籍出版社1996年版，第562页。
④ 《周书》卷9《皇后传》，中华书局1997年版，第144页。又可参看《北史》卷14《后妃传下》，中华书局1997年版，第528页。
⑤ 《周书》卷9《皇后传》，第143页。又可参看《北史》卷14《后妃传下》，第527页。
⑥ 《周书》卷9《皇后传》，第143页。又可参看《北史》卷14《后妃传下》，第528页。
⑦ 《周书》卷9《皇后传》，第142页。又可参看《北史》卷14《后妃传下》，第527页。
⑧ 《周书》卷9《皇后传》，第144—145页。又可参看《北史》卷14《后妃传下》，第529页。
⑨ 《周书》卷9《皇后传》，中华书局1997年版，第146、148页。又可参看《北史》卷14《后妃传下》，中华书局1997年版，第530、531页。
⑩ 参看：《周书》卷9《皇后传·宣帝杨皇后》，第146页；《周书》卷9《皇后传·宣帝朱皇后》，第146页；《周书》卷9《皇后传·宣帝尉迟皇后》，第148页；《北史》卷14《后妃传下·宣帝皇后杨氏》，第530页；《北史》卷14《后妃传下·宣帝皇后朱氏》，第530页；《北史》卷14《后妃传下·宣帝皇后尉迟氏》，第531页。

同样是北周皇后卒逝，史籍用字却不尽相同，原因为何？[①] 笔者以为史家用字之差别是以北周之建国兴亡作为划分阶段，凡北周建国前已亡逝者用"薨"字；北周期间死者曰"崩"；北周亡国后才卒逝者则书"殂"字。西魏恭帝三年（557年）十二月，宇文觉代魏建立北周，文帝元皇后逝于大统十七年（551年），是时北周尚未建国，而元皇后生前被封为冯翊公主，故其丧用"薨"字；文宣皇后叱奴氏卒于周武帝建德三年（574年）、明帝皇后独孤氏卒于明帝二年（558年），两人皆死于北周年间，故用"崩"字。北周静帝大定元年（581年），杨坚代周建隋，孝闵帝元皇后（逝于隋炀帝大业十二年，616年）、武帝阿史那皇后（逝于隋文帝开皇二年，582年）、李皇后（逝于隋文帝开皇八年，588年）、宣帝杨皇后（逝于隋炀帝大业五年，609年）、朱皇后（逝于隋文帝开皇六年，586年）、尉迟皇后（逝于隋文帝开皇十五年，595年）等人卒逝时，北周已被隋取代，故改用"殂"字。此一书法方式，不独适用于北周皇后，隋唐时代，举凡前朝皇后卒逝于当朝时，史家皆采用"殂"字，如隋炀帝萧皇后，《北史·炀帝愍皇后萧氏传》记载："炀帝愍皇后萧氏，……（大唐贞观）二十一年（647年），殂。诏以皇后礼于扬州合葬于炀帝陵，谥曰愍。"[②] 炀帝萧皇后逝于唐太宗贞观二十一年，是以史家以"殂"书之。

　　《周书·武帝阿史那皇后传》《北史·武成皇后阿史那氏传》皆记：阿史那氏于天和三年（568年）与周武帝和亲，卒逝时，终年三十二，则可知其生年为西魏文帝大统十七年（551年），岁次辛未，生肖羊，嫁予周武帝，时年十八岁。阿史那氏一生共历经西魏、北周、隋三个政权，西魏文帝、废帝、恭帝；北周孝闵帝、明帝、武帝、宣帝、静帝；隋文帝等九帝。

（四）"谥曰武德皇后"

　　谥，即是谥号，是古人将一生行为的道德功业作为一个总结评价性的称号。[③]《逸周书·谥法解》记载：

　　[①] 史家修史，发凡起例，多有书法，用字遣词，有一定的义涵，如司马光编纂《资治通鉴》，用语有一定的规范，司马光在《通鉴·释例》指出：《通鉴》书写周、秦、汉、晋、隋、唐等统一王朝，全用天子之制，帝后称崩，王公宰相称薨；三国、南北朝、五代等时期，由于诸国本非君臣，彼此均敌，无所抑扬，故以列国之制，帝后皆称殂，王公皆称卒。参看邬国义《〈通鉴·释例〉三十六例的新发现》，《史林》1995年第4期。然而，唐代史臣编修《周书》，同是书写皇后过世，却采不同用语，不如司马光纂修《通鉴》规范，似有其他原因。

　　[②] 《北史》卷14《后妃传下》，中华书局1997年版，第535—537页。

　　[③] 赵升编，王瑞来点校：《朝野类要》卷5《谥法》（中华书局2007年版，第103页）云："自古有之，所以定生前之德行。"

> 谥者，行之迹也；号者，功之表也；……是以大行受大名，细行受细名；行出于己，名生于人。①

郑樵《通志·二十略·谥略·序论第一》记载：

> 古无谥，谥起于周人……周人卒哭而讳，将葬而谥，有讳则有谥，无讳则谥不立……生有名，死有谥，名乃生者之辨，谥乃死者之辨，初不为善恶也。②

由此观之，谥之产生与避讳有关，当死者既葬，不可再言其名，故立谥以代其生前之名。③ 关于谥法起源于何时，传统的说法是出现于西周初年周公作《谥法》。④《逸周书·谥法解》云："维周公旦、太公望开嗣王业，功于牧野之中，终葬，乃制谥叙法。"⑤ 现今学界对谥法的产生时间有不同的看法，⑥ 推测殷商时代可能已有谥法，西周时谥法已进入了成熟的阶段。⑦ 自有谥法以来，除了秦朝

---

① 黄怀信、张懋镕、田旭东撰，黄怀信修订，李学勤审定：《逸周书汇校集注·谥法解第五十四》（下册）卷6，上海古籍出版社2007年版，第625、627页。
② 郑樵撰，王树民点校：《通志二十略》，《谥略·谥上·序论第一》，中华书局1995年版，第785页。
③ 汪受宽：《谥法研究》，上海古籍出版社1995年版，第13—15页；唐兰：《西周青铜器铭文分代史征》（中华书局1986年版，第354页）指出谥的本字是益，益即是增加，人已有名，而另外再加美称，叫作益。杜建民、崔吉学：《论谥号文化内涵的演变》（《史学月刊》1994年第5期）指出周人创谥号的初衷乃尊祖敬宗、神事先王，谥号的产生并非是对于先人的评价，而是产生于对先人的崇拜。直至春秋战国之际，才将谥号作为评议死者、褒贬先人，借以达到惩恶劝善的目的。
④ 洪迈撰，孔凡礼点校：《容斋随笔》，《容斋续笔·谥法》卷3（中华书局2005年版，第248页）云："'先王谥以尊名，节以壹惠。'语出《表记》，然不云起于何时。今世传《周公谥法》，故自文王、武王以来始有谥。周之政尚文，斯可验矣。"顾炎武著，黄汝成集释，栾保群、吕宗力点校：《日知录集释（全校本）》卷2《帝王名号》（上海古籍出版社2006年版，第58页）记载："自夏以前纯乎质，故帝王有名而无号。自商以下寖乎文，故有名有号。而德之盛者，有谥以美之，于是周公因而制谥，自天子达于卿大夫，美恶皆有谥，而十干之号不立。"
⑤ 黄怀信、张懋镕、田旭东撰，黄怀信修订，李学勤审定：《逸周书汇校集注》卷6《谥法解第五十四》，第623页。
⑥ 学界对于谥法产生时间有着不同的看法，相关研究成果可参看赵东《20年来谥法研究综述》，《绥化学院学报》第27卷第2期。此外，从典籍文献及青铜器铭文又有"生称谥"的现象出现。罗新：《可汗号之性质》（《中古北族名号研究》，北京大学出版社2009年版，第21—26页），研究指出西周的政治制度形式中，已有官、爵、号、谥之分别，爵很可能是从官称中分化出来的，谥则是从官号中分化出来，爵用于生前，谥用于死后。典籍与金文中的生称谥，应是尚未演化为谥的官号，或者是官号与谥并存混用时期的产物。易言之，能够生称的不是谥号，而是官号，生前的官号死后用作谥号，只不过是官号与谥号并存混用的结果。
⑦ 有关谥法起源于殷商时代，可详参吴静渊《谥法探源》，《中华文史论丛》1979年第3期；屈万里《谥法滥觞于殷代论》，载《"中央研究院"历史语言研究所集刊》第十三本，第219—226页；黄奇逸《甲金文中王号生称与谥法问题的研究》，《中华文史论丛》1983年第1期；彭裕商《谥法探源》，《中国史研究》1999年第1期；杜勇《金文"生称谥"新解》，《历史研究》2002年第3期。

曾短暂废除以外，① 直到清末一直延续不绝。

皇后本来从夫之谥，正所谓"后无外事，法不专谥，故系于帝，以为称谓"②。皇后何时开始有专谥？宋敏求《春明退朝录》有云：

> 皇后有谥，起于东汉，自是至于隋皆单谥，光烈阴皇后、明德马皇后、和熹邓皇后、文献独孤皇后是也。史家取帝谥冠其上以别之，如云光之烈皇后阴氏，明之德皇后马氏也，非谓欲连帝谥而名之也。③

宋敏求的说法，源于范晔《后汉书·皇后纪》：

> 论曰：汉世皇后无谥，皆因帝谥以为称。虽吕氏专政，上官临制，亦无殊号。中兴，明帝始建光烈之称，其后并以德为配，至于贤愚优劣，混同一贯，故马、窦二后俱称德焉。④

然而，皇后有谥应不始于东汉，早在西汉宣帝即帝位时，即追谥汉武帝皇后卫子夫为思后，同时追尊祖母史良娣为戾后、母王夫人为悼后。《汉书·孝武卫皇后传》记载：

> 孝武卫皇后字子夫，……卫后立三十八年，遭巫蛊事起，江充为奸，太子惧不能自明，遂与皇后共诛充，发兵，兵败，太子亡走。诏遣宗正刘长乐、执金吾刘敢奉策收皇后玺绶，自杀……宣帝立，及改葬卫后，追谥曰思后，置园邑三百家，长丞周卫奉守焉。⑤

同书同卷，《史皇孙王夫人传》又载：

> 史皇孙王夫人，宣帝母也，名翁须，……征和二年（前91年），生宣

---

① 《史记》卷6《秦始皇本纪》（中华书局1995年版，第236页），记载："秦王初并天下，……制曰：'朕闻太古有号毋谥，中古有号，死而以行为谥。如此，则子议父，臣议君也，甚无谓，朕弗取焉。自今已来，除谥法……'。"
② 徐松纂辑：《宋会要辑稿》第1册，《帝系一·高宗朝下》，新文丰出版社1976年版，第7页。
③ 宋敏求撰，诚刚点校：《春明退朝录》卷下，中华书局2006年版，第40页。
④ 《后汉书》10《皇后纪下》，中华书局1995年版，第455页。皇后加谥，后人多从范晔说法，叶梦得撰，宇文绍奕考异，侯忠义点校：《石林燕语》卷1（中华书局1984年版，第5页）亦有云："母后加谥自东汉始。"
⑤ 《汉书》卷79《外戚传上》，中华书局1995年版，第3949—3950页。

帝。帝生数月，卫太子、皇孙败，家人子皆坐诛，莫有收葬者，唯宣帝得全。
即尊位后，追尊母王夫人谥曰悼后，祖母史良娣曰戾后，皆改葬，起园邑，
长丞奉守。①

由是观之，则武帝后卫子夫是第一位得谥的皇后。② 自东汉明帝对光武帝阴皇后谥号"光烈"后，历代帝、后死后多有谥号。以"武德"连称并作为皇后谥号者，不始于阿史那氏。《晋书·刘聪妻刘氏传》记载：

  刘聪妻刘氏，名娥，字丽华，……其姊英，字丽芳，……初与娥同召拜左贵嫔，寻卒，伪追谥武德皇后。③

刘英为五胡十六国时期前赵昭武帝刘聪之左贵嫔，卒逝后被追谥为武德皇后。不同于阿史那氏以皇后身份谥武德皇后，刘英生前并未被立为皇后，其武德皇后的称号为去世后的追谥。

不同于志盖与志文所刻写的"武德皇后"，《北史》将阿史那皇后的谥号书为"武成皇后"，④ 因此有学者提出"武成"同"武德"是两个皇后，周武帝娶了两个阿史那氏的看法。⑤ 此种论点有可商榷之处：第一，综观正史与相关文献，从不见北周武帝曾先后两次娶东突厥公主的记载；第二，《周书·皇后传》与《北史·后妃传》，对于北周每一位皇后，无论是死后追尊或是生前已被立为皇后，均列有专传，史载北周武帝共立有两位皇后，除木杆可汗女阿史那氏外，另一位是李娥姿，其逝世的时间是在隋文帝开皇八年，葬于隋大兴城南，从姓名、过世时间以及卒葬地点来看，不符合本墓志内容；第三，从墓志志文所记阿史那氏卒逝时间、合葬于周武帝孝陵，配合史籍文献的记载，只有天和三年三月嫁予周武帝的东突厥木杆可汗之女，才符合一切条件。我们从志盖与志文皆云"武德皇后"，可知《北史》所记"武成皇后"为误。⑥

《北史》将阿史那氏谥号书写成"武成"的原因，学者指出或是因为周武

---

① 《汉书》卷79《外戚传上》，第3961页。
② 汉宣帝虽也追谥祖母史良娣、母王翁须谥号，然史良娣与王翁须生前并未被立为皇后。是以第一位有专谥的皇后为汉武帝皇后卫子夫。
③ 《晋书》卷96《列女传》，中华书局1995年版，第2520页。
④ 《北史》卷14《后妃传下》，中华书局1997年版，第528页。
⑤ 张延峰：《咸阳渭城北周墓及相关问题》，《咸阳师范专科学校学报》2000年第1期。
⑥ 曹发展：《北周武帝陵志、后志、后玺考》，《大陆杂志》第93卷第5期；罗新、叶炜：《新出魏晋南北朝墓志疏证》，中华书局2005年版，第324页。

帝遗诏主张"丧事资用，须使俭而合礼，墓而不坟"，① 这种不封不树的帝陵制度，使北周帝、后在葬后，随着岁月的流逝，史实逐渐被掩盖，隋末唐初对阿史那氏的谥号已经不甚清楚，唐人编纂《北史》时，也未深入考究，故产生纰漏；或由于唐初李唐与突厥关系紧张，唐人认为阿史那氏成为北周皇后是战争背景下政治联姻的结果，导致《周书》中阿史那氏无谥号，《北史》将北齐武成帝的谥号张冠李戴于阿史那氏，以示对突厥的鄙视；或因《北史》关于北周的历史，基本承《周书》，而《周书》资料贫乏、考核修订草率，史书中错讹较多，而造成此一谬误。② 对此问题，笔者有两个看法：第一，《周书》与梁、陈、北齐、隋等五代史同时完成于唐太宗贞观十年（636年），然修成后流传不广，至北宋仁宗嘉祐年间校勘南北七史时，已出现"多非完本，虽经校雠，犹未尽善"的窘境，其中尤以《周书》的讹误缺略最为严重。③ 是以今本《周书》不见阿史那皇后谥号可能有两个原因，一是今本《周书》已非完本，北周皇后谥号可能已阙缺不存；二是令狐德棻修纂《周书·皇后传》为求书法上的统一，北周各皇后一律不书谥号。④ 第二，李延寿修《北史》时，误将阿史那氏的"武德"谥号，写成北周明帝"武成"年号。是以，阿史那氏的"武成"，可能是李延寿的手写之误。⑤

需要指出的是，阿史那氏谥号曰"武德"，并不是一个复字谥。前面的"武"字是取周武帝宇文邕的谥号，冠其上以表阿史那氏为周武帝的皇后，"德"字才是阿史那皇后的谥号。以帝谥冠于后谥之上以别之的用法，起源于东汉。宋敏求《春明退朝录》记载道：

---

① 《周书》卷6《武帝纪上》，中华书局1997年版，第107页，《北史》10《周本纪下》，第372页。
② 朱利民：《"武成"谥号考订》，《唐都学刊》2000年第2期，第62—63页。
③ 杨家骆：《廿五史述要》，世界书局1994年版，第129—133页；赵政：《〈周书〉考论》，瞿林东主编，周文玖分卷主编：《晋书、"八书"、"二史"研究》，中国大百科全书出版社2009年版，第202—227页。
④ 比较《周书》卷9《皇后传》与《北史》卷14《后妃传》中的北周皇后，可知北周皇后有谥号者有二：一是阿史那皇后谥"武德"；二是独孤皇后谥"明敬"。由于北周不是每一位皇后皆有谥号，因此，令狐德棻修纂《周书·皇后传》可能为求书法上的统一，故一律不写皇后谥号。
⑤ 周伟洲：《陕西北周墓葬与民族问题》，认为《北史》《周书》为唐代史家所撰，疑撰者避"武德"年号讳，而改为武成皇后谥号，《汉唐气象——长安遗珍与汉唐文明》，中国社会科学出版社2013年版，第45页。周伟洲、间所香炽：《陕西出土与少数民族有关的古代印玺杂考》，指出《北史》将阿史那氏谥号记为"武成"，推测有两种原因：一是李延寿对隋初赐予北周皇太后谥号不甚清楚，误"武德"为"武成"；二是李延寿避讳"武德"年号，有意改为"武成"，《汉唐气象——长安遗珍与汉唐文明》，第34页。有关唐代史官因避讳"武德"年号，故将阿史那氏谥号改为"武成"的说法，朱利民在《"武成"谥号考订》一文中已提出质疑，《唐都学刊》2000年第2期，可参看。

> 皇后有谥……至于隋皆单谥,光烈阴皇后、明德马皇后、和熹邓皇后、文献独孤皇后是也。史家取帝谥冠其上以别之,如云光之烈皇后阴氏、明之德皇后马氏也,非谓欲连帝谥而名之也……后世或用复谥,如唐正正字犯仁宗嫌名。观中,长孙皇后谥文德,后太宗谥文皇帝,文德自是复谥。其议自用二名,偶同太宗之谥尔。①

这种取帝之谥标于上,系后之谥于下,乃是尊妇从夫之义,标于前的帝谥并不是皇后本身的谥号。② 自东汉至唐初,皇后之谥皆用单字谥,③ 至到唐太宗贞观年间,长孙皇后谥"文德",才用以复字谥。是以正确地说,阿史那氏的谥号为单谥"德"。

皇后谥号"德"始于东汉明帝马皇后,④"德"谥其意为何?《逸周书·谥法解》云:"谋虑不威曰德",意指不以威相拒也;⑤ 张守节《史记正义·谥法解》言:"绥柔士民曰德",意指安民以居,安士以事。⑥ 此外,隋唐时代"德"谥又有忠和纯备、强直温柔、勤恤民隐、富贵好礼、忠诚上实、辅世长民、宽众忧役、刚塞简廉等义。⑦ 史籍载阿史那氏"有姿貌,善容止,高祖(指周武帝)深敬焉";⑧ 周宣帝上尊阿史那氏为天元上皇太后的册文曰:"圣慈训诱,恩深明德。"⑨ 可知阿史那氏应具备上述"德"谥中的美德。

(五)"合葬于孝陵"

"孝陵"为北周武帝宇文邕陵寝。《周书·武帝阿史那皇后传》记载:阿史那皇后卒逝后,"隋文帝诏有司备礼册,祔葬于孝陵"。⑩"祔葬"即是合葬。由于周武帝在遗诏中规定"墓而不坟""葬讫公除",故以往对于孝陵陵址的具体位置

---

① 宋敏求撰,诚刚点校:《春明退朝录》卷下,中华书局2006年版,第40页。
② 汪受宽:《谥法研究》,上海古籍出版社1995年版,第83页。
③ 唐高祖皇后窦氏于武德元年六月二十二日,追谥为"穆皇后",亦是用单谥。参看王溥《唐会要》卷3《皇后》,上海古籍出版社2006年版,第25页。
④ 《后汉书》卷10《皇后纪上》,中华书局1995年版,第407页;《后汉书》卷10《皇后纪上》,中华书局1995年版,第455页。
⑤ 黄怀信、张懋镕、田旭东撰,黄怀信修订,李学勤审定:《逸周书汇校集注·谥法解第五十四》(下册)卷6,上海古籍出版社2007年版,第646页。
⑥ 张守节:《史记正义·谥法解》,北京大学出版社1985年版,第18页。
⑦ 王溥:《唐会要》卷79《谥法上》,中华书局1955年版,第1727页。有关历代"德"谥之意涵,可参看汪受宽《谥法研究》,"附录一:谥字集解·376 德",上海古籍出版社1995年版,第441—444页。
⑧ 《周书》卷9《皇后传》,中华书局1997年版,第144页。
⑨ 同上。
⑩ 同上。又可参看《北史》卷14《后妃传下》,中华书局1997年版,第528页。

并不清楚。1993年8月2日,陕西省咸阳市渭城区底张镇陈马村的一座古墓葬被盗掘,1994年9月30日,陕西省考古研究所与咸阳市考古研究所开始对古墓进行抢救性发掘,1995年1月20日基本结束。从出土的相关文物,最终确定该墓即是周武帝与阿史那皇后合葬的孝陵。

孝陵位于咸阳市底张镇陈马村东南约一千米处,地处渭水与泾水之间的黄土塬区北部,海拔470米,地势高企,平坦开阔。孝陵总体坐北向南,墓室平面呈凸字形,由斜坡墓道、五个天井、五个过洞、四个壁龛及甬道、土洞式前后双墓室组成,全长68.4米,面积约25平方米。甬道北端西侧发现周武帝"陵志",墓室中发现两具东西并排放置的木棺椁朽痕,西侧棺椁残存有下颌骨、肱骨、肋骨、盆骨、骰骨等残骨以及清理出金套管、玉珠、弯月形石灰枕等文物;东侧棺椁仅发现残珍珠、金花瓣、微型坐佛等文物。墓室因盗掘严重,原随葬器物所剩不多,经整理统计,各类陶俑、陶模明器、陶器总计有二百余件、玉器八件、少量金花、金花瓣、金套管、金丝等金器,以及若干铜器。[1] 此外,从盗墓者手中追回的阿史那皇后志铭、"天元皇太后玺"等文物,当时这些文物也应该是放置于孝陵墓室之中。孝陵中所出土的玉饰、金丝等金器,推测应该是阿史那皇后合葬时的物品。[2] 通过对孝陵的发掘和钻探调查,并没有发现孝陵有陵冢封土、陵前石刻及陵寝建筑等遗迹,其营建和葬事,基本上是遵照周武帝俭葬遗命行事。[3] 然而,从周武帝埋葬四年后,阿史那皇后仍能准确地合葬于孝陵,推测当时孝陵应该有明显的标识。[4]

合葬之制起源于周公。赵翼《陔余丛考》记载:

---

[1] 张建林、孙铁山、刘呆运:《北周武帝孝陵发掘简报》,《考古与文物》1997年第2期。
[2] 侯养民、穆渭生:《北周武帝孝陵三题》,《文博》2000年第6期。
[3] 孝陵虽依照周武帝崇俭抑奢遗命,没有封土、陵前石刻及陵寝建筑等,然而,孝陵的墓室形制采前、后双式土洞墓,仍是要彰显等级秩序,维护皇帝的至尊地位。详参倪润安《北周墓葬的地下空间与设施》,《故宫博物院院刊》2008年第1期(总第135期)。
[4] 马先登:《北周武德皇后墓志》,《文物天地》1995年第2期;张建林、孙铁山、刘呆运:《北周武帝孝陵发掘简报》,《考古与文物》1997年第2期。张延峰《咸阳渭城北周墓及相关问题》一文则认为孝陵当初应当有封土,因为阿史那氏是在武帝死后的第五年卒葬的(笔者案:当为周武帝死后的第四年卒葬),如陵上无封土或标志,便无法合葬。即使当初无封土,合葬皇后时,文帝也必然会令起封土。因为文帝即位后,给他造的泰陵就是覆斗式多天井墓,《咸阳师范专科学校学报》第15卷第1期。张氏的推测值得商榷:经考古工作队的发掘和钻探调查,并没有发现孝陵有陵冢封土遗迹。倪润安《北周墓葬"不封不树"辨析》一文研究指出:从考古发掘、墓志铭或神道碑的描述,建德后期至宣政初期,北周墓葬确实严格实行"不封不树",此与当时经济、军事因素影响有关,《中国典籍与文化》2006年第2期,第99—104页。此外,我们也无法从隋文帝即位后所兴建的泰陵具有覆斗式多天井墓,推论得出文帝合葬阿史那皇后时,必然会令起封土的结论。

《檀弓》：季武子成寝，杜氏之葬在西阶之下，请合葬焉。武子曰："合葬非古也，自周公以来，宋之有改也。"又曰："周公盖祔。"然则合葬之制，起于周公也。按古人合葬，不惟同穴，而且同椁，盖取相亲之意……后世古法渐亡，同椁之制久已不讲，所谓合葬者，但同穴耳。①

从史籍记载阿史那皇后祔葬于孝陵，以及孝陵玄宫墓室中发现的两个棺椁遗迹，可以得出周武帝与阿史那皇后是采用同茔同穴不同椁的合葬形式。

三 考释

（一）北周武帝与东突厥木杆可汗和亲背景及其过程

突厥民族兴起于6世纪中叶，原臣属于柔然（茹茹、蠕蠕），西魏废帝元年（552年）正月，突厥酋长土门（布民）率众发兵击柔然，大败柔然主阿那瑰（敕连头兵豆伐可汗），自号伊利可汗，建立东突厥汗国。②北周与东突厥的关系发展，可上溯至西魏大统年间。《周书·突厥传》记载：

> 大统十一年（545年），太祖遣酒泉胡安诺盘使焉……十二年（546年），土门遂遣使献方物。……十七年（551年）六月，以魏长乐公主妻之。是岁，魏文帝崩，土门遣使来吊，赠马二百匹。③

西魏与新兴的突厥通商联姻，目的是牵制来自北方柔然的压力。④东突厥建国初期，对外采取联合西魏对抗北齐的外交策略，木杆可汗继立汗位后，一方面继续结好西魏，但也开始与北齐接触。⑤西魏恭帝三年（556年）十二月，宇文觉代魏，建立北周，北周立国之初，木杆可汗仍保持着亲周政策，并在周武帝保定三年（563年）、四年（564年），曾先后两次助周联兵进击北齐。然而，就在北周与东突厥联合抗击北齐失败后，木杆可汗外交政策开始有所调整，从原先亲

---

① 赵翼著，栾保群、吕宗力点校：《陔余丛考》卷32《合葬》，河北人民出版社1990年版，第648页。
② 《周书》卷50《异域传下》，中华书局1997年版，第908—909页。
③ 同上。
④ 札奇斯钦：《北亚游牧民族与中原农业民族间的和平战争与贸易之关系》，正中书局1973年版，第201页。
⑤ 东突厥首次向北齐遣使朝贡，是在木杆可汗在位期间的北齐文宣帝天保五年（554年）八月，参看《北齐书》卷4《文宣帝纪》，中华书局2003年版，第59页。

周转变成为对周、齐保持中立对等。

木杆可汗时代，积极对外拓展版图，"西破嚈哒（挹怛），东走契丹，北并契骨，威服塞外诸国"，① 使东突厥疆域"东至辽海以西，西至西海万里，南自沙漠以北，北至北海五六千里"，② 国力达到高峰，此时中原地区周、齐两国相互对抗，东突厥成为两国极力争取拉拢的对象，周、齐两国都希望通过和亲，强化与东突厥之间的关系。③ 早在西魏恭帝年间，宇文泰即曾向东突厥提出请婚，后因泰死而作罢。④ 北周建国后，武帝又向东突厥提出和亲要求，保定二年（562年），为了与东突厥联兵击齐，武帝派遣王庆、杨荐等人向木杆可汗请婚。大约在同一时间，北齐亦通过木杆可汗弟阿史那库头欲与东突厥结好，⑤ 在库头游说以及北齐给予东突厥重金双重利诱影响下，木杆可汗曾一度转向结好北齐，并将北周使者杨荐等人送至北齐，杨荐对木杆可汗细数西魏以来与东突厥的同盟关系，⑥ 木杆可汗最后同意杨荐"当共平东贼（笔者案：指北齐），然后发遣我女"，允诺与北周共同东讨北齐并许婚。⑦ 但当东突厥与北周联兵击齐失败后，木杆未履行和亲之约，北周仍不放弃与东突厥的和亲政策，自保定三年到五年（565年），又一连派遣杨荐、王庆、宇文贵等人纳币东突厥往返十余次，希望达成和亲目的，然而均不得要领，无功而返（详见表1）。

木杆可汗虽然在口头上答应北周的和亲之请，然迟迟不肯履行北周的请婚，主因在于北齐亦派遣使者以厚币结纳东突厥，欲使东突厥改变对北周的和亲政策，转而将公主嫁予北齐，东突厥对于和亲一事，在周、齐之间游移，迟迟无法做出

---

① 《周书》卷50《异域传下》，中华书局1997年版，第908—909页。
② 同上书，第909、918页。
③ "和亲"具有多重性质目的，结交政治军事同盟是其中重要的功能项目之一，可参看崔明德《中国古代和亲史》，北京人民出版社2005年版，第8—16页；林恩显《中国古代和亲理论初探》，"国立"政治大学民族学报》第23期；林恩显、崔明德《论中国古代的和亲功能及影响》，《人文学报》第20期。
④ 《周书》卷9《皇后传》（第144页）记载："太祖方与齐人争衡，结以为援。俟斤初欲以女配帝，既而悔之。"同卷50《异域传下·突厥》（第909页）又记："初，魏恭帝世，俟斤许进女于太祖，契未定而太祖崩。"《隋书》卷46《元晖传》记载："元晖……周太祖见而礼之，……于时突厥屡为寇患，朝廷将结和亲，令晖赍锦彩十万，使于突厥。晖说以利害，申国厚礼，可汗（笔者案：指木杆可汗）大悦，遣其名王随献方物。"中华书局2000年版，第1256页。由《周书》《隋书》所记，则宇文泰曾派遣元晖赴东突厥请婚，木杆可汗许诺并遣其名王随元晖入西魏献方物。岑仲勉：《突厥集史》上册，中华书局2004年版，第22页，认为元晖出使赴突厥请婚当在保定以前，即在宇文泰当政期间。
⑤ 《周书》卷33《杨荐传》记载："孝闵帝践祚，……仍使突厥结婚。突厥可汗弟地头可汗阿史那库头居东面，与齐通和，说其兄欲背先约。"第571页。
⑥ 《资治通鉴》卷169《陈纪三》，文帝天嘉四年九月条记载："木杆贪齐币重，欲执（杨）荐等送齐。荐知之，责木杆曰：'太祖昔与可汗共敦邻好，蠕蠕部落数千来降，太祖悉以付可汗使者，以快可汗之意，如何今日遽欲背恩忘义，独不愧鬼神乎？'"中华书局1995年版，第5236页。
⑦ 《周书》卷33《杨荐传》，第571页，《周书》卷33《王庆传》，第575页。

最后决定。① 北周后来又派遣窦毅赴东突厥，在窦毅努力交涉"以大义责之"，木杆可汗许诺将女嫁予北周。② 保定五年二月，北周再派宇文纯、宇文贵、窦毅、杨荐等人，奉备皇后文物及行殿，并六宫以下一百二十人，以盛大隆重之礼仪，赴东突厥木杆可汗牙帐，迎接木杆可汗之女。③ 北周使节抵达东突厥后，北齐使者也在东突厥，并甘言厚币，前往求婚，木杆可汗又反悔与北周和亲之约，答应北齐的请婚，宇文纯等人在东突厥交涉数年，谕以信义，然均无结果。天和三年（568 年），木杆可汗牙帐突然"大雷风起，飘坏其穹庐等，旬日不止"，④ 游牧民族有崇敬天地、雷电等自然现象之神习俗，⑤ 这种敬畏天神信仰的根本原因与自然灾害有着关联性，而雷电具有突发性并伴随着震耳声音或引发草原火灾，往往带给人一种心理上的震撼性与威慑性。⑥ 可汗牙帐忽起雷风，飘坏穹庐，使木杆可汗大惧，以为和亲一事反复不定，遭受到天谴，于是决定将其女嫁予北周。宇文纯、赵文表等人乃设行殿、列羽仪、举行和亲仪注，⑦ 迨一切礼仪完成后，奉东突厥阿史那公主南归北周，周武帝在甘州（今甘肃张掖县西北）亲自迎接公主。⑧ 天和三年三月初八，阿史那公主至长安，武帝"大赦天下，亡官失爵，并听复旧"⑨，又"大会百寮及四方宾客于路寝，赐衣马钱帛各有差"⑩，庆贺与东突厥

---

① 许峡《突厥在北周灭北齐中的作用》一文认为木杆可汗对北周和亲游疑，主要的原因在保定三年、四年突厥与北周联兵伐齐均告失败，因此对北齐的国力仍有所忌惮，以致不敢冒然决定将公主嫁予北周，《历史教学》2004 年第 11 期。
② 《周书》卷 30《窦毅传》，中华书局 1997 年版，第 522 页。
③ 《周书》卷 9《皇后传》，第 144 页。又可参看《北史》卷 14《后妃传下》，中华书局 1997 年版，第 528 页。
④ 同上。
⑤ 突厥民族崇拜天，可汗名号前一般多加有"tängri"一词，意为"天"或"天神"，汉语译为"撑犁""滕里""登利""登里"，具有神灵之意。这种被赋予神格的"天"，在游牧民族社会中，富有深厚的内涵。有关突厥民族敬天观念，可参看札奇斯钦《蒙古文化与社会》，台湾商务印书馆 1987 年版，第 150—153 页；蔡鸿生《唐代九姓胡与突厥文化》，中华书局 1998 年版，第 136 页；项英杰等《中亚：马背上的文化》，浙江人民出版社 1993 年版，第 186 页；威廉·巴托尔德（Wilhelm Barthold）《中亚突厥史十二讲》，罗致平译，中国社会科学出版社 1984 年版，第 11—12 页。
⑥ 梁景之：《自然灾害与古代北方草原游牧民族》，《民族研究》1994 年第 3 期。
⑦ 《周书》卷 33《赵文表传》记载："（赵文表）仍从宇文贵使突厥，迎皇后，进止仪注，皆令文表典之。文表斟酌而行，皆合礼度。"第 581 页。
⑧ 吴玉贵：《突厥汗国与隋唐关系史研究》，认为北周武帝亲自到甘州迎接突厥阿史那公主是深怕突厥和亲又生变量，中国社会科学出版社 1998 年版，第 84 页；[日]山田信夫：《北アジア游牧民族史研究》，则认为北周武帝亲到位于河西的甘州，主要是担心吐谷浑从中妨害，东京大学出版社 1989 年版，第 57 页。
⑨ 《周书》卷 5《武帝纪上》，第 75 页。
⑩ 同上。

和亲的成功，完成此次长达6年（562—568年）的和亲。①

（二）阿史那氏入中原后的处境

周武帝与木杆可汗达成和亲，可说是北周外交上的一大胜利，武帝不仅大赦天下，并对于完成和亲使命的迎亲使者，给予进爵加封：窦毅"别封成都县公，邑一千户，进位柱国"、② 杨荐"进爵南安郡公"、③ 王庆"迁开府仪同三司、兵部大夫，进爵为公"、④ 赵文表"别封伯阳县伯，邑六百户"、⑤ 李雄"进爵奚伯，拜硖州刺史"。⑥ 此外，为表对东突厥公主的重视，武帝在册立阿史那氏为皇后的同时，将元配李娥姿由"皇后"改称为"帝后"，并以皇后为先，阿史那氏含有第一皇后之意。

阿史那氏初到北周时，武帝深敬礼焉，⑦ 东突厥与北周频有往来，⑧ 双方关系紧密。然而，建德三年（574年）以后，两国关系出现了变化，此当与东突厥他钵可汗⑨对外政策转变有关。建德元年（572年），木杆可汗卒逝，⑩ 其弟

---

① 有关此次和亲过程，可参看《周书》卷5《武帝纪上》、卷9《皇后传·武帝阿史那皇后》、卷13《陈惑王纯传》、卷19《宇文贵传》、卷30《窦毅传》、卷33《杨荐传》《王庆传》《赵文表传》、卷50《异域传下·突厥》，《北史》卷99《突厥传》，中华书局1997年版；《隋书》卷46《李雄传》。此外，罗新、叶炜《新出魏晋南北朝墓志疏证》"107 若干云墓志"，亦对北周与东突厥的和亲有相关的记载："国家与突厥方敦姻亚，前后四回奉使出境，宣扬休命，奉述朝旨。密慎沉审，言无外泄，温室之树，方此非侔。公任右侍伯大夫，频衔国命，王姬作配，以备坤德，母仪天下，生民赖焉。"中华书局2005年版，第288页。

② 《周书》卷30《窦毅传》，中华书局1997年版，第22页。
③ 《周书》卷33《杨荐传》，第571页。
④ 《周书》卷33《王庆传》，第576页。
⑤ 《周书》卷33《赵文表传》，第582页。
⑥ 《隋书》卷46《李雄传》，第1261页。
⑦ 《周书》卷9《皇后传》，第144页；《北史》卷14《后妃传下》，中华书局1997年版，第528页。
⑧ 从表1所示，阿史那氏入周后，天和四年（569年）、建德元年（572年）、三年（574年），东突厥与北周互遣使往返。又据《北齐书》卷25《王纮传》，记载："武平初，……（王）纮上言：'突厥与宇文男来女往，必当相与影响……'。五年（案：当为四年，573年），陈人寇淮南，诏令群官共议御捍……。纮曰：'官军频经失利，人情骚动，若复兴兵极武，出顿江、淮，恐北狄（案：指东突厥）西寇（案：指北周），乘我之弊，倾国而来，则世事去矣……。'"北齐后主武平初，即是北周天和五年（570年），从《北齐书·王宏传》的记载，可知直到北周武帝建德三年，北周与东突厥关系紧密，双方亦有军事同盟。

⑨ 他钵可汗，《隋书》与《资治通鉴》记为佗钵可汗。为行文上的方便，除了在引史料时以该史籍所记为准，本文一律称之为他钵可汗。

⑩ 《周书》卷50《异域传下》，第911页，《北史》卷99《突厥传》，第3290页，均未记木杆可汗的卒年；唯《隋书》卷84《北狄传》，载："木杆在位二十年，卒。"第1864页。案：木杆可汗即位于西魏废帝二年（553年），在位20年卒逝，则可知木杆可汗卒于北周武帝建德元年（572年）。薛宗正《突厥史》（中国社会科学出版社1992年版）以为《隋书》所记为误，《北史》卷99《突厥传》明确记载木杆卒于周武天和四年，中华书局1973年版，第130—131页。细检《北史》卷99《突厥传》并未有如薛氏所记，不知其所出为何，今仍以《隋书》所记为是。

阿史那库头继立，是为他钵可汗（572—581年在位）。他钵在继位东突厥大可汗前，与北齐早有往来，北齐曾借助他的力量，欲改变木杆可汗与北周的和亲政策，此事最终虽未成功，但可窥知他钵之亲齐倾向。他钵即大可汗位后，随即与北齐通使，① 并在次年（573年）向北齐提出请婚。② 他钵请婚于北齐，一方面是对木杆可汗时代与北周和亲做一平衡，另一方面亦显现他钵开始改变东突厥亲周的外交策略。周、齐两国也极欲拉拢他钵可汗，史载北周"既与和亲，给缯絮锦彩十万段"，"突厥在京师者，又侍以优礼，衣锦食肉，常以千数"；北齐"惧其寇掠，亦倾府藏以给之"，因而他钵可汗谓其臣下云："但使我在南两个儿孝顺，何忧无物邪！"③ 从本文表1的整理，我们可以发现，周武帝建德三年正月以后，一直到宣政元年（578年）三月以前，在这四年期间，东突厥与北周完全不见往来，这是北周开国以来从未有的现象，很值得探讨。推测其中原因，除了前所述他钵可汗有亲齐的倾向外，另一个关键因素则是周武帝大举灭佛。突厥民族原是萨满信仰，后事奉祆教。④ 突厥开始接触佛教时间，有学者推测大约是在布民建立东突厥前后，⑤ 但直到木杆可汗时代，佛教似乎还未能在东突厥流行。⑥ 到了他钵

---

① 《北齐书》卷8《后主纪》（中华书局1972年版，第106页）记载："是岁（案：指武平三年，572年），新罗、百济、勿吉、突厥 并遣使朝贡。"
② 《北齐书》卷8《后主纪》（第106页）记载："是岁（案：指武平四年，573年），高丽、靺鞨并遣使朝贡，突厥使来求婚。"
③ 以上引言皆详见《周书》卷50《异域传下》，中华书局1997年版，第911页；《北史》卷99《突厥传》，中华书局1997年版，第3290页。
④ 鸿生：《唐代九姓胡与突厥文化》，中华书局1998年版，第134—136页。
⑤ ［日］山崎宏所著《北朝·隋唐时代の柔然·突厥佛教考》根据初唐沙门法琳的《辩正论》内有：北周太祖文皇帝宇文泰"又为大可汗大伊尼，造突厥寺"，推测此可汗大伊尼大可汗大概是指东突厥建国者伊利可汗土门，当时西魏、北周与新兴势力的东突厥结盟，宇文泰将长乐公主下嫁给土门，同时又为东突厥营造突厥寺。又根据《陶斋藏石记》造像铭载有"故韦可敦比丘尼法造象记"，推测韦可敦恐是下嫁土门的西魏长乐公主，她在伊利可汗土门死后入突厥寺为比丘尼。由此推断佛教进入东突厥之开端约在土门建国前后，《史潮》第11卷第4号。陈钦育《北亚游牧民族与中原国家之间关系研究——以突厥为例》，亦采此一看法，花木兰文化出版社2009年版，第107页。不过也有学者持不同的主张，如［日］石田干之助《突厥に于ける佛教》，则认为"突厥大伊尼温木汗"应是指木杆可汗，《史志》第56编第10号；蔡鸿生《唐代九姓胡与突厥文化》亦认为"突厥大伊尼温木汗"即木杆可汗，宇文泰为突厥立寺纪功之目的，无非是北周王室讨好突厥汗廷的一种姿态，木杆可汗仍是一个地道的萨满教徒，中华书局1998年版，第146页。陈庆隆《从借字看突厥、回纥的汉化》则认为突厥崛起后，东突厥佗钵可汗首先与中国佛教发生关系，佗钵可汗在位10年之久，中国之佛教传入突厥必于此时，《"中央研究院"历史语言研究所集刊》第47本第三分，第444页。
⑥ 富学、高人雄《突厥佛教盛衰考》一文指出公元5世纪漠北地区即已与佛教有所接触，且被柔然可汗敬重，当时突厥受柔然辖属，其部众自然对佛教有所接触，但从唐释道宣《续高僧传》的记载，北印度僧人那连提黎耶舍（Narendrayasas）自北齐转往突厥弘扬佛法，"劝持六斋，羊料放生，受行素食"，但这与突厥游牧习俗相去甚远，很难一蹴而就，直到木杆可汗时，突厥人的传统信仰仍是萨满教，《南都学坛》（人文社会科学学报）第23卷第2期。

可汗时期，开始向中原求取佛经，佛教因而在东突厥逐渐盛行。《隋书·北狄传·突厥》有载：

> （北）齐有沙门惠琳，被掠入突厥中，因谓佗曰："齐国富强者，为有佛法耳。"遂说以因缘果报之事。佗钵闻而信之，建一伽蓝，遣使聘于齐氏，求《净名》《涅盘》《华严》等经，并《十诵律》。佗亦躬自斋戒，绕塔行道，恨不生内地。①

他钵可汗在惠琳阐述因缘果报的影响下，于建德元年特建佛寺，②遣使向北齐求《净名》等佛经。他钵本人侍佛甚笃，不仅躬身自斋、绕塔行道，甚至有"恨不生内地"之语。③唐代释道宣所著《大唐内典录》也有他钵可汗礼佛之记载：

> 北天竺犍达国三藏法师阇那崛多，隋言至德，又云佛德……（北周武

---

① 《隋书》卷84《北狄传》，中华书局2000年版，第1865页；《北史》卷99《突厥传》，中华书局1997年版，第3290页。

② 林梅村：《布古特出土粟特文突厥可汗纪功碑考》（山川出版社1997年版，第48页）指出他钵可汗在公元572年为惠琳造一座伽蓝寺，载《西域文明——考古、民族、语言和宗教新论》，东方出版社1995年版，第353页；护雅夫：《古代トルコ民族史研究》Ⅲ，认为布古特碑所云"建立一个又大又新的伽蓝建筑"即是粟特文对他钵可汗（タスパル）的书写，从他钵可汗建立伽蓝这件事来看，他钵可汗在位时，佛教在突厥非常盛行发展。

③ 1956年，蒙古人民共和国后杭爱省（Arakhangai Aimak）呼尼河流域布古特（Bugut）西方约10千米处发现一通约为突厥他钵可汗时代的"布古特碑"（The Bugut Inscription），此碑碑文四面中的其中一面为婆罗谜文（一说中国文字），横书廿余行；其他三面刻写草体粟特文，直书廿九行（左面五行，右面五行，前面十九行）。碑文记载东突厥摩诃特勤（Makan Tegin）的纪功碑。碑文中提及"Kwts'tt，'你须建造一座大的新寺院'。〔Kwts'tt于是传旨〕：愿建立一座大而新的佛寺（Sangha）"。从这通碑文中的内容比照汉史籍所记，可知Kwts'tt即是阿史那库头，意即东突厥他钵可汗，由这面残碑内容所使用的文字，有学者推测此碑可能就是北天竺犍达国三藏法师阇那崛多所刻写，刻写年代约是在他钵可汗在位末期，而碑文中所记他钵可汗建造一座大的新寺院，系指北周武帝建德六年（577年），他钵可汗为阇那堀多所建立一座新寺院。有关布古特碑内容及其相关研究，可参看护雅夫《突厥帝国部におけるングド人役割に関する一资——料ブグト碑文》，《史学杂志》第81编第2号；护雅夫《索格底人（The Sogdian）在蒙古地区诸游牧国中所扮演的角色———一个新发现资料的介绍》，庆显译，《"国立"政治大学边政研究所年报》第9期；克略希托、列夫斯基撰《布古特粟特文碑铭补证》，龚方震译，载姚楠主编《中外关系史译丛》第3辑，上海译文出版社1986年版，第35—53页；林梅村《布古特出土粟特文突厥可汗纪功碑考》，《民族研究》1994年第2期；森安孝夫、林俊雄《ブグト遗迹》，载森安孝夫、オチル编辑《モンゴル国现存遗迹·碑文调查研究报告》，中央ユーラシア学研究会1999年版，第121页；吉田丰、森安孝夫《ブグト碑文》，载森安孝夫、オチル编辑《モンゴル国现存遗迹·碑文调查研究报告》，中央ユーラシア学研究会1999年版，第123—124页。

帝）建德三年，逢毁二教……还向北天，路经突厥，遇值中面他钵可汗，殷重请留，因往复曰："周有成坏，劳师去还。此无废兴，幸安意住。资给供养，当使称心。"遂尔并停，十有余载。①

释道宣《唐高僧传》记载：

（阇那崛多）以周明帝武成年初届长安，止草堂寺……建德癲运，像教不弘，五众一期同斯俗服。武帝下敕追入京辇，重加爵禄，逼从儒礼。秉操铿然，守恐无惧……路出甘州，北由突厥……崛多及以和尚，乃为突厥所留。未久之闲，和尚迁化，只影孤寄，莫知所安。赖以北狄君民，颇弘福利，因斯飘寓，随方利物。②

由上引文可看出他钵奉佛相当虔诚，对来到东突厥的佛僧阇那崛多（Jnāngupta）等人安排住宿、资给供养十余年而未停。③ 对于他钵可汗遣使求取佛经的行为，北齐主亦命能通四夷语的刘世清译《涅盘经》以遗他钵可汗。《北齐书·斛律羌举传》记载："代人刘世清，……能通四夷语，为当时第一。后主命世清作突厥语翻《涅盘经》，以遗突厥可汗，敕中书侍郎李德林为其序。"④ 北齐希望透过"佛教外交"拉近与东突厥的关系。⑤ 在他钵可汗潜心礼佛的同时，周武帝却在国内大举灭佛。《周书·武帝纪》云："（建德三年五月）丙子（十七日），初断佛、道二教，经像悉毁，罢沙门、道士，并令还民。并禁诸淫祀，礼典所不载者，尽除之。"⑥

周武帝的灭佛禁教规模甚大，成为佛教史上四大浩劫之一，⑦ 不少沙门因此

---

① 释道宣：《大唐内典录》卷5《历代众经传译所从录第一之五·隋朝》，《续修四库全书》第1289册，上海古籍出版社2002年版，第94页。
② 释道宣：《唐高僧传》，赖永海释译，《隋西京大兴善寺北贤豆沙门阇那崛多》，佛光文化事业有限公司1998年版，第50—51页。
③ 有关他钵可汗时期，佛教在东突厥的传播情形，可参看杨富学《突厥佛教杂考》，《中华佛学学报》第16期。蔡鸿生《唐代九姓胡与突厥文化》认为他钵可汗信佛狂热源于惠琳说法以"富强"一语打动他钵可汗的心，使他相信与佛结缘，将会取得突厥富强，中华书局1998年版，第148页。
④ 《北齐书》卷20《斛律羌举传》，中华书局2003年版，第267页。
⑤ 邱忠鸣《"佛教外交"——北齐后主对突厥的外交方略》指出北齐后主在后三国时期复杂的政治格局中，另辟"佛教外交"途径，积极主动与突厥发展关系，《世界宗教文化》2009年第2期。
⑥ 《周书》卷5《武帝纪上》，中华书局1997年版，第85页。
⑦ 佛教史上素有"三武一宗"灭佛浩劫说法，北周武帝即是其中之一。

而滞留于东突厥。① 在东突厥大力侍佛以及收容从南方来的佛僧的他钵可汗，对于周武帝的灭佛行为产生极大的反感，也因此在周武帝灭佛后，东突厥中断了与北周的使节往来。② 突厥与北周关系的停滞，特别是建德六年（577年）武帝平灭北齐后，他钵可汗曾帮助北齐残余势力对抗北周，甚至立齐定州刺史范阳王高绍义为齐帝，建号武平，将逃往漠北的齐人，悉隶高绍义统管，③ 又加深北周与东突厥关系的恶化，④ 这当然影响阿史那皇后在北周的处境。《旧唐书·高祖太穆皇后窦氏传》有云：

> 高祖太穆皇后窦氏，京兆始平人，隋定州总管、神武公毅之女也……周武帝特爱重之，养于宫中。时武帝纳突厥女为后，无宠，后尚幼，窃言于帝曰："四边未静，突厥尚强，愿舅抑情抚慰，以苍生为念。但须突厥之助，则江南、关东不能为患矣。"武帝深纳之。⑤

上引窦毅女语，推测时间是在建德三年至建德六年，也就是北周与东突厥关系停滞恶化阶段，此时周武帝对待阿史那皇后已从原先的"深敬礼"，转变为"无宠"。宣政元年四月，东突厥入寇幽州，杀掠吏民，五月，武帝总戎，出云阳北伐，两国已濒临军事交战，岂料武帝疾甚，班师返回长安，不久崩逝。⑥

宣帝即位后，放纵无道，残杀宗室，北周政局陷入混乱，不久宣帝传位给皇太子。大象二年（580年）五月，宣帝暴崩，新主静帝幼弱，政权实际掌握在外戚杨坚手中。次年（581年）二月，杨坚废静帝建隋，北周灭亡。此时他钵可汗亦病逝，阿史那摄图嗣东突厥大可汗位，是为沙钵略可汗（581—587年在位）。

---

① 释道宣：《大唐内典录》卷5《历代众经传译所从录第一之五·隋朝》，记载："时属相州沙门宝暹、道邃、智周、僧威、法宝、僧昙、智照、僧律等十有一人，以齐武平六年相结西游，往还七载，凡得梵经二百六十部，回到突厥闻周灭齐，并毁佛法，进无所归，退则不可，迁延彼间（案：指东突厥），遂逢志德……。"《续修四库全书》第1289册，上海古籍出版社2002年版，第94页。释道宣：《唐高僧传·隋西京大兴善寺北贤豆沙门阇那崛多》，赖永海释译，记载："有齐僧宝暹、道邃、僧昙等十人，以武平六年，相结同行，采经西域，往返七载，将事东归，凡获梵本二百六十部。回至突厥，俄而齐亡，亦投彼国，因与同处，讲道相娱。"佛光文化事业有限公司1998年版，第51页。

② 自建德三年正月以后，东突厥与北周几无往来，而周武帝灭佛也正是在同年的五月。由此可得知东突厥与北周关系的转变，与周武帝的灭佛有关。

③ 《北齐书》卷12《范阳王绍义传》，中华书局2003年版，第157页；《周书》卷6《武帝纪下》，中华书局1997年版，第101页；《周书》卷50《异域传下·突厥》，第912页。

④ ［日］平田阳一郎：《突厥他钵可汗の即位と高绍义亡命政》，《东洋文库》82卷第2期。

⑤ 《旧唐书》卷51《后妃传上》，中华书局1995年版，第2163页。又可参看《新唐书》卷76《后妃传上》，中华书局1995年版，第3468页。

⑥ 《周书》卷6《武帝纪下》，第106页；《周书》卷40《宇文神举传》，第715页。

周武帝崩逝后,宣政元年(578年)六月,宣帝立阿史那氏为皇太后;大象元年(579年)二月,宣帝自称为天元皇帝,阿史那氏改称为"天元皇太后";大象二年二月,宣帝又因改"制诏"为"天制诏",阿史那氏再改称为"天元上皇太后"。宣帝崩逝,静帝尊阿史那氏为"太皇太后"。

杨坚代周建隋后,沙钵略可汗于开皇元年(581年)九月遣使向隋入贡。① 对于沙钵略的遣使,杨坚态度如何?《隋书·突厥传》记载道:"沙钵略勇而得众,北夷皆归附之。及高祖受禅,待之甚薄,北夷大怨。"② 杜佑《通典·突厥上》记:"周武帝之婚于木杆也,突厥锦衣肉食在长安者且以万数。至隋初,并遣之。突厥大怨。"③

杨坚为何甫建政权即待东突厥甚薄,停止居留长安的东突厥人锦衣肉食的供给并将其逐离隋境?推测其中原因是杨坚篡北周前夕,尉迟迥举兵反叛,并"北结高宝宁以通突厥,南连陈人,许割江、淮之地";④ 迨隋朝建立后,沙钵略可汗又联合北齐营州刺史高宝宁攻陷临渝镇。⑤ 以尉迟迥为首的"三方之乱"声势浩大,一度危及杨坚及其关陇集团,⑥ 东突厥支持尉迟迥反叛,其后又联合北齐残余势力入寇隋境,使杨坚决定改变自北周以来厚结东突厥的外交政策,积极抵御东突厥入侵。

开皇元年,隋与东突厥已有多次军事冲突;⑦ 开皇二年,东突厥入侵频率明

---

① 《隋书》卷1《高祖纪上》,中华书局2000年版,第15页。
② 《隋书》卷84《北狄传》,第1865页;《北史》卷99《突厥传》中华书局1997年版,第3291页。
③ 杜佑撰,王文锦等点校:《通典》卷197《边防典十三·突厥上》,中华书局1995年版,第5405页。案:《周书》卷50《异域传下》记载:"俟斤死,弟他　可汗立。……朝廷既与和亲,岁给缯絮锦彩十万段。东突厥在京师者,又待以优礼,衣锦食肉者,常以千数。"中华书局1988年,第911页;《册府元龟》卷974《外臣部·褒异一》所记与《周书》同,大化书局1984年版,第5043页。《通典·突厥上》所记"突厥锦衣肉食在长安者且以万数"之"万数"当为"千数"之误。
④ 《周书》卷21《尉迟迥传》,第351页。
⑤ 《隋书》卷84《北狄传》,第1865页。据《隋书》卷51《长孙晟传》记载:"开皇元年,摄图……与高宝宁攻陷临渝镇,约诸面部落谋共南侵。高祖新立,由是大惧,修筑长城,发兵屯北境,命阴寿镇幽州,虞庆则镇并州,屯兵数万人以为之备。"(第1330页)可知此事是发生在开皇元年,杨坚即帝位不久之时。
⑥ 黄永年:《六至九世纪中国政治史》,上海书店出版社2004年版,第50—54页。有关尉迟迥为首的"三方之乱"始末及其影响,可参看李鸿宾《尉迟迥事变及其结局——新旧时代转变的表征》,《隋唐五代诸问题研究》,中央民族大学出版社2006年版,第175—186页。
⑦ 《隋书》卷39《阴寿传》载:"开皇初,(高宝宁)又引突厥攻围北平。"(第1148页)卷53《冯昱传》记:"开皇初,又以(冯昱)行军总管屯乙弗泊以备胡,突厥数万骑来掩之,昱力战累日,众寡不敌,竟为虏所败,亡失数千人,杀虏亦过当。"(第1358页)卷55《周摇传》云:"开皇初,突厥寇边,燕、蓟多被其患……拜(周摇)为幽州总管六州五十镇诸军事。摇鄣塞,谨斥候,边民以安。"(第1376页)卷74《崔弘度传》记载:"开皇初,突厥入寇,(崔)弘度以行军总管出原州以拒之。虏退,弘度进屯灵武,月余而还,拜华州刺史。"(第1699页)。由此可知开皇元年,东突厥已数度犯隋。

显增加,① 就在同年五月东突厥大规模侵隋的前夕,② 阿史那皇后过世。学者指出, 从出土的"阿史那皇后墓志", 体量很小、刻工简陋, 且错刻卒逝的干支日期, 此可能与阿史那氏是作为已亡国的北周皇太后有关。③ 若我们从隋初与东突厥关系发展的角度检视, 则阿史那皇后的墓志志文刻工粗陋, 干支错置, 更可能是因为隋朝与东突厥关系紧张所致, 我们甚至不能排除阿史那氏在开皇二年四月卒逝, 有其他的因素。④

(三) 阿史那氏和亲对中原文化的影响

阿史那氏的和亲, 是北周与东突厥的一场政治联姻, 代表着北周对北齐外交竞逐中的胜利。从北周历史发展的角度观察, 阿史那氏入周后, 在政治方面似乎没有重大的影响力。然而, 从文化史的角度观察, 则此次阿史那氏和亲, 对于中原文化在音乐、舞蹈方面, 带来了重大的影响。《旧唐书·音乐志》记载: "周武帝聘虏女为后, 西域诸国来媵, 于是龟兹、疏勒、安国、康国之乐, 大聚长安。胡儿令羯人白智通教习, 颇杂以新声。"⑤

《隋书·音乐志》记载:

> 先是周武帝时, 有龟兹人曰苏祗婆, 从突厥皇后入国, 善胡琵琶……康国, 起自周武帝娉北狄为后, 得其所获西戎伎, 因其声。歌曲有《戢殿农和正》, 舞曲有《贺兰钵鼻始》、《末奚波地》、《农惠钵鼻始》、《前拔地惠地》

---

① 《隋书》卷1《高祖纪上》(第16—17页): "(开皇二年)四月, ……庚寅(十七日), 大将军韩僧寿破突厥于鸡头山, 上柱国李充破突厥于河北山。《隋书》卷39《豆卢勣传》(第1342页): "开皇二年, 突厥犯塞, 以(豆卢)勣为北道行军元帅以备边。"卷52《韩僧寿传》记: "寻以行军总管击突厥于鸡头山, 破之。"第1156页; 《隋书》卷54《李衍传》(第1362页): "明年(开皇二年), 突厥犯塞, (李衍)以行军总管率众讨之, 不见虏而还。"《资治通鉴》卷175《陈纪九》(中华书局2011年版, 第5456页)太建十四年四月庚寅条。

② 开皇二年五月, 沙钵略可汗率五可汗以四十万之众侵隋, 详见《隋书》卷1《高祖纪上》, 第17页; 卷51《长孙晟传》, 第1331页; 卷53《达奚长儒传》, 第1350页; 卷84《突厥传》, 第1865—1866页; 《资治通鉴》卷175《陈纪九》, 宣帝太建十四年五月己未条, 第5456页。

③ 曹发展: 《北周武帝陵志、后志、后玺考》, 《大陆杂志》第93卷第5期; 张延峰: 《咸阳渭城北周墓及相关问题》, 《咸阳师范专科学校学报》第15卷第1期; 侯养民、穆渭生: 《北周武帝孝陵三题》, 《文博》2000年第6期。

④ 侯养民、穆渭生: 《北周武帝孝陵三题》, 指出自阿史那氏和亲南嫁周武帝之后十余年间, 突厥未犯周境。是故杨坚代周建隋之后, 善待亡国之阿史那皇太后, 《文博》2000年第6期。笔者有不同的看法: 阿史那氏和亲入周至杨坚代周建隋, 突厥并非未曾犯周境, 《周书》卷6《武帝纪下》记载宣政元年四月"庚申, 突厥入寇幽州, 杀掠吏民。"(中华书局1997年版, 第106页) 而杨坚建隋之初, 隋与突厥多次发生冲突。由现存史料及出土文物, 我们尚不能得知杨坚如何对待阿史那氏, 但从隋初与突厥双方关系紧张, 阿史那氏又是亡国的皇太后来看, 其处境应该十分艰困。

⑤ 《旧唐书》卷29《音乐志二》, 中华书局1995年版, 第1069页。

等四曲。乐器有笛、正鼓、加鼓、铜拔等四种，为一部。工七人。①

王溥《唐会要·西戎五国乐》记载："及周武帝聘突厥女为后，西域诸国皆来贺，遂荐有龟兹、疏勒、康国、安国之乐。"②

王钦若《册府元龟·夷乐》又载道：

> 后周武帝保定五年，皇后阿史那氏至自突厥，得其所获康国、龟兹等乐，更杂以高昌之旧。初，太祖辅魏之时，高昌款附，乃得其妓，教习以备享宴之礼。又云：康国起自周闵帝（案：当为周武帝）聘北狄女为后，得所获西戎狄伎，因得其声。乐器有笛、正鼓、铜钹等为一部，工七人。并于太乐习焉，采用其声，被于钟石，取《周官》制陈之。又云：武帝娉虏女为后，西域诸国来媵，如龟兹、踈勒、康国之乐，大聚长安。胡儿令羯人白智通教习，杂以新声。③

随着阿史那氏入周，龟兹、疏勒、安国、康国、高昌等大批西域乐舞艺术及伎人也来到长安，把西域音乐、舞蹈、乐器以及表演艺术传入中原。④ 受到阿史那皇后与西域乐舞的影响，周武帝也喜爱西域乐舞。《北齐书·广宁王孝珩传》记载："后周武帝在云阳，宴齐君臣，自弹胡琵琶，命孝珩吹笛。辞曰：'亡国之

---

① 《隋书》卷14《音乐志中》，中华书局2000年版，第345页；卷15《音乐志下》，第379—380页。
② 王溥：《唐会要》卷33《四夷乐·西戎五国乐》，上海古籍出版社2006年版，第724页。
③ 王钦若等：《册府元龟》卷570《掌礼部·作乐六·夷乐》，大化书局1984年版，第3023—3023页。
④ 龟兹乐可细分为"土龟兹乐""西国龟兹乐"与"齐朝龟兹乐"三种，其源流学者间有不同的看法：岸边成雄《唐代音乐史的研究》认为从文化史及音乐史的角度垫测，土龟兹即土著龟兹文化，西国龟兹似可解为受印度或伊朗系的西方文化强烈影响下的龟兹文化，齐朝龟兹则系指以高昌为中心，受中国、回纥、西藏文化影响混和而成所谓的"支那回纥文化"，梁在平、黄志炯译，台北中华书局1973年版，第523、524、536页；沈冬《隋唐西域乐部与乐律之研究》认为西国龟兹指从西域传入的龟兹新乐，齐朝龟兹是流行于北齐的龟兹音乐，土龟兹为流行于北周关中地区因而习染土风的龟兹乐，未刊本博士学位论文，"国立台湾大学中文研究所"，1991年，第60页；宋德熹《陈寅恪中古史学探研——以〈隋唐制度渊源略论稿〉为例》认为齐朝指北齐，西国龟兹乐疑指北周，龟兹乐传入北周是源于北周武帝娶阿史那皇后，间接由突厥（北狄）获得，稻乡出版社1999年版，第96页；介永强、穆渭生《〈隋书〉所载三部"龟兹乐"名称新解》主张土龟兹乐约在后秦时传入长安；西国龟兹乐是阿史那氏和亲所带来；齐朝龟兹乐是北周灭北齐后传入，《社会科学战线》2010年第7期。龟兹乐虽在后秦时已传入，然从《旧唐书·音乐志》《唐会要·西戎五国乐》等记载，龟兹、疏勒、安国、康国等大量西域乐舞传入长安，是在阿史那氏和亲之时。毕波《中古中国的粟特胡人——以长安为中心》研究指出：北周前期长安城中的粟特胡人还很少见，粟特胡人对长安社会的影响也无从看出。随着周武帝迎娶突厥木杆可汗之女阿史那氏为后，西域诸国的音乐和乐工也一同进入北周宫廷，北周后期，粟特胡人的影响与日俱增，无论是在宫廷或是在社会上，刮起一阵乐舞"胡风"，中国人民大学出版社2011年版，第45—47页。

音，不足听也。'固命之，举笛裁至口，泪下呜咽，武帝乃止。"①《周书·萧詧传附萧岿》记载：

> 及高祖平齐，（萧）岿朝于邺……及酒酣，高祖又命琵琶自弹之。仍谓岿曰："当为梁主尽欢。"岿乃起，请舞。高祖曰："梁主乃能为朕舞乎？"岿曰："陛下既亲抚五弦，臣何敢不同百兽。"高祖大悦，赐杂缯万段，良马数十匹，并赐齐后主妓妾，及常所乘五百里骏马以遗之。②

上述两条材料，时间都是在阿史那氏和亲入周之后。从引文中可知，周武帝善弹胡琵琶，而胡琵琶正是龟兹、疏勒、安国、高昌的重要乐器之一，③ 可见周武帝亦受到西域胡乐的影响，④ 随之所带来的结果是龟兹、疏勒、安国、康国等皇后陪嫁乐工"并于太乐习焉"，北周的雅乐也羼用了康国、龟兹、高昌等西域胡声，⑤ 使当时关中地区胡俗音乐大为流行。⑥

除了西域音乐、乐器传入中原，龟兹人苏祇婆亦带来西域宫调理论，使中原传统的宫调发生了变化。对此，《隋书·音乐志》有着详细的记载：

> 有龟兹人曰苏祇婆，从突厥皇后入国，……听其所奏，一均之中间有七声。（郑译）因而问之，答云："父在西域，称为知音。代相传习，调有七种。"以其七调，勘校七声，冥若合符。一曰"娑陀力"，华言平声，即宫声也。二曰"鸡识"，华言长声，即商声也。三曰"沙识"，华言质直声，即角声也。四曰"沙侯加滥"，华言应声，即变徵声也。五曰"沙

---

① 《北齐书》卷11《文襄六王传》，中华书局2003年版，第145—146页。
② 《周书》卷48《萧詧传附萧岿传》，中华书局1997年版，第864—865页。
③ 《隋书》卷15《音乐志下》（中华书局2000年版，第3723—3724页）记载："龟兹者，……其乐器有竖箜篌、琵琶、五弦……等十五种，……疏勒，……乐器有竖箜篌、琵琶、五弦、……等十种，……安国，……乐器有箜篌、琵琶、五弦……等十种，……"中华书局2000年版，第378—380页；杜佑撰，王文锦、王永兴、刘俊文、徐庭云、谢方点校：《通典》卷146《乐典六·四方乐》亦有载："《高昌乐》，……乐用……五弦琵琶二、琵琶二、……《龟兹乐》，……乐用竖箜篌一、琵琶一、五弦琵琶一、……《疏勒乐》，……乐用竖箜篌一、琵琶一、五弦琵琶一、……《安国乐》，……乐用琵琶一、五弦琵琶一、……"比较两书《音乐志》的记载，《隋书》所记的"五弦"，应该就是《通典》所记的"五弦琵琶"。
④ 毕波：《中古中国的粟特胡人——以长安为中心》（中国人民大学出版社2011年版，第46页）推测周武帝可以自弹胡琵琶，其琵琶演奏技艺很可能学自宫廷那些跟随突厥皇后前来的粟特胡人，当时胡人、胡乐的影响于此也可略窥一斑。
⑤ 宋德熹：《陈寅恪中古史学探研——以〈隋唐制度渊源略论稿〉为例》，稻香出版社1999年版，第86—87页。
⑥ 沈冬：《唐代乐舞新论》（北京大学出版社2004年版，第42页）指出北周武帝所聘阿史那皇后带来西域五国胡乐，聚于长安，为隋唐燕乐乐部体制规模奠定了雏型。

腊",华言应和声,即徵声也。六曰"般赡",华言五声,即羽声也。七曰"俟利建",华言斛牛声,即变宫声也。译因习而弹之,始得七声之正。然其就此七调,又有五旦之名,旦作七调。以华言译之,旦者则谓"均"也。其声亦应黄锺、太簇、林锺、南吕、姑洗五均,已外七律,更无调声。译遂因其所捻琵琶,弦柱相饮为均,推演其声,更立七均。合成十二,以应十二律。律有七音,音立一调,故成七调十二律,合八十四调,施转相交,尽皆和合。①

龟兹位处丝绸之路的要冲之地,自古即有好歌舞的传统,是西域地区乐舞的代表,特别是"管弦伎乐,特善诸国"。② 苏祇婆生于龟兹音乐世家,父亲在西域即以"知音"著称。苏祇婆随着阿史那氏和亲来到北周,同时将龟兹乐宫调理论带入中原,隋初,郑译曾与苏祇婆讨论过这种融合古印度与伊朗文化的龟兹宫调音乐理论,从而学习龟兹乐中的"五旦"(音阶)与"七调"(调式),③ 并在此基础理论上,更进一步提出十二律旋相为宫和七声旋相为调的八十四调乐律理论体系。郑译将苏祇婆的龟兹音乐理论修改后,"作书二十余篇,以明其指"。④ 郑译提出的乐律理论,在中国中古音阶调式发展演变史上,是一个重要的里程碑,对日后隋唐雅乐、燕乐等宫调理论的发展、琵琶推演之法,有着既深且剧的影响。⑤

西域乐配有舞蹈,史籍记载四夷乐者,多会记载乐舞人数。⑥ 北朝隋唐时期,西域地区的乐舞中,以胡腾舞、胡旋舞、柘枝舞三种舞蹈最为著名。"胡舞"何时传入中原?没有明确的记载,张骞出使西域时,曾将西域胡舞、胡曲带入中原。《册府元龟·夷乐》记载:"武帝时博望侯张骞入西域得胡角,传其

---

① 《隋书》卷14《音乐志中》,中华书局2000年版,第345—346页。
② 玄奘、辩机著,季羡林等校注:《大唐西域记校注》卷1《屈支国》,中华书局2000年版,第54页。案:屈支国,即是龟兹(kutsi)的不同译法。范旅《"胡乐·胡舞"探究——日·中芸能史研究の课题として》认为龟兹是天山北道文化的中心地带,不仅是西域音乐最大的中心地,龟兹伎也是"十部伎"当中的主轴,从西域地区传入中原的乐舞,以龟兹乐舞最早,《日本大学芸术学部纪要》第32期。
③ 有关苏祇婆的"五旦""七调"与中原传统音乐的音阶与调式对应与区别,可参看祝波《苏祇婆与"五旦七调"理论》,《黄钟(武汉音乐学院学报)》2006年第S1期。
④ 《隋书》卷14《音乐志中》,第346页。
⑤ 祝波:《北周"和亲"与隋唐音乐刍议》,《贵州大学学报》(艺术版)第20卷第4期(总第50期);沈冬:《隋代开皇乐议研究》,《新史学》第4卷第2期。
⑥ 例如,《旧唐书》卷29《音乐志二》记载:《高丽乐》舞者四人、《百济乐》舞二人、《扶南乐》舞二人、《天竺乐》舞二人、《高昌乐》舞二人、《龟兹乐》舞者四人、《疏勒乐》舞二人、《康国乐》舞二人、《安国乐》舞二人,中华书局1995年版,第1069—1071页。

法于西京，横吹双角即胡舞也，惟得摩诃兜勒一曲。李延年因胡曲便造新声二十八解，乘舆以为乐舞。"①《后汉书·服妖志》亦记载灵帝好"胡舞"，② 可知至迟在两汉时代，中原已有胡舞，不过我们不能确知这种"胡舞"是否就是西域的胡腾等三舞。③ 从现存墓葬图像与史籍的载记，"胡腾舞"大约在北魏迁都洛阳以前已传入，北朝时期所指的"胡舞"，可能都是胡腾舞。④"胡旋舞"传入中原的时间，史籍有明确记载的是在唐玄宗开元七年（719 年），⑤ 西域诸国中，康国、米国、史国、俱密国等，皆善长胡旋舞，其中又以康国为最，谓之"康国舞"。⑥ 阿史那氏和亲时，带有安国、康国之乐及伎人，胡旋舞可能就在此时传入长安。⑦ 不仅西域粟特地区擅长胡旋舞，突厥也有胡旋舞，《旧唐书·武承嗣子延秀传》记载：

> 延秀，承嗣第二子也。则天时，突厥默啜上言有女请和亲，制延秀与阎知微俱往突厥，将亲迎默啜女为妻。既而默啜执知微，入寇赵、定等州，故延秀久不得还……延秀久在蕃中，解突厥语，常于（安乐公主）主第，延秀唱突厥歌，作胡旋舞，有姿媚，主甚喜之。⑧

《新唐书·安禄山传》记载：

---

① 王钦若等：《册府元龟》卷 570《掌礼部·作乐六·夷乐》，大化书局 1984 年版，第 3023 页。
② 《后汉书》卷 23《五行志一》，中华书局 1995 年版，第 3272 页。
③ 《三国志》卷 21《魏书·邯郸淳》引鱼豢《魏略》云："会临菑侯（曹）植亦求（邯郸）淳，太祖遣淳诣植。植初得淳甚喜，延入坐，不先与谈。时天暑热，植因呼常从取水自澡讫，傅粉。遂科头拍袒，胡舞五椎锻，跳丸剑，……"中华书局 1995 年版，第 602 页。曹植所跳"五椎锻"胡舞，可能不是西域胡腾等三舞。
④ 张庆捷：《北朝隋唐粟特的"胡腾舞"》，《法国汉学》丛书编辑委员会编：《粟特人在中国——历史、考古、语言的新探索》，中华书局 2005 年版，第 390—401 页；林春、李金梅：《古代中亚的胡腾舞考释》，《敦煌学辑刊》2010 年第 1 期。
⑤ 王钦若等：《册府元龟》卷 971《外臣部·朝贡四》（第 5027 页）记载："（开元七年）五月，俱密国遣使献胡旋女子及方物。"
⑥ 杜佑撰，王文锦等点校：《通典》卷 146《乐典六·四方乐》（中华书局 1988 年版，第 3724 页）记载："《康国乐》，……舞急转如风，俗谓之胡旋。"
⑦ 金梅、路志峻：《古代中亚的胡旋舞考释》（《敦煌研究》2010 年第 3 期）指出，北周时，随突厥公主阿史那氏来长安的中亚各地胡舞艺人表演曾轰动长安；谢建忠《白居易诗中的西域乐舞考论（一）》（《四川三峡学院学报》第 15 卷第 3 期）认为胡旋舞乐传入中原的时间，可上推到北周；罗丰《隋唐间中亚流传中国之胡旋舞——以新获宁夏盐池石门舞为中心》（载郑学檬主编《唐文化研究论文集》，上海人民出版社 1994 年版，第 839 页）认为胡旋舞大致应当在北周时期就已传入中国，并与其他乐舞大聚长安；柴剑虹《胡旋舞散论》（《西域文史论稿》，国文天地杂志社 1991 年版，第 209—210 页）认为周武帝娶阿史那氏时，胡旋舞确已传入内地。
⑧ 《旧唐书》卷 183《外戚传》，中华书局 1995 年版，第 4733 页。

> 安禄山，营州柳城胡也，本姓康，母阿史德，为觋，居突厥中，祷子于
> 轧荦山，虏所谓战神者，既而妊……少孤，随母嫁虏将安延偃……晚益肥，
> 腹缓及膝，奋两肩若挽牵者乃能行，作胡旋舞帝前，乃疾如风。①

武延秀在被拘留突厥期间，学习突厥语及胡旋舞；以擅跳胡旋舞的安禄山是康国与突厥的混血，可见突厥亦流行胡旋舞蹈。突厥的胡旋舞，可能也来自粟特地区，②从土门建国前，宇文泰派遣粟特人安诺盘陪出使东突厥，可知突厥早在建国前后已与粟特胡接触，及至木杆、他钵可汗之世，粟特胡在东突厥已占据要职，粟特文一度是东突厥汗国的官方通行文字。③是以木杆可汗时代，当时的东突厥可能已有胡旋舞，阿史那氏和亲时，也极可能将胡旋舞一并与西域乐舞艺伎，带入北周。

（四）武德皇后墓志及孝陵相关文物发现的重要性

武德皇后阿史那氏墓志的出土与北周武帝孝陵的发现，对于北周历史的研究以及北周帝陵墓葬形式及墓葬地点等内容，提供了许多新的信息，具有相当的重要性。

史籍仅记载阿史那皇后卒逝于隋文帝开皇二年，"北周武德皇后墓志"则更加明确记载阿史那氏卒逝的时间是在开皇二年四月二十三日，并于同月二十九日合葬于周武帝孝陵，墓志内容不仅填补了史籍的不足，同时也校正了《北史》载记上的错误。"北周武德皇后墓志"连同"陵志"，已被列为国家一级文物。

周武帝与阿史那皇后合葬的孝陵曾多次被盗掘，陪葬品已大量流失。④除了

---

① 《新唐书》卷225《逆臣传上》，中华书局1995年版，第6411、6413页。
② 雄岩：《"胡旋舞"与绿洲文化传承新考》，《北京舞蹈学院学报》2002年第4期。除了舞蹈外，粟特人的人物像艺术特点也影响突厥的石刻造像，参看林俊雄《突厥の石人に見られるソグドの影響——とくに手指表現に焦点を当てて——》，载《創価大学人文ロンソン》第5辑，第27—44页。
③ 有关粟特胡人进入东突厥的时间，学界有不同的看法，有的主张早在东突厥建国的土门时代，突厥部落已有粟特人活动；有的认为直到隋朝都蓝可汗时代甚至是唐初的颉利可汗，粟特胡人才出现在蒙古地区诸突厥可汗汗廷，详见护雅夫《东突厥国家内部におけるソグド人》，载《古代トルコ民族史研究》I，山川出版社1997年版，第61—93页；江上波夫《骑马民族国家》，张承志译，光明日报出版社1988年版，第48—49页；朱振宏《大业十一年（615年）"雁门事变"探微》，《东吴史学报》第24期。当然，在粟特人乐舞方面影响东突厥的同时，随着粟特人进入东突厥并长期留居漠北，粟特人生计方式、组织形式、族群认同等方面，也逐渐具有游牧化、突厥化的特征。参看彭建英《东突厥汗国属部的突厥化——以粟特人为中心的考察》，《历史研究》2011年第2期。
④ 孝陵曾先后多次被盗掘，1993年12月至1994年1月，咸阳市考古研究所对陵墓进行钻探调查，发现有七个旧盗洞；1994年9月，孝陵再度遭到盗掘，因此陕西省文物局在上报中国国家文物局后，才开始对陵寝进行抢救性发掘。参看张建林、孙铁山、刘呆运《北周武帝孝陵发掘简报》，《考古与文物》1997年第2期；张延峰《咸阳渭城北周墓及相关问题》，《咸阳师范专科学校学报》第15卷第1期。

在1993年年底追回武德皇后墓志外，1996年6月13日，咸阳市渭城区公安分局文物派出所，又追回同样陪葬于孝陵的阿史那皇后"天元皇大（太）后玺"（以下省称"后玺"），现藏于陕西省咸阳市渭城区文物保护中心（见文末附录二）。[①] 阿史那氏被尊称为"天元皇太后"是在大象元年（579年）二月至二年（580年）二月间，[②] 因此，"后玺"制作时间应是在大象元年，是阿史那氏生前使用的印玺。此玺系纯金质地，重达802.56g，长4.45cm，宽4.55cm，厚1.95cm，呈近方形台柱型玺体，玺与钮分模合铸，通高4.7cm。玺面篆书阳刻"天元皇大（太）后玺"六字，字体大小不等，其中"皇"与"玺"两字相等而较大，各占玺面下半部一个单独的字区；"天元"与"大（太后）"四字相等而较小，两字合占上半部的一个字区。[③] 有关北朝皇后印玺，《隋书·礼仪志》记载道：

> 河清中，改易旧物，着令定制云：……皇太后、皇后玺，并以白玉为之，方一寸二分，螭兽钮，文各如其号……（后周）皇后玺，文曰"皇后之玺"，白玉为之，方寸五分，高寸，麟钮。[④]

出土的"后玺"属金质，此与史籍载记的玉质不合，但其长度符合"寸五分"的标准（北周一寸约合今0.296cm）。北周宣帝年间，国典朝仪屡有变革，《周书·宣帝纪》即有云："(宣帝)唯自尊崇，无所顾惮。国典朝仪，率情变改，后宫位号，莫能详录……每召侍臣论议，唯欲兴造变革，未尝言及治政。"[⑤] 是以北周末年的官印制度，亦处于一种变动的状态，《隋书》记载并不能完全体现实际的变化。隋唐之制皇后、皇太后印玺采用金质，阳文印式以及印文呈两行排列的章法等，乃是承接北周使用金玺的变革，反映出北周末年改用金玺，成为隋唐制度的渊源。[⑥] "后玺"的发现，不仅可以印证北周宣帝改制的历史，同时，此一

---

① 有关阿史那皇后的"天元皇太后玺"追回过程，可参看梁开利《北周"天元皇太后玺"盗卖案侦破始末》，《文博》1997年第2期。
② 大象元年二月辛巳（二十日），周宣帝下诏"传位于皇太子衍"，自称天元皇帝，并尊皇太后阿史那氏为"天元皇太后"；大象二年二月壬午（二十六日），改尊天元皇太后为"天元上皇太后"。是以，阿史那氏被尊为天元皇太后的时间仅有大象元年二月至二年二月间。参看《周书》卷7《宣帝纪》，中华书局1997年版，第119、122页。
③ 曹发展：《北周武帝陵志、后志、后玺考》，三秦出版社2003年版，第44页；张延峰：《咸阳渭城北周墓及相关问题》，《咸阳师范专科学校学报》第15卷第1期。
④ 《隋书》卷11《礼仪志六》，中华书局2000年版，第238、243、250页。
⑤ 《周书》卷7《宣帝纪》，第125页。
⑥ 孙慰祖：《从"皇后之玺"到"天元皇太后玺"——陕西出土帝后玺所涉印史二题》，《上海文博论丛》2004年第4期，第94—95页。

印玺也是迄今为止，中国所见唯一的一枚金质皇太后之玺，已被鉴定为国家一级藏品，属国宝级的文物。

孝陵除了有阿史那氏的"北周武德皇后墓志""后玺"以及周武帝的"陵志"等三件珍贵文物外，其他各类随葬器物近三百件，也为我们研究北周手工业发展，提供了重要的材料。[①] 此外，从孝陵的墓葬构筑形式、合葬方式，也使我们对于北周帝陵制度与布局，有了更明确的认识和了解，这些都可填补史籍记载上的空白。北周帝陵除了孝陵外，还有孝闵帝宇文觉的静陵、明帝宇文毓的昭陵、宣帝宇文赟的定陵、静帝宇文衍的恭陵等，孝陵的发现又为我们日后寻找北周其他帝陵的墓葬地点，带来了新的可能性。

四　附记

（一）碑志版本

高峡主编：《西安碑林全集》卷195，广东经济出版社1999年版，第911页。陕西省古籍整理办公室、咸阳市文物考古研究所合编，李慧、曹发展注考：《咸阳碑刻》，三秦出版社2003年，上册，第13页；下册，第390页。罗新、叶炜：《新出魏晋南北朝墓志疏证》，中华书局2005年版，第323—324页。王其祎、周晓薇编著：《隋代墓志铭汇考》第1册，线装书局2007年版，第14—17页。

（二）墓志出土时地

1993年8月2日，与北周武帝孝陵志同时被盗掘出土；同年12月1日，咸阳渭城区底张镇陈马村村民王满社夫妇将墓志交归文物部门。

（三）墓志形制纹饰

志盖，盝顶斜，四面及四边无纹饰，3行，共7字，阳刻篆书。志文，四边无纹饰，7行，满行7字，共计48字，阴刻楷书。志石及盖皆青色石灰岩质地，长、宽48cm，厚9cm。

[①] 已有学者开始对孝陵出土随葬器物，结合北周时期其他墓葬出土的文物展开研究，详参倪润安《北周墓葬的地下空间与设施》，《故宫博物院院刊》2008年第1期，第60—79页；倪润安《北周墓葬俑群研究》，《考古学报》2005年第1期；倪润安《西魏北周墓葬的发现与研究述评》，《考古与文物》2002年第5期。

(四) 墓志现存地

志石现藏于陕西省咸阳市渭城区文物保护中心。

(五) 志主生卒年

西魏文帝大统十七年（北齐文宣帝天保二年，551年）生；隋文帝开皇二年四月二十三日丙申（582年5月30日）卒，同月二十九日壬寅（582年6月5日）葬。年32岁。

表1　　　　　　　　　　志主简历

时间	年龄	大事
西魏文帝大统十七年（551年）	1岁	阿史那氏出生
西魏废帝元年（552年）	2岁	二月，东突厥建国
西魏恭帝三年（556年）	6岁	十二月，宇文觉篡魏建北周
北周武帝保定五年（565年）	15岁	二月初八，北周遣使东突厥，迎娶阿史那氏
北周武帝天和三年（568年）	18岁	三月初八，阿史那氏至长安
北周武帝建德六年（577年）	27岁	正月，北周灭北齐
北周宣帝宣政元年（578年）	28岁	闰五月初一，北周武帝崩逝。闰五月初二，宣帝尊阿史那氏为皇太后
北周静帝大象元年（579年）	29岁	二月初二，阿史那氏改称天元皇太后。二月廿六日，阿史那氏改称为天元上皇太后
北周静帝大象二年（580年）	30岁	五月廿五日，北周宣帝崩逝。五月廿六日，静帝上尊阿史那氏为太皇太后
隋文帝开皇元年（581年）	31岁	二月十四日，杨坚篡北周建隋
隋文帝开皇二年（582年）	32岁	四月廿三日，阿史那氏卒逝。四月廿九日，阿史那氏葬于孝陵

(六) 志主在正史中是否有传

《周书》卷9《阿史那皇后传》，中华书局1997年版。
《北史》卷14《后妃传下·武成皇后阿史那氏》，中华书局1997年版。

282 / 中西交通与华夏文明

（七）志主世系

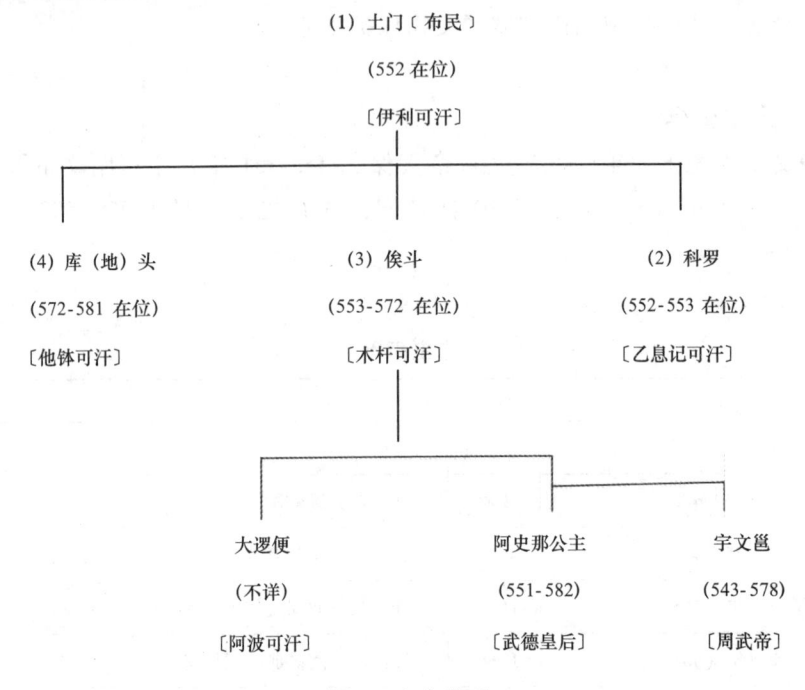

```
                    (1) 土门〔布民〕
                      (552 在位)
                      〔伊利可汗〕
      ┌─────────────────┼─────────────────┐
  (4) 库（地）头      (3) 俟斗            (2) 科罗
  (572-581 在位)    (553-572 在位)      (552-553 在位)
  〔他钵可汗〕       〔木杆可汗〕        〔乙息记可汗〕
                      ┌─────────┴─────────┐
                   大逻便           阿史那公主      宇文邕
                   （不详）         (551-582)     (543-578)
                   〔阿波可汗〕     〔武德皇后〕   〔周武帝〕
```

图 1　志主世系

附录一　北周武德皇后阿史那氏墓志盖及墓志志文拓本

图 2　墓志盖

图 3　墓志志文

突厥武德皇后的再研究 / 283

附录二

图 4 天元皇大（太）后玺

附录三

表2　　　　　　　　　　西魏北周与东突厥关系大事表

时间	大事	出处	备考
西魏文帝大统六年（540年）	宇文忻从北周齐王宪讨突厥	《隋书·宇文忻传》	突厥人活动首见于史籍
西魏文帝大统八年（542年）十二月	突厥从连谷入寇，宇文测于要路数百处积柴纵火，突厥遁走	《周书·宇文测传》	
西魏文帝大统十一年（545年）	宇文泰遣酒泉粟特胡安诺盘陁使突厥，商讨通市	《周书·异域传下·突厥》	西魏首次官方遣使突厥
西魏文帝大统十二年（546年）	土门（布民）遣使向西魏献方物	《周书·异域传下·突厥》	突厥首次向西魏遣使
西魏文帝大统十七年（551年）	三月：西魏文帝元宝炬崩，土门遣使来吊，赠马二百匹	《周书·异域传下·突厥》	
	六月：西魏以长乐公主妻土门	《周书·异域传下·突厥》	西魏与突厥
西魏废帝元年（552年）正月	土门发兵击柔然，自号伊利可汗	《周书·异域传下·突厥》	东突厥建国。同年，土门卒逝，其子科罗继立，号乙息记（阿逸）可汗
西魏废帝二年（553年）三月	乙息记（阿逸）可汗遣使向西魏献马五万匹	《周书·异域传下·突厥》	同年，乙息记（阿逸）可汗卒逝，其弟俟斗（燕都）继立，号木杆可汗
西魏恭帝元年（554年）五月	西魏遣柱国赵贵击柔然乙旃达官，斩首数千级，收其辎重而还	《周书·文帝下》	西魏助突厥击柔然余众
西魏恭帝二年（555年）	宇文泰将亡附西魏的柔然邓叔子余众三千余人，交付突厥使斩杀	《周书·异域传下·突厥》《北史·蠕蠕传》	柔然西部余众悉亡

续表

时间	大事		出处	备考
西魏恭帝三年（556年）	西魏遣史宁与木杆可汗袭击吐谷浑，掳其征南王，俘虏男女、财宝，尽归诸突厥		《周书·史宁传》《异域传下·突厥》《异域传下·吐谷浑》	《周书·异域传下·吐谷浑》记为魏恭帝二年，"二年"应作"三年"。详见《周书·异域传下》校勘记15、23
北周孝闵帝元年（557年）	孝闵帝遣御伯大夫、姚谷县公杨荐使东突厥请婚		《周书·杨荐传》	
北周明帝二年（558年）十二月辛酉（初二）	东突厥木杆可汗遣使献方物		《周书·明帝纪》《异域传下·突厥》	
北周明帝武成二年（560年）三月辛酉（十日）	明帝会群公列将卿大夫及突厥使者于芳林园，赐钱帛各有差		《周书·明帝纪》	
北周武帝保定元年（561年）	正月辛酉（十四日）	东突厥木杆可汗遣使献方物	《周书·武帝纪上》《异域传下·突厥》	
	二月乙未（十九日）	东突厥木杆可汗遣使献方物		
	五月戊辰（廿三日）	东突厥木杆可汗遣使献方物		
北周武帝保定二年（562年）	武帝遣大将军杨荐、左武伯王庆使东突厥请婚		《周书·王庆传》	
北周武帝保定三年（563年）九月戊子（廿七日）	诏柱国杨忠率骑一万与东突厥伐北齐。杨忠渡陉岭，木杆可汗率骑十万来会		《周书·武帝纪上》	北周与东突厥首次联军伐北齐

续表

时间		大事	出处	备考
北周武帝保定四年（564年）	五月丁卯（十日）	东突厥木杆可汗遣使献方物，更请伐北齐。武帝遣杨荐纳币于东突厥	《周书·武帝纪上》《杨荐传》《王庆传》《异域传下·突厥》	《周书·窦毅传》载：时与齐人争衡，并交结突厥，以为外援。齐人亦甘言重币，遣使求婚，朝廷乃令杨荐等累。使结之，往反十余，方复前好
	八月丁亥（初一）	诏杨忠率兵出沃野，与东突厥伐北齐，宇文护趣洛阳以应之		
	九月	北齐许送北周皇世母阎氏等还，周、齐通和。东突厥闻之，乃致疑阻，北周遣王庆赴东突厥之		
北周武帝保定五年（565年）二月辛酉（初八）		诏陈国公宇文纯、大司徒许国公宇文贵、神武公窦毅、南安公杨荐等赴东突厥请和亲	《周书·武帝纪上》《宇文贵传》《窦毅传》《杨荐传》《异域传下·突厥》	
北周武帝天和二年（567年）五月壬申（初二）		东突厥木杆可汗遣使献方物	《周书·武帝纪上》《异域传下·突厥》	
北周武帝天和三年（568年）三月癸卯（初八）		东突厥木杆女阿史那氏赴北周嫁武帝。甲辰（初九），武帝大赦天下，亡官失爵，并听复旧	《周书·武帝纪上》《阿史那皇后传》《异域传下·突厥》	
北周武帝天和四年（569年）七月丁巳（三十日）		东突厥木杆可汗遣使献马	《周书·武帝纪上》《异域传下·突厥》	
北周武帝建德元年（572年）二月癸酉（初一）		北周遣大将军、昌城公宇文深使于突厥	《周书·武帝纪上》	是年，东突厥木杆可汗卒逝，其弟库（地）头继立，号他钵（佗）可汗。疑此次北周遣宇文深使东突厥为吊祭木杆可汗

续表

时间	大事	出处	备考
北周武帝建德三年（574年）正月庚午（初九）	东突厥他钵可汗遣使献马	《周书·武帝纪上》《异域传下·突厥》	五月丙子（十七日），武帝断佛、道二教，经像悉毁，罢沙门、道士，并令还民
北周武帝宣政元年（578年）	三月壬申（初五）东突厥他钵可汗遣使献方物	《周书·武帝纪下》《异域传下·突厥》	武帝废佛、道以来，东突厥首次遣使
	四月庚申（廿三日）东突厥入寇幽州，杀掠吏民。柱国刘雄率兵拒战，败死。议将讨之		北周建国以来首次与东突厥军事冲突
	五月己丑（廿三日）武帝总戎北伐东突厥，遣柱国原公愿、东平公宇文神举等率军五道入		癸巳（廿七日），武帝不豫；丙申（三十日），诏停诸军事。六月丁酉（初一），武帝崩逝；戊戌（初二），宣帝即位
	十一月 东突厥他钵可汗寇边，围酒泉，杀掠吏民，大掠而去		
北周宣帝大成元年〔静帝大象元年〕（579年）	二月 他钵可汗复请和亲，宣帝册赵王宇文招女为千金公主嫁之，并遣执高绍义送阙。他钵可汗不奉诏	《周书·宣帝纪》《异域传下·突厥》	大象元年二月辛巳，宣帝传位宇文衍，自称天元皇帝
	五月 他钵可汗寇并州		
北周静帝大象二年（580年）	二月戊午（初二）东突厥他钵可汗遣使献方物，且逆千金公主。初，东突厥仍留高绍义不遣，宣帝又令贺若谊往谕之	《周书·宣帝纪》《静帝纪》《异域传下·突厥》	
	七月甲申（初一）东突厥他钵可汗送还高绍义予北周		

（朱振宏，台湾中正大学）

墓志铭映印下的唐朝河北粟特人地著化问题*

——以米文辩墓志为核心

李鸿宾

《文物》2004年第2期发表的孙继民先生等撰写的《新出唐米文辩墓志铭试释》（以下简称《试释》）一文曾引起我的注意，[①] 但因诸事缠身，一时无暇顾及。近日重读该方墓志，并联系相关墓志资料和今人的研究成果，感觉此方墓志所揭示的粟特人及其后裔迁转河朔（河北）地域之后其生活旨向，以及此旨向蕴示的文化、族性之转轨与消逝，对所谓粟特族裔（包括其群体）与当地其他族群之互动关系的理解，实具有解剖麻雀而观察一般的作用。此问题亦为我近年考察唐朝境内诸族关系的组成部分，故本文专此就其定居并地著化及相关问题试做讨论，[②] 以就教于同行诸君。

一

《米文辩墓志铭》的价值首先表现在它的出土来历比较清楚。根据《试释》的揭示，该墓志出土于河北大名县铺上乡田水村（即当时贵乡县通济乡窦村），墓室虽已被毁，结构、规模、型制不得而知，但存留的墓志则完好无损。较之近

---

* 本文系国家社会科学基金项目"墓志所见唐朝的民族关系与文化认同问题"（项目号：09BZS038）成果之一。

① 该文又收录于孙继民主编《河北新发现石刻题记与隋唐史研究》，河北人民出版社2006年版，第57—69页。

② 本文所谓的"地著化"是指迁入某地之后的人群，经过长期生活而与所在地区形成密切关系，从而衍化成为坐地户。我将这类人群的生活取向称为"地著化"。

年所出唐代包括粟特族裔在内者多无来历且不乏偷盗甚至作假的那些墓志，①米文辩墓志真实性之可靠，应属无疑。这份墓志铭的刊布首见于《试释》，旋后又收录于《全唐文补遗》第九辑。②《试释》一文对魏博镇军人集团的民族构成和军队组织体制两个方面的若干具体问题进行了讨论，读者可自行参考。这份墓志铭引起我的兴趣，主要是米文辩代表的进入河北地区的粟特人及其后裔如何生活、终老于当地并最终衍化成本地人的具体过程，即本地土著化之中其族属及文化随之变迁的问题，采用汉地社会主流的话语，就是所谓的"汉化"。③为此，我先摘引几句相关的内容如下：

> 米氏源流，裔分三水，因官食菜，胤起河东，为王为侯，轩盖不绝，至于王父品秩，家谍备诸……大父讳梓，皇宁远将军、河东中军将、上柱国……烈考讳珍宝，皇魏博节度诸使、马军都知兵马使兼将、银青光禄大夫、检校国子祭酒、兼御史大夫、右散骑常侍、食邑三百户……（公）长庆初祀，署排衙将……大和中，授节度衙前虞候……迁贝州临清镇遏都虞候兼将……转武城镇遏都虞候兼将，路当要津，美誉使闻，追署左前冲副兵马使兼将……授左前冲都知兵马使……署左亲事、马步厢虞候，兼节度押衙，又营在府西坊征马及驼坊骡坊事……大中元年领步军左厢都知兵马使，兼节度押衙，累奏至银青光禄大夫、检校太子宾客、监察御史、加殿中侍御史，又迁侍御史。

---

① 例如我曾参与整理的由胡戟、荣新江教授主编的《大唐西市博物馆藏墓志》（北京大学出版社2012年版）所收的500余方墓志，多系收购获得，其出土发掘等考古学基本程序均已无知，对墓志的识别与研究造成障碍，须经细致考辨，方可确认真实与否。虽经专家前后反复认定，真品远逾赝品，但其"来路不明"的缺陷依旧无法避免。类似的情形在近年墓志的发掘、收集中绝非个案而有一定程度的普遍性，但这也不能成为凡收集墓志多系假造之通病而予回绝，从不同角度认证与辨别，看来是我们利用这些资料的较佳选项。我利用大唐西市博物馆藏的《是云偘墓志》《贺拔定妃墓志》《贺拔亮墓志》和《贺拔亮夫人张氏墓志》等4方志文，就其相互关联的内容进行考察，感觉其真实性远大于伪造性。详情可参见《唐贺拔亮家族汉化取径之研究——〈唐贺拔亮墓志〉诸问题》，载《唐研究》第17卷，北京大学出版社2011年版，第455—480页；《北周是云偘及夫人贺拔定妃墓志考释》，载吕建中、胡戟主编《大唐西市博物馆藏墓志研究续一》（上册），陕西师范大学出版总社有限公司2013年版，第39—53页；《唐贺拔亮张氏联姻反映的文化认同与士族相貌——以〈唐贺拔君夫人张氏墓志〉为中心》，载李鸿宾主编《中古墓志胡汉问题研究》，宁夏人民出版社2013年版，第130—145页；《唐贺拔亮家族文化转型的旨向》，待刊。

② 《大唐魏博节度故军左厢都知兵马使兼节度押衙银青光禄大夫检校太子宾客兼侍御史米公（文辩）墓志铭并序》，载吴钢主编《全唐文补遗》第九辑，三秦出版社2007年版，第408—409页。根据日本学者气贺泽保规教授的统计，这份墓志铭仅有上述两种录文。见氏编《新版唐代墓志所在总合目录》（增订版），汲古书院2009年版，第251—252页。另森部丰《ソグド系突厥の东迁と河朔三镇の动静——特に魏博を中心として——》，载《关西大学东西学术研究所纪要》第41辑，2008年版，第137—188页；《ソグド人の东方活动と东ユーラシア世界の历史的展开》，关西大学出版部2010年版，第319—321页，亦附有墓志铭全文。

③ 这一问题甚复杂，详见后文。

上文中的第一句涉及的是米氏家族入华之后的迁转路线,《试释》一文亦有论述。

按出自中亚的米氏家族,其族源话语"米氏源流,裔分三水,因官食采,胤起河东,为王为侯,轩盖不绝"已采用汉地家系叙述的通行套路,与唐人林宝《元和姓纂》、宋人邓名世《古今姓氏书辩证》的描述颇为近似。① 文中的"三水"与"河东"应是其家族迁徙路径与发展旨向的标识。前者在邠(豳)州之内,如《元和郡县图志》称:"本汉旧县,有铁官,属安定郡,以县界有罗川谷,三泉并流,故以为名。魏改三水县为西川县,亦属安定。后魏于今县理西二十八里重置三水县,取汉旧名,属新平。隋开皇三年罢郡,以县属邠州。皇朝因之。"② 三水县位于长安城西北不远处,墓志"裔分三水"的描述证实这个家族曾定居于此。但仅此一语似表明其家族之地位远非显赫,与据此北上的高平史道德家族相比尚有距离,③ 更非同于定居长安城的粟特贵族安菩。④ "裔分三水"的意义在于,这个家系的族属历史依此而成,此前的痕迹则全部消失。⑤ "胤起河东,为王为侯"则说明该家族的发迹始于此,亦即墓志的"煊赫"所在。如此看来,米文辩家族之迁转路线系由三水东向河东,再转往河北魏博。河东成为家族的迁转地,当与文辩之祖父米梓仕任河东中军将有关,而迁转至魏博则是其父米珍宝充职该节度诸使、马军都知兵马使的缘故。这条线路也与学界近年研究、整理的入华粟特人及后裔迁徙的路径吻合。⑥ 一般而言,粟特人从中亚河中地区进入塔

---

① 按今本《元和姓纂》卷6,中华书局1994年版,有米姓条目,但内容系今人岑仲勉补入,称"出西域米国",第963页;邓名世撰,王力平点校:《古今姓氏书辩证》卷24,江西人民出版社2006年版,米姓条目中亦有"西域米国胡人入中国者,因以为姓"云云,第368页,可证米姓的外来身份。但我这里所说米文辩墓志对其家世源流的叙述已与汉人传统的套路融合在一起,至少从墓志撰写的格式上汉地化了。这种书写格式对其族性与文化的转型所起的作用不容忽视,因此问题甚巨,我拟另文撰述,相关的论述可参阅闵道安(Achim Mittag)、叶敏《帝国的边缘——汉以后的史学》,载[德]穆启乐、闵道安主编《构想帝国:古代中国与古罗马比较研究》,王荣译,复旦大学出版社2013年版,第320—336页。
② 李吉甫撰,贺次君点校:《元和郡县图志》卷3《关内道三·邠州》,中华书局1983年版,第62页。
③ 李鸿宾:《史道德族属及中国境内的昭武九姓》,《中央民族学院学报》1992年第3期;《史道德族属问题再考察》,载论文集编委会《庆祝王锺翰先生八十寿辰学术论文集》,辽宁大学出版社1993年版,第358—365页。
④ 睿文:《重读安菩墓》,《故宫博物院院刊》2009年第4期;李鸿宾:《安菩墓志铭再考——一个胡人家族入居内地的案例分析》,载《唐史论丛》第12辑,三秦出版社2010年版,第160—181页。
⑤ 米姓源自粟特之明显无需多论,米文辩家族此前的痕迹全无踪影,似乎表明其身份不显,即使如此,这个家族为什么东迁步入汉地?是什么诱因促使他们舍弃原住地而迁往十分陌生的异国他乡?或者该家族本身就已进入粟特人及后裔定居河西走廊之某地呢?这本来是了解家族进入内地的重要背景,可惜这些信息均已丧失,我们无从确切追溯,甚为遗憾!
⑥ 有关中亚粟特人东向迁徙步入汉地的路线方向与途径,可参看荣新江《西域粟特移民聚落考》《北朝隋唐粟特人之迁徙及其聚落》,《中古中国与外来文明》,生活·读书·新知三联书店2001年版,第19—168页。

里木盆地之后，沿其周边向东部经河西走廊进入汉地，以长安为中心，向北部进入鄂尔多斯，著名的六胡州是其典型（该地胡人可能多由北部草原南徙而来）;[①]向东则步入洛阳，由此向东继续推进，直达东北部营州（治柳城，今辽宁朝阳），也有部分粟特后裔再继续向南方发展。[②]

作为粟特人及其后裔，米文辩家族的迁转从其祖父那一代开始留下记载，说明其曾祖及以前诸辈无从追溯，易言之，"三水"是这个家族东迁途中一个具有象征意义的地名符号。按此推测，三水以西的河西走廊及西域诸地对这个家族而言，已成过眼云烟，而河西走廊诸地成为粟特人东迁途中的族地（郡望）象征，早已为史料特别是墓志记载所证实。[③] 值得指出的是，《大唐故公士安君墓志铭并序》反映的粟特人安令节，"先武威姑臧人，出自安息国，王子入侍于汉，因而家焉。历后魏、周、隋，仕于京洛，故今为幽州宜禄人也"。[④] 安令节家族从中亚东迁进入河西走廊，定居武威姑臧，再由此步入内地，姑臧就成为其家族的地望或籍贯，这是仿照汉地郡（族）望的惯例。作为魏晋郡望籍贯彰显身份地位的手段，外来的胡人进入他们原本不熟悉的社会之后，对主流价值与认同的追求，就成为他们安身立命的根系所在，[⑤] 粟特人选择他们进入内地必经的河西走廊有代

---

① 小野川秀美：《河曲六州胡の沿革》，《东亚人文学报》卷1第4号；Edwin G. Pulleyblank, "A Sogdian Colony in Inner Mongolia", *T'oung Pao*, Vol. 41, 1952, pp. 317–356；张广达：《唐代六胡州等地的昭武九姓》，《西域史地丛稿初编》，上海古籍出版社1995年版，第249—280页。

② 关于南向发展的粟特人及其后裔的研究可参见姚崇新《中古时期西南地区的粟特、波斯人踪迹》，载中山大学人类学系等编《边疆民族考古与民族考古学集刊》第一集，文物出版社2009年版，第104—125页。胡耀飞《吴、南唐政权境内沙陀人考》，载《唐史论丛》第14辑，陕西师范大学出版总社有限公司2012年版，第391—410页；《五代蜀地粟特系沙陀人考》，《燕园史学》第21期。

③ 如康敬本一族，"康居人也。元封内迁家张掖郡"，《大唐故康敬本君墓志铭》，载周绍良主编《唐代墓志汇编》上册，上海古籍出版社1992年版，第530页；安神俨一族，"肇迹姑臧，因土分枝"，《唐故安君墓志铭并序》，载周绍良主编《唐代墓志汇编》上册，第669页；何摩诃家族"因官遂居姑臧太平之乡"，《唐故何君墓志铭并序》，载周绍良主编《唐代墓志汇编》上册，第670页；康留买，"本西州之茂族，后因锡命，遂为河南人焉"，《大唐故游击将军守左清道率频阳府长上果毅康府君墓志铭并序》，载周绍良主编《唐代墓志汇编》上册，第694页；石崇俊家族，"至自西域，寄家于秦，今为张掖郡人也"，《唐故张掖郡石府君墓志铭并序》，载周绍良主编《唐代墓志汇编》上册，第1892页。

④ 周绍良主编：《唐代墓志汇编》上册，第1045页。

⑤ 这是一种普遍存在且难以做到令人信服解释的现象。抽象地说，当粟特人进入主体族群（例如汉人）分布较少的地区（尤以河西走廊为突出），而他们又保持着族群聚集的状态之时，其民族文化与族性认同的整体尚能维系，具体的例证犹如池田温研究的敦煌从化乡，见氏著《八世纪中叶敦煌的粟特人聚落》，辛德勇译，刘俊文主编《日本学者研究中国史论著选译》第9卷《民族交通》，中华书局1993年版，第140—220页；但若步入汉人主体汉文化的汪洋大海之中，其文化与族性在聚集状态拆散的情形下，保持整体非但不易，即使存有自身文化的任何努力，恐怕也枉费心思了。荣新江的研究揭示出，汉人社会对粟特胡人的整体排斥，使得处于自保的他们放弃自身文化属性转而融入主流社会的尝试，在强力冲击之下未尝不是选项，虽然并非每个人都很情愿。参见荣新江《安史之乱后粟特人的动向》，载《暨南史学》第二辑，暨南大学出版社2003年版，第102—123页。

表性的地区以郡望或籍贯的方式表述，当是他们因应汉地社会诉求的反映。类似的现象不是一个两个，而具有普遍性。另一个值得指出的案例则是上文述及的史道德家族。按其志文："其先建康飞桥人氏……远祖因宦来徙平高，其后子孙家焉，故为今县人也。"① 这里的建康地处陇右道之甘州，亦在河西走廊之内，② 其家族迁徙路线与安令节家族相似，均沿河西走廊东向发展，进入内地后再分流。安令节家族选择邠州宜禄县，与本文讨论的米文辩家族几近相同，后者的三水与宜禄同属邠州且相互毗邻，史道德家族则顺沿西北至原州高平。可见，这几个粟特及后裔家族选择长安西北地域的某个具体地点定居安置，其经历具有相似性。这既与学界讨论粟特人步入内地分布聚集的情形相符，又使这种分布情形更加具体化和细致化了。

如果我们再将视野推向更北部的六胡州，其情形就另当别论了。如上所述，六胡州粟特人的情况为中外学界所关注。这个地方聚集的胡人以粟特为主，人数众多，所谓鲁、丽、含、塞、依、契6个州置的行政划定，足以证明此数不虚。③ 六胡州位于鄂尔多斯南部，受唐朝控制，但这里接近草原，也是游牧势力活动的区域。根据安菩墓志所记："其先安国大首领，破匈奴衙帐，百姓归中国。"这件事反映的是安菩（先人）率领本部落从草原突厥处转往唐朝，他因此被赠封定远将军、同京官五品，同时充任六胡州首领。安菩一身二职，即一方面在长安城充任朝廷官员，一方面则担任北部六胡州首领。④ 他之南下归属唐朝，应是贞观四年（630年）唐廷征服东突厥事件的一个结果；而六胡州亦应属唐朝安置突厥降户于灵州（治回乐，今宁夏吴忠西）至幽州（治蓟县，今北京城西南）之间的长城沿线以羁縻府州的方式纳入朝廷管属体系之内的举措之一；到高宗调露元年（679年），朝廷再度采取措施以唐人充任刺史替代粟特本族首领。⑤ 这些都说明，六胡州之粟特人多系北方草原突厥属下转归者，与米文辩等自河西走廊进入内地的粟特人不是一个路径，其性质亦与此有别，朝廷采取的安置方法也非同一。如

---

① 固原博物馆：《宁夏固原唐史道德墓清理简报》，《文物》1985年第11期。
② 李鸿宾：《史道德族属及中国境内的昭武九姓》，《中央民族学院学报》1992年第3期。
③ 居内地的粟特人尽管引起学界的关注，并曾揭示出遍居各地尤以北方为集中的现象，但其人数的精确统计无法进行。即使目前揭示的远远超出前人，但也只能是就所掌握的情况而论，粟特人的精确统计实际上做不到，但粗略地估计，按吴松弟的说法，六胡州的胡人在玄宗开元九年（721年）之前的总人数已达到10万人；安史之乱前居住在中原和沿边的包括粟特在内的西域人及后裔应有四五十万人之多。见氏著《中国移民史》第3卷《隋唐五代时期》，福建人民出版社1997年版，第101页。
④ 李鸿宾：《安菩墓志铭再考——一个胡人家族入居内地的案例分析》，《唐史论丛》第12辑，三秦出版社2010年版，第160—181页。
⑤ 张广达：《唐代六胡州等地的昭武九姓》，《西域史地丛稿初编》，上海古籍出版社1995年版，第249—280页。

果说六胡州粟特人以群体方式进入唐朝，那么米文辩家族很可能是以个体家支的方式步入的。族团进入者多呈聚族而居之形式，零散东迁者则呈散居状且多系普通人属。①

二

从上面的讨论我们可以初步推测：米文辩家族进入内地的路径，是从河西走廊东迁，辗转达到长安西北不远处的邠州三水县，遂落居于此，吸收汉人习俗，以此为籍贯。三水以前的家族素无记载，表明其家族地位不彰，应排除在西域米国王子、贵族行列之外，似属于池田温研究的敦煌地区从化乡中聚集的粟特平民之列。②

这个家族成为"气候"者，应始于米文辩的祖父米梓。他的职务是宁远将军（武散官）、河东中军将（职事官）、上柱国（勋官），尤其实际的职能是河东中军将，说明此时他已身在河东，即如志文"胤起河东，为王为侯，轩盖不绝"，应是该家族仕宦彰显之始。按米文辩卒于宣宗大中二年（848年），时年虚岁55，他应生于德宗贞元十年（794年）。若以25年为一代计算，其祖父米梓生年应为玄宗天宝三载（744年）前后，他经历玄宗以后即中唐时期，"河东中军将"一职证明他隶属河东节度使。按严耕望曾引证《□部将军功德记》之□部珣其人，他任职天兵中军副使，"聚徒天兵重镇，实佐中军"。③ 这是严先生所见中军使的最早记载，时为中宗神龙二年（706年）。他又引证《武陵郡王马钺碑》（实为《武陵郡王马公神道碑》）记述马氏监理太原中军兵马，其文记为："故公自初命四迁，至于太子左赞善大夫，历光禄少卿、左骁卫将军、从祖司徒，节制太原，奏统中军兵马，拜左卫将军、武陵王……复将中军。"④ 这两段与"中军"有关的记载，前者天兵军隶属河东节度使，是其建置初始阶段下辖的四个军之一，⑤ 这位叫作□部珣的人充任天兵中军副使，"实佐中军"当指中军使。后者所记的"中军兵马"应指河东节度使直辖的中军兵马使。如此

---

① 粟特人内迁的途径，吴松弟总结有丝绸之路（即本文中的河西走廊）、海路和漠北草原三条，见氏著《中国移民史·隋唐五代时期》，福建人民出版社1997年版，第18—94页。有关入居粟特人及后裔的身份，可参见陈海涛、刘惠琴《来自文明十字路口的民族——唐代入华粟特人研究》，商务印书馆2006年版，第76—90页。

② [日]池田温：《八世纪中叶敦煌的粟特人聚落》，辛德勇、刘俊文主编《日本学者研究中国史论著选译》第9卷《民族交通》，中华书局1993年版，第140—220页。

③ 严耕望：《唐代方镇使府僚佐考》，《唐史研究丛稿》，新亚研究所1969年版，第216页。

④ 熊执易：《武陵郡王马公神道碑》，《全唐文》卷623，上海古籍出版社1990年版，第2786页。

⑤ 《资治通鉴》卷215，唐玄宗天宝元年（742年）正月条，中华书局1956年版，第6849页。

看，河东节度使军队如同学者指出的那样，节度使体系通常包括直辖的牙（衙）军、属下各支州（支郡）驻军和州下各县军镇三个层次，① 这三个层次至少前二者都有中军的配置。□部珣的天兵军副使表明他担任节度使属下某一军的中军副使，马铖的"统中军兵马""复将中军"则表明他充任的是节度使直辖的中军，按严耕望的推测，这里的"中军兵马"即"中军兵马使"，应当与都知兵马使等同，属于节度使下的要职，主治兵和作战。② 节度使直辖的衙兵亦有左右厢与中军之分，③ 中军显然更紧要。中军使或中军兵马使当是节度使属下之最重要的武职，如同魏博史宪诚任中军都知兵马使一般，④ 米梓的"河东中军将"亦属于此系统。但他的这个职务不是中军兵马使或副使，而是其系统的一个将领，如果他充任正使或副使，墓志显然不应忽略。据张国刚研究，节度使属下武职按高低分别有都知兵马使（都头）、兵马使、副兵马使、十将、副将等职级，⑤ 米梓的中军将当属"十将"之列。不管怎样，米梓成为河东节度使直辖中军的一员，说明他还是受节度使的器重的，这个家族亦从此走上仕途的显达之路。另外，这份墓志铭的出土也为严耕望前文的讨论提供了一份新资料。

米文辩的父亲米珍宝，任"皇魏博节度诸使、马军都知兵马使兼将、银青光禄大夫、检校国子祭酒、兼御史大夫、右散骑常侍、食邑三百户"，其实际职务是魏博节度使属下马军都知兵马使兼将。按此"兼将"之意与"中军将"相近，都不是兵马使或中军使自身。"兼将"按《试释》一文的理解，是兵马使之外再兼任一个具体的将领名号，因前者有阶官化倾向，后者是实际职务。根据墓志文意，米珍宝同时担任马军都知兵马使和兼将两个职任，这个都知兵马使是节度使直辖军队中的马军部分的头领，此外还有步军系统，所以上句志文中的节度使与马军都知兵马使二者不是并列而是隶属，那个顿号应当删除。

这样说来，米文辩家族从米珍宝这一代开始，又从河东节度使属下转向了河北的魏博镇。虽然墓志没有提供确切的时间，但从其父亲米梓活动于安史之乱后的时段推测，米珍宝（脱离河东）前往魏博，显然也是在人们熟知的河朔自成一体的时段之内。这个期间，粟特人流向河朔地域的现象绝非个别，按照森部丰的解释，粟特人分成三个时期流向河北，即安史之乱前及乱中、建中至贞元年间和

---

① 张国刚：《唐代藩镇的军事体制》，《唐代藩镇研究》（增订版），中国人民大学出版社2010年版，第83—89页。
② 严耕望：《唐代方镇使府僚佐考》，新亚研究所1969年版，第235页。
③ 张国刚：《唐代藩镇军将职级》，《唐代藩镇研究》（增订版），第96页。
④ 《旧唐书》卷181《史宪诚传》，中华书局1975年版，第4686页。
⑤ 张国刚：《唐代藩镇军将职级》，《唐代藩镇研究》（增订版），第94页。

元和年间，他着眼的是河曲六胡州地区的粟特及其后裔的迁转，① 米文辩家族显然不在这个范围，然而这个案例却提供了流向河朔的粟特人并非限于河曲的事实。问题是，米文辩家族流向河北与六胡州的那些人是否有性质的差别呢？

作为粟特人集中定居的六胡州，与朝廷的关系始终处于若即若离的状态，这里曾经发生过康待宾等人率领的大规模反叛，② 安史叛乱时他们又是叛军争取的力量，这里的胡人亦多有参与叛乱者，③ 虽然也有弃暗投明即先陷入叛军后转附朝廷者，④ 但六胡州与朝廷的疏远是明显的，⑤ 这些人流向河北，应当是他们与朝廷这种关系的具体反映。作为唐朝与复辟帝国的后突厥之间的缓冲地，六胡州夹处于二者之间，他们受到的政治拉力使他们反复不定，特别是安史叛乱造成的冲击，以及唐廷因受吐蕃的压力重新部署长安北部关内道的防御，可能都是促成六胡州胡人脱离该地的动因。⑥ 但这些情形能否解释米珍宝家族转移魏博之行为？按墓志在列举米珍宝上述职务之后旋即说他"位过中司，荣逾独坐，力扶王室，声振大名，累酬战劳，以崇班秩，家积庆幸，是钟于公"。这之后对米文辩的描写与此对应，丝毫看不到其他迹象，米珍宝鞠躬尽瘁于朝廷的犬马之劳受到了回报而家世彰显，遂有米文辩功绩的接续。我们不清楚这样的记载是否有回护该家族的"劣迹"成分而蓄意隐匿，但就志文表述及其行文格式的祖孙三代的承续而论，尤其该家族与六胡州之胡人行为的脱离，种种迹象都使我们倾向于认定这个家族非但等同于六胡州粟特人之脱轨，他们可能正是因为跟从朝廷，才有米梓人

---

① ［日］森部丰：《唐后期至五代的粟特武人》，温晋根译，载《粟特人在中国：历史、考古、语言的新探索》（《法国汉学》第10辑），中华书局2005年版，第232页。

② 袁澍：《康待宾起义初探》，《宁夏大学学报》1984年第1期；周伟洲：《唐代六胡州与"康待宾之乱"》，《民族研究》1988年第3期；李鸿宾：《唐朝朔方军研究——兼论唐廷与西北诸族的关系及其演变》，吉林人民出版社2000年版，第107—115页。

③ 《资治通鉴》卷218，唐肃宗至德元载（756）七月、九月条，中华书局1956年版，第6986、6997页。

④ 如出身六胡州之含州河曲的曹润国，"于天宝载，遇（安）禄山作孽，（史）思明袭祸，公陷从其中……二凶殄丧，皇威再曜，公归顺本朝，不削官品"。作为跟随安史叛乱又改弦更张归顺朝廷的行为，曹润国的案例可谓典型，而此例亦非多见。见《唐故试光禄卿曹府君墓志并序》，周绍良主编《唐代墓志汇编》上册，上海古籍出版社1992年版，第1787页。

⑤ 我曾撰写《唐朝境内粟特人文化认同与地域之关联——以两条线索为中心》一文，以步入长安为代表的粟特人和居处边地的六胡州者为例，讨论二者与唐朝主流社会的关系，后者因诸种条件制约，与朝廷关系不是越来越近而是相反。此文可作为本文论述之参照。见《墓志所见唐朝的胡汉关系与文化认同问题》，中华书局2019年版。

⑥ 《资治通鉴》卷232，唐德宗贞元二年（786）十二月条记云："又命马燧以河东军击吐蕃。（马）燧至石州，河曲六胡州皆降，迁于云、朔之间。"中华书局1956年版，第7477页。这里明确提到六胡州粟特人在唐与吐蕃交战中被迫离开故地而迁往东部代北之地。看来六胡州胡人脱离其地，是诸种因素促成的。有关吐蕃北上与唐之周旋，以及唐朝针对吐蕃采取防御措施替代原有的军事格局，参阅李鸿宾《唐朝朔方军研究》，吉林人民出版社2000年版，第217—253页。

官进而抬升家族地位之转折。正如我在分析入居长安的安菩家族晋升朝廷要员而与唐朝共荣、六胡州走向脱离唐朝之趋向那样,① 米文辩家族选择的是前者而非后者,即他们跟随朝廷走上了安菩家族式的发展道路。他们之如此行为,应当与其为散户而非保持某种抗衡性的"聚落"有联系,但选择官员的道路应是更本质的动因。

三

米珍宝值得我们关注的还有一事,那就是至少根据墓志记载,从他开始,这个家族从河东转向了魏博。魏博在河朔三镇中尤以吸收粟特人甚至发展到了专门存在其武人集团的程度而著称,据森部丰研究,魏博镇因马军成员的匮乏而擅长骑射的河曲胡人应其召唤而多入其境。② 依此而言,米珍宝、米文辩父子出仕魏博镇将,与招兵买马进入魏博的趋势相合,但如上文所说,这个家族与河曲六胡州胡人选择河北还是颇有差异的。是什么原因导致他们脱离河东而选择魏博呢?墓志没有提供细节。如果我们认可学术界早已流行的安史之乱后河朔三镇背离朝廷轨道而自成一统的说法,③ 进入河北那些与朝庭抗衡的藩镇里,似乎有助纣为虐之嫌,至少这不是朝廷希望看到的。墓志没有透露出这类信息,不排除其撰写有回护"违背"意图,然而若将这种场景理解为学者们构拟的入其部伍即有抗衡之志,可能也太过简单。我对米文辩家族进入魏博行为的理解与此稍有差异。

我们虽然不能确切知晓米珍宝进入魏博镇的时间,但从米文辩的记述中能够

---

① 李鸿宾:《唐朝境内粟特人文化认同与地域之关联——以两条线索为中心》,见《墓志所见唐朝的胡汉关系与文化认同问题》,中华书局 2019 年版。

② 森部丰:《唐后期至五代的粟特武人》,温晋根译,载《粟特人在中国:历史、考古、语言的新探索》(《法国汉学》第 10 辑),中华书局 2005 年版,第 231 页。魏博招兵买马早在田承嗣时就已开始。《新唐书》卷 210《藩镇魏博传》说他"既得志……使老弱耕,壮者在军,不数年,有众十万。又择趫秀强力者万人,号牙兵"。中华书局 1975 年版,第 5924 页。

③ 此种说法以陈寅恪为代表。他说:"唐代中国疆土之内,自安史乱后,除拥护李氏皇室之区域,即以东南财富及汉化文化维持长安为中心之集团外,尚别有一河北藩镇独立之团体,其政治、军事、财政等与长安中央政府实际上固无隶属之关系,其民间社会亦未深受汉族文化之影响,即不以长安、洛阳之周孔名教及科举仕进为其文化安身立命之归宿。"(《唐代政治史述论稿》,上海古籍出版社 1982 年版,第 25—26 页)实际上,早在宋人就已如此认为,《新唐书》卷 210《藩镇魏博传》就颇为典型地描述道:"安、史乱天下,至肃宗大难略平,君臣皆幸安,故瓜分河北地,付授叛将,护养孽萌,以成祸根。乱人乘之,遂擅署吏,以赋税自私,不朝献于廷。效战国,肱髀相依,以土地传子孙,胁百姓,加据其颈,利怵逆行,遂使其人自视由羌狄然。一寇死,一贼生,讫唐亡百余年,卒不为王土。"中华书局 1975 年版,第 5921 页。

清楚他活动的时代。墓志说他"长庆初祀,署排衙将",表明他进入仕途是在穆宗初年,这也是宪宗解决骄藩之后朝局势盛之际。文宗至宣宗之间,他先后充任节度衙前虞候、贝州临清镇遏都虞候兼将、武城镇遏都虞候兼将、左前冲副兵马使兼将、左前冲都知兵马使、左亲事、马步厢虞候、兼节度押衙、领步军左厢都知兵马使、兼节度押衙、银青光禄大夫、检校太子宾客、监察御史、加殿中侍御史、侍御史等职。墓志说他"又营在府西坊征马及驼坊骡坊事"倒很符合上文森部丰所谓魏博招兵买马的条件。从这些职务的罗列我们看出,米文辩活动的年代正是在穆宗以后的文宗至宣宗之间,这段时期魏博节度使分别是田布(穆宗长庆元年即821年至二年)、史宪诚(长庆二年至文宗太和三年即829年)、何进滔(文宗太和三年至文宗开成五年即840年)与何重顺(弘敬)(开成五年至懿宗咸通七年即866年)等人。[1] 这几个节度使自史宪诚开始,即告别了田氏主掌、开启胡人专政的新时代。[2] 米文辩入仕始于田布,但田布旋被史宪诚篡权,所以米文辩活跃在史宪诚及其以后时代。按史宪诚之族属,两《唐书》均记载为奚人,[3] 森部丰以为即使如此,其家族与河套突厥化的粟特人关系十分密切,不妨视为同路人。[4]

---

[1] 吴廷燮:《唐方镇年表》卷4《魏博》,中华书局1980年版,第608—615页;王寿南:《唐代藩镇与中央关系之研究》,大化书局1978年版,第714—715页;堀敏一:《藩镇亲卫军的权力结构》之《唐代魏博藩帅交替表》,索介然译,载刘俊文主编《日本学者研究中国史论著选译》第4卷《六朝隋唐》,中华书局1992年版,第598—599页。

[2] 按主流说法,史宪诚充任节度亦开始了依赖本地农民为主的牙军支配的时代。见《旧唐书》卷181《罗弘信传》,中华书局1975年版,第4690—4691页。

[3] 《旧唐书》卷181《史宪诚传》,第4685页;《新唐书》卷210《史宪诚传》,中华书局1975年版,第5935页。关于史宪诚的族属问题,学界有奚人、粟特人甚至北部突厥、回纥(鹘)等说法,参见罗丰《固原南郊隋唐墓地》,文物出版社1996年版,第196—198页;荣新江《安史之乱后粟特人的动向》,载《暨南史学》第2辑,暨南大学出版社2003年版,第102—123页;郭茂育、赵振华《唐〈史孝章墓志〉研究》,《中国边疆史地研究》2007年第4期;尹勇《唐魏博节度使史宪诚族属再研究——兼论"泛粟特"问题》,《首都师范大学学报》2010年第4期。

[4] 森部丰:《唐后期至五代的粟特武人》,温晋根译,载《粟特人在中国:历史、考古、语言的新探索》(《法国汉学》第10辑),中华书局2005年版,第229—230页;《ソグド人の东方活动と东ユーラシア世界の历史の展开》,关西大学出版部2010年版,第154—156页。按《旧唐书·史宪诚传》记他任职后受命征讨自称宣武节度留后李㝏的叛乱,得知李㝏失败后,他向朝廷使者示好时自称"宪诚蕃人,犹狗也。唯能识主,虽被棒打,终不忍离"云云,第4686页。这里的"蕃人",《新唐书》卷210《史宪诚传》作"奚"人,第5936页,《资治通鉴》卷242《唐穆宗传》长庆二年九月条则为"胡人",中华书局1956年版,第7822页。按三部文献中《旧唐书》向以采纳档案文献著称,参见赵翼《廿二史札记》卷16《旧唐书前半全用实录国史旧本》,中华书局1963年版,第312—315页,故此"蕃人"似乎更多地保存了较原始的说法,奚与契丹向来被唐人称作"两蕃",这已为人所熟知。故史宪诚之奚人身份似更有道理。如此看上述三书,至少就此而言,《旧唐书》更多地保留原初相貌;《新唐书》则有更改,径直称他奚人,亦不为过;《资治通鉴》的"胡人"倒契合森部丰有关史宪诚多生活北方与粟特关系密切的论述,但"胡人"一词距"粟特"近而与"奚人"远也是事实。

史宪诚这个人在文献中是以对上（指朝廷）"素怀向背"、对下"不能以忠诚感激其众"而获得恶名的，① 按照司马光的说法，他取代田布继任魏博节度使之时，就将怀有"遵河北故事"的想法通告了部众，② 与此态度相近的大有人在，这显然是穆宗上台后河朔再叛事件的连锁反应。终其一生，史宪诚对朝廷都秉持着首鼠两端、叛服无常的态度，他之所以如此，目的就是力求在朝廷的控制内自保独立，而此种地位经过宪宗的削藩大受减损，穆宗当政以后朝廷政策的失误使得河朔诸镇获得重新喘息的机会，所以他"阴结幽、镇，依以自固"，③ 这才是史宪诚的真正追求。史宪诚之后的何进滔与何弘敬父子是粟特人或其后裔，④ 他们在任期间的表现，从《资治通鉴》看，除了父死子继、参与征讨昭义节镇及加官进爵诸事之外，没有更多的记载。⑤ 何进滔的传记称他"为魏帅十余年，大得民情"，⑥ 何弘敬的墓志铭更赞誉"河朔三十年无桴鼓之音，繄何之力"。⑦ 这里的30年大体上就是何氏父子两代统辖魏博镇的时期，文献与墓志所记说明该镇已脱离了反复无常的状态，至少让朝廷不再过分担心了。

何弘敬墓志的表述是以一个忠实朝廷的节度使姿态显示的，米文辩的墓志同样如此。米梓的"中权之寄，垂裕后昆"；米珍宝的"力扶王室，声振大名"，与米文辩的"心存节义，德惟深厚"，"使于四方，无失君命"，"奉天明命，剪除凶丑"以及"匡君为国，巨显输诚"都无不足以显示墓志主人家系对朝廷的忠诚。然而宋人编纂的《新唐书》却不这么看，该传描写的何弘敬是一个像史宪诚那类周旋于应命朝廷与自保实力之间的两面派，尤其在朝廷征讨昭义刘稹一事上的表现。短短的传记中，"倚（刘）稹相唇齿，无深入意""不奉诏""不得已，乃出师"这类词句的充斥其间，⑧ 足以构成对其墓志有关何氏忠君形象描述的颠覆。如此看，至少本文讨论的魏博节镇的掌权者粟特后裔何氏家族，他们主政的魏博

---

① 《旧唐书》卷181《史宪诚传》，中华书局1975年版，第4686页。
② 《资治通鉴》卷242，唐穆宗长庆二年（822）正月条，中华书局2011年版，第7807页。
③ 《新唐书》卷210《史宪诚传》，中华书局1975年版，第5935页。
④ 《资治通鉴》卷244，唐文宗太和七年（833年）八月条引杜牧语，第7889页。
⑤ 《资治通鉴》卷244，唐文宗太和三年（829年）六月条至卷250唐懿宗咸通七年（866年）六月条，第7864—8114页。
⑥ 《旧唐书》卷181《何进滔传》，第4687页。参见《新唐书》卷91《何进滔传》，第5937页。
⑦ 《唐故魏博节度开府仪同三司检校太尉兼中书令魏州大都督府长史充魏博观察处置等使上柱国楚国公食邑三千户食实封一百户赠太师庐江何公（弘敬）墓志》，载吴钢主编《全唐文补遗》第5辑，三秦出版社1998年版，第40页。
⑧ 《新唐书》卷139《何弘敬传》，第5937页。

虽非同早期那般"不得尺寸,人望之若回鹘、吐蕃,无敢窥者",①但亦非忠诚有加足以让朝廷放心的藩属。杜牧在《战论》篇章曾论"河北视天下,犹珠玑也;天下视河北,犹四支也",②这让我们想起了唐太宗与李大亮等人有关汉人根本、夷人枝叶的论述,③将河北推置到与长安、洛阳腹地颉颃的地步,亦昭示出了朝廷的焦虑。然而河北藩镇亦不能完全脱离朝廷而独立,诚如李德裕所谓"河朔兵力虽强,不能自立,须藉朝廷官爵威命以安军情"那样,④河朔三镇军事上的强悍代替不了其合法性的确立,而这一核心要素仍操纵在朝廷之手。河朔诸镇与朝廷若即若离的关系本质上即受制于此。⑤经过宪宗削藩以及文宗以后的努力,河朔诸镇对朝廷明目张胆的抗衡虽有消泯,但也极力争取自立。这种交织状态就是魏博节度使虽屡经换人而仍首鼠持续的展现。明乎于此,当史宪诚与朝廷争衡出轨之时,遂有其子史孝章为之"备陈逆顺之理",⑥魏博镇内势力的制衡,使其终究不能逾轨过甚达到不可收拾之地步而保持在自我维系的状态中。

米文辩父子上述忠诚朝廷的举动,至少就墓志提供给我们的信息而言,应当放置在这个背景中理解才能较切合实际。我们必须确定,米文辩父子的任职关涉到长安唐廷与魏博节镇两个不同权力之间的博弈和较量。从理论上讲,他们都是朝廷的命官,但问题的关键则是他们出仕的魏博镇事实上又脱离朝廷的羁控甚至与朝廷对抗,他们的职务不能不受此影响而与朝廷有某种程度的脱节。他们身上的这种两重性是我们理解这类地方武职的关键所在。当这两类势力重合之时,即魏博纳入长安的控属之下,二者的张力就会消解;但魏博以抗衡朝廷的姿态出现之际,米氏父子的职务就让他们处于为难的境地:若听从朝廷的旨意,这也是其职责所系,但这会冒犯节度使甚至有去职丧命的危险;反之,若完全附从或死心塌地侍奉节度使也会失去朝廷的信赖。二者之权衡考虑,一直是他们的心结所系。对这些军人而言,节镇是他们身家性命的依托,近水楼台先得月,它的重要性远胜于千里之外的朝廷。⑦按照文献的记载,受制于河朔节镇"遂擅署吏"之下的

---

① 《资治通鉴》卷244,唐文宗太和七年(833年)八月条引杜牧语,中华书局2011年版,第7887页。
② 同上书,第7889页。
③ 吴兢撰,谢保成集校:《贞观政要集校》卷9"议安边第三十六",中华书局2003年版,第500、503—504页。
④ 《资治通鉴》卷248,唐武宗会昌四年(844年)八月条,第8010页。
⑤ 王寿南:《唐代藩镇与中央关系之研究》,大化书局1978年版,第331—357页。
⑥ 《旧唐书》卷181《史孝章传》,中华书局1975年版,第4687页。
⑦ 这种忠诚的限度另外的样例,可参阅 Holmgren, Jennifer, "The Making of an Elite: Local Politics and Social Relations in Northeastern China During the Fifth Century AD", *Papers on Far Eastern History*, No. 30, 1984, pp. 1–79。

米氏父子，①其职务出自节度使而非朝廷的任命不言而喻。②从米文辩职务的连续升迁，尤其是他担负的节度使之核心军职，我们看到，他颇受何进滔、何弘敬的青睐与信任，属于节度使直辖的亲卫军将领。③这些将领跟随、效力于节度使并与之同命运共生死，似乎远甚于他们与朝廷的关联。然而墓志对米氏倾心唐廷、忠诚君主的描述又贯通全文，如"时潞镇不庭，今相国盖代威名，奉天明命，剪除凶丑。公利战行权，授左前冲都知兵马使，匡君为国，巨显输诚"云云，似又是朝廷系属之下忠诚与志向的展现，不但本墓志如此表述，就是何弘敬那3700余字的墓志铭同样充斥的是他忠君献诚的举措，但从文献记载可知，何弘敬与朝廷的博弈和维护自身利益的行为绝非墓志描写的那样，这足以证明墓志有对其行为的隐匿与回护。就此而言，米文辩在节镇与朝廷之间的选择、忠诚与效力，亦足以表明魏博镇的地位与朝廷的倾重在他的心目中应是前者胜于后者，尽忠朝廷的表述除了撰写者为死者回护这层因素外，还有节镇脱离不了朝廷如上所述其合法权源自朝廷的那层关系。如此说来，作为节度使属下军将的米珍宝、米文辩父子，他们职守效力节度使之时，其朝廷命官的身份决定了他们行为法理根系所在和道德意识的依托。当节镇受命于朝廷之时，他们的忠诚除了体现于节镇之外，更与朝廷连接；反之，当节镇抗命朝廷之际，他们遭受的磨难陡然增大，面临抉择。米文辩忠诚的描述正处于何弘敬顺随唐廷之时，尽管何有自己的打算而非倾心尽力，但毕竟没有撕破脸皮与长安公然对抗，这就是墓志里忠诚、孝君之类词语出现的背后语境。

四

如同标题所示，本文关怀的核心是墓志主人米文辩家族定居之后的土著化问题。

岑仲勉所著《隋唐史》在涉及藩镇军士叛乱时曾说过一段话："李泌尝论士

---

① 《新唐书》卷210《藩镇魏博传》，中华书局1975年版，第5921页。
② 但他们的任命从程序上讲是需要朝廷的认可即报批，一如节度使职务一样，尤其是散官、勋官和爵位实封等，节度使自身不具有封赐之资格。正因为如此，节度使自我任命亦需要朝廷的追认才能合法，然而朝廷并不是每一次都能满足其要求，由此出现双方兵戎相见的事例颇多，可见节度使系统的法理所系终在于朝廷。这也能够解释节度使即使权势再大也难以突破王朝框架而自成新型政治体之因由。相关的研究可参阅严耕望《唐代方镇使府僚佐考》，《唐史研究丛稿》，新亚研究所1969年版；杨志久、张国刚《唐代藩镇使府辟署制度》，《社会科学战线》1984年第1期；石云涛《唐代幕府制度研究》，中国社会科学出版社2003年版，第86—115页。
③ 〔日〕堀敏一：《藩镇亲卫军的权力结构》，载《日本学者研究中国史论著选译》第4卷《六朝隋唐》，中华书局1993年版，第585—648页。

兵之善，以为顾恋田园，恐累宗族，不敢生乱，又云：'兵不土著，又无宗族，不自重惜，亡身徇利，祸乱遂生。'（《通鉴》二三二）由前观之，殆不其然。三镇之祸，非师不土著之患，正师率土著之为患也。"① 这是岑氏否认唐人李泌有关河朔三镇军士叛乱与其不土著有关的言辞。所谓"土著"（本文亦称"地著化"），就是指节镇辖属士兵是否已成为本地人的界定。河北藩镇叛乱之因多种多样，但参与的主体军士成员之向背，是节度使叛服或与朝廷纵横捭阖的主要依托，易言之，没有他们的参与，节度使就无能为力。唐朝后期节镇的核心力量——军士阶层之构成，尤其他们是否地著化，关涉到节镇军队之稳定、与朝廷要价之依凭，乃至节镇内部社会之维系，等等，非同小可。具体到魏博，《旧唐书·罗威传》云：

> 魏之牙中军者，自至德中，田承嗣盗据相、魏、澶、博、卫、贝等六州，召募军中子弟置之部下，遂以为号。皆丰给厚赐，不胜娇宠。年代浸远，父子相袭，亲党胶固。其凶戾者，强买豪夺，逾法犯令，长吏不能禁。易变主帅，有同儿戏，如史宪诚、何进滔、韩君雄、乐彦祯，皆为其所立，优奖小不如意，则举族被害。②

这一段描写典型地反映了节镇军士本土地著化的情形。作为河朔三镇最有影响力且居处边地藩镇与朝廷直控地区的连接点，魏博镇战略地位之重要，③足以表明魏博镇军士地著化对整体节镇展示的典范性。从性质上讲，地著化应始于节度使军镇成立之时。此前唐朝的军队构建最具典型意义的行军，以聚集分离而著称，即战争初起临时召集，战后即行解散，④节度使的驻军由此衍变而成，

---

① 岑仲勉：《隋唐史》，中华书局1982年版，第279页。
② 《旧唐书》卷181《罗威传》，中华书局1975年版，第4692页。
③ 关于魏博镇在三镇中的特殊性，就我目力所及，学界关注似乎不多而尤其聚焦于该镇的内部关系上面，如渡边孝《魏博と成德——河朔三镇の权力构造についての再检讨——》（《东洋史研究》第54卷第2号）、堀敏一《魏博天雄军の历史——唐五代武人势力の一形态》（《历史教育》第6卷，1958年第6号）以及李碧妍《危机与重构——唐帝国及其地方诸侯》（博士学位论文，复旦大学，2011年，第229—247页）等即是显例。毛汉光从核心区与核心集团的角度论述了一个特定地区在王朝运行中的战略作用，他以云代、关中与魏博汴梁为中心，概括了北魏至北宋建国600年间核心区的转移及其蕴含的意义。他说："自安史乱起，河北河东河南等地之职业军人成为北中国各地藩镇的统治集团，统一而成为各王朝之核心集团，而魏博汴梁一带成为核心区，至北宋建国，亦约略二百年。"见氏著《中古核心区核心集团之转移——陈寅恪先生"关陇"理论之拓展》，《中国中古政治史论》，上海书店出版社2002年版，第22页。
④ 孙继民：《唐代行军制度研究》，文津出版社1995年版，第5—9页。

这已为众多研究所证实。① 唐朝的边防由临时征集的旨在征讨叛乱的活动性军队到驻扎特定地区长期防守的固定性军队的转变告诉我们，这是唐廷因应边地外族势力的形势变化而采取的针对性措置。② 长期驻防的结果有两个倾向值得关注，一是军队组成人员的职业化和世袭化，二就是军士的本土地著化。这二者虽互为因果，但若追究其本，应是前者导致地著化的出现，易言之，地著化就是军队成员与所在地区形成了密切关系而不再分离的现象，这往往是以仕军长期化与世袭化为前提的。我们看到，就在本文的主人公米文辩出仕时期，唐穆宗上台之后，采取所谓"消兵"之策，这是导致"河朔再叛"的直接诱因。这个政策的目的就是宪宗乘镇服藩镇叛乱之机进一步削弱其军事基础，从而恢复朝廷对藩镇的控制能力。但事与愿违，被裁减的军士们"皆聚山泽为盗"，③反被那些心存不满的藩镇所利用。主张消兵的朝臣们忽略了这样的事实：这些以充兵为职业的青壮男子，一旦离开部伍就缺少生活技能而丧失了生存能力。他们的生存权一旦被剥夺，作乱或造反可能就成为"唯一"的选择。文献材料并没有告诉我们朝廷是否考虑过这个问题，不过，穆宗的颟顸和懵懂无知、文臣们的缺乏远见，倒是这个时段内文献记载的主要内容，暗示出朝廷缺乏战略眼光，应对此负责。④

不过，我们不必纠缠于此。士兵脱离军队丧失生存能力本身就意味着此时的节镇成员与本土连接之密切早已成为事实。数年前在河北宣化一处墓葬区出土的6方墓志，其中杨钏、苏子矜与夫人王氏、张庆宗4方系正式挖掘所得，杨少愃墓志系发掘杨钏之墓时征集，苏全绍墓志为收购所获。他们均系幽州雄武军成员（及家属），死后被族人安葬在一个相对集中的墓区。⑤ 这几方墓志出土的意义就在于，同在雄武军的将士们死后亦同葬在他们所服役和生活的地区，说明节镇军士其生活与服役已结为一体，相互聚合、长期厮守，成为节镇的基本民众。这样

---

① 唐长孺：《魏晋南北朝隋唐史三论》，中华书局2011年版，第390—441页；孟彦弘：《唐前期的兵制与边防》，《唐研究》第1卷，北京大学出版社1995年版，第245—276页。
② 雷家骥：《从战略发展看唐朝节度使体制的创建》，《唐代研究论集》第4辑，新文丰出版股份有限公司1992年版，第253—318页。
③ 《资治通鉴》卷242，唐穆宗长庆二年（822）二月条，中华书局2011年版，第7808页。
④ 在司马光等人的语调中，穆宗向以不谙政务的君主形象出现。《资治通鉴》卷241，唐穆宗长庆元年（821年）六月条的记载说他"酣宴，不留意天下之务，崔植、杜元颖无远略，不知安危大体"，中华书局2011年版，第7792页；同书卷242，唐穆宗长庆二年（822年）二月条又云："上之初即位也，两河略定，萧俛、段文昌以为'天下已太平，渐宜消兵，请密诏天下，军镇有兵处，每岁百人之中限八人逃、死。'上方荒宴，不以国事为意，遂可其奏。军士落籍者众，皆聚山泽为盗；及朱克融、王庭凑作乱，一呼而亡卒皆集。"第7808页。
⑤ 张家口市宣化区文物保管所：《河北宣化纪年唐墓发掘简报》，《文物》2008年第7期。

的人员一旦聚集在一块，就会形成当地社会势力的核心，节度使本人若不依靠他们为自己张力，其权势的形成也就无从谈起。类似的现象很普遍，不论传世文献，还是诸多墓志的记载，唐朝中期以后尤其晚唐社会的节镇军士地著化渗透于各类描写之中。谭凯（Nicolas Tackett）特别分析了他所收集的墓志资料，对其中的文武精英成员的构成、变化等诸种情况做了系统的整理和分析，[①] 从他的研究中可以看出这些人员随其任职而与转迁地区之间形成了密切的关联，这也是促成他们地著化的重要因素。从森部丰等学者的研究亦可看出，河朔三镇（以魏博镇为突出）的粟特系成员，倘若以来自河套六胡州地区为主的话，这些入居河北诸镇的粟特及其后裔，最后也多安葬其地而融入本土，最终成为本地社会的组成人员即所谓地著化了。本文的主人公米文辩家族，从其充军入侍节度使核心属员，到死后本土安葬，颇与上文所列雄武军6方墓志主人相仿，而且他们所处的时代亦多重叠，[②] 可视为地著化的同类。然而米文辩家族与其有别之处则后者系汉人，米氏为粟特人或其后裔，他们地著化的同时也伴随着其族性与文化要素的转移，虽然粟特男性在尽可能的条件下多娶同族女性为妻，但米文辩夫人扶风马氏的出身，昭示出米文辩聘娶汉人女性行为所蕴含的对汉化的追求与确认，亦足以揭示出与本土化、地著化同时的汉文化接收所呈现的一体性或同步性的特质。[③] 墓志进一步表明，米文辩与马氏夫人生的四个儿子中，至少第三子米存实、第四子米存贤"皆学习礼经，以期乡秀"，成为地道的汉文化熏陶的青年才俊了。[④]

论述至此，我们不得不提出这样的问题：既然米文辩家族从军魏博镇而地著化并伴随着汉化，他们步入魏博的途径又有异于六胡州与河套那些人，如墓志所述，这个家族从仕任河东的米珍宝一代进入魏博，那么，他们进入该镇的具体动

[①] Nicolas Tackett, "Great Clansmen, Bureaucrats, and Local Magnates: The Structure and Circulation of the Elites in Late-Tang China", *Asia Major*, 3rd ser. 21.2（2008）, pp. 101-152. *The Transformation of Medieval Chinese Elites*, Ph. D. diss. New York: Columbia University, 2006.

[②] 这几位雄武军要员的墓葬年代早者为宪宗元和九年（814年），晚者至僖宗乾符四年（877年）。见《河北宣化纪年唐墓发掘简报》，《文物》2008年第7期。

[③] 粟特男性婚娶同族女性的事例，在他们步入汉地之初尤其在聚集区内，是一普遍的现象。但随着时间的流逝，他们（尤其散居者）婚娶同族女性之几率就会下降，汉人或其他民族的异性进入男性粟特或其后裔者婚姻之范围，则逐步成为趋势。至少现存的文献与墓志铭的记载足以使我们获得这样的推测。从上文看，似散居的米文辩家族之男性选择汉女作为聘娶的夫人，应属于此种现象，但其中本族女性难觅的无奈似亦不可忽视，但这些因素不会出现在墓志铭的记叙之中。

[④] 根据毛汉光依据墓志选择4926个实例的研究，唐人在军队系统任职参佐者有50%以上属于父子官职性质相同的，余下的应当就是差异了，见氏著《唐代统治阶层父子间官职类别之变动》，《中正大学学报》第4卷第1期。米文辩的4个儿子中，既有与他仕任武职相同者，也有差别的，看来应是当地文化风气对其家庭的不同影响所致。

机与过程如何？这一答案的具体细节目前还无法辨析，不过，荣新江教授提出了安史之乱后唐朝控制区出现的对包括粟特人在内的胡人的不信任甚至排斥的整体风气，可能是他们走向河朔的一个背景性因素。① 从整个社会对外族人及其文化的态度上看，唐朝经历了前期的包容到后期排斥的转变，其转折点就是安史之乱。② 就此理解，安史之乱对唐朝内地社会的冲击，表现在胡汉关系上，就是汉地社会弥漫着对胡人的不信任，如同朝廷不再信任武人那样，③ 内地粟特人受此风之压力，他们选择的道路，要么就是尽可能抹除自身外族身份的痕迹而混同于汉人；要么就是被迫离开汉人所在的地区而转往对他们不那么排斥的地方。河朔就是一个较理想的场所，如同陈寅恪描绘的那般，河朔男子只知骑马射箭而不识周公孔子，俨如化外之地，④ 粟特等胡人在此地似乎更能发挥作用，米文辩家族的进入，应当就是在这样的背景下实现的。至于其家族具体的细节，要等待更多相近的个案性研究成熟之后似可论述。

五

本文依据孙继民先生等撰写的《新出唐米文辩墓志铭试释》一文，就粟特人米文辩家族迁徙至魏博镇及其入仕节度使军职反映的本土地著化问题进行了讨论。以下的几点想法作为本文的总结和今后继续讨论的空间，我认为是值得指出的。

第一，本文认为，米文辩家族地位之擢升，始于文辩之祖父米梓一代，自此才有墓志的写实呈现；至米珍宝一辈，其家族迁往河东镇，定居于此；旋后又迁入魏博，米文辩即活动于此。该家族祖孙三代充任的职务，就节度使系统的实职而言，似乎呈上升趋势（见表一"米文辩家族三代仕任表"），这与毛汉光统计的

---

① 荣新江：《安史之乱后粟特人的动向》，《暨南史学》第2辑，暨南大学出版社2003年版，第102—123页。
② 傅乐成：《唐代夷夏观念之演变》，《汉唐史论集》，联经出版事业有限公司1995年版，第209—226页。
③ 李鸿宾：《唐朝朔方军研究》，吉林人民出版社2000年版，第157—184页。
④ 陈寅恪：《唐代政治史述论稿》，上海古籍出版社1982年版，第25—27页。陈氏的这个表述，是从全国的局势论河北，若进一步细究，河北之内其文化习俗亦多有差异，根据毛汉光的研究，安史之乱后的河北地区，镇州暨滹沱河一线应是划分当地社会文化的标识，其地以北多尚武，儒学淡漠；其南的文化与中原近似。毛氏立论主要依凭大族势力，从此侧面揭示出河北南北之差异。见氏著《论安史乱后河北地区之社会与文化——举在籍大士族为例》，载浙江大学中文系主编《晚唐的社会与文化》，台北学生书局1990年版，第99—111页。

中下层官职子较父为低者或同级的趋势适呈反比,[①] 似乎蕴示着这个家族魏博仕途的光明前景。他们迁往魏博,与河套六胡州粟特人迁徙魏博的方向一致,但具体途径完全不同。六胡州粟特人与唐廷关系微妙,并不被朝廷视为可依托的对象,相反,反叛朝廷的势力(尤其安禄山、史思明等)多与他们明里暗里沟通,他们亦首鼠两端,辗转于河北、长城沿线,与河北三镇(以魏博镇为典型)、晚唐河东沙陀李克用势力联结,粟特人因此而转移并与迁入地形成了密切而固结的联系。虽然米文辩家族迁往魏博的动机、成因与六胡州同族人有诸多差异,但他们一旦步入河朔,其土著化与粟特文化、族性的丧失便汇合一统,[②] 逐渐融进河朔、代北沙陀的社会之中。这是本文依据墓志铭文所做的描述和推测,属于史事澄清的问题。

第二,虽然我们不能确知米文辩家族进入魏博镇的具体细节和动因,但其家族进入河北藩镇则是事实。而河北藩镇作为安史叛乱结束后与唐廷对抗性鼎峙的状态,不论是文献记载还是今人的研究,都足以使我们确信这个地区呈现与长安朝廷迥然有别的局面。考虑到这一点,我们对米文辩墓志的理解,就不啻局促在这个家族自身的限度,而在很大程度上呼应了构筑唐朝后期社会整体走向(或转向)中的至少这样两个趋势,即河北的粟特人及其后裔转向地著化的一般性途径是否存在?如果存在,那么这个地著化对当地乃至整个唐朝后期直至此后的社会是否产生了持续性的影响?

军队驻扎某一特定地区长期化的结果之一就是军人的本地化,唐朝后期军队成员的本地化则是以节度使军队驻地的固定化为前提的。此前的朝廷军队除了驻扎在都城的禁军之外,早期的府兵轮番宿卫,特别是行军的战时征集出发、战后

[①] 从米梓的河东中军将,到米珍宝的魏博节度诸使、马军都知兵马使兼将,再到米文辩的排衙将、节度衙前虞候、贝州临清镇遏都虞候兼将、武城镇遏都虞候兼将、左前冲副兵马使兼将、左前冲都知兵马使、左亲事、马步厢都虞候、兼节度押衙、步军左厢都知兵马使、兼节度押衙,其职务呈递进趋势。但若从其他的文武散官而论,似乎以米珍宝的为高,米梓、米文辩似不如。然而考虑到后期职事阶官化的倾向,特别是节度使系统内被授予的这些职官其实际职能早已丧失之情形,其品级高低似不足以断定实际地位,因此这个系统的官品不是我们据以判定他们地位高低的主要依凭。有关唐人任职家族(如父子数代)递续的情况,毛汉光曾依据3500余方唐人墓志进行统计,发现6222个实例中父子间的官品,儿子高于父亲者、与父亲同级和低于父亲者分别为20%、50%和30%。中低品之官员,儿子职位上升者较少,见氏著《唐代统治阶层下降变动之研究》,《人文及社会科学》(台北)第3卷第1期。米文辩家族呈现的趋势应当属于较少的上升之列。

[②] 这只能算是大概的说法。具体的融入过程充满了趋同性的个例差异,有关民族文化、族性的转移,一直是人类学者和历史学者们关注的焦点,然而充满鲜活而生动的个案,在中古史的研究领域里,也往往因受文献、材料的缺佚而无从获得。我想,来自不同地区和社会阶层的粟特人及其后裔,他们在河朔融入当地主流社会的环节中亦呈现多样化而个案性的特征,如果墓志石刻新出资料进一步增多,这样的细节之刻画,也并非没有可能,较好而新近的分析案例,可参阅仇鹿鸣《从〈罗让碑〉看唐末魏博的政治与社会》,《历史研究》2012年第2期。

即行解散的军队组成,都使得军队与所在地区不产生依恋关系,其背后隐藏的则是朝廷指挥和控制能力强化的事实。节度使系统的存在则打破了朝廷掌握的局面,军队与驻地形成了彼此依赖的关系,这亦使其成员脱离军队的羁限而与驻地连接在一体,从而推进了军队与地区利益的结合,这是节度使据以存续的基础。随着节度使体系的遍布,军人的地著化开始成为普遍的趋向,这种趋势始于唐中期,遍于后期和晚期。河北作为比较特立独行的行政单位,因其节镇抗衡朝廷自立之凸显,其地著化的行为与忠诚于长安地区的同类行为相比,则被包裹在他们的抗衡性的活动中。如同上文史事层面讨论的那样,米文辩家族的地著化,就是随同河北军队地著化而变成本土成员了。在这个过程中,至少墓志铭的表述不管是墓主本身对其族性与文化的忽略,还是撰述者出自墓志程序的惯例,提供给我们的主要信息就是这个家族任官仕职、融汇于本地社会的生动写照,我想,这是否在某种程度上表明米文辩家族粟特人属性的传承已经退居到政治活动的支配下而被忽视或隐藏了? 其原因如同前文讨论的那样即后期的唐朝社会弥漫着对胡人的拒斥心理。这方墓志的样例还促使我们不能忽视的是,唐朝后期即使河北自身看来也非铁板一块,其中如学者讨论"文"的一面在当地仕武的胡风盛行的同时也有自身的展现与发展的那般,① 其内部存在诸多的差异,米文辩墓志的意义就在于,它为我们了解河北(特别是魏博)武人走上本土地著化的趋势提供了个性的案例。这是我对上面第一个问题的回答。

军人地著化既然并非个别而是普遍存在的现象,那么,它在朝代更替所蕴示的社会转型中具有的意义,也超出了地著化自身容纳的限定。如果从较长的时段考虑,像米文辩这类源自非上层社会的群体,他们地著化的普遍存在,不仅宣示了六朝以来传统的大族政治和社会结构的崩解,同时也宣告着北朝以来形成的以关陇集团为典型的尚武精神的军功贵族阶层的消泯,取而代之的则是中下群体通过各种方式走向权力支配进而左右社会的新兴势力的展现。基层军人与所驻地的结合,无疑使他们衍替而成为地方的新势力,就河北而言,这里军队地著化所形成的地方民众,在南向的唐、五代、北宋的政治体转换中,他们与新朝廷的结合、尤其是与新都城(汴梁)的构建所结成的密切关系,彰显了他们这些来自基层势力的支撑作用;② 与此形成对照的北向发展,这些夹处在唐朝解体后历经五代而抟成北宋与较早建立政权的契丹势力之间的河朔北部地区的"土著"族群,他们

---

① 陆扬:《论冯道的生涯——兼谈中古晚期政治文化中的边缘与核心》,《唐研究》第19卷,北京大学出版社2013年版,第287—329页。

② 谭凯:《晚唐河北人对宋初文化的影响——以丧葬文化、语音以及新兴精英风貌为例》,《唐研究》第19卷,第285页。

在两个王朝非此即彼的选择、进退、踌躇和犹豫中，如同学者研究的穿越彼此"国界"步入对方的行为，[1] 亦成为此时这些群体的"活动"了。看来，居于不同政治体之间的群体在唐中后期以降地著化之后，又受制于新的政治关系的支配了。

表1　　　　　　　　　　　　　　米文辩家族三代仕任表[2]

姓　名	任　职
米梓（祖）	宁远将军（武散官，正五品下）、河东中军将、上柱国（勋官，正二品）
米珍宝（父）	魏博节度诸使、马军都知兵马使兼将、银青光禄大夫（文散官，从三品）、检校国子祭酒（职事官，从三品）、兼御史大夫（职事官，御史大夫，从三品）、右散骑常侍（职事官，正三品）、食邑三百户
米文辩（子）	排衙将、节度衙前虞候、贝州临清镇遏都虞候兼将、武城镇遏都虞候兼将、左前冲副兵马使兼将、左前冲都知兵马使、左亲事、马步厢虞候、兼节度押衙、步军左厢都知兵马使、兼节度押衙、银青光禄大夫（文散官，从三品）、检校太子宾客（职事官，正三品）、监察御史（职事官，正八品上）、殿中侍御史（职事官，从七品上）、侍御史（职事官，从六品下）

（李鸿宾，中央民族大学）

---

[1] Naomi Standen 撰写的 Unbounded Loyalty: Frontier Crossing in Liao China 一书（Honolulu: University of Hawai'i Press, 2007），虽然研究的是北宋几个进入辽朝并入仕其职者的案例，但她所勾画的夹处辽与北宋之间的这类中间区的情状，有助于我们分析这个地带人群的动向及对该地区本质属性的进一步挖掘。10世纪河北的北部因在双重或多重政治体的包裹中彼此互动，形成多种性格，这样的地带与生活其中的民众之选择和博弈，是个饶有兴味的话题，可惜这类研究仍不多见。

[2] 以上品级的对应主要依据《旧唐书》卷42《职官志一》，中华书局1975年版，第1791、1792、1796、1800页。

从齐家到二里头：夏文化探索

易 华

一 引言

1995年，胡博在《古代中国》发表《齐家与二里头：远距离文化接触问题》一文，提出了东亚与中亚或西亚青铜时代文化远距离互动的可能性，扩展了古代中国研究的世界视野（cosmopolitan dimension）；[①] 引起了中外学术界的广泛关注，中文版作为《古代中国》精选论文第一篇，收入夏含夷主编《远方的时习》。[②] 2004年我在《东亚古物》发表《青铜之路：上古西东文化交流概说》一文，从青铜技术、牛、马、羊四个方面系统肯定了胡博的观点，明确提出将上古中国置于青铜时代世界体系中研究。[③] 2012年我又从小麦、砖、墓葬、战争、金崇拜与天崇拜等十个方面宏观论证了中国和欧洲一样是青铜时代世界体系的边缘组成部分。[④] 本文再具体讨论齐家文化与二里头文化之关联及其与夏文化之关系。

齐家文化的发现与研究已近一个世纪，但尚未有深入而系统的专著出版。20世纪20年代安特生在甘肃广河县齐家坪发现齐家文化；由于陶器不如仰韶文化发达，他误以为齐家文化早于仰韶文化。[⑤] 他的研究生负责整理齐家文化遗物，发现一些陶器例如在兰州收购的那件陶盉有仿造铜器的嫌疑，指出齐家文化不会是

[①] L. G. Fitzgerald-Huber, "Qijia and Erlitou: The Question of Contacts with Distant Cultures", *Early China*, 20, 1995, pp. 17-67.

[②] 胡博：《齐家与二里头：远距离文化互动的讨论》，李永迪译，载夏含夷主编《远方的时习》，上海古籍出版社2008年版，第3—54页。

[③] 易华：《青铜之路：上古西东文化交流概说》，载《东亚古物》A卷，文物出版社2004年版，第76—96页。

[④] 易华：《青铜时代世界体系中的中国》，《全球史评论》2012年第1期。

[⑤] J. G. Andersson, "Researches into the Prehistory of the Chinese", *BMFEA*, No. 15, 1943.

早期而是晚期新石器时代文化。① 不约而同，夏鼐在甘肃重新进行了调查研究，发现了齐家文化墓葬和地层证据，改订了齐家文化年代。② 20 世纪六七十年代谢端琚等发掘了多处齐家文化重要墓葬遗址，揭示了齐家文化的面貌。③ 80 年代张忠培研究了齐家文化。④ 90 年代法国戴寇琳进行了初步综述，出版了博士论文。⑤ 最近十余年新发现了民和喇家、临潭磨沟遗址，叶茂林等正在致力于喇家遗址或齐家文化多学科综合研究。⑥

齐家文化主要分布于甘肃、青海、宁夏、内蒙古，正好是青藏高原、蒙古高原、黄土高原之间或过渡地带，兼具三大高原的特征，有山有水有草地，宜农宜牧。黄河经过齐家文化分布区，或者说齐家文化主要分布于黄河上游地区。青海乐都柳湾、民和喇家，甘肃永靖大何庄、秦魏家、临潭磨沟遗址均位于黄河及其支流两岸，沿黄河到宁夏、陕北由青藏高原向黄土高原的过渡地带亦有齐家文化分布。武威皇娘娘台遗址位于青藏高原和蒙古高原之间的河西走廊，鄂尔多斯朱开沟遗址位于蒙古高原与黄土高原过渡地带。齐家文化分布区正好也是中国的地理中心区，生态多样性为孕育或接受文化多样性提供了条件，自然可能成为中国历史文化的核心区。

中国考古学家命名考古学文化的主要根据是陶器，二里头文化与齐家文化陶器明显不同。齐家文化作为夏文化的可能性早就有人讨论⑦，但遭到了考古学权威的明确否决。二里头文化是在龙山文化基础上兴起的青铜时代文化，受到了齐家文化的巨大影响，还没有引起学界的高度重视。近年来，叶舒宪倡导"玉石之路"研究，认为上古从西域到中原特别是从昆仑山到中原存在玉石文化交流与互动之路。玉器本身的材质与器形研究已经显示玉石之路的存在；但还有许多其他证据可以表明齐家文化与二里头文化之间存在密切的交流与互动。齐家文化以青海、甘肃、宁夏为中心，分布到了陕西、内蒙古，影响到了河南、山西二里头文化核心区；二里头文化以河南、山西为中心，也分布到了陕西、内蒙右，亦影响到了甘、青齐家文化核心区。本文将从青铜、作物、家畜、玉器、卜骨等方面进

---

① M. Bylin-Althin, "The Sites of Chi Chia Ping and Lo Han Tang in Kansu", *BMFEA*, No. 18, 1946.
② 夏鼐：《齐家期墓葬的新发现及其年代的改订》，《考古学报》1948 年第 3 期。
③ 谢端琚：《略论齐家文化墓葬》，《考古学报》1986 年第 2 期。
④ 张忠培：《齐家文化研究》，《考古学报》1987 年第 1—2 期。
⑤ Corinne Debaine-Francfort, "Du Néolithique à l'Âge du Bronze en Chine du Nord-Ouest: La culture de Qijia et ses connexions. Mémoires de la Mission Archéologique Française en Asie Centrale", volume VI; Review by Louisa G. Fitzgerald-Huber, *Early China*, Vol. 22 (1997), pp. 246–270.
⑥ 叶茂林：《青藏高原东麓黄河上游与长江上游的文化交流圈——兼论黄河上游喇家遗址的考古发现及重要学术意义和影响》，《中华文化论坛》2005 年第 4 期。
⑦ 叶舒宪：《河西走廊：西部神话与华夏源流》，云南教育出版社 2008 年版，第 138—165 页。

行系统比较,发现二里头文化与齐家文化时空接近,性质与内容又大同小异。我们可以得出如下推论:如果二里头文化是夏文化,齐家文化就是夏早期文化;如果二里头文化是商文化,齐家文化也可能是夏文化。

二 青铜时代

二里头文化进入了青铜时代已成共识,齐家文化进入了青铜时代亦不难证明,齐家文化、二里头文化证明东亚进入了青铜时代。老一辈考古学家多半认为齐家文化是新石器晚期文化或铜石并用时代文化,具有国际眼光的新一代考古学家已认定齐家文化是中国青铜时代文化。[1]

彩陶的衰落与青铜的出现标志着齐家文化进入了青铜时代。齐家文化出土铜器遗址至少有15处,总数已超过130件,器型包括刀、斧、锥、钻、匕首、指环、手镯、铜泡、铜镜等,其中以工具为主,装饰品次之;形制上总体比较简单,也有铜镜、空首斧等造型复杂的器物。[2] 出土红铜或青铜器比较重要的齐家文化遗址有青海贵南尕马台49件,甘肃武威皇娘娘台30件,武威海藏寺12件,积石山县新庄坪12件,永靖秦魏家8件,互助总寨4件、广河齐家坪2件等,种类包括刀、斧、环、匕和镜等。[3]

宗日遗址出土铜器超过10件,在中国早期冶金研究中占有重要地位。出土的3件齐家文化铜器实验结果表明含砷量均较高,无疑是砷铜。这批砷铜不仅是在齐家文化铜器中首次发现,而且也是中国西北地区迄今所知年代最早的砷铜,它对中国早期冶金的研究有非常重大的意义。[4]

青海贵南尕马台四十多座墓葬中共出土青铜器49件,包括铜镜、镯、环和泡等。七角星纹铜镜重109克,直径89mm,厚约3mm;由铜锡合金制成。[5] 铜泡为锡青铜;而铜镯含砷7%,是砷铜。[6] 二里头遗址亦出土了类似的铜镜和泡。龙山文化中没有发现比二里头更早的铜镜,铜镜显然不是东方文化传统,其源头只能是西北或西方。[7]

---

[1] Li Liu and Xingcan Chen, *The Archaeology of China*, Cambridge University Press, 2012, pp. 322-332.
[2] 王振:《从齐家文化铜器分析看中国早期铜器的起源与发展》,硕士学位论文,吉林大学,2006年,第7—10页。
[3] 李水城:《西北与中原早期冶铜业的区域特区及交互作用》,《考古学报》2005年第3期。
[4] 徐建炜等:《青海同德宗日遗址出土铜器的初步科学分析》,《西域研究》2010年第2期。
[5] 李虎侯:《齐家文化铜镜的非破坏性鉴定》,《考古》1980年第4期。
[6] 徐建炜等:《青铜贵南尕马台墓地出土铜器的初步科学分析》,《文物科技研究》2010年第2期。
[7] 刘学堂、李文瑛:《中国早期青铜文化的起源及其相关问题新探》,载《藏学学刊》第3辑,四川大学出版社2007年版,第1—63页。

二里头遗址二期一座中型墓中出土的环首青铜刀与甘肃康乐商罐地遗址采集的环首刀相似。① 只是后者刀身弧度更大、没有纹饰，似乎更古老原始。

青海西宁沈那铜矛横空出世，是塞伊玛—图比诺青铜兵器东进的极好例证。② 出土的巨型阔叶带钩铜矛长 61.5 厘米，宽 19.5 厘米，叶中部两面有高 1.5 厘米的脊梁，銎与刃部结合处有一刺钩，属齐家文化。2008 年 12 月河南省淅川下王岗遗址考古发掘中，T2H181 集中出土了 4 件铜矛，均长 37 厘米、宽 12.5 厘米。铜矛圆锋宽叶，箘部带大弯钩，与沈那遗址采集铜矛形制一致。③

铜铃见于陶寺和二里头，共四枚；但青海大通黄家寨遗址齐家文化晚期地层中出土一大四小共五枚铜铃。④ 二里头玉舌铜铃和铜牌、玉刀等同出，很可能是巫或萨满的法器。⑤ 新疆洋海墓地亦出土萨满法器铜铃，这正是北方游牧民族的文化传统，留传到了当代。

值得特别指出的是二里头文化标志性的绿松石铜牌亦见于齐家文化。⑥ 刘学堂、李文瑛提出天水发现的牌饰属于齐家文化，源于新疆天山北路文化；二里头遗址出土铜铃、铜镜等均是西北青铜文化影响的结果。⑦ 新疆哈密地区发现了四件更加原始或简朴的镂空铜牌饰，其中天山北路墓地 3 件，一件属于第一期，一件属于第四期。⑧ 天山北路墓地第一期遗存内涵复杂：第一组遗存和河西走廊地区的"过渡类型"内涵相似，年代和齐家文化大致同时；第二组是风格特殊的贯耳彩陶罐，和古墓沟及小河墓地发现的草编篓类似；第三组则是典型的四坝文化陶器。⑨ 天山北路墓地一期遗存牌饰的年代大致在公元前 2000 年到 1500 年之间。另一件见于腐殖酸厂墓地，其最早的彩陶双耳罐年代与天山北路墓地第一、二段遗存相当。⑩ 哈密地区所见的牌饰可能是祖型，其余牌饰可分为两类风格：甲类

---

① 李水城：《西北与中原早期冶铜业的区域特区及交互作用》，《考古学报》2005 年第 3 期。
② Jianjun Mei, Qijia and Seima-Turbino, "The Question of Early Contacts between Northwest China and the Eurasian Steppe", *BMFEA*, No. 75, 2003.
③ 高江涛：《河南淅川下王岗遗址出土铜矛观摩座谈会纪要》，《中国文物报》2009 年 3 月 6 日。
④ 高东陆、许永杰、李依萍：《青海大通县黄家寨墓地发掘报告》，《考古学报》1994 年第 3 期。
⑤ 叶舒宪：《中华文明探源的人类学视角——以二里头与三星堆铜铃铜牌的民族志解读为例》，《文艺研究》2009 年第 7 期。
⑥ 张天恩：《天水出土的兽面铜牌饰及有关问题》，《中原文物》2002 年第 1 期。
⑦ 刘学堂、李文瑛：《中国早期青铜文化的起源及其相关问题新探》，载《藏学学刊》第 3 辑，四川大学出版社 2007 年版，第 1—63 页。
⑧ 吕恩国、常喜恩、王炳华：《新疆青铜时代考古文化浅论》，载《苏秉琦与当代中国考古学》，科学出版社 2001 年版，第 172—193 页；潜伟等：《新疆哈密天山北路墓地出土青铜器的初步研究》，《文物》2001 年第 6 期。
⑨ 李水城：《天山北路墓地一期遗存分析》，载《俞伟超先生纪念文集·学术卷》，文物出版社 2009 年版，第 193—203 页。
⑩ 张承安、常喜恩：《哈密腐殖酸厂墓地调查》，《新疆文物》1998 年第 1 期。

以四川盆地发现的牌饰为代表，几何化图案表明与哈密地区的牌饰联系更为紧密；乙类以二里头遗址以及甘肃天水发现的牌饰为代表，几何化纹饰逐渐演变为兽纹。① 宗日齐家文化遗址中镶嵌绿松石腕饰精细，而陶寺文化中绿松石镶嵌粗糙，由此可见二里头三、四期文化中精美镶嵌绿松石牌饰工艺上可能和齐家文化有关。②

二里头文化铜器主要集中在二里头遗址。夏县东下冯、驻马店杨庄、登封王城岗、洛阳东干沟、荥阳西史村等地只有零星发现。二里头遗址的冶铜业有明显的早晚差异，一、二期仅见简单的工具和兵器，到第三期才出现了器形比较复杂的青铜容器或礼器。相当于商周青铜器或中原青铜器，林沄提出过"北方系青铜器"概念；③ 空间上可延伸到欧亚大草原，时间上可以扩展到夏代。④ 先有"北方系青铜器"，后有中原系青铜器。所谓"北方系青铜器"可以包括齐家文化青铜器，与欧亚草原青铜器传统一脉相承，实际上就是外来青铜传统。⑤ 所谓中原青铜器或商周青铜器主要是青铜容器或礼器。从二里头三、四期开始的中原青铜礼器铸造传统固然很有特色，但从冶金技术而言没有任何创新，只是铸造工艺略有改进而已。两者不是并立的，中原系青铜器传统是"北方系青铜器"技术的继承和发展。齐家有铜矛，二里头有铜鼎，青铜文化似乎迥然不同。其实，青铜容器或礼器仅见二里头遗址三、四期。二里头遗址一、二期和其他二里头文化遗址或文化层与齐家文化非常类似，只出土了少量青铜工具、兵器和装饰品。王朝建立或战胜之后偃旗息鼓、马放南山、铸剑为犁是常有的事。秦始皇统一六国之后，销天下兵器铸十二金人。楚幽王时期大败秦军之后，用缴获的兵器铸造了"熊悍"青铜鼎。从铜矛到铜鼎是驯化青铜，从而迈向重器时代。⑥ 北方系青铜器是欧亚草原青铜大传统的组成部分；中原青铜器形成了独特的地方小传统，是北方系青铜器的子传统。相同的冶炼技术，不同的铸造工艺，同源异流的齐家与二里头青铜文化大同而小异。齐家文化与二里头文化青铜器数量和质量相当，表明齐家文化已进入了青铜时代，而且是已知东亚最早的青铜文化。龙山文化晚期或末

---

① 陈小三：《试论镶嵌绿松石牌饰的来源》，《考古与文物》2013年第5期。
② 杨美莉：《中国二里头文化的象嵌トルコ石铜牌》，《MIHO MUSEUM 研究纪要》2002年第3号。
③ 林沄：《商文化青铜器与北方地区青铜器关系之再研究》，载苏秉琦主编《考古学文化论集》（一），文物出版社1987年版，第129—155页。
④ 林沄：《早期北方系青铜器的几个年代问题》，载《内蒙古文物考古文集》，大百科全书出版社1994年版，第291—295页。
⑤ 梅建军为试图区分"北方系青铜器"和"欧亚草原冶金传统"而疑惑，详见《北方系青铜器——一个术语的"诞生"和"成长"》，《法国汉学》第11辑，2006年，第132—147页。
⑥ 黄铭崇：《迈向重器时代——铸铜技术的输入与中国青铜技术的形成》，载《"中央研究院"历史语言研究所集刊》第85本第4分，江苏古籍出版社2004年版，第575—678页。

期遗址中偶有青铜踪迹,但其绝对年代未能早过齐家文化。中国境内比二里头文化更早的青铜时代文化只有齐家文化,相当的有朱开沟文化,亦明显受到了齐家文化的影响。因此二里头文化青铜技术来自齐家文化。

齐家文化晚于仰韶文化或马家窑文化,早于四坝、卡约、辛店文化,绝对年代约为4100—3700BP。从考古学角度看,齐家文化是新石器时代到青铜时代的过渡文化,有人称之为铜石并用文化。其实铜石并用时代(Chalcolithic Age)又称红铜时代(Copper Age),是指介于新石器时代和青铜时代之间的过渡时期,以红铜的使用为标志。西亚在公元前6千年后期进入红铜时代,历经2000余年才进入青铜时代。红铜、砷铜或青铜在公元前4000年左右几乎同时出现在齐家文化中,数以百计的铜器不仅证明齐家文化进入了青铜时代,而且表明中国没有红铜时代或铜石并用时代。中国或东亚没有经历红铜文化时代,而是直接进入青铜时代。

三 五谷丰登

种植业是古代社会的经济基础,多种作物亦是社会持续稳定发展的关键。红山文化、良渚文化曾经盛极一时;由于种植作物单一,不约而同先后崩溃。进入青铜时代或者说从夏代开始,中国走上了持续发展的道路。其中最根本原因之一是农作物品种的多样化:水稻和粟、黍结合,旱涝保收;豆科作物不仅恢复土壤肥力,而且可以提供脂肪和蛋白质;麦类作物的引进更是锦上添花。齐家文化与二里头文化均进入了五谷丰登的时代,不仅种植传统农作物粟、黍,亦分别引进了水稻和小麦,大豆亦逐渐成为主要农作物之一。

甘肃临潭齐家文化陈旗磨沟遗址由于其独特的埋葬制度及丰富的器物类型而被评为2008年中国十大考古发现。从墓葬M187和M194中获得了两个成人个体的3颗牙齿,牙结石淀粉粒研究结果表明当时人类植物性食物具有多样化特征:小麦属小麦(Triticum aestivum)、大麦属大麦(Hordeum vulgare)和青稞(Hordeum vulgare var. nudum)等中的一种或者多种、狗尾草属粟(Setaria italica)、荞麦属荞麦(Fagopyrum esculentum)、豆类及坚果类等植物的淀粉粒,其中麦类植物、荞麦和粟的淀粉粒数量占到了淀粉粒总量的70%,坚果类、豆类植物也是当时人类的主要食物来源。[1] 其实早在齐家文化之前马家窑文化时代天水地区已五谷齐全。通过花粉、农作物种子和植硅石等农业活动生物指标记录研究,结合高

---

[1] 李明启:《甘肃临潭陈旗磨沟遗址人牙结石中淀粉粒反映的古人类植物性食物》,《中国科学:地球科学》2010年第4期。

精度 AMS14C 测年,重建了甘肃西山坪遗址马家窑文化层农作物类型和农业栽培状况。西山坪遗址距今 4650—4300 年期间种植有粟、黍、水稻、小麦、燕麦、青稞、大豆和荞麦等 8 种粮食作物,囊括了东亚、西亚 2 个农业起源中心的主要作物类型。不仅证实小麦和燕麦早在 4300 年前已传播到中国西北地区,也揭示了中国最早的农业多样化出现在新石器时代的甘肃天水地区。[1] 西山坪遗址与师赵村遗址一样大体可以分为七期,第六期是马家窑文化层,第七期是典型的齐家文化层。

二里头遗址及附近的皂角树遗址亦五谷齐全。[2] 有意思的是二里头遗址还采集到一件二期陶尊,腹部刻画一穗水稻;三期出土一陶尊,刻画有麦穗图案。[3] 似乎表明两类陶尊分别装盛谷酒和麦酒。

二里头文化和齐家文化均种植水稻、粟、黍和豆科植物,难分先后;但种植小麦应该是齐家早于二里头。六倍体小麦(Triticum aestivum)即普通小麦已成为全球不可或缺的粮食作物,在欧亚大陆早期文明或国家产生过程中起了重要作用,是史前全球化的标志性作物。中外学者已基本达成共识:小麦起源于西亚,后传入欧洲和东亚,并取代小米成为旱作农业的主体作物。甘肃张掖黑水国南城北遗址出土马厂文化碳化小麦可佐证东灰山小麦年代和遗址堆积成因判读可信,河西走廊是小麦传入中国的关键地区。[4] 小麦在中国传播和普及经历了一个漫长的过程,大体上先是由西向东、后由北朝南展开。公元前第三个千年西亚驯化的大麦和小麦到达了中国,而中国驯化的黍和荞麦西传到了欧洲。[5] 此时也是一个激动人心的时代,一个更早的类似于"哥伦布交换"的主食全球化过程在旧大陆展开。[6]

四 六畜齐全

猪、狗是中国新石器时代两大家畜,齐家文化与二里头文化均喂猪养狗,不

---

[1] 李小强等:《甘肃西山坪遗址生物指标记录的中国最早的农业多样化》,《中国科学:地球科学》2007 年第 7 期。

[2] 叶万松等:《皂角树遗址环境与古文化初步研究》,载《环境考古研究》第二辑,科学出版社 2000 年版,第 34—40 页。

[3] 中国社会科学院考古研究所:《中国考古学·夏商卷》,中国社会科学出版社 2003 年版,第 107 页。

[4] 李水城:《小麦东传的新证据》,载《鄂尔多斯青铜器与早期东西文化交流国际学术研讨会论文集》(2010),出版中。

[5] 刘歆益:《中国植物考古学和稳定同位素分析视野》,载《鄂尔多斯青铜器与早期东西文化交流国际学术研讨会论文集》(2010),出版中。

[6] 马丁·琼斯:《主食为何要迁移》,载《鄂尔多斯青铜器与早期东西文化交流国际学术研讨会论文集》(2010),出版中。

证自明。牛、羊、马是三大外来家畜，其出现次第有待仔细辨明。齐家文化与二里头文化六畜齐全，但齐家文化遗址出土的绵羊骨、黄牛骨、马骨比二里头文化要早且多，可证羊、牛、马均自西北传入中原。

有学者对扎格罗斯山脉南端的甘兹·达列赫和阿里·库什出土的山羊骨骼进行了重新研究，进一步确证西亚大约在 1 万年前已经放养山羊了。① 东亚养羊与西亚相比大约晚了 5000 年。羊在东亚新石器时代混合农业经济中所占比重不大，几乎可以忽略不计，青铜时代遗址中出土的山羊和绵羊骨骼才是确凿无疑的家羊。② 进入青铜时代后，从新疆到中原羊的数量明显增多，在齐家文化和二里头遗址中均有完整的羊骨骼出土。

山羊和绵羊是不同的物种，在驯化的初期就表现出明显的多样性。根据 mtNDA 山羊可分为四系，A 系很可能源于西亚，B 系源于巴基斯坦，A、B 两系占主流，C、D 两系罕见。③ mtDNA D-loop 研究表明中国山羊亦可分为四系，A 系占主流，B 系次之，C、D 两系仅见于西藏。④ mtDNA 研究发现西亚绵羊可分为三个亚种，这三个亚种的绵羊在中国均有分布。⑤ 青铜时代中国境内的绵羊 A 系占绝对优势，亦有少量 B 系。⑥ 西宁大通县长宁乡长宁村齐家文化遗址与二里头遗址绵羊均属于 A 系。⑦

羊在青铜时代人们经济生活和精神生活中的地位明显增高。西北羌人以养羊为业，齐家文化重要遗址均有羊骨出土，且愈晚愈多。齐家文化养羊是普遍的，受齐家文化影响的朱开沟文化养羊亦蔚然成风。朱开沟遗址中出土了大量绵羊骨骼遗存，占全部兽骨的 40.6%。⑧

夏商之际中原养羊并未普及。二里头遗址七个地层中均出土了羊骨遗存，一至四期文化层占有较高的比例，但并不能就此认为二里头遗址居民养羊业发达。

---

① Zeder M. A. et al. , "The Initial Domestication of Goats (Capra hircus) in the Zagros Mountains 10,000 Years Ago", *Science*, Vol. 287, 2000, pp. 2254 – 2257.

② 袁靖：《中国新石器时代家畜起源的问题》，《文物》2001 年第 3 期。

③ Luikart J. et al. , "Multiple Maternal Origins and Weak Phylogeographic Structure in Domestic Goats", *PNAS*, 98, 2001, pp. 5927 – 5932.

④ Liu R. Y. et al. , "Genetic Diversity and Origin of Chinese Domestic Goats Revealed by Complete mtDNA D-loop Sequence Variation", *Asian-Australasian Journal of Animal Sciences*, 20 (2), 2007, pp. 178 – 183.

⑤ Shan-yuan Chen et al. , "Origin, Genetic Diversity, and Population Structure of Chinese Domestic Sheep", *GENE*, 376, 2006, pp. 216 – 223.

⑥ 蔡大伟：《古 DNA 与家养动物的起源研究》，博士学位论文，吉林大学，2007 年，第 15—17 页。

⑦ 蔡大伟等：《中国绵羊起源的分子考古学研究》，载《边疆考古研究》第 9 辑，科学出版社 2010 年版，第 290—300 页。

⑧ 黄蕴平：《内蒙古朱开沟遗址兽骨的鉴定与研究》，《考古学报》1996 年第 4 期。

二里岗下层时期，二里头遗址沦为一般性聚落后，羊骨遗存所占的比例明显下降。① 二里头遗址附近同时代的洛阳皂角树遗址中没有出土任何羊骨遗存。

牙釉质锶同位素比值测定结果表明，二里头遗址羊只有部分是本地生长，还有部分来自他处。第二期出土的5只羊中有2只锶同位素比值高于遗址当地比值范围，其他3只则低于比值范围，5只羊都不是本地所产，至少来自两个不同地区。第三期出土的3只羊中有2只锶同位素比值在当地比值范围内，说明第三期开始有可能本地养羊。第四期出土的6只羊只有1只低于当地的锶同位素比值范围，说明绝大多数羊是本地饲养。②

水牛可能起源于南亚，而黄牛很可能来自西亚。从河姆渡到兴隆沟，东亚新石器时代遗址中出土的牛骨多为水牛骨骼，不止一种，均为野生。③ 到了青铜时代，黄牛才在东亚大量出现，黄牛与山羊一样经历了大致相同的驯化和传播过程。mtDNA研究表明东亚黄牛与欧洲、非洲黄牛非常接近，但与印度黄牛差别较大。④ 中国黄牛包括上述两个亚种，南部以印度黄牛为主，包括T1和T2，西北部类似于蒙古黄牛，包括T2、T3、T4。⑤

中国家养黄牛可以追溯到新石器时代末期或青铜时代早期。甘肃永靖大何庄、秦魏家墓地、河南淮阳平粮台、新密古城寨、禹州瓦店、柘城山台寺肯定有黄牛；陕西临潼姜寨和甘肃武山傅家门出土牛骨，可能有黄牛。⑥

二里头遗址中出土了比较丰富的牛骨遗存，经鉴定均属于黄牛。一期牛骨较少，仅出土1件腕骨。二期出土牛骨数量陡增，而到了四期黄牛骨占全部可鉴定哺乳动物总数的25.43%，仅次于猪骨的遗存。皂角树遗址黄牛骨骼遗存亦占25.5%，由此可见二里头文化时期的中原地区黄牛已经非常普及，黄牛饲养业发达。⑦

---

① 杨杰：《河南偃师二里头遗址的动物考古学研究》，硕士学位论文，中国社会科学院研究生院，2006年，第34—38页。

② 赵春燕等：《二里头遗址出土动物来源初探——根据牙釉质的锶同位素比值分析》，《考古》2011年第7期。

③ 刘莉等：《中国家养水牛起源初探》，《考古学报》2006年第2期。

④ Kyu-Il Kim et al., "Phylogenetic Relationships of Northeast Asian Cattle to Other Cattle Populations Determined Using Mitochondrial DNA D-loop Sequence Polymorphism", *Biochemical Genetics*, Vol. 41, No. 3/4, 2003, pp. 91–98.

⑤ Yu Y. et al., "Mitochondrial DNA Variation in Cattle of South China: Origin and Introgression", *Animal Genetics*, 30, 245–250, 1999.

Song-Jia Lai et al., "Genetic Diversity and Origin of Chinese Cattle Revealed by mtDNA D-loop Sequence Variation", *Molecular Phylogenetics and Evolution*, 38, 146–154, 2006.

⑥ 吕鹏：《试论中国家养黄牛的起源》，《2007年中国郑州动物考古国际学术研讨会论文集》，河南省文物局2011年版，第152—176页。

⑦ 杨杰：《河南偃师二里头遗址的动物考古学研究》，第38—40页。

二里头文化第二期出土的2头黄牛中有1头黄牛锶同位素比值高于当地比值，第三期出土的2头黄牛锶同位素比值均在当地比值范围内，第四期3头黄牛牙釉质样品中又有1头比值高于当地比值，说明二里遗址出土的黄牛大多数是本地饲养的，少部分来自他处。①

家马（Equus caballus）的野生祖先主要分布于欧亚草原的西端。乌克兰和哈萨克草原新石器和青铜时代文化遗址中大量马骨的出土显示了从野马到家马的驯化过程。哈萨克草原北部波台出土动物骨骼30余万块，这些马主要是用于食用、祭祀（随葬）和骑乘，至少部分是家马。② 在东亚数百处经科学发掘的遗址中从未发现马的骨架，只有零星的马齿或马骨出土，不能确定为家马。确凿无疑的家马和马车见于商代。此后3000余年的历史证明中原并不适合于养马。有多处齐家文化遗址如甘肃永靖秦魏家和武威皇娘娘台、青海大通县陶家寨考古报告中提到马骨，但因数量不多没有进行动物考古学研究和基因测验。二里头文化遗址只有豫南地区驻马店杨庄二里头文化层出土过马肢骨。③ 新疆出土了青铜时代马骨，火烧沟遗址发现有用于祭祀的马骨，表明河西走廊是马传入中原的通道。齐家、二里头文化时代养马的可能性不能排除，还有待进一步证实。

五　贫富分化与男尊女卑

新石器时代晚期社会已出现明显贫富分化，但明显的男尊女卑始见于青铜时代的齐家文化。历史记载表明夏商周三代进入了父系社会或男权社会。考古学研究表明新石器时代男女大体平等，齐家文化男女合葬墓生动地展示了男尊女卑的状况，表明齐家文化已进入了男权社会。④ 土坑墓是东亚文化旧传统，洞室墓、火葬墓是齐家文化新风尚。齐家文化时代东亚墓葬制度开始发生革命性的变化，结束了东亚墓葬相对单纯的时代。柳湾齐家文化墓葬中洞室墓占墓葬总数的13%，与半山类型洞室墓一脉相承，基本都是凸字形洞室墓，洞口以木棍或木板封堵，常见木棺，人骨绝大多数为仰身直肢葬。柳湾972号墓是大墓，有墓道和墓室，通长4.2米，随葬品较多，其中陶器26件，绿松石6颗，串珠1串。磨沟齐家文

---

① 赵春燕等：《二里头遗址出土动物来源初探——根据牙釉质的锶同位素比值分析》，《考古学报》2011年第7期。
② D. Brown et al., "Bit Wear, Horseback Riding, and the Botai Site in Kazakstan", *Journal of Archaeological Science*, Vol. 25, 1998 pp. 331–47.
③ 北京大学考古系等：《驻马店杨庄》，科学出版社1998年版，第194页。
④ 孙岩等：《中国西北地区新石器时代的男女葬俗及所反映的社会观念——以马家窑文化和齐家文化为例》，载《性别研究和中国考古学》，科学出版社2006年版，第15—32页。

化墓地的墓葬形制可分竖穴土坑和洞室墓两大类，其中洞室墓243座，约占墓葬总数的70%；竖穴土坑墓103座，仅占30%左右。洞室墓又以单室居多，双室的数量相对较少，还有少量为多室墓。① 齐家文化墓葬形式多样，贫富分化明显。例如，皇娘娘台墓葬的随葬器物，陶器少者一两件，多者达37件，玉石璧少的没有，多者达83件。②

齐家文化男女合葬墓表明男尊女卑的父系社会正在形成：女性开始卑躬屈膝，男性拥有娶妾的权利。甘肃武威皇娘娘台墓地共发掘88座墓，其中1男2女合葬墓3座，男性仰卧居中，女性侧身俯贴于男性，下肢后屈，面皆向男性；成年男女合葬墓10座，男性仰卧直肢居左，女性侧身屈肢居右，面向男性。③ 永靖秦魏家发掘138座墓，其中成人男女合墓葬16座，男性仰卧直肢居右，女性侧身屈肢居左，面向男性。④ 经科学发掘显示均为一次葬，不仅体现了男尊女卑，而且表明妻妾陪葬已成风气。青海喇家遗址发现一座齐家文化高规格墓葬：长方形土坑葬，有木棺，随葬玉环、玉璧等礼器，墓口呈回字形。经初步鉴定，墓主人可能为男性，是军事或宗教首领。墓葬附近100平方米的土台上有大量人类活动的硬面和祭祀痕迹，可能是祭台。临潭陈旗磨沟遗址还发现了一座齐家文化坟墓，高约半米，底部直径约2.5米，黄土堆成。这可能是东亚最早的坟墓，也就是中亚常见的Kurgan。

历史记载表明中国父死子继、兄终弟及的世袭社会是从夏代开始的，夏王朝是男权社会。夏王过着一夫多妻或一夫一妻多妾生活。二里头文化墓葬相对而言要单纯一些，大型墓葬只发现了一座，尸骨无存，有些可疑。几十座中型墓与数百座小型墓表明二里头时期贫富分化已明显。实际上我们还没有发现夏王的墓葬，也没有发现男女合葬墓，二里头墓葬难以清楚显示出男尊女卑。单从墓葬来看，齐家文化更像夏代文化。

六 卜骨

占卜是一种决策方式。中国的占卜方式亦因地因时而异，⑤ 但齐家文化和二里头文化主人均使用相同的骨卜来决策，表明他们有类似的宗教信仰和政治文化。

---

① 甘肃省文物考古研究所等：《甘肃临潭县磨沟齐家文化墓地》，《考古》2009年第7期。
② 甘肃省博物馆：《武威皇娘娘台遗址第四次发掘》，《考古学报》1978年第4期。
③ 同上。
④ 中国科学院考古研究所甘肃工作队：《甘肃永靖秦魏家齐家文化墓地》，《考古学报》1975年第1期。
⑤ Rowan K. Flad, "Divination and Power——A Multiregional View of the Development of Oracle Bone Divination in Early China", *Current Anthropology*, 49 (3): 2008, pp. 403 – 437.

齐家文化重要遗址均有卜骨发现，骨卜亦是二里头文化的重要内容；骨卜体现了精神文化或意识形态，是齐家文化与二里头文化同质性的重要表征。考古证据表明最早鹿肩胛骨占卜见于内蒙古富河沟门遗址，最早的牛骨占卜见于甘肃傅家门遗址马家窑文化层。① 牛、羊、猪骨卜常见于齐家文化遗址，骨卜文化源于西北方，龙山文化晚期普及到了黄河中、下游。

李济早就指出："我现在想举出若干不可争辩地在中国本土以内发明及发展的，……第一件，我想举出的是骨卜。骨卜的习惯，在与殷商同时或比殷商更早的文化，如美索不达米亚、埃及，以及较晚的希腊、罗马，都是绝对没有的。"② 盛行于殷商时代的骨卜习俗在齐家文化时代就开始流行，二里头文化时代是过渡阶段；可以追溯到更早的马家窑文化或赵宝沟文化，在西南和北方某些民族中一直留传到当代。

几乎所有重要齐家文化遗址或齐家文化层均有卜骨出土。武威皇娘娘台遗址前3次共发现39件卜骨，其中30件羊骨，9件猪骨，有明显的灼痕，有些具有轻微的刮削或修治痕迹。这个遗址第4次发掘中又出土了13件卜骨，其中9件羊骨，4件猪骨；都未加整治，有灼无钻凿痕迹。③ 永靖大何庄遗址出土14件卜骨，均为羊骨，也无钻凿的痕迹，但有灼痕；T45∶2长20厘米，灼痕多达24处。在"石圆圈"遗迹旁边还发现3块备用的卜骨。④

二里头遗址出土了大量类似的卜骨，不仅有羊、牛和猪骨，而且有鹿骨。在陕县七里铺、渑池郑窑、渑池鹿寺、巩县稍柴、淅川下王岗、偃师灰嘴、荥阳西史村等遗址均发现二里头文化的卜骨。到了二里头文化四期发现了灼、钻兼施的肩胛骨。这种有灼、有钻、无凿的卜骨在山西夏县东下冯遗址三期到六期的地层中亦有发现，灼、钻兼施的卜骨均为牛的肩胛骨。豫东杞县段岗遗址相当于二里头文化的地层中也发现有灼、钻兼施的卜骨，为羊的肩胛骨。另外，内蒙古朱开沟遗址相当于二里头文化时期的地层中也出土了较多灼、钻兼施的卜骨，这种类型的卜骨为猪、牛、鹿的肩胛骨。⑤ 二里头文化晚期骨卜方式略有改进，或者说稍微复杂了些。相比之下，齐家文化骨卜更原始。

---

① 赵信：《甘肃武山傅家门史前文化遗址发掘简报》，《考古学报》1995年第4期。
② 李济：《中国上古史之重建的作用及其问题》，《李济考古学论文选集》，文物出版社1990年版，第564—597页。
③ 甘肃省博物馆：《武威皇娘娘台遗址第四次发掘》，《考古学报》1978年第4期。
④ 中国科学院考古研究所甘肃工作队：《甘肃永靖大何庄遗址发掘报告》，《考古学报》1974年第2期。
⑤ 崔波：《甲骨占卜源流探索》，博士学位论文，郑州大学，2003年，第71—78页。

七　礼器与乐器

　　双耳罐、盉和玉刀、石磬是齐家文化与二里头文化共同的礼、乐器，表明有大体相同的礼乐制度。齐家、二里头文化在吸收西方金文化的同时，没有放弃东方玉文化传统。齐家文化出土玉器众多，璧多琮少玉刀大。璧多琮少可能是天尊地卑或男尊女卑的反映。考古研究表明夏商周时期玉琮趋于衰落，重璧轻琮是一种普遍现象。良渚时代土地崇拜隆重，琮是最重要的礼器。截至2005年，二里头文化15个遗址中共发现118件玉器，其中二里头遗址发现93件，其余14个遗址总共才发现了25件。① 二里头文化中琮几乎完全消失，出现了崇拜男性祖先的"柄形器"。玉柄形器是由石祖或陶祖演化而来，是男根崇拜的体现。

　　齐家文化的多孔玉刀已经发现几件，与二里头文化多孔玉刀类似。2002年喇家遗址出土的一件三孔大玉刀，② 复原长达66厘米，是目前已知最大的玉刀，可能是礼器中的"王者之器"。甘肃省古浪县峡口出土四孔玉刀亦长达65.5厘米，现藏于甘肃省博物馆。③ 二里头遗址出土的最大玉器也是多孔玉刀。1972年二里头遗址第四期出土的玉刀长达65厘米，有扉齿和规整的几何花纹。二里头玉刀更加精致，但晚于齐家文化玉刀。1976年临夏州文物普查小组在齐家文化分布区新庄坪征收到一件二里头文化标志性玉璋，长边18厘米、短边16厘米、刃宽6.1厘米，首部有大小两个单面钻圆孔，现藏于临夏州博物馆。④ 此外，齐家和二里头文化都流行绿松石装饰品也不会是偶然的巧合。

　　中国考古学家主要根据陶器来定义和分类考古学文化，齐家文化与二里头文化似乎绝然不同。仔细考察后，在齐家文化遗址中亦可发现二里头类似的陶器。例如齐家文化代表性遗址秦魏家就出土了鬲和甗，鬲还可分为三式；⑤ 皇娘娘台遗址采集到了瓢。⑥ 二里头文化标志性的陶盉亦见于齐家文化分布区。甘肃广河盉与二里头文化二期盉皆管状流，瘦长空袋足，宽带状鋬，鋬与腹之间有短柱相

---

① 郝炎峰：《二里头文化玉器的考古学研究》，《中国早期青铜文化——二里头文化专题研究》，科学出版社2008年版，第275—354页。
② 叶茂林等：《青海民和喇家遗址发现齐家文化祭坛和干栏式建筑》，《考古学报》2004年第6期。
③ 古方主编：《中国出土玉器全集》卷15，科学出版社2005年版，第11页。
④ 王玉妹：《齐家文化玉器的考古学研究》，硕士学位论文，吉林大学，2012年，第14—17页。
⑤ 中国科学院考古研究所甘肃工作队：《甘肃永靖秦魏家齐家文化墓地》，《考古学报》1975年第1期。
⑥ 甘肃省博物馆：《武威皇娘娘台遗址第四次发掘》，《考古学报》1978年第4期。

连。① 有人认为齐家文化中的红陶罐形盉是受二里头文化影响下产生的地方形式。② 此外，河南伊川南寨二里头文化和甘肃庄浪刘堡坪出土的齐家文化陶盉惊人相似。③ 胡博注意到二里头陶盉具有铜器的特征如管流、薄片式手把、连接处有摹仿铆钉痕迹，还有河南淅川下王岗遗址出土的灰陶盉，与安特生在兰州收购的齐家文化盉如出一辙。三者的绝对年代还难以确定，模仿的铜器原型也还没有发现，是齐家文化影响中原地区还是二里头文化影响甘青地区还难以下结论。④ 这种陶器模仿青铜器或青铜器模仿陶器被称为仿制或模拟（skeuomorph）。此类陶盉如此稀罕，因为它们不是日常生活用具而是重要礼器。可以肯定平底或圈足仿铜陶盉是二里头文化与齐家文化的共同礼器或文化特征。

齐家文化双耳罐沿黄河亦进入了中原，客省庄二期文化、朱开沟文化以及凉城大庙坡龙山文化晚期遗址均有典型双耳罐出土。陶寺遗址中期贵族墓彩绘陶盆与双耳罐组合同出表明双耳罐是重要礼器。何努认为彩绘陶盆中龙含的仙草正是麻黄，而双耳罐可能是一种衅鬯的熏吸用器，与二里头文化陶盉铜爵有类似功能。双耳罐来自西北地区齐家文化，麻黄草亦盛产于西北地区，可能意味着黄河上游麻黄与黄河中游酒相结合形成具有致幻作用或通神入化功能的郁鬯，构成了风行于三代的独特文化。⑤ 曲沃晋侯墓地 M113 出土了与陶寺双耳罐形似的青铜双耳罐，显然是模仿齐家文化双耳陶罐；有人推断可能是陶寺遗物。

齐家文化区发现了"黄河磬王"，二里头遗址亦有石磬出土，磬亦是齐家文化和二里头文化共同的礼乐器。

八　讨论与结语

东亚没有红铜时代或铜石并用时代，齐家文化和二里头文化均是青铜时代文化。目前发现的齐家文化是"民间文化"，二头里遗址是"宫廷遗址"。齐家文化都城遗址还没有发现，石峁古城位于齐家文化分布区的东北边缘，受到了齐家文化的明显影响，有可能是夏代首都。

如果二里头文化是夏文化，齐家文化就是夏早期或民间文化。已知齐家文化

---

①　崔宗亮：《二里头文化与周边地区考古学文化交流研究》，硕士学位论文，吉林大学，2011 年，第 41—43 页。
②　韩金秋：《夏商西周时期中原文化中的北方文化因素研究》，博士学位论文，吉林大学，2009 年，第 27—28 页。
③　张天恩：《天水出土的兽面铜牌饰及有关问题》，《中原文物》2002 年第 1 期。
④　L. G. Fitzgerald-Huber, "The Qijia Culture: Paths East and West", *BMFEA*, No. 75, 2003.
⑤　何驽：《郁鬯琐考》，《考古学研究》2012 年第 1 期。

与二里头文化大同小异且齐家文化略早于二里头文化：如果二里头文化是夏晚期文化，齐家文化很可能是夏早期文化。自然环境的多样性和文化资源的丰富性使齐家文化成了中国生态文化的早期代表。青铜之路或丝绸之路穿过齐家文化分布区，齐家文化是东西文化交流与混合的见证。齐家文化是东亚文化旧传统与中亚文化新风尚结合的产物，是一种混合文化和过渡文化，展示了丰富的文化多样性。齐家文化是夏代文化，开启了二里头、殷墟文化传统，奠定了中国文化的基调。

从地理上看黄河上游与中游之间并无障碍或天堑，齐家文化与二里头文化主人可以在陕西一带密切交流和互动。二里头文化是在龙山文化基础上吸收齐家文化形成的新文化。龙山文化是公认的新石器时代晚期定居农业文化，与夷有关；二里头文化直接继承了农作物、陶器、玉器传统。齐家文化是早期青铜时代农牧结合文化，与夏有关：其青铜与畜牧文化直接影响了二里头文化的发展。如果二里头文化是夏文化，与二里头文化时空接近文化性质又大同小异的齐家文化也很有可能是夏文化。

二里头遗址紧邻偃师商城遗址，文化内容亦大体相同，二里头遗址亦可能是商代早期都城。如果二里头文化不是夏文化，齐家文化亦最有可能是夏文化。可以从时间、空间和文化内容三方面来证明。齐家文化的碳14数据恰好与夏代纪年相当。永靖大何庄 F7：2 ZK—0015 测定年代 3675±95，校正年代公元前 2114—1777 年；乐都柳湾 M392 ZK—0347 测定年代 3570±140，校正年代公元前 1970—1630 年。①

空间上，我们可以根据历史记载来追溯。西夏一般指与宋辽金鼎足而立、元昊建立的夏国，自称夏或大夏。大夏一般指晋末称雄一时赫连勃勃建立的夏国，也称西夏。夏一般指商之前启建立的中国第一个王朝夏朝，也称大夏或西夏。夏史、夏文化研究是经久不衰的热点，大夏研究也有专著专文，西夏学已成显学，但三者之关系还很少有人留意。史金波注意到了华夏、西夏、宁夏的关联；② 克恰诺夫将西夏党项族源追溯到了齐家文化。③ 夏、大夏、西夏并非前后相继，但藕断丝连数千年，均与夏崇拜有关。元昊夏国、赫连勃勃夏国与齐家文化分布区地域大体重合，绝非偶然。

夏字形从页，从臼，从夂；页人头，臼两手，夂两足，合起来象人形；本义为人。《说文》："夏，中国之人也。"夷从大从弓，甲骨文作"尸"或"人"，本

---

① 中国社会科学院考古研究所编：《中国考古学中碳十四年代数据集》，文物出版社1991年版，第287页。
② 史金波：《西夏·宁夏·华夏》，《中国民族》2002年第9期。
③ ［俄］克恰诺夫：《唐古特的起源问题》，王颖、张笑峰译，《西夏学》2011年第1期。

义亦是人。《说文》："夷，东方之人。"如果夷入主中原，则夏为西方之人。朱骏声《说文通训定声》："就全地言之，中国在西北一小隅。故陈公子少西字夏，郑公孙夏字西。"禹定天下九州，执玉帛者万国，治水行天下，其活动的范围极其广阔。古史资料中关于夏商的记录可能分属于东西两个体系。西夏可能就是东方居民夷对西部居民夏的称呼。夏殷经常相提并论。《尚书·召诰》云："我不可不鉴于有夏，亦不可不鉴于有殷。"《诗经·大雅》谓："殷鉴不远，在夏后之世。"

夏可能与大夏河有关。汉代以前夏人主要活跃于黄河流域。其实夏河或大夏河是黄河的支河，亦可泛指黄河。《方言》第一："自关而西，秦晋之间，凡物之壮大者而爱伟之，谓之夏。"夏意为大，夏河即大河，大夏河是同义反复。《史记·秦始皇本纪》云："禹凿龙门，通大夏，决河亭水，放之海。"夏河或大夏河发源于青海同仁，流经甘肃夏河、临夏，于刘家峡入黄河。大禹治好了泛滥的夏河，华夏之"夏"可能来源于夏河。《尚书·禹贡》明言黄河中下游以及淮河流域和长江下游四州为夷人所居：冀州岛夷，青州嵎夷、莱夷，徐州淮夷，扬州鸟夷。如果有夏，最可能生活于黄河上游地区。《尚书·禹贡》："黑水西河惟雍州，……厥贡惟球琳琅玕，浮于积石，至于龙门西河，会于渭汭。织皮、昆仑、析支、渠搜、西戎即叙。"夏与西戎或羌之关系难解难分。大夏河流经甘南和临夏，哺育了羌或党项民族。

大禹治水传说与积石山有关，临夏有积石山，位于齐家文化分布区。《尚书·禹贡》云："导河积石，至于龙门，南至于华阴，东至于底柱。"《水经·河水注》引《晋书地道记》云大夏县"有禹庙，禹所出也"，汉唐大夏县在今甘肃临夏东南。临夏东南"西羌故地"曾置"大夏县"，"大夏城"遗址在广河县城西南10里左右台地上，当地人叫"古城"。

夏兴起于西北，与齐家文化有关。西北彩陶的衰落与青铜的兴起表明青铜时代游牧文化占了上风。齐家文化二联璜、三联璜、四联璜、五联璜出土众多，不禁让人想起"夏后氏之璜"。目前中国最早的较完整羊骨架见于甘肃永靖大何庄齐家文化遗址，其次是二里头。绵羊，又称夏羊。《尔雅·释畜》："夏羊，牡羭，牝羖。"《本草纲目·兽·羊》："生秦晋者为夏羊，头小身大而毛长，土人二岁而剪其毛，以为毡物，谓之绵羊。"

周人尊夏，亦是自尊。周人自认为是夏的后人，其所居的疆土也是从夏人那里继承而来。《诗·周颂·清庙之什》："我求懿德，肆于时夏，允王保之"；"无此疆尔界，陈常于时夏"。《礼记·祭法》："厉山氏之有天下也，其子曰农，能殖百谷。夏之衰也，周弃继之，故祀以为稷。"周自认为是夏的继承者，周代夏崇拜出现了第一个高潮。

赫连勃勃、元昊先后建立夏国，实质上是周人崇夏传统的继续。赫连勃勃以大禹诸夏继承人自居："昔在陶唐，数钟厄运，我皇祖大禹以至圣之姿，当经纶之会，凿龙门而辟伊阙，疏三江而决九河，夷一元之穷灾，拯六合之沉溺，鸿绩侔于天地，神功迈于造化，故二仪降祉，三灵叶赞，揖让受终，光启有夏。……爰始逮今，二千余载……故能控弦之众百有余万，跃马长驱，鼓行秦赵，使中原疲于奔命，诸夏不得高枕，为日久矣。"[1] 追宗认祖，既是崇拜，也是攀附。[2]

黄帝、夏、羌、匈奴、拓跋、党项有一脉相承之处，擅长游牧和游击。夏人善于游牧和射猎仍有蛛丝马迹可寻。夏人善射，夏箭即良箭。司马相如《子虚赋》："左乌号之雕弓，右夏服之劲箭。"郭璞注引服虔曰："夏后氏之良弓，名繁弱，其矢亦良，即繁弱箭服，故曰夏服也。"唐李益《从军有苦乐行》："一矢殪夏服，我弓不再张。"赫连勃勃自比轩辕黄帝，善于游击："吾以云骑风驰，出其不意，救前则击其后，救后则击其前，使彼疲于奔命，我则游食自若，不及十年，岭北、河东尽我有也。待姚兴死后，徐取长安。姚泓凡弱小儿，擒之方略，已在吾计中矣。昔轩辕氏亦迁居无常二十余年，岂独我乎！"[3] 元昊游牧作风明显："每举兵，必率部长与猎，有获，则下马环坐饮，割鲜而食，各问所见，择取其长。""衣皮毛，事畜牧，蕃性所便。英雄之生，当王霸耳，何锦绮为？"[4]

夏有三义：夏王朝、夏民族、夏文化，均与西北中国密切相关。司马迁早就指出："夫做事者必于东南，收其功实者常在西北。"傅斯年《夷夏东西说》论证夏与西方有关，但西到何处没有明言。玉振金声二里头，扑朔迷离夏王朝。夏代之有无仍在激烈争论之中，未有定论。[5] 我们假定商朝之前有一个夏王朝或X朝，其准确年代和具体世系不清楚，其民族和文化亦是正在探索的对象。夏王朝、夏民族、夏文化可循环论证：夏民族很可能兴起于西北，入主中原，建立夏王朝，其先进文化大体来自中亚或西亚；西北是上古中国改革开放的前沿阵地。

西北地区处在黄河农业文化与西北草原文化的接合部，形成了独特多元的齐家文化。如果真有夏朝，夏是新石器时代或传说时代到历史时代的过渡期，也是

---

[1] 《晋书》卷130《赫连勃勃载记》，中华书局1996年版，第3210页。
[2] 王明珂：《论攀附：近代炎黄子孙国族建构的古代基础》，《"中央研究院"历史语言所集刊》第73本，2002年版，第435—455页。
[3] 《晋书》卷130《赫连勃勃载记》，第3203页。
[4] 《宋史》卷485《夏国传》，中华书局2003年版，第13993页。
[5] 许宏：《最早的中国》，科学出版社2009年版，第15页。

游牧文化与农耕文化激烈碰撞与融合时期。从时空内容均可证齐家文化与夏文化相当。此外,齐家文化与羌有关,不仅是周秦文化之源,而且很可能就是夏文化。"西羌古国"与夏王朝可转化,元昊夏国与赫连勃勃大夏国是继承者。《荀子·大略》云"禹学于西王国"。《史记》载"大禹出西羌"。如果真有夏民族,最有可能形成于黄河上游大夏河地区;夏末商初四分五裂,部分演变成了汉族,其他变成了羌、匈奴、党项、鲜卑等民族。

(易华,中国社会科学院)

夏文化起源于西部渭水流域说

吴　锐

长期以来，有两种观点阻碍着对中西交通的认识。一是受儒家夏商周三代"直道而行"观念的影响，认为商文化以夏文化为基础，夏文化必然起源于中原。二是不承认《史记》所记匈奴为夏族后裔，把夏、商、周当作中国文明或者华夏文明，把匈奴当作异质文明。本文将重点论述夏文化未必发祥于中原，而很可能发祥于西部渭水流域；匈奴确为夏族后裔。

一　殷礼因于夏礼是儒家创造的思想史而非历史本身

夏，自古以来理所当然地作为中国文化的第一块基石，与商、周合称"三代"。《论语·卫灵公》载颜渊问"为邦"。孔子说："行夏之时，乘殷之辂，服周之冕。乐则韶舞。放郑声，远佞人；郑声淫，佞人殆。"同篇又记载孔子的话说："吾之于人也，谁毁谁誉？如有所誉者，其有所试矣。斯民也，三代之所以直道而行也。"三代，自古以来解释为夏商周三个朝代无异词。杞为夏余，宋为殷余，孔子说："夏礼，吾能言之，杞不足征也；殷礼，吾能言之，宋不足征也。文献不足故也。足，则吾能征之矣。"[①]"殷因于夏礼，所损益，可知也；周因于殷礼，所损益，可知也。其或继周者，虽百世，可知也。"[②]"因"是因袭、继承的意思。孔子说殷因于夏礼、周因于殷礼，可以说是三代直道而行的另外一种表现方式。因此孔门后学跟着说："三代之礼一也，民共由之。或素或青，夏造殷因。"[③]"造"与"因"相对，"造"是创始。在儒家看来，没有夏的创始，当然就没有殷的继承。

[①]《论语·八佾》，中华书局2006年版，第29页。
[②]《论语·为政》，第22页。
[③] 王文锦：《礼记·译解》，中华书局2018年版，第289页。

以孔子继承人自居并且好辩的孟子,更是言必称"三代":

《孟子·滕文公上》:孟子曰:"诸侯之礼,吾未之学也。虽然,吾尝闻之矣:三年之丧,齐疏之服,飦粥之食,自天子达于庶人,三代共之。"

《孟子·滕文公上》:孟子曰:"设为庠序学校以教之;庠者养也,校者教也,序者射也;夏曰校,殷曰序,周曰庠,学则三代共之,皆所以明人伦也。"

《孟子·离娄上》:孟子曰:"三代之得天下也以仁,其失天下也以不仁。"

虽然孔子已经感叹文献不足征,但孔门后学对三代礼制言之凿凿,并且托名为孔子所说。他们还将夏商周与虞合称"四代",《大戴礼记》有一篇就叫"四代"。仅以《礼记》为例,关于三代或者四代文明的比较就很多,如孔子曰:

大道之行也与三代之英,丘未之逮也,而有志焉(《礼运》)。

鸾车,有虞氏之路也;钩车,夏后氏之路也;大路,殷路也;乘路,周路也。有虞氏之旗,夏后氏之绥,殷之大白,周之大赤。米廪,有虞氏之庠也;序,夏后氏之序也;瞽宗,殷学也;泮宫;周学也。有虞氏祭首,夏后氏祭心,殷祭肝,周祭肺(《明堂》)。

有虞氏官五十,夏后氏官百,殷二百,周三百。有虞氏之绥,夏后氏之绸练,殷之崇牙,周之璧翣,凡四之服器官,鲁兼用之。是故鲁王礼也,天下传之久矣,君臣未尝相弑也,礼乐刑法政俗未尝相变也,天下以为有道之国,是故天下资礼乐焉(《明堂》)。

祭法,有虞氏禘黄帝而郊喾;祖颛顼而宗尧;夏后氏亦禘黄帝而郊鲧,祖颛顼而宗禹;殷人禘喾而郊冥,祖契而宗汤;周人禘喾而郊稷,祖文王而宗武王(《祭法》)。

昔者有虞氏贵德而尚齿,夏后氏贵爵而尚齿,殷人贵富而尚齿,周人贵亲而尚齿。虞夏殷周天下之盛王也,未有遗年者,年之贵乎天下久矣,次乎事亲也(《祭义》)。

子曰,虞夏之道,寡怨于民;殷周之道,不胜其敝。子曰,虞夏之质,殷周之文,至矣。虞夏之文,不胜其质,殷周之质,不胜其文(《表记》)。

以上论述,纸上谈兵,根本无法验证。它是儒家创造的思想史,而非历史本身。其中"虞"代指舜，古籍经常连称"虞舜"。儒家宣传舜出身低下，因为品德出众，被尧选定为接班人，《尚书·尧典》详细记载其事。尧代表唐代，古籍经常连称"唐尧"。东晋人伪造《古文尚书》，将《尧典》的一部分内容割裂为《舜典》。

按照儒家的历史观，虞夏商周四代加上唐尧就是五代，他们都是黄帝的子孙。《大戴礼记·帝系》记载黄帝的两个儿子玄嚣和昌意的世系如图1：

玄嚣——蟜极——帝喾（高辛）{后稷　契　尧（放勋）　帝挚

昌意——颛顼（高阳）{穷蝉—敬康—句芒—蟜牛—瞽叟—舜（重华）　鲧—禹（文命）

图1　玄嚣、昌意世系图

其中后禹是夏国①的缔造者，契是商族的老祖母，后稷是周族的老祖母。如果黄帝是他们的终极始祖，那么三代直道而行论更加获得族系上的支持。不过这种黄帝一元的历史观，古人已经置疑，经过民国时期古史辨运动的清理，已经漏洞百出。本文将从全新的角度论证夏、商不同族，在地域上也有较大的差别，夏文化并非商文化的基石。

二　夏与商族系不同

商族是子姓，夏族是姒姓，族系明显不同。

从图腾崇拜来看，商人为鸟夷，最直接的证据就是《诗经·商颂·长发》"天命玄鸟，降而生商"。传世青铜壶有铭文𦉢，即"玄鸟"。在河南安阳花园庄东地发掘出土的甲骨文，有"𩿅"，即"玄鸟"二字的合文。夏族始祖是禹，"禹"字从'虫'，古史辨派健将童书业先生认为即"勾龙"，说明夏族以龙为图

---

① 夏朝、夏代这样的叫法出自后人，也是受儒教历史观影响的结果。

腾，证明1923年顾先生所谓"禹是一条虫"的假说依然是正确的。①

夏族为姒姓，文献中最早见于《国语·周语下》，大意谓禹治水，立下大功，"皇天嘉之，祚以天下，赐姓曰'姒'、氏曰'有夏'，谓其能以嘉祉殷富生物也。"《史记·夏本纪》："帝舜荐禹于天，为嗣。十七年而帝舜崩。三年丧毕，禹辞辟舜之子商均于阳城。天下诸侯皆去商均而朝禹。禹于是遂即天子位，南面朝天下，国号曰夏后，姓姒氏。""太史公曰：禹为姒姓，其后分封，用国为姓，故有夏后氏、有扈氏、有男氏、斟寻氏、彤城氏、褒氏、费氏、杞氏、缯氏、辛氏、冥氏、斟戈氏。"② 夏代还没有文字，姒姓是自称、他称还是后人追述？无法探究。夏后氏是自然形成的，不可能出于分封。"姒"字的"女"字旁，值得注意。《说文解字》卷二四"女部"："姓，人所生也，从女、生，会意，生亦声。"这实际上已经很清楚地说明姓来自母系而不是父系。人类学家、中国社会科学院历史研究所研究员杨希枚先生（1916—1993年）专门辨析姓来自母系一方而非父系。③ 随着社会的发展，女性的地位衰落，姓也逐渐从父系。

姒姓究竟因何得名？《左传·昭公元年》载晋侯有疾，"郑伯使公孙侨如晋聘，且问疾。叔向问焉，曰：'寡君之疾病，卜人曰，实沈台骀为祟。史莫之知，敢问此何神也？'"子产回答说：

> 昔高辛氏有二子：伯曰阏伯，季曰实沈，居于旷林，不相能也，日寻干戈，以相征讨。后帝不臧，迁阏伯于商丘，主辰。商人是因，故辰为商星。迁实沈于大夏，主参，唐人是因，以服事夏、商。其季世曰唐叔虞。
>
> ……昔金天氏有裔子曰昧，为玄冥师，生允格台骀，台骀能业其官，宣汾、洮，障大泽，以处大原。帝用嘉之，封诸汾川，沈、姒、蓐、黄，实守其祀。今晋主汾而灭之矣。由是观之，则台骀，汾神也……

实沈的迁往地为大夏，大夏在天上对应的是参星。继实沈之后，大夏的主人是唐国，唐国的末代之君是唐叔虞。唐国直到西周还存在，被西周消灭，成为武王之子唐叔的封国。

据《史记》记载唐国在河、汾之东，方百里，这里也是大夏的故地。

为什么说大夏必然与夏族有关？按《左传·襄公二十九年》记吴公子季札出

---

① 吴锐：《"禹是一条虫"再研究》，《文史哲》2007年第4期。
② 《史记》卷2《夏本纪》，中华书局1982年版，第82、89页。
③ 《杨希枚集》，中国社会科学出版社2006年版，第26—28页。

使鲁国，观周乐，各有评论，又见舞《大夏》者，季札曰："美哉！勤而不德，非禹，其谁能修之？"《大夏》之舞颂扬禹德，显然是因为禹是夏族英雄。

拿《左传·昭公七年》对比子产上述的话，同样是晋平公生病，梦黄能入于寝门，韩宣子向出使晋国的子产请教，子产说是实沈台骀为祟。清人刘逢禄认为上述两事是一种传说的分化。一称鲧为祟，一称实沈台骀为祟；鲧沈于渊，而实沈名曰"沈"；鲧为夏郊，而实沈迁于大夏。鲧障洪水，而台骀"障大泽"；鲧为姒姓之先，而姒姓守台骀之祀；是实沈台骀殆亦即鲧之化身也。①

吴锐按："昧"有昏暗之义，与玄、冥二字意思相近。《孟子·滕文公上》引书曰："若药不瞑眩，厥疾不瘳。"意思是说，以药治病，先使人瞑眩愦乱，最后病才会好。昧之子"允格台骀"之名，历来没有很好的解释。《左传·昭公九年》有所谓"允姓之奸"。我认为"允格台骀"之"允"即允姓。"格"可能即"灵格"，也即神巫。《尚书·盘庚》："肆予冲人，非废厥谋，吊由灵各。"曾运乾《尚书正读》引《逸周书·谥法》："极知鬼事曰灵"，又认为"各"读为"格"，即格人，是极知天命吉凶者。《尚书·西伯戡黎》："格人元龟，罔敢知吉。"《召诰》："天迪格保，面稽天若。"《多士》："有夏不适逸，则为帝降格。"《吕刑》："乃命重黎，绝地天通，罔有降格。"曾运乾认为皆"格人"之"格"，亦即"灵格"，是通晓鬼神情状和天命废兴者。② 那么，"允格台骀"可以理解为姒姓的神巫台骀，也即《左传》里的汾水之神。作为黄河第二大支流，汾水发源于吕梁山之管涔山（海拔 2603 米），流经的太原盆地和临汾盆地，自然条件优越。台骀宣汾、洮，障大泽，以处大原，"汾"当然是汾水。我们不要忘记，夏族英雄祖先是禹，禹最擅长的就是治水。大原即"原之大者"，汾水穿行于吕梁山和太行山之间，形成太原盆地，当然称得上"大泽"。台骀疏导的洮水，古代经学家已经无法注疏。其实它在《续汉书·郡国志》还出现了。该书在河东郡闻喜之下记载："邑，本曲沃。有董池陂，古董泽。有稷山亭。有涑水。有洮水。"

《水经》记载有涑水："涑水出河东闻喜县东山黍葭谷。涑水所出，俗谓之华谷。至周阳与洮水合。水源东出清野山，世人以为清襄山也。其水东径大岭下，西流出，谓之哈口。又西合涑水。"杨守敬按："《一统志》，水出绛县横岭山烟庄谷，山在闻喜县东南九十里，山脊横亘，跨绛及垣曲二县界，在闻喜者名小横岭，在绛县南者名大横岭，在垣曲西北者名清廉山。《水经注》洮水源

---

① 《古史辨》修订本第 7 册，转引自杨宽《中国上古史导论》，海南出版社 2005 年版，第 196 页。
② 曾运乾：《尚书正读》，华东师范大学出版社 2011 年版，第 116—117 页。

出清野山，世以为清襄山，又清水出清廉山之西岭，世亦谓清营山，清廉、清营、清野、清襄，虽四名，实一山也。"① 涑水发源于今山西省绛县南部、阳曲县西北的山区，西南流到吕庄水库，有沙渠水注入。这条沙渠水也见于《水经注》："涑水又西，与沙渠水合，水出东南近川，西北流注于涑水。"熊会贞按："《唐志》，闻喜县东南三十五里，有沙渠。仪凤二年，诏引中条山水于南陂下，西流经十六里，溉涑阴田。《一统志》，在闻喜县东南五十里白石村，俗名吕庄河。"② 这就是吕庄水库名称的来历。台骀为汾水之神，他疏导的洮水必然在汾水一带。洮水所在有两种可能，一种可能如郦道元推测的那样，涑水殆亦洮水之兼称。另外一种可能是洮水在沙渠水之北，已经断流消失。

现今的洮水位于甘肃省南部，向北流入黄河，也是甘肃省境内黄河最大的支流。洮水地名是否由夏族从汾水流域带来，是一个值得深思的问题。今甘肃省临夏回族自治州有大夏河，又名大河、三岔河、大夏川，流经夏河县、临夏县、临夏市，流入黄河刘家峡水库。大夏河全长 203 千米，流域面积 7154 平方千米。大夏河又叫大河，并不是说这条河的水量很大，而是"河"即"夏"的同音字。"夏"字，古音户。秦始皇二十八年（前 219 年），秦始皇东巡至琅琊，刻石纪功，夸耀秦朝之广大，说是"西涉流沙，南尽北户，东有东海，北过大夏"。《史记索隐》云："协韵，（夏）音户。下'无不臣者'音渚，'泽及牛马'音姥。"《史记正义》："杜预云：'大夏，太原晋阳县。'按：在今并州，'迁实沈于大夏，主参'，即此也。"司马贞看出《琅邪刻石》是"二句为韵"，那时候音韵学还不发达，"协韵"就成了他们解说古典的方便法门，直到南宋朱熹注释群经，依然停留在"协韵"说阶段。其实"夏"的古音就是"户"，段玉裁注为胡雅切，古音在第五部。③ 临夏自治州积石山保安族东乡族撒拉族自治县，县城叫吹麻滩镇。该镇的西北有一个靠近青海省的镇，叫大河家镇，在黄河南边。青海前辈学者李文实先生认为"大河家"即"大夏"古音的遗韵。④ 其说极是。大夏河、大河家之类的地名，是因夏族曾经在这一带活动而得名。夏族与西部的关系是非常深厚的，只是有待于深入研究。

夏族的姒姓，古人认为来自植物。《史记·五帝本纪》："帝禹为夏后而别氏，姓姒氏。"《索隐》引《礼纬》曰："禹母修己吞薏苡而生禹，因姓姒氏。"⑤《史

---

① 杨守敬、熊会贞疏，段熙仲点校：《水经注疏》上册，江苏古籍出版社 1989 年版，第 574 页。
② 同上书，第 578 页。
③ 段玉裁：《说文解字注》，上海古籍出版社 1988 年版，第 233 页。
④ 李文实：《西陲古地与羌藏文化》，青海人民出版社 2001 年版，第 28 页。
⑤ 《史记》卷 1《五帝本纪》，中华书局 1982 年版，第 45 页。

记·夏本纪》:"禹于是遂即天子位,南面朝天下,国号曰夏后,姓姒氏。"①《白虎通·姓名篇》引《刑德放》:"禹姓姒氏,祖昌意以薏苡生。"《礼纬》《刑德放》之类的纬书产生于西汉末年,此竟成为一种最流行的说法。王充《论衡·奇怪篇》也说:"禹母吞薏苡而生禹。"薏苡的果实即薏仁,也称薏仁米,圆形,至今是一种常见的食物。以和㠯是一个字,因此,苡又作"苢"。

古文字中的许多字,即使加偏旁,还是那个本字,这已经成为常识。根据这个常识,"姒"字的本字是"以",也就是"允"。这是探索姒姓来源的关键。

1951年,在山东省黄县出土8件铜器,山东省博物馆收藏。1958年,日照王献唐先生(1896—1961年)撰写《黄县𡊄器》,将这批青铜器定为春秋时代。其中《𡊄白㝬左盨一》(图2)铭文是:

图2

𡊄白(伯)子㝬𠂇(左)
乍(作)⊗(其)𨒌(征)𥂴(盨)。
⊗(其)阞(阴)
⊗(其)阳,㠯(以)𨒌(征)㠯(以)
行,䞿(勾)𥄖(眉)寿无
强,庆⊗(其)㠯(以)臧(臧)。②

盨铭"庆其以臧",五见,其他的盨作"允臧",三见,说明以、允通用。《诗经·定之方中》"终焉允臧",《毛传》允训"信",其实是一个语词。古代允音,过去有三种读法。一读为以。《说文》:"允,信也。从儿,㠯声。"《说文声系》《说文声类》诸书从之,古音入之部。一读为今音余准切的允。《说文解字注》说㠯非声,把它归入谆部,《说文声定》从同,《说文通训定声》《六书通故》的韵读大体与此合。一读如沿。始于《说文谐声谱》,以后《古韵通说》推演其义,把它归入元部。这三种读法,王献唐先生认为只是一音之转,因时间空间不同,发生区别。允是把人、㠯上下合写的,若分作两起来写,便是以字。㠯即以。《说文》没有以字,字只作㠯。《待时轩印存》有"疡之以"钤,以作𠃝,为战国

---

① 《史记》卷2《夏本纪》,第82页。
② 释文及拓本据王献唐《山东古国考》,齐鲁书社1983年版,第21—22页。

期物。后世秦刻石作㕥，汉代许多镜铭用之，隶作厶，变为今体的以。《墨子·明鬼篇》引《商书》："百兽贞虫，允及飞鸟，莫不比方。"王引之《经传释词》谓："允犹以也。"《尚书·禹贡》之兖州，《史记·夏本纪》转述时写作"沇州"，沇字水旁在左，隶书把它横写在允上，即成兖形，实为一字。《禹贡》早就读沇为沿，字从允声，可知造沇字的人读允为沿，《说文》古文沇字作沿，足为验证。允字有三种写法：其一，人字在下，其二在右，其三在左。它又有三种声读，三种解释，各占了一体。①

"允"字在甲骨文中已经出现，作 �� 诸体。《戊鼎》允字作 �，石鼓文同。《金文编》1434 收录 4 个允字字形：

�，《班簋》

�，《秦公镈》

�，《不嬰簋》（此字从女）

�，《中山王譽壶》

《兮甲盘》《虢季子白盘》猃狁之狁作��，作��，《冥白㝣左盨一》铭文作�，都从目从人，和小篆一系相承。王献唐先生引栾调甫说，认为允即《左传·昭公九年》"允姓之奸"之允，允为允人专字；并强调这些允人，就是猃狁的同族。王献唐先生指出"夏家的姒姓，是出于允族女子的"，是一个重要的发现。

栾调甫又据《左传·文公十八年》注疏，说允人为鯀的同族，和夏代姒姓一家。如再认为允人就是猃狁，便可根据《史记·匈奴列传》，说猃狁一部分即是匈奴。《史记》明言"匈奴，其先祖夏后氏之苗裔也"，正相符合。猃狁见于《诗经·小雅》及西周金文，并非彼时始有此族。由卜辞允字上溯《史记·匈奴列传》"唐虞以上"的猃狁，和《史记·平津侯主父列传》"上及虞夏"的猃狁，相距已有1000多年，《史记·五帝本纪》直说黄帝"北逐荤粥"（荤粥亦即猃狁），时代更早。②

吴锐按：《诗经·小雅·六月》："薄伐猃狁，至于大原。文武吉甫，万邦立宪。"朱熹注："太原，地名，亦曰大卤，今在太原府阳曲县。"但原诗尚有"猃狁匪茹，整居焦获；侵镐及方，至于泾阳"之句，镐是西周首都镐京，在今西安市西南，是固定的；泾阳所在的泾水也是固定的，那么猃狁的大本营大原必然在泾水流域。顾炎武在《日知录》卷三《大原》中明确提出："然则大原当即今之平凉，而后魏立为原州，亦是取古大原之名尔。计周人之御猃狁，必在泾原之间。

---

① 释文及拓本据王献唐《山东古国考》，齐鲁书社1983年版，第32、36、37页。

② 同上书，第35、37页。

若晋阳之太原,在大河之东,距周京千五百里,岂有寇从西来,兵乃东出者乎?"并进而指出《国语·周语》中"'宣王乃料民于大原',亦以其地近边而为御戎之备,必不料之于晋国也。"犬戎的势力大到灭亡西周,今甘肃省平凉市、镇原市、庆阳市到黄河西边的北洛河流域,都是犬戎的活动地。

允字既然是从人会意,从㠯为声的允族专字,关键部分就是ㄗ,字形作何解说呢?我主张是盘蛇的象形。字形有ㄅㄣ等变化,和小篆之㠯一样,还保留了蛇的形状。禹是一条虫、禹为句龙,是古史辨学派轰动一时、备守讥评的观点,现在看来依然是正确的。龙是想象之物,是对蛇的神化,古人归为虫类。《史记》卷六十三《老子韩非列传》载韩非子《说难》:"夫龙之为虫也,可扰狎而骑也。然其喉下有逆鳞径尺,人有婴之,则必杀人。"《正义》:"龙,虫类也。故言'龙之为虫'。"《论衡·讲瑞》:"龙或时似蛇,蛇或时似龙。""蛇鼠之类辄化为鱼鳖。"黄晖注:"蛇变鳖,今俗犹云。"① 1981年,山东省莱阳出土陶盉一件,其中腹铭为"虫"字,而其下边的"蚰"字是交尾连接蛇的图形。《晋书》卷十一《天文志》载吴国太常姚信造《昕天论》,称"人为灵虫"。② 东晋常璩《华阳国志》卷四《南中志》记载三国时南中的夷人,显然没有文字,诸葛亮为他们作图谱,"先画天地、日月、君长、城府,次画神龙;龙生夷及牛马羊"。虽然这些夷人没有文字,但必有人为龙生的观念,因此诸葛亮因势利导。这种活生生的民族学资料可资以理解无文字的新石器时代居民的思想观念。

《史记·匈奴列传》:"匈奴,其先祖夏后氏之苗裔也,曰淳维……自淳维以至头曼,千有余岁,时大时小,别散分离,尚矣,其世传不可得而次云。然至冒顿而匈奴最强大,尽服从北夷,而南与中国为敌国,其世传国官号乃可得而记云。"吕思勉先生据此指出,玩此数语,便知匈奴为夏桀之后,说非无据。盖此数语之意,谓自淳维至头曼,其世传虽不可得而次;其时大时小,别散分离之事,虽亦不能尽记,然要皆不如冒顿时之强大,则犹有可知。因此不能因为匈奴传下来的世系不完整,就否定《史记》所记载的匈奴为夏后之说。③

《史记·匈奴列传》记匈奴之俗:"日上戊巳。"《汉书·匈奴传》同。《汉书补注》:"钱大昭曰:以戊巳日为吉日也。周寿昌曰:上、尚字同。戊巳在天干居五六,匈奴似亦取天地中合之义。"陈槃先生案:"此五行思想,无疑是传自华夏。"④ 也许还存在另外一种可能,即"巳"在十二生肖中代表蛇。《史记》说匈奴无姓字,

---

① 黄晖:《论衡校释》(三),中华书局1990年版,第733页。
② 《晋书》卷11《天文志》,中华书局1974年版,第280页。
③ 吕思勉:《吕思勉读史札记》(上册),上海古籍出版社2005年版,第97—98页。
④ 陈槃:《旧学旧史说丛》(上册),上海古籍出版社2009年版,第326页。

也许是司马迁对外国不了解。夏族姒姓，"以"在小篆中还保留蛇的象形。《史记·匈奴列传》又载："岁正月，诸长小会单于庭，祠。五月，大会茏城，祭其先、天地、鬼神。秋，马肥，大会蹛林，课校人畜计。"《汉书·匈奴传》："五月，大会龙城。"可见"茏城"即龙城。龙城也许是因为匈奴人崇拜龙蛇而得名。

《史记索隐》引崔浩云："西方胡皆事龙神，故名大会处为龙城。"《后汉书》卷八九《南匈奴列传》记载："匈奴俗，岁有三龙祠，常以正月、五月、九月戊日祭天神。南单于既内附，兼祠汉帝，因会诸部，议国事，走马及骆驼为乐。"裴骃《史记集解》引《汉书音义》解释为"匈奴秋社八月中皆会祭处。蹛音带"；张守节《正义》引颜师古的解释则说："蹛者，绕林木而祭也。鲜卑之俗，自古相传，秋祭无林木者，尚竖柳枝，众骑驰绕三周乃止，此其余法也。"这是南匈奴归附汉朝以后的情况。

《汉书·武帝本纪》："卫青至龙城，获首虏七百。"《中国历史地名大辞典》据元光元年（前129年）卫青出上谷击匈奴，至龙城。此时单于庭在今大青山地区，推测龙城应离此不远，在上谷西北，今内蒙古乌兰察布盟东境。另外一个龙城在漠北，今蒙古国鄂尔浑河上游西岸哈剌巴尔戛逊故城。① 由于龙城是匈奴的祭祀中心，具有极大的象征意义，汉朝必欲焚之而后快。②

三 夏族发祥于西部，殷礼则以东部鸟夷文明为根基

中国社会科学院考古研究所殷玮璋先生说，迄今发表的讨论夏文化的文章总数约有四五百篇之多，反映了大家对这个问题的重视。从另一个角度观察，在系统资料尚未发表的情况下能写出这么多文章，提出那么多观点，不得不说是个有趣的现象。③ 可是西方学者依然普遍不相信夏王朝的存在，认为商朝才是中国历史上第一个王朝，如《剑桥中国史·先秦卷》。④ 这就形成了中国对夏文化自说自话的局面，也大大激发了中国各阶层的爱国主义情绪。因此，不少学者把夏文化作为考验外国学者"忠诚"的标尺：承认夏朝存在的，是友人；不承认夏朝的，都是对中国别有用心，甚至是帝国主义亡我之心不死。

中国学者自认为夏朝存在有两点堪称铁证。

---

① 史为乐主编：《中国历史地名大辞典》（上册），中国社会科学出版社2005年版，第634页。
② 汉武帝时，严安上书曰："今欲招南夷，朝夜郎，降羌僰，略濊州，建城邑，深入匈奴，燔其茏城，议者美之。"见《史记》卷120《平津侯主父传》，中华书局1982年版，第3108页。
③ 张立东、任飞编：《手铲释天书——与夏文化探索者的对话》，大象出版社2001年版，第222页。
④ D. N. Keightley, "The Shang: China's First Historical Dynasty", *The Cambridge History of Ancient China*, Chapter 4, ed by M. Loewe and E. L. Shaughnessy, Cambridge, 1999.

（一）《史记·殷本纪》记载的殷族世系得到甲骨文的证明，《史记·夏本纪》记载的夏族世系应该也没问题。

（二）二里头遗址证明了夏文化。

关于（一），属于逻辑错误。《史记·殷本纪》记载的正确岂能保证《史记·夏本纪》记载也正确？

关于（二），考古学界和历史学界都在互相利用：考古学家引用几条提到"夏"的古文献来佐证考古，历史学界引用二里头等考古发现来证明夏的存在是铁证如山。因此，夏文化的研究必须从基础工作开始，我认为最重要的是跳出"夏文化起源于中原"的思维定式。

东汉许慎《说文解字》将"夏"解释为"中国之人也"，由于古书中"中国"二字在很多地方指中原，古人遂认为夏族必然发源于中原。当代考古学家也是根据这点到河南省去寻找夏文化遗迹。1959年，中国科学院考古研究所（今中国社会科学院考古研究所）徐旭生先生调查"夏墟"，发现了河南偃师县二里头遗址，前辈学者徐中舒先生誉为"夏史初曙"。[①] 后来经过多年发掘，确定将二里头文化分为四期，测定文化堆积的年代为公元前1900年—前1500年。其实清人朱骏声主张"夏"字的本义为"大"的同时，又说："按，就全地言之，中国在西一小隅，故陈公子少西字夏，郑公孙夏字西。"[②] 根据古人名、字相应之理，春秋人的名、字夏、西对应，诚如刘起釪先生所说，"说明春秋时人的心目中也认为夏人原是处于中原以西的西土的"[③]。清末王闿运著《尚书笺》三十卷，在《康诰》"肇造我区夏"下释云："夏，中国也。始于西夷，及于内地。"刘起釪先生称赞这一解释文字至简，而陈义至确。[④]

不仅如此，后世尚以"夏"代表西北。《洛阳伽蓝记》："北有二门：西曰大夏门，汉曰夏门，魏、晋曰大夏门。"《乐府诗集》二十七，《陇西行》一曰《步出夏门行》。顾颉刚先生据此指出古代即以夏指西北隅。或称夏，或称大夏，一也。[⑤] 可见"夏"最初只指西北的一块具体地域，是夏人的发祥地。

以上是古代学者和古史辨派对"夏"字指西部的探讨。

在马克思主义学派方面，早在七八十年前，范文澜先生在《中国通史》第一册虽然没有断定夏起源于哪个地方，但他指出中国西部地区称为夏，是其卓识。

---

① 徐中舒：《夏史初曙》，《中国史研究》1979年第3期。
② 朱骏声：《说文通训定声·豫部第九》，中华书局1984年版，第454页。
③ 刘起釪：《古史续辨》，中国社会科学出版社1991年版，第152页。
④ 刘起釪：《尚书学史》，中华书局1989年版，第415页。
⑤ 顾洪编：《顾颉刚读书笔记》卷5（上），联经出版事业公司1990年版，第2804页。

他引据春秋时郑国大夫子西名夏，证明夏有西义，又指出夏又含有雅、正、大义。宗周诗篇称雅诗，《秦风》诗篇称为夏声，夏声即雅诗，就是用西方人的声音歌唱的诗篇。东方齐、鲁、卫等大国诸侯本从西方迁来，因之东方诸国称东夏，东西通称为诸夏①。

不仅兴起于陕西的周人自称为夏（"区夏""时夏"），而且从黄河下游西迁到陕西、甘肃的秦人，也称"夏"。《左传·襄公二十九年》载春秋时吴国著名贤公子季札观周乐，"为之歌秦，曰：'此之谓夏声，夫能夏则大，大之至也，其周之旧乎？'"顾颉刚先生解释说："夫秦声而曰'夏声'，且曰'周旧'，明周与秦所处者皆夏境也。"②孙作云《说雅》指出秦人居周故地（即夏故地），《秦风》得称为"夏声"，西周诗也可以称为"夏声"，《小雅·鼓钟》篇所说的"以《雅》以《南》"也就是"以《夏》以《南》"，这个"《雅》"字也指夏地。顾先生补充《墨子·天志下》的一条材料："于先王之书，《大夏》之道之然：'帝谓文王，予怀明德，毋大声以色……'"所引《大夏》在今《诗经·大雅·皇矣》，为夏、雅相通之一证。③这说明甘肃、陕西境内的渭水流域，正是夏、周、秦重要的活动地域。本人主张夏族起源于渭水，④虽然曾经扩张到东部，但并不意味着夏族一灭亡，商族才兴起。

商族发祥于东部，属于"鸟夷"。鸟夷族因以鸟为图腾而得名，在《尚书·禹贡》有两处记载（冀州、扬州），是一个极其庞大的族系，占有中国沿海一带，相当于今天的山东、河南、安徽、江苏、浙江诸省，延伸到中国东北、朝鲜半岛。尧、舜、皋陶、殷人、秦人、赵人都是鸟夷族。正如顾颉刚先生所说："商是华夏正统文化的三代之一，现在揭开底子，原来是鸟夷的一支，可以说是惊人的发现。"⑤殷人发明了文字，秦人进行了改造，尔后成为东亚通用的文字。鸟夷文明不仅是中国文化的根基，其实也是东亚文化的根基。殷礼以源远流长的鸟夷文化为基础，毋需以夏礼为基础。

四 结论

孔子是宋人后裔，也是殷人后裔，似乎完全忘记鸟夷文化。在找不到殷礼以

---

① 范文澜：《中国通史》第1册，人民出版社1978年版，第18页。
② 顾洪编：《顾颉刚读书笔记》卷9（下），联经出版事业公司1990年版，第7567页。
③ 顾洪编：《顾颉刚读书笔记》卷7（上），联经出版事业公司1990年版，第4896—4897页。
④ 吴锐：《从〈容成氏〉所记桀逃亡路线看夏文化与西部的关系》，《人文杂志》2007年第2期。
⑤ 顾颉刚：《鸟夷族的图腾崇拜及其氏族集团的兴亡——周公东征史事考证四之七》，《史前研究》2000年第1期。

鸟夷文化为根基的情况下，轻率地以本来就模糊不清的夏礼作为殷礼的基石。儒家后学为制造孔子"祖述尧舜，宪章文武"的道统，进一步强化了三代之礼的因革关系。这样就把东西部长期平行发展的文明理想化为前赴后继的直线发展，至今束缚着研究者的头脑。其实早在1948年，顾颉刚先生在兰州发表题为"中国历史与西北文化"的演讲，就指出"夏、商、周并非一个继一个兴起的国家，而为三个存在时代略分前后的大国"。"周是西北的国家，周的祖先起于岐山，但是周人常自称'时夏''区夏'，我们可以推想原来的夏，或也是西北的国家，所以周人自以为接受了夏的文化系统。并且后来在西方创立的国家也多称'夏'，如赫连勃勃、赵元昊等都是这样，现在宁夏省的名称就是从西夏得名的。同时西北的水也多称'夏'，如大夏河、夏水（汉水）等。假如他日材料充分时，我这个说法或者可以得到证实。"[①] 1949年之后，古史辨派作为非马克思主义学派，逐渐被边缘化，"走出疑古"成为时髦，致使顾先生的远见卓识没有达到振聋发聩的效果。

（吴锐，中国社会科学院）

[①] 顾颉刚：《顾颉刚全集·宝树园文存》（四），中华书局2011年版，第195页。

东北亚地区考古资料中所见的狮子形象

(草稿)

孙 泓

狮子，古称"狻猊"，又称"白泽"，主要产于非洲，在古代亚洲的印度、波斯、巴比伦、亚述以及小亚地区亦有分布。在中国传统文化中是用以表示吉祥的瑞兽、神兽、奇兽，具有超凡的力量。同时，也具有宗教的象征，唤起了对印度和佛教的想象，这也就可以理解狮子纹、狮子雕像在东北亚盛行的原因。汉武帝时，张骞出使西域，打通了中国与西域各国的交往之路，狮子才得以进入中国。在中国，随着对外交流的增多，狮子在历史文献和文学作品中出现的频率亦相应增加。

古人多以狮子表示祝福好运或辟除邪恶的寓意，并读取"狮"的谐音附比"事""师""嗣"等字义。吉祥图案中多为戏耍狮，如狮子滚绣球，表示"好事在后头"；狮子佩绶带，表示"好事不断"；两头狮子行走，表示"事事顺利"；大狮小狮相戏，表示"太师少师"（象征官禄代代相传）；雄雌狮子伴幼狮，表示"子嗣昌盛"；等等。

一 文献中对狮子的最早记载

最早出现"狮子"的文献是《汉书》。据《汉书·西域传》记载："乌弋地暑热莽平，其草木、畜产、五谷、果菜、食饮、宫室、市列、钱货、兵器、金珠之属皆与罽宾同，而有桃拔、师子、犀牛。"又曰："狮子似虎，正黄，有髯耏，尾端茸毛大如斗。"又曰："遭值文、景玄默，养民五世。天下殷富，财力有余，士马疆盛。故能睹犀布、玳瑁则建珠崖七郡，感枸酱、竹杖则开牂柯、越巂。闻天马、蒲陶则通大宛、安息。自是之后，明珠、文甲、通犀、翠羽之珍盈于后宫，蒲梢、龙文、鱼目、汗血之马充于黄门，巨象、师子、猛犬、大雀之群食于外囿。殊方异物，四面而至。"又记载："世传狮子为百兽之王，每一振发，虎豹慑服，故谓瑞兽。"

佛教对于狮子极为推崇，《玉芝堂谈荟》称："释者以狮子勇猛精进，为文殊菩萨骑者。"《坤舆图》说："狮为百兽王，诸兽见皆匿影。性最傲，遇者亟俯伏，虽饿亦不噬……又最有情，受人德必报……掷以球，则腾跳转弄不息。"

东汉时期，西域入献狮子的记录，屡见于《后汉书》。据《后汉书·西域传》记载："章帝章和元年（87年），（安息国）遣使献师（狮）子、符拔。""是岁（章和元年）西域长史班超击莎车大破之。月氏国遣使南翻丸拔师子。""明年（章和二年，公元88年），初，月氏尝助汉击车师有功，是岁贡奉珍宝扶拔师子。""章和二年……冬十月乙亥，安息国遣使南别币子扶拔。"《后汉书·和帝纪》永元十三年（101年）："冬十一月，安息国遣使献师子及条枝大爵。"《东观记》说："时安息遣使献大爵师子，超遣子勇入塞也。""（阳嘉）二年（133年）……六月辛未，疏勒国献师子封牛。"自东汉之后，西域献狮的记录不绝于史籍。

李时珍《本草纲目》称："狮子出西域诸国，为百兽长。"

《灯下录》云：佛祖释迦牟尼降生时，"一手指天，一手指地"，作狮子吼曰："天上地下，惟我独尊。"所以佛教将狮子视为庄严吉祥的神灵之兽而倍加崇拜。

《国史补》记："开元末，西国献狮子。至长安西道中，系于驿树。树近井。狮子哮吼，若不自安。俄顷，风雷大至，果有龙出井而去。"

据李仲元考证，认为狮子传入中国的时间，最早不超过《史记》所记的终止时间："武帝太初四年（公元前101年），最晚不应在《汉书》所记的终止时间：王莽地皇四年（公元23年）之后。"①

二 考古资料中所见的狮子形象

狮子以威武吉祥的形象进入中国人的生活，人们希望用狮子威猛的气势降魔驱邪，护法镇宅，这与佛教中狮子作为圣兽的宗旨是一致的。早在春秋中期至战国晚期，狮纹就出现在中国艺术的视野之中。受外来文化的影响，在很长一段时间里，狮子图像是带翼的（图1），这种具有理想特征的有翼形象对中国传统艺术中麒麟、天鹿、辟邪等灵兽图像的创作产生了一定的影响。

（一）佛教艺术中的狮子形象

狮子在佛教中作为智慧的化身，具有护法护教和辟邪消灾的功能。《玉芝堂谈荟》云："释者以狮子勇猛精进，为文殊菩萨骑者。"狮子是文殊菩萨的坐骑（图2-2），"菩萨"意为"觉有情"，能使众生觉悟，具有"己身未度先求度人"

---

① 李仲元：《中国狮子造型源流初探》，《社会科学辑刊》1980年第1期。

的胸怀。正是这些佛教的因素和佛教文化的传播，加之中国没有狮患之虞，狮子开始作为"神兽""瑞兽""百兽之王"步入中国人的民俗生活中。

在古代印度，狮子是佛教艺术常用的纹饰。建于公元前242—前232年的阿育王石柱柱头石狮是闻名世界的杰作（图1-2）。受其影响，我国南北朝时期，在佛教艺术上也常用狮子造型。表现形式多为在结跏趺坐或交脚而坐的佛菩萨像前，左右各蹲伏一狮。为了衬托佛的高大，狮子都雕得很小，看上去几乎像两只小狗（图2-1）。

如集安长川高句丽一号壁画墓。"在叠涩伸进前室的底侧，则绘许多侧视莲花。东面正中央画一佛拱手趺坐在束腰须弥座上。须弥座中腰绘一博山炉，左右蹲坐护法的白色狮子。狮子均张口吐舌，左侧为雄狮，侧目凝望左方，右侧为母狮，昂首竖耳。"[①] 长川M1壁画中墓主人礼佛图的狮子护法，在中原石窟艺术中是5世纪晚期之后出现的，而菩萨脚下的复瓣莲花座和佛像下面束成细腰的须弥座等则更是较晚才流行的形式（图3）。

（二）现实生活中的狮子形象

迄今为止，在中国发现的狮子造型中，以东汉的作品为最早。古人对狮子造型的刻画、使用大致可以分为两大类，第二类又可分为五个方面。

一类主要是将狮子的造型简化，强调饱满的体态和整体感，成为某种程序化的神兽，造型犹如辟邪，一般体型较大，主要用于陵墓、神道或官衙大门，具有神武威严的礼仪意义。

以东汉时期高颐墓前石狮为代表。它是现在保存最为完整的、唯一可以了解我国早期狮子造型的实物。高颐墓位于四川省雅安县东约8千米的姚桥村外，据残存文字，可知是东汉献帝建安十四年（209年）建造的。石狮造型优美，雕造精致，保存完好（图4-1）。

魏晋南北朝、隋唐时期的石狮与高颐墓前石狮都有一脉相承的关系。这种昂首挺胸、缓步徐行的姿势，在以后相当长的时期内，成为石狮的一种定式。南朝时，东汉时期质朴、浑厚的风格，为精丽、繁复的风格所代替，然而并未因此失去宏大雄伟的气魄。唐代石狮，无论在形制或艺术风格上，较之六朝石狮都有很大变化。除了行狮仍是传统的动势之外，还大量采用了蹲坐式的风格。多用写实手法，刀工洗练而又细致，比较注重于表现狮子的真实形象，是我国狮子造型艺术成就最高、创作最成熟的时期。北宋石狮继承唐代技法和作风，坐狮的四肢收束靠拢，规规矩矩地坐在那里，显得很拘谨，缺少屹立不拔的气势。狮的头较低，

[①] 吉林省文物工作队、集安县文物保管所：《集安长川一号壁画墓》，《东北考古与历史（丛刊）》1982年第1辑；温玉成：《集安长川一号高句丽壁画墓佛教壁画研究》，《北方文物》2001年第2期。

胸也收缩不那么突出，失掉了威武凌人的神气。

在韩国也有许多石狮，狮子本是西域的动物，古代中国的狮子都是从西方进贡或贸易来的，韩国这种狮子形象应该是随着佛教通过中国传到朝鲜半岛的，由新罗工匠雕刻而成，主要是受唐王朝的影响。

韩国庆州挂陵石狮子像，4座，呈东南、西北、西南、东北两两相对分布，4座狮子面带微笑，非常自信，特别是北面守卫的狮子形象尤为生动，时代为8世纪（图5、6）。

韩国庆州九政洞方形坟的狮子立石，立于方形坟陵角处，为设在右侧的"隅柱石"，高99.0厘米，两侧用低浮雕的方式雕有西域风格的狮子像，时代为统一新罗时期8—9世纪[1]（图7-1）。

韩国庆州校洞石狮子，高65.0厘米，时代为统一新罗时期9—10世纪。[2]

另一类是将狮子加以理想化和装饰化处理，并将多种动物的特征集于狮子一身，形成了或憨或威但又完全不同于真实狮子的"中国化的狮子"。这种"中国狮子"大小均有，如守门狮子、门墩雕刻、建筑装饰、图案纹饰以及舞狮民俗。

1. 守门狮

古人认为狮子不仅可以驱邪纳吉、镇守陵墓，还能预卜洪灾，彰显权贵，所以常用来守卫宫殿村寨、装饰宅门家具，体现出人们祈求平安、显示尊贵的世俗心理。所以，古时宫殿、官府、衙署、宅邸多用石狮守门，在众多的园林名胜中，各种造型的狮子亦随处可见。

《析津志辑佚·风俗》一文中对元代地方风俗有着明确的记载："都中显宦硕税之家，解库门首，多以生铁铸狮子，左右门外连座，或以白石凿成，亦如上放顿。"这是我国关于看门石狮最早、也是最详细确凿的记录。

2. 建筑构件等

我国古代建筑的传统手法是用动物造型进行装饰、美化，以显示它的宏丽、威严，或者标示特定含义的做法。宋时编定的《营造法式》一书中，就有望柱雕狮的制度做法。最有名的就是北京市西南十千米的卢沟桥望柱石狮。这种手法也传入了朝鲜半岛，在韩国出土了许多狮纹的建筑构件。

韩国庆州出土的狮子纹瓦当，时代为统一新罗时期，直径13.5厘米，厚3.3厘米（图7-2）。[3]

韩国庆州出土的狮子·孔雀纹石，高68.5厘米，宽300.0厘米，长方形，是

---

[1] 韩国庆州博物馆：《美术馆展览和图录》，通川文化社2002年版。
[2] 同上。
[3] 同上。

用花岗岩一面磨平后，在偏右处刻有 3 个大小不一的圆圈。最右边的圆内刻的图案是一头狮子环抱一棵长有 4—5 片叶子的树，中间圆内的图案边缘有莲珠纹带，内有一棵树，树的两边刻有似孔雀的鸟在啄食的图案，两只鸟互相对称。左边为半圆，似未完工，没有任何图案。具体用途不详，从左右对称的鸟的图案可以推定，此作品受西域的影响颇深，年代可能是 8 世纪（图 7 - 3）。①

3. 器物纹饰的狮子造型

可分为以狮形为器和以狮纹为饰两类。狮形器中，最典型的是青瓷狮形注，多出土于江苏地区的两晋墓葬中。1953 年江苏省扬州市晋墓出土一件青瓷狮形注，为昂首伏卧状的狮子，头部卷曲垂毛，颔下有髯，脊背有俄，大毛尾，体侧饰卷纹，背部正中有一缸形短管（图 8 - 1）。②

"沈阳故宫博物馆藏有两个雕刻精致的石狮子，出土于辽宁省新民县曙光公社辽滨塔大队一处辽代窖藏中。石狮为灰色细沙岩雕造，是形制完全相同而左右相向的一对。在半圆形的石座上，一狮躯体踞曲伏卧，狮首转向一侧。表面曾涂有颜色，现多已脱落。据残存在刻纹中和低凹部分的颜色看，躯体、四肢、头尾用绿色，口唇徐红色，双目用黑白二色。长 20、通高 12.5、座高 3 厘米。重约 2.5 公斤。石狮造型优美，比例匀称，它平稳地伏在那里，长尾盘于体侧，口微启而露齿，侧首凝视对面的同伴，神态安详，姿势自然。雕刻的刀法洗练精致。但从石狮的造型、技法上看，具有鲜明的中原风格，应是唐五代时期中原地区的工匠精心雕造的杰作。石狮有座，无榫卯和其他安置固定的结构。座底和座边平整光滑，显然不是建筑构件或者建筑装饰物。从它的形制、重量、材质、表面处理等特点分析，它是一对狮形石镇，或称之为石狮茵镇。"（图 8 - 2）③

在巴林右旗辽代庆陵皇族墓出土一对木雕卧狮，"2 件。均为柏木质，用整块木材圆雕，呈卧式。一件体态肥壮，四肢伏地，呈昂首状。头部和前腿腐朽严重，细刻部位已不清，木狮脖颈部有细长的鬃毛，短尾卷贴在右上部，腰脊中部有长 10.5、深 10 厘米的凹槽，为枕框之用。木狮虽然腐朽严重，但是鬃毛和尾巴雕刻线条均清晰可辨。长 43、宽 20.3、高 19 厘米。另一件也呈卧式，昂首张口，满口锯齿形大牙，小鼻口，大眼圆瞪，圆耳贴头上耸，耳后及颈部有长长的鬃毛向后飘卷并斜贴于脖颈两侧，短尾贴后身右侧，腰椎部位有长 19、深 7.5 厘米的凹槽，为枕框之用。木狮雕工精致，线条流畅清晰，整体造型比例协调，形象凶猛生动。长 45、宽 21.6、高 18 厘米"（图 9 - 1）④。

---

① 韩国庆州博物馆：《美术馆展览和图录》，通川文化社 2002 年版。
② 南波：《江苏句容西晋元康四年墓》，《考古》1976 年第 6 期。
③ 李仲元：《浅谈狮形茵镇》，《辽宁大学学报》（哲学社会科学版）1980 年第 6 期。
④ 乌力基德力根：《辽代庆陵皇族墓发现小型木雕件》，《北方文物》2005 年第 1 期。

狮纹是随佛教而普及的，在唐代开始中国化，纹样有双狮和单狮两种，模样也从凶猛、狰狞变得温顺、可爱，双狮是中国化的标志。以狮子作为器物纹饰，在金属器、陶瓷器、漆器和玉石、牙、骨、琥珀等雕刻工艺品上多有发现。如：

内蒙古奈曼旗辽陈国公主墓出土胡人驯狮琥珀佩饰，略呈长方形，长8.4厘米、宽6厘米、厚3.4厘米。正面雕刻胡人驯狮，首缠今巾，戴项圈，袒胸，下着短裙，束腰长带垂于脚下，软靴，似奋力牵拽巨狮。狮子回首屈腿，似已被制服（图9-2）①。另北镇辽耶律宗教墓也出土一件琥珀狮饰（图10-1）②。

胡人骑狮辽瓷像一件，出土于内蒙古敖汉旗，狮为雄狮，背部有鞍鞯，上偏坐一胡人，半侧身。头戴花瓣状的卷沿帽，帽两侧系绳在颌下打结。胡人突额，深目高鼻，大胡须，颈部戴围巾，手戴手套。双手抱一琵琶并作弹拨状，背负一壶（图10-2）③。

韩国庆州雁鸭池出土的蜡石狮子像，高10.4厘米，时代为8—9世纪。质地为红黄色蜡石，采用玉般高质石制作。狮子像的前后爪都已经无存，无法了解其用途（图11-1）。④

韩国庆州雁鸭池出土的蜡石制狮子香炉盖，狮子像坐立盖上，姿态仪表堂堂。翻开盖，可以看到狮子的颈部和鼻孔与身体相连，是可以从鼻和口部散出香味的（图11-2）。⑤

韩国庆州仁旺洞出土的金铜制狮子，长6.2厘米，金铜制。呈卧式，昂首，双前肢上扬（图12-1）。⑥

韩国庆州芬皇寺出土的青铜制狮子，长8.5厘米，青铜制。呈卧式，昂首，双前肢上扬（图12-2）。⑦

韩国庆州芬皇寺出土青铜权，由狮子模样的权钮和权身组成，高11.5厘米。权身上部为球形，下部为上宽下窄的八角圆筒，每个侧面均为梯形。权钮的狮子像，保持昂首回望的坐姿，头部和向上翘起的尾部有非常浓密的鬃毛。而在狮子的嘴部，则有能穿过绳子的较粗圆孔。这种造型与高丽时期印章纽上的狮子像非常相似。可能是用来称量谷物、矿石、金属重量的（图13）。⑧

宁城县小刘杖子村辽墓出土刻有胡人驯狮场景的三彩暖盘，为八角形，在八个

---

① 内蒙古文物考古研究所、哲里木盟博物馆：《辽陈国公主墓》，文物出版社1993年版，第100页。
② 鲁宝林、辛发、吴鹏：《北镇辽耶律宗教墓》，《辽海文物学刊》1993年第2期。
③ 邵国田：《内蒙古敖汉旗发现胡人骑狮辽瓷像》，《北方文物》1988年第2期。
④ 韩国庆州博物馆：《美术馆展览和图录》，通川文化社2002年版。
⑤ 同上。
⑥ 同上。
⑦ 同上。
⑧ 韩国国立文化财研究所：《韩国考古重大发现（2002—2007年）》，科学出版社2011年版。

侧面上分别模压出八组内容相同的驯狮场面。在画面的左侧为一弹拨乐器的驯狮胡人，驯狮者头戴三角形尖顶帽，深目高鼻，整个画面形成了狮子根据驯狮者的乐曲和舞蹈节拍翩翩起舞的生动场面（图14-1）。[1] 可见古代中西亚进献的狮子多是经过驯教的，而胡人驯狮在当时杂技中也是一项为人们喜爱的节目，并被雕塑在瓷器上作为纹饰了。

正仓院藏银壶（南仓13），外周雕刻着骑士策马飞奔追逐鹿、羊、猪的狩猎场面，引弓满月、转身回射的矫健身姿。在银壶的底座上，中间用二道绳索纹隔开，饰有骑马人物、翼马、人物、狮子等图案，是胡人传统的表现方法（图14-2）。[2]

4. 纺织品上的狮子纹

"1978年内蒙古乌兰察布盟达尔罕茂明安联合旗大苏吉乡明水墓地出土了一批金元时期的丝织品，其中团案人面狮身锦，……图案外形为规矩方格形，方格中是一个团案，案中有一对左右对称并置头戴王冠的带翼人面狮身像图案，人的面部表情略显儿童稚气，毫无狮子的凶猛象，两狮回首顾盼，眼睛十分传神……其造型与中亚10—12世纪的丝织品图案纹样相近。"（图16-1）[3]

中西交通道路开通之后，中国大量精美的丝织品通过这条道路输向中、西亚和欧洲。为了满足西方主顾的要求，中国在很早就织造带有狮纹的纺织品。在新疆地区的丝绸之路上发现的古代织物中，最早的狮纹织物是北朝时期的遗物。韩国庆州法隆寺藏有新罗时期的"四天王狮猎文锦"，明清时二品武职官员的补子也用到了狮子图案（图16-2）。

5. 百戏中的狮子

驯狮本是西亚的一个古老杂技项目，在出土的器物中常见胡人驯狮的情景。而我国自古就有扮兽作戏的演出方式，舞狮便是这两种节目的结合。

据《洛阳伽蓝记》"城内长秋寺"条记载佛家举行法会，抬佛像出行的盛况。"四月四日此像常出，辟邪狮子导引其前。吞刀吐火，腾骧一面，彩幢上索，诡谲不常。"其中在前导引的便是狮子，并且与戏法魔术在一起表演。

庆州白塔胡人引狮图，"在辽庆州白塔（在今内蒙古赤峰市巴林右旗北）上有发现。这是一幅半浮雕作品，位于白塔一层东北侧窗棂之下。浮雕下部为一组祥云图案，在祥云之上刻有三个胡人牵狮礼佛的场面。狮子位于正中，前方为一正面胡人，头戴尖顶三角帽，深目高鼻，鼻下留有八字胡须，肩披三角巾，在胸前打一花结，腰束宽带，后腰垂一长带，足蹬半高腰短靴，一手叉腰，一手托举

---

[1] 李逸友：《昭乌达盟宁城县小刘杖子辽墓发掘简报》，《文物》1961年第9期。
[2] 朝日新闻社刊编：《正仓院宝物增补修订·南仓》，朝日新闻社1987年版，第23—24页。
[3] 夏荷秀、赵丰：《达茂旗大苏吉乡明水墓地出土的丝织品》，《内蒙古文物考古》1994年第1期。

盛供物长盘。狮子呈侧身正头行走状,头顶长毛下披,颊部饰满卷毛,浓眉巨眼,前胸饰一周铃形饰。背脊为辫形花饰,尾卷并打圆形花结。狮前正中为一牵狮胡人,双手持缰作行进状。狮后腿饰卷云和牙状花饰。背上铺有障泥,背正中为一仰莲纹托盘,盘内盛有仙桃和其他供果。狮后一人身穿长袍,头戴圆顶帽,肩披彩带,一手扛如意,一手持海螺,作行进状。在该塔的西南面也有一幅砖雕胡人引狮图,画面主体部分为一头雄狮,仰首阔步呈行进状,狮背铺有障泥,障泥上安置一个高体莲花座,狮前为一牵狮胡人,双手持缰,弓身呈行进状"。(图17-1)①

敖汉旗北三家一号辽墓狮子踏鼓起舞壁画(图17-2),"绘于天井西壁。在画面下半部画一面圆大鼓,鼓边装饰红色围帷,打曲边褶,鼓面坐一雄狮,头脱落仅见一络长鬣垂于身侧,下身为蹲坐状,下腿平伸,尾向左侧前卷,前腿一上一下作踢蹄击鼓状……整个天井构成了一组完整的驯狮、鸡的画面,在驯兽者的鼓乐声中,狮和鸡各立于鼓面之上,按照音乐节拍击鼓起舞,三鼓交替奏鸣,使表演和奏乐融为一体"②。

三 结语

狮子作为外来的瑞兽形象,被吸纳到中国的文化之中,成为具有中华民族特色的典型艺术形象而流传于世。除承袭神兽崇拜文化外,随着对狮子动物性格的了解增加,狮子所具有的威猛、凶悍,亦成为人们心仪的对象,并从自然界的动物上升为具有神性的辟邪御凶的吉祥瑞兽。佛教的广泛传播,也大大推动了狮纹在东北亚地区的普及。

在东北亚地区考古资料中所见的狮纹应用极多,从平面到立体,从陶瓷、织锦、石刻、铜镜、琥珀、木雕到墓前雕塑和石窟雕塑,种类多样,形态各异。呈现外来文化与中国本土文化的交融、碰撞和创新的不同风格,如内蒙古阿伦斯木古城出土的狮子头,其造型具欧洲罗马石狮风格(图17-3)③,在一定程度上展示了狮子图像在中国的演变轨迹。

作为中国传统的装饰题材,狮纹在继承前代装饰风格的基础上,吸收了外来文化的优点,经历了从神异化、写实化到本土化的发展过程。它脱胎于动物原型,在塑造过程中融入了明显的主观色彩和浓烈的民族气息,并具有浓郁的宗教意味。

(孙泓,中国社会科学院)

---

① 德新、张汉君、韩仁信:《内蒙古巴林右旗庆州白塔发现辽代佛教文物》,《文物》1994年第12期。
② 敖汉旗文物管理所:《内蒙古昭乌达盟敖汉旗北三家辽墓》,《考古》1984年第11期。
③ 邓宏伟、张文芳:《阿伦斯木古城遗址》,《内蒙古文物考古》1992年第1、2期合刊。

图版

1-1 亚述帝国的人首翼狮像

1-2 鹿野苑石柱的"狮子柱头"

1-3 欧贝德塔庙(约前2550年)遗址中的狮头鹰和双鹿青铜匾

图1

2-1 北魏造像佛座前浮雕(拓本)

2-2 敦煌壁画报恩经变

图2

东北亚地区考古资料中所见的狮子形象(草稿) / 349

3-1 长川一号墓慈祥菩萨图及护法狮子

3-2 慈祥菩萨图（此壁画已遭严重破坏，现难以看见菩萨全貌）

图 3

4-1　东汉高颐墓石狮

4-2　波斯波利斯王宫"雄狮扑牛"浮雕（公元前5世纪前半叶）

图4

东北亚地区考古资料中所见的狮子形象(草稿) / 351

5-1 韩国庆州挂陵石狮子像左一

5-2 韩国庆州挂陵石狮子像左二

图 5

6-1　韩国庆州挂陵石狮子像右一

6-2　韩国庆州挂陵石狮子像右二

图6

7-1　韩国庆州九政洞方形坟的狮子立石

7-2　韩国庆州出土的狮子纹瓦当

7-3　韩国庆州出土的狮子・孔雀纹瓦

图 7

8-1　西晋青瓷狮形水注

8-2　石狮茵镇
图 8

东北亚地区考古资料中所见的狮子形象(草稿) / 355

9-1 辽代庆陵皇族墓出土
木雕卧狮

9-2 奈曼旗辽陈国公主墓出土胡人驯狮琥珀佩饰

图9

10-1 北镇辽耶律宗教墓出土琥珀狮饰

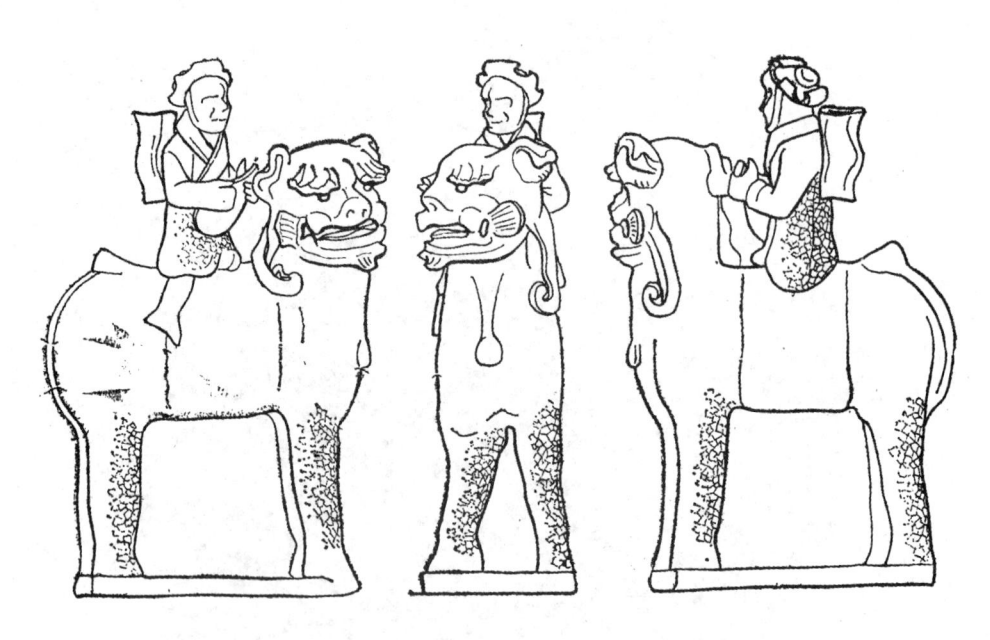

10-2 敖汉旗发现胡人骑狮辽瓷像

图10

11-1　韩国庆州雁鸭池出土的蜡石狮子像

11-2　韩国庆州雁鸭池出土的蜡石制狮子香炉盖

图 11

12-1　韩国庆州仁旺洞出土金铜制狮子

12-2　韩国庆州芬皇寺出土青铜制狮子

图12

东北亚地区考古资料中所见的狮子形象（草稿） / 359

图 13
韩国庆州芬皇寺出土铜权及细部

360 / 中西交通与华夏文明

14-1 宁城县小刘杖子村辽墓出土刻有驯狮的三彩暖盘

14-2 正仓院藏银壶（南仓13）

图14

图 15
唐代器物及波斯萨曼王朝玛瑙印上的狮纹图案

15-1 唐狮纹银盘；15-2 唐葵瓣形三足狮纹金花银盘；15-3 唐八出葵花形狮纹镜；15-4 波斯萨曼王朝玛瑙印；15-5 唐汉白玉卧狮；15-6 唐狮纹瓦当

362 / 中西交通与华夏文明

16-1 团窠戴王冠人面狮身像图案

16-2 明清时期二品武官官服补子

图 16

17-1 庆州白塔胡人引狮图

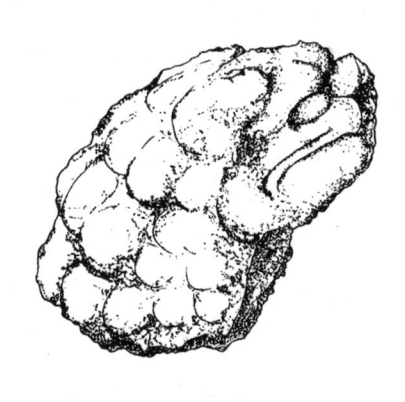

17-2 敖汉旗北三家一号辽墓狮子击鼓壁画　17-3 阿伦斯木古城出土的狮子头

图 17

著名高僧法显西行求法行踪与学术成就论略

伏俊琏　张厚进

一　中国僧人的西行求法与法显研究

佛教在两汉之际传入中国，传入伊始，中国人只是被动地接受，传法的主体是从西方而来的外国僧人，佛经的翻译也是"遇残出残，遇全出全"。随着佛教在中国的进一步传播，信仰佛教的群体不断扩大，原来那种传播方式的缺陷也越来越明显，这时，一些有远见的中国僧人不再满足于仅仅依靠外国沙门带来的佛经传播佛教，而是根据本土佛教发展的实际情况和社会风尚的需要，主动到西域、天竺寻求佛法。于是，在中国佛教史上就出现了西行求法活动，始于曹魏甘露五年（260年）西行的朱士行，持续到北宋时期。几百年间，不计其数的中国僧人，为了弘法传教，不畏艰险，远行到西域和天竺寻求佛法。唐朝著名的求法高僧义净的《取经诗》为我们展示了晋唐间西行求法的盛况和路途的艰险：

> 晋宋齐梁唐代间，高僧求法离长安。
> 去人成百归无十，后者安知前者难。
> 路远碧天唯冷结，沙河遮日力疲殚。
> 后贤如未谙斯旨，往往将经容易看。

中国僧人的西行求法活动，虽然持续到北宋，但严格来说，真正影响中国佛教发展的求法活动，在唐末便已结束，北宋时期的传经求法活动，不过是佛教传播活动的余波。① 中国僧人的西行求法活动，从时间上划分，可以分为前后两个时期：第一个时期始于三国末年，迄于南朝梁，即公元三到五世纪，在中国佛教史上，也是中国佛教的传译时期。这一时期的僧人西行主要是为了寻求佛经，满足佛教发展的需要。求法活动最盛是在晋宋之间；第二个时期是在唐初至唐中期，自玄奘以后，再次掀起西行求法的高潮，所不同的是，这一时期的中国僧人西行，除了到天竺寻求佛法以外，还出现了"佛教的倒流"②。

佛教传入中国有陆路和海路两条道路，至于佛教最初传入中国是经过陆路还是海路，学界仍有争议。中国僧人西行求法最初则是通过陆路去的，朱士行就是从雍州出发渡过流沙到达于阗。在三到五世纪的求法僧人中，虽然也有一些走的是海路，如高阳人于法兰、敦煌人于道邃③，以及释智严的第二次西行，但从总体来看，这一时期的求法僧人主要还是通过陆路，这也是这一时期求法活动与唐朝时的不同之一。

近代以来关于求法僧人的研究有很多。对历代求法僧人进行综合研究的首推梁启超和冯承钧两位先生。20 世纪 20 年代梁任公写有《中国印度之交通》（亦题为《千五百年前之中国留学生》）一文，指出我国历代僧人的求法运动，"为留学运动，而非迷信运动"，其动机，与"基督教徒之礼耶路撒冷，天主教徒之礼麦加，与夫蒙藏喇嘛之礼西天"，并不相同。西行求法的动机，"一以求精神上之安慰，一以求'学问欲'之满足"。文中列有《西行求法大德表》，收录三国末年至唐中叶前后 500 年间西行求法僧人姓名可考者 105 人，起于朱士行，迄于悟空。之后分析了这些求法僧人的时间分布，有籍贯可考者的籍贯分布，以及各人的行踪与生死等情况。文章的最后，梁任公对这一时期的"留学运动"给予了高度的评价，认为"此四五百年之留学运动，实使我中国文明物质上、精神上皆生莫大之变化，可断言也"，并着重论述了求法活动对地理学的影响。1931 年 5 月，冯承钧先生的《历代求法翻经录》一书由商务印书馆出版。书中，冯先生认为，要研究佛教的沿革，"不可不先识求法传经之人，质言之，传布佛法之人"，因此，冯先生寻检释藏传记谱录，鸠集求法翻经之事，以之前数十年西方人研究成果为补充，并附上自己的观点，汇为此书。书中收录求法翻经之人的原则为"求法者无论姓名存佚，翻经与否，皆录之；至翻经者，唯限于东来外国僧俗；其东来之人非译师，本国译师未西行者，虽著名如

---

① 何方耀：《晋唐时期南海求法高僧群体研究》，宗教文化出版社 2008 年版，第 5 页。
② 关于"佛教的倒流"，详见季羡林《中印文化交流史》，中国社会科学出版社 2008 年版，第 246 页。
③ 释慧皎撰，汤用彤校注、汤一玄整理：《高僧传》卷 4，中华书局 1992 年版，第 166、169 页。

佛图澄、菩提达摩、智顗、道宣等，皆不录"。全书分为《汉录》《三国录》《西晋录》《东晋录》《刘宋录》《元魏北齐北周录》《南齐梁陈录》《隋录》《唐录》九个部分，书后附有《梵名一览表》，收录自汉至唐求法翻经僧俗二百多人，起于摩腾，迄于悟空，并附东渡传戒高僧鉴真等人，皆考证其生平事迹。其中收录的汉唐间中外西行求法僧人姓名可考者有94人。汤用彤先生的《汉魏两晋南北朝佛教史》一书除对朱士行和竺法护单独记述外，还专门设立《传译求法与南北朝之佛教》一章，论述佛教传来之道路及两晋南北朝的西行求法运动和西行求法僧人，着重论述了法显、智严、宝云、法领、智猛、法勇等人的求法活动。总体而言，对这些求法僧人的综合性研究较少，更多的则是个案的研究，尤其是对一些影响较大、材料较多的求法高僧的个案研究。

对法显的研究无疑是这些研究中的重点①。法显是这一时期西行求法高僧中现存材料最多的一位，因此对法显的研究也特别多，自19世纪末至今不绝如缕。概括而言，学界对法显的研究可以分为以下六个方面。（1）对法显的生卒年和籍贯的研究。关于法显的籍贯，学界主要有两种不同的观点：一种认为是今山西襄垣县，足立喜六《〈法显传〉考证》较早提出，贺昌群《古代西域交通与法显印度巡礼》也持这种观点；另一种说法认为是今山西临汾市西南，章巽、任继愈等均持这一观点，这也是目前学界普遍接受的观点。（2）对法显西行求法活动的研究。可以细分为法显西行的路线、西行求法的意义以及对法显其人其行的评价和对法显精神的概括。（3）对法显的贡献及其在中国佛教史上的地位的研究。既有研究充分肯定了法显所求律藏对中国佛教发展做出的卓越贡献，认为法显取经译经改变了佛教传入初期我国佛教经典以胡本转译本为主的格局。（4）对《佛国记》（《法显传》）的研究。《法显传》是法显本人对自己历时15年的长途而艰巨的旅行的亲笔记录，详细记述了法显游历天竺的经过，是研究5世纪初亚洲历史的重要史料，向来受到研究者的重视。《法显传》主要的校注本有岑仲勉先生的《佛游天竺记考释》、日本学者足立喜六的《〈法显传〉考证》、章巽先生的《法显传校注》和吴玉贵的《佛国记释译》。对《法显传》的研究主要集中在其历史与文献价值、具体内容及其语言学价值上。（5）法显对世界文明传承贡献的研究。法显在《佛国记》中的记录对缺乏文字记载的古印度文明的传承具有重要的意义，也是研究斯里兰卡历史的重要资料。（6）对法显是否到达美洲的

---

① 下面关于学界对法显研究情况的叙述主要参考吴平《法显研究论文著作索引》、王邦维《法显与〈法显传〉：研究史的考察》和冯素梅《近三十年来法显研究简述》，不一一注明。

研究。法显最早发现美洲大陆的说法首先是由章太炎先生在《法显发现西半球说》①一文中提出来的。20世纪五六十年代达鉴三等学者曾在台湾的《中华日报》发表多篇文章阐述这一观点。1992年，山西籍学者连云山的《谁先到达美洲——纪念东晋法显大师到达美洲1580周年》一书出版，成为"法显航渡美洲"说的代表。该书认为从上古时代以来，中国和美洲就保持着密切的海上联系，并且详细地论证了法显航渡美洲到达墨西哥。该书出版以后，引起了很大的争议，一些学者纷纷著文提出质疑和批判。1996—1997年张箭接连发表了《"法显航渡美洲"说批判》《评"法显航渡美洲"说的理论和方法》《论所谓"发现航渡美洲"说》及《法显乘船的国籍、数量、乘员和航经的海区》等几篇文章对"法显航渡美洲"说进行了系统的批判。但是也有一些研究者发表文章支持连云山的观点。

二　法显的西行求法行踪

释法显，俗姓龚，晋平阳郡（今山西临汾市西南）②人。生卒年没有明确的记载，只能做大体的推定，据章巽先生考证，法显应当卒于418年至423年之间。《法显传校注·序》："僧佑《出三藏记集》卷十五《法显法师传》云，法显'后到荆州，卒于辛寺，春秋八十有二'。慧皎《高僧传》卷三《释法显传》作'春秋八十有六'，智升《开元释教录》卷三同。又，佛陀跋陀罗共法显译《摩诃僧祇律私记》载，法显于东晋义熙十四年（418年）二月末在建康斗场寺（即道场寺）译毕此律；《高僧传》卷三《佛驮什传》载，宋景平元年（423年）七月以前法显已迁化。可见法显卒年当在公元418年2月至423年7月之间。如以得年

---

①　章太炎先生的这篇文章发表在1908年10月10日的《民报》，后收入《章太炎全集》卷4，上海人民出版社1985年版，第484页。

②　关于法显的籍贯，《出三藏记集》《高僧传》、靖迈《古今译经图纪》、《开元释教录》等均记载为"平阳武阳人"，隋费长房《历代三宝记》卷7、道宣《大唐内典录》卷三则只称"平阳沙门"。关于"平阳武阳"的今治所在，目前有两种主要的说法。一种说法认为是今山西襄垣县，足立喜六《〈法显传〉考证》较早提出，贺昌群《古代西域交通与法显印度巡礼》也持这种说法，但都没有相关的考证；另一种说法认为是今山西临汾市西南，章巽、任继愈等均持这一观点。章巽认为："晋及十六国时平阳郡所属唯有平阳县而无武阳县，当时平阳郡内亦未闻有武阳之地名，武阳或为平阳之误，故《历代三宝记》等即称之为'平阳沙门'。当时平阳郡治所即在平阳县，县城故址在今山西省临汾县西南，法显的出生地可能即在此。"（《法显传校注·序》）任继愈主编《中国佛教史》（第二卷，第580页注①）："据《晋书·地理志》，平阳郡属司州，有十二县，但其中无武阳县；襄垣属并州的上党郡，当时也不称武阳。又查《历代三宝记》卷7，载为'平阳沙门释法显'。故，说法显为'平阳郡人'更为妥当，或即生于平阳郡治所在地。"现在学界较倾向于后一种说法，2007年及2009年曾在临汾举行过两次"法显与《佛国记》"学术研讨会。本文也采用这一说法。

八十二岁（与八十六岁之误差得为四年），卒于423年（与418年之误差得为五年）推算，则法显生年得为公元342年。他于后秦弘始元年（399年）从长安出发去天竺时，他的年龄，无论如何已在五十八岁以上了。"法显三岁时度为沙弥，二十岁受大戒后，"志行明洁，仪轨整肃。常慨经律舛阙，誓志寻求"①。

东晋安帝隆安三年（即后秦姚兴弘始元年，399年），法显与慧景、道整、慧应、慧嵬等同契，由长安（今陕西西安市西北）出发，到天竺寻求戒律。下面根据《法显传》（《佛国记》）的记载，梳理法显西行的路线，文中地名的今址，参考章巽《法显传校注》的注文及余太山《关于法显的入竺求法路线——兼说智猛和昙无竭的入竺行》一文。

法显等人由长安出发，度过陇山（在今陕西陇县西北、甘肃清水县东北），到达干归国（指西秦乞伏干归当时的都城金城，今甘肃兰州西），在此地进行了西行途中的第一次夏坐（399年夏坐）。夏坐结束以后继续前行，到达耨檀国（指南凉的都城西平，今青海西宁西）。度过养楼山（应即《水经注·河水二》中之"养女山"，在今青海西宁以北、大通河南一带，正在西平至张掖道上），到达张掖镇（今甘肃张掖西北），由于"张掖大乱，道路不通"，法显等遂留在张掖，张掖王段业为檀越。在张掖法显等与西行求法的智严、慧简、僧绍、宝云、僧景等相遇，于是一同夏坐（即法显西行后第二年，400年夏坐）。夏坐以后，继续前行到敦煌（今甘肃敦煌西），在敦煌停留一月余，法显等五人随使先发，与宝云等分别，由敦煌太守李暠供给渡过沙河（指敦煌至鄯善国之间的沙漠地带，即《汉书·西域传》所谓"白龙堆"）。沙河中"多有恶鬼、热风，遇则皆死，无一全者。上无飞鸟，下无走兽。遍望极目，欲求度处，则莫知所拟，唯以死人枯骨为标识耳"。行了十七日，到达鄯善国（指鄯善国王治扜泥城，今罗布泊西南若羌县治附近之且尔乞都克古城），法显等在此住了一月余。又向西北行十五日，到达焉夷国（即焉耆国，都城故址当在今新疆焉耆回族自治县境内，可能是在四十里城子附近的博格达沁古城），法显在此住二月余，并与宝云等会合。智严、慧简、慧嵬等返向高昌（在今新疆吐鲁番东约50千米的胜金口之南，位于哈拉和卓和阿斯塔纳之间），欲求行资。法显等蒙苻公孙供给，得以继续前进，西南行一月五日，到达于阗国（都城故址在今新疆和田县城东南）。慧景、道整、慧达先出发，向竭叉国（应在今塔什库尔干西南）前进。法显等在此观行像，停三月日。四月行像之后，僧韶（当即在张掖所遇

---

① 释僧佑著，苏晋仁、萧鍊子校：《出三藏记集》卷15《法显法师传》，中华书局2008年版，第573页。

僧绍）一人随胡道人向罽宾（在今克什米尔）进发。法显等行二十五日到达子合国（都城故址在今新疆叶城县西南之奇盘庄）。住此十五日，往南行四日，入葱岭山（葱岭为我国旧时对今新疆西部帕米尔高原及其南北两端诸山脉的总称），到于麾国（在今叶尔羌河中上游一带）安居（此为法显西行后第三年即401年之夏坐）。安居以后，行二十五日到达竭叉国与慧景等会合。从此地出发向西行，经过一个月的时间，度过葱岭（此处指喀喇昆仑山）。

度过喀喇昆仑山以后就进入北天竺境内。法显等进入北天竺后首先到达陀历国（故址在今克什米尔西北部印度河北岸达地斯坦之达丽尔）。西南行，渡过新头河（今印度河），到达乌苌国（故址在今巴基斯坦北部斯瓦脱河流域）。慧景、道整、慧达三人先出发往那揭国（故地相当于今阿富汗东部贾拉拉巴德附近），法显等住乌苌国夏坐（此为法显西行后第四年即402年之夏坐）。夏坐以后南下，到宿呵多国（今斯瓦脱地区）。东下，到犍陀卫国（故地大约在当今斯瓦脱河流入喀布尔河附近一带）。自此东行，有国名竺刹尸罗（都城故址在今巴基斯坦北部拉瓦尔品第西北十余里之沙恩台里东南附近）。从犍陀卫国南行，到弗楼沙国（都城故址在今巴基斯坦白沙瓦）。宝云、僧景在弗楼沙国供养佛钵后便还。慧达自那揭国至，也还归中土。慧应卒于佛钵寺。法显一人独自西行，到达那揭国界醯罗城（今贾拉拉巴德城南五里之醯达村），北行，到那揭国城。在此住冬三月，法显、慧景、道整三人南度小雪山（今贾拉拉巴德城以南之塞费德科山脉），慧景死于小雪山。向南到罗夷国（塞费德科山脉以南罗哈尼人所居之地），在此夏坐（为法显西行后第五年即403年之夏坐）。夏坐以后南行，到跋那国（今巴基斯坦北部之邦努）。东行，渡过印度河，到毗荼国（即旁遮普，主要部分在今巴基斯坦东北部，小部分在今印度北部）。

从毗荼国向东南行，进入中印度，到摩头罗国（都城故址在今印度北方邦西部马土腊西南五里之马霍里）。法显在此处龙精舍夏坐（为法显西行后第六年即404年之夏坐）。夏坐以后，东南行，到罽饶夷城（今印度北方邦西部之卡瑙季城）。渡过恒水（今恒河），南行，到呵梨（盖即《大唐西域记》卷五所见羯若鞠阇国大城东南、殑伽河东岸之纳缚提婆矩罗城）。从此东南行，到沙祗大国（或即 Sāketa，曾为古代印度北部拘萨罗国的都城）。从此向北行，到拘萨罗国舍卫城（此城故址在今印度北方邦北部巴兰普尔西北、腊普提河南岸之沙海脱—马海脱）。从舍卫城向东南行，到那毗伽（具体地望不详）。从此向北行，是拘那含牟尼佛所生处。从此向东行，到迦维罗卫城（在今尼泊尔南部之提劳勒科脱，也有人认为在提劳勒科脱东南约十里）。从佛生处向东行，有蓝莫国（故址在今尼泊尔南部之达马里附近）。继续向东行到拘夷那竭城（故址在今小腊普提河与干达克河合流处之南，即巴伐沙格脱附近）。从此向东南行，到诸梨车欲逐佛般泥洹处。从此向东行，到毗舍离国（都城故址在今印度比哈尔邦北部木札法普尔地区之比沙尔）。从此向东行，到五河合口（即自毗舍离城至摩竭提国巴连弗邑之恒河渡口，附近为干达克、腊普提、哥格拉、恒河、宋河诸大水合流之处，汇成恒河下游而东行，故曰五河合口）。渡过恒河南下，到摩竭提国巴连弗邑（今印度比哈尔邦巴特那）。之后法显、道整历游小孤石山（即帝释窟）、那罗聚落（在因陀罗势罗窭诃山以西三十余里）、王舍新城（此城故址在今印度东北部比哈尔城西南约十五里之腊季吉尔）、伽耶城（在今印度比哈尔邦伽雅城）、贝多树下、鸡足山（今佛陀伽耶东南之窭播山）、迦尸国波罗木奈城（今印度北方邦之贝拿勒斯）、拘睒弥国（都城故址在今印度北方邦南部阿拉哈巴德西南三十里之柯散）、达嚫国（今印度中部马哈纳迪河系及哥达瓦里河系上游一带），又回到巴连弗邑。法显西行本为寻求戒律，然而北天竺诸国皆是师师口传，无本可写，于是才远行至中天竺。回到摩竭提国巴连弗邑之后，法显得到《摩诃僧祇律》《萨婆多众律》《杂阿毗昙心》《綖经》《方等般泥洹经》《摩诃僧祇阿毗昙》。法显住此三年（405—407年），学梵书、梵语，写律。道整留在此地不归，法显一人独还。

　　法显顺恒河东下，过瞻波大国（都城故址在今印度比哈尔邦东部巴格尔普尔略西不远处），到多摩梨帝国（都城故址在今印度西孟加拉国邦加尔各答西南之坦姆拉克，为古印度东北部之著名海口）。法显在此住两年（408—409年），写经及画像。法显搭乘商人大舶，泛海西南行，到师子国（今斯里兰卡）。于无畏山僧伽蓝中见一青玉像旁边有商人以晋地一白绢扇供养。住师子国两年（410—411年），于此得《弥沙塞律》《长阿含》《杂阿含》及一部《杂藏》。得到这些梵本以后，搭乘商人大船，浮海东下，至耶婆提国（今苏门答腊岛，或曰今爪哇岛）。法显在耶婆提国停五月余，换乘其他商人大船，往东北行，欲到广州。法显于船上安居（为法显西行后第14年即412年之夏坐）。后至长广郡界牢山（即崂山，今山东崂山县东）南岸登陆。法显因刘道怜之请在彭城（今江苏徐州市）[①] 居一冬一夏，并在此夏坐（413年之夏坐）。夏坐以后，南下建康（今江苏南京市）同外国禅师佛陀跋陀罗于道场寺译出《摩诃僧祇律》《方等泥洹经》和《杂阿毗昙心》。法显后到荆州，卒于江陵辛寺。

　　慧景，399年与法显一同从长安出发，西游天竺。到于阗国，慧景与道整、

[①] 足立喜六认为法显是在京口过此一冬一夏，汤用彤则认为是在彭城。详见章巽《法显传校注》（中华书局2008年版，第149—150页）及汤用彤《汉魏两晋南北朝佛教史》（北京大学出版社1997年版，第259页）。此从汤用彤说。

慧达先发向竭叉国，在竭叉国与法显等会合。同行至乌苌国，慧景又与道整、慧达三人先发向那揭国，在那揭国供养佛影、佛齿及顶骨。慧景于那揭国病，道整住看。二人在此与法显会合，一同翻越小雪山。慧景死于小雪山。

道整，与法显一同从长安出发，到于阗国，与慧景、慧达先发向竭叉国，与法显等会合后，同行至乌苌国，复于慧景、慧达先发向那揭国，在此供养佛影、佛齿及佛顶骨。慧景在那揭国生病期间由道整住此照看。自那揭国与法显会合后一直与法显同行，至回到摩竭提国巴连弗邑。道整到了中天竺以后，"见沙门法则，众僧威仪，触事可观，乃追叹秦土边地，众僧戒律残缺。誓言：'自今已去至得佛，愿不生边地。'故遂停不归。"① 留在了巴连弗邑。《高僧传》卷一《译经上·晋长安昙摩难提传附赵正传》："正字文业，洛阳清水人，或曰济阴人。年十八为伪秦著作郎，后迁至黄门郎，武威太守……后因关中佛法之盛，乃愿欲出家，坚惜而未许，及坚死后，方遂其志，更名道整……后遁迹商洛山，专精经律。晋雍州刺史郄恢，钦其风尚，逼共同游，终于襄阳，春秋六十余矣。"② 梁启超认为此赵正即是与法显同游之道整，"赵正即赵文业、仕苻秦，与道安同监译事，最有功佛法。与法显同游之道整，当即此人。惟《僧传》言其终于襄阳，《佛国记》言其终于印度，未知孰是"③。考郄恢（郄恢当是郗恢之误）接替朱序任雍州刺史是在孝武帝太元十七年（392年），直到晋安帝隆安二年（398年）去职。赵文业出家后为雍州刺史郄恢所逼，同游襄阳，郄恢于隆安二年（398年）去职，不久被杀，而道整与法显等人于隆安三年（399年）从长安出发西行，从时间上来看，赵文业即是与法显同游之道整，是完全有可能的。只是《高僧传》又言赵文业"终于襄阳，春秋六十余矣"。因此，与法显同游之道整是否就是出家之赵文业（更名道整），只能存疑。

慧应，与法显一同从长安出发，一路同行，至弗楼沙国，卒于佛钵寺。

释慧嵬，不知何许人。"止长安大寺。戒行澄洁，多栖处山谷，修禅定之业。"④ 399年与法显一同西行，行至焉夷国，与智严、慧简返向高昌求行资。其后是否与智严同行，不可考。

慧达，与法显等偕游，至于阗后与慧景、道整三人同行，至那揭国，慧景病，道整住看，慧达一人至弗楼沙国与法显、宝云等会合，与宝云、僧景俱还。冯承

---

① 释法显编，章巽注：《法显传校注》，中华书局2008年版，第120页。
② 释慧皎撰，汤用彤校注、汤一玄整理：《高僧传》卷1《译经上·晋长安昙摩难提传附赵正传》，中华书局1992年版，第35页。
③ 梁启超：《中国印度之交通》，《梁启超佛学文选》，武汉大学出版社2011年版，第109页。
④ 释慧皎撰，汤用彤校注、汤一玄整理：《高僧传》卷11《习禅·晋长安释慧嵬传》，第405页。

钧《历代求法翻经录》云"宝云止供养佛钵便还,乃与慧应共还秦土",则其认为慧达即为慧应。梁启超《中国印度之交通》认为"《僧传》所记有慧应无慧达,是否一人,待考"。《法显传》"弗楼沙国"条记有"慧应在佛钵寺无常",则慧应、慧达并非一人。

三 法显所获佛典及翻译情况

据《法显传》的记载,法显西行途中在摩竭提国巴连弗邑和师子国获得佛典梵本。在巴连弗邑,"于此摩诃衍僧伽蓝得一部律,是《摩诃僧祇众律》,佛在世时最初大众所行也,于祇洹精舍传其本。自余十八部各有师资,大归不异,于小小不同,或用开塞。但此最是广说备悉者。复得一部抄律,可七千偈,是《萨婆多众律》,即此秦地众僧所行者也。亦皆师师口相传授,不书之于文字。复于此众中得《杂阿毗昙心》,可六千偈。又得一部《綖经》,二千五百偈。又得一部《方等般泥洹经》,可五千偈。又得《摩诃僧祇阿毗昙》。故法显住此三年,学梵书、梵语,写律"。至师子国,"法显住此国二年,更求得《弥沙塞律》藏本,得《长阿含》、《杂阿含》,复得一部《杂藏》。此悉汉土所无者"①。下面分别介绍这些经典的翻译情况。

1.《摩诃僧祇律》四十卷

东晋安帝义熙十二年(416年)十一月至义熙十四年二月法显同佛陀跋陀罗于道场寺译出。又名《婆麁富罗律》,为印度部派佛教中大众部传承的戒律,全律包括比丘戒法和比丘尼戒法两大部分,其中比丘戒218条,比丘尼戒277条。律后记云:

> 中天竺昔时暂有恶王御世,三藏比丘及诸沙门皆远避四奔。恶王既死,善王更立,还请沙门归国供养。时巴连弗邑有五百僧欲断事,既无律师,又阙律文,莫知承案。即遣使到祇洹精舍,写此律文,众共奉行。其后五部传集,诸律师执义不同,各以相承为是,争论纷然。于时阿育王言:"我今何以测其是非?"于是问僧:"佛法断事云何?"皆言:"法应从多。"王言:"若尔,当行筹知何众多。"既而行筹,婆麁富罗众筹甚多。以众多故,改名摩诃僧祇。摩诃僧祇者,言大众也。沙门释法显游西域,于摩竭提巴连弗邑阿育王塔天王精舍写得梵本,赍还京都。以晋义熙十二年,岁次寿星,十一

---

① 释法显编,章巽注:《法显传校注》,中华书局2008年版,第120、140页。

月，共天竺禅师佛陀跋陀于道场寺译出，至十四年二月末乃讫。①

2.《萨婆多律抄》，未译

3.《杂阿毗昙心》十三卷

法显于道场寺译出。与前秦罽宾沙门僧伽跋澄在长安所译《鞞婆沙论》、刘宋僧伽跋摩译《杂阿毗昙心》（十四卷）为同本异译。是阿毗达摩论书之一，训释《阿含经》的概念和思想，译本久佚。

4.《綖经》梵文，未译

5.《大般泥洹经》六卷

晋义熙十三年（417年）十月一日至义熙十四年正月一日于道场寺译出。为大乘《涅槃经》的初译。《出经后记》记其译出经过曰：

> 摩竭提国巴连弗邑阿育王塔天王精舍优婆塞伽罗先，见晋土道人释法显远游此土，为求法故，深感其人，即为写此《大般泥洹经》如来秘藏。愿令此经流布晋土，一切众生，悉成平等如来法身。义熙十三年十月一日于谢司空石所立道场寺出此《方等大般泥洹经》，至十四年正月一日校定尽讫。禅师佛大跋陀手执胡本，宝云传译。于时座有二百五十人。②

慧叡记述了当时的译经情况并概括了此经的思想：

> 今《大般泥洹经》，法显道人远寻真本，于天竺得之，持至扬都，大集京师义学之僧百有余人，禅师执本，参而译之，详而出之。此经云："泥洹不灭，佛有真我。一切众生，皆有佛性。皆有佛性，学得成佛。"佛有真我，故圣镜特宗，而为众圣中王。泥洹永存，为应照之本。大化不泯，真本存焉。③

6.《摩诃僧祇阿毗昙》，未译

7.《弥沙塞律》（《五分律》）三十四卷

刘宋少帝景平元年（423年）十一月至景平二年十二月于龙光寺译出。是化

---

① 释僧佑著，苏晋仁、萧鍊子校：《出三藏记集》卷3《新集律来汉地四部记录》，中华书局2008年版，第119页。
② 释僧佑著，苏晋仁、萧鍊子校：《出三藏记集》卷8《六卷泥洹经记》，第316页。
③ 释僧佑著，苏晋仁、萧鍊子校：《出三藏记集》卷5《喻疑》，第235页。

地部所传戒律。《出三藏记集》卷三记其翻译情况云：

> 法显以晋义熙二年还都，岁在寿星，众经多译，唯《弥沙塞》一部未及译出而亡。到宋景平元年七月，有罽宾律师佛大什来至京都。其年冬十一月，琅琊王练、比丘释慧严、竺道生于龙光寺请外国沙门佛大什手执胡文，于阗沙门智胜为译，至明年十二月都讫。①

《高僧传·佛驮什传》的记载更详：

> 佛驮什，此云觉寿，罽宾人，少受业于弥沙塞部僧，专精律品，兼达禅要，以宋景平元年（公元四二三年）七月届于扬州。先沙门法显，于师子国得《弥沙塞律》梵本，未被翻译，而法显迁化，京邑诸僧闻什既善此学，于是请令出焉。以其年冬十一月集于龙光寺，译为三十四卷，称为《五分律》。什执梵文，于阗沙门智胜为译，龙光道生、东安慧严共执笔参正，宋侍中琅琊王练为檀越，至明年四月方竟。仍于大部抄出戒心，及羯磨文等，并行于世。②

《出三藏记集》卷二著录有《弥沙塞戒本》一卷、《弥沙塞羯磨》一卷。

8.《长阿含经》

现存的汉译《长阿含经》是罽宾僧人佛陀耶舍于后秦弘始十五年（413年）在长安译出的，凡二十二卷，前有僧肇写的序。"佛陀耶舍翻译的《长阿含经》的原本，似乎是从印度或中亚地区直接传来，而不是法显从斯里兰卡带回的梵本。因为佛陀耶舍译本译出的时间距法显回国的时间太近，而且当时南北分治，法显回国以后，也没有机会再去长安。"③

9.《杂阿含经》

现存的汉译《杂阿含经》是求那跋陀罗于刘宋元嘉十二年（435年）在建康的祇洹寺译出的，共五十卷。求那跋陀罗翻译《杂阿含经》所据的原本是否就是法显带回的梵本，王邦维认为是有可能的。"法显回国以后，主要停留在建康。

---

① 释僧佑著，苏晋仁、萧鍊子校：《出三藏记集》卷3《新集律来汉地四部记录》，中华书局2008年版，第120页。
② 释慧皎撰，汤用彤校注、汤一玄整理：《高僧传》卷3《译经下·宋建康龙光寺佛驮什传》，中华书局1992年版，第96页。
③ 王邦维：《关于法显从斯里兰卡带回的几种佛经》，温金玉著，杨曾文编：《东晋求法高僧法显和〈佛国记〉》，宗教文化出版社2010年版，第37页。

他亲自参与翻译的几部经典，如《大般泥洹经》和《摩诃僧祇律》，都是在建康译出。他从印度和斯里兰卡携带回国的佛经，最后似乎也都留在了建康。法显自己没有来得及翻译的《弥沙塞律》，在他去世以后由印度罽宾僧人佛陀什与竺道生等翻译出来，依据的就是法显带回的梵本，翻译的地点也是在建康。因此，如果我们说求那跋陀罗翻译的《杂阿含经》依据的就是法显带回的梵本，应该可以接受。此外，依照隋代费长房编撰的《历代三宝记》卷十的说法，求那跋陀罗翻译《杂阿含经》，底本的确是法显带回的梵本。只是我们对《历代三宝记》的记载，一般来说，应该比较地审慎。"①

10.《杂藏经》一卷

现存有《佛说杂藏经》一卷（《大正藏》第17册，第七四五号），题为东晋法显译。"这部《佛说杂藏经》，题为法显译，如果说根据的就是法显带回的那份原本，应该是顺理成章的事。但是，从现有的译本看，体例混乱，很难说是原文就如此，还是由于翻译以及传写的原因。或者两个原因兼有。原本早已不存，很难判断。不过，从《杂藏经》这个题名来看，原本很可能就是一种或几种零碎的经典拼凑在一起，《杂藏经》只是一个总题，指示出它可以归入的一个大类。《杂藏经》的三个异译本，题为安世高译的《鬼问目连经》和失译附东晋录的《饿鬼报应经》以及《目连说地狱饿鬼因缘经》就是例证。"②

此外，《出三藏记集》卷二法显译经条还列有《方等泥洹经》二卷。但是此经的原本并不是法显带回的。《开元释教录》卷三改称为《大般涅盘经》三卷（或二卷），智升认为此经"是《长阿含》初分《游行经》异译。群录并云显出《方等泥洹》者，非即前《大泥洹经》加方等字，此小乘《涅盘》。文似显译，故以此替之"③。汤用彤认为此经并非法显所译，实为失译。④

（伏俊琏，西华师范大学）

---

① 王邦维：《关于法显从斯里兰卡带回的几种佛经》，温金玉著，杨曾文编：《东晋求法高僧法显和〈佛国记〉》，宗教文化出版社2010年版，第38—39页。
② 王邦维："杂藏"考，袁行霈主编：《国学研究》卷2，北京大学出版社1994年版，第569页。
③ 释智升：《开元释教录》卷3，《大正新修大藏经》第55册，第507页。
④ 汤用彤：《汉魏两晋南北朝佛教史》，北京大学出版社1997年版，第407页。其文曰："智升以为《方等泥洹》即六卷之别名。而此小乘经似显译，故以当之。但《方等泥洹》固亦别有其书。（见下文）而法显是否于六卷外另出一《泥洹》，尤为可疑。（《佛国记》只言显在天竺得《方等泥洹经》一种。而据《佑录》八之经记，六卷本即称为《方等大般泥洹经》。[原文见下] 夫显既己携归梵本一种，而所出六卷又原名《方等大般泥洹》，则谓其译出二种，非也）且《藏经》中此小乘经称为'大般涅盘'，亦不似显所译。（显书作泥洹故也）故智升之言非也。此本实为失译。"

佛教与《文心雕龙》"圆"范畴之生成

张明娟

一 引言

"圆"是中国古代文论的一个重要范畴。《文心雕龙》以前的文论中"圆"出现的频率并不高，偶见于西晋时陆机《文赋》"虽离方而遁圆，期穷形而尽相"一句中，历代注家对"离方而遁圆"一句的解释尽管说法不一，但对方圆与规矩对举则并无异议。《文选》李善注曰："方圆谓规矩也。言文章在有方圆规矩也。""圆"也应用于书画批评中，如西晋卫恒《四体书势》中就有"或守正循检，矩折规旋；或方圆靡则，因事制权""不方不圆，若行若飞"之说。在审美领域"圆"显然比"方"更受偏爱。南北朝齐时已用"圆"论文。最早借"圆"谈论诗文者当属南朝齐时的谢朓，《王直方诗话》有如下一则记载：谢朓尝谓沈约曰："好诗圆美流转如弹丸。"至齐梁时代"圆"已然成为一个审美范畴。《文心雕龙》中"圆"出现达18次，涉及16篇。

二 《文心雕龙》中"圆"作为术语在文本层面的呈现

《文心雕龙》中，"圆"在文本层面的呈现按照意义划分，大致有以下三类。

第一类："圆"指天体

"夫玄黄色杂，方圆体分，日月叠璧，以垂丽天之象，山川焕绮，以铺理地之形，此盖道之文也。"《原道》圆喻指天体，此为"圆"最早的含义。东汉许慎《说文解字》云："圜，天体也。"古人相信天圆地方，《大戴记》就有"天道曰圆，地道曰方"之说。《庄子·说剑》亦提及"上法圆天，以顺三光；下法方地，以顺四时"。

第二类："圆"指完美无缺、齐全周备

这一类又可以细分为两类，一是以"圆"字作为限定性语根，如"圆通"出现三处："圆备"（《明诗》）、"圆合"（《熔裁》）、"圆览"（《比兴》）、"圆鉴"（《总术》）、"圆该"（《知音》）、"圆照"（《知音》）；二是做谓语用来说明事、理、思、韵之理想状态，如"事圆"（《杂文》）、"理圆"（《丽辞》）、"思转自圆"（《体性》）、"骨采未圆"（《风骨》）、"虑动难圆"（《指瑕》）。

《文心雕龙》中，"圆通"出现三次，涉及诗体、论义、文辞：

（1）然诗有恒裁，思无定位，随性适分，鲜能通圆（亦作圆通）（《文心雕龙·明诗》）。

（2）原夫论之为体，所以辨正然否；穷于有数，究于无形，迹坚求通，钩深取极；乃百虑之筌蹄，万事之权衡也。故其义贵圆通，辞忌枝碎，必使心与理合，弥缝莫见其隙；辞共心密，敌人不知所乘：斯其要也。是以论如析薪，贵能破理《文心雕龙·论说》。

（3）扬雄《剧秦》，班固《典引》，事非镂石，而体因纪禅。观《剧秦》为文，影写长卿，诡言通辞，故兼包神怪；然骨掣靡密，辞贯圆通，自称极思，无遗力矣《文心雕龙·封禅》。

自商暨周，《雅》、《颂》圆备（《明诗》）。诗人比兴，触物圆览（《比兴》）。然后舒华布实，献替节文；绳墨以外，美材即斫，故能首尾圆合，条贯统序（《熔裁》）。才之能通，必资晓术，自非圆鉴区域，大判条例，岂能控引情源，制胜文苑哉（《总术》）！知多偏好，人莫圆该（《知音》）。圆照之象，务在博观（《知音》）。

圆备、圆览、圆合、圆鉴、圆该、圆照为"圆"的组合词，均有齐全、完备之意。

此外，该层意义下，"圆"也做谓语用来说明事、理、思、韵之理想状态，如"事圆"（《杂文》）、"理圆"（《丽辞》）、"思转自圆"（《体性》）、"骨采未圆"（《风骨》）、"虑动难圆"（《指瑕》）。

上述引文中，"圆"指"完备、周全，圆满无缺"，由"天体"说引申而来。清代段玉裁《说文解字注》对"圆"注解为："圜，全也……圜者天体。天屈西北而不全。圜而全，则上下四旁如一。是为浑圜之物。"

第三类:"圆"指圆转流动,运转无碍

圆者规体,其势也自转。方者矩形,其势也自安(《定势》)。切韵之动,势若转圆(《声律》)。圆球体的形态特征是运动不停,与稳定、静止的方形相对。《易经·系辞上》曰:"蓍之德,圆而神",韩康伯释云:"圆者,运而不穷。"孔颖达《正义》:"圆者,运而不穷者,谓团圆之物运转而无穷已,犹阪上走丸也。蓍亦运动不已,故称圆也。"《文中子》卷2之《天地篇》:"子曰:圆者动,方者静,其见天地之心乎?"

按照现代意义上的文学分类,"圆"在文学本体论、创作论、批评论思想上均有涉及,尤其是后两者。《原道》篇中刘勰将文学的地位、价值提升至与"天地并生者"的位置:"文之为德也大也,与天地并生者何哉!",并创造性地提出"自然之道"这一主张:"心生而言立,言立而文明,自然之道也。"天道曰圆,地道曰方;两者之间,则天尊地卑。"圆"为天道,浑然天成,正是自然之道的体现;"圆"又代表圆转流动,永无停息的生命力,故有"圆活"之说。《文心雕龙》中与"方"相比"圆"受到偏爱不难理解。创作论《定势》篇言"圆者规体,其势也自转。方者矩形,其势也自安",谈及确定文章的体裁风格,主张按照内容自然形成的趋势,圆者自然会转动,方者自然会安定;《声律》篇言"切韵之动,势若转圆,讹音之作,甚于枘方":主张按照自然形成的格律,使声调调配得当,顿挫有律,流动婉转,才能达到和谐。切韵和谐的诗歌音调有一种平滑流畅之势,而不规则的"讹音之作"则生硬倔强。《丽辞》篇:"若气无奇类,文乏异采,碌碌丽辞,则昏睡耳目。必使理圆事密,联璧其章,迭用奇偶,节以杂佩,乃其贵耳。"追求均衡对称之美。然而,刘勰认为,如果通篇全用对偶,易窒塞文气,迭用奇偶则会产生跌宕变化的流畅美。文章圆转而流动,自然成势,富于生机,则臻于完美的艺术境界。

《知音》中的"知多偏好,人莫圆该","会己则嗟讽,异我则沮弃;各执一隅之解,欲拟万端之变。所谓东向而望,不见西墙也"体现了刘勰圆融的批评之思。刘勰认为知音之难,一在于"文情难鉴",二在于欣赏者"知多偏好,人莫圆该"。他要求批评家不要"各执一隅之解",欲拟"万端之变",以至"东向西而望,不见西墙"。他希望理想的批评家"无私于轻重,不偏于憎爱","平理若衡,照辞如镜"地通过"六观"(一观位体,二观置辞,三观通变,四观奇正,五观事义,六观宫商)来"披文以入情"。好的鉴赏者和批评者应该学会"圆照",即全面认识和观察的基础,而这需要建立在广泛阅读、经验累积的基础上:"凡操千曲而后晓声,观千剑而后识器;故圆照之象,务先博观。"以"六观"批

评维度来考察《文心雕龙》,从作品本身的整体构架、整体风格到局部细节、从表现手法到宫商韵律,并从作品外部参照系统来作比较,这也是刘勰圆该的批评论体现。无怪香港黄维梁先生如此评述:"六观说面面俱到,既审视作品的字辞章句,也通览整篇作品的主题,结构,风格,更比较该作品与其他众多作品(刘勰强调操千曲而后晓声,观千剑而后识器)的异同,这真是有微观又有宏观,见树又见林,显微镜与望远镜并用的批评体系,这在中国少有甚或没有,自亚里士多德的《诗学》到19世纪的诸批评名著,似乎也是少有甚或没有的。"①

三 "圆"作为文化关键词

天圆地方,是古代中国人对天地形态的最原始的想象。方与圆,一直一曲,一刚一柔,刚柔相济;圆意味着无限,方则暗示着有穷,由有穷而入无限。没有规矩,不成方圆。方圆直接与规矩相连,二者都与宇宙论、创世说密切相关。中国古代天体说中的盖天说、浑天说均持"天圆"论。盖天说认为天似盖笠,地似覆盘。《吕氏春秋·序言》云"大圆在上,大矩在下,汝能法之,为民父母"。浑天说观点则如其代表人物张衡所说"天圆如弹丸,地若卵中黄"。

"方""圆"离不开"规""矩"。山东嘉祥县汉武梁祠画像、山东沂南汉墓石柱、新疆高昌故址阿斯塔那古墓彩色绢画均出现"伏羲手执矩,女娲手执规"的图案。在中国上古神话中,伏羲、女娲被视为人类始祖,手持规矩有画天地方圆、定世间秩序之义。基督教亦有"圆规创世"说。《圣经》称:"神立高天,我在那里,他在渊面的周围,放上圆规"(箴言8:27)。先秦两汉文献中,"规"和"矩"表示绘图和测量工具既可单用,也可连用,一般都与"圆"和"方"对应。如《尸子》:"古者,倕为规、矩、准、绳,使天下仿焉。"传说中舜帝之臣"倕"造规矩准绳,使天下效仿,而禹则以规矩测量山川,勘定九州岛。此传说载于《史记·夏本纪》:"左准绳,右规矩,载四时,以开九州岛,通九道,陂九泽,度九山。"《荀子·赋》:"圆者中规,方者中矩。"《吕氏春秋·分职》:"巧匠为宫室,为圆必以规,为方必以矩,为平直必以准绳。"《礼记·经解》:"规矩诚设,不可欺以方圆。"孔颖达疏:"规所以正圆,矩所以正方。"《孟子·离娄上》:"离娄之明,公输子之巧,不以规矩,不能成方圆。"《墨子·天志上》:"我有天志,譬若轮人之有规。匠人之有矩,轮匠执其规矩,以度天下之方

---

① 黄维梁:《〈文心雕龙〉"六观"说和文学作品的评析——兼谈龙学未来的两个方向》,《北京大学学报》1996年第3期。

圆。"《墨子·法仪》:"百工为方以矩,为圆以规。"《汉书·律历志》:"规者,所以规圆器械,令得其类也。矩者,所以矩方器械,令不失其形也。"《淮南子·说林训》:"非规矩不能定方圆,非准绳不能正曲直。"《淮南子·诠言训》:"未尝闻身治而国乱者也,未尝闻身乱而国治者也。矩不正不可以为方,规不正不可以为圆。身者事之规矩也,未闻枉己而能正人者。"

德国哲学家卡尔·雅斯贝尔斯认为,公元前800年至公元前200年间,尤其是公元前500年前后,是人类文明的"轴心时代"。这段时期不仅是人类文明精神的重大突破时期,而且也决定了后来人类文化的意义建构。"就华夏文明而言,时空节点是殷商西周及春秋战国,经典文本是六经及诸子,语义根源则是先秦元典关键词。"[①] 可以说,从最原始的宇宙论、创世论开始,到成为社会秩序、修身治国之伦理标准,伴随"规矩","方圆"在先秦时期成为中华文化的一个关键词。

值得注意的是,方与圆往往成对出现,但圆更受到偏爱。《易经·系辞上》有"蓍之德,圆而神",王弼注曰:"圆者,运而不穷。"圆在先秦时代成为极富生命力的关键词。原因何在?

《周易·说卦传》如是规定:"乾为天、为圆、为君、为父","坤为地、为母、为方"对"天地、方圆、男女"进行高卑定位。《淮南子·天文训》:"天道曰圆,地道曰方。方者主幽,圆者主明。明者吐气者也,是故火曰外景;幽者含气者也,是故水曰内景。吐气者施,含气者化,是故阳施阴化",已经隐含着天地、方圆、阴阳、男女的不平等地位:天尊地卑、圆尊方卑、阳尊阴尊、男尊女卑。《周礼·春官·大宗伯》:"以玉作六器,以礼天地四方。以苍璧礼天,以黄琮礼地,以青圭礼东方,以赤璋礼南方,以白琥礼西方,以玄璜礼北方。"郑玄注:"礼神者必象其类,璧圆象天,琮八方象地。"璧为圆形,琮为方形。考古研究表明商周时期玉琮已趋于衰落,重璧轻琮是一种普遍现象,而重璧轻琮是"天尊地卑"观念的体现,天尊地卑的结果则是重圆轻方。无独有偶,在西方,也有圆尊方卑的观念。圆因其无始无终、运转无穷、无所不包往往被赋予神性。柏拉图《蒂迈欧篇》说,神以自身的形象创造宇宙,把它做成了圆形,并将灵魂放在中心,使灵魂扩散至整个实体,把它包住。爱默生在《论圆》中也提及,圣奥古斯丁把上帝的天性描绘成一个圆心无所不在,圆周无所不及的圆。圆形代表神、灵魂、精神、无限、永恒、圆美、抽象,而方则代表着与之相对的另一极:人、有限、具体、物质或肉体。无论是柏拉图还是

[①] 李建中:《关键词研究开启中华文化现代意义世界》,《中国社会科学报》2014年6月4日。

基督教文化都将精神和理念当作第一位重要的，而物质则是第二位的。在基督教看来，化圆为方，意味着把无限变为有限，把精神变为物质，此举愚不可取，这正如英国诗人约翰·多恩在诗中所言：对于永恒的上帝，没有任何人敢于寻找这么一种新的表现方式，即"变圆形为方形"，把"无角的、无限的"上帝塞进"贫乏才智的角落"里面。化方为圆，则是臻于永恒、圆美。当然，应当承认的是，在品藻人品方面，"方"得正其名，如钱锺书所言："然立身则又尚方。"《淮南子·主术训》言："智欲圆而行欲方。"《荀子·礼论》："法礼足矣礼，谓之有方之士。"王充《论衡·状留》篇："贤儒，世之方物也。"因"圆"常以"圆滑"之义喻人之"媚世苟合，随世轮转"，唐时曾有过"恶圆"之风。尽管如此，中国文化中"外圆内方"更被视为理想人格。桓宽《盐铁论·论儒》言："孔子能方不能圆，故饥于黎丘。"内心需严正刚直，为人处世却要圆融通达。有方无圆，依然不够圆美。

圆是在跨越了更遥远的时空，纵横神话、宗教、哲学、美学等诸多领域而进入六经及诸子典籍，而后才进入文学及文论中。按照荣格的理论，圆属于原始意象或原型范畴。所谓"原始意象"，按荣格的解释，就是"人类远古的深层集体无意识"。

学界普遍认同最古老的舞蹈形式是环舞或圈舞。这种舞蹈遍及亚洲、欧洲、美洲、澳洲，遍及一切有人类有舞蹈的地方的古老传统中。西方不少文学作品中都谈到了圆形的宇宙舞蹈，最早见于荷马史诗《伊利亚特》第十八卷中所描绘的"阿克琉斯之盾"上。神匠赫法伊斯托斯为阿克琉斯铸造了一个坚固的大盾牌。盾面上绘有大地、海洋、天空、太阳、圆月和诸多星宿。盾的边缘是一圈无穷无尽的海溪（宇宙的边缘）。中间绘着两座凡人的城市、农田、王室领地、葡萄园、操场。此外，更有一个"舞场"，小伙子和姑娘们在舞场手挽手排成长串，优美地绕着圆圈，迅疾地旋转，犹如陶工弯腰试转时的转盘。欧洲古老的篝火节发展为四月斋篝火、复活节篝火、万圣节篝火，人们环篝火成圈，圈时开时合，随舞蹈来回旋转。在中国，考古资料同样可以发现这种环舞。1937年青海省大通县上孙家寨一座马家窑文化类型墓葬中出土了一件绘有舞蹈场面的彩陶盆，上面绘有5人一组（共3组15人）手臂相连、围圈而舞的环舞，距今已有5000至5800年，传说是炎帝和黄帝时代的舞蹈。这种圆形原始舞蹈往往有着神圣意义。苏珊·朗格认为："那种环舞或圈舞作为舞蹈形式与自发的跳跃无关，它履行一种神圣的职能，也许是舞蹈最神圣的职能——将神圣的'王国'与世俗存在区分开来。这样，它就创造了跳舞的舞台，这舞台自然而然地以祭坛或一些类似的东西（如图腾、祭司、火堆、用作祭品的其他部落酋长的人头）作为中心。在这具有魔力的舞圈中，所有的精力都释放出来了。"[1] 原始舞蹈与图腾崇拜密切相关，圆舞是天崇拜、太阳崇拜的体现，含"参天地谐造化"之意。

　　道家、儒家均有尚圆风尚。黄老道家的重要典籍《文子·自然》将运转无穷之圆视为道之本体，宇宙万物之本根。老子曰："夫道者，体圆而法方，背阴而抱阳，左柔而右刚，履幽而戴明，变化无常。"道家所采用的标志太极图亦是以圆形出现。王夫之《周易内传发例》云："太极，大圆者也。"儒家虽没有对圆做出明确阐述，但儒家、道家均将《易经》视为经典，而《易经》正体现了"圜道观"（"圜"通"圆"）。"圜道"即循环之道。圜道观认为，一切自然现象和社会人事的发生、发展、消亡，都永恒遵循圆周运动，周而复始。圜道观始见于《道德经》，如"反者道之动""远曰及"，返本归初是事物运行的趋势。《吕氏春秋·圜道》篇则对此进行了展开论述：物动则萌，萌而生，生而长，长而大，大而成，成而衰，衰乃杀，杀乃藏，圆道也。《易经》认为宇宙万物处于循环往复的运动之中。天地是一个大循环，每一个事物是一个小循环，事物之间有着循环转化的关系："无平不陂，无往不复"（《泰卦》），"反复其道，七日来复"（《复卦》）。就儒家而言，"中和"思想则与"圆"思想符契相合。首先，就思维活动而言，"中"即"不偏不倚，无过无不及"。中既是起点，又是终点，不偏不倚的圆满状态需要不断循环的思维活动才能达致，这种思维路径恰好表现为圆形。就伦理价值而言，《中庸》云"喜怒哀乐之未发，谓之中；发而皆中节，谓之和。中也者，天下之大本也；和也者，天下之达道也。致中和，则天地位焉，万物育焉"，"达道"就是四通八达，无所不通，这与圆所代表的"圆融无碍"并无二致。

　　由此可见，在《文心雕龙》成书之前，"圆"在中国本土已是关键词或重要术语。前文中也提到"圆"较频繁地出现在各类典籍中。在文论中大规模出现则是在《文心雕龙》中。这其中的动因何在？刘勰的佛教徒身份是否参与了圆作为文论范畴的建构？

四　佛教之于文论范畴"圆"的生成

　　释迦牟尼生于印度北部，最初佛教仅流传于中印度恒河上游。至阿育王时代，相当于中国秦朝时期，佛教逐渐向外传播，影响西达地中海东部沿岸国家，北到克什米尔、白沙瓦，南到斯里兰卡，进入东南亚。佛教由此分为两条对外传播路

---

[1]　苏珊·朗格：《情感与形式》，中国社会科学出版社1986年版，第218页。

线,以斯里兰卡为基地并向东南亚传播的,称作南传佛教,以克什米尔、白沙瓦为中心,继续向大月氏、康居、大夏、安息和中国的于阗、龟兹传播的,叫作北传佛教。佛教东传,显然是沿北线而行,进入中国与汉武帝开辟西域有直接关系。汤用彤先生对此有精彩论述:

> 在西汉,佛法当已由北天竺传布中亚各国。其时汉武帝锐意开辟西域,远谋与乌孙、大宛、大夏交通。此事不但在政治上非常重要,而自印度传播之佛法必因是而以益得东侵之便利。中印文化之结合即系于此……依史实言,释教固非来自与我国接壤之匈奴,而乃传自武帝所谋与交通之各国也。盖匈奴种族向未以信佛教著称。而传译经典于中国者,初为安息、康居、于阗、龟兹。但其于传法最初有关系者,为大月氏族。①

中国正史中最早记载佛教东传的《魏书·释老志》对此也有记载:

> 汉武元狩中,遣霍去病讨匈奴,至皋兰,过居延,斩首大获。昆邪王杀休屠王,将其众五万来降。获其金人,帝以为大神,列于甘泉宫。金人率长丈余,不祭祀,但烧香礼拜而已。此则佛道流通之渐也。及开西域,遣张骞使大夏还,传其旁有身毒国,一名天竺,始闻有浮屠之教。哀帝元寿元年,博士弟子秦景宪受大月氏王使伊存口授浮屠经。②

其中明确提到佛教与张骞通西域即开辟丝绸之路有关。关于大夏,《史记·大宛列传》中有此记载:"大夏在大宛西南二千馀里妫水南。其俗土著,有城屋,与大宛同俗。无大长,往往城邑置小长。其兵弱,畏战。善贾市。及大月氏西徙,攻败之,皆臣畜大夏。大夏民多,可百馀万。其都曰蓝市城,有市贩贾诸物。其东南有身毒国。"此时的大夏,即巴克特里亚,与"身毒国"(即印度)相邻,领域北起阿姆河上游,南抵印度河流域,是势力最强盛的时期,希腊人和马其顿人的移民很多,有许多希腊化城市。约在公元前2世纪上半叶,佛教传进希腊人统治的大夏。汉译《那先比丘经》(南传巴利文《弥兰陀王问经》),就反映了佛教在这个地区的一个城市国家舍竭(今巴基斯坦锡亚尔科特)初传的情况,是研究佛教在大夏,特别是希腊移民中流布状况的重要资料。前2世纪中叶,大夏被来

---

① 汤用彤:《汉魏两晋南北朝佛教史》,中华书局1983年版,第34页。
② 《魏书》卷114《释老志》,中华书局1974年版,第3025页。

自东方的大月氏征服,一些希腊式城市国家逐渐并入大月氏领地,其时大夏已信奉佛教。由此,大月氏也直接接受了在大夏流布的佛教信仰。公元前1世纪,大月氏人已信奉佛教。公元前2年,大月氏王使伊存口授《浮屠经》给东汉的博士弟子秦景宪,此为文献记载佛教传入汉地之始,为学术界所公认。

至东汉时佛教深入上层社会,盛极一时。西域各国高僧如印度的竺法兰、摄摩腾、竺律炎,大月氏的支娄迦谶、支谦,安息的安世高、安玄,康居的康巨、康孟祥等陆续来华,传译佛经。东汉都城洛阳成为丝绸之路的新起点和终点,也成为佛经翻译与传播中心。东晋十六国时期为印度佛教原典成熟期。大乘原典传入中土。更多的梵僧来华和华人西行求法,佛教在知识阶层译经相当普及。南北朝时佛教发展态势持续高涨,至梁武帝时达到极盛。梁武帝认为道有96种,而唯佛为尊。先后4次舍身同泰寺,又令臣下以亿万钱奉赎,施舍财物,动辄以千万计。他广建大寺院,立丈八佛像;明令禁断肉食,只许食素;创立忏悔法,号"梁皇忏"。这些行动,促进了佛教向社会深层的广泛流布。梁武帝对义学更是多方提倡,自疏《涅盘》《净名》等经典,自讲《般若》义,自立《神明成佛》义,诏编《众经要钞》《经律异相》《义林》等佛教类书,推崇《成实》论师和《十诵》律师。其长子昭明太子、三子简文帝、七子元帝,也都以好佛理著称。刘勰本人也是虔诚的佛教徒,自幼笃信佛教,曾三入定林寺,初依佛教律学大师僧佑居定林寺十余年,后奉旨入定林寺编集佛教经藏,晚年于定林寺出家。

佛教传入中国后,对中国社会生活和文学艺术都产生了深远的影响。佛教进入中土,与中国本土文化之间既相互冲突、碰撞,同时又相互激发、共同提升。正是在与中国本土思想的冲突、碰撞、融合中,佛教实现了中国化的过程;这也是中国本土思想不断发展、整合的过程,并催生了魏晋南北朝时期的玄学。关于佛教与玄学的关系,宾西法尼亚大学教授梅维恒认为佛教是玄学的催化剂:"可以更有力地论证,就时间顺序和内容而言,是佛教(尤其是般若学和毗昙学)为现存中国思想的混合体(主要是儒家思想和道家思想)提供了发酵剂,催生了玄学。"洪修平也认为,"从实际情况来看,佛教的传入对玄学思想的形成发生一定的影响,是完全有可能的"[1]。尽管汤用彤先生认为,"玄学与印度佛教在理论上没有必然的关系,易言之,佛教非玄学生长的正因。反之,佛教倒是先受玄学的洗礼,这种外来的思想才能为我国人士所接受"[2],他也承认,"不过,以后佛学对于玄学的根本问题有更深一层的发挥。所以从一方面讲,魏晋时代的佛学可以

---

[1] 洪修平:《佛教般若思想的传入和魏晋玄学的产生》,《南京大学学报》1985年增刊。后收录于洪修平《中国佛教与儒道思想》,宗教文化出版社2004年版,第1—14页。

[2] 汤用彤:《汤用彤全集(第四卷)》,河北人民出版社2000年版,第112页。

说是玄学。而佛学对玄学推波助澜的助因是不可抹杀的"[1]。正是玄学开启了中国历史上的文学自觉时代，佛教对中国思想界乃至整个上层建筑影响巨大。在文学领域，"此时正值佛典大量翻译、传播，佛家学说与中国传统学术有巨大差别，在宇宙观、人生观、心性观、认识论等方面提出了新课题并给予了十分细密的论证与解答。处于形成期的文学理论，从佛学中寻找借鉴与依据，亦属自然"[2]。例如，佛教发达的造像艺术启发文学理论中的形象学理论；佛教的"空观"使文论家和诗人开始追求一种不同于现实真实的艺术真实，追求"方外之至真"，从而赋予了文学作品一种空灵、超脱的精神境界。身为佛教徒的儒家知识分子刘勰在构建自己的文学理论体系时，从佛教中吸取营养，亦属自然。正是自刘勰起，"圆"作为文论范畴的地位得以正式确立，这是否受到佛教的影响呢？

比较而言，佛教尚圆意识较儒、道表现更为突出。佛教认为，圆代表完美无缺，是一切形状中之最美者。大乘佛教中的宇宙广大无边。世界的中央是须弥山，日月星辰围绕着须弥山运行。四周是九山八海，最外侧的咸海中有四大洲。人类就居住在四大洲之一的南瞻部洲上。咸海之外是铁围山，下面有地轮、水轮、风轮支撑着，再下面是虚空轮。以上构成一个小世界。同样的世界有三千大千世界，即一千的三次方那样多的世界。由是观之，宇宙运转呈现圆形模式。与此相关的是佛教的"六道轮回"观。事实上，早在佛教产生之前，印度社会就存在圆形为美的审美趣味。宗教的产生离不开世俗社会的文化环境，世俗的尚圆之风也随佛教的产生而移入其中并得以升华。圆在梵语中为 avikala，意为"不偏倚、圆满、圆融"，常用来比喻般若智慧。《圆觉经》"以圆觉慧圆合一切"。佛说法之音因其圆满周密美妙，被称为"圆音"。《楞严经》曰："愿佛哀愍，宣示圆音。"佛顶上之圆轮光明，称为"圆光"。佛教多取相于圆形之物，如"圆轮""圆月""圆镜""圆珠""弹丸"作象征。如《大乘本生心地观经·报恩品》第二言"四智圆满"，其一为"大圆镜智"；《大乘本生心地观经·发菩提心品》第十一论菩提心相如"圆满月轮于胸臆上明朗"。与佛教相关的器物如莲花、佛珠、法轮均为圆形，象征着智慧、圆满、无碍。

除了表示般若智慧这样的佛教本体，"圆"也成为佛教文学艺术中的审美范畴。龙树《十二礼赞阿弥陀佛文》曰："面善圆净如满月，威光犹如千日月，声如天鼓俱尸罗，故我顶礼弥陀尊。"《三藏法数》卷四十八载"三十二相"中与"圆"有关的描写有"足跟满足"，"踵圆满无凹处"；"足背高起而圆满"；"股肉

---

[1] 汤用彤：《魏晋玄学论稿》，生活·读书·新知三联书店2009年版，第125页。
[2] 孙昌武：《佛教与中国文学》，上海人民出版社2013年版，第3页。

纤圆";"肩圆满相,两肩圆满而丰腴";"两足下、两掌、两肩并顶中,此七处皆丰满无缺陷"等。

佛教东传离不开翻译。印度佛教中的圆与中国本土的共性,使得avikala与"圆"产生共振,并催生了大量与"圆"有关的术语:圆通、圆照、圆明、圆鉴、圆悟、圆妙、圆觉、圆融、圆相、圆好、圆应等。钱锺书云:"盖自六朝以还,谈艺者于'圆'字已闻之耳熟而言之口滑矣。""圆"作为文论范畴出现在齐梁之际绝非偶然。佛教在其中发挥了重要作用。佛教中的圆与中国本土的文化关键词"圆"发生共振,强化了中国人的尚圆意识,经由文论家转化为审美范畴,从而焕发了新的生命力。易言之,圆范畴是中国本土文化与外来佛教文化化合作用的产物。

以"圆通"为例。该词在《文心雕龙》中出现了三次。但在刘勰之前,该词已先频现于佛教典籍或佛经翻译批评中,其意义主要有三。

一是涉及佛教本体论,意味着至高无上,包罗万象,是神明之体现。如:(僧)肇曰:"无生之道,无有得而失者不退也;流演圆通,无系于一人轮也。诸佛既转此轮,诸大士亦能随顺而转之。""平等不二,圆通一身,可谓大象之真。"

二是指通达,圆融无碍,如:明知圣人之教,触感圆通,三皇以淳朴无服,五帝以沿情制丧,释迎拔苦,故弃俗返真。检迹异路,而玄化同归。

三是指向"完备、周密",多见于当时的佛经翻译批评中。如:(鸠摩罗)什持胡本,(姚)兴执旧经,以相雠校。其新文异旧者,义皆圆通。众心恢伏,莫不欣赞焉。(鸠摩罗)什曰:"夫弘宣法教,宜令文义圆通。贫道虽诵其文,未善其理。唯佛陀耶舍深达幽致。今在姑臧,愿下诏征之,一言三详,然后着笔,使微言不坠,取信千载也。"

可以发现,"圆通"除表示佛教中的智慧真如之圆融无碍外,已经开始成为翻译批评术语。不惟如此,"圆通"一词也开始进入儒家注经中。南北朝齐梁时《论语》曾被论者评为如"车轮之圆转无穷",如"明珠之小而圆通"。皇侃《论语义疏·自序》谈及《论语》之"论"有四种理解,其中第四种解释为:

"伦者,轮也。言此书义旨周备,圆转无穷,如车之轮也";皇侃案曰:今作"论"者,明此书之出不专一人,妙通深远,非论不畅。而音作"伦"者,名此书义含妙理,经纶千古,自首臻末,轮转不穷。依字则证事立文,取音则据理为义,义文两立,理事双该。圆通之教,如或应示,故蔡公为此书为圆通之喻,云:"物有大而不普,小而兼通者;譬如巨镜百寻,所照必偏,明珠一寸,鉴包六合"。故有言《论语》小而圆通,有如明珠;诸典大而偏用，譬若巨镜。诚哉是言也！①

文中所引"蔡公"为东晋时期学者蔡谟。蔡谟原句并没有出现"圆通"一词，皇侃据其句意"拈出""圆通"一词。佛教传入中国后，经历了与中国传统的儒学之间一个由碰撞、冲突至渐趋融合的过程。在这一过程中，二者互相影响、互相渗透。佛教对儒家思想的渗透，主要"体现对儒家讲经、注经的语言形式、阐释风格及阐释原则"的影响。皇侃《论语义疏》中明显有借用佛教术语之处。黄侃在其《汉唐玄学论》中指出用佛语阐释儒经始于皇侃："皇氏《论语义疏》所集，多晋末旧说，自来经生持佛理以解儒书者，殆莫先于是书也。"例如，《先进》第十一"季路问事鬼神。子曰：未能事人，焉能事鬼"条，皇疏云"外教无三世之义。见于此句也，周孔之教。唯说现在，不明过去未来"。佛教通常自称为内教，称佛教以外的儒、道九流为外教。对《论语》的评价也明显借用佛教中的"圆通"："义文两立，理事双该。圆通之教，如或应示。"至于"圆通"一词的意义，笔者认为则为"内教""外教"中"圆"的意义的融合。在中国文化中，圆常表示圆满无缺、圆转无穷。佛教之圆"运转无穷"意义并不明显。《三藏法数》四十六曰："性体周遍曰圆，妙用无碍曰通。乃一切众生本有之心源。诸佛菩萨所证之圣境也。"丁福保《佛学大辞典》释义为"妙智所证之理曰圆通。性体周遍为圆，妙用无碍为通。又以觉慧周遍通解通入法性，谓为圆通"。佛教中"圆通"指智慧之神通圆融、自在无碍、周行于一切。这与中国圆所蕴含的"周备、圆满、无缺"意义契合。此段评论中皇侃首先以"轮"喻《论语》："圆转无穷，如车之轮也"，其次借用蔡谟的评论"巨镜百寻，所照必偏，明珠一寸，鉴包六合"。镜与明珠的区别一是静止，一是运转，静止的镜子即使再大，所照也必有偏缺，而明珠因为其流转，即使再小，也可以照鉴东西南北上下，照鉴整个宇宙空间及万事万物。可见，皇侃用"圆通"一语，是取运转无穷与周密完备意之综合，换言之，是印度佛教中圆与中国本土文化中圆的本义的融合。

上述皇侃以"圆通"评《论语》可作为佛教之于中国文化影响的例证。与皇侃纯正的儒家学者、经学家身份不同的是，刘勰是位笃信佛教的儒家知识分子。《文心雕龙》以儒家思想为主导，言"论文必征于圣，窥圣必宗于经"（《文心雕龙·征圣》），"圣"与"经"均指儒家圣贤与经典。然而，儒家知识分子与佛教徒的身份并没有产生冲突，而是共存互补。他在《文心雕龙》中创造的文论范畴"圆"是中国文化固有思想与外来佛教思想共同作用的结果。在这个范畴之下的

---

① 黄侃撰，高尚渠校点：《论语义疏》，中华书局2013年版，第3页。

术语，有取自中国化佛教的术语如圆该、圆览、圆合、圆通，同时，佛教的输入也激发了作为本土文化关键词的"圆"的新的生命力，如作为天体的"圆"及其引申义完美无缺"规体之圆"及寓意"圆转无穷"之圆，《文心雕龙·定势》篇有"圆者规体，其势也自转；方者矩形，其势也自安：文章体势，如斯而已"。无论是佛教中的圆还是中国本土的圆，在文论中均焕发了新的生命力，并融合而形成审美领域的"圆"范畴。

"圆"能从文化关键词经由佛教在文论家刘勰的笔下成为范畴，与刘勰所处时代的思想背景、精神特征和刘勰本人的思想密切相关。

魏晋南北朝时期，"三教一致"思想盛行。这一思想发端于佛教初入中土之时。作为一种外来文化，佛教必须适应中国文化土壤才能扎根生长。为此，佛教采取的一种适应策略便是倡导"三教一致论"，通过比附儒、道，迎合中国传统的思想文化，努力调和与儒、道思想的矛盾，并极力论证佛教与儒、道在根本上的一致性。例如汉末出现的《牟子理货论》，称佛法为"道"，而对佛的阐释又是儒学化的："道之为物，居家可以事亲，宰国可以治民，独立可以治身。"魏晋时期的玄学已有会通儒、道二家的倾向。正始时玄学代表人物王弼、何晏以无为本，崇尚老庄，却不废儒书，仍尊孔子为圣人。之后的向秀、郭象亦称儒道双修。东晋孙绰《喻道论》云："周孔即佛，佛即周孔。"（《全晋文》卷六十）僧人慧远明确提出了"三教合一"的主张，在其《沙门不敬王者论》中，通过论证"道法之与名教、如来之与尧孔，发致虽殊，潜相影响；出处诚异，终期则同"，最后得出结论：佛教与儒学"内外之道可合"。南朝时玄风盛时，多认佛道儒诸家同源合流。南朝宋时在俗的佛教徒、画家宗炳在《明佛伦》中提出："孔老如来，虽三训殊路，而习善共辙。"（《全宋文》卷二十一）他认为，儒家讲治国安邦之道，道家讲寡欲少动之道，佛家讲宇宙人生之道；但三教的宗旨却是一样的，即都是劝人为善；其作用也是一样的，即都有利于社会教化。崇敬儒学和信仰佛学并不矛盾，甚至可以同时体现在一个人身上。南朝齐时张融既笃信佛教又喜爱儒、道，认为三教之间"感而遂通"，临终留下遗言：死后要左手执《孝经》《老子》，右手执《小品》《法华经》。梁武帝就曾经提倡三教同源，也就是儒、释、道三教同源。《广弘明集》载梁武帝《会三教诗》，自述其学经过："少时学周孔"，"中复观道书"，"晚年开释卷"。[①] 张少康先生总结道，佛教自东汉传入东土，经过几百年的发展，至于六朝，已然与中国本土文化渐趋融合。佛学和儒学不是对立的，而是完全可以互相兼容的。其间虽有夷夏之论，本末之争，但本同

---

① 道宣：《广弘明集》卷30，上海人民出版社1991年版，第365页。

末异观念遍及晋、宋、齐、梁。①

刘勰本人在《灭惑论》中非常明确地谈及儒家、道家和佛家在"道"的问题上原理一致，可以相通："至道宗极，理归乎一；妙法真境，本固无二。"不仅佛道和儒道是一致的，而且道家之道和佛家之道也是一致的：

> 梵言菩提，汉语曰道。……权教无方，不以道俗乖应；妙化无外，岂以华戎阻情，是以一音演法，殊译共解，一乘敷教，异经同归。经典由权，故孔释教殊而道契；解同由妙，故梵汉语隔而化通。但感有精粗，故教分道俗；地有东西，故国限内外。其弥纶神化，陶铸群生无异也。故能拯拔六趣，总摄大千，道惟至极，法惟最尊。②

这就把儒家和佛家的道看作共同的一致的东西，只是因为地域差异，运用不同，而在表现方式上有所差别，一是理论的，一是通俗的。

由是观之，不难理解刘勰在创建理论著作时会广采百家、"弥纶群言"。《文心雕龙》尽管以儒家思想为主导，却融会佛、道思想。对诸子百家及魏晋玄学家的评论也尽显其兼容并包之意：例如，他认为诸子百家之作"皆入道见志之书"，尽管"有纯粹者，有踳驳者，但洽闻之士，宜撮纲要，觅华而食实，弃邪而采正。因为极睇参差，亦学家之壮观也"（《文心雕龙·诸子》）。大量"圆"术语的使用，正体现了刘勰本人的圆融思想。

《文心雕龙》之后，"圆"正式成为文艺批评术语，不仅应用于文论，亦出现在书画、音乐批评中。清代张英对此做了很好的总结："天体至圆，万物做到极精妙者，无不有圆。圣人之至德，古今之至文、法帖，以至一艺一术，必极圆而后登峰造极。"③

五 结语

从长时段来看，《文心雕龙》中的"圆"范畴的生成经历了漫长的发展历程，是中国本土文化与外来佛教思想双重作用的结果。"圆"根植于本土，又在佛教思想的浇灌下，在中国文论中结出圆美之花。正是佛教的激发，有了审美领域之"圆"。佛教亦成为中国文论的重要源头。这也表明，文化的发展是动态的，没有

---

① 张少康、笠征：《刘勰〈文心雕龙〉和佛教思想关系》，《北京大学学报》2005年第4期。
② 僧佑编撰，刘立夫、胡勇译注：《弘明集》卷8《灭惑论》，中华书局2011年版，第271—293页。
③ 张英、张廷玉：《聪训斋语澄怀园合刊》，青年协会书局1927年版，第13页。

一种文化会在孤立的条件下生成、发展、甚至灭亡。文化间的接触、碰撞、冲突、融合是人类社会发展的常态。文化间的相互影响和相互吸收是文化发展的必然规律，不同文化之间交流结果往往不是同化、混合，而是创新，正如乐黛云先生所言，是"各自提升，在新的基础上产生新质和新的差异"。[①]

（张明娟，烟台大学）

[①] 乐黛云：《乐黛云散文集》，译林出版社2015年版，第363页。

梦通三界

——梦在佛教早期东传中的媒介作用研究

李智君

一 引言

作为一种跨政治、种族和语言传播的世界性宗教——佛教，拥有众多的僧俗信众，成熟的宗教理论，完善的宗教组织和规整的教义教规，因此，其信仰体系具有高度的自洽性。但面对纷繁复杂的大千世界，佛教信仰体系并非天衣无缝。对僧侣来说，有不能自圆其说的内在理论冲突，有无法克服的俗世困境，有难以摆脱的生死桎梏，有无法得道的苦修之旅，诸如此类的问题时刻困扰着他们。当佛教跨文化传播时，遇到的问题会更多。譬如佛教作为外来宗教，其初传东土，首先，遇到的是佛教在中国政治上是否合法的问题。其次，佛教活动的神圣空间——佛寺能否在中土占地修建或占地多少的问题。再次，佛教跨文化传播的语言问题。诸如此类的问题，或大或小，一旦处理不好，都会影响佛教在东土的顺利传播。

僧侣在应对上述诸问题时，求神无疑是最便捷的方法，但问题是神与人常常是阴阳两隔，得到神启，谈何容易。阅读佛教典籍，不难发现，梦竟然是神圣显现的地方，是人神交通的最佳渠道之一。通过梦，帝王们得到神的启示；通过梦，僧人得到佛祖和菩萨的引导；通过梦，众生看到了高僧入定的先兆和神异。那么在佛教中，梦为什么会有如此强大的媒介作用呢？

这与佛祖释迦牟尼是伴随着母亲的梦来到这个世界的传说不无关系。《修行本起经》载：

> 于是能仁菩萨，化乘白象，来就母胎。用四月八日，夫人沐浴，涂香着新衣毕，小如安身。梦见空中有乘白象，光明悉照天下，弹琴鼓乐，弦歌之

声,散花烧香,来诣我上,忽然不现。夫人惊寤。王即问曰:"何故惊动?"夫人言:"向于梦中,见乘白象者,空中飞来,弹琴鼓乐,散花烧香,来在我上,忽不复现,是以惊觉。"王意恐惧,心为不乐,便召相师随若耶,占其所梦。相师言:"此梦者,是王福庆,圣神降胎,故有是梦。生子处家,当为转轮飞行皇帝。出家学道,当得作佛,度脱十方。"王意欢喜。①

白净王夫人梦中怀孕的故事,宣示了在佛教中,人与神通过梦交通,是教规所允许的。同时,因为佛祖的原因,此梦日后还被赋予了图腾性的象征意义。

当然,与神相通的梦,并非谁想做就能做的,而是有一套内在的运行机制:

盖神者可以感涉,而不可以迹求。必感之有物,则幽路咫尺;苟求之无主,则眇茫河津。今幸以不谋而佥心西境,叩篇开信,亮情天发,乃机象通于寝梦,欣欢百于子来。于是云图表晖,影伴神造,功由理谐,事非人运。兹实天启其诚,冥运来萃者矣,可不克心重精叠思以凝其虑哉。②

"盖神者可以感涉"和"机象通于寝梦",是佛教关于梦境的基本理论。即神人之间,是可以感涉的,感涉的渠道之一便是"机象通于寝梦",前提是要"天启其诚"。这样的梦境理论,其实是神学社会人们对梦的基本认识。正如列维·布留尔所言:"原始人首先把梦看成是一种实在的知觉,这知觉是如此确实可靠,竟与清醒时的知觉一样。但是,除此之外,在他们看来,梦又主要是未来的预见,是与精灵、灵魂、神的交往,是确定个人与其守护神的联系甚至是发现它的手段。他们完全相信他们在梦里见到的那一切的实在性。"③

佛教史料中的梦,大多数集中在高僧传记中,尤其是梁会稽嘉祥寺沙门慧皎所著《高僧传》,采集了从汉明帝永平十年(67年)至梁天监十八年(519年),凡453年间许多僧人之梦、帝王之梦和信众之梦,是佛教文化史研究难得的宝贵资料。众所周知,诸多高僧的修行历程,合在一起,便是一部内容充实的中国佛教史。佛教在中土传播,会遇到大小不等的困难,尤其是那些人力无法克服的现实困境,以及那些想让俗众信服而通常无法实现的神圣显灵故事,只好通过梦境诉诸神灵,以期得到神灵的帮助。事实上,做梦是得到神灵启示的一条最便捷的

---

① 《修行本起经》卷2《菩萨降身品第二》,《大正新修大藏经》第3册,新文丰出版公司1990年版,第463页。
② 释慧皎撰,汤用彤校注:《高僧传》卷6《慧远传》,中华书局1992年版,第214—215页。
③ [法]列维·布留尔:《原始思维》,丁由译,商务印书馆1981年版,第48页。

通道。换而言之，大凡通过梦境诉诸神灵的问题，也是佛教传播中最为棘手的问题，因此，系统地整理分析这些梦境，是研究佛教跨文化传播历史的一个很好的切入点。

关于释典中梦境的研究，以往的学者的关注点主要集中在两个方面，一是在研究梦与中国文化关系时，通论性地介绍佛教的占梦与梦说；① 二是从佛教文学方面着手，重点探讨佛教典籍中有关梦文学的审美特点和创作手法。② 而从佛教传播的文化史角度研究释典中的梦，目前还没有学者涉及。因此本文在分析《高僧传》有关梦境史料的基础上，讨论佛教东传中遇到了哪些具体的问题和文化冲突，又是怎样依靠梦境最终克服这些问题的，问题的最终解决又是如何增加佛教神圣性的。本文试从以下三个方面展开论述：一是沟通佛教与政治之梦，二是塑造神圣空间之梦，三是成就高僧觉悟之梦。

二 沟通政治与宗教之梦

宗教与政治之间如何沟通与相处，向来是一个颇为棘手的问题。作为外来宗教的佛教，初入中土，能否取得政治上的合法性，很大程度上决定着佛教在中土的去留。佛教在流播中土之初，梦已经起到了重要的桥梁作用，让"戎神"与"皇权"兼容。"汉梦通神"，即"永明求法"，尤其如此。《牟子理惑论》最早记录了这个故事：

> 昔孝明皇帝梦见神人，身有日光，飞在殿前，欣然悦之。明日，博问群臣："此为何神？"有通人傅毅曰："臣闻天竺有得道者，号之曰佛，飞行虚空，身有日光，殆将其神也。"于是上寤，遣使者张骞、羽林郎中秦景、博士弟子王遵等十二人，于大月支写佛经四十二章，藏在兰台石室第十四间。时于洛阳城西雍门外起佛寺，于其壁画千乘万骑，绕塔三匝，又于南宫清凉台，及开阳城门上作佛像。③

在此次西行求法时，张骞、秦景取得《四十二章经》，故《四十二章经序》中也有这个故事：

---

① 刘文英、曹田玉：《梦与中国文化》，人民出版社2003年版，第450—479页。
② 夏广兴：《佛教与魏晋南北朝梦文学》，《贵州文史丛刊》2001年第1期；耿朝晖：《〈高僧传〉梦的梳理与文学解析》，《青海社会科学》2010年第4期。
③ 僧佑：《弘明集》卷1《牟子理惑论》，中华书局2013年版，第46页。

昔汉孝明皇帝夜梦见神人，身体有金色，项有日光，飞在殿前。意中欣然甚悦之。明日问群臣，此为何神也？有通人傅毅曰："臣闻天竺有得道者，号曰佛，轻举能飞，殆将其神也。"于是上悟，即遣使者张骞、羽林中郎将秦景、博士弟子王遵等十二人，至大月支国写取佛经《四十二章》，在第十四石函中，登起立塔寺，于是道法流布，处处修立佛寺，远人伏化愿为臣妾者不可称数。国内清宁，含识之类，蒙恩受赖，于今不绝也。①

与上述两种记载不同，《高僧传》记载蔡愔、秦景等还为汉地邀请到了第一位西域高僧摄摩腾：

汉永平中，明皇帝夜梦金人飞空而至，乃大集群臣以占所梦。通人傅毅奉答："臣闻西域有神，其名曰'佛'，陛下所梦，将必是乎。"帝以为然，即遣郎中蔡愔、博士弟子秦景等，使往天竺，寻访佛法。愔等于彼遇见摩腾，乃要还汉地。腾誓志弘通，不惮疲苦，冒涉流沙至乎雒邑。明帝甚加赏接，于城西门外立精舍以处之，汉地有沙门之始也。但大法初传，未有归信，故蕴其深解，无所宣述，后少时卒于雒阳。有记云，腾译《四十二章经》一卷，初缄在兰台石室第十四间中。腾所住处，今雒阳城西雍门外白马寺是也。②

传说摄摩腾翻译了中国第一部佛经《四十二章经》，因此，慧皎把"汉梦通神"的故事，编排在《摄摩腾传》里。"汉梦通神"的传说，也被后人收录在正史中，《后汉书·西域传》载：

世传明帝梦见金人，长大，顶有光明，以问群臣。或曰："西方有神，名曰佛，其形长丈六尺而黄金色。"帝于是遣使天竺问佛道法，遂于中国图画形象焉。楚王英始信其术，中国因此颇有奉其道者。后桓帝好神，数祀浮图、老子，百姓稍有奉者，后遂转盛。③

正史虽然强调"汉梦通神"为"世传"，但其收入故事本身就有官方认同佛

---

① 僧佑：《出三藏集记》卷6《四十二章经序》，中华书局1995年版，第242页。
② 释慧皎撰，汤用彤校注：《高僧传》卷1《摄摩腾传》，中华书局1992年版，第1页。
③ 《后汉书》卷88《西域传》，中华书局1964年版，第2922页。

教的象征意义。

在不同版本的传说中，做梦者"显宗孝明皇帝"刘庄的帝王身份，最值得注意。不仅梦通金人是帝王，"汉地有沙门之始也"，亦是明帝甚加赏接摄摩腾，于城西门外立精舍以处之的结果。《后汉书》所载汉梦通神的故事，进一步强化了帝王们在佛教东入汉境的助推作用："楚王英始信其术，中国因此颇有奉其道者。后桓帝好神，数祀浮图、老子，百姓稍有奉者，后遂转盛。"

在《高僧传》中，第一次提及汉梦通神故事的，是"已制江左"的孙权。据《康僧会传》载：

> 时吴地初染大法，风化未全，僧会欲使道振江左，兴立图寺，乃杖锡东游，以吴赤乌十年初达建邺，营立茅茨，设像行道。时吴国以初见沙门，睹形未及其道，疑为矫异。有司奏曰："有胡人入境，自称沙门，容服非恒，事应检察。"权曰："昔汉明帝梦神，号称为佛，彼之所事，岂非其遗风耶？"①

在孙权的知识系统中，所谓佛，就是汉明帝梦见的神。足见"汉梦通神"，即帝王信佛影响之大。但对胡僧康僧会的身份和能力如何，孙权颇为慎重：

> 即召会诘问，有何灵验。会曰："如来迁迹，忽逾千载，遗骨舍利，神曜无方，昔阿育王起塔，乃八万四千。夫塔寺之兴，以表遗化也。"权以为夸诞。乃谓会曰："若能得舍利，当为造塔，如其虚妄，国有常刑。"会请期七日，乃谓其属曰："法之兴废，在此一举，今不至诚，后将何及。"乃共洁斋静室，以铜瓶加几，烧香礼请。七日期毕，寂然无应，求申二七，亦复如之。权曰："此寔欺诳。"将欲加罪，会更请三七，权又特听。会谓法属曰："宣尼有言曰：'文王既没，文不在兹乎。'法灵应降，而吾等无感，何假王宪，当以誓死为期耳。"三七日暮，犹无所见，莫不震惧。既入五更，忽闻瓶中，枪然有声，会自往视，果获舍利。明旦呈权，举朝集观，五色光炎，照耀瓶上。权自手执瓶，泻于铜盘，舍利所冲，盘即破碎。权大肃然惊起，而曰："希有之瑞也。"会进而言曰："舍利威神，岂直光相而已，乃劫烧之火不能焚，金刚之杵不能碎。"权命令试之。会更誓曰："法云方被，苍生仰泽，愿更垂神，迹以广示威灵。"乃置舍利于铁砧磓上，使力者击之，于是砧磓俱

---

① 释慧皎撰，汤用彤校注：《高僧传》卷1《康僧会传》，中华书局1992年版，第15页。

陷，舍利无损。权大叹服，即为建塔，以始有佛寺，故号建初寺，因名其地为佛陀里。由是江左大法遂兴。

舍利与塔，是千载之后，神曜无方的圣物与标志。康僧会请得"舍利"，让"权大叹服"的连带效应便是："由是江左大法遂兴。"佛教借助帝王之力，即政治权力，迅速地进入中土。正如慧皎所论：

> 夫神化所接，远近斯届，一声一光，辄震他土；一台一盖，动覆恒国。振丹之与迦维，虽路绝葱河，里踰数万，若以圣之神力，譬犹武步之间，而令闻见限隔，岂非时也。及其缘运将感，名教潜洽，或称为浮图之主，或号为西域大神。故汉明帝诏楚王英云："王诵黄老之微言，尚浮图之仁祠。"及通梦金人，遣使西域，乃有摄摩腾、竺法兰怀道来化。协策孤征，艰苦必达，傍峻壁而临深，蹑飞絙而渡险。遗身为物，处难能夷，传法宣经，初化东土，后学而闻，盖其力也。①

由此看来，"汉梦通神"，既是一个域外神圣与汉地世俗的沟通事件，也是一个东方与西方沟通的重要事件。"汉梦通神"，其实是最高政治领袖为佛教传入中土，颁发了一张政治通行证。因此，对佛教来说，这是一个佛教东来的图腾性的事件。孙权之所以会提及"汉梦通神"，显然是因为有汉明帝故事在前，自己的行为也就不存在政治上不正确的风险。

十六国时，佛教已大行其道，佛寺遍地，高僧大德地位之高，已在"一人之下，万人之上"，如石虎对佛图澄的礼遇：

> 和上国之大宝，荣爵不加，高禄不受，荣禄匪及，何以旌德？从此已往，宜衣以绫锦，乘以雕辇。朝会之日，和上升殿，常侍以下，悉助举舆。太子诸公，扶翼而上。主者唱大和上至，众坐皆起，以彰其尊。又敕伪司空李农："旦夕亲问，太子诸公五日一朝，表朕敬焉。"

神圣与世俗之间，无论是从政治角度而言还是从经济而言，在特定的时代，特定的地域，双方的地位必须达到一种动态平衡，互惠互利才比较合适，否则，无论是东风压倒西风，还是西风压倒东风，都无法维持长久。在中国历史上尤其

---

① 释慧皎撰，汤用彤校注：《高僧传》卷3《论曰》，中华书局1992年版，第141页。

如此。由于石虎对佛图澄礼遇有加,因此,"澄道化既行,民多奉佛,皆营造寺庙,相竞出家,真伪混淆,多生愆过"。面对这样的问题,石虎下书问中书曰:"佛号世尊,国家所奉。里闾小人无爵秩者,为应得事佛与不?又沙门皆应高洁贞正,行能精进,然后可为道士。今沙门甚众,或有奸宄避役,多非其人,可料简详议。"中书著作郎王度奏曰:

> 夫王者郊祀天地,祭奉百神,载在祀典,礼有尝飨。佛出西域,外国之神,功不施民,非天子诸华所应祠奉。往汉明感梦,初传其道。唯听西域人得立寺都邑,以奉其神,其汉人皆不得出家。魏承汉制,亦修前轨。今大赵受命,率由旧章,华戎制异,人神流别。外不同内,飨祭殊礼。荒夏服祀,不宜杂错。国家可断赵人悉不听诣寺烧香礼拜,以遵典礼。其百辟卿士,下逮众隶,例皆禁之。其有犯者,与淫祀同罪。其赵人为沙门者,还从四民之服。

显然,在王度看来,"佛出西域,外国之神,功不施民,非天子诸华所应祠奉"。这样一来,就与"汉梦通神"的图腾意义相左。如何调和此二者之间的矛盾?王度的办法是缩小"汉梦通神"这张通行证的使用范围,即"往汉明感梦,初传其道。唯听西域人得立寺都邑,以奉其神,其汉人皆不得出家"。尽管石虎借口"朕生自边壤,忝当期运,君临诸夏。至于飨祀,应兼从本俗。佛是戎神,正所应奉"[1]搪塞了过去,但对"戎神"的质疑,却从未停歇。

当政治与宗教之间的冲突,如火山即将喷发之际,高僧能通过梦来化解吗?高僧玄高的经历,颇具代表性:

> 时魏虏拓跋焘僭据平城,军侵凉境,焘舅阳平王杜超,请高同还伪都。既达平城,大流禅化。伪太子拓跋晃,事高为师。晃一时被谮,为父所疑,乃告高曰:"空罗枉苦,何由得脱?"高令作金光明斋,七日恳忏。焘乃梦见其祖及父,皆执剑烈威,问:"汝何故信谮言,枉疑太子?"焘惊觉,大集群臣,告以所梦。诸臣咸言,太子无过,实如皇灵降诘。焘于太子无复疑焉,盖高诚感之力也。焘因下书曰:"朕承祖宗重光之绪,思阐洪基,恢隆万代。武功虽昭,而文教未畅,非所以崇太平之治也。今者域内安逸,百姓富昌,宜定制度,为万世之法。夫阴阳有往复,四时有代序。授子任贤,安全相付,

---

[1] 释慧皎撰,汤用彤校注:《高僧传》卷9《佛图澄传》,中华书局1992年版,第352页。

所以休息疲劳，式固长久，古今不易之令典也。朕诸功臣，勤劳日久。当致仕归第，雍容高爵，颐神养寿，论道陈谟而已。不须复亲有司苦剧之职。"其令皇太子副理万机，总统百揆，更举良贤，以备列职。择人授任，而黜陟之。故孔子曰："后生可畏。焉知来者之不如今。"于是朝士庶民皆称臣于太子，上书如表，以白纸为别。

《高僧传》中，尽管有很多高僧神异非常，但很少有高僧能代替神，直接托梦于人，玄高则不然，他有能力通过梦境参与政治，那么他有什么能力，又是怎么实现的呢？通过拓跋焘的梦，可窥其一斑。

北魏太子拓跋晃"一时被谮，为父所疑"，是"空罗枉苦"，即遭受不白之冤。这样的冤案，在常人家庭中，顶多是一时家庭不和，过一段时间会重归于好，毕竟血浓于水，父子亲情，依然如故。然而在朝廷，这样的冤案，不仅会断送太子的政治生涯，还很有可能致太子于非命。从太子昭雪后，拓跋焘"令皇太子副理万机，总统百揆，更举良贤，以备列职。择人授任，而黜陟之"，以及"朝士庶民皆称臣于太子，上书如表，以白纸为别"，可知他们父子之争，乃皇位之争，而非个人嫌隙。

既然是重大的冤案，作为正义的代表——神，无论是佛祖、菩萨还是老祖宗，自然都有伸张正义的责任。那么神是如何得知人间冤情的？"高令作金光明斋，七日恳忏。"玄高让太子通过斋戒与诚恳的忏悔，把冤情告诉拓跋家族的老祖宗——拓跋焘的"祖及父"，即家族神。而家族神沉冤昭雪的方法，便是通过梦境，把事实真相告诉权倾天下的当今皇帝拓跋焘。拓跋焘有了这样的梦，并非立即自我主张，还太子以清白，而是"大集群臣，告以所梦"，让大臣们为自己解梦："诸臣咸言，太子无过，实如皇灵降诘。"这一解梦方式，与"汉梦通神"的解梦形式颇为相似，可见，梦境要与现实取得联系，解梦是一个必不可少的环节，帝王之梦，尤其如此。

按说这样一个太子冤案，通过斋戒忏悔，感动祖宗神，托梦于皇帝，还太子以清白的过程，玄高的作用，只是告诉太子要斋戒忏悔而已，看不出在其中有其他作为，但《高僧传》却意味深长地说："焘于太子无复疑焉，盖高诚感之力也。"那么究竟什么是"诚感之力"呢？这一点从竞争对手所告"私状"中能略知一二：

> 时崔皓、寇天师先得宠于焘，恐晃纂承之日夺其威柄，乃谮云："太子前事，实有谋心。但结高公道术，故令先帝降梦。如此物论，事迹稍形，若不

诛除，必为巨害。"

很显然，在崔浩和寇天师眼里，所谓的"诚感之力"，即"神力"，也就是道家所称的"道术"。其实，这已不是玄高第一次用"神力"了，早在麦积山，"时西海有樊僧印，亦从高受学。志狭量褊，得少为足，便谓已得罗汉，顿尽禅门。高乃密以神力，令印于定中，备见十方无极世界，诸佛所说法门不同。印于一夏寻其所见，永不能尽，方知定水无底，大生愧惧"。如果说"神力"在佛家眼中是得道高僧的神格之力，那么"道术"则不然，他既然能降梦于拓跋焘，就有能力操控皇权，因此，在反对派看来，"若不诛除，必为巨害"。

> 焘遂纳之，勃然大怒，即敕收高。高先时尝密语弟子云："佛法应衰，吾与崇公首当其祸乎？"于时闻者莫不慨然。时有凉州沙门释慧崇，是伪魏尚书韩万德之门师。既德次于高，亦被疑阻。至伪太平五年九月，高与崇公俱被幽絷。其月十五日就祸，卒于平城之东隅，春秋四十有三。是岁宋元嘉二十一年也。当尔之夕，门人莫知。是夜三更，忽见光绕高先所住处塔三匝，还入禅窟中。因闻光中有声云："吾已逝矣。"诸弟子方知已化，哀号痛绝。既而迎尸于城南旷野，沐浴迁殡。兼营理崇公，别在异处。一都道俗，无不嗟骇。①

这是《高僧传》中最惨烈的一场梦，也是宗教与政治交锋最激烈的一场战争。玄高的权力欲望过强，早在麦积山时就有人称他"蓄聚徒众，将为国灾"。当被聘至北魏平城时，凭借强大的政治资源，大流禅化，并很快成了太子拓跋晃的老师。然而在中央集权制国家的政治体系中，皇帝与太子之间，即当今皇帝与未来皇帝之间，如同新与旧的关系，天生就是一对矛盾，因此会在朝廷形成不同的政治派别。游走于朝野上下的权臣们，不得不在二者之间选边站队。有人投资未来，自然有人投资当下。玄高选择了未来，用托梦的方式，化解了当今皇帝与未来皇帝之间的权力之争，保住了未来皇帝拓跋晃继承大统的资格乃至性命。然而这样的行为，无疑损害了投资当下的那一批人的利益，比如司徒崔浩和道教领袖寇谦之，因此，在与他们第二个回合的交战中，玄高最终败下阵来，身首异处，祸及诸多弟子与慧崇，也成了日后太武帝毁灭大法的导火线。

要灭佛，最致命的打击是宣告其政治上不合法。拓跋焘的灭佛诏书，就是本着这样的思路，罗织佛门的种种"罪恶"的。

---

① 释慧皎撰，汤用彤校注：《高僧传》卷11《玄高传》，中华书局1992年版，第410—412页。

昔后汉荒君，信惑邪伪，妄假睡梦，事胡妖鬼，以乱天常，自古九州岛之中无此也。夸诞大言，不本人情。叔季之世暗君乱主，莫不眩焉。由是政教不行，礼义大坏，鬼道炽盛，视王者之法，蔑如也。自此以来，代经乱祸，天罚亟行，生民死尽，五服之内，鞠为丘墟，千里萧条，不见人迹，皆由于此。朕承天绪，属当穷运之弊，欲除伪定真，复羲农之治。其一切荡除胡神，灭其踪迹，庶无谢于风氏矣。自今以后，敢有事胡神及造形像泥人、铜人者，门诛。虽言胡神，问今胡人，共云无有。皆是前世汉人无赖子弟刘元真、吕伯强之徒，乞胡之诞言，用老庄之虚假，附而益之，皆非真实。至使王法废而不行，盖大奸之魁也。有非常之人，然后能行非常之事。非朕孰能去此历代之伪物！有司宣告征镇诸军、刺史，诸有佛图形像及胡经，尽皆击破焚烧，沙门无少长悉坑之。①

"昔后汉荒君，信惑邪伪，妄假睡梦，事胡妖鬼，以乱天常，自古九州岛之中无此也。"意在摧毁"汉梦通神"的神圣性，从而在根本上否定佛教在中土传播的政治合法性。

由于"汉梦通神"，开启了佛教东传的政治之门，故在高僧眼里，除拓跋焘外，大多数帝王乃是"兆民所凭，又三宝所寄"。② 因此，高僧通过梦来参与政治，被看作另一种修行，故高僧玄高的行为，并非个案。北地高僧慧义，便是通过梦，为宋武帝刘裕找到了证明其乃"汉家苗裔，当受天命"的符瑞。《高僧传·慧义传》载：

释慧义，姓梁，北地人，少出家。风格秀举，志业强正。初游学于彭、宋之间，备通经义。后出京师，乃说云，冀州有法称道人，临终语弟子普严云："嵩高灵神云，江东有刘将军，应受天命，吾以三十二璧镇金一饼为信。"遂彻宋王，宋王谓义曰："非常之瑞，亦须非常之人，然后致之。若非法师自行，恐无以获也。"义遂行。以晋义熙十三年七月往嵩高山，寻觅未得。便至心烧香行道，至七日夜梦见一长须老公，挂杖将义往璧处指示云："是此石下。"义明便周行山中，见一处炳然如梦所见，即于庙所石坛下，果得璧大小三十二枚，黄金一饼。此瑞详之《宋史》。③

---

① 《魏书》卷114《释老志》，中华书局1974年版，第3034—3035页。
② 释慧皎撰，汤用彤校注：《高僧传》卷12《慧益传》，中华书局1992年版，第453页。
③ 释慧皎撰，汤用彤校注：《高僧传》卷7《慧义传》，第266页。

关于三十二璧的意义，《宋书·符瑞志》载："三十二璧者，刘氏卜世之数也。"即言刘宋朝，至少能延续三十二世。事实如何呢？史臣按："冀州道人法称所云玉璧三十二枚，宋氏卜世之数者，盖卜年之数也。谓卜世者，谬其言耳。三十二者，二三十，则六十矣。宋氏受命至于禅齐，凡六十年云。"

值得注意的是，刘裕之所以会托高僧慧义去寻找符瑞，其实是有原因的：

> 帝尝行至下邳，遇一沙门，沙门曰："江表寻当丧乱，拯之必君也。"帝患手创积年，沙门出怀中黄散一裹与帝曰："此创难治，非此药不能瘳也。"倏忽不见沙门所在。以散傅创即愈。余散帝宝录之，后征伐屡被伤，通中者数矣，以散傅之，无不立愈。①

可见，在刘裕登上帝位之前，沙门早就预言他是皇帝了。因此当他得知有符瑞在嵩高山时，便对慧义说："非常之瑞，亦须非常之人，然后致之。若非法师自行，恐无以获也。"足见其对高僧的信任是发自内心的。因此当慧义通过梦找到符瑞，回到京师，"宋武加接尤重，迄乎践祚，礼遇弥深。"②

在高僧看来，"夫王者，德化洽于宇内，则四灵表瑞。政弊道消，则彗孛见于上。恒象著见，休咎随行。斯乃古今之常征，天人之明诫"，③故高僧如果能通过梦，为皇帝找到其奉天承运的符瑞，就能稳固政权。而皇帝利用其拥有的最高政治权力，自然对沙门加接尤重，礼遇弥深。

高僧与皇帝之间的"瑞梦"，并非任何皇帝都可以实现。皇权与宗教之间的冲突往往多有，如因礼仪之争，僧远拒绝与帝王往来。

> 大明六年九月，有司奏曰："……今鸿源遥洗，群流仰镜，九仙贶宝，百神从职。而畿辇之内，含弗臣之氓；阶席之间，延抗礼之客。惧非所以澄一风范，详示景则者也。臣等参议，以为沙门接见，皆当尽虔礼敬之容。依其本俗，则朝徽有序，乘方兼远矣。"帝虽颇信法，而久自骄纵，故奏上之日，诏即可焉。远时叹曰："我剃头沙门，本出家求道，何关于帝王。"即日谢病，仍隐迹上定林山。

---

① 《宋书》卷 27《符瑞》，中华书局 1974 年版，第 784 页。
② 释慧皎撰，汤用彤校注：《高僧传》卷 12《慧益传》，中华书局 1992 年版，第 453 页。
③ 释慧皎撰，汤用彤校注：《高僧传》卷 9《佛图澄传》，第 346 页。

在礼仪之争中，僧远选择了教规，因此无论是刘宋还是萧齐的帝王们，都无法接近他。"远蔬食五十余年，涧饮二十余载。游心法苑，缅想人外，高步山门，萧然物表。以齐永明二年正月，卒于定林上寺，春秋七十有一。"僧远圆寂后，齐武帝萧道赜致书于沙门法献曰：

> 承远上无常，弟子夜中已自知之。远上此去，甚得好处。诸佳非一，不复增悲也。一二迟见法师，方可叙瑞梦耳。今正为作功德，所须可具疏来也。①

尽管萧道赜对僧远执佛门弟子之礼，且言语之间，似乎与僧远心灵相通，但僧远生前根本没给萧道赜叙"瑞梦"的机会。

值得注意的是，不仅大法传至中土，是以帝王之梦为通道，在西域各国也不例外。如高僧求那跋摩，本刹利种，累世为王，治在罽宾国。"后到师子国，观风弘教，识真之众，咸谓已得初果。仪形感物，见者发心。后至阇婆国，初未至一日，阇婆王母夜梦见一道士飞舶入国，明旦果是跋摩来至，王母敬以圣礼，从受五戒。母因劝王曰：'宿世因缘，得为母子。我已受戒，而汝不信，恐后生之因，永绝今果。'王迫以母敕，即奉命受戒。渐染既久，专精稍笃。"②又如高僧昙摩密多，罽宾人也。"少好游方，誓志宣化，周历诸国，遂适龟兹。未至一日，王梦神告王曰：'有大福德人，明当入国，汝应供养。'明旦，即敕外司，若有异人入境，必驰奏闻。俄而，蜜多果至，王自出郊迎，延请入宫，遂从禀戒，尽四事之礼。蜜多安而能迁，不拘利养。居数载，密有去心。神又降梦曰：'福德人舍王去矣。'王惕然惊觉，既而君臣固留，莫之能止。遂度流沙，进到炖煌，于闲旷之地，建立精舍。植柰千株，开园百亩，房阁池沼，极为严净。顷之，复适凉州，仍于公府旧事，更茸堂宇，学徒济济，禅业甚盛。"③

可见，国家无论大小，如果佛能借助梦境，让一国之君佞佛，便可以轻松地跨过政治门槛，大法即可运流其国，俗众便可自由信仰。

三 塑造神圣空间之梦

如果说通梦帝王，让佛教传入中土取得了政治合法性，那么如何在秩序业已

---

① 释慧皎撰，汤用彤校注：《高僧传》卷8《僧远传》，中华书局1992年版，第318—319页。
② 释慧皎撰，汤用彤校注：《高僧传》卷3《求那跋摩传》，第106页。
③ 释慧皎撰，汤用彤校注：《高僧传》卷3《昙摩密多传》，第121页。

完整的俗世凡间，获得一方神圣空间，建寺礼佛，则是事关佛教在中土有无立足之地的大事。因为佛是"戎神"，所以僧人不仅要与众生争夺空间，把世俗空间转化为神圣空间，还要与儒教、道教等本土宗教争夺空间。另外，宗教建筑的建设，跟普通民居一样，要选地择基，置办物料，同时还要铸佛塑像，故跟大自然做不懈的斗争也必不可少。诸多的困难，远超出了高僧的能力范围，那么，梦作为"神启"的一种手段，是如何适时而来，助高僧们逢山开路、遇水架桥的？

对习禅的高僧来说，人迹罕至的深山，是最佳修习之处，但同时也是山高林密，猛兽出没之地。同时，一山不容二虎，山神与戎神如何相处，也是问题之一。帛僧光就遇到了这样的困境：

> 晋永和初，游于江东，投剡之石城山。山民咸云：此中旧有猛兽之灾，及山神纵暴，人踪久绝。光了无惧色，雇人开剪，负杖而前。行入数里，忽大风雨，群虎号鸣。光于山南见一石室，仍止其中，安禅合掌，以为栖神之处。至明旦雨息，乃入村乞食，夕复还中。经三日，乃梦见山神，或作虎形，或作蛇身，竞来怖光，光一皆不恐。经三日，又梦见山神，自言移往章安县寒石山住，推室以相奉。尔后薪采通流，道俗宗事。乐禅来学者，起茅茨于室侧，渐成寺舍，因名隐岳。①

草创之初，自然环境恶劣，山神便作为自然神的代言人，与高僧通过梦来争夺空间。最终因帛僧光的勇敢与坚持，感动山神，通过梦把石城山"推室以相奉"，完成了所有权的"转让"，隐岳寺得以奠基，并因此具有了神异的光环。究其本质而言，恐怕是在佛教信仰的蛮荒地带，要建立一个神圣空间，只能在猛兽成灾、山神纵暴、人踪久绝之地开创。梦，只是在事后证明了高僧的神异而已。

高僧与大自然争夺空间，恐怕是难度最低的，与道教争夺空间，则不然，有时双方会以性命相博。高僧法度，"黄龙人，少出家。游学北土，备综众经，而专以苦节成务。宋末游于京师，高士齐郡明僧绍，抗迹人外，隐居琅琊之摄山。挹度清徽，待以师友之敬。及亡，舍所居山为栖霞精舍，请度居之。先有道士欲以寺地为馆，住者辄死，及后为寺，犹多恐动。自度居之，群妖皆息"。很显然，栖霞精舍在佛道之间，几易其手，最终还是被高僧法度占据，期间斗争的惨烈，由"住者辄死"可窥其一斑。那么法度凭什么最终拥有了栖霞精舍？

---

① 释慧皎撰，汤用彤校注：《高僧传》卷11《帛僧光传》，中华书局1992年版，第402页。

住经岁许,忽闻人马鼓角之声,俄见一人持名纸通度曰靳尚。度前之,尚形甚都雅,羽卫亦严,致敬已,乃言:"弟子王有此山七百余年,神道有法,物不得干。前诸栖托,或非真正,故死病继之,亦其命也。法师道德所归,谨舍以奉给,并愿受五戒,永结来缘。"度曰:"人神道殊,无容相屈。且檀越血食世祀,此最五戒所禁。"尚曰:"若备门徒,辄先去杀。"于是辞去。明旦,度见一人送钱一万,香烛刀子,疏云:"弟子靳尚奉供。"至月十五日,度为设会,尚又来,同众礼拜,行道受戒而去。摄山庙巫梦神告曰:"吾已受戒于度法师,祠祀勿得杀戮。"由是庙用荐止菜脯而已。度尝动散寝于地,见尚从外而来,以手摩头足而去。顷之复来,持一琉璃瓯,瓯中如水以奉度,味甘而冷,度所苦即间,其征感若此。①

靳尚(?—前311年),战国楚臣。有关靳尚的为人,《史记·屈原列传》有两条史料,其一是:

上官大夫与之同列,争宠而心害其能。怀王使屈原造为宪令,屈平属草稿未定。上官大夫见而欲夺之,屈平不与,因谗之曰:"王使屈平为令,众莫不知,每一令出,平伐其功,以为'非我莫能为'也。"王怒而疏屈平。

此上官,据《正义》载:"王逸云上官靳尚"。其二是:

明年,秦割汉中地与楚以和。楚王曰:"不原得地,原得张仪而甘心焉。"张仪闻,乃曰:"以一仪而当汉中地,臣请往如楚。"如楚,又因厚币用事者臣靳尚,而设诡辩于怀王之宠姬郑袖。怀王竟听郑袖,复释去张仪。是时屈平既疏,不复在位,使于齐,顾反,谏怀王曰:"何不杀张仪?"怀王悔,追张仪不及。②

很显然,靳尚是个嫉贤妒能、善于谗言的小人。在栖霞精舍,曾经让"住者辄死"的靳尚,在高僧面前,不仅奉给法度精舍,并辄先去杀,愿受五戒,最终靳尚通过梦告诉庙巫,"吾已受戒于度法师,祠祀勿得杀戮",可谓:"放下屠刀,立地成佛。"法度因为"道德所归",在佛道相争中,不仅取得胜利,还使"群妖

---

① 释慧皎撰,汤用彤校注:《高僧传》卷8《法度传》,中华书局1992年版,第331页。
② 《史记》卷84《屈原列传》,中华书局1959年版,第2481—2484页。

皆息"。在此不难看出，虽然"人神道殊"，梦却可以使他们互通往来。

一个地方，一旦成为佛门净土，满山之神，即皈依佛门，再有高僧到来，不仅不会要挟驱赶，还要恭候迎接。譬如僧柔，"精勤戒品，委曲禅慧。方等众经，大小诸部，皆彻鉴玄源，洞尽宗要。年过弱冠，便登讲席。一代名宾，并投身北面。后东游禹穴，值慧基法师招停城傍，一夏讲论。后入剡白山灵鹫寺。未至之夜，沙门僧绪梦见神人，朱旗素甲，满山而出。绪问其故，答云：'法师当入，故出奉迎。'明旦待人，果是柔至。既而扫饰山门，有终焉之志。敷经遵学，有士如林"①。梦再一次证明了高僧人神共仰的道德境界。

与佛教和道教争夺空间事件相比，佛教与"地方显贵"争夺神圣空间事件，发生的频率更高。因为他们不仅拥有众多的田产，而且大多区位优越。高僧慧受，建设安乐寺，便是在京师建康寸土寸金的地方，依靠梦中神的指引，逐步完成的。

> 释慧受，安乐人。晋兴宁中，来游京师，蔬食苦行，常修福业。尝行过王坦之园，夜辄梦于园中立寺，如此数过。受欲就王乞立一间屋处，未敢发言，且向守园客松期说之。期云："王家之园，恐非所图也。"受曰："若令诚感，何忧不得。"即诣王陈之，王大喜，即以许焉。初立一小屋，每夕复梦见一青龙从南方来，化为刹柱。受将沙弥试至新亭江寻觅，乃见一长木随流来下。受曰："必是吾所见者也。"于是雇人牵上，竖立为刹，架以一层。道俗竞集，咸叹神异。坦之即舍园为寺，以受本乡为名，号曰安乐寺。东有丹阳尹王雅宅，西有东燕太守刘鬬宅，南有豫章太守范宁宅，并施以成寺。后有沙门道靖、道敬等，更加修饰，于今崇丽焉。②

无论是选址，还是选材，神都通过梦境，引导慧受逐步实施。而众人施舍宅园，才是佛教僧人建立寺院的主要的措施，前提是佛教基本普及，信众众多，且大多数比较虔诚才行，即所谓："若令诚感，何忧不得。"因此，所谓神圣空间的争夺，通常发生在不同宗教信仰者之间。但是无论是什么宗教，总有人虔诚信仰，有人则淡然处之，亦有人则全然不信。据《僧护传》载：

> 至梁天监六年，有始丰令吴郡陆咸，罢邑还国，夜宿剡溪，值风雨晦冥，

---

① 释慧皎撰，汤用彤校注：《高僧传》卷8《僧柔传》，中华书局1992年版，第322页。
② 释慧皎撰，汤用彤校注：《高僧传》卷13《慧受传》，第481—482页。

咸危惧假寐，忽梦见三道人来告云："君识信坚正，自然安隐。有建安殿下感患未瘳，若能治剡县僧护所造石像得成就者，必获平豫。冥理非虚，宜相开发也。"咸还都经年，稍忘前梦。后出门乃见一僧云，听讲寄宿。因言："去岁剡溪所嘱建安王事，犹忆此不？"咸当时惧然，答云："不忆。"道人笑曰："宜更思之。"仍即辞去。咸悟其非凡，乃倒屣咨访，追及百步，忽然不见。咸豁尔意解，具忆前梦，乃剡溪所见第三僧也。咸即驰启建安王，王即以上闻，敕遣僧佑律师专任像事。王乃深信益加，喜踊充遍，抽舍金贝，誓取成毕。初僧佑未至一日，寺僧慧逞梦见黑衣大神，翼从甚壮，立于龛所，商略分数，至明旦而佑律师至，其神应若此。①

显然，陆咸并非一个虔诚的佛教信仰者，因此在风雨晦冥之夜，高僧托梦于他，一方面让他从恐惧中走出来，另一方面，让他带信给建安王，"若能治剡县僧护所造石像得成就者，其未疗之感患，必获平豫"。可是陆咸竟然把此事给忘了，不得不劳神再跑一趟提醒他，才得以让建安王得知此事。建安王派专人，抽舍金贝，建成佛寺。可见神之所以不厌其烦地托梦于陆咸，最终目的还是希望建安王能出钱出力，修建佛寺。并通过慧逞的梦，进一步强化了神的灵验。

与石窟寺相比，地面寺庙基本上以木结构建筑为主，木料无疑是最主要的建筑材料，因此，伐木是备料中最易遇到的困难。此中既有山高路陡的交通问题，也有山林的归属问题。在一个普遍信仰佛教的社会，这些似乎都不是非常棘手的事，但在信仰尚未普及，木材资源匮乏之时，则另当别论。高僧昙翼的经历充分说明了这一点。

翼尝随安在檀溪寺，晋长沙太守滕舍，于江陵舍宅为寺。安求一僧为纲领，安谓翼曰："荆楚士庶，始欲师宗，成其化者，非尔而谁！"翼遂杖锡南征，缔构寺宇，即长沙寺是也。后丕贼越逸，侵掠汉南，江陵阖境，避难上明，翼又于彼立寺。群寇既荡，复还江陵。修复长沙寺，丹诚祈请，遂感舍利，盛以金瓶，置于斋座。翼乃顶礼立誓曰："若必是金刚余荫，愿放光明。"至乎中夜，有五色光彩从瓶渐出，照满一堂。举众惊嗟，莫不以翼神感。当于尔时，虽复富兰等见，亦回伪归真也。

后入巴陵君山伐木，《山海经》所谓洞庭山也。山上有穴，通吴之苞山。山既灵异，人甚惮之，翼率人入山，路值白蛇数十，卧遮行辙。翼退还所住，

---

① 释慧皎撰，汤用彤校注：《高僧传》卷13《僧护传》，中华书局1992年版，第491页。

遥请山灵为其礼忏。乃谓神曰："吾造寺伐材,幸愿共为功德。"夜即梦见神人告翼曰："法师既为三宝须用,特相随喜,但莫令余人妄有所伐。"明日更往,路甚清夷,于是伐木,沿流而下,其中伐人,不免私窃。还至寺上,翼材已毕。余人所私之者,悉为官所取。其诚感如此。①

其实君山作为洞庭湖的湖心山,有大木可伐,足见其生态良好,白蛇当道是岛屿环境中蛇的天敌较少的正常自然现象。只是传统文化中蛇,尤其是白蛇,被人们赋予灵性,故昙翼"遥请山灵为其礼忏",最终通过梦境,得到神灵的"特相随喜",才达成所愿。值得注意的是,从神叮嘱"但莫令余人妄有所伐",到后来"其中伐人,不免私窃",不难看出,一是当地佛教信仰并不普及,二是当地木材颇为匮乏。

寺庙里最显著的宗教建筑当然是佛像了,至于敬佛像与佛身之间的关系,正如慧皎所言:"故知道借人弘,神由物感,岂曰虚哉!是以祭神如神在,则神道交矣;敬佛像如佛身,则法身应矣。故入道必以智慧为本,智慧必以福德为基。譬犹鸟备二翼,倏举千寻;车足两轮,一驰千里。岂不勤哉,岂不勖哉!"② 既然"敬佛像如佛身",那么每一个佛像的铸造和雕塑过程,其"威灵"自然不可或缺。《慧远传》载:

> 又昔浔阳陶侃经镇广州,有渔人于海中见神光,每夕艳发,经旬弥盛。怪以白侃,侃往详视,乃是阿育王像。即接归,以送武昌寒溪寺。寺主僧珍尝往夏口,夜梦寺遭火,而此像屋独有龙神围绕。珍觉驰还寺,寺既焚尽,唯像屋存焉。侃后移镇,以像有威灵,遣使迎接,数十人举之至水,及上船,船又覆没,使者惧而反之,竟不能获。侃幼出雄武,素薄信情,故荆楚之间,为之谣曰:"陶惟剑雄,像以神标。云翔泥宿,邈何遥遥。可以诚致,难以力招。"及远创寺既成,祈心奉请,乃飘然自轻。往还无梗。方知远之神感,证在风谣矣。于是率众行道,昏晓不绝,释迦余化,于斯复兴。既而谨律息心之士,绝尘清信之宾,并不期而至,望风遥集。③

寺主僧珍的梦,强化了阿育王像的神异。又通过陶侃之"力招"与慧远之"诚致"的对比,强化僧人修行存在着"云翔泥宿"般的境界差异。类似的神异

---

① 释慧皎撰,汤用彤校注:《高僧传》卷5《昙翼传》,中华书局1992年版,第198—199页。
② 释慧皎撰,汤用彤校注:《高僧传》卷13《论曰》,第496页。
③ 释慧皎撰,汤用彤校注:《高僧传》卷6《慧远传》,第213—214页。

现象也见于《慧达传》：

> 又昔晋咸和中，丹阳尹高悝，于张侯桥浦里，掘得一金像，无有光趺，而制作甚工。前有梵书云是育王第四女所造。悝载像还至长干巷口，牛不复行，非人力所御，乃任牛所之，径趣长干寺。尔后年许，有临海渔人张系世，于海口得铜莲华趺，浮在水上，即取送县。县表上上台，敕使安像足下，契然相应。后有西域五僧诣悝云，昔于天竺得阿育王像，至邺遭乱，藏置河边。王路既通，寻觅失所。近得梦云，像已出江东，为高悝所得，故远涉山海，欲一见礼拜耳。悝即引至长干，五人见像，歔欷涕泣，像即放光，照于堂内。五人云，本有圆光，今在远处，亦寻当至。晋咸安元年，交州合浦县采珠人董宗之，于海底得一佛光。刺史表上，晋简文帝敕施此像。孔穴悬同，光色一重。凡四十余年，东西祥感，光趺方具。①

以上两尊与梦有关的阿育王金像，要么是遭遇船难沉海，要么是藏置河边沉河，但前提是像已经铸造完成，而对于想要新铸金像的高僧来说，譬如常见的鎏金铜像，金和铜哪一样都不能少。事实上，金和铜都属于稀缺资源，在这样的情况下，梦就必须引导僧人找到这些贵金属。远公弟子释法安便是通过这种途径找到铜的。法安"欲作画像，须铜青，困不能得，夜梦见一人，迁其床前云：'此下有铜钟。'觉即掘之，果得二口，因以青成像。后以铜助远公铸佛，余一，武昌太守熊无患借视，遂留之"。② 在西晋末年，即便能找到铜，但因铜是铸造货币的金属，严禁私人冶炼，因此，如何越过法律这一关，是高僧铸造铜像要解决的首要问题：

> 释僧洪，豫州人，止于京师瓦官寺。少而修身整洁。后率化有缘，造丈六金像，镕铸始毕，未及开模。时晋末铜禁甚严，犯者必死。宋武于时为相国，洪坐罪系于相府，唯诵《观世音经》，一心归命佛像。夜梦所铸像来，手摩洪头，问怖不，洪言自念必死，像曰无忧。见像胸方尺许，铜色燋沸。会当行刑，府参军监杀，而牛奔车壤，因更克日。续有令从彭城来云，未杀僧洪者可原，遂获免。还开模，见像胸前果有燋沸。洪后以苦行卒矣。③

---

① 释慧皎撰，汤用彤校注：《高僧传》卷13《慧达传》，中华书局1992年版，第478页。
② 释慧皎撰，汤用彤校注：《高僧传》卷6《法安传》，第235—236页。
③ 释慧皎撰，汤用彤校注：《高僧传》卷13《僧洪传》，第484页。

神最终还是通过梦,让违犯铜禁之法的高僧得以幸免。作为寺庙,主要供奉哪位主神,也是一个不大不小的问题。吴国钱塘高僧慧基,元徽中,"始行过浙水,复动疾而还,乃于会邑龟山立宝林精舍。手叠砖石,躬自指麾,架悬乘险,制极山状。初立三层,匠人小拙,后天震毁坏,更加修饰,遂穷其丽美。基尝梦见普贤,因请为和上。及寺成之后,造普贤并六牙白象之形,即于宝林设三七斋忏,士庶鳞集,献奉相仍"①。通过梦境,慧基选择普贤菩萨作为龟山宝林精舍的主神。

圣地的建立,是需要神圣不断地显现来塑造其神圣性。当佛教跨文化传播时,这样的塑造可谓难上加难,因为佛祖早已归天。补救的方法是,因阿育王在众夜叉的帮助下,一天之内在赡部提洲建立了八万四千座塔,并把佛舍利分送各处供奉,代替佛祖亲临各处,从而达到大法无远弗届的效果。但佛骨舍利毕竟数量有限,滥用只会适得其反。那么又如何在异域塑造佛教寺庙的神圣性呢?神圣在梦境中显现,无疑是一个可以运用的方法。通过上文的梳理,不难看出,接连不断的神启,正是通过梦境,改变了周围的空间,即把原本为世俗的领域,转变为一个神圣的领域。神圣在梦中显现的前提是僧人必须用心虔诚礼佛,可谓:"法身无像,因感故形,感见有参差,故形应有殊别。若乃心路苍茫,则真仪隔化,情志剀切,则木石开心。"② 神圣空间的出现和不断扩大,是佛教传播空间扩大的最显著标志。当然,佛教神圣空间绝不囿于寺庙的围墙之内,寺田、寺产等也都远在山门之外。正因为如此,压缩或者摧毁寺庙,也成了拓跋焘毁灭佛法的手段之一,"自今以后,敢有事胡神及造形像泥人、铜人者,门诛"③。

四 成就高僧觉悟之梦

既然"道借人弘,理由教显。而弘教释教,莫尚高僧",那么,在弘扬佛法的道路上,芸芸众生,怎样修行,才能成为得道高僧?当然,这些高僧中,既有西域名僧,也有本土俊逸,正可谓:"鸿风既扇,大化斯融。自尔西域名僧往往而至,或传度经法,或教授禅道,或以异迹化人,或以神力救物。自汉至梁,纪历弥远,世涉六代,年将五百。此土桑门,含章秀起,群英间出,迭有其人。"④其实,僧人成长为高僧,不断地领悟释道,即感戒,是其进步的主要手段。悟道

---

① 释慧皎撰,汤用彤校注:《高僧传》卷8《慧基传》,中华书局1992年版,第324页。
② 释慧皎撰,汤用彤校注:《高僧传》卷13《兴福·论曰》,第496页。
③ 《魏书》卷114《释老志》,中华书局1974年版,第3034页。
④ 释慧皎撰,汤用彤校注:《高僧传》卷14《序录》,第523、553页。

的方法，不同的僧人各自不同。值得注意的是，梦常常充当着神使僧人不断感悟的媒介。

在高僧悟道成佛的道路上，大多数人都是少年聪悟出群，只有极个别的僧人"生而不凡"。其一是西域高僧昙谛：

> 释昙谛，姓康，其先康居人。汉灵帝时移附中国，献帝末乱移止吴兴。谛父肜，尝为冀州别驾。母黄氏昼寝，梦见一僧呼黄为母，寄一麈尾，并铁镂书镇二枚，眠觉见两物具存，因而怀孕生谛。谛年五岁，母以麈尾等示之，谛曰："秦王所饷。"母曰："汝置何处？"答云："不忆。"①

其二是本土高僧玄高：

> 释玄高，姓魏，本名灵育。冯翊万年人也。母寇氏，本信外道，始适魏氏，首孕一女，即高之长姊。生便信佛，乃为母祈愿，愿门无异见，得奉大法。母以伪秦弘始三年，梦见梵僧散华满室，觉便怀胎，至四年二月八日生男。家内忽有异香，及光明照壁，迄旦乃息。母以儿生瑞兆，因名灵育。时人重之，复称世高。②

两位高僧，一西一中，但其母亲所做之梦，却异常相似，都是梦见僧人而怀孕。从梦中情景来看，昙谛前世即为僧人，玄高亦是梵僧散花的结果。日后二人为高僧，可谓"根红苗正"。当然，这样的梦境，中国的帝王们为了证明自己是"真命天子"，即天命所属，早就用滥了。

对于大多数高僧来说，没有生而不凡的光环可戴，又要感戒，那么后天的努力必不可少，而梦在最困难的时刻，会适时地出现，让僧人得以与神沟通，得指点迷津，并最终悟道。如和尚道进、道朗的经历，据《昙无谶传》载：

> 初谶在姑臧，有张掖沙门道进，欲从谶受菩萨戒。谶云："且悔过。"乃竭诚七日七夜，至第八日，诣谶求受，谶忽大怒，进更思惟，但是我业障未消耳。乃勤力三年，且禅且忏，进即于定中，见释迦文佛与诸大士授己戒法，其夕同止十余人，皆感梦如进所见。进欲诣谶说之，未及至数十步，谶惊起

---

① 释慧皎撰，汤用彤校注：《高僧传》卷7《昙谛传》，中华书局1992年版，第278—279页。
② 释慧皎撰，汤用彤校注：《高僧传》卷11《玄高传》，第409页。

唱言："善哉，善哉，已感戒矣，吾当更为汝作证。"次第于佛像前为说戒相。时沙门道朗，振誉关西，当进感戒之夕，朗亦通梦。乃自卑戒腊，求为法弟，于是从进受者千有余人。传授此法，迄至于今，皆谶之余则。有别记云，《菩萨地持经》应是伊波勒菩萨传来此土，后果是谶所传译，疑谶或非凡也。①

此二位属于"勠力三年，且禅且忏"，苦修之后，在梦中感戒。亦有神在梦中让僧人云游感戒的。譬如昙摩耶舍，"少而好学，年十四为弗若多罗所知。长而气干高爽，雅有神慧。该览经律，明悟出群。陶思八禅，游心七觉。时人方之浮头婆驮。孤行山泽，不避豺虎，独处思念，动移宵日"。按说这样出众的才智和勤奋，得果是很容易的事，其实不然，昙摩耶舍"尝于树下每自克责：年将三十，尚未得果，何其懈哉！于是累日不寝不食，专精苦到，以悔先罪。乃梦见博叉天王语之曰：'沙门当观方弘化，旷济为怀，何守小节独善而已。道假众缘，复须时熟，非分强求，死而无证。'觉自思惟，欲游方授道，既而踰历名邦，履践郡国。"② 这样的梦与其说是梦，还不如说是饿晕了，神情恍惚之中心想事成。类似的梦，亦发生在释昙斌身上：

释昙斌，姓苏，南阳人。事道祎为师。始住江陵新寺，听经，论学，禅道，覃思深至，而情未尽达。夜梦神人谓斌曰："汝所疑义，游方自决。"于是振锡挟衣，殊邦问道。初下京师，仍往吴郡。值僧业讲《十诵》，餐听少时，悟解深入。后还都从静林法师，咨受《涅盘》。又就吴兴小山法珍，研访《泥洹》、《胜鬘》。晚从南林法业，受《华严》、《杂心》。既遍历众师，备闻异释，乃潜思积时，以穷其妙。融冶百家，陶贯诸部。于是还止樊邓，开筵讲说，四远名宾，负袠皆至。③

其实，这样的梦，恐怕是传主成名后，总结自己问道经历时的附会之说，不可全信。但神通过梦，让修行遇到瓶颈的僧人，遍历众师，备闻异释，融冶百家，陶贯诸部的修行方法，对后来者无疑是有借鉴意义的。

当然，在梦境中悟道、受戒的不只是僧人，还有"山神"。和尚昙邕，俗姓杨，关中人。"京师道场僧鉴挹其德解，请还扬州。邕以远年高，遂不果行。然

---

① 释慧皎撰，汤用彤校注：《高僧传》卷2《昙无谶传》，中华书局1992年版，第79页。
② 释慧皎撰，汤用彤校注：《高僧传》卷1《昙摩耶舍传》，第41—42页。
③ 释慧皎撰，汤用彤校注：《高僧传》卷7《昙斌传》，第290页。

远神足高扰者其类不少，恐后不相推谢，因以小缘托摈邕出，邕奉命出山，容无怨忤，乃于山之西南营立茅宇，与弟子昙果澄思禅门。尝于一时，果梦见山神求受五戒，果曰：'家师在此，可往咨受。'后少时，邕见一人，着单衣帽，风姿端雅，从者二十许人，请受五戒。邕以果先梦，知是山神，乃为说法授戒。神嚫以外国匕筋，礼拜辞别，倏忽不见。至远临亡之日，奔赴号踊，痛深天属。后往荆州，卒于竹林寺。"① 昙邕通过梦境，用外来神度化了本地神，而且是衷心皈依，因此在昙邕的师傅慧远临亡之日，山神"奔赴号踊，痛深天属"。至此，通过梦境，佛教的教化，已经遍及中土神灵、皇帝和众生。

僧人的感戒，除去师授外，便是读释典了。但佛经是以梵文和巴利文为主，因此，无论是域外僧人还是中土僧人，想要弘道，就必须过语言关。在没有外语教育机构可资利用的情况下，这种语言障碍尤其突出。正如僧佑所言："原夫经出西域，运流东方，提挈万里，翻传胡汉。国音各殊，故文有同异；前后重来，故题有新旧。而后之学者，鲜克研核，遂乃书写继踵，而不知经出之岁，诵说比肩，而莫测传法之人。授之受道，亦已阙矣。夫一时圣集，犹五事证经，况千载交译，宁可昧其人世哉！"②

先看天竺高僧求那跋陀罗的经历：

> 谯王欲请讲《华严》等经，而跋陀自忖未善宋言，有怀愧叹。即旦夕礼忏，请观世音，乞求冥应。遂梦有人白服持剑，擎一人首来至其前，曰："何故忧耶？"跋陀具以事对，答曰："无所多忧。"即以剑易首，更安新头。语令回转，曰："得无痛耶？"答曰："不痛。"豁然便觉，心神悦怿。旦起，道义皆备领宋言，于是就讲。③

头移植手术，就目前的科技水平来看，也只有梦中的神能做到。对于不懂外语的中土僧人来说，翻译或者注解要达到信、达、雅的境界，同样困难重重，譬如安公。

> 安常注诸经，恐不合理，乃誓曰："若所说不堪远理，愿见瑞相。"乃梦见胡道人，头白眉毛长，语安云："君所注经，殊合道理。我不得入泥洹，住在西域，当相助弘通，可时时设食。"后《十诵律》至，远公乃知和上所

---

① 释慧皎撰，汤用彤校注：《高僧传》卷6《昙邕传》，中华书局1992年版，第237页。
② 僧佑：《出三藏记集》卷1《出三藏记集续》，中华书局1995年版，第2页。
③ 释慧皎撰，汤用彤校注：《高僧传》卷3《求那跋陀罗传》，第132页。

梦宾头卢也。于是立座饭之,处处成则。安既德为物宗,学兼三藏,所制《僧尼轨范》、《佛法宪章》,条为三例:一曰行香定座上讲经上讲之法;二曰常日六时行道饮食唱时法;三曰布萨差使悔过等法。天下寺舍,遂则而从之。①

现实生活中助道安弘通释典的,非西域高僧所不能。在梦中,道安则把这样重任交给了头白眉毛长的宾头卢。道安是幸运的,得到宾头卢的"相助",所注之经,殊合道理。而高僧慧严则不然:

《大涅盘经》初至宋土,文言致善,而品数疏简,初学难以措怀。严乃共慧观、谢灵运等依《泥洹》本加之品目。文有过质,颇亦治改,始有数本流行。严乃梦见一人,形状极伟,厉声谓严曰:"《涅盘》尊经,何以轻加斟酌。"严觉已惕然,乃更集僧,欲收前本。时识者咸云:"此盖欲诫厉后人耳,若必不应者,何容即时方梦。"严以为然。顷之又梦神人告曰:"君以弘经之力,必当见佛也。"②

同是一经,先后异出,新旧舛驳,卷数参差。且读者不同,理解不同,论争亦复不少。如何平息各家之说,慧严只好请梦中神圣来化解,可谓高妙。此梦,一方面是劝导众僧要尊经,要严肃认真地对待经典的翻译和注解,不可"轻加斟酌"。另一方面,"弘经"是功德无量的事,致力于此的僧人,"必当见佛也"。

出家人比丘在举行宗教仪式时,在佛菩萨前歌诵、供养、止断和赞叹的转读与梵呗之声,对听者来说,其利有五:"身体不疲,不忘所忆,心不懈倦,音声不坏,诸天欢喜。"然而转读与梵呗的创作,并非易事。"自大教东流,乃译文者众,而传声盖寡。良由梵音重复,汉语单奇。若用梵音以咏汉语,则声繁而偈迫;若用汉曲以咏梵文,则韵短而辞长。是故金言有译,梵响无授。"③ 有难度,高僧自然要在梦中求助于神。

支昙籥,本月支人,寓居建业。少出家,清苦蔬食,憩吴虎丘山。晋孝武初,敕请出都,止建初寺。孝武从受五戒,敬以师礼。钥特禀妙声,善于转读。尝梦天神授其声法,觉因裁制新声。梵向清靡,四飞却转。反折还喉

---

① 释慧皎撰,汤用彤校注:《高僧传》卷5《道安传》,中华书局1992年版,第183页。
② 释慧皎撰,汤用彤校注:《高僧传》卷7《慧严传》,第262—263页。
③ 释慧皎撰,汤用彤校注:《高僧传》卷13《经师·论曰》,第507页。

叠哢。虽复东阿先变,康会后造,始终循环,未有如钥之妙。后进传写,莫匪其法。所制六言梵呗,传响于今。后终于所住,年八十一。①

作为月支人,支昙籥有机会在西域掌握最经典的梵呗,他本人又"特䠧妙声,善于转读",其所传唱的转读与梵呗,自然是中土僧人所未曾预闻的"新声"。因此,"后进传写,莫匪其法"。所谓"尝梦天神授其声法",只是增加了昙籥所制转读与梵呗的合法性与神圣性而已。

转读与梵呗,随同佛教一同进入中土,本土僧人自然要在继承的基础上不断创新。僧辩制作一契新梵呗的场面,颇为壮观。据《高僧传·僧辩传》载:

> 释僧辩,姓吴,建康人。出家止安乐寺。少好读经,受业于迁、畅二师。初虽祖述其风,晚更措意斟酌。哀婉折衷,独步齐初。尝在新亭刘绍宅斋,辩初夜读经,始得一契,忽有群鹤下集阶前,及辩度卷,一时飞去,由是声振天下,远近知名。后来学者,莫不宗事。

由于僧辩善声,因此,被齐文宣王召去,为其感梦之声记曲。

> 永明七年二月十九日,司徒竟陵文宣王梦于佛前咏《维摩》一契。同声发而觉,即起至佛堂中,还如梦中法,更咏《古维摩》一契。便觉韵声流好,着工恒日。明旦即集京师善声沙门龙光普智、新安道兴、多宝慧忍、天保超胜及僧辩等。集第作声。辩传《古维摩》一契、《瑞应》七言偈一契,最是命家之作。后人时有传者,并讹漏失其大体。辩以齐永明十一年卒。②

文宣感梦,与支昙籥"尝梦天神授其声法"如出一辙。所不同的是,因文宣感梦,在建康掀起了一个梵呗学习和创作的高潮。《高僧传·慧忍传》载:

> 释慧忍,姓蕢,建康人。少出家,住北多宝寺。无余行解,止是爱好音声。初受业于安乐辩公,备得其法。而哀婉细妙,特欲过之。齐文宣感梦之后,集诸经师。乃共忍斟酌旧声,诠品新异。制《瑞应》四十二契,忍所得最长妙。于是令慧满、僧业、僧尚、超朗、僧期、超猷、慧旭、法律、昙慧、

---

① 释慧皎撰,汤用彤校注:《高僧传》卷13《支昙籥传》,中华书局1992年版,第498页。
② 释慧皎撰,汤用彤校注:《高僧传》卷13《慧忍传》,第505页。

僧胤、慧㣧、法慈等四十余人，皆就忍受学。遂传法于今。忍以隆昌元年卒，年四十余。

以上所述，无论是译经、注经还是谱曲，都是僧人一生修行的重要课业，有人因为工作出色，"必当见佛也"，有人则不然。但有一点却是相同的，那就是每个僧人都要面对往生之门。在人生的旅途中，只有死才能把阴阳两界如此紧密地联系起来，因此，在往生之门前，盖棺论定之时，梦就显得尤为活跃。在《高僧传》中，关于亡身的梦，大体分为两种。

其一，在梦境中，高僧被佛接引到极乐世界。如高僧慧虔，"涉将五载，忽然得病，寝疾少时，自知必尽，乃属想安养，祈诚观世音。山阴比寺有净严尼，宿德有戒行，夜梦见观世音从西郭门入。清晖妙状，光映日月，幢幡华盖，皆以七宝庄严。见便作礼，问曰：'不审大士今何所之？'答云：'往嘉祥寺迎虔公。'因尔无常。当时疾虽绵笃，而神色平平，有如恒日。侍者咸闻异香，久之乃歇。虔既自审必终，又睹瑞相。道俗闻见，咸生叹羡焉"①。僧诠亡身经历与慧虔类似。"诠后暂游临安县，投董功曹家，功曹者清信弟子也。诠投止少时，便遇疾甚笃，而常见所造之像，来在西壁，又见诸天童子皆来待病。弟子法朗，梦见一台，数人捧之，问何所去，答云：'迎诠法师。'明旦果卒。"虽然死亡对任何人来说，都是一件非常恐怖的事情，但对僧人来说，一生苦修，能往生极乐世界，大多数都能保持"神色平平，有如恒日"的状态，如果能在梦中得到神的接引，则不只是神色平平了。

> 释僧济，未详何许人，晋太元中来入庐山，从远公受学，大小诸经及世典书数，皆游炼心抱，贯其深要。年始过立，便出邑开讲，历当元匠，远每谓曰："共吾弘佛法者，尔其人乎。"后停山少时，忽感笃疾，于是要诚西国，想象弥陀。远遗济一烛曰："汝可以建心安养，竟诸漏刻。"济执烛凭机，停想无乱，又请众僧夜集，为转《无量寿经》。至五更中，济以烛授同学，令于僧中行之，于是暂卧，因梦见自秉一烛，乘虚而行，睹无量寿佛，接置于掌，遍至十方，不觉欻然而觉，具为侍疾者说之，且悲且慰，自省四大了无疾苦。至于明夕，忽索履起立，目逆虚空，如有所见。须臾还卧，颜色更悦，因谓傍人云："吾其去矣。"于是转身右胁，言气俱

---

① 释慧皎撰，汤用彤校注：《高僧传》卷5《慧虔传》，中华书局1992年版，第209页。

尽，春秋四十有五矣。①

修行已让高僧达到"四大了无疾苦"的境界，而梦，让临终的高僧，看见了往生之路的光明，因此，面对死亡反而"颜色更悦"。

其二，高僧通过舍身，完成超越，并通过梦来证实其终得善果。

> 释慧益，广陵人。少出家，随师至寿春。宋孝建中出都，憩竹林寺。精勤苦行，誓欲烧身。众人闻者，或毁或赞。至大明四年，始就却粒，唯饵麻麦。到六年又绝麦等，但食苏油。有顷又断苏油，唯服香丸。虽四大绵微，而神情警正。孝武深加敬异，致问殷勤，遣太宰江夏王义恭，诣寺谏益，益誓志无改。至大明七年四月八日，将就焚烧，乃于钟山之南，置镬办油。其日朝乘牛车，而以人牵，自寺之山。以帝王是兆民所凭，又三宝所寄，乃自力入台。至云龙门，不能步下，令人启闻。慧益道人今舍身，诣门奉辞，深以佛法仰累。帝闻改容，即躬出云龙门。益既见帝，重以佛法凭嘱，于是辞去。帝亦续至，诸王妃后，道俗士庶，填满山谷，投衣弃宝，不可胜计。益乃入镬，据一小床，以衣具自缠，上加一长帽，以油灌之，将就着火，帝令太宰至镬所请喻曰："道行多方，何必殒命？幸愿三思，更就异途。"益雅志确然，曾无悔念。乃答曰："微躯贱命，何足上留。天心圣慈罔已者，愿度二十人出家。"降敕即许。益乃手自执烛以然帽，帽然，乃弃烛合掌，诵《药王品》。火至眉，诵声犹分明，及眼乃昧。贵贱哀嗟，响振幽谷，莫不弹指称佛，惆怅泪下。火至明旦乃尽。帝于时，闻空中箛管，异香芬苾。帝尽日方还宫，夜梦见益振锡而至，更嘱以佛法。明日帝为设会度人，令斋主唱白，具序征祥。烧身之处，谓药王寺，以拟本事也。②

对于慧益，苦修的目的就是为了舍身，尽管上至帝王，下至贫民都曾劝阻过，他却"誓志无改"。与上述往生的高僧不同，慧益生前并没有梦见菩萨接引他，只有在自焚时，宋孝武帝"闻空中箛管，异香芬苾"，才证明其修得正果。故事讲到这里，慧益的结局可以算是圆满了。但慧皎还是要设计出一个梦来，在证明慧益修得正果的同时，也证明宋孝武帝的统治得到了神的关怀。可见《高僧传》在教化僧人的同时，也教化了帝王们，即善待释教，必有回报。

---

① 释慧皎撰，汤用彤校注：《高僧传》卷6《僧济传》，中华书局1992年版，第234—235页。
② 释慧皎撰，汤用彤校注：《高僧传》卷12《慧益传》，第453页。

佛学为外来之学，释典既深且广，漫无涯际。一个小沙弥要成为高僧，修得正果，幼而神悟、蔬食精苦、学兼内外、洞晓群经是必备的条件，此何其难矣。而这只是觉悟的必要条件而非充要条件，因此，漫漫苦修之路上，总需要神为之引导。梦就成了高僧修行之途上与神交流的最佳通道之一。时至今日，人们也无法证明某个人是否做梦以及其梦中故事的真假。在神学占据众生主流思维范式的时代，梦的不可证真性和不可证伪性，正是宗教可资利用的工具，因此梦被赋予了三界皆通的特异功能。尽管如此，当人们面对一世清修、即将往生的高僧时，还是期望那些能让他们"颜色更悦"的梦是真实的。

五　小结

在文化史学者看来，"梦的内容涉及梦者的心理压力、焦虑和冲突。在不同的文化中，典型的或反复出现的心理压力、焦虑和冲突是不同的"[①]。生活在汉晋时期的僧侣，面临的心理压力、焦虑和冲突是什么呢？

虽然早在"汉梦通神"之前，有理由相信佛教已在来华的胡商中传播。但直至魏晋南北朝，佛教仍然无法在中土自立门户，成为独立的教会系统，正如汤用彤先生所言："汉代看佛学不过是九十六种道术之一；佛教在当时所以能够流行，正因为他的性质近于道术。到了魏晋，佛学则倚傍着玄学传播流行。虽则他给玄学不少的影响，可是它在当时能够存在是靠着玄学，他只不过是玄学的附庸。汉朝的皇帝因信道术而信佛教，桓帝便是如此。晋及南朝人因欣赏玄学才信仰佛教。"[②] 因此佛教对皇帝士大夫的依靠，至关重要，没有他们的外护，佛教根本无法在中土立足。故无论是一国之君，还是朝野的士大夫，无疑都是沙门积极争取的对象。与伯夷、孔子和秦始皇等已知有佛的荒唐传说不同，永平求法，被公认为佛教入中国之始。这里的公认，恐怕主要是指政府层面承认佛教为正规的宗教，并不意味着民间没有佛教流传。所以"汉梦通神"才被塑造成佛教入华的图腾性事件。后世帝王们想与高僧续"瑞梦"，便把"汉梦通神"当作先朝故事，为我所用。一旦皇权与佛教之间关系龃龉，要么认为汉明帝只是允许佛教在胡人之间传播，要么认为"后汉荒君，信惑邪伪，妄假睡梦，事胡妖鬼，以乱天常"，全盘否定其象征意义。

[①] ［英］彼得·伯克（Peter Burke）：《文化史的风景》，丰华琴、刘艳译，北京大学出版社2013年版，第30页。

[②] 汤用彤：《隋唐佛学之特点》，《往日杂稿·康复札记》，生活·读书·新知三联书店2011年版，第9页。

佛教取得了政治合法性，并不意味着佛教神圣空间的扩展，从此就顺风顺水了。事实是，无论是佛寺的选址，建筑基地的划拨，建筑材料的获取，还是佛像的铸造，都要经历一个从无到有，从世俗空间到神圣空间的质变过程。这其中遇到的每一个困难，僧人都可以通过梦境诉诸佛和菩萨，并得到神的启示。更为重要的是，作为异域传入的宗教，通常由于神圣不断地显现，使世俗空间转变为神圣空间的宗教模式，根本无法在中土实现，转而用梦中神灵不断显现的方式来替代。

与个别"生而不凡"的高僧领袖相比，绝大多数僧人都要通过不断地修行，实现由俗到僧，由小沙弥到得道高僧的转变，即修得正果。这期间的修行困难和压力几乎一直存在。因此，无论是释典的译注，梵呗的创作，还是最具象征意义的圆寂，梦都是他们与神交通的最佳场所。最值得注意的是高僧的圆寂之梦，因为解决生死问题，是汉传佛教的三大任务之一，故高僧如果能往生极乐世界，梦想成真，无疑对僧俗两界都有重大影响。有相当一部分信徒，正是因为异常恐惧死亡，解不开此生要向哪里去的终极问题，才选择了皈依佛门。

佛教中，梦之所以被赋予三界皆通的特异功能，主要与梦的不可证真性和不可证伪性有关。尤其在神学占据众生主流思维范式的时代，梦的这一特性，正是宗教可资利用的部分。当然，慧皎撰写《高僧传》，绝不是就事论事，而是有一个彰显佛教神圣的高尚理念："原夫至道冲漠，假蹄筌而后彰；玄致幽凝，藉师保以成用。是由圣迹迭兴，贤能异托。辩忠烈孝慈，以定君敬之道；明《诗》《书》《礼乐》，以成风俗之训。"作者借儒家经典与"君敬之道""风俗之训"之间的关系，阐明了僧传与弘扬佛法之间的关系。具体到大法与梦境之间的互动关系，则是佛教塑造了神异的梦，而梦反过来又为佛教的神圣提供了证明，如此循环往复，推动了佛教在中土的普及进程。

当然，上述诸多"梦通三界"的故事，都与大法初播东土、信众不广、教会体系不够成熟有关。一旦佛教的组织自成一个体系，佛教则不必借力帝王，便能继续流行；佛教寺庙的修建，不需要僧人深入山林，便可以宝刹林立；释典译注接近完成时，语言障碍早已跨越。那么，梦便在高僧传记的神异故事中渐渐式微。可见，大部分梦境故事，其实都是僧人推动佛教跨文化传播时的杰作，与神无关。正可谓："每一门宗教里都有真理，但它是来自于人而不是神的真理。"[1]

（李智君，厦门大学）

---

[1] Firth, Raymond T., *Religion: A Humanist Approach*, New York: Basic Books, 1995, p. 215.

武则天的七宝：佛教转轮王对中古王权观的影响

——以图像为中心

孙英刚

本文围绕"七宝"（saptaratna）的概念，以图像、术语、观念为中心，集中讨论佛教转轮王（Cakravartin）观念传入中国并重新塑造中古时代王权内涵的历史进程。强调在更大的历史视野——或者说是一种"世界历史"的语境中理解佛教对中国政治传统和文明的意义。作为转轮王标志的"七宝"，在同一时期或者更早的时期，在印度、中亚、东南亚、中国的西北，乃至洛阳等核心区域，都有不同程度上图像的留存。这些痕迹仅仅是当时丰富的图画、造像极少的一部分。但是却说明了代表当时佛教君主观念的转轮王思想，具有更加广阔的地域和文化影响力，这也是佛教兴起对亚洲大陆政治思想和政治实践产生影响的重要层面。一方面，武则天用转轮王信仰为自己塑造政治合法性的做法，应该放在整个亚洲在中古时代受到佛教政治学说影响的大背景下考察，另一方面，也应该放在中古中国佛教影响中国本土君主概念与学说的背景下考虑，它并不特殊，只不过是当时佛教在欧亚大陆兴起与传播并影响各地王权思想的一环。

一 作为武则天政治符号的"七宝"

《资治通鉴》记武则天长寿二年秋加尊号"金轮圣神皇帝"云：

〔长寿二年（693年）秋，九月，丁亥〕魏王承嗣等五千人，表请加尊号曰"金轮圣神皇帝"。乙未，太后御万象神宫，受尊号，赦天下。作金轮等七宝，每朝会，陈之殿庭①。

《新唐书》卷七六《后妃上·高宗则天武皇后传》对"七宝"给出了更加详细的描述："太后又自加号金轮圣神皇帝，置七宝于廷：曰金轮宝，曰白象宝，曰女宝，曰马宝，曰珠宝，曰主兵臣宝，曰主藏臣宝，率大朝会则陈之。"②

《通鉴》胡三省注也给出了七宝的详细内容，而且七宝的名称和顺序都与《新唐书》相同。在这次加尊号之前，长寿元年（690年）秋，武则天已经称"圣神皇帝"，这次等于是在原来的称号之上又增加了"金轮"这一符号。值得指出的是，此后虽然武则天多次变动尊号，但是始终未将这一称号去掉——从长寿二年到久视元年（700年），武则天头顶"金轮"称号长达七年之久③。而且武则天个人的一部文集，就取名《金轮集》④。

"金轮"和"七宝"（实际上"金轮"正是转轮王"七宝"之一），并非中国本土"天子"观念的内容，而是佛教理想的世俗君主转轮王的身份标志和礼器——正如中土的"天子"有九鼎一样，佛教转轮王有七宝。九鼎与天命相连，七宝与转轮王的身份相连，在武则天的例子里，她先后铸造的七宝和九鼎都是标志君主身份的礼器。但是两者的政治和信仰意涵并不一样。正如富安敦（A. Forte）认为的，这次加尊号很可能是中国历史上唯一的一次君主给自己加上佛教转轮王的头衔。这种王权观和中国本土的君主观念明显不同。武则天头衔中的"金轮"和其陈列在朝会上的"七宝"，是象征其作为佛教理想君主的装置和符号，而且完全符合佛经中对转轮王的描述。⑤

---

① 《资治通鉴》卷205，"则天顺圣皇后长寿二年九月"条，中华书局1956年版，第6492页。

② 《新唐书》卷76《则天武皇后传》，中华书局1975年版，第3482页。同书卷4《则天顺圣武皇后本纪》（第93页）也记云："〔长寿二年〕九月丁亥朔，日有蚀之。乙未，加号金轮圣神皇帝，大赦，赐酺七日，作七宝。"显然，《新唐书》则天本纪的记载增加了天文灾异的内容，在武则天加"金轮"尊号和在朝堂设置"七宝"的记载前面，增加了日蚀的内容，暗示了日蚀与后面武则天加尊号之间存在某种逻辑关系。

③ 与"金轮"相比，象征弥勒信仰的"慈氏"这一称号存在的时间非常之短。天册万岁元年（695年）正月辛巳，加号"慈氏越古金轮圣神皇帝"，然而二月甲子，就罢"慈氏越古"号。有关记载比如《新唐书》卷4《则天顺圣武皇后本纪》，第95页、第114页。虽然武则天在700年去掉了"金轮"尊号，但是似乎并未对民间产生多大影响。民间依然称其为"金轮圣神皇帝"。比如清河出土的长安三年（703）的造像记曰："大周长安三年岁次癸卯四月壬辰朔日乙亥，佛弟子孙四朗上为金轮圣神皇帝，下为法界苍□，合家大小眷属及亡过敬造徘徊一所，玉石像一堂，一十二事，并□毕功，合家供养。贝州清阳县美迁乡人溢里。"参看张丽敏《清河出土的武周时期女相佛造像探究》（《文物春秋》2008年第6期）。

④ 《新唐书》卷60《艺文四》，第1597页；《旧唐书》卷27《经籍志下》，第5169页。

⑤ Antonino Forte, *Political Propaganda and Ideology in China at the End of the Seventh Century*, Italian School of East Asian Studies, 2005, p. 211.

正因为武则天通过官方仪式将自己定位为佛教转轮王,七宝作为带有强烈政治意涵的概念,也就频繁地出现在武周政权的政治宣传中。比如武则天的侄子武三思所撰写的《大周封祀碑并序》歌颂武周政权:"天册金轮圣神皇帝陛下徇齐作后,聪明为辟。心悬万月,从雁塔而乘时;足驭千花,自龙宫而应运……今皇图篆于七宝,天册□于□□。"① 又比如武则天天册万岁元年(695 年)大唐天后敕佛授记寺沙门明佺等撰《大周刊定众经目录序》云:

> 我大周天册金轮圣神皇帝陛下,道着恒劫,位邻上忍。乘本愿而下生,演大悲而广济。金轮腾转,化偃四洲;宝马飞行,声覃八表。莫不齐之以五戒十善,运之以三乘六度。帝王能事,毕践无遗;菩萨法门,周行莫怠。绍隆之意,与金石而等坚;弘誓之心,共虚空而比大。②

这段议论也是将武则天描述为转轮王,其中提到的"金轮腾转,化偃四洲;宝马飞行,声覃八表",显然是指转轮王七宝中的两件"轮宝"和"马宝"。

不过,值得指出的是,将中土的君主描述为转轮王,武则天并非特例,从北朝后期到唐代,这实际上是一种政治传统和惯例。就转轮王观念而言,早在北朝造像记中,中国本土的皇帝和转轮王术语之间已经出现了融合,比如云冈石窟第 11 窟东壁北魏太和七年(483 年)邑义信士女等五十四人造像记云:"上为皇帝陛下、太皇太后、皇子德合乾坤,威踰转轮,神披四天,国祚永康。"③ 北齐天保八年(557 年)赵郡王高叡定国寺碑:"属大齐之驭九有,累圣重规,义轩之流,炎昊之辈,出东震,握北斗,击玉鼓,转金轮。"④ 到了唐代,中土的皇帝屡屡被描述为转轮王。比如唐武德年间,因为傅奕建议灭佛,绵州振响寺沙门释明槩奏《决破傅奕谤佛毁僧事八条》进行批驳,其中描述李唐的建立称其"方应驾七宝而飞行,导千轮而轻举"⑤;唐前期高僧道世在描述转轮王时云:"盖闻飞行皇帝统御四洲,边鄙逆命则七宝威伏。"⑥ 甚至到了中唐的唐肃宗,还依然通过佛教仪

---

① 董诰等编修:《全唐文》卷 239,中华书局 1983 年版,第 2416 页。
② 《大正藏》第 55 册,第 372 页下。此处的"宝马"在有些版本中作"宝象"。
③ [日]水野清一、长广敏雄:《云冈石窟》卷 2《云冈金石录》No. 4,京都大学人文科学研究所,1952—1956 年。关于此造像记的研究参看赵一德《云冈〈太和七年造像题志〉辨考》,《文物世界》1995 年第 3 期。关于北朝造像记中体现的佛教帝王观念和中国本土的天子观念融合的研究,参看仓本尚德《北朝造像铭における転輪王関系の用语の出现》,《印度学佛教学研究》第 60 卷第 1 号,2011 年,第 16—19 页。
④ 颜娟英主编:《北朝佛教石刻拓片百品》,"中央研究院"历史语言研究所 2008 年版,第 152 页。
⑤ 道宣:《广弘明集》卷 12,《大正藏》第 52 册,第 168 页。
⑥ 道世:《法苑珠林》卷 43,《大正藏》第 53 册,第 617 页。

式加冕为转轮王。据《宋高僧传》记载："肃宗亦密遣使者求秘密法……乾元中，帝请入内建道场护摩法，为帝受转轮王位，七宝灌顶。"[1]

可以说，武则天仅是整个思想和信仰融合、演进中的一环，只不过她在运用转轮王观念进行政治宣传时表现得特别突出而已。

二 佛教典籍中的转轮王"七宝"及其政治运用

关于佛教转轮王尤其是其与政治的关系，研究甚夥，笔者不再赘述。本节仅就七宝与转轮王的关系进行一些细节的讨论，力图阐明七宝在有关转轮王的政治宣传中扮演的角色及其意义。

首先是七宝与转轮王的关系。大体上说，与佛教王权观相关的七宝，是佛教理想君主的身份标志——拥有七宝证明其转轮王的身份和权威。正如玄奘译《大般若波罗蜜多经》中说的那样，"若无七宝不名轮王，要具七宝乃名轮王"[2]。转轮王汉语翻译的定型，要晚于七宝。转轮王（Cakravartin）常见的翻译有遮迦瓦丁王、遮迦越罗王、遮迦越王、转轮圣王、飞行皇帝等，尤其是前三者属音译，在早期的翻译中较多出现。比如西晋三藏法炬译《佛说顶生王故事经》描述顶生王云："真法之王，治化人民，无有卒暴。七宝具足。所谓七宝者，轮宝、象宝、绀马宝、珠宝、玉女宝、居士宝、典兵宝，是谓七宝。"[3] 北凉三藏昙无谶译《佛说文陀竭王经》提到其"后作遮迦越王"，并且列出了七宝的名目。[4] 总结起来说，不管转轮王翻译为汉语的名称如何，七宝作为其身份标志和权威象征的观念，很早就出现了。到了北朝隋唐，这已经成为一种普遍观念和一般常识。

其次是两种七宝的关系。在许多语境中，佛教七宝是指供养和庄严佛陀及其舍利的七种宝物，通过供养这些宝物可以获得巨大的功德。不同的文献记载的七宝内容略有不同。比如鸠摩罗什译的《阿弥陀经》所说七宝为金、银、琉璃、玻

---

[1] 赞宁：《宋高僧传》卷1《唐京兆大兴善寺不空传》，《大正藏》第50册，第713页。关于佛教转轮王观念对中古王权观的研究，参看拙文《转轮王与皇帝——佛教王权观对中古君主概念的影响》（《社会科学战线》2013年第11期）。笔者在此文中考察中古时代的历史发现，转轮王观念始终是僧俗理解世俗王权的主要理论。在中土本有的"天子"意涵之外，又给君主加上了佛教"转轮王"的内容，形成了可称之为"双重天命"的政治论述。

[2] 玄奘译：《大般若波罗蜜多经》卷524，《大正藏》第7册，第684页上—中。

[3] 法炬译：《佛说顶生王故事经》，《大正藏》第1册，第822页中。

[4] 昙无谶译：《佛说文陀竭王经》，《大正藏》第1册，第824页中。其列的七宝名称略有不同，分别为金轮、白象、绀色马、明月珠、玉女妇、圣辅臣、导道主兵臣。元魏天竺三藏菩提留支译《大萨遮尼干子所说经》卷3（《大正藏》第9册，第330页上）提到七宝与转轮王关系时，已开始使用"转轮王"的名称。

璃、砗磲、赤珠、码瑙①。但是在另外一种语境中——很可能在更早的佛教传统中——七宝是佛教理想君主的身份标志。两者之间实际上也并非没有关联。隋代费长房将前一种七宝的出现,视为转轮王出世的重要征兆——类似中国传统的祥瑞观念:

> 《胜天王经》云:转轮圣王出世则七宝常见。蓝田之山,旧称产玉,近代旷绝,书史弗闻,开皇已来,出玉非一。又太府寺是国宝渊,碇二十余自变为玉。仁寿山所国之神灵,其山碉石复变为玉。地不爱宝,此则同于轮王相也。②

隋文帝模仿阿育王模式将自己塑造成转轮王这一观点,已经逐渐为学界所认同。费长房引用《胜天王经》将七宝常见视为转轮王出世的标志,然后提到蓝田出玉、太府寺碇和仁寿山石自动变成玉,以此证明隋文帝的转轮王身份。《胜天王般若波罗蜜经》,南朝陈月婆首那译。同本异译仅有唐朝玄奘译的《大般若经·第六会》。无对等的藏译本,梵文本迄今亦未找到。根据《历代三宝记》,此经典是陈天嘉乙酉年(565年)译出。检《胜天王般若波罗蜜经》并不能判断费长房所据为何,然而在隋文帝佛教政治宣传中扮演重要角色的那连提耶舍,在其翻译的《大宝积经》第七六卷却提到了两种七宝与转轮王出世的关系,完全符合费长房的观点:

> 过去有王名曰地天,如法为王,名为法王。七宝具足,所谓轮宝、象宝、马宝、明珠宝、玉女宝、长者宝、主兵宝,是名七宝。……尔时地天转轮圣王,如是降伏四天下已,还阎浮提,即便止住。地天大王及与轮宝还来至此阎浮提。时彼四天下变成七宝,端严姝特。何谓七宝,所谓金、银、琉璃、颇梨、车璩、赤珠、马瑙。③

最为重要的,在实际的政治宣传中,转轮王观念往往是与弥勒下生的信仰连在一起。按照汉译弥勒经典的说法,弥勒在释迦生前命终上生兜率天,过56亿万年后,下降人间,在龙华树下成佛,普度众生。他是继释迦之后在人间说法的行

---

① 有关七宝对古代中印商业往来的影响,参看 Liu Xinru, *Ancient India and Ancient China: Trade and Religious Exchanges, AD 1 - 600*, Oxford University Press, 1988, chap. 4.
② 费长房:《历代三宝记》卷12,《大正藏》第49册,第108页下。
③ 那连提耶舍译:《大宝积经》,《大正藏》第11册,第428页上—下。

道者。佛教把释迦牟尼入灭后的时间分为三段，先五百年为正法时代，次一千年为像法时代，后一万年为末法时代。北朝晚期末法思想极为流行，如果按《历代三宝记》的记载，佛涅盘之年为公元前609年，则北朝晚期正是像法之末，末法即将来临。① 在这样的背景下，弥勒信仰获得广泛传播，并进而在政治起伏中扮演了重要的角色。从北朝频繁的弥勒教乱到武则天用弥勒下生进行政治宣传，弥勒下生都是核心的思想观念。

然而弥勒下生信仰中的一个重要角色就是蠰佉王，他将为弥勒下生提供保障。弥勒诸经一般都提到他，比如后秦龟兹国三藏鸠摩罗什译《佛说弥勒下生成佛经》，描述道：

> 其国尔时有转轮王名曰蠰佉，有四种兵，不以威武治四天下。其王千子，勇健多力，能破怨敌。王有七宝：金轮宝、象宝、马宝、珠宝、女宝、主藏宝、主兵宝，又其国土有七宝台，举高千丈，千头千轮，广六十丈。②

同为鸠摩罗什译的《佛说弥勒大成佛经》对蠰佉王的七宝进行了详细的描述：

> 王有七宝：一金轮宝，千辐毂辋，皆悉具足；二白象宝，白如雪山，七肢挂地，严显可观，犹如山王；三绀马宝，朱鬣髦尾，足下生华，七宝蹄甲；四神珠宝，明显可观，长于二肘，光明雨宝，适众生愿；五玉女宝，颜色美妙，柔软无骨；六主藏臣，口中吐宝，足下雨宝，两手出宝；七主兵臣，宜动身时，四兵如云，从空而出……时王千子各取珍宝，于正殿前作七宝台。有三十重，高十三由旬，千头千轮，游行自在……时蠰佉王共诸大臣、国土人民，持七宝台。有千宝帐及千宝轩，千亿宝铃、千亿宝幡、宝器千口、宝瓮千口，奉上弥勒。③

值得注意的是，弥勒诸经多提到"七宝台"，并且给出了七宝和七宝台之间的关系——转轮王蠰佉拥有七宝，为了迎接弥勒下生，他"作七宝台"。这让我

---

① 前引云冈石窟第11窟东壁北魏太和七年（483）邑义信士女等五十四人造像记云："往因不积，生在末代。"显示当时认识处于末法时代是一种非常普遍的观念。

② 费长房：《历代三宝记》，《大正藏》第14册，第423页下。西晋月氏三藏竺法护译《佛说弥勒下生经》（《大正藏》第14册，第421页中）描述得更为简略，但是大体相同。

③ 鸠摩罗什译：《佛说弥勒大成佛经》，《大正藏》第14册，第429—430页。

们想到武则天在长安城建造的一个有名的佛教建筑,就叫作七宝台。长安光宅寺的七宝台,是武周政权晚期代表性的政治纪念性建筑。光宅寺位于城内东北隅的光宅坊,本来是光宅坊内的官葡萄园。仪凤二年。望气者说这里有奇异之气,武则天于是下令挖掘,居然挖到了石函。石函之中,是佛舍利万颗,光色灿烂。于是武则天下令建造光宅寺,并将舍利分给京师诸寺,并给每个州四十九颗舍利。这显然是对阿育王和隋文帝杨坚分舍利的模仿。光宅寺因为具有重要的政治色彩,因此受到了武则天的格外重视,进一步在这里建造了七宝台。寺内七宝台的三十二件石雕像流传下来,多数流落至日本细川家收藏,其余或在西安市南门明建砖塔内安置,或在西安碑林博物馆,或流至美国。七宝台的政治意涵已经多位学者揭示,此处不再赘述。①

在洛阳,武则天的明堂遭遇大火之后,设置在明堂的七宝也应该遭到了焚毁。为了化解政治压力,支持武则天的大臣引用弥勒下生信仰中有关七宝台的记载,指出"当弥勒初成佛道时,有天魔烧宫,七宝台须臾散坏",企图将遭大火焚毁的明堂理解成弥勒成佛时散坏的七宝台。②而且,"七宝台"这样的概念也频繁地出现在武周时期的政治宣传和造像记中。前引武三思《大周封祀坛碑》有"玉册延祚,金轮驭极……千花耸塔,七宝□宫"的颂词。又王璇《龛阿弥陀像铭并序》写道:"大周抚历,岁在癸卯,皇帝以至圣之明,宏正直之道。稽一乘之贝牒,崇七宝之花台,尧曦将佛日齐悬,闾阎与招提相拒。"③

三 "世界佛教史"图景中的转轮王"七宝"④

作为转轮王标志的"七宝",在同一时期或者更早的时期,在印度、中亚、东南亚、中国的西北,乃至洛阳等核心区域,都不同程度上有图像的留存。这些

---

① 颜娟英:《武则天与唐长安七宝台石雕佛像》,《艺术学》1987年第1号;颜娟英:《唐长安七宝台石刻的再省思》,载陕西省考古所编《远望集——陕西省考古研究所诞四十周年纪念文集(下)》,陕西人民美术出版社1998年版,第829—842页;杨效俊:《长安光宅寺七宝台浮雕石群像的风格、图像及复原探讨》,《考古与文物》2008年第5期。

② 《旧唐书》卷22《礼仪二》,中华书局1975年版,第867页。关于明堂大火背后的信仰与政治,参看拙文《佛教与阴阳灾异:武则天明堂大火背后的信仰及政争》,《人文杂志》2013年第12期。

③ 董诰等编修:《全唐文》卷259,中华书局1983年版,第2633页。此类表达还有不少例子,但是大多出现在武则天当政的时期,又比如长安三年《造弥勒像记》(《全唐文》卷987,第10211页)云:"奉为七代先人,爰及四生庶类,敬造弥勒像一铺,并二菩萨。粤以大周长安三年九月十五日,雕镌就毕。巍巍高妙,霞生七宝之台;荡荡光明,月满千轮之座。无边功德,即开方石之容;无量庄严,希证恒沙之果。"这里提到的"七宝""千轮",都是转轮王的标志,而且其清楚地展示了弥勒与转轮王的关系,即转轮王为将来弥勒下生做供养的准备。

④ 本节是本文的主干,但是尚未完成。

痕迹仅仅是当时丰富的图画、造像极少的一部分。但是却说明了当时作为佛教主要君主论述的转轮王思想，具有更加广阔的地域和文化影响力，这也是佛教兴起对亚洲大陆政治思想和政治实践产生影响的重要层面。

1. 印度。描述 Cakravartin Mandhata jataka 的浮雕，公元前1世纪，藏于印度 Madras Government 博物馆，出土于 Jaggayapeta，白色大理石，高130cm。从中我们可以清楚看出七宝，利用七宝呈现一个转轮王形象。

2. 健驮罗。法国集美博物馆藏转轮王七宝浮雕，公元1世纪，有学者认为是阿育王（King Ashoka）本人的形象。

3. 关中。北魏皇兴五年（471年）造弥勒石像——这是经常被低估和忽视的一座造像——是中国内地早期刻画有转轮王形象的浮雕。1949年陕西省兴平县出土，现藏于西安碑林博物馆。像通高86厘米，宽55厘米。造像正面为圆雕交脚弥勒，保留健驮罗风格，佛像造型和衣纹，也体现出中亚的特点。背面纵分七栏，刻十五图，有佛祖降生、九龙灌顶等，均为《弥勒下生经》中的故事，属于弥勒信仰的系统的造像。这十五幅图为包括佛祖降生、九龙灌顶、树下思惟、乘象入胎、礼弥勒佛、蠰佉王与二大臣商议出家、弥勒往耆阇崛山等。对我们来说，最重要的一幅图出现在背部第三行的中间。刻的是四人向右侧飞动，其中一人形体较大，有头光、帔巾，三人较小，右侧两身头戴尖帽，为男子；左侧一身饰有高发髻，为女子形像。四人身下刻有奔马、奔象、飞轮及摩尼宝珠。这正是对转轮圣王的描述——七宝全部出现在画面里。这很可能是中国本土现存最早（至少是较早）的转轮王的形象。这一时期，是以弥勒下生信仰掀起叛乱最为频繁的时期。

4. 邺城。修定寺塔位于安阳市西北32千米处，太行山余脉清凉山东南麓，是中国最早的以雕砖饰面的单层方型浮雕砖头舍利塔。在塔壁四周上下共镶嵌了二十余组的转轮王"七宝"图案。它们在四壁中都占据中心位置，分别以独立的形象横向排列在塔壁上，其中轮宝位于正中，呈圆形放射状，周围祥云环绕，四周又以伎乐舞人四块雕砖相环绕，呈上下飞动之态。其他六宝则分列两侧。列在七宝之后的为天王、龙、狮等。整个壁面以横排图案为母体上下重复排列六层，间以每壁垂吊下来的六条力士衔环团花银铃彩带相穿插，附以雕花的四根蟠龙角柱，形成了细密紧致的整体壁面形象。

修定寺塔始建于北齐。据《大唐邺县修定寺传记碑》所记为北齐僧统法上法师所修。北齐统治者笃信佛教。广置佛寺，尊法上为大统，掌管国内僧尼二百余万。皇帝、后妃、大臣也皆受菩萨戒，并尊法上为国师。北魏末年至北齐时期，邺城取代洛阳逐渐成为中原佛教的中心，位于邺之西山由大统师法上主持的修定寺在当时全国佛事活动中地位显赫，颇受隆遇。不但享受国家供养，而且皇帝还要每年三次亲往山寺进行觐拜。法上法师重视弥勒信仰，据唐道宣著《续高僧传》卷一〇《大统合水寺释法上传》记载：法上在山之极顶造弥勒堂，众所庄严，备殚华丽。四事供养百五十僧。及齐破法湮，不及山寺。上私隐俗服，习业如常。愿若终后，觐睹慈尊，如有残年，愿见隆法。更一顶礼慈氏如来。《历代三宝记》卷一二亦记法上"起一山寺，山之极顶造兜率堂，常愿往生，觐睹弥勒"。另据《唐相州邺县天城山修定寺之碑》称修定寺"又有龙花瑞塔，降于忉利，雀离仙图（轮王之塔），来于天竺"。可见修定塔的主题依然是弥勒下生的题材，但是强调了转轮王的角色，这和当时北齐君主对该寺的护持或有一定关系。

5. 玄奘留学的那烂陀寺（Nalanda）9世纪转轮王七宝雕塑，现存于那烂陀博物馆。

6. 敦煌。敦煌的转轮王幡画，9世纪，两件幡画都是由斯坦因（Marc Aurel Stein）带回英国的，现在都藏于大英博物馆。第一幅编号1919,0101,0.99，在斯坦因收藏品中编号Stein. Ch. 00114。这幅幡画由两部分组成，上部是转轮王的七宝，下部却是佛陀的出生。看似毫不相干，实际上却是一个整体，描述的是后汉西域三藏竺大力共康孟详译《修行本起经》的内容，正体现了佛教一佛一转轮王的政治思想。幡画的七宝之中，表示典兵臣宝的是一个举幡的将军，幡上写着"左一将"，或许因为中国排位中尚左，"左一将"是表示最高的将军，也就是典兵臣宝。典兵臣宝带着一个盾，上面装饰着大块的色彩，与没有装饰的绢幡画的风格很相似。螺旋形的云首次被画成白色和暗淡的色彩，使用浓厚的颜色以提供坚固的外部的轮廓，以打破白色，形成羽毛的形状，这种技术似乎最先应用于盛唐的壁画，但这里白色的羽毛似乎比早期的延伸更多，形成螺旋状。编号斯坦因Ch. xxvi. a. 004的幡画，也是描绘的转轮王的七宝，在这幅图中，主藏臣宝被换成了一个矩形箱子。在大漠孤烟直的敦煌，为何会有这么密集的宣扬转轮王信仰的旗幡出现呢？它们和远在长安的武则天有什么关系呢？武则天在朝堂上设置七宝，宣扬自己的转轮王形象，是孤立特殊的现象吗？这一切都留下了无数耐人寻味的谜团。

莫高窟中唐吐蕃期洞窟第154窟主尊彩塑造像为一身倚坐姿的菩萨装佛，较为独特和少见。有学者认为，这很有可能是中唐吐蕃统治时期敦煌当地的"弥勒佛王"造像，表现转轮王治世与治国的佛教治国意识形态。其主尊造像是敦煌人自己的转轮王形象。第154窟主尊彩塑弥勒佛王转轮王造像的出现，正是在吐蕃统治这样的独特历史背景下，敦煌人经过长期与吐蕃的战争，吐蕃统治使敦煌汉人产生的诸多痛苦，对异族统治的不满和反抗，等等，通过洞窟造像寄予良好的期望。希望转轮王降世敦煌，护佑当地和平。

第154窟之外，另在同时期洞窟第231、237、238窟龛内屏风画，由榜题可知,出现了表现转轮圣王的情节画面,如第237窟龛内屏风画有转轮圣王与大臣出城祷礼图。说明中唐吐蕃统治时期,转轮王信仰、思想及其造像在敦煌颇为流行。这也许解释了为什么在藏经洞中有两件如此精美的转轮王旗幡。

7. 爪哇。公元8—9世纪,爪哇古国夏连特拉王国(印度尼西亚语:Wangsa Syailendra, 752?—832年?)君主阇耶跋摩二世(Jayavarman Ⅱ,约770—850年)等自称转轮王。其修建的著名佛教建筑塔婆罗浮屠是夏连特拉国王为收藏佛祖释迦牟尼的一部分舍利而建。整个建筑为实心,用200多万块石头砌成,总体积5.5万立方米。后被火山和丛林湮没,直到19世纪才重见天日,其浮雕也有转轮王的内容,将君主描述为转轮王,并且在其周围雕刻着转轮王的信物——七宝。参看Maha Karmavibhangga,第132号浮雕。与武则天关系密切的中国高僧义净,正是从这一地区回到中国,并积极投身将武则天塑造成佛教转轮王的运动中去的。

从佛教兴起到公元9世纪,佛教转轮王的形象,在印度、健驮罗、敦煌、关中、洛阳,乃至东南亚,都广泛存在。作为佛教对世俗君主的主要理论之一,对当地的政治产生了重要的影响。武则天以佛教转轮王自居,进行政治宣传,正是这整个"佛教世界史"中的一个场景、一个环节。而武周政权中大量存在的胡人,包括从东南亚归来的义净,都在其中扮演了重要角色。

四 余论:从"七宝"到"九鼎"——武周政权意识形态的嬗变

689年,武则天第一次建成明堂,作为布政之宫,同时又是祭祀之所。象征佛教转轮王身份和权威的七宝,就被安置在这里。武则天以九龙装饰明堂,顶上有数条金龙含珠。"凡高二百九十四尺,东西南北各三百尺。有三层:下层象四时,各随方色;中层法十二辰,圆盖,盖上盘九龙捧之;上层法二十四气,亦圆盖。亭中有巨木十围,上下通贯,栭、栌、橕、棍,藉以为本,亘之以铁索。盖为鸑鷟,黄金饰之,势若飞翥。"[1] 明堂之上的"鸑鷟"和"九龙",往往被解释为代表一凤压九龙,即代表武则天的女性权力凌驾于男权之上。[2] 然而武则天上

---

[1] 《旧唐书》卷22《礼仪志》,中华书局1975年版,第862页。
[2] 何平立:《武周"革唐之命"与封禅礼》,《学术界》2004年第6期;杨鸿勋:《自我作古用适于事——武则天标新立异的洛阳明堂》,《华夏考古》2001年第2期;邵治国:《武则天明堂政治和明堂大火考》,《唐都学刊》2005年第2期。百卷本《中国全史·中国隋唐五代政治史》(人民出版社)卷也认为明堂的修建"强烈的显示出'以凤压龙'的意识"。其实中古时期,在大多数知识语境中,凤凰并非是雌性、阴性的象征,有时候反而是阳性的象征,比如汉代"赤凤"是火德的重要符号,反而曹魏的青龙是跟水德联系在一起,带有阴性的意涵。

台绝对不是一场性别的战争,而"鸑鷟"乃是象征大周兴起的神鸟,《国语·周语》云:"鸑鷟,周之兴也,鸣于岐山。"而且关于"鸑鷟"的描述,在纬书中相当普遍。因为武则天建立的是大周政权,所以才有"鸑鷟"的设置。证圣元年(695年)之后,"鸑鷟"被"火珠"取代,后者则显然取佛教摩尼宝珠之意了。富安敦(Antonino Forte)将金龙含珠称为火球或者珍珠,实际上这反映的是九龙吐水的叙事主题。

早在北朝,九龙吐水已经就进入具体的政治实践之中。九龙吐水的主题在艺术表现上频繁见于北魏造像;克孜尔第99窟也有九龙吐水的形象;敦煌藏经洞出土的彩色绢画以及壁画中,也有相关表现。到了唐代,道宣、道世、玄奘、法照等人的著作都引用"九龙吐水"的叙事主题,可见九龙吐水对于唐代知识精英而言,是相当熟悉的知识。武则天明堂之上的九龙吐水,实为灌顶,而灌顶是登上转轮王位的必要仪式,前文笔者提到,唐肃宗请密教高僧不空为自己灌顶,登上转轮王位。而九龙灌顶与转轮王的关系,道宣在《中天竺舍卫国祇洹寺图经》中就有清楚的揭示:"戒坛院内有大钟台高四百尺,上有圣钟,重十万斤。行如须弥,杯上立千轮王像,轮王千子,各各具足。四面各有一大摩尼宝珠,大如三升,陷于钟腹。足有九龙相盘之像,龙口吐水,具八功德。至受戒时,将欲受者至钟,四面九龙吐水灌诸僧,如顶生王受转轮王位。"①

694年,建造天堂过程中发生大火,将明堂连同七宝焚毁;次年二月甲子日,也就是大火发生后不久,武则天去掉了自己头上带有强烈弥勒下生色彩的"慈氏越古"尊号。武则天取消"慈氏越古"之号,正是对薛怀义云武则天是弥勒下生说的抛弃。就在这个月,主持重建明堂、天堂的薛怀义被杀,工程停止;三月份,工程做了改造,更名通天宫,696年完成。到了九月,武则天亲祀南郊,加尊号"天册金轮圣神皇帝",等于是把本土的天命说和外来的转轮王信仰融合在一起,加诸一身。②

新的建筑最显著的不同,是在庭中安置九鼎。九鼎是在薛怀义被杀之后增加的,之前并无此类设置。九鼎是带有强烈政治纪念碑性的礼器,象征着中国本土天子的权威。似乎694年的大火后,武则天急于巩固自己的统治合法性,因此采用了铸九鼎的方法。之前是佛教的意识形态,武则天希望通过回归到夏商周三代,

---

① 《大正藏》第45册,第891页。有关讨论参看[新加坡]古正美《东南亚的"天王传统"与后赵时代的"天王传统"》,《佛学研究》1998年第7期。
② 久视元年(700年)五月,武则天又取消沿用七年之久的"金轮"帝号——也就是佛教转轮王,可能表明她在官方层面上放弃了《大云经》的女身受记为转轮王的教义,全面向李唐旧传统复归。

迎合民族主义者和反佛者的口味。①

《旧唐书》卷22《礼仪二》记载：

> 其年，铸铜为九州鼎，既成，置于明堂之庭，各依方位列焉……司农卿宗晋卿为九鼎使，都用铜五十六万七百一十二斤。鼎上图写本州山川物产之像，仍令工书人著作郎贾膺福、殿中丞薛昌容、凤阁主事李元振、司农录事钟绍京等分题之，左尚方署令曹元廓图画之。鼎成，自玄武门外曳入，令宰相、诸王率南北衙宿卫兵十余万人，并仗内大牛、白象②共曳之。则天自为曳鼎歌，令相唱和。③

除了九鼎，武则天还同时铸造了十二神（生肖），"置于本辰位，皆高一丈"④。九鼎象征天下九州，是空间；十二神是从年首到年终，周而复始，是时间。在明堂这座带有强烈政治宣示意义的建筑中，安置九鼎和十二神，其思想意义无外乎宣示武周政权对空间和时间的统治，既全面又恒久，无可摧毁。明堂中核心礼器从转轮王"七宝"到中华天子"九鼎"的变化，或许是两种不同的王权观和意识形态融合与冲突的生动反映。

（孙英刚，复旦大学）

---

① Riccardo Fracasso, "The Nine Tripods of Empress Wu", in Antonino Forte ed, *Tang China and Beyond*, Kyoto: Istituto Italiano di Cultura Scuola di Studi sull'Asia Orientale, 1988, pp. 85–96.
② "白象"除了与佛教有关，还带有强烈的祥瑞色彩，比如孙氏《瑞应图》曰："王者政教得于四方，则白象至。"熊氏《瑞应图》曰："神灵滋液百珍宝，用白象。"参看刘赓辑《稽瑞》，王云五《丛书集成初编》，中华书局1985年版。
③ 《旧唐书》卷22《礼仪二》，中华书局1975年版，第867—868页。
④ 《旧唐书》卷183《外戚传》，第4743页。

吐蕃归义军时期敦煌兰若和佛堂经济论略

王祥伟　徐晓卉

中国历史上灭佛运动发生的主要原因之一就是佛教影响到世俗政权的经济收入，其中由于某些兰若和佛堂有僧人居住修行，且有属于自己的财产，故亦成为灭佛运动中被打击的对象。如唐会昌四年（844年）七月，"令毁拆天下山房兰若、普通佛堂、义井、村邑斋堂等；未满二百间，不入佛寺额者。其僧尼等尽勒还俗，宛（充）入色役。具令分析闻奏。且长安城里坊内佛堂三百余……准敕并除罄尽"。①"会昌五年，祠部检括天下寺及僧尼人数，凡寺四千六百，兰若四万，僧尼二十六万五百人。"② 会昌五年（845年）八月，下诏宣布灭佛，结果："天下所拆寺四千六百余所，还俗僧尼二十六万余人，收充两税户。拆招提、兰若四万余所，收膏腴上田数千万顷，收奴婢为两税户十五万人。"③ 但由于文献中直接记载兰若和佛堂经济的资料非常少，故学界没有对兰若和佛堂经济进行过专门讨论。令人稍感欣慰的是，敦煌文书中不但记载了吐蕃归义军时期敦煌的众多兰若和佛堂，而且对兰若和佛堂的经济亦偶有所载，这无疑对我们了解兰若和佛堂经济具有重要意义。

土肥义和先生曾对敦煌的兰若数量进行过整理统计，认为当时敦煌兰若共有19所，这些兰若分别以宗教用语、官府建筑、地名、施主姓名等命名。④ 但敦煌兰若的数量应多于19所，因为受当时所见敦煌文书并不全面等因素的限制，土肥义和并没有将有些兰若统计进去，如Дх.06016《兄弟社转贴》所载的"武家兰

---

① ［日］圆仁著，白化文、李鼎霞、许德楠修订校注，周一良审阅：《入唐求法巡礼行记》，花山文艺出版社1992年版，第445—446页。
② 王溥：《唐会要》卷49，中华书局1955年版，第864页。
③ 王溥：《唐会要》卷47，第841页。
④ ［日］土肥义和：《莫高窟千佛洞と大寺と兰若と》，载池田温编《讲座敦煌・3・敦煌の社会》，大东出版社1980年版，第364—365页。

若"①、北图 372：8462v（鸟字 84 号、劫 543 号）《丑年—未年某寺得付麦油布历》所载的"北兰若"②，等等。兰若之外，敦煌文书中还有众多佛堂的记载。湛如法师认为，佛堂和兰若作为无额小寺，在性质上没有太大区别。③ 实际上，兰若和佛堂应是对私建的无额小寺的不同称呼而已，这一点我们可以从前述会昌年间的灭佛诏令中得到印证。如会昌四年七月下令毁拆的对象有寺院以外的兰若、佛堂等，而在会昌五年祠部检括的记载中仅提及寺院和兰若，在会昌五年八月宣布灭佛结果的诏书中亦仅提到寺院和招提、兰若，可见，兰若和佛堂的性质实则相同，故我们在这里将兰若和佛堂的经济置于一起来进行探讨。

一　敦煌兰若和佛堂的经济收入来源

由于敦煌文书中记载兰若和佛堂经济的资料并不多，故我们很难对兰若、佛堂的经济收入来源进行全面的讨论。从现有资料来看，兰若和佛堂的经济收入来源主要有如下三个方面。

（一）布施收入

从文书记载来看，有的兰若拥有自己的土地。如 Дx.2954《广顺二年壬子岁正月一日百姓索庆奴受田契》载：

　　1. 户索庆奴　妻阿令孤　男延昌　男延德　男小儿子　男□
　　2. 都受田肆拾捌亩　请宜秋东支渠地壹畦壹亩半，东至子渠，西至索住子南至子渠，北
　　　　（中略）
　　7. 索清子，南至子渠，北至索注儿。又地壹段捌畦共壹拾陆亩，东至石涧道，西
　　8. 至氾音九及索住子，南至索幸宗及道，北至索住子。又园半亩，东至佛堂地，
　　9. 西至索幸宗园，南至合舍坑，北至合场地。又舍及场准兄弟房数

---

① 《俄藏敦煌文献》第 12 册，上海古籍出版社 2000 年版，第 318 页。
② 唐耕耦、陆宏基：《敦煌社会经济文献真迹释录》第 3 辑，全国图书馆文献缩微复制中心 1990 年版，第 110—111 页。
③ 湛如：《敦煌佛教律仪制度研究》，中华书局 2003 年版，第 68 页。

有分。

10. 广顺二年壬子岁正月一日百姓索庆奴　户①

文中第 8 行载索庆奴所受园地的东面就与佛堂地相接，说明该佛堂有土地。敦煌兰若和佛堂的土地主要是由兰若和佛堂的建造者布施的，如 S.4474v《天福八年（943 年）十月敦煌乡张安三父子敬造佛堂功德记》载：

1. 厥有信士张安三父子，倾心真境，志慕善因；思福
2. 润之良田，求当来之胜果；悟四大非
3. 坚，体无上乘之可托。遂割舍资财，谨依
4. 敦煌里自庄西北隅阴施主僧慈惠、龙应应地角敬造佛堂两层壹所。
5. 下层功德未就，上层内□□塑释迦牟尼并侍从阿难、迦叶、
6. 二菩萨
7. 及二天王等各一躯，并塑绘功毕。东西二壁画文殊、普贤并侍从，兼画天龙八部
8. 并侍从。北壁画大声闻圣众。屋顶四隅各画□□□王。四面各画阿弥陀如来。观音
9. 势至，顶伞徘徊；如帝释献其宝，盖佛神通力遍三界而普覆，而上功德福分，并已功毕。
10. 先用资过往亡灵，神生净土，见佛闻法，
11. 永离三途八难，超升菩萨彼岸。现存居眷，九横不□□□□兴，世荣不绝。法界众生，
12. 俱沾光福分。□佛堂两道侧及佛堂门，开
13. 荒地两畦，共二亩。西至曹三，东至井，南至阴进进，北至阴悉□□。又于地泽南坎麻湟壹所，
14. 且上居业，并是安三劳力开荒，永充供养。
15. 亦非他人地分，若有侵□人□，愿生生世世，
16. 三途受报。维戊辰天福八年十月②

---

① 唐耕耦、陆宏基：《敦煌社会经济文献真迹释录》第 2 辑，全国图书馆文献缩微复制中心 1990 年版，第 477 页。
② 《英藏敦煌文献》第 6 卷，四川人民出版社 1992 年版，第 103—104 页。

可见，张安三父子在造佛堂的同时，还将自己开垦的几亩土地作为佛堂资产以资供养。土地之外，有的信众还可以向兰若和佛堂布施其他资财。如 S. 86《宋淳化二年（991年）四月廿八日回施疏》第1—3行载："奉为亡女弟子马氏名丑女，从病至终，七日所修功德数。三月九日，病困临垂，于金光明寺殿上施麦壹硕。城西马家、索家二兰若共施布壹疋。"这里马丑女家向马家、索家二兰若布施的就是布疋。

敦煌文书中关于向兰若、佛堂直接布施的记载很少，另外我们还可以从相关文书中间接看到施主向兰若、佛堂布施的信息来，如 P. 3390《孟授上祖庄上浮图功德记并序》载："……因以割舍珍财，抽减丝帛，谨于当庄佛堂内添绘功德圆就已毕。外瞻灵刹，新拟弥勒之官；内礼真容，创似育王之塔。信仰君子，每□□□而不绝；振振淑人，誓求当戒，严侍供养。"① 既然有众多信仰者前来佛堂供养，说明该佛堂亦有布施收入。

总之，布施是兰若和佛堂的主要收入来源之一，并且布施的财物亦应是多种多样。

（二）利息收入

利息是有些兰若和佛堂的又一收入来源。BD16029《周家兰若禅僧法成便麦粟历》载：

1. 周家兰若内禅僧法成
2. 右法成坚持守院，扫洒焚香，妙理教化，
3. 于十方念诵聚求于升合，去丁巳岁押衙
4. 周不见呪来便将麦伍硕。又至戊午年春将□
5. 拾贰硕，至己未年春便麦两硕，粟肆硕，其秋

（后残）②

文书所载僧法成负责周家兰若，并且通过便贷经营利息收入。僧法成放贷取息之事还见于 BD16079《辛酉年二月九日僧法成出便与人抄录》，其载：

1. 辛酉年二月九日，僧法成少有斛斗出便与人抄录：

---

① 《法国国家图书馆藏敦煌西域文献》，上海古籍出版社2002年版，第55页。
② 《国家图书馆藏敦煌遗书》第145册，国家图书馆出版社2012年版，第95页。

2. 周通顺便麦拾叁硕捌斗，其秋入伍硕伍斗，至秋贰拾硕柒斗。
3. 周杰德便粟壹［硕，至秋］壹硕伍斗　　　其粟□门□
4. 王憨见便粟壹硕至秋［壹硕］伍斗　　口承人阿□，其粟纳社家。
5. □□□［便麦壹硕，至秋］壹硕伍斗
6. ＿＿＿＿＿＿硕，至秋陆硕　口承人佛奴
7. ＿＿＿＿＿＿至　秋　壹　硕，口承人佛奴①

该件文书共有 7 行，唐耕耦、陆宏基先生仅释录出了前面 2 行，并推测辛酉年可能为公元 961 年。② 此处笔者依据图版将全文进行了释录。BD16029 中的己未年和 BD16079 中的辛酉年应前后相继，相差两年。BD16029 和 BD16079 中的僧法成亦应为同一人，因为僧法成主持的是周家兰若，BD16079 中保存下来的便者姓名有周通顺、周杰德和王憨见三人，其中周通顺、周杰德的便贷没有口承人，王憨见的便贷有口承人，足见周通顺、周杰德身份的特殊性，而他们的便贷没有口承人的原因就是他们与 BD16029 中向法成便贷的周不见呗均属同一周氏家族，而周家兰若就是该家族建造的。

当然，周家兰若之外，其他有的兰若和佛堂亦会从事借贷活动，如 S.1053《已巳年（909 年或 969 年）某寺诸色入破历算会残卷》第 50—51 行载："苏壹胜，神角兰若贷将不入破用。"虽然此处神角兰若是向其他寺院进行借贷的，但从反面说明神角兰若亦会通过放贷取息。

（三）人事收入

有的兰若和佛堂还有人事收入。③ 如 P.2638《后唐清泰三年（936 年）沙州僧司教授福集等状》第 56—59 行载："粗绁伍拾柒疋，三年中间诸处人事、七月十五日赏乐人、二月八日赏法师禅僧衣直、诸寺兰若庆阳等用。"又 P.2040v《后晋时期净土寺诸色入破历算会稿》第 94 行载："绁破：官布壹疋，高孔目起兰若人事用。"可见，在僧司和净土寺的支出中均有因兰若的支出，而这些支出是用来庆贺兰若的人事支出，同时又属于兰若的人事收入。又俄藏敦煌文书 Дx.01428 记载了某寺院的支出帐目，其中第 3—4 行载："昌褐半疋，石冢井画刘萨诃堂人

---

① 《国家图书馆藏敦煌遗书》第 145 册，国家图书馆出版社 2012 年版，第 128 页。
② 唐耕耦、陆宏基：《敦煌社会经济文献真迹释录》第 2 辑，全国图书馆文献缩微复制中心 1990 年版，第 259 页。
③ 关于敦煌寺院的人事活动，可参王祥伟《吐蕃归义军时期敦煌寺院的人事活动》，《敦煌学辑刊》2007 年第 4 期。

助用"①，石冢井为刘萨诃佛堂的拥有者，其画佛堂时从该寺院得到了半疋昌褐的资助，这半疋昌褐实际上属于佛堂的人事收入。

以上是目前所见敦煌文书所反映的关于兰若和佛堂经济收入来源的几个方面。虽然兰若和佛堂的经济收入来源应不仅仅限于此，但这些收入来源应是其主要收入来源。

二 敦煌兰若和佛堂经济的特征

（一）兰若和佛堂经济实力弱小

虽然有的敦煌兰若和佛堂拥有自己的经济，但其规模一般是甚为弱小的。首先，和那些大型寺院不同，兰若和佛堂的经济收入来源少，如在敦煌文书中不见有兰若或佛堂的碾硙、油梁等收入。其次，虽然兰若与佛堂有布施收入，甚至有的还有利息或其他收入，但是这些收入均和大型寺院是无法比拟的。就拿布施收入来说，信众在布施时一般会先去选择大型寺院而不是小型的兰若或佛堂，我们在众多的敦煌"施舍疏"类文书中不见施主向兰若或佛堂布施的现象就是很好的说明。最后，兰若和佛堂经常被废弃，这是其经济弱小的直接反映。兰若和佛堂的废毁现象在敦煌文书中的记载是比较多的，如S.5828《社司不承修功德状》第1—3行载："在城有破坏兰若及故破佛堂等。社内先来无上件功德修理条教。忽然放帖，集点社人，敛索修理兰若及佛堂。"从此条所记可知当时沙州城内破坏的兰若佛堂为数不少。又北大D.202+北大D.195+P.3984《社官董海等廿三人重修唐家佛堂功德记》载："此坊有唐家佛堂，院五邻礼忏，常住年深，桑海迁讹，陵谷星变，刹心摧坏，徘徊毁残。起意造新，何如修古。揣当来志，佥议允从。"② 这里该社所重修的亦是毁坏废弃的佛堂。

当然，有的兰若和佛堂除了建筑物外根本没有其他如斛斗、织物等财产，亦没有僧人居住修行，这些兰若和佛堂仅是私家或社邑活动的场所。如P.4044《公元905至914年（?）修文坊巷社再缉上祖兰若标画两廊大圣功德赞并序》载：

> 修文坊巷再缉上祖兰若，标画两廊大圣功德赞并序：盖闻渡生定死，须要法船；火宅之车，唯凭惠智。大不过阳名阴兔之精，圣不过于佛长。尊修十善之名，永绝五浊之恶；累世广劫，乃可生于彼方，巍魏（巍）光相，三

---

① 《俄藏敦煌文献》第8册，上海古籍出版社1997年版，第166页。
② 郝春文：《〈敦煌社邑文书辑校〉补遗（三）》，《首都师范大学学报》（社会科学版）2001年第4期。

十二分；荡荡金容，八十种好。化成金地，才处品便生；树景楼台，闻种应现。厥有修文坊巷社炖煌耆寿王忠信，都勾当伎术院学郎李文建知社众等计卅捌人，押（抽）减各己之财，造斯功德，专心念善。精持不二之言，探赜桑门。每叹苦空之义，互相谏谓，都无适寐之憩。今缀缉上祖兰若，敬绘两廊大圣，兼以钨镘总毕……①

这里修文坊巷社在再修葺上祖兰若时所用的不是兰若财产，而是"抽减各己之财"，故该兰若应没有自己的斛斗、织物等财产。

（二）兰若和佛堂经济与建造者关系密切

敦煌兰若和佛堂的建造者有寺院、个人、家族，但更多的是社邑，其中有的社邑又是家族性的，如亲情社即是。从前引 P. 2638 中所云"诸寺兰若"来看，很多寺院可能建有兰若或佛堂。如 P. 3432《龙兴寺卿赵石老脚下依蕃籍所附佛像供养具并经目录等数点检历》第 10 行载："周鼎佛堂内铁莲花树壹，柒曾千佛园遴两讬。"此佛堂应是龙兴寺的佛堂。关于个人创建兰若和佛堂的记载比较多，如 P. 3774《丑年（821 年）十二月沙州僧龙藏牒》载龙藏在城南有一佛堂，北咸 59v《寅年（822 年）僧慈灯雇博士泛英振造佛堂契》载僧慈灯于寅年八月在东河庄造佛堂一所，P. 4640《沙州释门索法律窟铭》载索义辩和尚建宝刹于家隅，P. 3490《于当居创造佛刹功德记》记载押衙兼当府都宅务张某乙于所居西南之隅建立佛刹一所，S. 3245《创于城东第一渠庄新造佛堂一所功德记并序》载弟子某某于祖父旧庄上创建佛宇，这里的宝刹、佛刹、佛宇均属兰若、佛堂之类。家族性的建造亦有所载，如前引 P. 3390《孟授上祖庄上浮图功德记并序》载某和尚之侄节度押衙张盈润和侄释门法律德荣为其造佛堂壹所，并在该和尚亡后又于佛堂内彩绘功德。此外，S. 4860v1《社邑建兰若功德记并序》记载了某社邑贰拾捌人买地创置兰若之事。② 创建或修葺兰若、佛堂的社还有 P. 4960《甲辰年（944 年）五月廿一日窟头修佛堂社再请三官凭约》中所载的窟头修佛堂社和 P. 4044《光启三年（887 年）五月十日文坊巷社肆拾贰家创修私佛塔记抄》中的文坊巷社，③以及前引北大 D. 202 + 北大 D. 195 + P. 3984 中的二个社邑，等等。

兰若和佛堂经济与兰若和佛堂的建造者有密切关系，因为建造者修建兰若、佛堂的目的与开窟造像是一样的，主要还是通过这种方式来体现自己的佛教信仰，

---

① 宁可、郝春文：《敦煌社邑文书辑校》，江苏古籍出版社 1997 年版，第 666—668 页。
② 同上书，第 679—681 页。
③ 同上书，第 16—17、661—662 页。

并为自己及其亲属等营种福田。而在建造过程中，建造者无疑需要支付相关费用。如北咸59v《寅年（822年）僧慈灯雇博士泛英振造佛堂契》第1—3行载："寅年八月七日，僧慈灯于东河庄造佛堂一所，为无博士，遂共悉东萨部落百姓泛英振平章，造前佛堂，断作麦捌汉硕。其佛堂外面壹丈肆尺，一仰泛英振垒，并细泥一遍。（后略）"这里详细记载了慈灯造佛堂时支付的手工费。兰若和佛堂的建造者既是兰若和佛堂的拥有者，同时又是兰若和佛堂的供养者，而供养的具体方式很多，如有布施、劳作等，这些供养方式直接与兰若和佛堂的经济相关。如我们在前面已经讨论过，兰若和佛堂的土地收入主要来自创建者的布施。又前述S.86中所载马丑女家布施的对象有马家兰若、索家兰若，其中马家兰若应为其家族兰若，不排除索家兰若为其夫家兰若的可能。当然，由于受兰若和佛堂经济弱小、有的兰若和佛堂没有住僧等因素的影响，敦煌文书中关于供养者向其拥有的兰若和佛堂直接布施的记载较为少见。

同时，兰若和佛堂的田地经营有时亦由兰若和佛堂的建造者承担。如S.6188《乙卯年（955年?）四月一日佛堂修园众社破除名目》载：

1. 乙卯年四月一日佛堂修园众社破除名目如后：
2. 平章壃地破粟五斗，载堤日破麦陆斗，破
3. 破（衍）粟柒斗；垒园日破麦柒斗，破粟柒斗；
4. 第二日破麦柒斗，破粟壹硕，夜间头破
5. 粟叁斗。①

从文书中所载修园、平地、载堤、垒园来看，该佛堂拥有田地，并且田地的经营是由佛堂的建造者，即社众来承担的。遗憾的是，文中所载在劳作中破用的斛斗是由社众临时交纳的还是该佛堂自己经营的则不明了。又Дx.01410《庚戌年（950）闰四月佛堂头垒园墙转帖》载：

1. 社司 转 帖
2. 右缘佛堂头垒园墙，人各□□□锹
3. 镬一事。帖至，限今月七日卯时于佛堂
4. 头取齐。捉二人后到，各罚酒一角；全不来，

---

① 图版见《英藏敦煌文献》第10卷，四川人民出版社1994年版，第154页。录文见宁可、郝春文《敦煌社邑文书辑校》，江苏古籍出版社1997年版，第502—503页。

5. 罚酒半瓮。其帖立递相分付，不得停

6. 滞；如滞帖者，准条科罚。帖周却赴（付）本

7. 司，用凭告罚。庚戌年润（闰）四月　　帖。

8. 张社官　刘社长　张保员

9. 唐押衙　程押衙　张金光

10. 张安定　兵马使马定奴（押）张住子

11. 不般（搬）墼人刘社长　刘万子　①

（后缺）

显然，文书中的佛堂亦有属于自己的园地，佛堂的拥有者就是以张社官、刘社长为首的某社邑，而垒佛堂园墙之事亦由该社社众承担。

（三）兰若和佛堂经济与所住僧关系密切

湛如法师认为，P.3343《律部疏释》中所载的军门兰若和 P.2085《四分律删繁补阙行事钞卷上之余》中所载的东山兰若有比丘居住，在敦煌兰若中像这样为头陀行法的出世兰若仅此两所而已。至于敦煌其他兰若有无僧尼居住，限于资料缺乏，还无法证明。② 实际上，在其他有的敦煌兰若和佛堂中亦有僧人居住修行，如前引 BD16029 中的法成就在周家兰若中修行。此外，S.4782《寅年（858年）乾元寺堂斋修造两司都师文谦诸色斛斗入破历算会牒残卷》第 58 行载："又面壹斗，与住南高佛堂僧食用"，说明南高佛堂住有僧人，且从乾元寺为住在南高佛堂的僧人提供食用来看，该兰若应该是乾元寺所属兰若。又 P.2450v《状抄（?）》载："……僧房多年颓毁，社人请僧修住劝导，一无修崇，颇有佛堂多年彩成"③，说明该佛堂亦有僧人居住修行。

对于有僧人居住修行的敦煌兰若和佛堂来说，其僧人的身份应与兰若和佛堂的拥有者密切相关。其中属于寺院的兰若和佛堂，其僧人一般应来自该寺院。属于某家族经营的兰若或佛堂，其僧人来自本家族的可能性很大。而由社邑经营的兰若或佛堂，其僧人有时可能是该社邑的导师，因为敦煌文书中记载有的社邑有属于自己的导师，如北大 D.202 + 北大 D.195 + P.3984《社官董海等廿三人重修唐家佛堂功德记》载："时有□□居名坊上里，性寂不二之门，为两社导师"，可

---

① 宁可、郝春文：《敦煌社邑文书辑校》，江苏古籍出版社 1997 年版，第 251—252 页。
② 湛如：《敦煌佛教律仪制度研究》，中华书局 2003 年版，第 63—68 页。
③ 宁可、郝春文：《敦煌社邑文书辑校》，第 766 页。

见该导师指导二个社邑，其身份应为社邑在佛教方面的指导者，类似于南北朝佛社的"邑师"。[①] 至于在个人经营的兰若或佛堂中居住修行的僧人，其应由兰若或佛堂的拥有者在僧团中拜请与其有密切关系者。当然，若某兰若或佛堂是由某僧人建造，则不排除该僧人自己在其间居住修行的可能。

无论在兰若和佛堂中居住修行的僧人身份如何，其对兰若和佛堂经济的影响是很重要的。如《宋高僧传》卷18载："释普明，不知何许人也，或云西域之僧。每谈禅法，举榷玄微，莫可测其沈寥之高远欤。大历初年，受胙县人请居阿兰若，学者蚁聚。尘中往来，白衣礼而施之，日以千计。"[②] 这里僧普明就是由兰若的拥有者胙县人请住兰若的，由于其声望地位很高，故供养者及其布施众多。前引BD16029中的僧法成亦是"妙理教化，于十方念诵聚求于升合"的，并且通过便贷生息盈利。可见，无论是僧普明还是法成，他们均是有一定影响力的僧人，故他们居住修行的兰若因其而有较多的收入。反之，对于所住僧修行程度低、影响小，特别是对于没有住僧的兰若和佛堂来说，其相关的收入则会相应减少。

总体来看，虽然敦煌地区的兰若和佛堂有自己的经济收入来源，但其经济状况是较为萧条的，有的兰若和佛堂根本没有经济经营，它们的主要职能或是家族信仰祈愿的场所，或是社邑活动的中心，抑或是公共社交活动的场所。[③]

（王祥伟，兰州商学院；徐晓卉，兰州商学院）

[①] 郝春文：《〈敦煌社邑文书辑校〉补遗（三）》，《首都师范大学学报》（社会科学版）2001年第4期。
[②] 赞宁撰，范祥雍点校：《宋高僧传》，中华书局1987年版，第467页。
[③] 关于兰若的性质和职能，请参见湛如《敦煌佛教律仪制度研究》，中华书局2003年版，第61—69页。

明代临洮宝塔寺及其法王史实考述

——明《宝塔寺报恩传流碑》笺释

杜常顺

张维《陇右金石录》"校补"收录了明光禄寺卿王子偁撰、临洮卫指挥佥事赵济所书的《宝塔寺报恩传流碑》（以下简称《传流碑》）全文，该碑原在卷六有著录，但未录碑文，据所加"按语"，该碑原名为"敕赐宝塔寺重修报恩流传碑记"。此碑立于正德十二年，主要内容是叙述从洪武到正德时期明朝皇帝封赐宝塔寺历辈大德的情况。由此可知，明代临洮宝塔寺僧人自其开山端竹领占开始，即与明廷深相结纳，其法嗣更以京师大能仁寺为驻锡之所，攀附宫廷，数人荣封"法王"之号，在驻京藏僧中具有十分显贵的地位。碑文的记述对于我们深入研究明代宝塔寺以及与之相关的明代驻京藏僧群体有着十分重要的意义。本文即以《传流碑》所述为主要线索，结合《明实录》及相关方志中的记载，就明代临洮宝塔寺及其僧人有关史实进行考察和梳理。

一 宝塔寺及其开山"大敏法王"端竹领占

宝塔寺是明代临洮"最称弘盛"的五大寺院之一。[①]《传流碑》载：

> 寺在陕西临洮府治北侧，原系僧纲寺公署之所，去京师四千余里，其名宝塔，实前元帝师发思吧幸迹，金饰吉祥塔、说法台、遗像在焉。凡遇大节庆会之辰，阖郡官长僚属人员于寺习仪拜贺，以为依止。先祖圆妙大敏法王端上师立为焚修香火之处。洪武庚午朝觐太祖高皇帝，诏居南京鸡鸣寺，屡

[①] 张维：《陇右金石录校补》，甘肃省文献征集委员会，民国二十二年（1943年），第16_853—16_854页。其他四寺为圆通寺、广福寺、圆觉寺和隆禧寺。

奉命差往天下各处公干，宣传圣道，抚化番夷来归，多效勤劳。累进封至法王品位，恩被甚厚，子孙承袭。永乐乙未，太宗文皇帝颁赐额名护敕，宣谕临洮地面所在官司大小官员军民诸色人等，务要尊崇其教，不许侮慢欺凌等……

据此，宝塔寺是在元代废刹基础上修建的，而这座废刹应该就是元代著名的临洮大寺。内存与元帝师八思巴有关的"金饰吉祥塔""说法台"以及八思巴"遗像"。据藏文史籍可知，元时八思巴四大子弟之一的达温·仲·仁钦扎在临洮创建了贝基德钦寺。①贝基德钦寺也就是临洮大寺，因为藏语中称临洮城为"香根城"（又译为香衮、香更、兴贡等），这座寺院因此也被称为"香根寺"。元至元八年至十一年（1271至1274年）间，八思巴在临洮居住近4年之久，临洮大寺是八思巴重要的活动地点，故碑文内有"幸迹"之称。《安多政教史》引《达温传》的记载称：

在这座城市里，有达温巴奉众生怙主八思巴供施双方的命令修建的寺院，当年聚集着数千名僧伽。贡玛（按即八思巴）供施双方前来视察时，由于皇上对上师极为崇信，要求要经常看得见上师的身相，听得到上师的讲说，不能有所分离。上师指示说："造一个和我相似的像！"乃以最佳妙的香木雕造了一尊上师的像，它在一个时期内，化为真实的上师，讲经说法。

《传流碑》中所谓"遗像"兴许就是《达温传》中所说的八思巴木雕之像。由于帝师八思巴的缘故，临洮大寺僧伽众盛，香火兴旺，也是元朝廷举办佛事活动的重要场所。

明代宝塔寺规模弘大。夏鼐先生曾著《〈陇右金石录〉补证》一文，其中有"褒祭大敏法王等三碑"（详后）一条，称："恩褒大敬法王碑阴有题名，又有寺界四至，谓东至城墙，南至古城，西至仓墙，北至城墙。可以考见其寺院规模之大。"②据上引《流传碑》文，明代宝塔寺不仅是临洮府僧衙即僧纲司所在，而且也是临洮府公共活动的中心。清代临洮士人姚清所撰《重修宝塔寺碑记》追溯明代宝塔寺建筑十分壮观："殿阁崔巍，拟以西天鹿苑，廊庑森列，宛如离日鸡园"，称之为"一大胜境"，"以故赞皇图而扬舞蹈者在于是，祝圣寿而庆千秋者

---

① 智贡巴·贡却乎丹巴绕杰：《安多政教史》，吴均等译，青海人民出版社2018年版，第531页。
② 《夏鼐文集》中册，社会科学文献出版社2000年版，第166页。

在于是，读德饮射讲孝而明慈让在于是，以及水旱灾祲相祈祷而解脱者亦在于是，此地之所关，讵仅与幽林空舍朝鸣钟而夕拜诵者相等垺也乎"。

据上引《传流碑》，宝塔寺由"先祖圆妙大敏法王端上师立为焚修之所"，则"端上师"为明代宝塔寺之开山，"端上师"即端竹领占。关于此人事迹，除碑文所述外，万历《临洮府志》卷22"杂志"有其小传，两者可相互补充：

> 端竹领占，俗姓石氏，自幼披剃为宝塔寺番僧，永乐四年以屡使绝域宣布王化，升苏州府僧纲司都纲，二十一年奉命招降迤北鞑靼王子也先土木率部属二千余人归款，升僧录司右阐教。二十二年升左善世，赐诰命、金图书、服器。宣德元年升灌顶圆妙广志（按应为智）大国师；二年奉使乌思藏，号"清修静觉崇善慈应辅教阐范灌顶圆妙广智大国师"。八年圆寂。天顺七年追封西天佛子。成化二十二年遣礼部尚书周洪谟谕祭，追封大敏法王。

端竹领占俗姓石氏，这有两种可能，或者是藏人取汉姓，或者本为汉人出家为"番僧"。方志中端竹领占自幼披剃为宝塔寺僧的说法，与《传流碑》宝塔寺为端竹领占创修之说有所出入，当以更为原始的碑文材料为准，即端竹领占是宝塔寺的创建者。姚清所撰《重建宝塔寺碑记》中即以端竹领占为创寺人：

> 郡治之东北里许，昔人建寺于其地，历宋元明以来悉沿之。然其始于何代，兴于何年，前人之记载者废落无余。今不遑臆稽，第即近代略言之，先明宣德时，有灌顶圆妙广智大国师石阐教其间，乃敕廓之，爰建宝塔以培福基，一切邪祟咸镇定焉，永不为洮患，而经阁法藏构营尤弗一也。仍封西天佛子大敏法王，因赐寺名曰宝塔。

不过，姚清碑记中关于该寺兴建及获得敕额的时间显然有误，上引《传流碑》明确记载永乐十三年（乙末，1415年）"颁赐额名护敕"，[①] 寺院的创修显然不会在此之后的宣德时期。

按《传流碑》，端竹领占于洪武二十三年（庚午，1390年）朝觐明太祖，奉诏入驻南京鸡鸣寺。鸡鸣寺是明洪武时敕建的南京大寺之一，明成祖迁都北京之前，凡藏传佛教僧人入京，一般都驻锡于该寺。[②] 端竹领占也是如此。

---

① 敕文收录于宣统《狄道州续志》卷5《寺观附碑记》。
② 杜常顺：《明代留住京师的藏传佛教僧人》，《中国藏学》2005年第2期。

关于端竹领占的事功,《传流碑》以"屡奉命差往天下各处公干,宣传圣道,抚化番夷来归,多效勤劳"寥寥数语高度概括之,《临洮府志》则列有三项,即一是"屡使绝域宣布王化",二是"奉命招降迤北鞑靼王子也先土木率部属二千余人归款",三是"奉使乌思藏",这应该是端竹领占一生中最重要的三大事功。其中,"屡使绝域宣布王化"主要是指永乐初年奉旨招抚川边藏族部落归化明朝。《明太宗实录》有两条相关记载,一是卷27,"永乐二年八月癸巳"条:"遣番僧丹竹领占、格敦增(僧)吉等赍敕谕西番八郎、马儿咂、懒藏等族。"二是卷45,"永乐四年九月壬戌"条:

> 鸡鸣寺番僧端竹领占、洮州卫千户赵诚,奉命往八郎等簇招谕眼即多咂簇、马儿咂簇、思囊日簇、潘官簇、哈伦簇头目桑儿结巴、阿思巴等来朝、贡马,赐钞、币有差。

对照前后两条记录,可知丹竹领占与端竹领占为同一人,即藏文 don-grub-rin-chen 的同音异译。八郎、马儿咂等均为川西北藏族部落,经端竹领占等招谕归附后,明朝政府陆续在当地设置了八郎安抚司、麻(马)儿咂安抚司、思囊日安抚司、潘干(官)长官司等土官衙门,隶属于松潘卫。① 正是由于此项招抚之功,端竹领占获任苏州府僧纲司都纲之职。而由藏传佛教僧人任职内地地方僧衙者,明代也仅见此例。

"奉命招降迤北鞑靼王子也先土木率部属二千余人归款"一事,具体情形不详。据乾隆《狄道州志》,同为临洮藏僧、同样曾驻锡于南京鸡鸣寺的何领占朵儿只永乐中"随驾北征沙漠",端竹领占应该也属于这种情况。让藏僧随驾北征,一个很重要的目的显然是为了在与蒙古各部的交涉中发挥他们宗教层面上的特殊作用。也先土木当为也先土干之误,也先土干本为鞑靼首领,永乐二十一年降附明朝,成祖封为忠勇王,并赐姓名金忠。《明史》有传。因为招降也先土干的功劳,端竹领占获任僧录司阐教、善世等职。

《临洮府志》载端竹领占获封大国师时间为宣德元年,《明宣宗实录》则系此事于洪熙元年,这一般属于出令和受令之间的时差,是正常的。《明宣宗实录》卷2,洪熙元年六月辛酉条载:"命右(右)善世端竹领占圆妙广智大国师,给予金印、玉轴诰命。"

宣德二年"奉使乌思藏"是端竹领占第三大事功。据《明宣宗实录》,这一

---

① 《明史》卷43《地理四》,中华书局1974年版,第1047页。

年派出了以太监侯显为首的使团前往乌思藏以及尼八剌（今尼泊尔）等地进行抚谕宣化活动：

> 遣太监侯显赍敕往乌思藏等处谕怕木竹巴灌顶国师阐化王吉剌思巴监藏巴里藏卜、必力工瓦阐教王领真巴吉监藏、灵藏赞善王喃葛监藏、尼八剌国王沙的新葛、地涌塔王子可般、辅教王喃葛列思巴罗葛啰监藏巴藏卜等，各赐之绒锦、纻丝有差。①

侯显此次出使涉及乌思藏地区各大政教势力及尼八剌国，出使活动规模相当庞大，明廷不仅令都督金事史昭调遣六卫官军护送出边，而且敕沿途地方首领"给道理费，且遣人防护"②。宣德四年，侯显使毕复命。③ 陕西行都司庄浪卫指挥同知鲁失加参加了此次护送入藏使臣的活动，乾隆《鲁氏家谱》卷2《三世祖（鲁失加）传》谓："（宣德）三年，奉敕护送太监侯显、国师端竹领占入乌思藏"。由此可知，端竹领占是作为侯显重要随员参与了到乌思藏及尼八剌"抚谕给赐"活动中的。

端竹领占历洪武、建文、永乐、洪熙及宣德五朝，为朝廷"宣传圣道，抚化番夷来归，多效勤劳"，朝廷也给了他右善世、灌顶大国师等高级僧职和封号，而在身后又先后于天顺六年和成化二十二年被朝廷追封为"西天佛子"和"大敏法王"。④ 故碑文有"恩被甚厚，累进至法王品位"之谓。作为宝塔寺开山，端竹领占生前事功均涉明朝边政边事，而其嗣法弟子门人的活动则与明朝宫廷有着密切的关系。

二 大悟法王札巴坚参

永乐之后，大批藏传佛教僧人入驻京师大隆善寺、大慈恩寺及大能仁寺等，受朝廷供养。其中就有来自宝塔寺暨端竹领占的弟子门人，其驻锡寺院为大能仁寺，札巴坚参又是其中显贵的代表人物之一。《传流碑》称札巴坚参为"次祖"：

---

① 《明宣宗实录》卷27，"宣德二年四月辛酉"条，"中央研究院"历史语言研究所1962年版，第702页。
② 《明宣宗实录》卷27，"宣德二年四月甲子"条，第703页。
③ 《明宣宗实录》卷53，"宣德四年四月丙戌"条，第1276页。
④ 朝廷追封端竹领占西天佛子和法王事分别见于《明英宗天顺实录》卷34，"天顺六年六月戊寅"条（第6922页）和《明宪宗实录》卷284，"成化二十二年十一月丁卯"条（第4812页）。

次祖弘妙大悟法王大智惠（按当为慧）佛札巴坚参承嗣照管，推举本寺僧行奏请充任本府僧纲司都纲职兼同住持，领众焚修，祝延圣寿，与民祈福，化导一方，以图补报。

看来，他将宝塔寺委托其他僧人住持，而他自己则入京留驻于大能仁寺。札巴坚参首次见载于《明英宗实录》卷33，正统二年八月壬戌条："命大国师端竹领占完卜札巴坚参袭为禅师，赐敕命、封号、银印、袈裟。"①

所谓"完卜"，系藏语dpon-bo的译音，是对僧俗贵族幼弟及侄、甥的通称。元明时期，藏传佛教僧人法脉普遍以家族血缘关系传承，端竹领占与札巴坚参师徒间也很可能具有血缘关系。至正统八年，英宗将端竹领占生前拥有的"灌顶圆妙广智大国师"之号授予了札巴坚参，②这也表明札巴坚参实为端竹领占嫡传法嗣。天顺六年，英宗追封端竹领占为西天佛子，一方面当然与端竹领占生前事功有关，但更重要的是由于札巴坚参积极争取的结果。《明英宗天顺实录》卷34，天顺六年六月戊寅条载："追封已故灌顶圆妙广智大国师端竹领占为西天佛子。从其徒大国师札巴坚参请也。"

能为先师争取到追封名号的荣耀，说明札巴坚参颇有与宫中亲近的能力与渠道。而此后他也很快成为驻京藏僧中受到皇帝宠信的显要人物，在成化朝成为第一个获封法王的藏僧，其封号长达38字，为"万行庄严功德最胜智慧圆明能仁感应显国光教弘妙大悟法王西天至善金刚普济大智慧佛"。③札巴坚参获封最高级的法王名号，是明朝皇帝及宫廷崇奉藏传佛教和宠幸藏传佛教僧人的体现。史臣谓："西僧以秘密教得幸，服食器用僭拟王者，出入乘棕舆，卫卒执金吾杖前导，达官贵人莫敢不避路，每召入大内诵经咒，撒米花赞吉祥，赐予骈蕃，日后大官酒馔牲饩至再，锦衣玉食者几千人。中贵人见辄跪拜，坐而受之。"④

但需要注意的是，明代拥有"大悟法王"名号的不止札巴坚参一人，正德五年明武宗封大慈恩寺西天佛子舍剌札为法王，其名号也是"大悟法王"⑤。但这两人之间并不存在法缘关系。

《明宪宗实录》中关于札巴坚参还有如下三条记载，第一条是卷59，"成化四

---

① 另外，《明英宗实录》卷34，"正统二年九月甲戌"条有"命剌麻札巴坚参为坚修禅师，给赐敕命"（"中央研究院"历史语言研究所1962年版，第640页）的记载，应属重复记载。
② 《明英宗实录》卷104"正统八年五月己未"条，第2100页。
③ 《明宪宗实录》卷53，"成化四年四月庚戌"条，第1077页。
④ 《明宪宗实录》卷53，"成化四年四月庚戌"条，"中央研究院"历史语言研究所1962年版，第1077页。
⑤ 《明武宗实录》卷64，"正德五年六月壬辰"条，第1661页。

年十月庚戌条":

> 礼部欲清理番僧及中国冒充者,法王札巴坚参引永乐年间事例陈请。诏曰:"中国人先习番经有度牒者已之,无度牒者清出。今后中国人不许习番教。非僧道食米者皆住支。"

明永乐以后,入居京师寺院的藏传佛教僧人不断增多,不仅得到朝廷厚养优待,而且令皇帝崇奉溺信,这种情形一直遭到朝臣的诟病和反对,要求斥遣藏僧的声音此起彼伏。此次针对礼部"清理番僧及中国冒充者"的动议,位居法王的札巴坚参援先朝事例提出异议,并显然起到了作用。故宪宗的诏令并没有驱遣在京藏传佛教僧人的内容,要求清理的也只限于那些"无度牒"即私自披剃为藏传佛教僧人的"中国人"(主要指汉人)。

第二条是卷150,"成化十二年二月乙未"条:

> 大能仁寺大悟法王札巴坚参奏自货茶二万七百斤、彩段、绢布一千五百余匹,乞命沿途军卫有司供应转递,往陕西临洮、河州、西宁等处熬茶施僧。许之。

但据《传流碑》,成化十二年前往临洮等地"熬茶施僧"的并非大悟法王札巴坚参,而是大敬法王锁南坚参:

> 成化丙申,宪宗纯皇帝赐敕谕命觉道大敬法王锁南坚参熬设广茶,仍宣谕官员军民僧俗人等,凡寺内殿宇经相供器仪仗地土山场常住一应钱粮等项,不许诸人骚扰,听本寺用度。

《明宪宗实录》则有一条锁南坚参等人事毕后由临洮等返回京师的记载。卷173,"成化十三年十二月癸卯"条:

> 礼部奏:"大能仁寺都纲舍刺藏卜并静修弘善大国师镇(锁)南坚参等奉命往临洮等处回,各献马、驼等物。都纲等如讲经例给赏,其国师查无赏例,今议拟加赏彩段一表里。上等马每匹加赏纻丝一表里,驼只如回回例,每只彩段三表里。"许之。

可见，成化十二年大悟法王札巴坚参自己并未亲往临洮宝塔寺，而是委派了锁南坚参等人前往。

第三条也是最后一条为卷266，"成化二十一年五月丙子"条："大能仁寺大悟法王札巴坚参奏乞升迤西石冈寺国师亦失坚参为灌顶国师。从之。"

弘治初年，在朝臣的强烈建言下，针对长期以来"番僧冒滥，升赏糜费数多"的情形，颇有振肃之志的明孝宗对驻京藏僧也采取了前所未有的严厉措施。

> 命法王、佛子降国师，国师降禅师，禅师降都纲，自讲经以下革职为僧，各遣回本土、本寺或边境居住。仍追夺诰敕、印信、仪仗，并应还官物件。内降职留大慈恩寺等住持者五人，革职留随住者十人。集汉人习学番教者，不拘有无官职度牒，俱发回原卫有司当差。

成化朝地位显赫的札巴坚参因这纸诏令而失去了法王封号，降为大国师，他也因此很有可能返回了宝塔寺。但长期以来藏传佛教在明朝宫中形成的影响相当深刻，孝宗本人排斥藏僧的态度也并没有坚持多长时间。弘治九年，又传旨升灌顶大国师札巴坚参为西天佛子。据《陇右金石录》，临洮东城有"明褒祭大敏法王三碑"，"按此三碑俱在熙春台（按即宝塔寺所在），一额书'诰封大敏法王谕祭'，为成化十二年（按当为二十二年）皇帝遣太子少保礼部尚书周洪谟谕祭大敏法王西天佛子端竹领占文；一额书'大明谕祭'，为弘治十年遣礼部尚书徐琼谕祭大悟法王西天至善金刚普济大智慧佛札巴坚参文；一额书'大明恩褒'，为弘治十三年大敬法王弘济静明佛锁南坚参铭。皆弘治十三年六月所立。"据此，札巴坚参大致在弘治九、十年间去世，徐琼"大明谕祭"碑文中仍称札巴坚参为大悟法王，表明明朝廷最终还是认可了其法王的名位。可惜《陇右金石录》未录上述三碑碑文，现在诸碑已无存，更多临洮宝塔寺及其僧团的历史信息因而也就湮没了。

三　大敬法王锁南坚参和大慈法王那卜坚参

大敬法王为锁南坚参，《明实录》关于此人的首条记录是他于正统十四年获封为禅师。[①] 成化四年受封为"静修弘善国师"。[②] 成化十四年受封为西天佛子，

[①]《明英宗实录》卷178，"正统十四年五月辛巳"条，"中央研究院"历史语言研究所1962年版，第3430页。

[②]《明宪宗实录》卷53，"成化四年四月庚戌"条，第1077页。

名号全称为"妙悟弘觉静修宗智阐范翊教灌顶善济西天佛子大国师"。① 成化二十年，经太监覃昌传奉圣旨，锁南坚参由佛子升为法王。② 据《传流碑》，其法王名号为"大敬"。孝宗继立，黜降并遣返在京藏僧，锁南坚参"由法王降国师，勒还本土"，但锁南坚参托故不行，最终还是获准留在了大能仁寺："先是，西僧锁南坚参为言官所劾，由法王降为国师，勒还本土，久而未发。至是，其徒为之请留京师大能仁寺，许之。"③

但此后《明实录》中未再见锁南坚参相关记载。据前述《陇右金石录》著录的弘治十三年"大明恩褒"碑，锁南坚参当在弘治十三年或稍前去世。其中，仍以"法王"称之，这或者是其生前恢复的，也可能是死后追赠的。

大慈法王，这是人们十分熟悉的一个封号，明宣宗时给格鲁派僧人释迦也失的正是这个封号。而正德时驻锡于京师大能仁寺，也即来自临洮宝塔寺的僧人那卜坚参同样获封为"大慈法王"。《传流碑》载：

> 今上皇帝（按即明武宗）玉音，特封那卜坚参为"清修大慈法王"，赐奉天诰命、金印、宝冠、袈裟、锦服、棕乘，仪从、月供、廪食之类悉备。自禅师升灌顶大国师历进今职。

不过，释迦也失和那卜坚参虽然都有"大慈法王"之号，但名号全称并不相同。据《传流碑》所引明武宗诰封"制词"，那卜坚参法王封号全称为"万行通悟守静弘仁衍梵戒定崇禧善觉庇国广智清修大慈法王西天极乐庄严普惠大喜施佛"，而释迦也失法王封号全称为"万行妙明真如上胜清净般若弘照普惠辅国显教至善大慈法王西天正觉如来自在大圆通佛"。

据《明实录》，那卜坚参成化末就已在大能仁寺，并于成化二十二年以剌麻身份升为禅师。④ 弘治十二年，时为灌顶国师的那卜坚参与一批僧道奉旨入宫，为新建成的清宁宫"设坛作庆赞事三日"。此事遭到大学士刘健等朝臣的强烈反对，他们上疏认为："佛老异端，圣王所禁……我朝之制，虽设僧道录司，而出入有清规，斋醮有定数。未闻于宫闱之内建立坛场，聚集僧道，有如此者。"请求孝宗"将所建番坛即时撤去，各寺胡僧尽行斥出，使宫闱清肃，政教休明"。

---

① 《明宪宗实录》卷176，"成化十四年三月甲申条"，"中央研究院"历史语言研究所1962年版，第3182页。
② 《明宪宗实录》卷258，"成化二十年十一月丙戌"条，第4353页。
③ 《明孝宗实录》卷22，"弘治二年正月丙寅"条，第507页。
④ 《明宪宗实录》卷284，"成化二十二年十一月丁卯"条，第4813页。

孝宗称:"卿等言是,但宫殿新成,庆赞亦先朝永乐以来旧典,其置之。"随后又有朝臣多人上言力谏,孝宗仍不为所动:"庆赞之事,乃用旧典举行。此后事朝廷自有处置。"① 弘治十八年孝宗去世,那卜坚参和道士陈应循等又"各率其徒,假以祓除荐扬,数入乾清宫",也引起朝臣不满,经礼部尚书张升等奏请,武宗诏令进行处置。那卜坚参因之被革去灌顶大国师之号,以禅师身份,闲住僧录司。② 但正德二年,那卜坚参又由太监传旨的途径,很快升为国师。"时上颇习番教,后乃造新寺于内,群聚诵经,日与之狎昵矣。"③ 正德五年更直接以国师身份获封为法王,④ 而未历大国师、西天佛子这两个层级。据《传流碑》,那卜坚参封法王后,倡议并施资对临洮宝塔寺重加修葺:

　　切惟本寺年深倾圮,弗称瞻仰,是以谨将岁月诵经、逢时修斋、节蒙恩赍所集衣资、十方供应之缘,馨□所蓄,竭诚以奉。其工作物费一出于己,勿扰于公。冀蒙大功德、掌司礼监事太监萧公敬及乌思藏进贡来朝诰封大德法王绰吉斡些儿大庄严佛喜闻修寺,愿相乐助金帛银两,共成善果,是以钦承上命灌顶大国师领占绰节儿等国师、禅师、剌麻前来市材鸠工,重新盖造钟鼓廊垣等所,周围壮观焕然一新。

　　襄助那卜坚参修寺的司礼监太监萧敬是明代颇具文化修养与学识的大宦官之一,史载此人"遍览典籍,能诗好草书"⑤,且历事英宗、景帝、宪宗、孝宗、正德、嘉靖六朝,"卒年九十一,中贵之久任寿考无过敬者"⑥。明代"中官最信因果,好佛者众",其中信奉藏传佛教且与藏僧关系密切的宦官也颇多,萧敬当亦如是。而那卜坚参修寺能得到萧敬这样资深望重的大太监檀助,反映出宝塔寺这一系藏僧同样与宫中宦官深相结纳,这显然是他们能够长期与宫廷保持亲密关系并得到皇帝荣宠的重要原因之一。⑦ 另一位襄助者绰吉斡些儿是正德五年大乘法

---

① 《明孝宗实录》卷155,"弘治十二年十月戊申"条,"中央研究院"历史语言研究所1962年版,第2780页。
② 《明武宗实录》卷1,"弘治十八年五月壬子"条,第34页。
③ 《明武宗实录》卷24,"正德二年三月癸亥"条,第659页。
④ 《明武宗实录》卷62,"正德五年四月戊戌"条,第1358页。
⑤ 何乔远:《闽书》卷139《萧敬传》,福建人民出版社1995年点校本,第5册,第5120页。
⑥ 施闰章:《施愚山集》,《补遗·萧敬传》,黄山书社1993年点校本,第158页。
⑦ 关于这方面的问题,可参阅笔者专论《明代宦官与藏传佛教》,《西北师范大学学报》2006年第1期。另据夏鼐《陇右金石录补证》,夏先生曾在临洮亲眼察看了"襄祭大敏法王等三碑","查谕祭大悟法王碑阴刻有太监卢融、太监冯俊等,及成国公朱辅等祭文三篇……",也说明宝塔寺僧与宦官乃至皇室间过从甚密。见《夏鼐文集》中册,社会科学文献出版社2000年版,第167页。

王派到朝廷的贡使，得到武宗宠信，受封为大德法王，令其驻锡于大护国保安寺。绰吉斡些儿是萨迦派僧人，而宝塔寺前身又是元代萨迦派大寺，且寺内一直供有八思巴遗像，因此，绰吉斡些儿檀助修寺，也表明明代宝塔寺应该仍属于萨迦派。从宝塔寺僧人在北京主要以大能仁寺为驻锡地来看，大能仁寺也可以被视为明代萨迦派僧人在内地活动的大本营。"灌顶大国师领占绰节儿"是此次宝塔寺修葺工作中起了重要作用的僧人，此人系大德法王绰吉斡些儿之徒。《明武宗实录》卷121，"正德十年二月戊戌"条载：

> 保安寺大德法王绰吉斡些儿，本乌思藏使也，上留之得幸。至是，欲遣其徒领占绰节儿、绰供札失为正副使，还居乌思藏，比大乘法王例入贡，且为两人请国师诰命及入番熬设广茶。下礼部，尚书刘春议不可，且为（谓）沮坏茶法，骚扰道路。有旨令复议。春执奏："乌思藏远在西方，性极顽犷，虽设四王抚化，而其来贡必为之节制，务令各安其所，不为边患而已。若遣僧赍茶以往，给之诰敕，万一假上旨以诱羌胡，妄有所请求，欲因以自利，不从便为失异俗意，从之则无益事兴，其害有不可胜言者。"诏与诰命，而罢设茶敕。……及两人乘传归，辎重相属于道，所过烦费，行道避之，无贵贱皆称两人国师云。

据此，领占绰节儿应该是在奉师命"还居乌思藏"途中到临洮宝塔寺操办了寺院修葺工作。

寺院修葺完工后，那卜坚参因感念宝塔寺历辈僧人"功德成就之因，际遇恩之胜可无传乎？是以谨具前因，敬勒珉石，劝示当来永久之志"。正德十二年《传流碑》正是由那卜坚参倡立的。但那卜坚参此后的行迹不载于史。

另外，《传流碑》中还提到了一位宝塔寺"已故"的"西天佛子那卜领占"。此人具体事迹不详，但清乾隆《狄道州志》卷10"人物下方伎"中有对此人的简要介绍："那卜领占，俗姓梁氏，髫年披剃，长修禅业，正德改元，加号大能仁寺清修悟法普慈广会（当为"惠"）翊国崇教灌顶隆善西天佛子大国师。"

查《明武宗实录》，那卜领占系正德五年那卜坚参受封法王的同时，由都纲身份直接受封为西天佛子的。[①] 这也是《明实录》中唯一一条有关那卜领占的记载。

[①] 《明武宗实录》卷62，"正德五年四月戊戌"条，"中央研究院"历史语言研究所1962年版，第1358页。

武宗之后，继位的明世宗崇道斥佛，除大隆善寺外，京师寺院中的藏僧基本都被清理。在能仁寺活动的临洮宝塔寺僧人也不例外，失去了宫廷的依托，宝塔寺僧团也自然落寞。

四 余论

在以往的相关研究中，因囿于史料，人们甚少关注到明代临洮宝塔寺，也不知道那些见载于《明实录》、获封法王的近30位藏传佛教僧人中，有4位是来自临洮宝塔寺的，这是我们从《传流碑》中得到的主要收获。一个寺院能有数位僧人受封法王，这种显贵也只有岷州大崇教寺可与之相提并论，由此可见，明代宝塔寺僧团能量不菲。作为宝塔寺开山，端竹领占以"宣传圣道，抚化番夷"之功而见恩于朝廷，其后继者札巴坚参诸人则以京师大能仁寺为据点，并迎合宫廷生活的需要开展活动，与宫廷深相结纳，宫廷附庸的特征十分显著。同时，通过《传流碑》中的记载，可知临洮宝塔寺系明代京师大能仁寺藏僧的重要来源。

张维谓宝塔寺法脉"迄明末其传不衰"[1]。据姚清《重修宝塔寺碑记》，明末清初，宝塔寺已相当破败，为此，宝塔寺僧前仆后断，募资重修。先是崇祯年间，"有禅师王恭竹者，以金塔殿罗汉引卧龙寺僧牛扎失为徒，相与翻雷音之贝叶，阐金乘之心传，以追灌顶先宗，念沿之久，而梵室渐圮，愁然其弗忍，矢诚募化，不惮持钵沿门，而一时觉范所感，远近响应，方庀工营度，奈寇侵相仍，频年不解，竟弗成功"。入清后，一度"易梵室为仓廪，禅关为刍厂"，直到三藩乱平息后，寺院住持牛扎巴藏卜、原任僧纲司都纲陈扎巴杓那及其弟子数人竭力化募，并得到"临（洮）营信官朱君近泉缔社众以代募主功德以布金"，最终筹得修寺资金，历十数年工期才得以完成重建。

到清同治时期，因战乱"临洮诸寺俱为灰烬"，宝塔寺也未能幸免，后来"仅于旧熙春台上略建堂庑，俗谓之台子寺"[2]。

（杜常顺，青海师范大学）

---

[1] 张维：《陇右金石录校补》，甘肃省文献征集委员会，民国二十二年（1933年），第16_854页。
[2] 同上。

甘肃省道教文化资源述要

——兼论甘肃省当代道教文化建设

（初稿）

刘永明

一 甘肃省古代道教文化资源述要

道教是我国土生土长的本土宗教，也是中国文化的重要组成部分。古代甘肃地区具有源远流长的道教历史，也有着十分丰富的道教文化资源，有很多在道教史上具有重要影响的道教人物。这些历史文化遗产正是当代道教研究应该关注的重要内容，也是甘肃省华夏文明传承创新区建设中必须重视的内容。在这一方面，学界没有足够的关注，本文在对甘肃古代历史上的道教文化资源进行整体了解的基础上，就其中最重要的内容，作一番简要的梳理。

（一）"黄帝问道广成子"与崆峒山道教

这是出自先秦道家的重要著作《庄子》的《在宥》篇的一则论道故事，内容如下：

> 黄帝立为天子十九年，令行天下，闻广成子在于空同之上，故往见之，曰："我闻吾子达于至道，敢问至道之精。吾欲取天地之精，以佐五谷，以养民人。吾又欲官阴阳，以遂群生，为之奈何？"广成子曰："而所欲问者，物之质也；而所欲官者，物之残也。自而治天下，云气不待族而雨，草木不待黄而落，日月之光益以荒矣，而佞人之心翦翦者，又奚足以语至道！"黄帝退，捐天下，筑特室，席白茅，闲居三月，复往邀之。广成子南首而卧，黄帝顺下风膝行而进，再拜稽首而问曰："闻吾子达于至道，敢问，治身奈

何而可以长久?"广成子蹶然而起,曰:"善哉问乎!来,吾语女至道:至道之精,窈窈冥冥;至道之极,昏昏默默。无视无听,抱神以静,形将自正。必静必清,无劳女形,无摇女精,乃可以长生。目无所见,耳无所闻,心无所知,女神将守形,形乃长生。慎女内,闭女外,多知为败。我为女遂于大明之上矣,至彼至阳之原也;为女入于窈冥之门矣,至彼至阴之原也。天地有官,阴阳有藏。慎守女身,物将自壮。我守其一以处其和。故我修身千二百岁矣,吾形未常衰。"黄帝再拜稽首曰:"广成子之谓天矣!"广成子曰:"来!余语女:彼其物无穷,而人皆以为有终;彼其物无测,而人皆以为有极。得吾道者,上为皇而下为王;失吾道者,上见光而下为土。今夫百昌皆生于土而反于土。故余将去女,入无穷之门,以游无极之野。吾与日月参光,吾与天地为常。当我,缗乎!远我,昏乎!人其尽死,而我独存乎!"

这一段内容虽然短小,但是内涵十分丰富。故事假托被后世推为华夏民族缔造者的五帝之首黄帝和上古道家文化的集大成者广成子之间的对话,由黄帝两番向广成子请教"至道"的奥秘,广成子予以言简意赅的回答。简而言之,这段内容深刻揭示了道家文化的精要和宗旨,包含了道家文化的核心内容。从道家来说,本段内容充分说明了道家治身为本、治国为末的思想。最有当代价值的是,广成子批评了黄帝力图驾驭自然规律、利用自然规律锐意有为的思想,认为这样的行为导致的是自然法则的破坏和人的道德的堕落,是与至道背道而驰的。这一点,而今读来,颇似针对的是当代社会。我们已经拥有了发达的科学技术,一方面享受了人类驾驭和利用自然的福利,一方面破坏了自然环境,从深层次违背了自然法则并破坏了人类赖以生存的家园。十分发人深省。这一段表述将道家追求与道合一的思想转变为追求长生不死,并落实为具体的修炼之术,使道家向道教的方向上迈进了一大步。可以说,道教所追求的形与神俱、长生不死的目标,在《庄子》外篇《在宥》篇形成的时期,已经通过黄帝问道广成子的故事经典化地确定下来了。同时,本段内容是道教炼养学的核心,也被视为最重要的修炼法诀。总之,"黄帝问道广成子"对道家和后来的道教具有重大影响,也是道教历史上十分重视的内容。[①]

在《庄子》中,"崆峒"原作"空同",从庄子的寓言风格来看,《庄子》中的"空同"未必是实际的地名。但在历史文化的传承中,这种莫须有的地名逐渐被指实,于是后世对于这一地名的落实有种种说法。总体看来,历史文化更多地

[①] 刘永明、赵玉山:《黄帝问道广成子对道家和道教的影响》,《天水师范学院学报》2008年第6期。

将《庄子》中所说的"空同"与陇东地区崆峒山联系在一起。

再从历史上看,崆峒山很早就有庙宇和道教活动,据考察,现在崆峒山可以确定的唐代建筑有问道宫、轩辕宫等四处。① 现存碑文资料有至元十七年(1357年)《重修崆峒山大什方问道宫碑》,也足以说明问道宫建筑由来已久。应该指出的是,元代以前的崆峒山道教是围绕黄帝问道的主题展开的;自明代以后,崆峒山道教的主题有所变化。这是由特定的历史原因导致的。被明太祖朱元璋分封的三子燕王朱棣,在朱元璋死后,通过三年的"靖难之役",夺得了帝位,即明成祖。在这一过程中,朱棣利用了自宋代以来便被人们普遍信仰而颇有影响的北方之神真武大帝,激励士气。由于这一原因,明成祖即位后十分推崇真武大帝,专门在武当山为真武大帝修建道场,举全国之力费时十余年,规模宏大。明成祖还下令,各地兴修真武道场,于是将真武信仰推向了全国。在这一特殊的历史环境下,崆峒山开始兴起真武信仰。

正是在驻守平凉的韩王的主持下,仿照武当山,在崆峒山修建了真武大帝的道场。道场位于崆峒主峰马鬃山顶,真武殿位于山顶最中最尊位置,并以之为中心,建成了由多个宫观组成的道教建筑群,又在主峰之右掖雷声峰修建了雷祖庙、玉皇庙等,又修建了贯通三天门的铁索。这样,崆峒山道教的主题也开始以真武信仰为主。自明代以后,崆峒山地区每年在三月三日真武大帝诞辰日要举办隆重的法事活动,一直延续到现在。据碑文记载:崆峒山上有九宫八台、七峰六院、五洞三崖、二泉四岭,形胜甲于西陇。由此可见,崆峒山在历史上留下了十分丰厚的道教文化资源,不愧为道教名山。

(二)西王母信仰

西王母出自先秦古老的神话传说,在古代文化中占有十分重要的地位。在漫长的历史演变中,西王母又成了道教最重要的神仙之一,也成了民俗文化中重要的女仙。西王母的传说是昆仑神话的核心内容,在先秦的神话典籍《山海经》中多有记载,又见于《庄子》以及屈原的作品,还见于西晋时从魏襄王墓中出土的《穆天子传》,以及汉晋以降诸多古籍和出土文物。

而西王母的形象也从先秦人兽合一的神灵逐渐演变成汉魏以降雍容华贵、至高无上的女仙。早在《庄子》中已经认为,西王母是由于得道所以成为神仙的,所谓"西王母得之,坐乎少广,莫知其始,莫知其终";其作为神仙也见于最早的道教经典《太平经》;而在出于魏、晋间的《汉武帝内传》中,其道教女仙之

---

① 茹坚:《黄帝问道崆峒山》,《今日科苑》2001年第6期。

首的形象更为鲜明。从此以降,西王母多见于道教典籍中,成为道教中的重要神仙以至女仙之首。

西王母信仰与昆仑神话紧密相连,在西北地区流传的地域很广,其所在"昆仑之丘"的范围最初大致在青藏高原东部、祁连山及其东部一带,也即现在的甘肃、宁夏和青海东部地区。以后,随着华夏民族的向西拓展和地理知识的丰富,昆仑的地理位置逐渐西移,扩展到西部更远的地方。通过对历史的考察来看,甘肃东部泾川与西王母的传说密切相关。泾川的回中山大致就是周穆王西巡狩见西王母的地方。据记载,这里也是追求神仙的汉武帝巡游所至的地方。据说,此山在西汉时期就有了祭祀西王母的王母宫。

从各种历史资料和信息综合来看,至少在唐代应该已有与西王母信仰相应的建筑存在。如盛唐时杜甫诗《秋兴八首》有云:"西望瑶池降王母,东来紫气满函关。"晚唐诗人李商隐曾于开成三年(838年)游历泾川回山瑶池作《瑶池》诗,感叹周穆王会西王母事。① 诗文所写当非空泛的感叹,显然是有具体所指。在北宋时期,则已经有了明确的记载。宋代陶谷《重修回山王母宫颂》碑是王母宫的最早文物资料。碑文讲述了重修的缘由,其中一方面讲述了周穆王、汉武帝与西王母的传说,一方面强调了西王母作为道教神仙的崇高地位。其中讲到,由于王母之庙"年纪寝远,栋宇毁坏,坛堄杏朽,蔽荆棘于荒庭,井废禽亡,噪鸟鸢于古堞"。王母宫曾进行过重修,这说明王母宫建筑的时间已经相当不短了,可以推测唐代已有王母宫存在。其中又说:"岂若王母为九光圣媛,统三清上真,佩分景之玉剑,纳玄琼之凤舄,八琅仙璈以节乐,九色斑鳞而在驭。啸咏则海神鼓舞,指顾则岳灵奔走,辅五帝于金阙,较三官于绛河,位冠上宫,福流下土,则回中有王母之庙,非不经也。"这显然是突出了对西王母的信仰。之后明代对王母宫又进行了重修,从明正德九年(1514年)重修,至明嘉靖壬午年(1522年)落成。时任明太子太保、兵部尚书的兰州人彭泽撰写了《重修回山王母宫记》碑,碑文说:王母宫"路当孔道,古今名士登览祗谒,题咏甚富,蔼然为郡之胜迹"。可见,王母宫由于处于中西交通的要冲,一直是古今名士登临的名胜古迹。清同治三年(1864年),王母宫被战火焚毁殆尽。从20世纪90年代开始,台湾同胞和泾川民众一道对其进行了重建。另外,从北宋开宝元年(968年)已有的西王母庙会也一直延续了下来,达千年之久。

总之,西王母文化对于我国古代民族文化、尤其是道教文化的形成、发展意义重大,对后世影响也很大。它属于道教文化,同时具有更加丰富的文化内涵。

---

① 诗曰:"瑶池阿母绮窗开,黄竹歌声动地哀。八骏日行三万里,穆王何事不重来?"

这些内容在民族文化的传承中依然具有重要的意义，也是甘肃省华夏文明传承创新区建设必须重视的内容。

（三）青牛道士封君达

封君达为东汉时期的著名方士。汉末曹操曾广招包括名医华佗在内的方士，封君达与甘始、东郭延年、左慈等都是其中较著名的。据《神仙传》载："封君达者，陇西人也。服黄精五十余年，又入乌鼠山，服鍊水银，百余岁往来乡里，视之年如三十许人。常骑青牛，闻人有疾病时死者，便过与药治之，应手皆愈。不以姓字语人，世人识其乘青牛，故号为青牛道士。后二百余年，入玄丘山仙去也。"①

从记载可知，封君达服食黄精、服炼水银，年龄至百余岁而面貌如同30余岁的年轻人，行踪时隐时现，最后成了神仙。这显然是当时典型的追求神仙的方士，在后世道教中被奉为神仙，也是道士追求的榜样。

同时，封君达擅长于医学，常以药物救人，因而对世人影响很大。据《葛仙翁肘后备急方》："《肘后备急方》使有病者得之，虽无韩伯休，家自有药；虽无封君达，人可为医。"② 可见封君达在当时应该是一位很著名的医家。

封君达还擅长养生之术，据记载，曹操曾向封君达请教养生之术。《养性延命录》中记载了封君达的养生法：

> 青牛道士言：人不欲使乐，乐人不寿，但当莫强健为力所不任，举重引强，掘地苦作，倦而不息，以致筋骨疲竭耳。然于劳苦胜于逸乐也。能从朝至暮，常有所为，使之不息乃快，但觉极当息，息复为之。此与导引无异也。夫流水不腐，户枢不朽者，以其劳动数故也。饱食不用坐与卧，欲得行步，务作以散之。不尔，使人得积聚不消之疾，及手足痹蹶，面目黧皯，必损年寿也。③
>
> 青牛道士言：食不欲过饱，故道士先饥而食也。饮不欲过多，故道士先渴而饮也。食毕行数百步，中益也。暮食毕，行五里许乃卧，令人除病。凡食，先欲得食热食，次食温暖食，次冷食。食热暖食讫，如无冷食者，即吃冷水一两咽，甚妙。若能恒记，即是养性之要法也。凡食，欲得先微吸取气，

---

① 葛洪撰，谢青云译注：《神仙传》卷10，中华书局2017年版，第429页。
② 《葛仙翁肘后备急方》，《道藏》第33册，上海书店出版社1988年版，第1页。下引《道藏》版本同，不再注明。
③ 《养性延命录》卷上《教戒篇第一》，《道藏》第18册，第478页。

咽一两咽,乃食,主无病。①

　　以上养生言论,其内容不外乎是关于日常生活中注重劳逸结合,以及生活起居、饮食卫生方面的注意事项,显然是实实在在的养生和保健之术。这里没有丝毫的宗教神秘性,与《神仙传》中的记载大为不同,应该说揭示了当时传为神仙一流人物之事实在的一面。值得研究和思考。

　　封君达是传授道教的重要典籍《五岳真形图》的重要人物。张万福《传授三洞经戒法箓略说》卷上:

> 　　今得此图见于世间者,起由董仲君及女生二人。仲君临去传乐巴,女生传封君达。葛洪曰:"昔白郑君五岳真形,吴越之人,无有得传,不审先生有不?"郑君曰:"吾似有之,传授禁重,不可妄泄。卿极有心,是故相告,且勿宣之。吾先人受此书于青牛先生,自吾受图,不传一人,当以此文与卿。今施用节度,皆出于郑君也。青牛先生言,家有五岳真形,一岳各遣五神,来卫护图书。所居山川近者,山泽神又常遣侍官防身营家凶逆欲见伤害,皆反其殃,辟除五兵五瘟,可带履锋刃。带此文及执持以履山林者,百山地源灵官主司皆出境拜迎。尊贵国信鬼神,犹执卑降之礼,何凡人而可慢堕哉?"
> 　　万福曰:"夫五岳真形图,上圣高真神仙所宝。道士佩之,游行山泽,千山百川之神皆出迎之。家有此图,仙灵侍卫,万厉潜伏,仕官高迁,财产丰积,子孙昌盛,门户兴隆。修行佩奉,自有法矣。"②

　　实际上,《五岳真形图》是道教用于入山的地理著作,这对于道教的择地修炼来说,显然是很重要的。所以,《五岳真形图》在道教中被视为最重要的经典之一,并被神秘化。道教典籍中关于封君达的记载还有不少。可见,封君达是一个十分值得重视和研究的道教人物。

(四) 天水尹氏与楼观道

　　楼观道是北朝以降道教发展史上流传于北方地区的一支重要的道教派别,天水尹氏则在楼观道中具有重要地位。楼观道尊老子和尹喜为祖师,尹喜即《史

---

① 《养性延命录》卷上《食诫篇第二》,《道藏》第18册,第478页。
② 张万福:《传授三洞经戒法箓略说》,《道藏》第32册,第191页。

记》所载请求老子传授《道德经》的关令尹。在楼观道的典籍记载中,尹喜为天水人。如《古楼观紫云衍庆集》引《大元清和大宗师尹真人道行碑》载:

> 以千载之前之尹书,付千载之后之尹氏,幡然出应,如芥投针,由是观之,天其与尹氏者一何著也!矧楼观自文始后,在族裔而登仙者,代有其人,在周则有轨,在秦则有澄,在魏则灵鉴,在唐则文操,在今则清和,灵源弥远,仙派弥长,以斯三者而验焉,天其祚尹氏者又何厚也![①]

从碑文可见,天水尹氏自称文始真人尹喜之后,而且从尹喜之后,尹氏家族在历史上出了不少"登仙"的高道。实际上,这一系列记载及与之相关在道教中很有影响的说法之产生,原本都出自楼观道的记载,而且大多与尹氏密切相关。下面略述其要。

1. 关于尹喜和玄妙玉女为天水人的记载与天水尹氏相关

关于尹喜的记载,《史记》曰:"老子修道德,其学以自隐无名为务。居周久之,见周之衰,乃遂去。至关,关令尹喜曰:'子将隐矣,强为我著书。'于是老子乃著书上下篇,言道德之意五千余言而去,莫知其所终。"[②] 先秦、秦汉以来的一些典籍如《庄子》《列子》载"关尹"言行,而不及履历。《汉书·艺文志》载有《关尹子》九卷,后亡佚,[③] 该作不见于《隋志》《唐志》。至《列仙传》则较为详明地记载了"尹喜"的终始:"关令尹喜者,周大夫也。善内学,常服精华,隐德修行,时人莫知。老子西游,喜先见其气,知有真人当过,物色而遮之,果得老子。老子亦知其奇,为著书授之。后与老子俱游流沙化胡,服苣胜实,莫知其所终。尹喜亦自著书九篇,号曰《关令子》。"[④] 其中也没有尹喜为天水人之说。但在以后的道教典籍中,则称尹喜为天水人。

最早称尹喜为天水人的是唐玄宗时期道士史崇等编纂的《一切道经音义妙门由起》所引《楼观本纪》,曰:"大夫姓尹,名喜,字公文,本天水人也。"[⑤]《楼观本纪》显然是楼观道派的作品。其后元代朱象先的《终南山说经台历代真仙碑记》也称:"真人姓尹,名喜,字公文,天水人也。"[⑥]《终南山说经台历代真仙

---

① 《古楼观紫云衍庆集》卷中,《道藏》第19册,第558页。
② 司马迁:《史记》卷63《老子韩非列传》,中华书局1959年版,第2141页。
③ 《关尹子》不见于《隋书·经籍志》和《唐书·艺文志》,今本《关尹子》出于南宋时期,《四库提要》谓"为唐、五代间方士之解文章者所作,其内容为释氏及神仙方技家之法,借儒言以饰之。"
④ 刘向:《列仙传》卷上,中华书局1985年版,第8—9页。
⑤ 《一切道经音义妙门由起》,《道藏》第24册,第727页。
⑥ 《终南山说经台历代真仙碑记》,《道藏》第19册,第543页。

碑记》又是根据《楼观先师传》三卷摘录其要,刻为碑记的。《楼观先师传》据传为晋代尹轨、韦节、尹文操所撰,《终南山说经台历代真仙碑记》记载:

> 楼观为天下道林张本之地,自文始上仙之后,登真之士,无世无之。阅诸仙史,不一而足。始以太和尹君别作《楼观先师传》于晋,次则精思韦法师述之于后,周末则尹尊师文操续之于唐,合三十人,各一列传,为书三卷,垂世久矣。①

这里将天水尹氏归为尹喜(唐玄宗封为文始真人)后裔,而记载楼观道道派传承的《楼观先师传》据云最早为太和尹君即尹轨所作。尹轨字公度,西晋时期太原人,系葛洪《神仙传》所载神仙,据《神仙传》,尹喜为尹轨远祖,"以周康王、昭王之时居草楼,遇老君与说经;其后周穆王再修楼观,以待有道之士。公度遂居楼观焉"。② 尹轨作为楼观道的早期祖师,又为尹喜之后,也就名正言顺地成了天水尹氏的先祖。但《神仙传》中没有记载尹轨撰《楼观先师传》之事,故而当系托名而已。而碑文中所说的韦法师韦节系北周时期著名道士。丁培仁亦云该作"实作于北周至唐之间楼观道士"。③ 按前述尹文操碑又云尹文操著有《先师传》一卷,又《宋史·艺文志》神仙类载有"尹文操《楼观先师本行内传》一卷",当即此书。此两书虽不能确定其相同程度如何,但可以确定,尹文操为《楼观先师传》的作者之一。这也就是说,关于尹喜为天水尹氏先祖的说法与尹文操有关(也许韦节原著有楼观道先师的传记,但未必有尹喜系天水人的说法,而至尹文操则进行了增添和改编,从而形成此说)。

又据《太上混元真录》中所载:"关令姓尹名喜,字公文。其父避纣淫乱,乃潜游秦州天水,因遂家焉。"④ 这是关于尹喜是天水人更为详细的一种说法。而《太上混元真录》一书,实为尹文操《太上老君玄元皇帝圣纪》一书的一部分。⑤

总之,关令尹本来史载不详,而天水尹氏自谓为尹喜之后,这一点只能出自依托;而谓尹喜为天水人的说法,则作为天水尹氏先祖之说的必然组成部分,只能出自天水尹氏的杜撰。相应地,道教玄妙玉女下降天水的说法与天水尹氏密切相关。玄妙玉女相传为无上元君的化身,唐代追尊为先天元君。道教典籍中称其

---

① 《终南山说经台历代真仙碑记》,《道藏》第19册,第540页。
② 胡守为:《神仙传校释》,中华书局2010年版,第318页。
③ 丁培仁:《增注新修道藏目录》,巴蜀书社2008年版,第589页。
④ 《太上混元真录》,《道藏》第19册,第508页。
⑤ 丁培仁:《增注新修道藏目录》,巴蜀书社2008年版,第577页。

为始祖太上老君之母，并记载其降为天水尹氏之女，名为"尹益寿"，嫁仙人李灵飞为妻，是为太上老君生母。

道籍中最早出现玄妙玉女一名的乃是南朝刘宋初期的天师道经典《三天内解经》，但只记载玄妙玉女化生老子，最初的玄妙玉女尚没有天水尹氏之女的人间身份，玄妙玉女被认为是天水尹氏之女的说法大致是在唐代才出现的。唐末杜光庭《道德真经广圣义》引用《玄妙玉女元君传》曰：

> 老君在天为众圣之尊，先亿劫而行教，以无为常存之道化于天人，长于亿劫之前，为万圣之君长，故天尊道君赐其真号，号曰老君。即在五太之前，历劫有此号矣，虽代代应见为帝王师，而未有降世诞生之迹。乃于九清之上，命玄妙玉女降于人间为天水尹氏之女，嫁李灵飞为妻。老君乃乘日精，驾九龙，化为五色流珠，下入玄妙玉女口中，而寄托孕，历八十一年，因攀李树而生。①

《玄妙玉女元君传》作者不详，但从前文所述天水尹氏依托尹喜为天水人的做法可以推测，此说也当与天水尹氏有关，具体情况有待进一步考察。

天水尹氏依托尹喜为其先祖，并将天水作为其故里，这一做法，毫无疑问可以大大提升天水尹氏在楼观道中的地位。尤其是又将太上老君之母玄妙玉女托为天水尹氏之女，这就使天水尹氏与自命老君后裔的李唐王室攀上了亲缘，如此一来，天水尹氏不但在道教中的地位更加重要和稳固，而且也可以享有充分的政治地位。

2. 高道辈出的天水尹氏

前文所述关于尹喜、玄妙玉女与天水的关系当属天水尹氏的依托和杜撰，但天水尹氏的确在道教史上出了不少杰出的人才。

天水尹氏在道教中影响最大，也取得最高政治地位的莫过于唐代高道尹文操。据员半千《大唐故宗圣观主银青光禄大夫天水尹尊师碑并序》记载："尊师讳文操，字景先，陇西天水人也，后秦尚书仆射纬之后，纬仕长安，故为鄠人焉。若乃郁为帝师，降迹于唐勋之代，光乎王佐，应命于周武之朝……"尹文操"及胜衣之日，自识文字，惟诵《老子》及《孝经》，乃曰：'此两经者天地之心也'。此后见好杀之字，若蹈水火；视无礼之文，如坠泉谷"。后读《西升》《灵宝》等经，"渐达真教，既得玄味，便契黄中"。"年十五，道行已周，有名于远近矣。"

---

① 《道德真经广圣义》卷2，《道藏》第14册，第323页。

太宗时搜访道林，尹文操奉敕出家，配住宗圣观。他云游各地，道术益加精深，"既通八景，又达九天，知来藏往，多所晓悟"。高宗显庆以来，"国家所赖，出入供奉，功德咨量，救代度人，转经行道，玄坛黄屋，帝座天言，东都西京，少阳太一，九城二华，展敬推诚，三十余年，以日系月，始终不绝，有感必通，凡是效验，君臣同悉，敕书往复，日月更回，神道昭章，岁时交积者，不可具载，并传于帝居"。可见，尹文操参与了很多朝廷的宗教活动，而且利用自己的宗教才华和独到的学识为高宗和武则天解答疑难，受到相当的倚重。他还运用其宗教身份劝诫唐高宗在政治上积极进取。当高宗询问九成宫所见"孛彗经天，长数丈"的异常天象时，他回答说："此天诫子也。子能敬父，君能顺天，纳谏征贤，斥邪远佞，罢役休征，责躬励行，以合天心，当不日而灭。"据说，"上依而行之，应时消矣"。于是，高宗以晋府旧宅为太宗建造了昊天观，以尹文操为观主。后又令尹文操编修《玄元皇帝圣纪》十卷。书成后，"高宗大悦，终日观省，不离于玉案"，① 遂授其银青光禄大夫，行太常少卿。尹文操还著有《祛惑论》四卷、《消魔论》三十卷以及《先师传》一卷，又撰《玉纬经目》，著录道经七千余卷，对于道经的整理、保存功不可没。

可见，尹文操无论在唐代道教历史上，还是在整个中国道教史上都是一位十分重要的人物。

尹道全。北宋时道典《南岳九真人传》② 专门记载南岳真人中最著名的九位仙真，时代均在晋、宋、齐、梁之间，据说这九人当时还有神像存在。其中就有天水人尹道全。谓："尹真人，讳道全，天水人也。于衡岳观后峰修洞真还神彻视之道，兼佩五帝六甲左右灵飞之符。"③《南岳九真人传》中还详细记载了仙真下降，授之以《五岳真形图》和灵飞十二事云：

> 天真降焉，谓之曰："白日升腾者，当有其才而后成其道。昔汉武帝感太真金母授五岳真形、灵飞十二事，才得尸解之道，而不能使形骨俱飞。汝受其一事而有冲举之望，斯乃勤苦所资，亦宿分所值矣"。道全曰："浅学无闻，愿示其要"。天真曰："上自五帝六甲左右灵飞之符，洎混洞东蒙之丈，事目次第而有十二。及五岳真形，取其山之向背，泉液之所出，金宝之所藏，隧脉之所通而为之图也。况主符图吏兵仙曹，职宰者众矣。汝得灵符及受列

---

① 陈垣编纂，陈智超、曾庆瑛校补：《道家金石略》，文物出版社1988年版，第102—103页；又见《古楼观紫云衍庆集》卷上，《道藏》第19册，第551—552页。
② 朱越利：《道藏分类解题》，华夏出版社1996年版，第218页。
③ 《南岳九真人传》，《道藏》第6册，第860页。

岳真形，能自信奉而获感通，乃知文始之裔，太和之族，世有神仙矣。与汝期于九清之上，混茫之中。"言讫而去。①

显然，尹道全擅长道教修炼，故而名列南岳九真。这里还以"天真"的口吻夸赞他，期许尹道全可以成道，并谓其为关尹子、太和真人尹轨之后，世代皆有神仙。总而言之，尹道全亦为天水尹氏在楼观道中又一成员。

尹愔，天水人，唐代肃明观道士，为著名道士叶法善的高足。其早年在国子学读书时，已经被视为最优秀者。唐玄宗盛唐时期，朝廷已然人才济济，但尹愔由于博学，在朝廷中很有影响，因而被授予种种官职，并参与朝廷三教讲论活动。《新唐书》载：

> 开元集贤学士，又有尹愔、陆坚、郑钦说、卢僎名稍著。
>
> 尹愔，秦州天水人。父思贞，字季弱。明《春秋》，擢高第。尝受学于国子博士王道珪，称之曰："吾门人多矣，尹子巨测也"。以亲丧哀毁。除丧，不仕。左右史张说、尹元凯荐为国子大成。每释奠，讲辨三教，听者皆得所未闻。迁四门助教，撰《诸经义枢》《续史记》皆未就。梦天官、麟台交辟，寤而会亲族叙诀，二日卒，年四十。
>
> 愔博学，尤通老子书。初为道士，玄宗尚玄言，有荐愔者，召对，喜甚，厚礼之，拜谏议大夫、集贤院学士，兼修国史，固辞不起。有诏以道士服视事，乃就职，颛领集贤、史馆图书。开元末，卒，赠左散骑常侍。②

可见，尹愔在玄宗时期是一位很著名的高道，政治地位也很高。每次国家释奠大礼，尹愔讲辨三教之理，能令听者"皆得所未闻"，说明其道学义理修养颇深。其尚著有《老子说五厨经注》，收入《正统道藏》洞神部玉诀类。

（五）金、元全真道中的甘肃高道

1. 全真道早期代表人物——和德瑾

和德瑾，秦州人，自幼天资聪慧、志向高远，尤擅翰墨。曾为刀笔吏，处事公正，不取非义之财，受人点化而入道。他听闻居于终南山的王重阳深得道要，便前往刘蒋村，与王重阳、李灵阳结为道友，结茅修道。"既而心地圆通，大得

---

① 《南岳九真人传》，《道藏》第6册，第860页。
② 《新唐书》卷200《儒学下》，中华书局2003年版，第5703页。

其妙。"①《重阳宫志》亦载：王重阳于活死人墓修炼近三年，于金世宗大定三年（1163年）秋，弃却活死人墓，归刘蒋村北水竹烟霞爽垲之地，结庵以居。"时有和玉蟾、李灵阳闻重阳遇仙得道，同往参同……和、李二公与重阳同居，三人一志，共传秘诀，同炼丹砂"，②后王重阳外出传道，和德瑾、李灵阳仍居刘蒋村。大定十年（1170年）病逝，"（全真）四子葬于刘蒋庵侧"。③《重阳宫志》又载："天下不二道，圣人无两心。故王公、和公、李公，共传秘诀，同炼还砂，终南之丹桂齐芳，海上之金莲并秀，遂使全真门下列以为三祖而尊祀之，又何谦乎哉！"④而《玄通弘教披云真人全真列祖赋》中详列全真道仙真名号，和玉蟾紧随王重阳之后，位列全真七子之前。⑤可见，和德瑾在全真教中地位十分重要。樊光春认为："他们（和玉蟾、李灵阳）的修道体会和各自的学识，对王重阳建立起全真道的教义和基本理论，肯定是有着深刻影响的。因此可以说，和、李二人是辅佐王重阳的全真道第一代领袖人物，和、李同王重阳并尊为三祖。"⑥

2. 马丹阳在陇东传教

《七真年谱》载："大定十八年戊戌，丹阳真人年五十六。于八月一日刘蒋出环，西游陇山、华亭行化。"⑦而此次外出传道所经之地，大致为陇山、华亭一带。值得注意的是，从此次马丹阳传道甘肃所收弟子来看，李大乘为平凉府华亭县人，赵道坚亦在平凉府之华亭拜入马丹阳门下，而此次马丹阳在甘肃传教所结交之道友亦多为平凉府、华亭县之人。可见，马丹阳此次踏足甘肃传道以华亭县为重点，并涉及平凉府等地。

大定年间马丹阳在陇山、华亭一带的传教，劝化了很多当地民众乃至于地方官员，使他们纷纷崇奉道教、加入全真道。《重阳宫志》载："丹阳华亭行化，人多归善，道化大行，达官权贵多多信奉"，⑧而这些入道者中的佼佼者更成为此后全真道的中流砥柱，对全真道的发展做出了突出贡献。其中最著名的为李大乘和赵九古。

李大乘，据《终南山祖庭仙真内传》载：

---

① 《终南山祖庭仙真内传》卷上，《道藏》第19册，第517页。
② 《重阳宫志》编委会：《重阳宫志》，三秦出版社2012年版，第125—126页。
③ 《终南山祖庭仙真内传》卷上，《道藏》第19册，第517页。
④ 《重阳宫志》编委会：《重阳宫志》，第699页。
⑤ 陈垣编纂，陈智超、曾庆瑛校补：《道家金石略》，文物出版社1988年版，第594页。
⑥ 樊光春：《试论和玉蟾与李灵阳对全真道创立的贡献》，《中国道教》2006年第2期。
⑦ 《七真年谱》，《道藏》第3册，第383页。
⑧ 《重阳宫志》编委会：《重阳宫志》，第263页。

> 先生姓李氏，世为平凉府华亭县之大族。幼习儒业，长于辞翰。早年尝中乡选，迨中岁至御帘下第。慨然有烟霞之志。大定戊戌秋，丹阳宗师行化西来，先生邀于私第事之，丹阳日谈道妙。①

李大乘被度化后，成为马丹阳门下的高足，为"玄门十解元"之一。《终南山祖庭仙真内传》载：柳开悟"与曹瑱、来灵玉、刘真一、李大乘、雷大通、李大荃、赵九渊辈俱在丹阳门下，时人称之曰'玄门十解元'"。②

赵九古又名赵道坚。丘处机曾在古稀之年长途跋涉，西行往参成吉思汗，劝谏蒙古统治者在战争中大肆杀戮的行为。丘处机在西行时带领了十几位弟子，其中随侍丘处机西行的十八位门人之首是虚静先生赵道坚。赵道坚原名赵九古，原为马丹阳在华亭地区传道时所收弟子。后马丹阳还终南祖庭，命其往龙门侍从丘处机，丘处机为其更名道坚。《终南山祖庭仙真内传》载：

> 先生姓赵氏，讳九古，道号虚静子。家世檀州，祖宗簪缨相继，咸有政声。父淄州太守改同知平凉府，事因家焉。先生大定三年癸未生，天姿澹静，日者相之曰："风清骨奇，非尘垄中所能留也"。夙丧其父，每有升虚之志。十七年丁酉母欲娶之，而不从命，屡请入道。母数诘责，知其志不可夺，乃从之。③

最终，赵道坚病逝于西行途中。"迨己卯岁长春赴诏适西域，选侍行者先生为之首，至赛蓝城，先生谓清和尹公曰：'我至宣德时觉有长往之兆，尝蒙师训，道人不以死生介怀，何所不可，公等善事师真'。言毕而逝，享年五十有九。"④

蜂屋邦夫《金代的道教研究》云："丹阳的西北教化行旅，取得了很大的成果。丹阳使李大乘、赵九古、李子和、赵九渊等人成了弟子，使大量的人信奉了全真道，并在相当程度上在西北地区为以后全真教的发展打下了原始、质素的基础。"⑤

另外，天水玉泉观与全真道关系密切。玉泉观大约建于唐代，以后屡有毁坏。元代初期，全真道士丘处机的弟子梁志通云游到天水，见此处有幽壑林泉，遂修

---

① 《终南山祖庭仙真内传》卷上，《道藏》第19册，第521—522页。
② 《终南山祖庭仙真内传》卷中，《道藏》第19册，第525页。
③ 同上书，第528页。
④ 同上。
⑤ [日] 蜂屋邦夫：《金代道教研究》，钦伟刚译，中国社会科学出版社2007年版，第281页。

真建观，规模逐渐扩大。至元丁丑年（1293年），梁志通作诗竖碑，羽化后葬于观中。明清两朝多次重建、修复。

（六）兰州地区的道教文化资源

兰州在历史文化资源方面比起其他城市似乎不是太多，实际上，兰州地区的道教文化资源相当丰富，值得重视。

1. 孙碧云与金天观

孙碧云，号虚玄子，冯翊人（今陕西大荔县），明初著名道士。据传为张三丰弟子，也曾受永乐皇帝之命修武当山，访张三丰。也大致属于陈抟、张三丰隐仙一派，明朝在兰州地区的肃王慕名专门敦请居于金天观。孙碧云著有《修身正印》，清代在甘肃地区发现后被印行传世。

明任自垣撰《大岳太和山志》，记载孙碧云："幼年颖悟，愿欲学仙，遂入西岳华山，寻镬刀之踪，追希夷之迹，岩栖屋树，服气养神，探黄老经旨，《周易参同》与夫儒、释、诸子、史书，罔不熟读，研精覃思，固有年矣。"

刘一明《修身正印》叙云："明初有孙真人号碧云者，冯翊人，少年慕道，得其心传，常来往于天柱、太华、少华之间，穴居岩处，食松咽柏，暗修大道。肃藩王敦请，敬礼于金城西郊金天观，筑圜室以居之，后真人嫌其近于市井，仍归太华，不知所终。惜其仅有圜室遗迹，别无所留相传，圜室为真人养道处，其实真人之有道无道而人皆不知也。辛酉岁，余遇痴翁先生于兰泉，出示手录真人《修身正印》一书，内言还丹、大丹、有为、无为、火候工程、药物分数，无一不备。自炼己而至脱化，条条泄尽，句句传神。始知真人茹黄芽而尝白雪，吞乌肝而服兔髓。深有得于大象大音之妙，非等夫顽空寂灭之学，摇骨导气之类也。"[①]

可见，孙碧云是一位名副其实的高道，并在兰州修道，而其所居金天观尚有遗存，所以也是甘肃道教值得重视的内容。

2. 刘一明与兴隆山

刘一明（1734—1821年），号悟元子，山西平阳曲沃县（今山西闻喜县东北）人。全真道龙门派第十一代宗师，清代著名道士，且被认为是继王常月后的乾隆嘉庆年间全真龙门派最有影响的人物之一。

刘一明《会心内集》自述云："悟元自十三四岁，即知实践由此一大事因缘，

---

① 刘一明著，腾胜军点校：《悟元汇宗：道教龙门派刘一明修道文集（下）》，宗教文化出版社2015年版，第870页。

可恨自己福缘浅薄，未得早遇高人……年十七（乾隆十五年，1750年），身患重病，百药不效。次年赴甘省南安养病，愈医愈重，当年所学，百无一用，直至卧床不起。喜遇真人赐方，沉疴尽除……十九岁外游访道，若不究明大事，绝不干休。二十二岁，榆中（今属甘肃）遇吾师龛谷老人劈破旁门，口授心印。从前狐疑，冰消瓦散。后奉师命，暂尽人事，参看丹经，疑信各半，不能彻底通晓。盖以离师太早，未聆细微，故有窒碍。因为此事，京都住居四年，河南二年，尧都一年，西秦三年，来往不定者四年。经十三年之久，三教经书无不细玩，丝毫理路无不搜求，未常一日有忘。然究于疑难处，总未释然。壬辰复游汉上，又遇仙留丈人，挖出造化根苗，揭示天地心窝。当下从万丈深沟，提上千峰顶上。山河大地，如在掌上，黄芽白雪，即在眼前。逆顺是道，左右逢原。举步跳过苦海，展手扭转斗梢。十三年疑团，到此一棒打为粉碎矣。"①

可见，刘一明不但是一位献身道教事业的人，而且是一位具有实修实证功夫的成就者，这样的人在每一个时代都是极为难得的。刘一明开悟后，寻访宜于长期修道的地方，由于兴隆山在宋代有两位仙真修道，于是选择在榆中兴隆山长期修道，总共居住40多年，重修和修建多处建筑，一面传教度人，一面著书立说，以弘扬丹道为事业。年八十八而殁。

刘一明所著《道书十二种》是清代全真教理论的代表作，包括《参同直指》《悟真直指》《修真辨难》《修真九要》《无根树解》《神室八法》《阴符经注》《西游原旨》等；另外还有《周易阐真》《孔易阐真》《道德经会要》《心经解蕴》《金丹口诀》《栖云笔记》。这些都是十分重要的内丹学著作。道教著作向来难读，但刘一明的著作融通儒释道三教，所讲之理比起前人的著作要更加明析晓畅。刘仲宇教授评价刘一明说："刘一明在清代全真派中，实属数得上的人物，尤其是乾隆、嘉庆时期，从内丹思想功法的阐释而言，几无出其右。"另外，刘一明还精于医学，著有《经验杂方》《经验奇方》《眼科启蒙》《杂疫症治》等多种著作。

此外，刘一明的著作中涉及很多甘肃乃至西北道教的重要史料，值得挖掘。

3. 白云观与吕祖信仰

兰州白云观原有上、下二观。上白云观位于今兰州七里河区崔家崖黄河南岸的极寿山，始建于道光十七年（1837年），现已不存。下白云观即今甘肃兰州城关区南滨河东路的白云观，始建于道光十六年（1836年），因供奉吕祖，又称吕祖庙。吕洞宾是唐、五代以后道教最具影响力的神仙人物，吕洞宾信仰在民间影

---

① 刘一明：《会心内外集》，山西人民出版社1990年版，第65页。

响很大，白云观便是这一信仰的产物。白云观从20世纪八九十年代以来，经过各界努力，在修复和建设方面取得很大的成就，成为兰州地区道教活动的中心场所。现在白云观也是甘肃省道教协会、兰州市道教协会所在地，是兰州地区最有代表性的道观，也是甘肃省著名道观。

（七）敦煌道教文献的独特价值

敦煌道教文献是敦煌文书的重要组成部分，敦煌遗书自从1900年被发现以后，逐渐流散世界各地。据统计，分藏世界各地主要单位和个人的遗书总计约有63000个编号。其中主要内容以佛教文献为主，约占总量的95%以上，道教文献有800多个编号，约占总数的1.5%。敦煌道教文献虽然在敦煌遗书中所占数量不多，但弥足珍贵。

敦煌道教文献中绝大部分是道经写卷。这些道经抄写的年代，大多在南北朝至唐代前期（6—8世纪中叶），这一时期正是道教发展和兴旺的阶段，相应地也是道教经典大创造的时期，同时也正逢唐玄宗时期编纂《道藏》并颁发和传抄各地的时期。而唐玄宗时期所编《开元道藏》在编成之后就因为安史之乱而遭焚毁，以后宋代和金元时期虽然又编修过《道藏》，但是在元世祖时期的佛道斗争中，由于元世祖忽必烈支持佛教，曾经多次诏令焚毁《道藏》及经版，道教遭受了沉重打击，而很多早期经典也因之未能流传后世或损失严重。

在这800多件道教文献中，经过当代学者考订或拟名的道经约有170种，其中明代《正统道藏》未收的就有80多种，《道藏》本残缺而敦煌本可以补缺的有18种30多卷。其中约有20种见于《道藏缺经目录》，是元代焚毁的唐代《道藏》所收道经。① 所以，这些出自莫高窟特殊保存环境下的唐代及以前的道教经典，其文献价值是不言而喻的。

如《老子化胡经》，大约从西晋产生以后，随着佛道斗争的发展，而逐渐形成10卷本的作品，反映了历史上长期以来的佛道之间的复杂斗争关系，后被元世祖下令焚毁而不存于后世。但敦煌文献中正好保存了这一典籍。《道德经》不仅是道家文化的重要经典，也是中国文化的重要典籍，历史上研究作注者甚多，敦煌文书中便留存了11种从汉末到唐代的注疏本，其中8种后世缺失，如《老子想尔注》《老子节解》《老子道德经义疏》、李荣《道德真经注》等，都是十分重要的《道德经》注本。再比如敦煌《太平经》《无上秘要》写卷，都对残缺不全的传世本有极大的补充作用。

---

① 王卡：《敦煌道教文献研究》，中国社会科学出版社2004年版，第26页。

另外，敦煌道教文献中还有一些反映唐、五代、宋初道教活动的文献，对于说明唐代以至于宋初敦煌地区道教活动的状况，具有极为重要的价值。比如P.3562v《道教斋醮度亡祈愿文集》是一份道教法事活动中使用的斋文范文的辑录长卷，有252行，大约6000字。提供了唐代灵宝斋法的具体实施范例；也反映了敦煌地区在特殊地域、特殊历史环境下道教的存在状态，十分珍贵。[①] 敦煌文献中还有一些反映道教与民间信仰相互融合的法事活动的资料，对于说明晚唐、五代以降敦煌地区宗教信仰的实际状况很有价值，这里不再例举。

以上就甘肃古代历史上重要的道教文化资源进行了一些简述。此外，甘肃古代还有很多值得注意的道教人物，如晋代的王嘉，唐代的李筌等都是道教史上的重要人物。明初高道张三丰曾遍游陇上，在所到之处传道、行医，留下了很多记载和遗迹。这些都是很有价值的。

二 甘肃道教文化资源与当代的道教文化建设

从前文的简单梳理可见，甘肃省有着十分丰富的道教文化资源，这些资源在道教历史上占有一席之地，目前学术界尚未予以足够的关注，是值得大力研究和挖掘的。从当前甘肃省华夏文明传承创新区的建设来看，主要有两个方面可以着手。

（一）陇东道教与道源文化

前面所述黄帝问道崆峒山和西王母信仰，都是陇东地区早期重要的道教文化资源，由于"黄帝问道广成子"出自先秦道家的代表性作品《庄子》，它虽然被后世道教视为道源所在，但其中首先表达的是道家的思想。所以，这一内容就使得崆峒山道教与道家思想一脉相承，在道家、道教方面均具有重要的意义。另外，中医学是中国文化的硕果，被有体有用地应用于当代并为世人做出巨大贡献，而中医学的主要经典首推《黄帝内经》。《黄帝内经》主要托名黄帝与岐伯之间的论道，而岐伯被确认为庆阳人。从医学理论来看，道家的哲学思想是中医学思想和理论的根本所在，而在医学史上，道教对医学做出了巨大的贡献，医道关系最为密切，所谓医道通仙道，十道九医。医学也被视为道家道教文化的一部分，所谓"医者，道之流也"。

[①] 刘永明：《P.3562V〈道教斋醮度亡祈愿文集〉与唐代的敦煌道教（一）》，《敦煌学辑刊》2013年第6期；刘永明：《P.3562V〈道教斋醮度亡祈愿文集〉与唐代的敦煌道教（二）》，《敦煌学辑刊》2014年第1期。

在这里，黄帝问道崆峒山是道教确认的道源所在；岐黄论道是中华医道的源头；西王母信仰既为上古最重要的神话乃至文化之源，又为后世道教女仙之首和民间信仰中的最高女神。这三者对于中华文化来说都具有源头性意义，所以三者可以整合成为陇东道源文化。这一道源文化贯穿古今，可以形成当代甘肃文化建设的一大亮点，并在全国具有独一无二的价值。

同时，这些内容是传统文化中最富有生命力和现实价值的部分，与民族文化的伟大复兴紧密相关，是华夏文化的传承、创新、弘扬的重要内容。所以，这是甘肃省在建设华夏文明传承创新区时应该重视并大力挖掘的文化资源。

1. 关于崆峒山的文化建设

崆峒山的文化建设应该突出黄帝问道广成子这个具有文化根源意义的主题。现在的主题是真武信仰，而真武信仰是由于明成祖的大力倡导而兴起的，而且关于真武信仰最具代表性的地区是武当山。武当山是真正的皇家道观，规模宏大，武当山又号称八百里天然氧吧，湖北省近几年大力投资予以开发，提出"问道武当山，养生太极湖"的口号，经过大力宣传，已经形成相当大的影响和感召力。崆峒山自然景观规模较小，无法与武当山相提并论，其真武道场也只是驻守平凉地区的藩王所建，并不具备代表性。所以崆峒山与武当山同等竞争，很难形成优势。但是，崆峒山的"黄帝问道广成子"的主题及其价值在全国都是独一无二的，道教中流行的"问道"一说，首先出于先秦时期《庄子》中记载的"黄帝问道广成子"，其他"问道"类的道教故事都是后起的。崆峒山只有突出黄帝问道主题进行建设，才能具有其他地区无与伦比的竞争优势，也突出了甘肃省华夏文明源头的地位。

2. 关于岐黄论道与《黄帝内经》

《黄帝内经》是中国医学之祖，开创了中华医道，救死扶伤，造福民族2000多年；同时，《黄帝内经》不仅仅是一部医学经典，同时也是一部包罗中华思想文化、养生文化、中国人的价值理念、有体有用的一部重要文化典籍。是中华文化对世界文明的重大贡献。经历了100多年的中西文化冲突，在西方文化遍布世界的当今时代，以《黄帝内经》为核心的中医药学，以其独特的效验继续维持着自己的一席之地，证明中华文化的独特价值。甘肃省拥有这一独特的文化资源，应该重视并予以大力建设。

这里需要强调说明的是，中医学属于道家道教文化系统，古人说："医者，道之流也。"《黄帝内经》中最根本的指导思想是道家思想，道家的哲学思想是中医哲学的根本依托（这一点需要深入挖掘）；中医养生学与道教炼养学关系密切，道教医家为传统医学做出了卓越贡献。这些内容都与"黄帝问道广成子"中所蕴含和代表的道家道教的文化理念、思想理论一脉相承。所以，关于道源圣地崆峒山的建设，在深层次上与岐黄医学文化的建设可以打成一片，并对之形成深层次的理论支撑。这一点对于甘肃省华夏文明传承创新区的建设意义重大。

3. 关于泾川王母宫与西王母信仰方面

这一点从道教史乃至于古文明的角度来看，意义很大。但泾川王母宫早期的道教建筑已经不存在了，作为传说中周穆王、汉武帝与西王母相会的地点，进行一定程度的恢复也是有意义的。

不过应该考虑到的是，西王母传说所涉及的范围很广泛，而现在青海省在大力打造西王母文化品牌，每年搞大型的祭拜活动。另外，从文化的现实意义来说，西王母信仰均不及前两者。所以，甘肃省似乎没有太多必要在这一方面进行比拼。从道源文化来说，以王母宫为核心的西王母文化是不可缺少的三大组成部分之一，但甘肃应该更加重视并大力投入建设的则是道源圣地崆峒山与岐黄医学文化。

（二）兰州地区的道教文化

总体来看，兰州地区的历史文化资源并不多，这样，上述道教文化资源就显得更加宝贵。道教是中国土生土长的宗教，道家道教作为一体，与儒家共同构成本土文化的两大主干，与儒、佛共同构成中国传统文化的三大主干，总之是中国传统文化的重要组成部分和重要载体。道教与中华民族的历史及各方面的文化之间关系十分密切，影响十分巨大，而且做出过很多重要的科学技术贡献。鲁迅曾说："中国根底全在道教，以此读史，有多种问题可以迎刃而解。"在近百年来的中西文化冲突中，道教是遭受打击的重灾区，在当今人们的心目中也被大为误解乃至妖魔化。所以，在当今民族文化的复兴中，道教文化资源需要被大力挖掘。同样，在甘肃省华夏文明传承创新区建设中，道教也是极为重要的内容之一，不应该忽视。就兰州地区的道教文化资源的挖掘运用与建设来看，依然应该关注前述三个方面，也就是主要从文化的角度来挖掘和修复、建设兴隆山、金天观、白云观，将此三者联合打造为兰州地区一道独特的文化风景线。道教注重天人合一，推崇修身养性，在宫观建筑方面擅长于建造花香鸟语、林泉雅致、自然和谐、天人相亲的园林景观，构建风景如画的人间仙境，这里有利于修身养性、休闲和思考。这对于忙碌奔波的现代人来说，是十分需要的身心调理与栖息的场所。

1. 刘一明与兴隆山

刘一明在清代道教中的重要地位如前所述。而兴隆山在兰州近郊，风景优美，大有可以开发利用的必要。但目前兴隆山没有突出文化主题，而仅仅作为旅游区来开发。现在应该从道教文化的角度进行开发。

2. 孙碧云与金天观

孙碧云是明初颇有影响力的道士，金天观作为明肃王敦请孙碧云居住修道的地方，是较有价值的道教文化遗产。现在道观虽然大部分改为他用，但还有恢复的可能性。

3. 白云观与吕祖信仰

白云观供奉着民众普遍信仰的吕洞宾，近些年来修复颇有成效。但从发展的需要来看，过于狭小，对此有关部门应该予以重视。

（刘永明，兰州大学）

儒学研究不应回避的问题

——儒学与中国家族血缘制度的关系

夏锦乾

近一二十年来,当代儒学热可谓一浪高过一浪。上有政府主办的各类豪华祭孔活动,及孔子学院在世界各地全面开花,下有文化商人们举办的名目繁多的国学讲习班和蒙读班积极跟进;在这之间,又有大批研究者以儒学为题目的课题、研究论文、图书和各类学术会议的推出,真是轰轰烈烈,蔚为壮观。在此热烈的背景下,本文的题目不免有煞风景之嫌,颇不合时宜,更何况所谓"要害问题",尚言人人殊。但即便如此,我仍十分珍视以下的一孔之见,希望给当前的儒学研究热潮添一个警示。

一 儒学的"要害问题":与家族血缘制的关系

诚然,每个儒学研究者都有可能把自己研究的问题看作儒学的要害问题,但真正的"要害问题"必是关涉儒学的根本、决定儒学性质的重大问题。以此而言,儒学的要害问题不是儒学的"仁",不是"孝悌",不是"性道",也不是"内圣外王""天人合一",而是儒学与家族血缘制之间的本质关系。儒学就是因为这一本质关系而诞生、而建构、而发展的。与这一本质关系相比,儒学之仁、孝悌、性道、内圣外王、天人合一等都成为次一级的问题,说得更直白一些,它们都是由这一本质关系派生出来的。

家族血缘制为什么对于儒学如此重要?回答这个问题,需要对家族血缘制度的历史过程做一陈述。家族血缘制度是在人类历史进程中统治时间最长,对人类影响最为深刻的制度,对于像中国这样的曾长期处于这一制度之下的国家,不了解这一制度,就不能真正认识产生于这一制度之下的文化和民族精神,包括儒学在内。但是老实说,我们至今对这一制度的研究仍然是非常不够的。恩格斯《家庭、私有制和国家的起源》一书通过对这一制度的研究，总结了人类早期从家族血缘制的形成到灭亡的过程，令人信服地证明国家产生、人类进入文明时代的必然性。但遗憾的是，多年来我们仅仅搬用了恩格斯在书中的结论，却把他的分析方法丢弃了。问题在于，搬用来的恩格斯的结论很难适用于中国。恩格斯不仅认为私有制的兴起，必然使家族血缘制度遭到毁灭性打击，而且也认为，家族血缘制的灭亡是国家这一新型权力形式产生的前提。这两点在中国恰恰都没有实现。中国的家族血缘制不仅没有被私有制所消灭，相反还借着私有制的力量得到巨大的发展。正是在家族血缘制度的长足发展之下，家、国一体，抑制了产生公共权力的可能。

对于中国为何会走上一条具有自身特色的家族血缘制之路，从而另辟文明发展的新路向，我已在其他文章中做过专门分析[1]，此处不作赘述。我只想指出，作为中国文化传统代表的儒学，与这种家族血缘制有着极为深刻的关联。这种关联性不仅决定了儒学的性质、内容，而且将儒学的命运也牢牢地绑在家族血缘制的沉浮之上。具体由以下三点加以说明。

其一，从儒学形成的背景看，儒学产生在"礼崩乐坏"的春秋时代，"礼崩乐坏"的实质是家族血缘制在经历夏商周三代辉煌之后所面临解体的危机，而儒学正是当时一批拥护这一制度的贵族君子们奋起挽救危机的产物，孔子正是这批贵族君子的代表。孔子的行动纲领便是以"克己复礼"的精神"兴灭国、继绝世、举逸民"，要把正在解体的制度重新恢复起来，这也成了儒学最根本的目的。儒学既为这一目的而生，它的行动性、鲜明的现实针对性始终是第一位的。

其二，从儒学的内容看，儒学对家族血缘制度做了充分的合理性证明，从而从伦理价值的高度确立家族血缘制度永世长存的理由。儒学既称为"学"，自有一套"学理"，这套学理就是从实存的家族血缘制度中提升、概括出来的。比如，儒学的核心概念"仁"，就是指家族血缘之爱，孔子说："仁者，人也，亲亲为大。""君子笃于亲，则民之兴于仁。"孟子也说："亲亲，仁也。""仁之实，事亲是也。"从这些论述，"可以确证强调血缘纽带是'仁'的一个基础含义"[2]。从儒学之"仁"沿着家族血缘的内部结构，又分离出"孝""悌"两个概念，孝是纵向的对长辈的爱，悌是横向的对同辈兄弟姐妹的爱，因此，孝、悌"通过血缘从纵横两个方面把氏族关系和等级制度构造起来。这是从远古到殷周的宗法统治体制的核心"[3]。这等于说，儒学的结构性与家族血缘制度的结构性是相互对应

---

[1] 夏锦乾：《试论"一分为三"与巫术政治文化的关系》，《文史哲》2013年第3期。
[2] 李泽厚：《孔子再评价》，《中国社会科学》1980年第2期。
[3] 李泽厚：《中国古代思想史论》，人民出版社1986年版，第17页。

的。这还不算,"仁"在儒学中又有着向外扩张和泛化的倾向,就是说,一切有益于家族血缘制度的好行为、好品质(德),比如忠、义、智、敬、恕、信、勇、敏、慈、恭、刚、顺、让、俭……都可以说是"仁"的表现,而仁就是德的总纲,其余都是德之"目"。这样,真正的完美仁者,现实中少有,只有远古的圣人,即家族血缘的杰出家长们才是。因此,孔子在《论语》中对尧舜禹及三代圣王都推崇备至。① 由上可知,不仅仁的结构来自家族血缘制结构,而且仁的内涵也来自历代圣王的道德实践。从而我们可以说,儒学对仁的倡导就是对家族血缘制的肯定,把"仁"推到"至德"的高度,也就是把家族血缘制强调到至善的境界。

其三,从儒学发展演变的历史看,儒学的每一步变化,兴衰穷达,都与中国的家族血缘制度的演进密切相连。上面已经说到,儒学形成于春秋时代,这是中国家族血缘制由鼎盛后开始出现全面危机的时代。儒学之"儒"早在儒学之前就已存在,② 但儒学之所以产生在家族血缘制度盛极而衰的时刻,这既出于制度的需要,又有为制度所培养的成熟的学术传统的支持,没有这两个条件,单靠孔子的主观努力,儒学的诞生是不可能的。由前一个条件而言,只有当家族血缘制度发展到鼎盛,家族血缘的各种潜能充分展现,对于制度的学术总结和学理建构才有可能;同时也只有到制度面临危机,中央权力在"陪臣执国命""礼乐征伐自诸侯出"中权威尽丧,摇摇欲坠之时,对于拯救制度的意识形态的渴求,才更显得强烈。孔子就是在这种危难时刻挺身而出,高喊着"郁郁乎文哉,吾从周"为制度辩护的。因此,孔子儒学鲜明的批判性并不来自对制度的批判,恰恰相反是对反制度的批判。由于同样的原因,孔子理所当然遭到列国诸侯的一致反对,因为其时的列国诸侯个个都无视周天子,站在"反制度"的第一线。由第二个条件而言,夏商周三代"王官之学"作为家族血缘制度的核心精神,在儒学产生之前已粲然一统,被当时的庄子称为"古之道术",它兼备了"天地之纯""万物之理"和"古人之全",并阐明了"圣有所生,王有所成,皆原于一"的天道,而儒学只不过是"道术将为天下裂"之后的"一曲之学"。③ 用今天的眼光看,儒学正是在"王官之学"的基础上才能形成自己的一家之言。这个源、流和干、枝的关系,不能颠倒。

---

① 《论语》中赞美的句子很多。如:巍巍乎,舜禹之有天下也而不与焉。大哉,尧之为君也,巍巍乎! 唯天为大,唯尧则之,荡荡乎,民无能名焉。周之至,可谓至德配矣。禹,吾无间然矣。菲饮食而致孝乎鬼神,恶衣服而致美乎黼冕。周监于二代,郁郁乎文哉! 吾从周。如有周公之才之美,使骄且吝,其余不足观也。
② 胡适:《胡适之说儒》,陕西师范大学出版社2005年版,第52页。
③ 《庄子·天下篇》,中华书局2006年版,第375页。

不但儒学的形成与家族血缘制度密不可分,儒学日后的分化也与家族血缘制度的剧变息息相关。人们都知道,孔子之后儒分为八,① 但是为什么会分为八?其背后的原因仍然与家族血缘制度的变动有关。这个变动就是著名的"周秦之变",即危机重重的封建制的"周制"终于被郡县制的"秦制"所替代。封建制和郡县制虽不同,但是它们本质上都属于家族血缘制的具体制度这一点又是完全相同的。② 从周制到秦制的转变,尽管充满了刀光剑影,但仍然是家族血缘制应对危机的一次自我调整(此前一次发生于颛顼时代的"绝地天通"),③ 促成这一调整的内在原因我们将在下面再说,此处要指出的是,儒学一分为八与这个制度的调整有着深刻的联系。具体说,孔儒的这八个支派都是在探索乃至争论制度的调整方向及其具体内容中逐步形成的。以八个支派中最著名的孟氏之儒和孙氏之儒为例,前者主张性善,后者主张性恶,争论可谓激烈。性之善恶,表面看只是一个学术问题,但事实上却时刻关联着制度的走向:强调性善,便认为"国之本在身",要求返回内心,修身重教,走内圣的一路;强调性恶,便认为"国之本在礼",要求外在的约束,隆礼重刑,走外王的一路。结果,孙氏之儒占了上风,一批被称作法家的荀子的学生,如商鞅、韩非子等参与到秦制的设计制定之中,推动了周秦之变的实现。因此,"儒分为八"只有放在中国家族血缘制度的调整转型之中,才可有明确的说明。

其实,除了"儒分为八",还有"焚书坑儒""罢黜百家,独尊儒术",以及儒学自汉代以后成为历代王朝之道术正统的事实,乃至儒学在20世纪的命运,都与家族血缘制度的命运紧密相关。一句话,儒学形态、儒学实质内容都深刻地与家族血缘制度粘连在一起。

二 回避"要害问题"造成对儒学的曲解

由上所述,儒学与中国家族血缘制度的关系已经清楚,且这个关系牵动着儒学的命脉,因此在整个儒学研究中如果不将这个至关重要的问题当作儒学的背景、前提和基调纳入观察、思考的范围,其研究必然走调。可惜这样的走调已经成为当代儒学研究的普遍现象,这里仅举两例,加以说明。

---

① 儒家分为八支,即子张之儒,子思之儒,颜氏之儒,孟氏之儒,漆雕氏之儒,仲良氏之儒,孙氏之儒,乐正氏之儒。在战国时期,儒家除和其他学派论战外,他们内部的各派间也相互论争。
② 夏锦乾:《试论"一分为三"与巫术政治文化的关系》,《文史哲》2013年第3期。
③ 夏锦乾:《论群与社会的路向分殊及其与巫术的关系》,《学术研究》2010年第2期。

先看儒学的自然观。虽然"自然"一词见诸道家典籍,① 但"自然"的观念应该是先于儒、道,是王官之学的"道术"未裂之前的一个总体性概念。儒、道只是继承了王官道术的自然观,并将它引向不同的方面,赋以不同的含义。这应该是研究儒学自然观的一个总体致思路径。沿着这个路径,就会发现作为中国思想史重要范畴的"自然"完全不同于古希腊的"自然",也不同于近代科学的"自然",它不是指外在于人的那个世界实体,而是一个关于生命的生生不息的原理(义理),是一个看不见、摸不着,却又时时在主宰着一切的力量和意志。在古代中国这种力量和意志也成为家族血缘制度的最高的法则。生命的原理,说得更直白一些就是两性交合的原理,在《易经》中早已被上升到"道"的高度:

天地氤氲,万物化醇;男女构精,万物化生。(《系辞下》)

天地感而万物化生。(《序卦》)

归妹,天地之大义也;天地不交,而万物不兴。(《归妹·象辞》)

乾坤,其易之门邪!乾,阳物也,坤,阴物也,阴阳合德,而刚柔有体,以体天地之撰,以通神明之德。(《系辞下》)

乾,天也,故称乎父;坤,地也,故称乎母。(《说卦》)

夫乾,其静也专,其动也直,是以大生焉。夫坤,其静也翕,其动也辟,是以广生焉。(《系辞上》)

一阴一阳之谓道。(《系辞上》)

上述描述,用当代经学家周予同先生的话来说,"是在用哲学而又文学的笔调,庄严而纯洁地描写本体的两性,歌颂本体的两性之性交,赞叹本体的两性之性交后的化育"②。在古人看来,这种交合和交合后的化育,一切都可归结为"生"的原理,乃是整个世界万物的根源,它是两性的本性吸引所致,吸引力、交合力越强盛,生命力也越强盛。这就是"自然"!它包含着以下三个朴素的信念:其一,"自然"是宇宙、万物的最高原理,所谓"人法地,地法天,天法道,道法自然"③,自然是一切道理之上的总道理,万法之法。其二,自然即是自然而然,是两性的自在自为,没有两性之外的第三方干预、设计和推动。其三,"自然"既创生万物,也贯彻于万物之始终,所谓"造端乎夫妇,及其至也,察乎天

---

① 《老子》中"自然"至少出现5次;另见早于《老子》的《文子》。
② 庞朴等编:《先秦儒家研究》,湖北教育出版社2003年版,第151页。
③ 《老子》,中华书局2006年版,第63页。

地"①，万物皆是自然，虽然万物自身对此有所不知（即所谓"百姓日用而不知"），但唯其不知才更显自然。显然，这样的自然观既高度形象直观，又极具神秘概括性，为家族血缘制度奠立了基石，它强化了人们的家族血缘的意识，有利于先祖们对家族血缘群体的维护，是符合家族血缘制度利益的。

儒、道两家可以说都服膺于这样的自然观，都把它作为自己立论的根基。这也是儒、道作为同一制度下产物的根本相通之处。他们的分歧发生在如何将自然观贯彻于社会治理之中。道家认为，社会治理要贯彻"自然"的原则，就必须摒弃一切人为的造作。因为自然（天道）与人道有所不同，"天之道损有余而补不足，人之道则不然，损不足以奉有余"，这是人之感官欲望所致："五色令人目盲，五音令人耳聋，五味令人口爽，驰骋畋猎令人心发狂"，所以必须强调"见素抱朴，少私寡欲"，"去甚、去奢、去泰"，"绝圣弃智，民利百倍；绝仁弃义，民复孝慈；绝巧弃利，盗贼无有"；道家从"自然"引申出"无为""不争""无欲""抱一"等道学范畴，以反对人对于社会的能动参与。与道家不同，儒学恰恰认为"人能弘道，而非道弘人"，"人为"并不必然地有害于自然之道，相反，倒是自然之道的实现，必须要有人为的努力。正是在这一点上，儒、道分道扬镳。

儒学虽然没有直接用"自然"的概念，但它的"天""天道""天命""天地之道""性道""诚""道"等概念，都是"自然"的另一种表述，都指向家族血缘制那个牢不可破的最高原理。孔子说："朝闻道，夕死可也"，表达了他对"自然"的高度敬仰。儒学自然观的内涵有三。其一，"自然"是生命创生原理，是"自然"创生与人道创造相互贯通的一元论。人之道根源于自然之道，因而弘扬人之道即是弘扬自然之道。《中庸》"天命之谓性，率性之谓道，修道之谓教"，就把天命和人性贯通起来，虽然它们的叫法不同，但无论是天命、性、道还是教，都成为同一"自然"的不同表现。于是这种统一性才是人能够参与天地创造的真正原因："唯天下至诚，为能尽其性；能尽其性，则能尽人之性，能尽人之性，则能尽物之性；能尽物之性，则可以赞天地之化育，可以赞天地之化育，则可以与天地参矣。"只要有"至诚"（自然）的最高原理存在，那么，一系列人的创造性活动都会自然而然地展开！这才是真正的天人合一。其二，"自然"是生命创造的最高德性。生命创造的最高原理同时也是生命存在的伦理。《易经》说："天地之大德曰生"，这句话倒过来即"生是大德"。血缘伦理以亲亲、尊尊而孕育了生命的生生不息，生命的原理对于每一个生命个体而言，便是生存和发展不可或缺的条件。因此，"大德"首先就表现为它使生命个体得以存在。其中特别是生

---

① 《中庸》，中华书局2006年版，第70页。

命创生中血亲之爱对每一个生命的哺育,它是生命的乳汁。儒学之"仁"就是血亲之爱的最高表现,是血缘伦理的精髓所在。其三,"自然"是血缘群体存在的最高秩序。家族血缘生于"自然",同时也依据"自然"来维持它的群体存在和发展。没有秩序,再强大的创造都会中断。家族血缘制度的秩序就是"礼","非礼勿视,非礼勿听,非礼勿言,非礼勿动"①,"礼"是对处在血缘群体之中的人的行为的约束。荀子曾指出生命存在过程中一个尖锐的矛盾,而"礼"的起源就是为了克服这一矛盾:"礼起于何也?曰:人生而有欲,欲而不得,则不能无求。求而无度量分界,则不能不争,争则乱,乱则穷。先王恶其乱也,故制礼义以分之。"② 所以"夫礼,先王承天之道,以治人之情","是故夫礼,必本于天,淆于地"。荀子的话说明了一个道理,"礼"建立在人的自然本性之上,是"自然"的一部分,因而也是家族血缘制度存在和发展的一个重要条件,所谓"天下从之者治,不从者乱,从之者安,不从者危,从之者存,不从者亡,小人不能测也"③。荀子甚至还说:"礼者,人道之极。"而孔子则早就说过:"不学礼无以立。"

不难看出,上述儒学自然观继承了王官学的自然观,以生命创生原理为最高自然,所不同的是,儒学突出了人在自然中的作用,这正是为老子所坚决拒绝的。儒学清醒地看到,当自然运用于人的群体治理中,不但不能放弃人的能动性,而且只有把人的能动性发挥到极致(尽性),自然的最高原理才能得到切实的保证。这不仅为儒学"仁""礼"的出场奠立了理论基础,而且也为儒学的圣王信仰和家族血缘制度做了有力的合理性证明。

由此可见,儒学的自然观与整个儒学是相互贯通的整体,它一刻也没有离开家族血缘制度这个根本,儒学研究只有把握这一要害问题,才能还原真实的儒学。可惜当代儒学研究把这一根本问题置于可有可无,甚至可以完全遗忘的位置。出于这一原因,儒学的"自然"不是依附于古代中国的家族血缘制度,而是变成奠基在西方科学主义的客观性之上的一个怪物。"自然"就成为客观物质的世界,儒学的天人合一变成人与环境、主观与客观的相互统一,这听起来颇为合理,但是这样一来,儒学便全部变味,它不再像牟宗三先生所说是"关于生命的学问",而是科学主义体系下一堆零散不成系统的远古材料。因此牟先生总结道:"此五十年内,中国思想界大体是混乱浮浅而丧失其本,此种悲惨命运的总原因,是在

---

① 《论语·颜渊》,中华书局2006年版,第171页。
② 《荀子》,中华书局2006年版,第158页。
③ 同上书,第167页。

'生命学问'的丧失。"① 此话不差，只不过五十年可改为一百年。

三 重估中国家族血缘制度的价值（提纲）

评价中国儒学价值离不开对中国家族血缘制度的价值重估。中国从新石器时代至清代都被这个制度统治着。

家族血缘制度有其美好的方面。恩格斯也曾赞美过这个制度。家族血缘一旦成为制度，一方面固然极大地增强了早期人类的生存能力，但另一方面也潜在着两大矛盾。其一是个体和整体的矛盾：家族血缘制度必然把家族的整体利益作为最高利益，它要求个体以整体为目的，无条件献身于整体，否定个体自身的独立价值和意义，但是家族血缘的存在和延续又不得不依赖个体，没有个体存在就没有家族的整体。于是个体与整体之间就形成了矛盾；其二是血缘和家族的矛盾：血缘有无穷的生殖能力，有无限扩张的本能冲动。它通过生殖可使家族成员在空间上无限扩展，在时间上绵延万世。但家族的本义正好相反，它需要有严格的限制。无论直系还是旁系，超过一定的代数就不能算作同一家族了（即所谓"亲亲以三为五，以五为九，上杀、下杀、旁杀而亲毕矣"②），这样，无限性与有限性成为家族血缘制度的又一重矛盾，它把家族与家族的冲突转化为一个家族内部的冲突。

在人类历史上，这两重矛盾直接造成了家族血缘制度的两次重大危机。一是颛顼时代的"绝地天通"引起的巫术革命，一是春秋时代的"礼崩乐坏"引起的周秦之变。两次危机推动了中国家族血缘制度自身的调整。

但这种矛盾促成的调整是暂时的，家族血缘制度走向灭亡是必然的。

儒学的变革必须从这个历史的必然性中寻找契机。

（夏锦乾，上海交通大学）

---

① 牟宗三：《生命的学问》，广西师范大学出版社2005年版，第30页。
② 王文锦：《礼记译解》，中华书局2016年版，第403页。

关于秦汉简所见"稍入钱"含义的讨论[*]

——以新见岳麓秦简的资料为契机

李 力

"稍入钱"一词,最初见于居延汉简之中,后来亦出现于居延新简和最近刊布的岳麓书院所藏秦简(以下简称"岳麓秦简")的一条《金布律》律文之中。此外,在里耶秦简之中,也可以找到若干包括"稍入"以及与"稍入"相关词语的文例。

自20世纪50年代末60年代初,学界前辈陈直与于豪亮曾先后试释居延汉简所见"稍入钱"之义。[①] 此后相当长的一段时间内,几乎无人再论及该词。[②] 近来,随着包括"稍入""稍入钱"的相关秦汉简资料不断公布,"稍入钱"及其相关问题再次引起学者的关注。[③]

学者对"稍入钱"一词的理解不尽一致。据归纳,大致有三种不同意见:"官吏禄廪之所入"说;"渐入之钱"说;"独立于赋钱的一项额外收入"说。[④]

"稍入钱"的含义是什么?这是一种什么类别的收入?以下,拟以新见岳麓

---

[*] 本文系已经结项的教育部哲学社会科学研究重大课题攻关项目"秦简牍的综合整理与研究"(武汉大学历史学院陈伟教授主持,项目批准号:08JZD0036)子课题"秦律研究"(中国政法大学法律古籍整理研究所徐世虹教授主持)的阶段性成果。

[①] 陈直:《居延汉简研究》,天津古籍出版社1986年版,第206页;于豪亮:《〈居延汉简甲编〉补释》(《考古》1961年第8期),《于豪亮学术文存》,中华书局1985年版,第238—239页。案:据陈直书自序可知,《居延汉简解要》写于1956至1960年。

[②] 沈刚:《居延汉简语词汇释》,科学出版社2008年版,第250页。案:此书收入以上陈氏、于氏的观点。

[③] 路方鸽:《〈居延新简〉语词研究》,硕士学位论文,浙江大学,2010年,第79—81页;路方鸽:《居延汉简"稍入"是边塞的财政收入之一》,《南都学坛》(人文社会科学学报)2012年第4期;郭浩:《秦汉时期现金管理刍议——以岳麓秦简、居延汉简"稍入钱"为例》,《中国社会经济史研究》2013年第3期;邹文玲:《里耶秦简所见"户赋"及相关问题琐议》,载陈伟主编《简帛》第8辑,上海古籍出版社2013年版,第225页。

[④] 邹文玲:《里耶秦简所见"户赋"及相关问题琐议》,第225页。

秦简《金布律》律文为切入点，对秦汉简中有关"稍入""稍入钱"的简文再作进一步考察和辨析。

一　岳麓秦简《金布律》1411简律文的断读：
可明确秦律有"稍入钱"一词

新发现的秦汉简牍法律史料，必定会推动以往相关问题的研究向纵深发展，并可能引发重新解读那些几乎已被束之高阁的秦汉简牍法律文书的兴趣。这也是新发现史料的学术价值之一。正在整理之中的岳麓秦简，恐怕就是这样一种新史料。

在新近刊出的岳麓秦简中，可以见到一条由三支简（1411＋1399＋1403号简）整理编联而成的《金布律》律文。① 遗憾的是，整理者并没有同时刊布这三条简的图版，无法确定其编联是否合适，也无从核对其释文。这条《金布律》律文当可归属于其整理者所谓的《秦律杂抄》一类。②

在该条《金布律》律文1411简之中，可见有"稍入钱"一词。为方便讨论，节录整理者陈松长所作的与本文讨论相关的1411简释文如下：③

　　·金布律曰：官府为作务市，受钱及受赍租、质它稍入钱，皆官为缿，谨为缿空，嬰毋令钱。（1411）

如何断读"官府为作务市，受钱及受赍租、质它稍入钱"一句，学者有不同的理解和意见。以下，首先对此进行讨论，并做出一个基本判定。

（1）"官府为作务市"

陈伟等以为"官府"与"为作务"之间应该断开，即读作："官府、为作务市"。其理由是"为作务"出现在"官府"之后，二者直接并列。④

不过从整条律文的文意来看，该"官府"一词可以作为此句的主语，断开读

---

①　陈松长：《睡虎地秦简"关市律"辨正》，《史学集刊》2010年第4期。
②　岳麓秦简整理者起初的分类是"六、律令杂抄"，且在其所披露的十余种律名中有《金布律》，见陈松长《岳麓书院所藏秦简综述》，《文物》2009年第3期；后来又细分为两类，即"六是《秦律杂抄》、七是《秦令杂抄》"，见朱汉民、陈松长主编《岳麓书院藏秦简》（壹），上海辞书出版社2010年版，"前言"第2页。除此之外，尚不清楚正在整理之中而未公布的岳麓秦简法律文书里是否还有其他的含有"稍入钱"一词的《金布律》律文。
③　陈松长：《睡虎地秦简"关市律"辨正》。
④　陈伟主编：《里耶秦简牍校释》第1卷，武汉大学出版社2012年版，第146、167、447页；陈伟：《关于秦与汉初"入钱缿中"律的几个问题》，《考古学报》2012年第8期。

（即将"官府"与"为作务"并列）恐有不妥，在此不从其读。这里仍应连读起来，律文才显得比较合理而顺畅。

又关于"为作务市"，可以有两种读法：第一种，如前所述，整理者陈松长主张连读作"为作务市"。第二种，若参照张家山汉简《金布律》429 号简的首句，则亦可在"作务"与"市"之间断开，读作"官府为作务、市"①。

虽然这两种读法均可以贯通律文，但是从理论上讲，作为一个法律条文，其律文的严谨性要求只能有一种读法存在。究竟其中哪一种读法符合律文本意，一时难以有铁证予以确定。不过，根据目前所见睡虎地秦简《关市律》律文，在此暂时倾向于第一种读法，即从陈松长论文的断读。②

（2）"受钱"

陈伟、徐世虹等认为，该"受钱"二字当从上读。③

如此，则前半句暂且可以读作："官府为作务市受钱，及受赍（赍）租质它稍入钱"。在"及"字的前后，"官府为作务市受钱"与"受赍租质它稍入钱"二者是并列的，"受钱"二字上读是正确的，其说可从。

（3）"赍"

陈伟等在其论文著作中直接录作"赍"字。④

因未见其图版，不知原文是否应直接隶释为"赍"字。在此暂且从之。而陈松长在其论文中则写作"齎"字，也许是排版时因繁简字的关系造成的。

（4）"及受赍租、质它稍入钱"

陈伟等以为亦当在"赍、租"之间断读，这是因为"在秦汉时期，赍、租、质各为一事，应该分别点断"，"岳麓书院秦简'受赍钱'，正与睡虎地秦简'入赍钱'相对而言，是接受损坏公物后依价赔偿的钱款"。又，在"它稍入"与"质"之间，也当断开读为好。⑤ 后来，陈松长也曾公开表示接受这种读法，即：

---

① "为作务"一语，也见于龙岗秦简 90 号简"及为作务群它"、里耶秦简 8—2008"一人为作务且"。中国文物研究所、湖北省文物考古研究所：《龙岗秦简》，中华书局 2001 年版，第 104 页；湖南省文物考古研究所：《里耶秦简》〔壹〕，文物出版社 2012 年版，第 92 页。

② 关于前揭陈松长、陈伟等文中所讨论的"官府为作务市"等秦汉《关市律》《金布律》律文首句的断读与理解，笔者另有专文探讨（未刊稿）。为节省篇幅，此处不再展开。

③ 陈伟主编：《里耶秦简牍校释》第 1 卷，武汉大学出版社 2012 年版，第 146、167、447 页；陈伟：《关于秦与汉初"入钱缿中"律的几个问题》，《考古学报》2012 年第 8 期；徐世虹：《也说质钱》，载王沛主编《出土文献与法律史研究》（第二辑），上海人民出版社 2013 年版，第 2 页。

④ 陈伟主编：《里耶秦简牍校释》第 1 卷，第 146、167、447 页；陈伟：《关于秦与汉初"入钱缿中"律的几个问题》。

⑤ 陈伟主编：《里耶秦简牍校释》第 1 卷，第 146、167、447 页；陈伟：《关于秦与汉初"入钱缿中"律的几个问题》。又 2012 年 4 月，承陶安教授告知，"它稍入"与"质"之间应当断开。

"如果按照'稍入钱'也是与此并列的另外一种钱来理解的话,'质'和'稍入钱'之间应该断开。"①

其说甚是,确实应当读作:"及受赍、租、质、它稍入钱。"又,"赍钱"一词,也见于居延新简(E.P.W:92),②应为秦汉时期的常用语。如此,则可以将岳麓秦简《金布律》1411简律文"官府为作务市受钱及受赍租质它稍入钱"一句,断读如下:③

　　官府为作务市受钱,及受赍(赍)、租、质、它稍入钱。

搞清楚该句律文的断读之后,可以确定岳麓秦简秦《金布律》所见的"稍入钱",是一个独立的专门术语。

由此可知,至迟在秦律中已有"稍入钱"一语,汉代所见的"稍入钱"当沿袭于秦律。下面,再着重讨论一下秦汉简所见"稍入钱"一词的含义。

二　从居延汉简到岳麓秦简:"稍入钱"含义的探讨

关于"稍入钱"一词的考释,最早开始于有关居延汉简的研究,④其先行研究者有陈直和于豪亮。

陈直在其《居延汉简解要》中,根据劳榦《居延汉简释文》中的释文"肩水侯甲戌□佐博,敢言之,谨移稍入钱",⑤并引用《周礼·内宰》"均其稍食"、《内府》"以待稍秣"郑注,按:"本简则指吏禄而言。"⑥

此外,于豪亮在《〈居延汉简甲编〉补释》中,指出"稍入钱"见于《居延汉简甲编》1414简"……谨移稍入钱",并以《周礼·内宰》"均其稍食"、《掌客》"唯刍稍之受"的注疏为据,认为"稍入,官吏禄禀之所入也",进而主张

---

① 王沛主编:《出土文献与法律史研究》(第二辑),上海人民出版社2013年版,第252页。
② 甘肃省文物考古研究所、甘肃省博物馆、文化部古文献研究室、中国社会科学院历史研究所编:《居延新简——甲渠侯官与第四隧》,文物出版社1990年版,第542页。
③ 徐世虹在《也说质钱》一文中已如此断读,载王沛主编《出土文献与法律史研究》(第二辑),上海人民出版社2013年版,第2页。
④ 沈刚:《居延汉简语词汇释》,科学出版社2008年版,第250页。
⑤ 劳榦:《居延汉简考释·释文之部》一,"国立中央研究院"历史语言研究所专刊之二十一,商务印书馆1949年版,第32页。
⑥ 陈直:《居延汉简研究》,天津古籍出版社1986年版,第206页。案:据该书自序可知,《居延汉简解要》写于1956至1960年。

"简文所说的稍入钱,即月禀所入之钱"。①

这二位学者的考释,均是以《周礼》相关记载为根据,将"稍入钱"与官吏每月的俸禄联系在一起。遗憾的是,他们所引用的居延汉简"稍入钱"之"钱"字,今天在其图版上已经很难以肉眼识别出来了。

今查,其所引居延汉简的简号为:269·10A,出土地点为A3地湾,《居延汉简甲编》的著录号、页码为:1414A,105;台北本图版页码②:120。1980年中华书局《居延汉简甲乙编》的释文为:③

> 肩水侯　甲戌置左博敢言之谨移稍入 269·10A（甲 1414A）

核对其图版,在其句末,可见有"稍入"二字,但以肉眼已无法确认劳榦当时所释出的"钱"字。据说,邢义田在审看陈伟大作《关于秦与汉初"入钱缿中"律的几个问题》一文初稿时,曾批注说:"查红外线照片,'钱'字左半残,但确为'钱'字无误。"④ 若据此,则当初劳榦所作的释文还是准确可靠的。

针对于豪亮之说,后来的学者有不同的看法。一方面,有赞同的,例如,李天虹同意于豪亮之说,认为"'稍入钱'可能是吏俸钱"⑤。李孝林等主张,"稍食"当是"指官府按月发给的官俸、粮食"⑥。

另一方面,也有质疑反对的。例如,陈松长按:"这种解释所据的文献依据是《周礼》,在《周礼》中所说的'稍食'这种比较少用的词语在秦汉时期是否还在使用,这是很难确定的问题。"⑦ 路方鸽结合居延汉简所见7个文例以及《周礼》"稍""稍食"的用法,"认为将'稍入'释为'官吏禄禀之所入'有欠妥帖,主要表现为以下两点":"其一,《周礼》中的'稍'和'稍食'不是指'吏禄禀',而是指供给的粮食。""其二,'稍入'的使用不符合边塞俸禄的管理制

---

① 于豪亮:《〈居延汉简甲编〉补释》（原载《考古》1961年第8期）,载《于豪亮学术文存》,中华书局1985年版,第238—239页。
② 劳榦:《居延汉简考释·释文之部》,台北1960年重订本。
③ 中国社会科学院考古研究所:《居延汉简甲乙编》（上下册）,中华书局1980年版,图版,1414A,第105页;释文,269·10A,第193页;谢桂华、李均明、朱国炤:《居延汉简释文合校》（下册）,文物出版社1987年版,第453、817页。
④ 陈伟:《关于秦与汉初"入钱缿中"律的几个问题》,《考古学报》2012年第8期。
⑤ 李天虹:《居延汉简簿籍分类研究》,科学出版社2003年版,第44页。
⑥ 李孝林等:《基于简牍的经济、管理史料比较研究——商业经济、兵物管理、赋税、统计、审计、会计方面》,社会科学文献出版社2012年版,第349页。
⑦ 陈松长:《睡虎地秦简"关市律"辨正》,《史学集刊》2010年第4期。

度。……更重要的是，居延汉简在表示俸禄时，通常使用'奉'、'奉钱'、'奉用钱'、'禄'、'禄钱'等专门的词语，……鲜少使用他词。""因此，'稍入'不当解释成所入之俸禄。正如沈彤将'稍食'释作'食之小者'，'稍入'即入之小者，具体而言，就是指小额的收入，与边塞大宗的收入——赋钱相对应。"① 郭浩强调，"有学者认为汉简'稍入钱'指吏俸钱，也有学者考释为田租，似显牵强"②。

关于《周礼》所见的"稍食"，在此不能不提到前揭路方鸽论文中所引用的裘锡圭、阎步克的相关研究成果。

1988年，裘锡圭发表《"廪人"别解》一文，认为："据《周礼》，在官府中工作的庶人，如府、史（《周礼·天官·序官》郑玄注'凡府、史皆其官长所自辟除'、胥、徒（同上注'此民给徭役者'）之类，没有正式的禄，皆受'廪食'的待遇（详参《周礼·天官·序官》、《·天官·宫正》、《夏官·校人》等条孙诒让《正义》）。在官府中工作的非奴隶或刑徒身份的工匠，地位相当于一般的胥、徒，通常也接受这种待遇。"③

2000年，阎步克《从稍食到月俸——战国秦汉禄秩等级制新探》一文，进行了较详细的、有说服力的考证，其看法主要是：（1）"稍食"是按月发放或领取的，并且要通过考功计劳来定其额度，是为地位低下的"吏"这类人等提供的廪食。（2）《说文解字》卷七上："稍，出物有渐也。""这个'稍'字，有依照等差时序之意。"（3）"稍食的性质和意义：稍食是针对功绩勤务的直接报酬。"④

据此可知，《周礼》所谓"稍食"的意义已经很清楚了。尤其是裘锡圭、阎步克的考证和论述，揭示了《周礼》"稍食"的性质与意义及其适用对象的范围。这个"稍食"并非吏俸，以此来解读居延汉简之"稍入"一词，尤其是岳麓秦简《金布律》"稍入钱"一词，确实是难以讲通的。

陈松长在解释岳麓秦简《金布律》1411简"稍入钱"时，主张："'稍入钱'或也可解读为'渐入之钱'。《说文·禾部》'稍，出物有渐也。'段玉裁注：'凡

---

① 路方鸽：《〈居延新简〉语词研究》，硕士学位论文，浙江大学，2010年，第79—81页；路方鸽：《居延汉简"稍入"是边塞的财政收入之一》，《南都学坛》（人文社会科学学报）2012年第4期。
② 郭浩：《秦汉时期现金管理刍议——以岳麓秦简、居延汉简"稍入钱"为例》，《中国社会经济史研究》2013年第3期。
③ 裘锡圭：《裘锡圭学术文集》卷3《金文及其他古文字卷》，复旦大学出版社2015年版，第43—44页。案：原文初刊于《人文杂志》1988年第1期，后收入氏著《古文字论集》，中华书局1992年版。
④ 阎步克：《品位与职位——秦汉魏晋南北朝官阶制度研究》，中华书局2002年版，第127、128、130、131页。案：原文初刊于《学术界》2000年第2期，后曾收入氏著《乐师与史官——传统政治文化与政治制度论集》，生活·读书·新知三联书店2001年版。

古言稍者，皆渐进之谓。'据此'质它稍入钱'或就是典押其他渐入之钱的意思。"①

郭浩对此评判说："陈先生将'稍入钱'释为'渐入之钱'，实得其要旨。不过，其将'质它稍入钱'释读为'典押其他渐入之钱'，恐非。"② 郭浩的评断是十分中肯的。"稍"字，亦多见于睡虎地秦简与周家台秦简，为"逐渐"之义是没有争议的。③ 陈松长将"稍入钱"释为"渐入之钱"，是准确的，其说可从。根据上述阎步克的考证，则秦汉简所见的"稍入钱"这种"渐入之钱"，就是官府按月"渐入"的一笔固定收入。不过，如前揭陈伟论文所述，这里的"稍入"与"质"是两事，应当断读。而陈松长论文将两者连读并理解为"典押其他渐入之钱"（尽管后来修正其说，将两者断读），无论在语法上还是在文意上，恐怕都是难以讲通的。

根据以上学者的意见，"稍入"一词，当为逐渐收入、定期（或按月）缴入之意。"稍入钱"，即"渐入之钱"，是政府每月的定期收入。

三 里耶秦简和居延汉简、居延新简之中与"稍入"相关的若干文例

"稍入"一词，是秦汉时期的熟语，在里耶秦简和居延汉简、居延新简之中，尚有不少的用例，④ 具体如下。

（1）稍入不能自给卅六年徒□☒（8-427）⑤

这里"稍"下之字入，整理者原释为"人"字，何有祖改释为"入"字，并在其注释中引用《史记·河渠书》"令少府以为稍入"、前揭岳麓秦简的律文与居

---

① 陈松长：《睡虎地秦简"关市律"辨正》，《史学集刊》2010年第4期。
② 郭浩：《秦汉时期现金管理刍议——以岳麓秦简、居延汉简"稍入钱"为例》，《中国社会经济史研究》2013年第3期。
③ 张显成主编：《秦简诸字索引》，四川大学出版社2010年版，第459页。案：其中，前者，为《秦律十八种》中的三例，《金布律》："终岁衣食不踬以稍赏（偿）"（78号简），整理小组注释："稍，《广雅·释诂一》：'尽也。'""稍减其秩、月食以赏（偿）之"（82号简），整理小组注释："稍，逐渐。"在译文中理解为"分期"。《徭律》："勿稍补缮"（120号简），在译文中译为"逐步"之意。后者，其简文为："以羽渍，稍去之，以粉傅之"（320号简），整理小组注释："'稍'，逐渐。"睡虎地秦墓竹简整理小组：《睡虎地秦墓竹简》，文物出版社1990年版，第38—40、47—48页；湖北省荆州市周梁玉桥遗址博物馆：《关沮秦汉墓简牍》，中华书局2001年版，第128页。
④ ［日］大庭修：《居延汉简索引》，关西大学出版部1995年版，第337、357页。案：经查，其中的"稍入钱"T51.124B、"稍入簿"T51.24A均有笔误，当改作："稍入钱"T5.124B，"稍入簿"T5.124A。同时，该索引并没有将此词的资料罗列穷尽。
⑤ 湖南省文物考古研究所：《里耶秦简》〔壹〕，图版，第64页；释文，第31页。

延新简的简文，推断"'稍入钱'恐与'稍入'有关，详情待考"。[1]

"入"字，在里耶秦简中多见，与此字形相同且可供参考的，则有简 8-232 𠆢、简 8-660 背𠆢。改释为"入"字是正确的，但此处未必与"稍入钱"有关。

（2）☐敢言之谨移稍入☐（559·1）[2]

此为残简，不知道"稍入"下是否有"钱"字。其残句为文书格式的套话，亦见于前引居延汉简 269·10A。若依居延汉简 269·10A 文例，则"稍入"下应有"钱"字。

（3）☐☒稍入簿（E. P. T5：124A），☐☒ □□稍入钱 出入簿 （E. P. T5：124B）[3]

此为 E. P. T5：124 正反两面的释文。其中的 124B，如陈伟所说的，其"右半残，'稍入钱'三字皆仅存左半，其中稍仅存'禾'旁，钱仅存'金'旁"[4]。

曾有学者对其性质略作讨论。例如，何双全将之归入第三类"簿"之下"13. 其它"，[5] 李天虹将其确定为签牌。[6]

也有学者推测，"居延汉简'稍入钱'账簿则是西汉边郡地区的一个特例而已"。[7] 然而，恐怕还不好下这样的判断。在秦律中可见有"稍入钱"，从律文来看，其在秦并不是一个特例。因此，在汉代虽然目前只在边境地区的居延汉简乃至新简中出现，但是未必就是一个特例。

（4）☐有官　稍入茭二千七百束尉骏买二千束（E. P. T52：177）[8]

这里的"稍入茭"，当与"稍入钱"为同一句式，该"茭"字之意应指饲草。[9] "稍入钱"是以现金形式缴入，"稍入茭"可能是缴纳入实物"茭"。

（5）☐□出稍入钱市社具☐（E. P. T54：22）[10]

---

[1] 陈伟主编：《里耶秦简牍校释》第 1 卷，武汉大学出版社 2012 年版，第 146 页。
[2] 谢桂华、李均明、朱国炤：《居延汉简释文合校》，文物出版社 1987 年版，第 654 页。
[3] 甘肃省文物考古研究所、甘肃省博物馆、文化部古文献研究室、中国社会科学院历史研究所：《居延新简——甲渠侯官与第四燧》，中华书局 1994 年版，第 25 页。
[4] 陈伟：《关于秦与汉初"入钱缿中"律的几个问题》，《考古学报》2012 年第 8 期，第 79 页。
[5] 何双全：《居延汉简研究》，何双全主编《国际简牍学会会刊》第二号，1996 年版，第 51 页；何双全：《双玉兰堂文集》（上），兰台出版社 2001 年版，第 273 页。
[6] 李天虹：《居延汉简簿籍分类研究》，科学出版社 2003 年版，第 44 页。
[7] 郭浩：《秦汉时期现金管理刍议——以岳麓秦简、居延汉简"稍入钱"为例》，《中国社会经济史研究》2013 年第 3 期。
[8] 甘肃省文物考古研究所、甘肃省博物馆、文化部古文献研究室、中国社会科学院历史研究所：《居延新简——甲渠侯官与第四燧》，第 241 页。
[9] 王子今：《秦汉时期生态环境研究》，北京大学出版社 2007 年版，第 273 页。
[10] 甘肃省文物考古研究所、甘肃省博物馆、文化部古文献研究室、中国社会科学院历史研究所：《居延新简——甲渠侯官与第四燧》，中华书局 1994 年版，第 302 页。

其大意是，支出"稍入钱"来购买祭祀社神的用品。"稍入钱"在此是作为名词使用的。这支简可能是其会计账面中的支出记录。

（6）☐□毋状官毋稍入迫计四时到毋麻枲☐（E.P.F22：487）①

（7）☐府官毋稍入自给费直☐（E.P.F22：522）②

（6）和（7）的"稍入"用为动词，且由此推测（1）的"稍入"可能也是用作动词。

此外，在《史记》卷二十九《河渠书》中，可见一例涉及"稍入"的记载（《汉书》卷二十九《沟洫志》也有同样的记载，只是个别文字略有出入）。这条史料常常为人们所引用，即：

> 其后河东守番系言："漕从山东西，岁百余万石，更砥柱之限，败亡甚多，而亦烦费。穿渠引汾溉皮氏、汾阴下，引河溉汾阴、蒲坂下，度可得五千顷。五千顷故尽河壖弃地，民茭牧其中耳，今溉田之，度可得谷二百万石以上。谷从渭上，与关中无异，而砥柱之东可无复漕。"天子以为然，发卒数万人作渠田。数岁，河移徙，渠不利，则田者不能偿种。久之，河东渠田废，予越人，令少府以为稍入。③

《集解》引如淳曰："时越人有徙者，以田与之，其租税入少府。"《索隐》："其田既薄，越人徙居者习水利，故与之，而稍少其税，入之于少府。"又，《汉书·沟洫志》师古曰："越人习于水田，又新至，未有业，故与之也。稍，渐也。其入未多，故谓之稍也。"④

一般认为，这里的"稍入"当为名词，根据如淳所说指的就是地租。⑤ 或以为，"'稍入'以字面义释之指稍地上的产出，入地主之家，即所谓的地租和田

---

① 甘肃省文物考古研究所、甘肃省博物馆、文化部古文献研究室、中国社会科学院历史研究所：《居延新简——甲渠侯官与第四燧》，中华书局1994年版，第510页。

② 同上书，第511页。

③ 《史记》卷29《河渠书》，中华书局1959年版，第1410页。

④ 《汉书》卷29《沟洫志》第6册，中华书局1962年版，第1680—1681页。

⑤ ［日］加藤繁：《中国经济史考证》第1卷，吴杰译，商务印书馆1959年版，第57页；王思治：《论汉代的"公田"及其性质》，《教学与研究》1961年第2期；许倬云：《汉代农业——中国农业经济的起源及特性》，王勇译，广西师范大学出版社2005年版，第27页；马大英：《汉代财政史》，中国财政经济出版社1983年版，第334页。不过，也有学者将这段文字理解为有关汉代放淤设施的记载，而该"稍"字则理解为指芦苇杂草等，详见姚汉源《中国古代的农田淤灌及放淤问题》，《武汉水利电力学院学报》1964年第2期。本文赞同此处"稍入"用为地租之说。

赋";"《新简》中的'稍入'亦指田租","当为先秦田租义的继承和沿用"。①或以为，该"稍入"是少府小额收入。②

这些文例虽不完整，但基本上可以反映出"稍入""稍入钱"应当是汉代社会通行的一个术语，是在会计账面之中一项常规的收支。

四 结语

综上所述，秦汉简所见"稍入"一词，当为定期（或按月）缴入之意。"稍入钱"，即"渐入之钱"，是政府每月的定期收入的固定款项。

对"稍入钱"一词的考察，得益于新出现的岳麓秦简法律文书。其虽非现代考古工作者以科学方式发掘所得，固然在研究中使用时要慎之又慎，但是也不可完全采取置之不理的态度。如何以这一新资料为契机，更好地解读以往既有秦汉简牍法律文书，尽力去解决一些长期无法解决的疑难问题，充分挖掘其史料价值，以发挥其积极作用。这应是秦汉法制史学界今后要努力去做的主要研究工作之一。

最后，在结束本文之前，还有以下三个问题需要顺便略作讨论。

其一，岳麓秦简《金布律》1411简所列各款项之间的关系。学者看法有别。

陈伟似乎犹豫不定，虽认为岳麓秦简《金布律》所见"'它稍入钱'可能与其前列举的事项具有类似的性质，或者说其前所列款项也可能属于稍入钱"，但从文例来看，"有的'它×'只是与其前列举多项事类中文字紧密相连的部分事物相关"，有的前项所列事类"则与后文中的'它×'具有不同的属性。因而简文'它稍入钱'之前所列的五事，即'官府、为作务市受钱'（含二事）、'受赀钱'、'受租钱'、'受质钱'，是全部属于'稍入钱'，还是只有句中位置相近的项目（如租、质）属于'稍入钱'，目前尚不清楚。而《为吏治官及黔首》所记'路赋、稍赋毋敢'，在不可无敢的'稍赋'之前还提到'路赋'，也显示岳麓书院秦简金布律中规定必须入敢的各种受钱，可能不应该全部归于'稍入钱'"。③

邬文玲推测，根据岳麓秦简"律文'赀、租、质、它稍入钱'的表述来看，赀钱、租钱、质钱似皆属于'稍入钱'"。④

徐世虹的意见很明确，其理解是："'赀'、'租'、'质'还有'它'是并列

---

① 路方鸽：《〈居延新简〉语词研究》，硕士学位论文，浙江大学，2010年，第81—82页。
② 郭浩：《秦汉时期现金管理刍议——以岳麓秦简、居延汉简"稍入钱"为例》，《中国社会经济史研究》2013年第3期。
③ 陈伟：《关于秦与汉初"入钱敢中"律的几个问题》，《考古学报》2012年第8期。
④ 邬文玲：《里耶秦简所见"户赋"及相关问题琐议》，载陈伟主编《简帛》第8辑，上海古籍出版社2013年版，第225页。

对象，'稍入钱'不是针对这四类而言的。'稍入钱'并不是赘、租、质的从属关系，所以'质'还是单独的一种类别。"①

其实，在1411简律文"官府为作务市受钱，及受赘（赘）、租、质、它稍入钱"中，"及"字前后为并列的两大类。"及"字后的各款项为一类，如邬文玲所推定的，其均属于"稍入钱"。之所以将赘钱、市租钱、质钱等称为"稍入钱"（即"渐入之钱"），就是因为这些款项是政府每月的定期收入。

其二，"稍入钱"是一种什么类别的收入。目前大致有两说。

一说，路方鸽以为："居延汉简中的'稍入'应当是一种独立管理运行的、有别于赋钱的资金来源，概言之，是一项额外的收入。关于'稍入'的这个本质，《史记·河渠书》及相关注释给予了很好的说明。"②

另一说，邬文玲提出："从目前所见资料来看，'稍入'应是秦汉时期的一种财政收入类别。虽然中央要对'稍入'的收支进行监管，但'稍入'实际上颇类似于现今的地方财政收入，也主要供地方财政支出，无需上交中央国库。"实际上，《史记·河渠书》的"'稍入'也应指的是一种财政收入类别。通常情况下，田租属于国家财政收入，此处'令少府以为稍入'，即是特许将越人的田租划归少府（帝室）所有，无需上交国库（国家财政）。同时这句话似乎还有另一层意思，即这些收入不仅划归少府，而且是用来充当少府的'稍入'。表明这些'稍入'与少府其他常规的供帝室使用的财税收入不同，可能是供少府机构自身使用，而无需像少府的其他常规收入那样提供给帝室使用。依此类推，地方县道的'稍入'大约也无需上交国库，而主要供自身开支"。③

这两说都以《史记·河渠书》"令少府以为稍入" 及其注释为例，得出的结论却有别。正如李均明指出，"有关金钱的账簿不仅有'钱出入簿'，还按用途区分为'赋钱出入簿'、'稍入钱出入簿'"。④ 由此亦可知，"赋钱"与"稍入钱"当然是有区别的。《史记·河渠书》所记载"予越人的渠田，是属于少府。这不妨看作开垦出来的少府公田的一例"。"公田的租金，也可以算作帝室财政收入的一种。""而从武帝时没收的田亩数量，可以推测：特别在武帝以后，从公田所得

---

① 王沛主编：《出土文献与法律史研究》（第二辑），上海人民出版社2013年版，第253页。
② 路方鸽：《居延汉简"稍入"是边塞的财政收入之一》，《南都学坛》（人文社会科学学报）2012年第4期。
③ 邬文玲：《里耶秦简所见"户赋"及相关问题琐议》，载陈伟主编《简帛》第8辑，上海古籍出版社2013年版，第225、226页。
④ 李均明：《汉简"会计"考（上）》，载中国文物研究所编《出土文献研究》第3辑，中华书局1998年版，第120、122页；李均明：《秦汉简牍文书分类辑解》，文物出版社2009年版，第399页。

的收入是相当的多。"① 据此，难以认定这种收入是额外的收入。所谓"额外的收入"之说，缺少有力的证据支撑，是站不住脚的。

"稍入"是否供少府或地方县道自我开销使用，不详。但是，判定"稍入"应是秦汉时期的一种财政收入类别，则是没有问题的。根据加藤繁的研究，"国家财政和帝室财政之间的区别比较清楚，实在是汉代财政的特色"。而这种"财政组织区别为两大系统的制度是到前汉为止，但这决不是到前汉才开始的制度。在秦代就已经存在的情况，也可以根据秦代在大司农（当时称为治粟内史）之外设有少府的事实推测得到"。"在秦统一天下的时代有这种制度的存在，是毫无疑义的。然而，这种制度是秦始皇帝时创设的呢，还是从以前慢慢发展起来的呢？恐怕是后者，但没有明确的证据。"②

其三，岳麓书院秦简《为吏治官及黔首》2176、1505简所记"路赋、稍赋毋龇"之"稍赋"。

陈伟认为，稍赋"可能是'稍入钱'的另一种说法"。③ 郭浩则"疑'稍'应读如本字，为'渐'意"。④ 这两种说法恐怕都有可以商讨的余地。

岳麓书院秦简整理小组《为吏治官及黔首》简59正（2176+1501）释文作："路赋稍（艄）赋毋龇"，其整理者认为该"稍"字当借作"艄"字。⑤ 在此，"路"赋、"艄"赋二者并列，正好对应。其说有一定的道理，可从。

另外，参考汉代的情况，如据前揭李均明所说的那样，"赋钱"与"稍入钱"是有区别的，这里的"稍赋"未必就是"稍入钱"，因此恐怕不好理解为"稍入钱"的另一种说法吧。

（李力，华中科技大学）

---

① ［日］加藤繁：《中国经济史考证》第1卷，吴杰译，商务印书馆1959年版，第57、58页。
② 同上书，第26、123、124页。
③ 陈伟：《关于秦与汉初"入钱龇中"律的几个问题》，《考古学报》2012年第8期。
④ 郭浩：《秦汉时期现金管理刍议——以岳麓秦简、居延汉简"稍入钱"为例》，《中国社会经济史研究》2013年第3期。
⑤ 朱汉民、陈松长主编：《岳麓书院藏秦简》〔壹〕，上海辞书出版社2010年版，第135页。

"属国秦胡卢水士民"考*

李永平

"属国秦胡卢水士民"见于20世纪70年代出土的居延新简"甲渠言部吏毋作使秦胡"册,册书共三枚简,为论述方便,照录原文如下:

甲渠言部吏毋作使属国
秦胡卢水士民者　　　　　　　　　　　74. E. P. T22：696
建武六年七月戊戌朔乙卯,甲渠鄣守候
敢言之,府移大将军莫
府书曰:属国秦胡卢水士民,从兵起以来,□困愁苦,多流亡在郡县,
吏□　　　　　　　　　　　　　　　　74. E. P. T22：42：322
匿之明告吏民,诸作使秦胡卢水士民
畜牧田作不遣有无？四时言●谨案：部
吏毋作使
属国秦胡卢水士民者,敢言之　　　　　(74. E. P. T22：43)①

简文为一份完整官文书,是窦融治理河西时期,居延都尉府所辖的甲渠候官接到由居延都尉府转发河西大将军莫(幕)府关于追查民间擅自役使张掖属国各族为劳役的文件后,上呈的一份调查报告。

---

* 涉及"属国秦胡卢水"的部分问题,我们在《秦对西戎政策和汉代河西秦胡》(《吐鲁番学研究》2012年第1期)、《窦融治理河西时期的民族政策及有关问题》(待刊稿)中,已经进行过探讨,本文是进一步探讨。

① 甘肃省文物考古研究所、甘肃省博物馆、文化部古文献研究室、中国社会科学院历史研究所编：《居延新简》,文物出版社1990年版,第478—479页。下引凡"居延新简"均引自该书。

一 "属国"——从陇东的"道"到张掖属国

册书中的"属国",薛英群等指出是"张掖属国",① 是正确的。汉代河西地区设立的属国有:张掖属国、金城属国、张掖居延属国等,窦融治理河西时期,属国中,仅全面控制了张掖属国,这在《后汉书》卷23《窦融传》中有记载和反映。

西汉末年,窦融到达河西的因素之一是受张掖属国"精兵万骑"的吸引,即"天下安危未可知,河西殷富,带河为固,张掖属国精兵万骑,一旦缓急,杜绝河津,足以自守,此遗种处也"。在西汉末年的混乱局面下,只有掌握了武装才能达到治理和作为的目的。在河西,融居属国,领都尉职如故,置从事监察五郡。河西民俗质朴,而融等政亦宽和,上下相亲,晏然富殖。修兵马,习战射,明烽燧之警,羌胡犯塞,融辄自将与诸郡相救,皆如符要,每辄破之。刘秀赐玺书中对窦融官衔也给予认可:"制诏行河西五郡大将军事、属国都尉:劳镇守边五郡,兵马精强,仓库有蓄,民庶殷富,外则折挫羌胡,内则百姓蒙福。威德流闻,虚心相望,道路隔塞,邑邑何已!"关于窦融任职的记载,在居延新简中还包括"凉州牧"。② 从以上记载也可以看出,张掖属国都尉在窦融兼任时期,已经"一家独大",控制着河西地区最为强大的一支武装力量。张掖属国之名,亦见于居延新简:

1. 张掖属国□破胡□□里杨忠年五十,长七尺(居延新简73EJT37:710)③

两汉的属国制度,近年受到学界关注,胡小鹏等在《近年来秦汉属国制度研究概述》中有详细介绍。④ 学者普遍认为,张掖属国设置于西汉武、昭时期。⑤ 陈

---

① 薛英群、何双全、李永良:《居延新简释粹》,甘肃人民出版社1988年版,第62—63页。
② "居延新简"中的简文是:□月甲午朔乙未,行河西大将军、凉州牧,守张掖属国都尉融使告部属从事,□(金城)、武威、张掖、酒泉、敦煌太守,张掖、酒泉农都尉、武威太守。言官大奴许岑。祭酒□、从事、主事术、令史霸。(74.EPF22:825AB)
③ 转引自初师宾、初昉《再释"秦胡"》,《甘肃省第二届简牍学国际学术研讨会论文集》,上海古籍出版社2012年版。
④ 胡小鹏、安梅梅:《近年来秦汉属国制度研究概述》,《中国史研究动态》2007年第10期。
⑤ 关于张掖属国的设置年代,肖化《略论卢水胡的族源》认为,张掖属国的设置年代为汉武帝时,《西北师院学报》1983年第2期;王宗维《汉代的属国制度与民族关系》则更具体地认为是在太初二至三年(前103—前102年)李广利伐大宛后不久,《西北历史资料》1983年第2期;吴礽骧和余尧《居延新获建武秦胡册再析》推断,至迟在西汉昭帝元凤以前,张掖属国已经设置,《西北师院学报》1984年第4期。

梦家先生认为：张掖属国都尉在武帝时期已经设置。① 日本学者市川任三也认为："自武帝元狩二年（前121年）设置五属国以来即已存在张掖属国，而且在昭帝到平帝时代始终存在。"②

张掖属国的地望，大多数学者认为：张掖属国应位于张掖郡南部的黑河上游地区。张掖属国的民族构成，有的认为张掖属国主要是为安置归附的匈奴人而设。还有的认为，张掖属国所统还有秦胡、卢水胡等的民众，并非全为匈奴部众。③ 初师宾认为：张掖属国，在郡属诸县偏南的祁连山北麓山前地带，扼控丝路和羌胡交通，东西连接骊靬、祁连，水草丰美宜畜牧，盛产战马良驹。属国胡骑精悍强大，动辄千骑万骑。最特殊的是，所辖无匈奴，只有秦、汉初原居民，小月氏、秦胡、卢水、义渠等。并以小月氏为主，与史料又吻合。羌人主要分布在南山以南。就地安置不徙民，与对匈奴政策截然不同。④

我们认为，张掖属国设置于武帝时期，初期安置归附的少数民族有匈奴、卢水胡、秦胡、义渠戎、居延等，自西汉中叶以后，也安置归附的羌族。属国武装在居延地区塞防中也还承担任务，如肩水金关出土汉简中，有属国胡骑的记载（前述1简），另有：

2. 属国胡骑千五百留☐巨火举，追毋出塞☐（居延新简 73EJT1：93A·B）⑤

张掖属国的建立，与汉朝借鉴秦在陇东地区属邦管理的经验，以及秦汉之际中国西北地区民族分布、变迁和相互交流的态势密切相关。秦国迈向强大的历史进程中，统治者非常重视对少数民族及其政权的有效管理，具体措施包括：在中央设"典属国""属邦"等官职和事务部门，"典客"，掌管"归义蛮夷"。设置"典属国"，主管少数民族首领到都城的朝贡，负责"纳质"于秦、具有继承少数民族部落和部落联盟首领资格的"质子"的安全、教育和管束。出土秦简中的《属邦律》和张家山汉简中的《蛮夷律》是在长期经营和管理少数民族事务中总

---

① 陈梦家：《两汉都尉考》，《汉简缀述》，中华书局1980年版，第133页。
② ［日］市川任三：《论西汉的张掖都尉》，吕宗力译，载《简牍研究译丛》第2辑，中国社会科学出版社1983年版，第196页。
③ 肖化：《略论卢水胡的族源》，《西北师院学报》1983年第2期；吴礽骧、余尧：《居延新获建武秦胡册再析》，《西北师院学报》1984年第4期。
④ 初师宾、初昉：《再释"秦胡"》，《甘肃省第二届简牍学国际学术研讨会论文集》，上海古籍出版社2012年版。
⑤ 《居延新简》，转引自初师宾、初昉《再释"秦胡"》。

结出的法律条款。在少数民族聚居地设立有别于郡县的特别区划"道",来安置编户的少数民族部众。《汉书·百官公卿表》载:"列侯所食县曰国,皇太后、皇后、公主所食曰邑,有蛮夷曰道。"明确指出民族聚居区的名称为道。汉承秦制,秦亦设道。秦简中道的名称多次出现,如《语书》:"廿年四月丙戌朔丁亥,南郡守腾谓县、道啬夫";从出土文献看"道"所接受的是双重管理,一方面归所在的郡,如《语书》中南郡守在发文时县、道并列,说明其对道有管理之权;另一方面又归属"掌蛮夷降者"的"属邦",如云梦秦简中有《属邦律》:"道官相输隶臣妾,收人必署其年月日,受衣未受衣,有妻(毋)有。属邦。"表明"道"的具体事务在一定的范围内是由"属邦"来负责的。这种双重管理的情况在某些方面如同于今天的民族自治县,一方面它们属于所在的省,另一方面又由中央负责民族事务的机构来管理。① 汉初未设"典属国"而只设"属国"(汉避高祖刘邦的讳而改"邦"为"国"),设立"典属国"的时间在景帝之世。《汉书·百官公卿表》:"武帝元狩三年昆邪王降,复增属国,置都尉、丞、候、千人。"这段记载中使用了词汇"增",表明武帝以前设置的属国数量可能很少,用"复"表明属国在元狩三年以前肯定有过增加,而属国的机构到了汉武帝时才完备起来,这里用"复"是强调属国在武帝时的设置情况,张掖属国当建于这次"增""复"中。自然,这与汉武帝出征匈奴后,河西四郡设立,迫于西部地区少数民族事务管理的新形势、新情况而采取的有效措施了。

秦时期,曾在陇山周围设置有"翟道""狄道""略阳道"等。西汉时,陇西郡下有"狄道""氐道",汉阳郡有"獂道"。汉承秦制,汉"道"当与秦"道"在管理方式上相同或近似,一方面归所在的郡,另一方面又归属"掌蛮夷降者"的"属邦"。张掖属国体制,亦借鉴了"道"的管理模式,河西地域更为辽阔,对从事畜牧业的多"善骑"少数民族更为有利,因此,这种双重管理的方式,更多体现在武装力量的管理上。居延汉简中的"骑士",有相当多的部分就是来自属国,"一般来说,投降的胡人结成集团,保留胡俗,构成属国,但由于投降的胡人中也可能有普通大众,所以也不能断定属国胡骑的编制尽从胡俗。属国胡骑作为支撑汉帝国的强大军事力量,为了便于指挥和共同作战,有必要按汉骑士的编制设置他们的职官。因而形成了骑士的都尉—部司马—千人—五百—士吏和属国都尉—属国司马—属国千人—属国百长这样两套相互对应的系统"。②

---

① 刘瑞:《秦"属邦"、"臣邦"与"典属国"》,《民族研究》1999年第4期。
② [日]市川任三:《论西汉的张掖都尉》,吕宗力译,载《简牍研究译丛》第2辑,中国社会科学出版社1983年版,第208页。

二 甘宁地区"秦胡""卢水胡"与河西"卢水秦胡"

对于册书中的"卢水",学界存在着不同的理解,一种观点认为"卢水"当指"卢水胡",如王宗维认为,这里的"卢水"是卢水胡与"秦胡"并列。① 初师宾认为,"秦胡卢水"是合成的词,指的是"卢水地区的秦胡",实际上就是"卢水胡"。以"属国秦胡卢水士民"一语,言及隶属、民族、地域、身份四事,互相限定、说明,所指即卢水胡。"秦胡"指其族属,为秦时之胡人,今已"汉化",以示与匈奴胡相区别。但也可能为总称,即秦时文明程度接近于汉的东胡、楼烦、义渠、乌氏、月氏等诸戎胡,卢水胡只是其中之一。② 初师宾等认为,"卢水"并非河西走廊的"谷水",而是陇东地区的河流,汉代安定郡(今甘肃东部与宁夏东南部)的卢水流域(今泾河上游的茹水河、蒲河流域)是卢水胡的发源地。王青也认为,"卢水胡"的起源地是陇东卢水。③

从居延新简的材料看,卢水、秦胡、秦、胡的称呼,有时是混合在一起,如"属国秦胡卢水士民",有时又各自分开使用,如:

3. 所得秦骑胡骑名籍(居延新简73EJT1:158)
4. 捕系卢水男子□□田都当 故属国千人辛君大奴(居延新简73EJT30:144)

我们认为,汉代河西地区的军政官吏,对卢水胡与秦胡也存在着混淆和模糊的认识,这是因为,曾经生活在陇东地区、后来迁徙到河西的少数民族,秦时的生活区域和迁徙到河西的生活区域都相互错杂,相貌特征和生活方式相似、相近、或者相同。

"秦胡"之意,当为秦地胡人。秦"胡"与匈奴的南下有关,台湾学者陈健文在《先秦至两汉胡人意象的形成与变迁》一文中说,"胡人观念在战国形成后,其最初指涉的对象,是代北及其邻近地区的游牧民族。到了西汉,胡人主要指的是匈奴……"。陈健文对"胡"的理解和认识,我们认为与甘肃、宁夏考古学材料反映的实际是相符合的。陈健文认为:"匈奴是一种黄、白人种混血的民族,在人种上接近突厥种。其民族组成份子的容貌既有深目、高鼻等高加

---

① 王宗维:《卢水胡和小月氏》,《中国西北少数民族史论集》,三秦出版社2009年版,第147页。
② 初师宾:《秦人秦胡蠡测》,《考古学报》1983年第3期。
③ 王青:《也论卢水胡和月氏胡的族源和起源地》,《西北史地》1997年第2期。

索种的特征,也有某些如高颧及丰颊等蒙古人种的性状,而这些面貌特征在今日的突厥系民族中都能轻易发现。至于汉代艺术为何会强调胡人的深目高鼻特征,乃至于形成一种'格套',此与族群意识中经常需强调他民族的'异类感'有关。"①

根据考古资料,以匈奴为主体的北方游牧民族的南下,使六盘山周围的青铜文化开始发生变化,主要表现在以下三个方面。

(1) 原来区域墓葬中的部分因素得以保留。主要体现在:墓葬结构仍然是以土坑竖穴墓为主;骨器的使用比较多,骨器在出土数量上仅次于铜器,较周围地区发达,器形丰富多彩,使用范围从生产到生活都有,制作材料都是动物的骨骼,工艺精良,造型别致,精雕细琢,采用了磨制、刻花、抛光等精湛技艺。骨器制作本是寺洼文化的重要特色,新近考古发现的临潭陈旗磨沟遗址中,从齐家文化中就开始的骨器制作达到新的高度,规模和制作技术都大大提高。原来墓葬中随葬陶罐等器物的习俗得以保留,马家塬战国墓等高级贵族墓中仍然有此习俗保留。寺洼文化中使用月牙形颈饰的习俗被马家塬战国墓主人所继承。寺洼文化中使用石质权杖头的习俗被铜质杖头所替代。②

(2) 以马、牛、羊头骨殉葬是墓葬的普遍习俗,显示游牧在该区域变得重要。2007年,彭阳县王大户已发掘的7座墓,每座墓葬都有二三十件马、牛、羊头骨殉葬。王大户墓地出土的陶罐为单耳或双耳夹砂陶器,每座墓葬都有马、牛、羊殉葬,以动物形象为装饰题材如鹿形牌饰等,青铜器中出现短剑、戈等,但没出现农具。墓葬由以陶器类器物为主,变为以青铜武器、动物饰牌、车马器为主,同样显示游牧经济的主体地位和战争对居民的重要性。墓葬中都出土了青铜兵器和车马铜饰,1985年,静宁县仁大乡陈坪村戎人墓出土铜镞、车马器具等80多件。镞呈三翼,锐锋短关。盖弓帽前端如斧形,后端竖銎透抵前端。马衔如两节链条相套,两端扁环外接梯形穿钮。1991—1994年,静宁县八里乡郭罗村戎人墓先后出土铜戈、刀削和车马器具等80多件,车軎三型,均有钉孔,形如长筒或束腰圆筒,軎首或收束尖细或圆鼓如半球。当卢中Ⅰ型形似叶片,透雕羊面,额凸圆管,背有方形桥钮。李店乡大庄、仁大乡常坪、高家沟等寺洼文化遗址中出土了数件蛇纹鬲,肩及袋足上附加堆贴蛇纹为其特征。八里乡郭罗村戎人墓中的啄戈形如啄木鸟首,中鼓竖銎,两侧对称出援,锋端圆弧刃,有鄂尔多斯铜器之特征。李店乡店子村出土的10余件透雕鹿形铜饰

---

① 陈健文:《先秦至两汉胡人意象的形成与变迁》,文史论文——龙腾国学(http://www.booksforest.com)。

② 王辉:《张家川马家塬墓地相关问题初探》,《文物》2009年第10期。

片，鹿角呈波浪式与尾相连。庄浪县万泉乡邵坪发现的竖穴土坑墓，出土有各种北方式青铜器80多件，其中有戈、镞、短剑、马具等。1984年以来，庆阳地区先后发现与清理了9个春秋战国时期的青铜文化分布地点，其中宁县平子乡1个地点，庆阳县什社乡董志乡、赤城乡、后官寨乡4个地点，镇原县庙渠乡、孟坝乡、太平乡3个地点，正宁县山河乡1个地点，青铜器文化的主要代表器物以青铜器为主，余则为骨器、玉器、金银器、陶器、铁器、石器等。青铜器主要有兵器，生产和生活工具，车马器和装饰品等，其中车马器和装饰品占有比例最大，数量最多。在这些众多的青铜器中，有许多器型完全一致、如器物中有触角式和环首式短剑，有长胡、中胡等多穿戈等；生产和装饰品有柄端空刀，长方形管状饰，有各种透雕牌饰等；有车马器中铃、当卢、泡饰。如此众多的同类器物，是文化因素共性的具体表现，应属于同一渊源的文化。而有些器物为北方其他地区所鲜见，具有浓郁的区域特征。典型代表如固原杨郎马庄墓地12号墓出土的铜柄铁剑，瘤状首，椭圆柄遍布凸点纹，中空，剑格前略成舌状，分4瓣紧裹剑身。

（3）到战国中后期以后，墓葬中的金银器、玛瑙类、琉璃类器物明显增多。王大户墓地一次性集中出土200余颗绿松石、玛瑙，马家塬战国墓出土了红髓石、费昂斯珠等来自中亚、西亚的料珠。马家塬战国墓中出土了成组的以浮雕虎噬羊和变形的格里芬图案为主题的金牌饰。反映出该区域与广大欧亚大陆的联系已经建立。社会对外交往的区域大大拓展。中原风格制造的豪华马车直接作为陪葬品，秦地使用的青铜容器用以陪葬，如马家塬战国墓中的鎏金铜壶、铜瓿、铜茧形壶，平凉庙庄战国墓的鼎形铜灯、翼兽形提梁壶等。张家川马家塬战国墓规格最高，相距不远的清水刘坪墓地随葬大量金器、秦安五营战国墓葬也有豪华车辆。显示出清水河谷地及其邻近地区在六盘山区域的中心作用。

从总体上看，春秋战国时期，在子午岭以东，甘肃和宁夏境内北流的黄河以东，渭河以北，以六盘山为中心的广大区域，考古学文化呈现出较其他环长城带游牧民族文化更多的一致性。春秋战国时期，以六盘山为中心的少数民族与河西地区少数民族在文化和生活方式上有许多相同处，向河西的迁徙和流动是一个持续不断的过程。作为河西走廊的一支土著文化，沙井文化的偏洞室墓葬俗及流行带耳陶器与以六盘山为中心的甘宁地区遗存联系紧密。沙井文化出土的这些遗存还表明，甘宁地区充当了沙井文化与其他文化交流的中介。[①] 在此之前以西戎为

---

① 洪猛：《双湾墓葬及沙井文化相关问题研究》，硕士学位论文，吉林大学，2008年，第36—43页。

主体的甘宁所属六盘山周围地区，居民以经营粗放农业为主，兼营畜牧业。直到匈奴等来自北方草原的少数民族与原来居住于此的戎族土著开始了实质性的交流，并逐渐开始融合，游牧业逐渐影响并代替了粗放农业在生产中的主体地位。对于这个过程，传统史籍中缺载，考古学的资料却是完整的，线条和脉络是清晰的。北方民族的南下并与当地原住民的融合，形成了战国时期被秦称为"胡"的民族的雏形，也就是汉代河西简牍和史籍中的"秦胡"，有义渠、月氏、卢水胡、居延等部落部族。

在匈奴的主体南下以前，河套、陕甘宁北部地区本为吐火罗部落所居。殷商时期，甲骨文中有"马方""龙方""卢方"等部落名，这些可能都与吐火罗人有关，马方对应于后来的义渠，龙方对应于后来焉耆的龙部落，卢方则与卢水胡有关。

大约从战国到西汉高、惠、文、景、武时期，六盘山周围的少数民族部落逐步开始往河西迁徙，到窦融治理河西时期，张掖属国内仍然生活着被称为"卢水秦胡"，或者"卢水""秦"的民众。岁月流逝，民族融合，但这些少数民族部众仍保持着"善骑射"的传统，如简3记述有被编籍的"秦骑胡骑"，简4说明，部分已经定居和从事农业生产，"千人"级的军事首长，同时是奴隶主贵族。

三 关于"士民"

"属国秦胡卢水士民"中的"士民"一词，在西汉时期简牍中并行出现，我们认为"士"与"民"是两种不同的身份，"士"，当为"骑士"一类具有军事职业身份的阶层，据何双全统计，居延骑士均来自河西，而且主要是敦煌、酒泉、张掖郡属县。[1] 大庭修指出：他们是受过特殊训练、才力优异的人。[2] 到三国西晋时期，他们的身份与"士家"和"军"籍身份的人相近。在《甲渠言部吏毋作使属国秦胡》册中，简文"士民"中的"士"与"民"原来是有不同身份的。我们认为"士"是专指从事与军事行动有关的职业者。汉代河西的军屯人口，来源和身份复杂，有户籍民、戍卒、田卒、良家子、骑士、应募士、施刑屯士、私从者、葆子、客等。关于这些人口的身份，英国学者鲁惟一先生就指出："骑士可能来自于这种地区所设的非汉族居民，这些居民并不完全从属于汉朝官府；骑士

---

[1] 何双全：《〈汉简·乡里志〉及其研究》，《秦汉简牍论文集》，甘肃人民出版社1989年版，第209—228页。

[2] ［日］大庭修：《汉简研究》，徐世虹译，广西师范大学出版社2001年版，第90、141、202页。

可能来自于属国或郡。如果他们不必在规定的年龄段服役，就没有必要在记录其详细情况的简牍上列出他们的年龄……征募当地居民为骑士，对汉朝指挥官而言，显然是有利的，因为与汉族应募士卒相比，他们可能是更熟练的骑手，或许就这些人的地位而论，'士'这一名词的使用具有重要意义。"[1] 很可能，西汉末年，骑士、应募士、施刑屯士，这类带"士"字的人口和部分私从者、客以及失去土地的少数民族流亡人口，逐步地形成一种特殊的专门从事军事行动的特殊群体，他们受军事首长如都尉等的节制，同时与军事首长之间有一定的人身依附关系。河西汉简中，除"属国秦胡卢水士民"的"士"外，还有从中原地区来的"士"，如：

士，南阳郡涅阳里宋钧亲，私从者同县籍同里交上□□[2]

王莽时期，"吏民"一词在汉简中多见，如"额济纳汉简"中有："上吏民大尉以下得蒙壹功无治其罪""具上壹功蒙恩勿治其罪人名"。[3]"士民"中的"民"与戍边有关，居延汉简中"吏民"较少，更多的是转成了"吏卒"。秦汉时期的吏民有时是吏与民的合称，有时却是一体词，指非官僚贵族非贱民奴婢的平民。秦汉吏民既包括可以为官为吏之民，也包括曾经为官为吏之民，还包括正在充当吏职之民。吏民具备为吏的政治标准和财产标准，一般都占有爵位，是一个生活相对富裕的阶层。吏民是秦汉国家生存的基础，是国家授田的主要对象和赋税徭役的主要承担者，他们在社会中处于被统治地位，但却具有政事参与意识，汉代吏民上书已成为有律令规范的制度。长沙走马楼三国吴简中，"吏民"二字大量出现在简文中，学界关注的重点主要是，"吏"和"民"的户口是同籍还是分籍，当时是否存在单独的吏户等，尽管在这些问题上学者们存在不同看法，但有一点却几乎是共识，即认为"吏民"是"吏"与"民"两种人的合并称谓，基本不把"吏民"看成当时社会中有着特定等级地位和身份特点的专门的一种人之称谓。[4] 悬泉汉简中的"户籍民"，学者们有详尽的分析研究，认为就是秦汉时期的

---

[1] ［英］迈克尔·鲁惟一：《汉代行政记录》，于振波、车金花译，广西师范大学出版社2005年版，第303页。

[2] 《罗布淖尔汉简释文》，林梅村、李均明：《疏勒河流域出土汉简》，文物出版社1984年版，第98—102页。

[3] 邬文玲：《额简始建国二年诏书册"壹功"试解》，孙家洲主编《额济纳汉简释文校本》，文物出版社2007年版，第137页。

[4] 关于"民"的认识，主要参考刘敏《秦汉时期"吏民"的一体性和等级特点》，《中国史研究》2008年第3期。

"编户""齐民""编户齐民"。①

可见，窦融幕府发书，要求"部吏毋作使属国秦胡卢水士民"，说明在西汉后期，"秦胡卢水"等少数民族已经被编在籍为民或者从军，到王莽时期，多有"流亡郡县"者。窦融下发这类文书的目的，无疑是笼络少数民族部众，加强其军事实力，客观上，与刘秀在东汉初实行的"百姓还田"制度类似，对解放生产力，缓和阶级、阶层矛盾是有积极作用的。

（李永平，甘肃省博物馆）

---

① 袁延胜：《悬泉汉简中的"户籍民"探析》，《西域研究》2011年第4期。

汉简中的大宛和康居
——中西交往研究的新资料

郝树声

张骞通西域，开创了中西官方外交和丝绸之路的先河。在此之前，丝绸之路上的民间来往和转手贸易早已存在。张骞最先所到之地大宛、康居、大月氏、大夏，传闻其旁大国五六。这些地区包括今天的中亚五国和西亚地区的阿富汗、伊朗以及南亚次大陆。这里在公元前6—前4世纪，曾被强盛一时的波斯帝国统治长达200年之久，后又被亚历山大希腊化。张骞的到来，从汉帝国官方的意义上开通了中西文化交流的历史长河。

20世纪90年代，在敦煌悬泉置汉晋遗址出土了近2万枚汉代简牍。作为当时中西交通要道上的一处邮驿接待机构，留下了大量西域（主要指今天的新疆）以及中亚、西亚、南亚等各国国王、质子、使者、商客等东来朝拜、受封、纳贡、通使、经商、学习和中原王朝派往上述各国的使节、商贩经过此地的记录，为研究中西文化交流和丝绸之路的状况提供了新资料。

下面就汉简中关于大宛和康居的材料做一些分析研究，提供给有此兴趣的中外人士进一步研究。

一 大宛

大宛是两汉时期的中亚古国，所处费尔干纳盆地，东北至西南370千米，南北宽200千米，总面积7800平方千米。如果把山口以外的苦盏（Khujand）和乌拉秋别（Wulaqiubie）包括在内，它的疆土会更大。现在分属于乌兹别克斯坦和塔吉克斯坦。大陆性气候，适宜农业耕作。

在费尔干纳盆地发现的时代在公元前9—前7世纪的楚斯特（Chust）文化，调查发掘过80多处遗址，有原始的灌溉系统和发达的手工业，显示了当时绿洲城邦国家的逐渐形成。其后公元前6—前4世纪的埃拉坦（Eylatan）①遗址是该时期费尔干纳盆地最大的城堡遗址。公元前3—公元4世纪，有明特佩（Mingtepa）②和阿赫斯克特（Akhsiket）③遗址，以其具有坚固城防的古代城市成为大宛绿洲国家城市遗址的代表。④

关于公元前2世纪下半叶张骞到来之前大宛的基本状况，雅诺什·哈尔马塔主编的《中亚文明史》第二卷有这样的描述：

> 公元前160年前后，苏对沙那与俱战提（即乌拉秋别和苦盏）独立于希腊—巴克特里亚人，而费尔干纳似乎从未隶属于他们，希腊人的控制权似乎从未超越亚历山大曾经征服的范围。然而，斯特拉波的一个注释却导致许多学者认为费尔干纳曾经归入希腊—巴克特里亚王国。诚然，在此发现了希腊—巴克特里亚君主的钱币，但是这可能只是贸易交往的结果。公元前二世纪中叶，月氏部落经过费尔干纳和苏对沙那南下，随后征服了巴克特里亚。十分可能的是，幅员辽阔，经济富庶和人口众多的大宛政权便在此同时兴起。
>
> 在公元前最后一个世纪和公元第一个世纪内，咸海和锡尔河地区的农业主要在花剌子模和大宛（费尔干纳）这样的独立政权境内发展，尽管它们在短期内部分地属于亚历山大帝国、塞琉古王朝、希腊—巴克特利亚人和贵霜人。公元前290—160年期间，苏对沙那与俱战提似乎成了希腊—巴克特里亚王国的一部分。这些政治变化影响了它们的物质文化。考古发掘显示了苏对沙那、俱战提和费尔干纳西部的希腊成分，俱战提的发掘物清楚地揭示出中亚文化形成中的希腊影响。⑤

张骞眼中的大宛，中国史籍中如此记载：

> 大宛在匈奴西南，在汉正西，去汉可万里。其俗土著，耕田，田稻麦。有蒲陶酒。多善马，马汗血，其先天马子也。有城郭屋室。其属邑大小七十余城，众可数十万。其兵弓矛骑射。其北则康居，西则大月氏，西南则大夏，

---

① 该遗址位于安集延北部的哈库拉巴德（Hakkulabad）东部埃拉坦村附近。
② 位于安集延省马哈马特东郊。
③ 位于纳曼干西南25千米。
④ 郭物：《费尔干纳的考古发现与研究》，中国考古网（http://www.kaogu.cn/html/cn/xueshuyanjiu/yanjiuxinlun/bianjiangjizhongwai/2013/1025/33499.html）。
⑤ ［匈牙利］雅诺什·哈尔马塔主编：《中亚文明史》卷2，徐文堪等译，中国对外翻译出版公司2002年版，第365—366页。

东北则乌孙，东则扜罙（拘弥）。①

从考古资料和文献的记载看，张骞所看到的大宛，同当时周边的匈奴、康居、大月氏不同，虽受到北方游牧文化的影响，但主体还是农业定居之国，水利灌溉和农业比较发达，除适宜稻麦外，葡萄和葡萄酒是其特产。苜蓿是天然的马嗜之物。畜牧业中的汗血马，曾是汉天子出兵大宛的攫取目标。境内大小城邑七十余座。到后来班固写《汉书》时，这里已有"户六万，口三十万，胜兵六万人"。②从人口规模看，仅次于乌孙、康居和大月氏。基层社会以五口之家为"细胞"，老百姓过着定居农耕的生活。家出一兵，拥有六万人的军队。大宛人的最早祖先应该属于塞人的一支，所谓"自宛以西至安息国，虽颇异言，然大同，自相晓知也"。说明他们统属于印欧语系的伊兰语族；其相貌特征是"皆深目，多须髯"，亦即塞人的特点；"善贾市，争分铢"，说明商业较发达，生活中的日常需要得靠商贸交换来满足；"贵女子。女子所言，丈夫乃决正"。这是希腊文化的影响。

张骞到大宛，沟通了中西经济文化的大规模交往，但汉王朝与大宛关系的实质性交往阶段则在李广利伐大宛之后。本来，得知大宛有汗血马已在汉武帝的惦记之中，他想派使者以财帛金马来换取。可大宛以为汉廷遥远，路途艰险，不光不答应使者的要求，还杀了汉使，掠了财物。被激怒的汉武帝立即派二师将军李广利远征大宛，历四年之久，捐十几万将士之躯，最后借大宛贵族之手杀了国王毋寡，订了城下之盟。获天马数十匹，中马三千余。随后，又跟即任国王禅封订立盟约，质子来汉，岁献天马二匹。

大宛之战，威震西域，确立了汉帝国在西域各国人民心目中的大国地位。"而汉发使十余辈至宛西诸外国，求奇物，因风览以伐宛之威德。"再加上在此之前张骞出使乌孙时派往大宛、康居、大月氏、大夏、安息、身毒、于阗、扜罙（拘弥）及诸旁国的副使，亦同出使国的使者回到汉朝，从而开始了两汉时期中西交通的繁盛局面。史书的记载是：

> 因益发使抵安息、奄蔡、黎轩、条枝、身毒国。而天子好宛马，使者相望于道。诸使外国一辈大者数百，少者百馀人，人所赍操大放博望侯时……汉率一岁中使多者十馀，少者五六辈，远者八九岁，近者数岁而反。
>
> 汉使至安息，安息王令将二万骑迎于东界。东界去王都数千里。行比至，

---

① 《史记》卷123《大宛列传》，中华书局1959年版，第3160页。
② 《汉书》卷96《西域传》，中华书局1962年版，第3894页。

过数十城，人民相属甚多。汉使还，而后发使随汉使来观汉广大，以大鸟卵及黎轩善眩人献于汉。及宛西小国欢潜、大益，宛东姑师、扜罙、苏薤之属，皆随汉使献见天子。天子大悦。①

自此以后即公元前一世纪的100年中，汉与大宛一直保持着良好的交往关系。甚至在神爵二年（前60年）设立西域都护府后所辖西域诸国中，大宛也是其中之一。敦煌悬泉置出土的关于大宛来汉的汉简就是在这种背景下汉王朝与大宛关系的档案记录。

简一：

> 元平元年十一月己酉，□□□使户籍民迎天马敦煌郡，为驾一乘传，载奴一人。御史大夫广明下右扶风，以次为驾，当舍传舍，如律令。（Ⅱ90DXT0115④：37）②

木简，长23厘米、宽1.3厘米，柽柳。存字52。这是御史大夫田广明下发的朝廷使者的传信，持信人路过悬泉置的抄件。元平元年十一月己酉为公元前74年12月28日。从右扶风到敦煌，"以次为驾，当舍传舍"。简上年月日是开具传信的时间，至于何时路过悬泉置，不得而知。乘传为驾四马的传车，朝廷官员出使，都要坐这种规格的车子。

按《汉书·百官公卿表》，田广明任御史大夫在元平元年至本始二年（前74—前72年），其上任是蔡义，下任是魏相。元平元年，昭帝驾崩，先立昌邑王贺，后立武帝曾孙病已，是为宣帝。当时虽霍光秉政，朝政动荡，但汉与西域尤其是同大宛的关系尚在正常状态。

天马，先指渥洼水中所得神马，后指乌孙马。李广利伐大宛后专指大宛汗血马。《汉书·张骞李广利传》："二师既斩宛王，更立贵人素遇汉善者名昧蔡为宛王。后岁余，宛贵人以为昧蔡谄，使我国遇屠，相与共杀昧蔡，立毋寡弟蝉封为王。遣子入侍，质于汉，汉因使使赂赐镇抚之。又发使十余辈，抵宛西诸国求奇物，因风谕以伐宛之威。宛王蝉封与汉约，岁献天马二匹。汉使采蒲陶、目宿种归。天子以天马多，又外国使来众，益种蒲陶、目宿离宫馆旁，极望焉。"③

---

① 《史记》卷123《大宛列传》，中华书局1959年版，第3170、3172页。
② 所引简牍照片见文末图1。原照片详见中国文物研究所编《出土文献研究》第7辑，上海古籍出版社2005年版，第8页。
③ 《汉书》卷96《西域传》，中华书局1962年版，第3895页。

此简有纪年，时在元平元年（前74年），距李广利伐大宛，已过去26年。在这20多年中，大宛"岁献天马二匹"的约定在一直践行中，简文内容与此有关，说明李广利伐大宛以后的相当一段时间里，汉与大宛始终保持了贡使来往关系。另外，简中所记内容说明，每年迎取天马，朝廷要派人赶到敦煌郡，从敦煌郡迎接贡使和天马再到京师长安，沿途所过，要提供车驾和食宿安排，表明汉朝廷对此事的高度重视。

简二：

以食使大宛车骑将军长史　　（Ⅰ90DXT0112③：30）

柿片，长5厘米、宽0.6厘米，存字11。出土该柿片的探方层位中，有15枚纪年简，其中14枚是宣帝时期的。从本始二年（前77年）到甘露二年（前52年），本始、地节、元康、神爵、五凤、甘露六个年号连续出现，所以该简内容反映的史实当属宣帝时期。

这是一份悬泉置接待过往官员和使者的记录，内容是朝廷派车骑将军长史出使大宛，路过悬泉置时悬泉置为之提供了膳食。至于长史姓名、留餐几顿、吃了些什么、停留了多长时间、从者几人、车驾如何？都没有记载下来，因为这只是一片刮掉的木片。

车骑将军不常置。宣帝时任车骑将军者有张安世、韩增、许延寿和乐陵侯史高。据《汉书·百官公卿表》：元平元年（前74年），右将军张安世为车骑将军、光禄勋。地节三年（前67年）四月戊申，车骑将军、光禄勋张安世为大司马车骑将军。七月戊申更为大司马卫将军。神爵元年（前61年），前将军韩增为大司马车骑将军。五凤二年（前56年），韩增薨，强弩将军许延寿为大司马车骑将军，甘露元年（前53年），延寿薨。黄龙元年（前49年）十二月，侍中乐陵侯史高为大司马车骑将军。可见，从前74年至前67年的7年中，车骑将军为张安世；前67年至前62年的6年中，空缺；前61年至前53年的8年中，先后是韩增和许延寿，前53年至前49年近4年中，空缺；前49年后是刘史高。除张安世之外，其他三位都是以大司马兼领车骑将军。张安世在最后一年亦如此。所以简中只记车骑将军而未冠"大司马"字样，说明简文所记车骑将军，当指张安世。

《汉书·冯奉世传》记载："先是时，汉数出使西域，多辱命不称，或贪污，为外国所苦。是时乌孙大有击匈奴之功，而西域诸国新辑，汉方善遇，欲以安之，选可使外国者。前将军增举奉世以卫候使持节送大宛诸国客。至伊修城，都尉宋将言莎车与旁国共攻杀汉所置莎车王万年，并杀汉使者奚充国……奉世与其副严昌……以节谕告诸国王，因发其兵，南北道合万五千人进击莎车，攻拔其城。莎车王自杀，传其首诣长安。诸国悉平，威振西域。奉世乃罢兵以闻。宣帝召见韩增，曰：'贺将军所举得其人。'奉世遂西至大宛。大宛闻其斩莎车王，敬之异于它使，得其名马象龙而还。"此事，《资治通鉴》系之于元康元年（前65年）。从上述记载中可以看出，在冯奉世出使大宛之前，汉朝曾多次派使节出使西域及大宛各国，只是"多辱命不称"或"为外国所苦"。上述简文印证了这一事实。

简三：

　　　　使大宛车骑将军长史尊使庠侯张
　　　　行在所以令为驾一乘传（Ⅱ90DXT0314②：121）

木牍，残长9.8厘米、宽1.8厘米，柽柳，下部和左侧残，可释者只有两段残文，24字。是一份使大宛车骑将军长史尊和庠侯张某等人所持传信，字迹比较潦草，显为路过悬泉置时抄录登记的内容，而非原件。第二行"行在所"之前当有"诣"字，可见出使已经结束，这是返回朝廷途经悬泉置的记录。"为驾一乘传"之后，按此类文件格式，当有"当舍传舍，如律令"的套语。

　　出土该简的地层中所出纪年简主要属宣、元、成三朝，最早为宣帝元康二年（前64年），最晚为成帝元延四年（前9年），时间跨度达半个多世纪。但是前文说过，自张安世之后，车骑将军一职均由大司马兼任，位居三公。该简只提车骑将军而未冠"大司马"者，亦当在张安世任车骑将军时期，即元平元年（前74年）到地节三年（前67年）之间。

　　此两简都是汉朝使者出使大宛的记载。说明当时汉朝对与大宛的外交关系极为重视，使节频繁，关注度极高。

简四：

　　　　客大月氏大宛疎勒于阗莎车渠勒精绝扜弥王使者十八人贵人□人（Ⅰ
　　　91DXT0309③：97）

木简，长23.2厘米、宽0.8厘米，柽柳，完整。存字28，有一字不清。内容为接待西域诸国使者的记录。同层所出纪年简61枚，除昭帝元平元年1枚外，其余都属宣帝时期。其中元康8枚，神爵47枚，五凤5枚。所以此简当为宣帝时期之物。

　　简中有西域八国使者18人，贵人若干人。而八国之中，大月氏和大宛远在中亚，其余六国均为南道城郭诸国。

六国中，15000—20000 人口者有疏勒、于阗、莎车、扜弥，而渠勒和精绝只有二三千人。从东到西，有精绝、扜弥、渠勒、于阗、莎车、疏勒。再加上大月氏和大宛这两个葱岭以西大国，路途更加遥远。八国使者从不同的地方不期而遇，同时路过悬泉置，不仅说明上述各国同中原汉朝关系友好，而且也说明当时丝绸之路盛况空前。"驰命走驿，不绝于时月；商胡贩客，日款于塞下"，① 言之不虚。

简五：

大宛贵人乌莫塞献橐他一匹黄乘须两耳絜一丈　死县泉置（Ⅱ90DXT0214②：53）

木简，长 20.3 厘米、宽 0.9 厘米，柽柳，下部残断，但文字完整，存字 24。从正规的隶书字体和内容看，此简当为悬泉置向上级的一份正式报告。大宛贵人向朝廷贡献的骆驼死在了悬泉置，当是一个重大的事件，死因如何，责任在谁？要逐级上报。简文上下当有其他内容，此简只是其中之一。同层所出纪年简 97 枚，最早者为神爵年间（前 61—前 58 年）简，自神爵后到西汉末年的年号，几乎是连续的。所以此简的年代最早在神爵年间，下限不可知，自然可判定为宣帝以后之物。乌莫塞，人名，为大宛贵人。橐他，即今骆驼。乘，当指经过调驯可以乘骑的骆驼。须为颐下之毛。须两耳者，指双耳到面颊都有毛。絜，指围度，即腹围或胸围的大小，一丈，即今 2.31 米，都是对已死骆驼的记载和描述。

此简说明，自宣帝以后，大宛给汉朝的贡献不仅有天马，还有骆驼。这一峰死在悬泉置的骆驼随贵人而来，当然不是一般的商贸行为和交换之物。

简六：

酉使送大宛囗
囗收责过所趣遣（Ⅱ90DXT0113②：88）

木简，长 4.5 厘米、宽 1.1 厘米，松木，上下部残断，存字两行，左行存字 5，右行存字 6。第一行当为年月日干支，"使送大宛"使者某人到某地，乘何等车，"以次为驾，当舍传舍"之类，第二行文意不明。但从仅有的文字信息看，仍可判定为朝廷派人送大宛使者路过悬泉置的记录，与大宛和汉朝的来往有关。

---

① 《后汉书》卷 88《西域传》，中华书局 1965 年版，第 2931 页。

出土此简的地层，最早的纪年简是宣帝五凤四年（前54年），此后至西汉末年的纪年简都有，只能说此简内容是宣帝以后之物，同样反映的是宣帝以后大宛与汉朝的关系，至于下限则难以判断。

简七：

    大宛贵人食七十一
    凡三百一十八人（V92DXT1311③：216）

木牍，长10厘米、宽1.2厘米，松木，左、右两侧和下半部分均残缺，存字两行，15字。左、右两侧应当还有文字，不得而知。其内容仍然是西域贵人、使者路过悬泉置时为之提供膳食的记录。大宛贵人之外，当有其他西域各国的贵人和使者，惜已残缺。悬泉汉简记载人数，往往以人次相加。如果是106人三食，亦可作食318人；如果是53人六食，亦可作食318人。所以简中"三百一十八人"，不能直接理解为一次就接待了如此之多的客人。当然，据《汉书·张骞李广利传》记载：自汉武帝伐大宛后，"而天子好宛马，使者相望于道，一辈大者数百，少者百馀人，所赍操大放博望侯时"。如此看来，西域诸国一次来数百人，也是正常的。

出土该简的地层中共出纪年简45枚，主要是宣、元时期的。其中甘露3枚，黄龙2枚，初元35枚，永光5枚，所以该简当为宣、元时期之物，内容反映该时期大宛及其他西域诸国同汉朝的关系。

简八：

    使大宛卫候建叩头叩头（Ⅱ90DXT0216②：193）

木牍，长12.2、宽1.1厘米，松木。左右两侧和下部残，存字10，而前5字仅存右半，释文是根据字形判读的。木牍两侧和下半部分当有其他内容。书体为规整的八分隶书。从内容和语气看，当是出使大宛的卫候给朝廷的上书。

出土该木牍的地层共出纪年简147枚，除有宣帝甘露年间（前53—前50年）的2枚外，都是元、成时期的。其中永光、建昭（前43—前34年）10年间共125枚，最晚有鸿嘉五年（即永始元年，前16年）的1枚。所以该木牍的时代当在元、成时期，其反映的内容当为元、成时期大宛与汉朝的来往关系。

《汉书》记载，以卫候出使大宛者只有冯奉世，时在元康元年（前65年）。简中的"卫候建"可能是冯奉世之后又一次以"卫候"身份出使大宛的汉朝使节。建昭三年（前36年），西域副校尉陈汤矫诏发戊己校尉屯田吏士和城郭诸国兵4万余人，分两路西进康居，消灭北匈奴郅支单于，成为汉匈关系史上的大事，也是西域史上的大事。当时能够调发西域诸国兵4万余人（戊己校尉屯田吏士不过2000多），说明汉朝对西域诸国的管理已相当有效。当时三校军队西越葱岭经大宛到康居，三校军队经温宿（即今阿克苏）越天山，从北道入赤谷城过乌孙，涉康居界，至滇池（伊塞克湖）西。前者过大宛，似应得到大宛的欢迎和支持。从该简的记载看，永光、建昭年间，大宛和汉朝的关系是友好的。

简九：

　　　居大宛北道　　城
　　　伏地（Ⅵ92DXT1122③：9）

木牍，长10.4厘米、宽3.7厘米，松木，上下残甚，能释者不过数字。从语气和行文看，当为一封书信的内容，与出使大宛有关。

与该木牍同层共出的纪年简11枚，都是元帝时期的，其中初元7枚，永光4枚。所以该木牍内容当为元帝（前48—前33年在位）及其前后的记载。虽内容残缺，详情不可得知，但仍可作为汉与大宛关系的实物例证。

简十：

　　　建平五年十一月庚申，遣卒史赵平送自来大菀使者侯陵奉献，诣在所以
　　　（Ⅱ90DXT0114④：57）

木简，长18.8厘米、宽1.3厘米，松木，下部残断，存字29。悬泉置过往接待记录。有明确纪年。建平五年即元寿元年，公元前2年。十一月丙申朔，庚申为二十五日。公元前2年12月21日。卒史是太守府的文职官员，受过正规教育，至少通一经，秩百石。三辅各郡卒史有秩二百石者。简中卒史赵平，是敦煌太守下属的官员，因为所谓"送"，乃送往京师，"诣行在所"。菀、宛相通。全文意思是：大宛使者侯陵，要到京师朝贡，是大宛自己所派，非汉朝邀请。路过悬泉置的时间是公元前2年12月21日。至于在悬泉置的停留食宿情况，因简文残断而不可得知。

此时汉室衰微，董贤用事，哀帝昏弱，外戚专权，朝政一片黑暗。但是周边关系包括匈奴、乌孙以及西域诸国由于长期的经营管理，此时正处于效益期和收获期，"思汉威德，咸乐内属"，对汉朝的向心力和内聚力并未减弱。"匈奴单于

及乌孙大昆弥伊秩靡皆来朝，汉以为荣。是时西域凡五十国，自译长至将、相、侯、王皆佩汉印绶，凡三百七十六人；而康居、大月氏、安息、罽宾、乌弋之属，皆以绝远，不在数中，其来贡献，则相与报，不督录总领也。"① 大宛是西域都护府管辖的国家，当在佩带汉印之列。简文所见，就是大宛自来朝贡的事例。

上引十条汉简，并非汉与大宛关系的全部，以斑窥豹非全豹也。但是，从出土文献的角度足可证明，李广利伐大宛后的100年里，汉帝国与远在中亚的费尔干纳盆地始终保持着频繁而亲密的来往关系。

二 康居

康居是紧邻大宛西北、分布在锡尔河北岸、哈萨克南部草原的游牧民族，其势力繁盛时可能达到泽拉夫善河流域（今布哈拉河）。至于其族源，至今尚不清楚。"古代的波斯记载和希腊史家都忽略了他们。"② 唯一留下来的史料就是中国的《史记·大宛列传》和《汉书·西域传》。2004年7月，哈萨克斯坦考古人员曾在南哈萨克斯坦州首府希姆肯特市以西25千米处，发现一处保存完好的康居国将军墓。这是哈学者在对康居古国20多年的考古调查中首次发现的未经盗掘破坏的康居古墓。③ 2006年10月，又在南哈萨克斯坦州奥尔达巴辛区库尔托别遗址发现了刻在黏土砖上的古康居国文献，仅6行44字，主要信息是：古代康居国时期布拉哈绿洲的首府是诺沃阿克梅坦，意即"新居处"。文献中提到一些古老的城市，如恰奇、纳赫沙布、撒马尔罕和克什，都位于今天的乌兹别克斯坦境内。④ 其他的一些墓葬因被盗掘破坏而基本失去了研究价值。张骞公元前2世纪到来时，这里已俨然大国。后来班固的《汉书》记载，有"户十二万，口六十万，胜兵十二万人"。其人口、户数、胜兵正好相当于大宛的两倍。

康居与汉朝的关系有一个发展的过程。张骞初次来此，曾得到康居的友好接待。"康居传致大月氏。"就是派车把张骞送到大月氏。其后太初年间（前104—前101年）李广利伐大宛，康居怕唇亡而齿寒，曾为大宛后援。北匈奴郅支单于西逃塔拉斯河（今江布尔州），康居曾与之结盟，互为翁婿。建昭三年

---

① 《资治通鉴》元寿二年条，中华书局1959年版，第1123页。
② [美] 麦高文：《中亚古国史》，章巽译，中华书局2004年版，第43页。
③ 陈俊锋：《哈考古学家发现古康居国将军墓》，新华网（http://news.xinhuanet.com/newscenter/2002-07/19/content_489835.htm）。
④ 魏良磊：《哈萨克斯坦发现刻在黏土砖上的古康居国文献》，新华网（http://news.xinhuanet.com/tech/2006-10/13/content_5197426.htm）。

（前36年）陈汤伐郅支，康居又暗地里支持郅支。成帝时，西域都护郭舜有一个上奏：

> 康居骄黠，讫不肯拜使者。都护吏至其国，坐之乌孙诸使下，王及贵人先饮食已，乃饮啖都护吏，故为无所省以夸旁国。以此度之，何故遣子入侍？其欲贾市为好，辞之诈也。匈奴百蛮大国，今事汉甚备，闻康居不拜，且使单于有自下之意，宜归其侍子，绝勿复使，以章汉家不通无礼之国。①

但是，朝廷并未采纳郭舜的意见。"汉为其新通，重致远人，终羁縻而未绝。"敦煌悬泉置出土的汉简，主要是公元前半个世纪汉与康居关系的记录，反映的就是这种"羁縻而未绝"的情况：

简一：

> 甘露二年正月庚戌，敦煌大守千秋、库令贺兼行丞事，敢告酒泉大守府卒人：安远侯遣比胥犍罢军候丞赵千秋上书，送康居王使者二人、贵人十人、从者六十四人。献马二匹、橐他十匹。私马九匹、驴卅一匹、橐他廿五匹、牛一。戊申入玉门关，已阅（名）籍、畜财、财物。（ⅡT0213③：6 + T0214③：83）

这是一件完整的木牍，长23厘米、宽2.8厘米。松木。存字100。背面还有49字，其内容与正面无关，不赘引。这块木牍出土时断成两片，散落在不同的探方里。后来整理时才发现两者可以缀合在一起。这是敦煌太守府发往酒泉太守府的平行文书，是悬泉汉简中记载汉朝与康居来往较早的纪年简。甘露二年为公元前52年，正月辛卯朔，庚戌为二十日，公元前52年3月8日。"戊申入玉门关"，戊申是十八日，即是年3月6日，"戊申入玉门关"者，是说上述人等是前两天入关的。这次康居王所派使团从使者、贵人到从者，一共76人，随行大牲畜78头。这在当时中西交通的大道上不能不是一支浩大的队伍。要接待这样一支庞大的使团，沿途如敦煌、酒泉等地的地方官员必须认真办理，否则要受到朝廷的追责。因此敦煌太守提前移书酒泉太守，要其做好接待准备。同样，按照常规，酒泉太守也要移书张掖，以此类推。只是我们所看到的出土文献仅此一份，其他的或者已不存在，或者还未发现。

---

① 《汉书》卷96《西域传》，中华书局1964年版，第3893页。

从简文记载看，除了沿途地方官必须出面接待外，西域都护府的最高长官还要派专人陪护他们到京师。此时的西域都护是第一任西域都护郑吉。军候丞赵千秋，就是奉都护之命陪同康居客人的。军候相当于比六百石官员，同驻扎在河西边防线上的候官同秩。丞是军候的属吏，官阶不高，而且是"罢军候丞"。"罢"者，更尽回返。按照西汉的兵役制度，戍边的戍卒一年一更，官员三年一更。赵千秋属于军官戍边，可能早在五凤三年就到了西域的戍所。此次更尽回返，顺便受都护指派，陪同康居使团到京师长安。再有，康居使团所带78头大牲畜中，有贡献的马匹和骆驼若干，有私马、驴、驼、牛若干，前者是给朝廷的贡献之物，后者可能是使团人员自己的乘驾。至于牛，或可为沿途遇到困难时，以供宰杀食用。这里特别提到的是给朝廷的贡献。《汉书·西域传》载："至成帝时（前32—前7年），康居遣子侍汉，贡献。"显然不准确。从这条简文看，至迟在宣帝甘露年间（前53—前50年），康居与汉朝就有了贡使关系。如果我们编写丝绸之路编年史或者汉朝与康居的交往史，公元前53年3月6日，有76人的康居使团带着78头牛马、骆驼等贡物浩浩荡荡步入玉门关并得到沿途官员的热情接待。这不能不是一件需要特别记述的事。

简二：

　　　　□送康居诸国客卫候臣弘副□池阳令臣忠上书一封 黄龙元年（Ⅱ90DXT0214③：109）

简三：

　　　　黄龙元年六月壬申使主客给事中侍谒者臣□□
　　　　制诏侍御史曰使送康居诸国客卫候盖与副□□
　　　　为驾二封轺传二人共载（Ⅱ90DXT0114④：277）

简二残长18.7厘米、宽1.3厘米。柽柳。存字26，可释者24字。有纪年。简三残长8.5厘米、宽1厘米，柽柳。按正常尺寸，下半部尚有大约14.5厘米缺失。存字三行，可释者46字。虽属残简，但内容尚可研读，亦有准确纪年。

以上两简，都有纪年。黄龙元年，汉宣帝最后一个年号，只用过一年，公元前49年。前简未记日月干支，不知具体时日。简中使送康居诸国客的卫候，卫尉的属吏，大概为六百石或者比六百石秩级的官员。《汉书·百官公卿表》卫尉条下有："又诸屯卫候、司马二十二官皆属焉。"《元帝纪》师古注曰："卫尉有八屯，卫候、司马主卫士徼巡宿卫。"冯奉世在元康元年（前65年）出使大宛时，就是以卫候身份奉使的。池阳，汉县，治今陕西泾阳县北。池阳令在此上书，可能是临时奉使。卫候臣弘和池阳令臣忠一起上书，不知在护送康居诸国客的过程中发生了何事？至于护送了多少人，除康居客人外还有哪些国家的？简文残断，尚不得而知。但仅从残断的文字中，我们则能感受到康居与汉朝在当时的来往情况。

简三有月日干支，六月壬申，初二日，公元前49年7月12日。简文是一封以制诏形式传达的诏书内容。简中"主客给事中侍谒者"尚不知是一个官衔还是两个官衔？《汉旧仪》有"主客尚书主外国事"，顾名思义，"主客给事中"亦即主办外交事务的给事中。《汉书·百官公卿表》："给事中亦加官，所加或大夫、博士、议郎，掌顾问应对，位次中常侍。""侍谒者"亦皇帝身边近臣。《史记·滑稽列传》："（东方）朔任其子为郎，又为侍谒者，常持节出使。"《汉书·韩延寿传》："延寿代萧望之为左冯翊，而望之迁御史大夫。侍谒者福为望之道，延寿在东郡时放散官钱千余万。"综合起来看，简中"主客给事中侍谒者"当解作一个职衔为合适。上两简中，朝廷派出护送康居等外国客人的官员都是卫候，前者是卫候弘，后者是卫候盖，可见两简所记之事虽都发生在同一年，但分别是两件事，而非一事。后简第三栏的内容，类似常规的传信，即要求各地为之提供车马住宿。

以上两简分别记载了黄龙元年（前49年）朝廷派官员护送康居王使者路过敦煌悬泉置的史实，是汉朝与中亚以及康居诸国关系的原始记录。

简四—简十：

　　康居王使者杨伯刀、副扁阗；苏䪇王使者姑墨、副沙囷即贵人为匿等，皆叩头自言：前数为王奉献橐佗，入敦煌［简四］关，县次购食至酒泉，昆□官大守与杨伯刀等杂平直肥瘦。今杨伯刀等复为王奉献橐佗入关，行道不得［简五］食，至酒泉，酒泉大守独与小吏直畜，杨伯刀等不得见所献橐佗。姑墨为王献白牡橐佗一匹，牝二匹，以为黄。及杨伯刀［简六］等献橐佗，皆肥，以为瘦。不如实，冤。［简七］

　　永光五年六月癸酉朔癸酉，使主客谏大夫汉侍郎当，移敦煌大守，书到验问言状。事当奏闻，毋留如律令。［简八］

　　七月庚申，敦煌大守弘、长史章、守部候修仁行丞事，谓县：写移书到，具移康居苏　王使者杨伯刀等献橐佗食用谷数，会月廿五日，如律令。／掾登、属建、书佐政光。［简九］

七月壬戌，效谷守长合宗、守丞敦煌左尉忠谓置：写移书到，具写传马止不食谷，诏书报，会月廿三日，如律令。／掾宗、啬夫辅。［简十］（Ⅱ90DXT0216②877－883）

　　总共七简，连缀为一个册子，出土时编绳尚存。长度均在23厘米左右，前4简各宽1厘米，后3简统宽1.5厘米，中间成脊形，俗称两行。两种不同形状的简编为一册。木质为柽柳。

　　全简293字，内容可分为四部分，主要记录康居王使者和苏𪏭王使者及贵人前来贡献，在酒泉评价贡物时发生了纠纷，朝廷责令敦煌郡和效谷县调查上报。

　　前4简为第一部分，143字，叙述康居使者及贵人到敦煌入关后，一般要对贡品即奉献的骆驼进行评估，评估内容涉及牝牡、毛色、肥瘦、口齿、价值，等等。对方当事人5人：康居王使者杨伯刀、副使扁阗；苏𪏭王使者姑墨、副使沙囷、贵人为匿；他们此次来奉献骆驼不是第一次，而此前曾有过多次；他们每次从敦煌入关东往酒泉，沿途食宿要有人解决；到酒泉后，太守及下属官员要会同朝贡者一起对贡物进行评估（至于评估后交由郡县上转，抑或继续由朝贡者带往京师，尚不得而知）。而此次的情况不同。首先是他们入关后，从敦煌到酒泉，一路缺乏食物供应；其次是到酒泉后，酒泉太守和手下人对其奉献的骆驼进行评估时没有让当事人杨伯刀等人现场参加，单方面做出了评价；最后，评价的结果有问题，杨伯刀带来的骆驼本来是膘肥体壮，可酒泉太守及其下属却定为羸瘦；姑墨奉献三匹白骆驼，一牡二牝，可酒泉方面却定为"黄"，"不如实，冤"。因而上告到朝廷的有关部门。

　　第二部分1简41字，乃永光五年六月初一日（前39年7月21日），朝廷主管对外交往和蛮夷事务的使主客谏大夫行文敦煌，要求敦煌太守接到文件后对此进行查询并按时上报中央，不得留迟。

　　第三部分1简62字，永光五年七月庚申（七月十八日，前39年9月6日），敦煌太守弘、长史章以及兼行丞事的守部候修仁连署文件，下发效谷县，要求县廷接到文件后，将康居王使者路过县境时为之提供的谷物数量在七天之内，于本月二十五日上报太守府。后面有发文时掾、属、书佐的具名。从京师发文到敦煌，中间相隔48天。

　　第四部分1简47字，永光五年七月壬戌（七月二十日，前39年9月8日），效谷守长合宗、守丞忠（时为敦煌左尉）连署文件，下发悬泉置，要求在三天之内，于本月二十三日将传马食谷情况上报县廷。最后是掾、啬夫的具名。

　　简文中的当事人除康居使者外，还有苏𪏭王使者。苏𪏭王地在何处，牵扯到康居五小王的具体位置。《汉书·西域传》载:"康居有小王五:一曰苏䪥王,治苏䪥城,去都护五千七百七十六里,去阳关八千二十五里;二曰附墨王,治附墨城,去都护五千七百六十七里,去阳关八千二十五里;三曰窳匿王,治窳匿城,去都护五千二百六十六里,去阳关七千五百二十五里;四曰罽王,治罽城,去都护六千二百九十六里,去阳关八千五百五十五里;五曰奥鞬王,治奥鞬城,去都护六千九百六里,去阳关八千三百五十五里。凡五王,属康居。"迄今为止,确指康居五小王具体位置者,唯《新唐书·西域传》,具体记载如下。

苏䪥城:"史,或曰佉沙,曰羯霜那,居独莫水南,康居小王苏䪥城故地。"① 地望在今乌兹别克斯坦东南部卡什卡达里亚省的沙赫里夏波兹(Shahrisabz)。中心在北纬39°03′、东经66°49′左右。

附墨城:"何,或曰屈霜你迦,曰贵霜匿,即康居小王附墨城故地。"唐朝的何国在今天乌兹别克斯坦纳沃伊,中心在北纬40°05′,东经65°22′。西南距布哈拉100千米,东南距撒马尔汗80千米。

窳匿城:"石,或曰柘支,曰柘折,曰赭时,汉大宛北鄙也。去京师九千里。东北距西突厥,西北波腊,南二百里所抵俱战提,西南五百里康也。圆千馀里,右涯素叶河。王姓石,治柘折城,故康居小王窳匿城地。西南有药杀水,入中国谓之真珠河,亦曰质河。东南有大山,生瑟瑟。俗善战,多良马。"唐朝石国,即今乌兹别克斯坦首都塔什干。就是说,康居小王窳匿城即在今天的塔什干附近。

罽城:"安者,一曰布豁,又曰捕喝,元魏谓忸蜜者。东北至东安,西南至毕,皆百里所。西濒乌浒河,治阿滥谧城,即康居小君长罽王故地。大城四十,小堡千馀。"唐朝安国都城阿滥谧城,即今天乌兹别克斯坦的布哈拉。

奥鞬城:"火寻,或曰货利习弥,曰过利,居乌浒水之阳。东南六百里距戊地,西南与波斯接,抵突厥曷萨,乃康居小王奥鞬城故地。"唐朝的火寻国,都城急多飓遮城,具体地望在今乌兹别克斯坦西部阿姆河下游花剌子模州首府乌尔根奇(Urgench)附近。余太山认为,奥鞬即喝汗,即东安。② 其地在那密水之阳。备一说。

康居是行国,"与大月氏同俗",游牧范围主要在锡尔河以北今哈萨克南部草原。但上述五小王的位置除窳匿王在塔什干一带外,其余四地均在乌兹别克斯坦泽拉夫善河(今布哈拉河)流域索格底亚那(Sogdiana),这里是粟特人的发祥地,属于农耕定居之地。因此,有人认为《新唐书·西域传》中关于康居五小王

---

① 《新唐书》卷221《西域传》,中华书局1975年版,第6247页。下引五小王故地同此。
② 余太山:《两汉魏晋南北朝正史西域传研究》,中华书局2003年版,第134页。

的具体位置靠不住,理由是"由汉迄于唐代,其间相距过长,故对于该地种种情形所报告之来源,殊难信任。吾人亦只能断定若辈之确认显为杜撰及幻想耳"[1],但平心而论,唐人去汉已四五百年,固然"相距过长",但我们今天去唐1000多年,较之唐人,远之又远。再说在中国历史上,巴尔喀什湖以西到咸海地区,再沿阿姆河上溯南到阿富汗北部,曾经是唐朝安西都护府的统治范围。当时在这块土地上留下的遗迹遗物以及文物典籍必定比我们今天所能看到的遗迹多得多。当时的文人学者来此观光游历,也比我们今天所能看到的多得多。所以宋人欧阳修等人修《新唐书》必定参照了上述材料和见闻,他们比定的这些地点,在没有发现新的确凿证据之前,不能指为无稽之谈。合理的解释应该是,当时的康居虽然主体上属于游牧行国,但在一度繁盛之时,曾经征服了泽拉夫善河流域的城郭定居部落。上述五小王就是类似情况。他们虽然自己有国王,并能独立地对外交往,正如汉简中康居王与苏䜣王使者同时来汉朝贡。但他们又附属于康居大国。在康居这个以游牧为主的政权之内,包纳了索格底亚那的定居部落。所以五小王分布在上述地区,并不难理解。

此外,简文记载的是永光五年(前39年)之事,其中有两个值得特别关注的地方,一是说康居王、苏䜣王使者"前数为王奉献橐佗",二是说"今杨伯刀等复为王奉献橐佗"。至少说明不光汉宣帝时期,正如简一至简二所说,康居和汉帝国保持着大规模交流交往的关系,而且到元帝永光年间,仍然也保持着频繁来往。这就是简四至简十这份2000多年之前的完整简册给我们提供的主要信息。

简十一:

> 阳朔二年四月辛丑朔甲子,京兆尹信、丞义下左将军、使送康居校尉,承书从事下当用者如诏书。四月丙寅,左将军丹下大鸿胪、敦煌大守,承书从事下当用者如诏书。[2]

简形两行。长23.5厘米、宽2.4厘米,存字66个。内容是一份逐级下达公文的批转文字。"承书从事下当用者,如诏书。"是当时公文传达的惯用语。阳朔二年为公元前23年,四月辛丑朔,甲子为二十四日,阳历6月18日。丙寅为后两日,四月二十六日,6月20日。具体内容是:公元前23年6月18日,有一封朝廷公文,先由京兆尹信、丞义下达左将军和使康居校尉。6月20日,又由左将

---

[1] [日]白鸟库吉:《康居粟特考》,商务印书馆1936年版,第20页。
[2] 原简藏敦煌市博物馆,简影见杨永生主编《酒泉宝鉴》,甘肃文化出版社2012年版,第73页。

军下达给大鸿胪和敦煌太守。公文什么内容，不得而知。此件只是一个下达文件的运行过程。

简文中京兆尹信指逢信。此人在阳朔元年（前24年）由弘农太守调任京兆尹，任期3年后升任太仆，在太仆任上6年，转任卫尉。由于跟翟方进争夺御史大夫一职，被得手后的翟方进劾罢免官。时在永始三年（前14年）。能查到的为官履历有11年。在担任弘农太守及其以前的情况不得而知。

左将军丹，即史丹。此人的渊源可以追溯到武帝时期的史良娣，即宣帝的生母。史丹的祖父史恭就是史良娣之兄，史丹之父史高即史良娣之甥。宣帝驾崩时史高以大司马车骑将军领尚书事，后又在元帝即位后辅政5年。由于这种特殊的渊源关系，史丹早在元帝做太子时（地节三年，前67年）就以中庶子的身份侍从多年。元帝即位（前48年），又改任驸马都尉，"出常骖乘，甚有宠。"成帝即位（前32年），又为长乐卫尉。建始四年（前29年）为右将军，河平三年（前26年）迁左将军，在左将军任上十三年而薨（前14年），前后在朝半个多世纪。阳朔二年（前23年），正是史丹在左将军任上。

简中提到的大鸿胪，叫勋，阳朔二年至四年（前23—前21年）在任。敦煌太守为贤，河平元年至阳朔二年（前28—前23年）在任。简文中明言，文件在下达给左将军的同时也下达给了"使送康居校尉"。那么此时的"使送康居校尉"究竟在路途抑或在京师，不得而知。但不言自明的是，这条简文留下了成帝时期（前32—前7年）汉朝与康居关系的真实记录。

上引十一条汉简，是公元前半个世纪里宣、元、成三朝中国汉王朝与西域康居等国来往关系的记录。为研究丝绸之路和中西交通提供了具体生动的原始资料。

总之，公元前后几个世纪的大宛、康居，包括了今天阿姆河、锡尔河之间、费尔干纳盆地以及哈萨克斯坦南部草原的辽阔土地。汉简中记载的大月氏，主要反映2000多年前今天的土库曼斯坦南部以及阿富汗一带与汉朝的来往关系；汉简中记载的罽宾等地，主要反映印度西北以及克什米尔等南亚次大陆同汉王朝的来往关系；汉简中记载的乌弋山离，主要反映阿富汗西部和伊朗东部地区同汉王朝的来往关系。当时的这些地区，是民族、人种、文化碰撞、交流和融合的历史舞台。波斯文化、希腊文化、本地的农耕定居文化以及北方塞人的游牧文化，都曾在这里发生过深刻影响。丝绸之路的开通，把东西方连接在一起，为人类文明的进步和世界历史的发展做出了重要贡献。敦煌悬泉置出土的这些汉简，对研究上述历史，弥足珍贵。

（郝树声，甘肃省社会科学院）

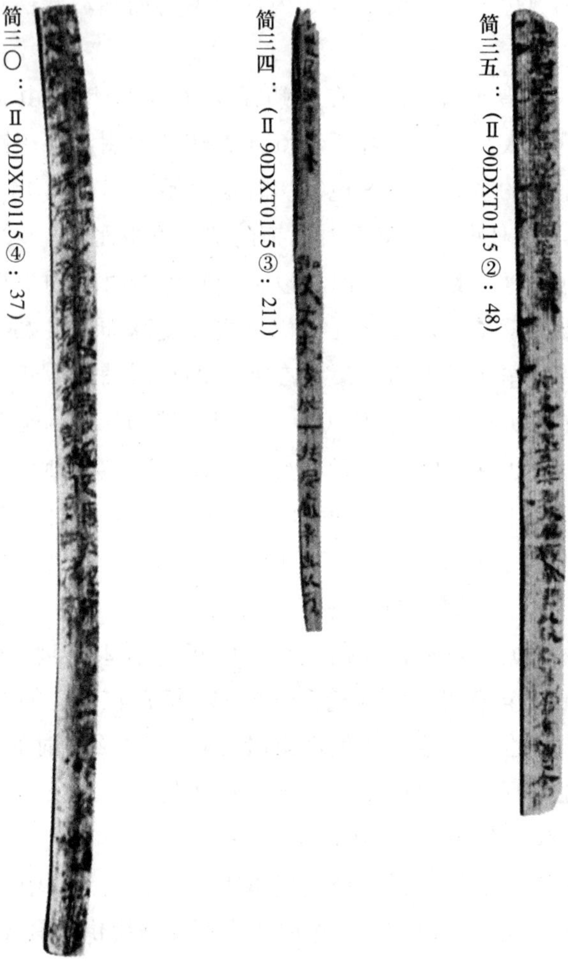

520 / 中西交通与华夏文明

简三〇∷（Ⅱ90DXT0115④∶37）

简三四∷（Ⅱ90DXT0115③∶211）

简三五∷（Ⅱ90DXT0115②∶48）

图1

敦煌《尚书》残卷和日本皎亭
文库本《尚书》

（提要）

李 庆

敦煌文献从 19 世纪末 20 世纪初发现至今，一个多世纪来，已成显学。日本古代写本，也是国内外汉学界一直关注的热点。

在敦煌文献中，古本《尚书》残卷的发现，被认为是"最重要"的成果（姜亮夫先生语）。关于残卷中的《尚书》和现存日本各种写本的关系，是学界感兴趣的课题。在此，想谈一点想法。（因在写另一篇文章时涉及此问题，当时未能展开）以求抛砖引玉，供方家斧正。

一 关于"敦煌本"《尚书》

（一）现存敦煌《尚书》的发现概况

1900 年，伯希和把收到的敦煌卷子运到北京，引起学界关注，中国（蒋斧、罗振玉、王国维）和日本的学者（田中庆太郎、狩野直喜、内藤湖南）几乎同时对《尚书》的残卷发表了有关著述（1909 年 11 月）。先是四种，后来又陆续有新的资料发表，越来越多。中国大陆、港台，还有欧美、日本学者都曾收集和调查，也已经有很多论著发表。

（二）现存《尚书》残卷的总数

据查，法国伯希和藏卷、英国斯坦因、俄国所收的敦煌残卷、北京图书馆所藏的敦煌文书中，都有《尚书》残卷。此外，吐鲁番文书中也有。

关于这些《尚书》的残本，先是罗振玉，后来王重民，香港的饶宗颐、台湾的陈铁凡，还有近年许建平等学者，都有探讨。最新的结果，共有 47 种（见浙江大学许建平《敦煌本尚书叙录》）。

据说共涉及《尚书》58篇中的34篇，其中完整的22篇。笔者查到的是：

《尚书序》《尧典》《舜典》《大禹谟》《益稷》《禹贡》《胤征》《五子之歌》《盘庚》（上中下）、《微子》《泰誓》（中下）、《武成》《洪范》《洛诰》《蔡仲之命》《无逸》《君奭》《多方》《立政》《顾命》《说命》《费誓》《秦誓》《甘誓》《太甲》（上）、《吕刑》《文侯之命》《目录》等篇。

（三）现存《尚书》残卷的具体状态

（1）有的是同一篇，在不同的地方所存。

《尧典》，被割裂，分别为 S.9935、BD14681，据学者考证，当是一本被割裂开的。又如《禹贡》，分别见 P.3605、P.3615、P.3469，据说原是一篇，后被割裂开。

（2）有的是字体不一，有古字本、今字本之分。

如《尧典》，既有古文字本（S.9935、BD14681），也有今文字本（P.3015）。

（3）有的是同篇重出。

如《禹贡》，上面已经讲了，有伯希和藏本 p3605 等。又，吐鲁番本 72TAM179，也有《禹贡》残文。

（4）所存的残本，根据学者研究，早期的有所谓"宋齐旧本"（刘师培《敦煌新出土唐写本提要》，此本罗振玉、陈铁凡认为是"六朝写本"，见陈铁凡《敦煌本尚书叙录》），而最早被国内外学者关注的《顾命》则被认为是"天宝以前"（或认为唐初）的写本，而今本《尧典》（P.3015）则被认为是"天宝以后"写本。

以上的状况说明，现存的敦煌残卷《尚书》，不是一个统一的文本散落开的，而应该是流传的各种不同时期、不同文本《尚书》篇目的汇总。因此，从严格的版本学概念而言，并没有一种"敦煌本"的《尚书》。

为了避免误解，称"《尚书·某某篇》敦煌残卷"比较准确。

二 日本的内野皎亭文库本《尚书》

现存日本的《尚书》写本，最古的完整本，殆为内野皎亭文库本。关于该本的情况，笔者已经有专文介绍。在此再简单说明一下。

（一）此版本的基本情况。近代，最早在书志上披露该书并引起学界重视的是岛田翰。此书在日本明治时期，曾藏青山家。书前有"素庆"跋，跋文如下：

右史记言之策者，先王号令之书也。唐本宏纲密摄机要，寔是启道之渊府，设教之门枢。立为国经，垂为民纪，六籍之冠，万世不刊者也。今将弘其传，命工锓梓，莫谓尸祝治樽俎，岂非见义而为耶？普劝学徒，庶察吾志，濡以弘道，释以助才，岂曰之小补哉。

  元亨壬戌南至学生三伦业沙门素庆谨志

上文中"元亨"为日本镰仓时代的年号，公元 1321—1324 年，元亨壬戌，为元亨二年，1322 年。

"沙门素庆"，根据小林信明调查，为"镰仓末期到南北朝初期刊行了诸种书籍的僧人"①。

关于此抄本，小林信明曰："关于记有'元亨壬戌'，也许有元亨二年刊行之本。但是，关于元亨刊本，只有岛田翰《古文旧书考》认为存在，此外其他任何人都未尝见过，也没有论其有无的记录。姑且将此书作为元亨刊本的抄本。而其书写的时期，或许不下于室町初期，或者毋宁说是属于镰仓末期。"②

该书又有清末俞樾跋：

《尚书》自卫包妄改而汉时隶古写定之本不可复见。往年承长冈子爵以仿宋刻本寄赠，盖即足利本，阮文达作《校勘记》所据宋本者，此也。今岛田君又以宫内大臣青山子爵所藏钞本见示，乃从沙门素庆刻本传钞，其原本出于宋吕大防刻本，又足利本之先河矣。岛田归国，当言于青山公影写刊刻以行于世。庶古文真迹不坠于地。

  大清光绪三十一年十有二月
  曲园俞樾记，时年八十五。

此书后归内野皎亭，称为内野本或皎亭文库本。

内野皎亭（？—1934），名五郎三，日本明治后期的藏书家、学者，又是实业家。著有《日本儒学年表》，编有《官版书目》。以"皎亭文库"著名。在 20 世纪 30 年代，日本学者吉川幸次郎、平冈武夫等曾拍摄照片，影印出版。在他们所撰《尚书正义定本》中用以校勘，被称为校订之"南针"。

（二）关于此本的特点，在此不详细介绍，仅谈两点。

（1）此本文间，存在着批点上去的一些注音，吉川先生认为多出自陆德明

---

① ［日］小林信明：《古文尚书研究》，大修馆书店 1959 年版，第 38 页。
② 同上书，第 38—39 页。

《经典释文》,并指出有与今本《经典释文》不同者。笔者核对了一些,如:女:"尼秘反";量:"力尚反";妣:"必履反";丧:"息浪反",等等,不一一详列。基本和《十三经注疏》所列《经典释文》的音同。但是,也有一些和《正义》所引音注不同处,如《牧誓》"武王戎车三百两"旁有音注:"云'居',古皆尺奢反,从汉以来始有居音云。"而此处《正义》的注音,引韦昭《辨释名》为"古皆尺遮反"。

这些注音,是否都出自《经典释文》,或可再考。而无论与《经典释文》是否有出入,这些音注,对于研究古代音韵,当是可以参考的资料。

(2)在每一卷之后,都标明了经文和注文的字数,现把有关数字列表如表1(最后的总数,为笔者所加)。

表1　　　　　　　　内野本《古文尚书》经传字数

卷数	经文字数	传字数
卷一	2005	3119
卷二	1869	3799
卷三	1847	3589
卷四	2287	3468
卷五	2698	4086
卷七	2781	4895
卷八	2676	5416
卷九	2115	3566
卷十	2586	4125
卷十一	1920	3636
卷十二	1960	3584
卷十三	745	1068
合计	25489	44351

这对于研究《尚书》文本,了解《尚书》的经、传在宋代以前的存在状况,应该说是非常重要的数据。

三　敦煌残卷和日本内野本的关系

有学者认为:此本与"敦煌等地所出的《尚书》写本和传入日本的《尚书》

古抄本，实为一系，前者是源，后者是流"。[①] 该书是否出于敦煌本（残卷）？根据现在的校勘记录，有与敦煌本相同之处。然而，现存的敦煌卷子残本，多为残卷。

如上所述，敦煌文书中的《尚书》残卷，并非一个文本。此《古文尚书》所据的是一刊本，而敦煌残卷为抄本。从由唐到宋代中国社会变动的情况，从文本相隔的空间距离来看，能不能简单地把两者的版本关系直接挂钩联系起来呢？恐怕不行。

笔者认为，内野本所据刊本和敦煌残卷、足立本，都源于更古老的祖本。如果说敦煌残本是公元8—9世纪，乃至更早时期之物。那么敦煌本和内野本等抄本的祖本，当更在此之前。换句话说，内野本是现在可见的保存"隶古定"之后原貌最多的完全文本。

内野本在《尚书》文本流传中的位置，可用图1来表示：

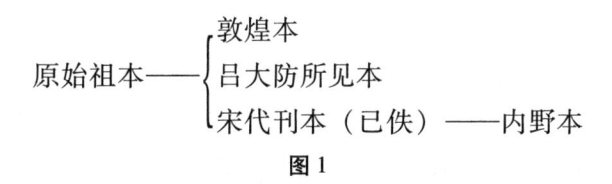

```
                   ┌ 敦煌本
原始祖本 ——  ┤ 吕大防所见本
                   └ 宋代刊本（已佚）——内野本
```

图1

当否，谨供方家参考。

(李庆，日本金泽大学)

[①] 叶玉英：《古本〈尚书〉研究的重大进展》，《龙岩学院学报》2010年第1期。作者并没有特指内野本，而是统括"日本的《尚书》古抄本"。作为一般的理解，当然包括内野本。

郑凤安及其相关契约文书
——走进《新疆博物馆新获文书研究》

[日] 关尾史郎

前言

最近，在日本终于也买得到《新疆博物馆新获文书研究》（以下简称"该书"）了。① 该书中，以2009年新疆维吾尔自治区博物馆新收集到的文物为主，包括曲氏高昌国（以下称"高昌国"）、唐西州时期与民国时期的汉籍文书，以及前述各时代的非汉籍文书，总计112件。其中，高昌国与唐西州时代的汉籍文书达37件，而高昌国时代的20件里，有过半是契约文书。这部分，陈国灿先生已率先提出研究成果。②

本文是根据陈氏的成果，以契约文书内名为郑凤安的人物为焦点，针对该书所收录的契约文书，加以介绍并做初步的探讨③。

一　契约文书概观

本节内针对契约文书做一概观整理。首先，会列记该文书的标题。为了统一标题，部分会针对各文件的照片（写）和录文（录）标示出在该书中的页码。

---

① 关于该书，系获悉自町田隆吉所提供之信息，藉此表达谢意。
② 陈国灿：《对新出一批高昌券契的认识》，载《新疆博物馆新获文书研究》，中华书局2013年版。下同。
③ 本稿为2014年度日本学术振兴会科学研究费补助金·基础研究（B）《学界未利用の在东欧·北欧所藏西域出土文书を用いた，东アジア新古文书学の创造の研究》（研究代表者：小口雅史法政大学教授）之研究成果的一部分。

①《高昌和平元年（551年）三月郑凤安买薄田券》［09ZJ0026（1a），09ZJ0027（1），09ZJ0074/写：13页，录：201页］

②《高昌和平二年（552年）四月王文孝从郑凤安边举麦券》［09ZJ0025（a），09ZJ0026（2a），09ZJ0049（a），09ZJ0063（1a），09ZJ0067（a），09ZJ0079（a），09ZJ0083（a）/写：14页，录：202页］

③《高昌和平三年（553年）郑凤安买田券暨出租田券》［09ZJ0028（a），09ZJ0029（a），09ZJ0051（a），09ZJ0063（2a），09ZJ0063（3a），09ZJ0064（1a），09ZJ0071（a）/写：16页，录：203页］

④《高昌建昌二年（556年）闰八月刘玄庭从郑凤安边夏田券》［09ZJ0043（a），09ZJ0053（a），09ZJ0057（a），09ZJ0059（a）/写：16页，录：204页］

⑤《高昌建昌四年（558年）七月某人从郑凤安边夏田券》［09ZJ0025（b），09ZJ0026（2b），09ZJ0049（b），09ZJ0063（1b），09ZJ0067（b），09ZJ0079（b），09ZJ0083（b）/写：20页，录：205页］

⑥《高昌建昌六年（560年）十一月某人租葡萄园券》［09ZJ0046（a），09ZJ0047（a），09ZJ0062（a），09ZJ0068（a），09ZJ0069（a），09ZJ0080（a），09ZJ0081（a）/写：22页，录：206页］

⑦《高昌建昌二年（556年）二月刘公·僧文二人夏常田·薄田券》［09ZJ0043（b），09ZJ0053（b），09ZJ0057（b），09ZJ0059（b）/写：24页，录：207页］

⑧《高昌建昌四年（558年）六月苏法□买马券》［09ZJ0028（b），09ZJ0029（b），09ZJ0051（b），09ZJ0063（2b），09ZJ0063（3b），09ZJ0063（4b），09ZJ0064（1b），09ZJ0071（b）/写：26页，录：208页］

⑨《高昌年次未详郑凤安买田券》［09ZJ0027（2），09ZJ0055，09ZJ0058，09ZJ0063（5），09ZJ0063（6），09ZJ0065（1），09ZJ0070/写：28页，录：209页］

⑩《高昌年次未详三月某人买舍券》［09ZJ0030（a），09ZJ0031（a），09ZJ0040（a），09ZJ0060（a），09ZJ0061（a），09ZJ0066（a），09ZJ0082（1a）/写：30页，录：210页］

⑪《高昌年次未详张叅从郑凤安边举麦券》［09ZJ0030（a），09ZJ0031（a），09ZJ0040（a），09ZJ0060（a），09ZJ0061（a），09ZJ0066（a），09ZJ0082（1a）/写：32页，录：211页］

⑫《高昌年次未详三月某人举粮券》［09ZJ0030（b），09ZJ0031（b），

528 / 中西交通与华夏文明

09ZJ0040（b），09ZJ0060（b），09ZJ0061（b），09ZJ0066（b），09ZJ0082（1b）／写：34 页，录：212 页］

⑬《高昌年次未详卖田券残片》（2 残片）〔09ZJ0072，09ZJ0082（2a）／写：37 页，录：213 页］

遗憾的是，这些所有的文书，其出土状况及取得渠道完全不清楚，但根据照片来看，可知其呈现裁剪成寿鞋底面和侧面的形状，是据此复原成文书状态的文物。单就如此的形状、文体及文风来判断，应可排除真伪的疑虑。

各文书间的关系，则可整理如下：

（1）有正反面关系者［以 a 为正面，b 为反面（背）来判断。又，契约当事人为郑凤安的文书，编号表示］

正：②（552 年）——背：⑤（558 年）
正：③（553 年）——背：⑧（558 年）
正：④（556 年）——背：⑦（556 年）
正：⑩＋⑪——背：⑫
正：⑥（560 年）——背：《高昌年次未详立课诵经兄弟社社约》（09ZJ0046（b），09ZJ0047（b），09ZJ0062（b），09ZJ0068（b），09ZJ0069（b），09ZJ0080（b），09ZJ0081（b）／写：38 页录：214 页）①

（2）同一面上下相反的文书

⑩——⑪

即另一面没有文字者，只有①、⑨及⑬（①与⑬的部分有）这三件而已。另外，13 件当中，判断得出纪年的①—⑧，均集中在 6 世纪中叶的和平（551—554 年）与建昌（555—560 年）时期。这其中，①—⑤之中，出现的契约当事人郑凤安，在年代不详的⑨与⑪中也有出现，因此大致认为缺欠纪年的文书，也几乎是

---

① 虽然⑥为正面所示的 a；《高昌年次未详立课诵经兄弟社社约》为背面所示的 b，然而应该是利用社约的背面来书写契约文书。关于这点，该书 214 页的题解中也已指出。又，关于《高昌年次未详立课诵经兄弟社社约》，请参看邓文宽《吐鲁番出土高昌立课诵经社社约初探》，载《新疆博物馆新获文书研究》，中华书局 2013 年版。同样地，虽然④为正（556 年闰 8 月）；⑦为背（556 月 2 月以前），但单纯由立契约日期来判断的话，恐怕该是⑦为正，而④为背。

相同时代的文书，此点应无疑问。

还有，以往所知高昌国时代的契约文书，多半属于6世纪末到7世纪之间的文物。而且相较于近年出土文书之《新获吐鲁番出土文献》中所收录的契约文书，多数都是缺少纪年的断简残篇。① 由此看来，可以说该书中所收录的这13件具有莫大的意义。

二 契约文书的特质

在此，先针对13件契约文书的特质，沿用陈国灿先生的说法加以探讨。13件当中，③、⑦、⑬中，因记载着两件契约（一开始不知道⑬原本是两个断片），是以契约件数计有16笔，但在此则视为13件来探讨。

13件当中，有①、③、⑨和⑬这4件为与田土买卖有关的契约文书（以下称"买田券"）。已知高昌国时代的买田券当中，像《高昌延寿十五年（638年）五月史口々买田券》（大谷3464，3466，2405，3460，3465）或《高昌延寿十五年六月周隆海买田券》［大谷1469，3461（1）（2），3458，3459，3463，3461（1）］，属高昌国末年、7世纪中叶的文物，根据这些文书获悉，当时会对田土课征徭役，经由买卖移转田土的持有权时，徭役的负担也由卖方移转至买方。在各文书中，分别记载着："买石宕常田壹分，承伍亩半肆拾步役"，"买东渠常田壹分，承壹亩半陆拾步役"，指的就是这件事。然而，在6世纪中期的①以下的4件当中，并没有提及这部分，因此，在此阶段，是否尚未以田土为对象来课征徭役则有待查证。

此外，在7世纪中叶的文书当中明确记载着，无论是否移转田土的持有权，有关车道的通行或水路的疏通，卖方的权利都一如从前地受到保护，虽也附记瑕疵担保文句或第三者追讨担保文句②，但这些文句在①以下中也并未见到。

陈氏根据这两点，确认①以下的4件文书，是沿袭自古以来的简略格式所书写而成，而且在文书末尾，残留汉代以来的"沽（故）各半"这句文言，也值得注意。

陈氏还进一步提及关于田土租赁契约的夏田券（③—⑦）、钱财消费借贷契约的举物券（②、⑪、⑫）、房地买卖契约的买舍券（⑩）以及马匹买卖契约的

---

① 《新获吐鲁番出土文献》当中，收录2006年所收集到的文书，其中包括高昌国时期的契约文书5件。此外，巴达木234、237号两墓中据说也有高昌国时期的契约文书出土，但均为缺乏纪年的断片。

② 本文中有关担保文句的解释，系根据仁井田陞的说法，参见仁井田陞《补订中国法制史研究》"土地法·取引法"，东京大学出版会1980年版。

买马券（⑧）等。这当中针对夏田券，举④为范例，注意到未明记对田土课征的公课负担与耕地用水管理相关的契约当事人责任分担，确认的确是沿用自古以来的简略格式。①

以上所介绍的陈氏指出的内容是大致获得了认同的。在此基础上，笔者想再做几点补充。

首先从夏田券说起。最初明确记载公课负担与耕地用水管理责任分担的夏田券是在《高昌延昌廿四年（584年）二月道人智贾夏田券》（60TAM326：01/6），文中提到"秔（赀）租百役，更（耕）田人悉不知，渠破水訨，田主不知"。包括唐西州时期在内，这以后的夏田券多半看得到相同的文句，但未必所有的夏田券中均有记载。例如：《高昌延寿二年（625年）三月田皴吉夏树券》（60TAM338：14/4）或《唐龙朔三年（663年）九月张海隆舍佃契》［60TAM337：18（a）］等当中，明显地缺乏此项规定。另一方面，将时代往前追溯，在《北凉建平四年（440年）十二月支生贵夏田券》与《北凉建平五年（441年）正月张鄯善奴夏蒲萄园券》（均为香港佳士得拍卖会中出品）②当中，针对耕地用水管理分别有"道人佛敬为治渠"，针对公课负担则有"官租酒仰（佛）敬"的文句。佛敬在前者中为"干田"的租方；在后者中为"蒲萄（园）"的贷方，在此可视为强烈反映出身为契约中一方当事人佛敬的意思。或许这个文句，是视当事人的意思而决定是否形诸文字。确实从长时间来看，虽不能否定形诸文字的趋势，但不应以有无记载，就立即断定其为"久远"或"新出"。

其次是买田券。如同陈氏所指出的，由于与①以下的买田券属于同一时期的《高昌章和十一年（541年）某人从左佛得买田券》（66TAM48：23）当中，并无劳役负担相关的记述，因此可以说，在6世纪中叶与7世纪中叶高昌国的税役制度有所不同这一假设的说服力并不高。③而且，虽然以契约文书的格式来说被认为较"久远"，但并不限定于买田券，扩及到整体契约文书时，⑧或⑫的末尾看得到的"舍（合？）卷（券）"2字也是木简时期之残留。④从《西晋泰始九年（273年）二月翟姜女买棺约》（66TAM53：9）就能明白，木简的契约文书方面，冒头会大大地书写"同"字，然后在左右书写上相同的内容后，自中央裁断，将

---

① 本文中针对夏田券格式的解释，系根据池田温的说法，参见池田温《中国古代の租佃契》（上），《东京大学东洋文化研究所纪要》第60册，1973年。

② 关于两文书的详情，请参看关尾史郎《トゥルファン将来，"五胡"时代契约文书简介》，《西北出土文献研究》创刊号，2004年。

③ 陈国灿虽未言及，但在《高昌延昌卅八年（598年）十月张显□租蒲萄菌券》［86TAM386：35-1（a），2（a），33-4（a）］中也有"承官名役贰亩"，因此可视为6世纪最末期已进行改变。

④ 或有一说，"舍"通"舍"，但并无确证。

两片由契约双方当事人分别持有,以作为证据。所谓"合券",就是拼合该左右两片的意思,藉由该行为来确认契约的正当性。只是,在此西晋时期的买棺约当中,①以下所未曾见到的第三者追讨担保文句也明确记载了"若有人名棺者,约当召栾奴共了(栾奴为卖方)"。另外,虽然这也不是买田契,但在6世纪初的《高昌承平八年(509年)九月翟绍远买婢券》[75TKM99:6(a)]中,也有"若后有何(呵)盗仞(认)名,仰本主了,不了,部(倍)还本贾(价)"。甚至在明显就是买田券的⑨中,写有"后有仞(认)佲,仰僧子了"一事,应加以重视。①另外就是瑕疵担保文句,先前的《高昌章和十一年某人从左佛得买田券》中留有"四畔之内,长不(缺)"这样的文句,缺损部分推测是"还,短不与"。是以无法断定,在6世纪中叶之时,担保文句尚未形诸文字才是。

在纸张普及以前,也就是木简时期的契约文书,如前面也曾提过的《西晋泰始九年二月翟姜女买棺约》那般,即使正面与背面都被双方利用来书写,但也是不满100字的文书。因此,书写契约事实以外的文句不得不受到限定,以契约当事人或书写者的判断来加以取舍选择的情况是不难想象的。仅限于从《吐鲁番出土文书》出发的判断,在吐鲁番以纸写成的契约文书是出现在4世纪后期,随着纸张的使用,所书写的文句理应逐渐增加,有各种新的担保文句出现在纸面上也是可以解释的。而且越到后世,纸张的尺寸变得越来越大,不也成为这股趋势的支柱?是以,该书中收录的13件契约文书,可以说是表现了6世纪中叶当时的"久远"或"新出"。

三 郑凤安的经济活动

先前也曾提到过,在诸多文书中见到契约当事人的名字都是郑凤安。陈国灿据此认为这些全是由郑凤安的墓出土,这项见解应属妥当。问题是该墓位于何处,文书中虽然频频出现"山帝"2字,然而却无法比对出其现在地是哪里。另外,在⑥背面的《高昌年次未详立课诵经兄弟社社约》中,也出现了白芳、始昌这种高昌国时期的县名,但由于这也表示高昌国的东端与西端,因此无法据以得知郑凤安墓的具体位置。结果,陈氏只说郑凤安为国都高昌城的居民,果真如此,他的墓理应建造在国都附近的坟墓区,然而到目前为止,并没有包括他在内的郑姓

---

① 陈氏已经指出,⑩的"若后有□(缺)不了,还上本买(价)"这个文句,为第三者追讨担保文句的可能性较高。

人物的墓志出土的例子①，因此只能说详情不明而已。

针对郑凤安的墓，有待今后的探讨，在此，则是试着从契约文书来追寻他的经济活动。又，13件16笔中，出现郑凤安为契约当事人的虽只有7件8笔②，但因缺损等理由，无法确认出现他姓名的上述文书以外，也完全没有足以证明他并非契约当事人的证据（参照表1）。是以，认为郑凤安作为契约当事人几乎与所有的契约有关也不为过。

若根据①来看，551年3月，郑凤安以18斛麦自郭僧□处购得6亩山帝的瘦田（贫瘠的田土）。1亩的价格相当于麦3斛。从③得知郑凤安在此两年后，也就是553年，又从某人处购得3亩田土（类别不明）。文书的格式和①几乎相同。还有就是虽不明其年代，但根据⑨得知，他也从某僧子（与①的郭僧□之异同不详）购得6亩田土（类别不明）。这其中的一半，也就是3亩地，是以迭也就是绵布来支付代价，剩余的3亩地则是以谷物来支付。其代价比12斛还多，因此相当于1亩4斛多，比起①，每亩单价要高出许多。或者并非瘦田，而是较肥沃的常田吧。这契约内也附有第三人追讨担保文句。⑬也是某人自焦司马处购得田土的契约文书，但买方是否为郑凤安则无确实的佐证。此外，⑩则为房地的买卖契约。卖方与买方均不详，但⑪却是被上下相反地书写在⑩的后方。比较⑪与⑩时，发现是无经验地以较大且不整齐的字体歪斜地书写以避免和⑩的文字重叠，据此得知是利用⑩的空白书写而成。整理者表示可理解为习字，但据内容来看，是张粲等人向郑凤安借麦19斛，因此可充分认为⑩的一方当事人（特别是卖方）为郑凤安的可能性很高。

像这样，不确定的部分虽多，但仅从①、③、⑨等来看，也可得知郑凤安借由购买来积攒田土。那么，如此积攒下来的田土，又是如何经营或运用呢？这个问题，由夏田券可获得解答。③的后一笔，为某年5月所签订，卫石得以粟15斛附加若干作为郑凤安山帝瘦田田租的契约。③书写上与前一笔间不留空白，因此此件契约恐怕也是和前一笔一样签订于553年。此外，④为556年闰8月，刘玄庭以迭和粟为代价租佃郑凤安的常田和瘦田的契约。根据⑤来看，山帝的田土（是否为瘦田）也于558年7月租佃出去。陈氏指出，⑤中租佃出去者解读为①中所购得的田土，以18斛取得的田土，设定每年19斛为租价。虽然前一件的详细情况不清楚，但后一

---

① 石见清裕：《吐鲁番出土墓表·墓志の统计的分析》，土肥义和编《敦煌·吐鲁番出土汉文文书の新研究》（修订版），东洋文库2013年版。
② 陈氏是以契约为14件（⑬的两枚断片分别视为一件来计数），其中与郑凤安有关者有9件。
③ 该文书原文为"夏山帝薄（缺）粟拾伍斛，取粟依官斗（缺）亭分"。关于此，陈氏解释"亭"为"平"，理解为收获由契约当事人对半分，而该对半额当中，于签约时先付15斛。

笔恐怕是556年刘公自某人处租佃城南常田6亩，或是僧文自某人处租佃山帝瘦田的契约。虽然贷方不明，但⑦在上述④的另一面，是以山帝的瘦田为对象，因此也可以推测为贷方是郑凤安的个案。

从山帝的瘦田经常被租佃出去来判断，郑凤安并非为自家耕作而购得田土，其目的是借由租佃来获取利益。⑦中被租佃出去的"城南常田六亩"，说不定也就是⑨中所购得的"（缺）□六亩"。此外，还大致了解到，常田的租价要求以迭、瘦田的租价要求以粟来缴纳。迭为自家做衣服用（部分为购入田土的资金），粟则为食用吧。①

那么，在购买①的田土之际，作为对等价格而支付的麦是如何取得的呢？关于这个问题，可以从举物券找到线索。符合者有②、⑪、⑫（贷方不详）3件，②和⑪是以麦；⑫则是以厂贷出，均为谷物。最后的⑫当中也指定偿还时除了厂外，还可以用麦，利息都是与本金全额，可谓高利。由此可知，就是像这样，以高利来贷予包括麦在内的谷类来获取利润，再以此充作购买田地的资金的循环。

四　结论

以上，在本文中举出《新疆博物馆新获文书研究》中收录的高昌国时期的契约文书，以当中频繁出现的人物郑凤安为焦点，进行了介绍与初步探讨。

在此，如陈国灿所推测般，如这位郑凤安是国都高昌城的居民的话，不论"山帝薄田"或"城南常田"，都是和他的居住地有一段距离。硬是特意冠上"山帝"或者"城南"两字是为标示所在。若当初就打算租佃出去的话，说不定就是基于这样的理由。不过，无论如何，很明显的，郑凤安所购得的田土是用来租佃，借以收取麦为高利，并企图借此确保购买田土的资金。先前也提到过，并无郑姓人物墓志出土的先例，进而从高昌国时期的吐鲁番出土文书中，也无法确认到有郑姓的高官。因此，郑姓可以说和所谓的名流世家并没有什么渊源，但由该书中收录的契约文书，却能一窥如此出身的郑凤安拓展经济活动的端倪。

（关尾史郎，日本新泻大学）

---

① 又，山帝的瘦田，如③（553? 年5月，是否到收获期为止）、④（556年闰8月，到558年为止）、⑤（558年7月，到年底为止。是否为瘦田不详）、⑦（556年2月，到同年9月为止。贷方不详）所见，经常被租佃出去。但⑦与④、④与⑤均为租佃期间重叠。关于这一点该如何整合解释，有待后续考察。

534 / 中西交通与华夏文明

表 1　契约文书种别一览

No.	契约种别	年月日	卖方·贷方⇒买方·借方	对象物件	对　价
1	买田券	551/3/17	（卖）郭僧□⇒（买）郑凤安	山帝薄田 6 亩	麦 18 斛（1 亩当 3 斛）
3–1	买田券	553?/?/8	（卖）未详⇒（买）郑凤安	？田 3 亩	未　详
9	买田券	?/?/23	（卖）□僧子⇒（买）郑凤安	？田 6 亩	3 亩：迭/3 亩：谷物 12 斛/?斗 迭?
13–1	卖田券	未　详	（卖）□司马⇒（买）未详	？舍 1 间	迭
10	买舍券	?/3/?	未　详	马 1 匹	迭
8	买马券	558/6/10	（卖）未详⇒（买）苏法口	山帝薄田	粟 15 斛 + α
3–2	夏田券	553?/5/12	（贷）郑凤安⇒（借）卫石得	常田 1 分/山帝薄田 1 分	3 年间每年：迭 2 匹/粟 11 斛
4	夏田券	556/?/国 8/30?	（贷）郑凤安⇒（借）刘玄庭	山帝（薄田？）	年间?：粟 19 斛
5	夏田券	558/7/?	（贷）未详⇒（借）未详	？田？2 亩	麦
7–1	夏田券	7–2 以前?	（贷）未详⇒（借）刘公/僧文	城南常田 6 亩/山帝薄田	9 月迄：迭 2 匹/未　详
7–2	夏葡萄园券	556/2/25	未　详	未　详	甜浆 15 斛
6	夏葡萄园券	560/11/4	未　详	未　详	甜浆 15 斛
2	举麦券?	552/4/23	（贷）郑凤安⇒（借）王文孝	麦 6 斛 2 斗半	7 月迄：麦 12 斛 5 斗（2 倍）
11	举麦券	未　详	（贷）郑凤安⇒（借）焦口?/张籴	麦 10 斛	收获期迄：麦 20 斛（2 倍）
12	举粮?券	?/3/1	未　详	未　详	豉 1 斗相当于麦 1 斗?（2 倍）
13–2	契　券	未　详	未　详	未　详	未　详

* 表中的 No.1—13 对应本文中圈号数字①—⑬。③、⑦、⑬部份，由于纸的一面上书写了多件契约，因此在表内以分歧号（–1、–2）来表示。

武威藏 6749 号西夏文佛经《净土求生礼佛盛赞偈》考释

于光建

武威博物馆藏 6749 号西夏文佛经文献是 1987 年亥母洞寺出土，经折装，土黄色麻纸。残存 7 个经折页面，高 21 厘米，宽 9 厘米。上下单栏，栏高 15.5 厘米。面 6 行，满行 32 字。中国藏西夏文献编号 G31·021 ［6749］，分 4 个版面刊布，定名为《净国生求礼佛盛赞颂》。[①] 史金波先生在《西夏佛教新探》[②] 和《中国藏西夏文献新探》[③] 二文中将此文献定名为《净国求生礼佛高赞颂》。孙寿岭先生《武威亥母洞出土的一批西夏文物》一文定名为《净土求生礼佛加赞颂》。[④] 目前学术界还未就此文献作全面解读，笔者不揣谫陋，尝试对此文献予以译释，并在此基础上试探讨相关问题。

一 录文及译释

采取依据原文献版面逐行录文的方式，并逐字对译，□表示所缺字，【】中内容为原文献中的双行小字，／表示双行小字分行。

（前缺）

---

* 本文系国家社会科学基金青年项目《武威西夏墓出土木板画及木板题记整理研究》阶段性成果，项目批准号 13CMZ013。

① 宁夏大学西夏学研究中心、国家图书馆、甘肃省古籍文献整理编译中心编：《中国藏西夏文献》第 16 册，甘肃人民出版社、敦煌文艺出版社 2005 年版，第 422—426 页。

② 史金波：《西夏佛教新探》，《宁夏社会科学》2001 年第 5 期。

③ 史金波：《中国藏西夏文献新探》，《西夏学》2007 年第 2 期。

④ 孙寿岭：《武威亥母洞出土的一批西夏文物》，《国家图书馆学刊》2002 年《西夏研究专号》。

录文及对译：

1. □□□□□□□□□□□□□禔纖
   □□□□□□□□□□□皆至
2. □□□□□□□□□□敎縊瀚
   □□□□□□□□□神通游
3. □□□□□□□□□□薇緲豸
   □□□□□□□□□显日夜
4. □□□□□□□□□綑豸豸綑
   □□□□□□□□无说所无
5. □□□□□□□瀰豸豸綑豸
   □□□□□□□□中说所无说
6. 豸綑纎豸□□□□□□菁醮菽禔
   处无众生　□□□□□□慧祐粮皆
7. 毦敓貔緗豻纎缥纎纗羊蘜綦死辭隳
   圆乃满总共最上德慧愿成各自净土
8. 敎敧綦死纎豸緻骸　叐殸䞟絑荔瓻
   庄严各自众生摄学　　阿弥陀佛与异
9. 懒羊綑緻毓　叐殸䞟絑甩鼎偒毻肴
   别当无惟愿　　　阿弥陀佛慈悲明证求
10. 貀繊貌菽瓷甐痹　糀甐憁睒猪糤痹
    所至虚空世界尽　　　菩萨复业烦恼尽
11. 銤殸禑禑痹綑綕　銤毓纎鯵憁睒痹
    此如一切尽无实　　我愿最终永无尽
12. 毓禭骸　叐殸䞟絑豻緅繞戒敎
    愿起 终　阿弥陀佛之依归敬礼
13. 絑櫑毓禭荻　骸
    佛念愿起文　　终
14. 辭隳貏蘜絑敎偒隳纖
    净土生求佛礼盛赞颂
15. 毣燃襹祢蔎隳豸　鳅
    魔旁岭寂真国师　集

16. 𗱕𗺉𗰗𗢳𘕕𘟂𗽀　　𗙇𗙏𗍝𗟲𘕕𗀔𗗚
    依归十方三宝尊　　阿弥陀佛大圣主

17. 𗦔𗄈𗏁𘋣𗧘𗣓𗗚　　𗈪𘓄𗉘𘐀𗕊𗤋𗎫
    音观势至海聚众　　勇勤合和敬恭礼

18. 𗥤𗫨𗱕𗦇𗌮𘄴𗗚𘕕𘟂𗽀【𗷎𗃛𗱕𗺉𗎫　𗤋𗰞𘜔𘘥□／𗤋𘙮𗎫𗍴　𘄴𗊐𘈩𘙲𘍦】
    如来应供正等觉最上三宝尊【我今依归礼　法界住死□／最乐净土中　上品花台生】

19. 𗰗𘊻𘍐𘎪𘊺𗣫　　𗥦𗰗𗴂𗍫𗍫𗟲𗱕
    十二名号名实合　　四十八愿愿心依

20. 𗥤𗫨𗠇𗎦𗴺𘍐𘎪　　𗍫𗷕𗬫𗤋𘖽𗝽
    我今耳及慈名闻　　愿又自生圣愿同

21. 𗥤𗫨𗱕𗦇𗌮𘄴【𗰗𘊻𘍐𘎪／𗥦𗰗𗴂𗍫】𗙇𗙏𗍝
    如来依供正等觉【十二名号／四十八愿】弥陀佛

22. 𗋽𗍛𗼃𗐾𗐾𘞗𘊸　　𘓄𘎐𗋜𗤙𗤙𗉘𗆐
    五宿弥光光菩照　　六僧失寿寿身持

23. 𗥤𗫨𗟲𗎦𗴺𗐾𗨳　　𗍫𗥤𗂧𘝯𗤋𗤙𗧘
    我今心及慈光念　　愿我寺变圣寿等

24. 𗥤𗫨𗱕𗦇𗌮𘄴【𗋽𗍛𗼃𗐾／𘓄𘎐𗋜𗤙】𗙇𗙏𗍝
    如来依供正等觉【五宿弥光／六僧弃寿】弥陀佛

25. 𗍫𘊻𘍧𗰜𗈪𘄴𘇜　　𗤙𘊸𗉘𗆐□𘈷𗎩
    愿名引报自画如　　寿光好持□花床

26. 𗭪𘋣𗈪𗥛𘕕𗕊𗤋　　𘊺𘊸𘋠𗥛𘓯𗒹𘞔
    颠无自等三恭敬　　无量寿等妙得欲

27. 𗥤𗫨𗱕𗦇𗌮【𗍫𘊻𗢳𗹙／𗤙𘊸𗢳𗹙】𗙇𗙏𗍝
    如来依供正等觉【愿名俱足／寿光俱足】弥陀佛

28. 𘄴𗎦𘈢𘊸𘈢𗤙𘃽　　𗣼𗤒𗆐𗥤𘓄𗋜𘓜
    觉及热持热寿晓　　自总依靠六失驿

29. 𗥤𗫨𗱕𗺉𗤙𗪴𗤀　　𗰚𗤼𗤙𗂧𗜏𘗠𗹙
    我今归依寿山王　　菩萨寿长死逝过

30. 如来依供正等觉　　西方无量寿佛
31. 大圣名者寿无量　　众生因果寿命施
32. 因自名最下自上至　　果觉根本觉同至
33. 如来依供正等觉　　西方无量寿佛
34. 相及好请好光开　　次依随生八万渡
35. 我今依欲光络王　　情有光盛惑暗除
36. 如来依供正等觉　　西方无量光佛
37. 大圣名者光无量　　众生内外光明施
38. 内心合通虚空照　　外自光放所有显
39. 如来依供正等觉　　西方无量光佛
40. 众生灾惑共世谓　　诸苦自迫皆音起
41. 三照观看十方至　　此因世音观名是
42. 菩提勇识大勇识世音观菩萨
43. 菩萨世音观善依　　愿世音观中我音闻
44. 灭时障碍皆消灭　　死后贤圣迎招来

45. 󰀀󰀀󰀀󰀀󰀀󰀀󰀀󰀀󰀀
　　菩提勇识大勇识世音观菩萨

46. 󰀀󰀀󰀀󰀀󰀀　󰀀󰀀󰀀󰀀󰀀
　　心智合和得无取　体功请选大量尽

47. 󰀀󰀀󰀀󰀀󰀀󰀀　󰀀󰀀󰀀󰀀󰀀󰀀
　　六神权贵十方动　此缘大贵得名是

48. 󰀀󰀀󰀀󰀀󰀀󰀀󰀀󰀀󰀀
　　菩提勇识大勇识大势至菩萨

49. 󰀀󰀀󰀀󰀀󰀀󰀀󰀀　□□□□□□□
　　菩萨大势至得善依　□□□□□□□

50. □□□ 󰀀󰀀󰀀󰀀　□□□□□□□
　　□□□弃束缚离　□□□□□□□

51. 󰀀󰀀󰀀󰀀󰀀󰀀󰀀󰀀󰀀
　　菩提勇识大勇识大势至菩萨

（后残）

意译：

1. □□□□□□□□□□□皆至
2. □□□□□□□□□□神通游
3. □□□□□□□□□日夜显
4. □□□□□□□□□无说所无
5. □□□□□□□□中说所说无
6. 无处众生 □□□□□□ 慧祐粮皆
7. 乃圆满总共最上正觉愿成各自净土
8. 庄严各自众生摄学　与阿弥陀佛异
9. 别当无惟愿　阿弥陀佛慈悲求明证
10. 所至虚空世界尽　菩萨复业烦恼尽
11. 此如一切尽无实　我愿最终永无尽
12. 发愿 终　阿弥陀佛之皈依敬礼
13. 念佛发愿文　　终
14. 净土求生礼佛盛赞颂
15. 魔旁岭寂真国师　集

16. 皈依十方三宝尊　阿弥陀佛大圣主
17. 观音势至海聚众　勇勤合和恭敬礼
18. 应供如来正等觉最上三宝尊【我今依归礼　法界住死□/最乐净土中 上品生花台】
19. 十二名号合实名　四十八愿依心愿
20. 我今耳及慈名闻　愿又自生圣愿同
21. 应供如来正等觉　【十二名号/四十八愿】弥陀佛
22. 五宿弥光光菩照　六僧失寿寿身持
23. 我今心及慈光念　我愿寺变圣寿等
24. 应供如来正等觉　【五宿弥光/六僧弃寿】弥陀佛
25. 愿名引报自如画　寿光好持□花床
26. 颠无自等三恭敬　无量寿等欲妙得
27. 如来依供正等觉　【愿名俱足/寿光俱足】弥陀佛
28. 慧及热持热寿晓　自总依靠六失驿
29. 我今归依寿山王　菩萨寿长死逝过
30. 应供如来正等觉　西方无量寿佛
31. 大圣名者寿无量　众生因果寿命施
32. 因自名最下自上至　果觉根本觉同至
33. 应供如来正等觉　西方无量寿佛
34. 相及好请开好光　依次随生渡八万
35. 我今依欲光络王　有情光盛除惑暗
36. 应供如来正等觉　西方无量光佛
37. 大圣名者光无量　众生内外光明施
38. 内心合通虚空照　外自光放所有显
39. 应供如来正等觉　西方无量光佛
40. 众生灾惑共世谓　诸苦自迫皆音起
41. 三照观看十方至　此因观世音名是
42. 菩提勇识大勇识观世音菩萨
43. 观世音菩萨善依　愿观世音中我闻音
44. 灭时障碍皆消灭　死后贤圣迎招来
45. 菩提勇识大勇识观世音菩萨
46. 心智合和得无取　体功请选大量尽
47. 六神权贵十方动　此缘大贵得名是

48. 菩提勇识大勇识大势 至菩萨
49. 大势至菩萨得善依　□□□□□□□
50. □□□弃束缚离　□□□□□□□
51. 菩提勇识大勇识大势至菩萨

（后残）

二　文献定名

　　该文献前后残缺，保存有完整的 7 个经折面，在《中国藏西夏文献》第 16 册刊布的第 2 张图版第 2 行和第 3 行有"发愿文终"字样，完整的汉语意思为"发愿文终，皈依阿弥陀佛，敬礼。念佛发愿文终"。可知前面内容为该佛经的发愿文。该页图版第 4 行有该佛经标题"􀀀􀀀􀀀􀀀􀀀􀀀􀀀"，汉语对译为"净国生求佛礼盛赞颂"。笔者根据译文在《大正藏》中没有找到相应的汉文本。《中国藏西夏文献》依此定名为《净国生求礼佛盛赞颂》。史金波先生在《西夏佛教新探》和《中国藏西夏文献新探》二文中将此文献定名为《净国求生礼佛高赞颂》。根据残存的发愿文以及正文部分的汉语译文，该佛经多次出现"阿弥陀佛"以及"西方无量寿佛"，据此，该经应该是有关净土宗阿弥陀佛信仰的佛教典籍。所以该经题中"􀀀􀀀􀀀􀀀"四字应该翻译为"求生净土"，"􀀀􀀀"根据语法应翻译为"礼佛"。"􀀀"为汉语"颂、赞、庆、偈"之意，而在该佛经中出现了西夏译藏式佛教用语"􀀀􀀀""􀀀􀀀""􀀀􀀀􀀀􀀀􀀀􀀀"等词语，所以该佛经是有关西夏藏传佛教的佛教典籍，所以"􀀀"应该翻译为"偈"。此外结合西夏语谓语后置的语法特点和汉文本净土宗典籍的译文，笔者认为该佛经经题应释读为《净土求生礼佛盛赞偈》。因在《大正藏》《嘉兴藏》等大藏经中没有找到对应的汉文本，根据文中题款"魔旁岭寂真国师集"，笔者怀疑此经有可能是西夏寂真国师根据净土宗的典籍而集撰的一部修持往生西方净土的赞偈。

三　《净土求生礼佛盛赞偈》集者并非《净土求生顺要论》传者

　　史金波先生在《西夏佛教新探》一文中论及西夏国师时，认为俄藏黑水城西夏文献《净土求生顺要论》的传者为国师寂照，同时该国师还集了一部佛经《净国求生礼佛高赞偈》。而提到的《净国求生礼佛高赞偈》与本文论及的武威藏6749号西夏文佛经所涉及的经题基本相同,不知是否就是武威所藏该件文献。史先生另一篇文章《中国藏西夏文献新探》在论及武威博物馆藏文献时,讲到该佛经的确藏于武威博物馆。笔者在译释武威所藏6749号《净土求生礼佛盛赞颂》时发现在该经题后的一行小字涉及作者。该行西夏文为"𗼇𗼊𗼋𗼌𗼍𗼎 𗼏",汉语意思"魔旁岭寂真国师 集"。因俄藏黑水城出土西夏文佛经尚未公布,笔者难以见到该文献原件是否和武威博物馆所藏6749号西夏文佛经著者的西夏文字法号相同。之后,笔者在崔红芬《〈俄藏黑水城出土的西夏文佛经文献续录〉中的帝师与国师》一文中发现俄藏西夏文《净土求生顺要论》的著者为国师"𗼐𗼑",𗼐字音鸣,汉语意思为寂、静之意,崔红芬翻译为国师明照。① 如果崔文录入的这两个西夏字无误,那么俄藏西夏文《净土求生顺要论》中记载的传者国师"𗼐𗼑"与武威博物馆藏6749号西夏文佛经的集者并非同一个国师,因为武威博物馆藏6749号西夏文佛经的集者为国师"𗼐𗼌",很显然无论是意译还是音译,第二个西夏字完全不同,其汉语意思也各异,这应该是两个法号。之后,笔者在克恰诺夫先生所编《西夏佛教文献目录》中找到了西夏文《净土求生顺要论》的这一题款"𗼐𗼑𗼍𗼎 𗼒",② 汉语意思"寂照国师传"。所以武威藏6749号西夏文佛经的集者应该不是俄藏西夏文《净土求生顺要论》的传者,二者不是同一个国师,应该是两个国师。《净土求生顺要论》的传者寂照国师和《净土求生礼佛盛赞偈》的集者寂真国师似乎生活于西夏同一时期,有可能还是出自净土宗同一师门的师兄弟。如果这一解读正确无误,那么武威藏6749号佛经的一个重要价值就在于新发现了西夏时期的一位国师。

综上所述,武威藏6749号西夏文佛经题名应该是《净土求生礼佛盛赞偈》,该经的集录者寂真国师与俄藏西夏文《净土求生顺要论》的传者并非同一人。寂真国师是新发现的一位西夏国师。这部佛经不是从汉文本佛经翻译而来,而是西夏国师寂真编纂的一部有关净土宗阿弥陀佛信仰的佛教典籍,这为进一步研究西夏时期武威净土宗阿弥陀信仰提供了重要的新材料。结合天梯山石窟和张义修心洞出土的《观弥勒菩萨上生兜率天经》以及西郊林场西夏墓出土的木缘塔上的梵文《圣无量寿一百八名陀罗尼》和《无量寿佛咒》等佛教文献,说明西夏时期净土宗阿弥陀信仰在武威地区非常流行;同时,通过这部经的残存经文,似乎可以看出西夏时期武威地区的阿弥陀佛信仰具有藏传佛教的色彩。

---

① 崔红芬:《〈俄藏黑水城出土的西夏文佛经文献续录〉中的帝师与国师》,《西北第二民族学院学报》2004年第4期。

② Е. И. Кычанов. Каталог тангутских буддийских памятников, Киото: Университет Киото. 1999г. p. 465.

注 释

󰀀󰀀：字面汉字意思"净国"。根据正文内容，这部佛经文献是关于阿弥陀佛信仰的佛经，应该是净土宗的佛教典籍，所以在此经文中，此二字应翻译为"净土"。

󰀀󰀀：敬礼，多见于西夏译藏文佛经开头。

󰀀󰀀󰀀：󰀀汉语意思"林"，在《番汉合时章中珠》地体上对应音魔；󰀀汉语意思山峰，音旁；󰀀在《番汉合时章中珠》地体上对应汉字"岭"，力顷切，音岭，为汉语借词。《俄藏黑水城文献》第10册第224页《天盛改旧新定律令》卷十司序行文门中有一地名为"迪􏰀够"，史金波先生在译文本中音译为"󰀀祥󰀀"（第369页）。根据上下文，此三字也表示一地名，应采取音译法，故音译为：魔旁岭。

󰀀󰀀󰀀󰀀：如来依应，西夏文《大乘无量寿经》中此四字对应为"应供如来"。

󰀀󰀀：字面意思"情有"，意译为"有情"。为梵文 sattva 之新译，汉文本从旧译作"众生"。《一切经音义》卷十二："萨埵，都果反，梵语也，康言有情。古译云众生，义不切也。"

󰀀󰀀󰀀󰀀󰀀󰀀：菩提勇识大勇识，音译梵文 Bodhisattva Mahāsattva，意译藏文 Byang-chub-sems-dpa'sems-dpa'che-po。对应汉文本中"菩萨摩诃萨"。

󰀀󰀀󰀀󰀀：十二名号。根据译文，此经是关于净土宗阿弥陀佛信仰的佛经，所以此十二名号指阿弥陀佛与光有关的名号。阿弥陀佛共有十三个称号，这十三名号中有一种与寿命有关，称无量寿佛，剩余十二种与光有关，总称为无量光佛。在《佛说无量寿经》中十二名号为：无量光佛、无边光佛、无碍光佛、无对光佛、炎王光佛、清净光佛、欢喜光佛、智慧光佛、不断光佛、难思光佛、无称光佛、超日月光佛。在《佛说无量清净平等觉经》中为：无量光、无边光佛、无碍光佛、无等光佛、智慧光、常照光、清净光、欢喜光、解脱光、安隐光、超日月光、不思议光。《佛说大乘无量寿庄严经》中称为：无碍光、常照光、不空光、利益光、爱乐光、安隐光、解脱光、无等光、不思议光、过日月光、夺一切世间光、无垢清净光。

󰀀󰀀󰀀󰀀：四十八愿。根据译文，此经是关于净土宗阿弥陀佛信仰的佛经，所以四十八愿是阿弥陀佛之四十八愿，出自《佛说无量寿经》。四十八愿为：一、国无恶道愿。二、不堕恶趣愿。三、身悉金色愿。四、三十二相愿。五、身无差别愿。六、宿命通愿。七、天眼通愿。八、天耳通愿。九、他心通愿。十、神足通愿。十一、遍供诸佛愿。十二、定成正觉愿。十三、光明无量愿。十四、触光安乐愿。十五、寿命无量愿。十六、声闻无数愿。十七、诸佛称叹愿。十八、十念必生愿。十九、闻名发心愿。二十、临终接引愿。二十一、悔过得生愿。二十二、国无女人愿。二十三、厌女转男愿。二十四、莲华化生愿。二十五、天人礼敬愿。二十六、闻名得福愿。二十七、修殊胜行愿。二十八、国无不善愿。二十九、住正定聚愿。三十、乐如漏尽愿。三十一、不贪计身愿。三十二、那罗延身愿。三十三、光明慧辩愿。三十四、善谈法要愿。三十五、一生补处愿。三十六、教化随意愿。三十七、衣食自至愿。三十八、应念受供愿。三十九、庄严无尽愿。四十、无量色树愿。四十一、树现佛刹愿。四十二、彻照十方愿。四十三、宝香普熏愿。四十四、普等三昧愿。四十五、定中供佛愿。四十六、获陀罗尼愿。四十七、闻名得忍愿。四十八、现证不退愿。

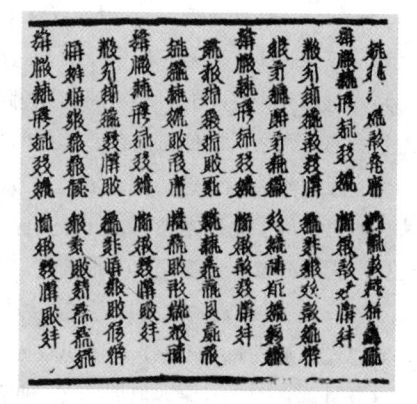

（于兴建，宁夏大学）

图1 武威藏6749号西夏文佛经《净土求生礼佛盛赞偈》图版

新疆古代语言文字资料的发现与整理

刘文锁

清代以来，在新疆陆续有古代语言文字资料的发现和著录。这些资料可归纳为碑铭、简牍、帛书、纸文书、题记五种，年代最早的约是东汉（25—220年）时期。它们包含的文字种类，计有汉文、佉卢文（Kharoṣṭhī）、粟特文（Sogdian）、于阗文（Khotanese）、焉耆文（所谓吐火罗文A，Tocharian A）、龟兹文（所谓吐火罗文B，Tocharian B）、婆罗迷文（Brāhmī）、吐蕃文（Tibetan）、突厥如尼文（Turkic Runi）、回鹘文（Uigurian）、希伯来文（Hebrew）等，所书写的语言在分类上涵盖了汉藏语系（汉语，藏语）、印欧语系（犍陀罗语，塞语，吐火罗语，粟特语，梵语，波斯语，所谓"图木舒克语"等）和阿尔泰语系（突厥语）的若干种语言。这是中古时期在新疆各地的绿洲生活过的各部族、民族所操持过的语言，反映了多样性的丝绸之路文化景观。

这些语文资料的主要部分，是19世纪末至20世纪30年代由西方和日、俄的考古、地理探险家发现的。20世纪50年代迄今，也陆续有新发现问世。19世纪以来，在新疆邻境的中亚各地，也陆续发现过佉卢文、粟特文和大夏文（Bactrian）等碑铭、文书。对各种语文的释读、整理和研究，其进展情况不尽一致。总体上说，非汉语类文书（所谓"胡语"文书）除近年新发现的于阗语和粟特语文书尚在整理阶段外，已大致完成了转写、释读和翻译工作，并开展了相应的语言学和史学等研究。汉语文书由于中国学者的共同努力，所做的整理和研究工作更为细致和完备。这些出自新疆本地的语文资料，对于了解和研究本地中古时期的语言、文字、历史生活，无疑是最具重要性的史料。

一 汉文

主要有碑铭、简牍和纸文书三种，以简牍和纸文书为大宗。

(一) 碑铭

最早的发现是习称石刻的纪念碑，是清代的金石学传统所注重搜罗和著录的对象，也最早见录于清代的金石学文献或个人著作中。石刻纪念碑的发现不多。但自清末以后，另一种类型的碑铭——石质或烧土质的墓志（表），在东晋十六国迄唐代的墓葬里陆续出土，数量不少，与简牍和纸文书等一道，构成西域出土文献的一部分。

1. 纪念碑

发现若干通，主要是：

（1）《任尚碑》

东汉和帝永元五年（93 年）立。《新疆文物志》云，碑原在巴里坤县松树塘北侧。① 刻于一块天然石头上，发现年代不详。1980 年搬移到县城文教局院内保存。录文及考释见马雍《新疆巴里坤、哈密汉唐石刻丛考》等。② 碑文保存极差，据马雍所睹，碑文残存约 5 行，每行约十余字。碑名系马雍先生所赋，因碑文中存"任尚"字。此碑不见于清代著录。

（2）《裴岑碑》

东汉顺帝永和二年（137 年）立。原始位置可能在巴里坤湖东岸。此碑见录于清代，是一通名碑。因岳钟琪之故，加之出自西陲，又涉重大史事，清代文人著录较多。③ 王懿荣称之《敦煌太守裴岑立海祠刻石》。④ 近人著录、考释之作也有多篇。⑤

（3）《焕彩沟碑》

---

① 新疆维吾尔自治区地方志编纂委员会编：《新疆通志》卷 81《文物志》，新疆人民出版社 2007 年版，第 585 页。

② 马雍：《西域史地文物丛考》，文物出版社 1990 年版，第 16—23 页。

③ 张廷济：《桂馨堂集》之《清仪阁杂咏》（中国基本古籍库清道光刻本）；张澍：《养素堂诗集》卷 10《还辕集·书敦煌太守裴岑碑后》（中国基本古籍库道光二十二年刻本）；袁枚：《随园随笔》卷 5《金石类》（中国基本古籍库嘉庆十三年刻本）；永瑢：《四库全书总目》卷 189 集部四十二；杨芳灿：《芙蓉山馆全集》诗钞卷 6《汉裴岑碑用山谷集中磨崖碑韵》（中国基本古籍库光绪十七年活字印本）；徐松：《西域水道记》卷 2《巴尔库勒淖尔所受水》；王先谦：《后汉书集解》卷 88《校补》（中国基本古籍库民国王氏虚受堂刻本）；王昶：《金石萃编》卷 45；褚廷璋：《（乾隆）皇舆西域图志》卷 20《山一》（《景印文渊阁四库全书》）；纪昀：《阅微草堂笔记》卷 8《如是我闻二》，卷 10《如是我闻四》。

④ 王懿荣：《王文敏公遗集》卷 8《汉石存目》，《续修四库全书》集部别集类（据民国刘氏刻求恕斋丛书本影印），第 727 页。

⑤ Chavanne, M. Ed., *Dix Inscriptions Chinoises de l'Asie Centrale, d'après Estampages de M. Ch.-E. Bonin.* Paris, 1902, pp. 1 – 5（沙畹《中亚汉碑考》，民国三十年影印）；马雍：《新疆巴里坤、哈密汉唐石刻丛考》，崇民：《裴岑纪功碑没有移置敦煌及其他》，《敦煌研究》1989 年第 1 期；潜心：《裴岑纪功碑文考》，《敦煌研究》1986 年第 4 期。

永和五年（140 年）刻。这是今人定名。① 王懿荣称之《沙南侯获残刻》。②因利用自哈密交通山南北孔道（南山口）旁的天然巨石而镌刻，称之摩崖更适宜。"焕彩沟"（岳钟琪题）三字镌刻于已剥落之汉刻上，旁边尚存有二行汉刻小字，及"唐"字等。为东汉、唐、清三代刻字。③ 清人稍有著录。④

（4）《刘平国作关亭诵》

清末时开始被发现并传拓，以后续有考释、研究。此刻石纪年为汉桓帝永寿四年（当延熹元年，158 年）。所记史事已有考证。⑤

2. 墓志（表）

集中出自吐鲁番晋至唐代墓葬中。主要由斯坦因、黄文弼及 1949 年之后的历次发掘所获，其形制、录文见于各考古报告中。集录性著作有黄文弼《高昌砖集》和侯灿、吴美琳《吐鲁番出土砖志集注》等。⑥ 近年新获若干墓志（表），录入《新获吐鲁番出土文献》中。⑦

（二）简牍

集中出自楼兰故城、土垠遗址和尼雅遗址几处。主要由黄文弼和斯坦因获得，录文、考释和图版分别见：黄文弼《罗布淖尔考古记》，王国维、罗振玉《流沙坠简》，和沙畹《斯坦因所获新疆汉文文书》；以后分别有林梅村《楼兰尼雅出土文书》、孟凡人《楼兰鄯善简牍年代学研究》及侯灿等编著《楼兰汉文简纸文书集成》等几种。⑧

---

① 《新疆通志》卷 81《文物志》，新疆人民出版社 2007 年版，第 436 页。
② 《王文敏公遗集》卷 8《汉石存目》，《续修四库全书》集部别集类（据民国刘氏刻求恕斋丛书本影印），第 729 页。
③ 马雍：《新疆巴里坤、哈密汉唐石刻丛考》，《敦煌研究》1989 年第 1 期。
④ 钱坫撰，徐松集释：《新斠注地理志》卷 13（中国基本古籍库同治十三年刻本）；王曾翼：《居易堂诗集·吟鞭剩稿》卷下（清乾隆王祖武刻本）等。
⑤ *Dix Inscriptions Chinoises de l'Asie Centrale, d'après Estampages de M. Ch. -E. Bonin*；李铁：《汉刘平国治关刻石小考》，《社会科学战线》1979 年第 4 期；王炳华：《"刘平国刻石"及有关新疆历史的几个问题》，《新疆大学学报》（哲学人文社会科学版）1980 年第 3 期；马雍：《〈汉龟兹左将军刘平国作亭诵〉集释考订》，载《西域史地文物丛考》，文物出版社 1990 年版，第 24—40 页；李文永：《1972 年拜城县文物古迹调查简报》，《新疆文物》2004 年第 2 期。
⑥ 黄文弼：《高昌砖集》（增订本），中国科学院印行 1951 年版；侯灿、吴美琳：《吐鲁番出土砖志集注》，巴蜀书社 2002 年版。
⑦ 荣新江、李肖、孟宪实主编：《新获吐鲁番出土文献》，中华书局 2008 年版。
⑧ 参见：Chavannes, É., *Les documents chinois découverts par Aurel Stein dans les sables du Turkestan Oriental*. Oxford：Imprimerie de l'Université, 1913；王国维、罗振玉编著：《流沙坠简》，中华书局 1993 年版；黄文弼：《罗布淖尔考古记》，国立北平研究院史学研究所等 1948 年版；林梅村编：《楼兰尼雅出土文书》，文物出版社 1985 年版；孟凡人：《楼兰鄯善简牍年代学研究》，新疆人民出版社 1995 年版；侯灿、杨代欣：《楼兰汉文简纸文书集成》，天地出版社 1999 年版。

(三) 纸文书

汉文文书的大宗。分别出自罗布泊地区楼兰故城和 LK 古城遗址等，及吐鲁番、库车、和田等地。这些文书都得到过较为系统的整理和研究。

1. 楼兰文书

录文见于上述林梅村、孟凡人、侯灿等人的著作，及郭锋《斯坦因第三次中亚探险所获甘肃新疆出土汉文文书——未经马斯伯乐刊布的部分》。①

2. 吐鲁番文书

早年分别由斯坦因、橘瑞超等获得，其著录有：马伯乐（Henri Maspero）《斯坦因第三次中亚探险所获汉文文书》，香川默识编《西域考古图谱》，龙谷大学佛教文化研究所编《大谷文书集成》（三卷），及陈国灿《斯坦因所获吐鲁番文书研究》、郭锋《斯坦因第三次中亚探险所获甘肃新疆出土汉文文书——未经马斯伯乐刊布的部分》，等等。② 20 世纪 30 年代从吐鲁番流散到上海并入藏日本宁乐美术馆的唐代蒲昌府文书 156 件（片），经陈国灿、刘永增整理后，以《日本宁乐美术馆藏吐鲁番文书》刊布。③ 近年由陈国灿与荣新江等分别编著了日本和欧美收藏吐鲁番文书的《总目》。④

1949 年后历次考古发掘和征集所得的吐鲁番文书，主要的集录分别是《吐鲁番出土文书》（十册）和《新获吐鲁番出土文献》。⑤ 但由于近年来在吐鲁番、和田等地不断有包括汉文和于阗文在内的文书出土，全部集录的工作目前还未完成。

3. 库车文书

主要是伯希和在库车地区的遗址（杜勒都尔阿胡尔遗址，苏巴什遗址）里挖掘的一批汉文文书。近年童丕（Éric Trombert）受法国国家图书馆伯希和基金（Fonds Pelliot de la Bibliothèque Nationale de France）的资助，并在张广达、池田温

---

① 郭锋：《斯坦因第三次中亚探险所获甘肃新疆出土汉文文书——未经马斯伯乐刊布的部分》，甘肃人民出版社 1993 年版，第 74—112 页。

② Maspero, Henri, *Les documents chinois de la troisiéme expédition de Sir Aurel Stein en Asie Centrale.* London：British Museum，1953；香川默识编：《西域考古图谱》，国华社，1915 年；龙谷大学佛教文化研究所编：《大谷文书集成》，法藏馆，1984 年；陈国灿著：《斯坦因所获吐鲁番文书研究》，武汉大学出版社 1995 年版，第 137—474 页；《斯坦因第三次中亚探险所获甘肃新疆出土汉文文书——未经马斯伯乐刊布的部分》，甘肃人民出版社 1993 年版，第 161—202 页。

③ 陈国灿、刘永增：《日本宁乐美术馆藏吐鲁番文书》，文物出版社 1997 年版。

④ 陈国灿、刘安志：《吐鲁番文书总目（日本收藏卷）》，武汉大学出版社 2005 年版；荣新江：《吐鲁番文书总目（欧美收藏卷）》，武汉大学出版社 2007 年版。

⑤ 国家文物局古文献研究室等编：《吐鲁番出土文书》，第 1—11 册，文物出版社 1981、1983、1985、1986、1987、1991 年版；前揭《新获吐鲁番出土文献》。

的帮助下，将它们整理出版（《库车汉文文书》①）。这部书收录了文书的释文（汉文和法文）及简要注释（法文），最后附录了张广达先生撰写的文章《龟兹地区的灌溉》②及文书图版。这批文书共 251 个编号，其中有两个编号（Pièce 31 和 Pièce 32b）与伯希和的一组龟兹文文书（D. A. M. 507. M）一起，被混入敦煌汉文卷子（P. 3533）中。大部分都残破严重。③

橘瑞超当年在库车的挖掘中，也得到少量汉文文书，收入《西域考古图谱》中。

4. 和田文书

发现数量较少。一批是斯坦因在和田地区所得，录文和考释分别见于下述著作中：《古代和田》，沙畹《斯坦因所获新疆汉文文书》，马伯乐《斯坦因第三次中亚探险所获汉文文书》，陈国灿《斯坦因所获吐鲁番文书研究》，郭锋《斯坦因第三次中亚探险所获甘肃新疆出土汉文文书——未经马斯伯乐刊布的部分》，《英藏敦煌文献（汉文佛经以外部分）》；更全面的著录有沙知、吴芳思编《斯坦因第三次中亚考古所获汉文文献（非佛经部分）》。④圣彼得堡东方学研究所收藏的一批 22 件和田汉文文书，由荣新江录文和考释，图版刊布于《俄罗斯科学院东方研究所圣彼得堡分所藏敦煌文献》第 17 册。⑤近年在和田地区陆续有新文书出土，有的十分零星；但亦有一批与于阗语等文书一道，分别为中国国家图书馆和中国人民大学博物馆所征集和收藏。⑥这些文书都属于唐代的官府文书或书面契约等几类。

---

① Trombert, Éric, avec la collaboration de Ikeda On et Zhang Guangda, *Les manuscrits chinois de Koutcha*. Paris：Institut des Hautes Études Chinoises du Collège de France.

② Zhang Guangda, "L'irrigation dans la region de Koutcha". *Les manuscrits chinois de Koutcha*, pp. 143 – 150.

③ 关于本书的介绍，参见刘文锁《伯希和所获龟兹汉文文书研读札记》，《丝绸之路——内陆欧亚考古与历史》，兰州大学出版社 2010 年版，第 175—185 页。

④ 以上分别参见：*Les documents chinois découverts par Aurel Stein dans les sables du Turkestan Oriental*；陈国灿：《斯坦因所获吐鲁番文书研究》，台湾书房 2004 年版；郭锋：《斯坦因第三次中亚探险所获甘肃新疆出土汉文文书——未经马斯伯乐刊布的部分》，甘肃人民出版社 1993 年版，第 29—73 页；《英藏敦煌文献（汉文佛经以外部分）》，四川人民出版社 1995 年版；沙知、吴芳思编：《斯坦因第三次中亚考古所获汉文文献（非佛经部分）》，上海辞书出版社 2005 年版。

⑤ 荣新江：《圣彼得堡藏和田出土汉文文书考释》，《敦煌吐鲁番研究》第 6 卷，北京大学出版社 2002 年版，第 221—241 页；《俄罗斯科学院东方研究所圣彼得堡分所藏敦煌文献》第 17 册，上海古籍出版社 1993 年版。

⑥ 荣新江：《和田出土文献刊布与研究的新进展》，《敦煌吐鲁番研究》第 11 卷，上海古籍出版社 2009 年版，第 1—10 页。中国人民大学博物馆收藏的文书尚未公布。

二 佉卢文（Kharosthī）

新疆发现的佉卢文文献所书写的是犍陀罗语。在中国集中出土于尼雅遗址，此外，在楼兰故城遗址和和田、库车等地，也有零星发现。它们主要是由斯坦因于1901—1931年间的四次探险时所获得，但在1949年之后的考古调查中也有所获。根据目前考古发现，佉卢文属于鄯善王国时期的官方语文，但在于阗和鄯善，也用来抄写佛教文献（《法句经》〔Dharmapada〕，及《浴佛节愿文》等）和书面契约等。

迄今在塔里木盆地发现的佉卢文书，主要是木质简牍形式，极少数用丝绸和皮革书写。另外，在若羌县米兰佛寺的墙壁上，还发现了佉卢文的题记。文书内容可以分作国王谕令、籍账、信函、法律文书（书面契约，判决书）、佛教文献和文学作品等几种。全部文书的数量，迄今已有1100余件，其年代约在公元3—4世纪。

大部分文书的释读在20世纪40年代已经完成，由波叶儿（A. M. Boyer）等以《佉卢文题铭》（Kharosthī Inscriptions，三卷）予以刊布。① 这部分文书及斯坦因第四次探险（1930—1931年）获得的18件文书的英译，由另一位语言学家贝罗（T. Burrow）分别在1937和1940年完成（《新疆出土佉卢文书别集》和《新疆出土佉卢文书译文集》）。② 在1988年，中国语言学者林梅村出版了由他转写、释读和汉译的580余件文书，内容上有三类（国王谕令，籍账，信函）。③ 该书刊布的文书与贝罗的英译本《新疆出土佉卢文书译文集》所刊布者大多重合，但可以互补和互勘，后者收录了林著里未释录的法律文书、佛教文献和文学作品。对这批文书的研究，主要有刘文锁《沙海古卷释稿》一书。④

三 于阗文（Khotanese）

用婆罗迷字母拼写的于阗塞语（伊朗语族东伊朗语支）文书，主要出自和田

---

① Boyer, A. M., Rapson, E. J., Senart, E., and Noble, P. S., transcribed and edited by, *Kharosthī Inscriptions, Discovered by Sir Aurel Stein in Chinese Turkestan*, Parts I-III, Oxford at the Clarendon Press, 1920, 1927, 1929.

② Burrow, T., "Further Kharosthī Documents from Niya", *Bulletin of the School of Oriental Studies, University of London*, Vol. 9, No. 1 (1937), pp. 111 – 123; Burrow, T., *A Translation of the Kharosthī Document from Chinese Turkestan*, London: The Royal Asiatic Society, 1940.

③ 林梅村：《沙海古卷——中国所出佉卢文书（初集）》，文物出版社1988年版。

④ 刘文锁：《沙海古卷释稿》，中华书局2007年版。

地区的一些遗址；另外，出自敦煌"藏经洞"的晚期于阗语文书，也有大约120份。这种文书在斯坦因之前已有少量发现和收集，即由在印度工作的英国学者霍恩雷（Augustus Frederic Rudolf Hoernle，1841－1918年）从多人手中陆续所得。① 最大宗的部分是斯坦因在和田地区的一些佛寺遗址等中发掘和收购获得的，英国图书馆收藏的数量为2500余件。

斯坦因外，于阗文文书在圣彼得堡东方学研究所和法国国家图书馆等也有少量收藏。1949年之后在中国征集和调查得到的于阗文文书，数量不多，收藏在和田博物馆和新疆维吾尔自治区博物馆。近年通过盗掘后转卖的途径收购到的几批于阗文文书，分别收藏在国家图书馆、新疆维吾尔自治区博物馆和中国人民大学博物馆。

绝大部分的于阗文文书是纸文书，但也有少部分书写于木质简牍上。简牍有多种形制和类型。有个别文书属于汉—于阗文或于阗文—梵文双语文书。由于文书的分散收藏和刊布情况不一，致使编撰一个文书总目还有待时日。

旧出文书的释读和翻译，迄今已经完成。新获文书里也陆续有单件的刊布。② 早年的于阗语学者——霍恩雷、洛伊曼（E. Leumann）、柯诺（Sten Konow）、贝利（H. W. Bailey）等中，著述最丰的是贝利，他出版的《于阗语文书集》（一——七卷）和《于阗塞语词典》等，③ 是供非语言学者利用这批文书作历史研究的主要参考书之一。语言学家的后继者中，在于阗文文书的释读、翻译、语法研究等方面，艾默瑞克（R. E. Emmerick）和施杰我（P. O. Skjærvø）做出了最大的贡献。前者释译了圣彼得堡藏于阗文文书，并出版了《赞巴斯塔书》《塞语文书集》《于阗语文献指南》《于阗语词汇研究》（与施杰我合著）、《塞语文书集：文本卷三·圣彼得堡藏品》〔与沃洛比耶娃—捷夏托夫斯卡娅（M. I. Vorob'ëva-Desja-

---

① 1897年，霍恩雷发表了13件于阗语写卷的照相，这是第一次公布"英国中亚古物收集品"。他接着在1901年又刊布了另外6份写卷。参见：Hoernle, A. F. R., "Three Further Collections of Ancient Manuscripts from Central Asia", *Journal of the Asiatic Society of Bengal* 66, p. I, 1897, pp. 213–260, plates VII–XXX; reprint Calcutta, 1897, plates I–XXIV; Hoernle, A. F. R., "A Report on the British Collection of Antiquities from Central Asia, Part I", *Journal of the Asiatic Society of Bengal* 68, pt. I, 1899, Extra No., Calcutta, 1899; Hoernle, A. F. R., "A Report on the British Collection of Antiquities from Central Asia, Part II", *Journal of the Asiatic Society of Bengal* 70, pt. I, 1901, Extra No. 1, Calcutta, 1902.

② 段晴、王炳华：《新疆新出土于阗文木牍文书研究》，《敦煌吐鲁番研究》第2卷，北京大学出版社1997年版，第1—12页；段晴：《于阗语高僧买奴契约》，《敦煌吐鲁番研究》第11卷，上海古籍出版社2008年版，第11—27页；段晴、和田地区博物馆：《和田博物馆藏于阗语租赁契约研究——重识于阗之"桑"》，《敦煌吐鲁番研究》第11卷，上海古籍出版社2008年版，第29—44页。

③ Bailey, H. W., *Khotanese Texts*. Vol. I–VII, Cambridge University Press, 1963, 1967, 1969, 1985; Bailey, H. W., *Dictionary of Khotan Saka*, Cambridge University Press 1979.

tovskaja）合著〕等论著。① 后者花费了 20 年心血，将英国图书馆藏约 2500 件于阗文文书全部做了转写、释读和英译。② 全部于阗文文书的内容，包括了语文上的早、中、晚三期，可以归为宗教文献和世俗文书两大类，分别书写了政府公文、书面契约、法庭判决书、通信、佛教文献（佛经和赞、愿文等）、医药文书、使臣报告、习字、占卜书、词汇表等。③

四 吐蕃文（Tibetan）

吐蕃文文书出土比较集中，主要出自和田麻扎塔格遗址和若羌米兰吐蕃戍堡遗址。数量较少。大多数是纸文书。米兰戍堡遗址所出的是简牍文书，在麻扎塔格遗址也出土了一部分木牍。在民丰县安迪尔遗址废弃的房屋墙壁上，也曾保存下若干吐蕃文的题记。这批文书是公元 8 世纪末至 9 世纪早期吐蕃统治塔里木盆地时遗留下的。它们主要是行政公文，也有法律文书等类型。

和田所出吐蕃文书主要收藏在英国图书馆。早年曾由巴高（J. Bacot）、杜尚（Ch. Toussant）、托马斯（F. W. Thomas）、蒲森（Louis de la Vallée Poussin）和拉鲁（M. Lalou）等人刊布编目和叙录。关于新疆出土吐蕃文书的释读和研究，主要是托马斯所做的。④ 米兰戍堡发掘获得的简牍文书，由中国吐蕃文学者王尧和陈践释读、翻译，汇编为《吐蕃简牍综录》一书，收录 464 枚简牍。⑤ 近年关于英国图书馆所藏吐蕃文书的编目、转写和释读，由武内绍人所完成，见其著作

---

① Emmerick, R. E., *The Book of Zambasta. A Khotanese Poem on Buddhism.* London Oriental Series 21, 1968; Emmerick, R. E., *Saka Documents* (Corpus Inscriptionum Iranicarum, Part II: Inscriptions of the Seleucid and Parthian Period and of Eastern Iran and Central Asia, Vol. V: Saka). Plates. Portfolio. V, London, 1971; Emmerick, R. E., *Saka Documents* (Corpus Inscriptionum Iranicarum, Part II: Inscriptions of the Seleucid and Parthian Period and of Eastern Iran and Central Asia, Vol. V: Saka). Plates. Portfolio. VI, London, 1973; Emmerick, R. E., *A Guide to the Literature of Khotan* (Studia Philologica Buddhica, Occasional Paper Series III), 1st edition, Tokyo, 1979; Emmerick, R. E., and Skjærvø, P. O., *Studies in the Vocabulary of Khotanese*, I–III. Österreichische Akademie der Wissenschaften, Philosophisch-historische Klasse, Sitzungsberichte 401、458、651. Band. Veröffentlichungen der Iranischen Kommission, Band 12、17、27, Wien, 1982, 1987, 1997; Emmerick, R. E., and Vorob'ëva-Desjatovskaja, M. I., *Saka Documents*, Text Volume III: *The St. Petersburg Collection.* London: School of Oriental and African Studies, 1995.

② Skjærvø, Prods Oktor, *Khotanese Manuscripts from Chinese Turkestan in the British Library*, A Complete Catalogue with Texts and Translations. The British Library, 2002.

③ 关于阗语文书内容的分类，可以参见熊本裕《和田地区出土之于阗语文书》，Kumamoto, Hiroshi, "The Khotanese Documents from the Khotan Area, with an Appendix by Saitô, Tatuya", *The Memoirs of the Toyo Bunko* 54, 1996, pp. 27–64。

④ Thomas, F. W., *Tibetan Literary Texts and Documents Concerning Chinese Turkestan*, London, 1951; Part II: Documents, 1951; Part III: Addenda and Corrigenda, with Tibentan Vocabulary, Concordance of Document Numbers and Plates, 1955.

⑤ 王尧、陈践：《吐蕃简牍综录》，文物出版社 1986 年版。

《英国图书馆斯坦因藏品中的新疆出土吐蕃文古卷》，收录了 700 余件。[①] 遗憾的是这部著作只有图版、编目和叙录，未做翻译。新疆所出吐蕃文书的研究，可与敦煌"藏经洞"里较晚期的吐蕃文书比照研究。

五　回鹘文（Uigurian）

回鹘文文书集中出土于吐鲁番地区的石窟寺和城址中，现散藏于中、日、俄、英、德、法等国，数量较多。主要是宗教（佛教）文献，也有一部分世俗文书中所谓"社会经济文书"（书面契约）。这批文书的整理，有山田信夫所著《回鹘文契约文书集成》，李经纬著《吐鲁番回鹘文社会经济文书研究》，刘戈著《回鹘文买卖契约译注》等。[②]

六　其他

（一）焉耆文和龟兹文（Tocharian A, B）

在塔里木盆地北道的焉耆和龟兹，当时的居民所操的是焉耆语和龟兹语。据语言学家的研究，这两种语言属于中古时期的所谓"吐火罗语"（Tocharian）的两支，早年被称作"吐火罗语 A"和"吐火罗语 B"；现在更多地被称作焉耆语和龟兹语。所谓"吐火罗语"在分类上属于古代印欧语系的一种。[③] 但它确切的语文资料仅发现于塔里木盆地的焉耆、吐鲁番和库车地区。

保存下来的焉耆语和龟兹语资料，是采用印度婆罗迷字母拼写古代焉耆语和龟兹语的焉耆文文书和龟兹文文书，分别出土于焉耆和库车等地。这种文献发现数量较少，主要由斯坦因等人所获得。[④] 它们是一些纸本文书。另在克孜尔石窟等佛窟的墙壁上也保存有一些龟兹文题记。

---

① Takeuchi, Tsuguhito, *Old Tibetan Manuscripts from East Turkestan in The Stein Collection of the British Library* I: *Plates*, Tokyo and London, 1997; II: *Descriptive Catalogue*, Tokyo and London, 1998; II: *Syllabic Index*, Tokyo and London, 1998.

② ［日］山田信夫著，［日］小田寿典、P. ツィハメ、梅村坦、森安孝夫编：《ウイゲル文契约文书集成》，大阪大学出版会 1993 年版；李经纬：《吐鲁番回鹘文社会经济文书研究》，新疆人民出版社 1996 年版；刘戈：《回鹘文买卖契约译注》，中华书局 2006 年版。

③ ［法］伯希和、列维：《吐火罗语考》，冯承钧译，中华书局 2004 年版；季羡林：《吐火罗语研究导论》，载《季羡林文集》第 12 卷，江西教育出版社 1998 年版，第 1—181 页；Malzahn, M., ed., *Instrumenta Tocharica*. Heidelberg: Carl Winter Universitätsverlag, 2007.

④ Stein, M. A., *Innermost Asia, Detailed Report of Explorations in Central Asia, Kan-su, and Eastern Īrān*, Oxford at the Clarendon Press, 1928, Vol. II, III, pp. 807 – 817, 1029 – 1030; Pl. CXXIII; Stein, M. A., *Serindia, Detailed Report of Exploration in Central Asia and Westernmost China*, Oxford at the Clarendon Press, 1921, Vol. III, pp. 1432 – 1459.

焉耆语文和龟兹语文行用的时间,根据对文书的断代,是公元3—9世纪。龟兹文文书中,有一些是抄写的佛经等佛教文献。在唐代,还出现了用焉耆文从印度文转译的大型佛教文献《弥勒会见记》。①

(二) 粟特文(Sogdian)
目前见诸报道的有下述几批:
1. 麻扎塔格遗址
由斯坦因发现,均为残片[Fragment 36, Or. 8212 (91) = M. T. 75D, 等],大部分已被公布。② 在新疆发现的粟特文资料十分受重视,有关的研究也不断地发表。③
2. 吐鲁番
较为知名的粟特文买婢契,是颇受关注的粟特文文书,发表的研究论文有吉田丰与森安孝夫和新疆博物馆联名的《曲氏高昌国时代粟特文女奴隶买卖文书》,等等。④ 2004年发掘的巴达木康氏家族墓地,全部出土的49片文书里,有3片粟特文文书。⑤

另据吉田丰氏介绍,已故龙谷大学名誉教授小川贯弋生前,曾从大谷探险队队员橘瑞超处接受过该氏所藏吐鲁番出土文书残片,共有200来件,称作"西严寺橘资料",是在小川逝世后整理遗物过程中被发现的。其中粟特文残片共有40件,均写在汉文佛经纸背。⑥

3. 巴楚
1959年发现于巴楚的粟特文残片5件,由伊斯拉菲尔·玉苏甫做过报道。⑦
4. 柏孜克里克石窟
发掘的汉文碑文字里行间有粟特文。⑧
5. 昭苏小洪那海突厥石人题铭

---

① 季羡林:《吐火罗文〈弥勒会见记〉译释》"导言",《季羡林文集》第11卷,江西教育出版社1998年版,第97—111页。
② *Innermost Asia*, Vol. Ⅱ, p. 1031.
③ 参见:Sims-Williams and Hamilton, *Documents turco-sogdiens du IXe-Xe siècle de Touen-houang*. London: Published on behalf of Corpus Inscriptionum Iranicarum by School of Oriental and African Studies, 1990, p. 39.
④ [日]吉田丰等:《曲氏高昌国时代ソグド文女奴隶卖买文书》,《内陆アヅア言语の研究》第5号,1989年,第1—50页。
⑤ 吐鲁番地区文物局编:《新疆吐鲁番地区巴达木墓地发掘简报》,《考古》2006年第12期。
⑥ [日]吉田丰著,山本孝子译:《有关新出的粟特文资料——新手书记写给父亲的一封信:兼介绍日本西严寺橘资料》,《敦煌学辑刊》2010年第3期。
⑦ 伊斯拉菲尔·玉苏甫:《新疆新发现的古文献及其研究》,《新疆文物》1999年第3、4期。
⑧ 柳洪亮:《高昌碑刻述略》,《新疆文物》1991年第4期。

铭文镌刻在石人背面下部，已经吉田丰等氏做过释读，并做过研究。

6. 尼雅遗址

20 世纪 90 年代中日共同尼雅遗址调查队发现了一件粟特文文书。① 已由 Sims-Wiliams 做了释读。

(三) 梵文 (Sanskrit)

斯坦因在和田达玛沟 (Domoko) 一带的遗址里，曾挖掘出一批直接用梵文抄写的佛经，见《古代和田》《亚洲腹地》等。② 这是重要的文献，对于佛教史尤其是译经史研究有很高的价值。

(四) 突厥如尼文 (Turkic Runi)

目前所知的有两批发现：

1. 温宿县包孜东墓地

1985 年新疆博物馆发掘了 2 座墓葬 (M01, M41)，在封堆的东段下方另有 1 座用刻有突厥文 (如尼文) 字母的石板构筑的墓葬。字数很少。③

2. 吉木萨尔二工河古突厥文刻铭

新发现。二工河上游河岸台地上，在一块石头上面刻写的一行如尼文字母，可以辨认出七个字母。④

(五) 希伯来文 (Hebrew script)

用希伯来文书写的犹太波斯语信札。见诸报道的有二件，一件是斯坦因 1900 年在和田获得的，出自丹丹乌里克遗址。⑤ 另一件是 2004 年入藏到国家图书馆的收购品。两件十分相似，由此释读者推论它们都是同一年代（8 世纪后期）、出自同一地点（丹丹乌里克遗址，唐代之杰谢）的文书。⑥

(刘文锁，中山大学)

---

① 《日中共同尼雅遗迹学术调查报告书》第 3 卷，中村印刷，2007 年，第 308—309 页。
② *Innermost Asia*, Pl. CXXI – CXXII.
③ 新疆博物馆等：《温宿县包孜东墓葬群的调查和发掘》，《新疆文物》1986 年第 2 期。
④ 罗新：《吉木萨尔二工河古突厥文刻铭的调查与思考》，朱玉麒主编《西域文史》第三辑，科学出版社 2008 年版，第 197—206 页。
⑤ Margoliouth, D. S., "The Judaeo—Persian Document from Dandān—Uiliq". in Stein, M. A., *Ancient Khotan*, *Detailed Report of Archaeological Explorations in Chinese Turkestan*, Oxford at the Clarendon Press, Vol. II, 1907, pp. 570 – 574.
⑥ 张湛、时光：《一件新发现犹太波斯语信札的断代与释读》，《敦煌吐鲁番研究》第 11 卷，上海古籍出版社 2009 年版，第 71—99 页。

汲古书院和刻《晋书·载记》
序论及汉赵部校证

——五胡十六国霸史基础文献研究之一

童　岭

据刘承干《晋书斠注序》，清儒中精于乙部之学、且对于《晋书》校勘投入巨大精力者，多有其人，如卢文弨、劳格、凌廷堪、章宗源、文廷式、丁国钧、钱大昕、王鸣盛等。[①] 除了对整书考证者，如较常见的劳格《晋书校勘记》（《丛书集成》本）、孙人龙和傅云龙的《晋书考证》（《二十四史订补》本）、周家禄《晋书校勘记》（《广雅书局》本）……也还有针对《晋书》某志、某表的考证校勘，如马与龙《晋书地理志补》（《二十四史订补》本）、万斯同《晋方镇年表》、洪亮吉《东晋疆域志》（《二十五史补编》本）……

虽然自清代以来，学者们的具体校勘手段略有差异，但是在重视域内、域外新文献这一点上，都十分之敏锐。如吴士鉴《晋书斠注序》中提出的十大义例，其中"广证第九"有云："日本近在海东，彼国史乘未尝流入中土（下略）"[②]，故而《晋书斠注》一书中最大限度地利用了当时可见的日本佚存史料。但限于书籍之流通，尚有不少可资利用的包括《晋书》在内的八代史籍校勘之史料，留存于彼邦，至今尚没有得到全面的利用。

1971年，日本的汲古书院"和刻本正史"系列，影印出版了南监本的覆刻批识本《晋书》三大册，《载记》与《晋书音义》均收于第三册中，第一册前则有书志学大家长泽规矩也的《和刻本晋书解说》，现全文转译如下：

> 本书是川越藩主柳泽吉保，覆刻明万历南监刊正史计划中最早完成的一

[①] 吴士鉴、刘承干：《晋书斠注》，艺文印书馆1956年版，第4—7页。
[②] 同上书，第2—3页。

种，栏上校语之末可见"正误凡几、志村桢干（或荻生茂卿）谨识。"版心上鱼尾的右上方，又可见"元禄辛巳年"。其中卷一的第一页，尚有"崎阳鞍冈元昌补写"数字。下鱼尾的右下方则有"松会堂"三字。

从元禄十六年至宝永二年，此松会堂的松会三四郎陆续出版了南监本的覆刻本：

《晋书》　　五三册
《南齐书》　二一册
《宋书》　　四五册
《梁书》　　一五册
《陈书》　　一三册

其中，《陈书》出版后很快受到火灾，烧掉了《晋书》将近一半的版木。北朝三史的续刊计划由此中止。至于说《晋书》，此后又在京都补刻出版。出版时有如下刊记：

皇都书林　　风月庄左卫门
　　　　　　横江岩之助

别叶的奥附[①]还记有：

　　　二条通衣棚
京都书肆
　　　　　风月庄左卫门

可见是时代更晚的印本。因为是架藏本，蒙得内阁文库借出初印本，故在此聊表谢意。这次影印之际，没有加以修补。与《陈书》相比，印刷效果略次，此亦原本之优劣故也。[②]

[①] "奥"是日本书志学用语，大意至书籍的卷末。参考［日］长泽规矩也著，童岭译注：《日本书志学研究史》，载张伯伟编《域外汉籍研究集刊》第5辑，中华书局2009年版，第192页。
[②] ［日］长泽规矩也：《和刻本晋书解题》，《和刻本晋书》，汲古书院1971年版，卷首。

关于覆刻批识南监本《晋书》原版近一半毁于火灾的情况，长泽规矩也在《和刻本南齐书解题》①等其他解题中也反复提及。

吉川幸次郎在《汲古書院版和刻漢籍のために》一文中说道：

> 柳泽吉保开版的《晋书》，包括此下六朝时代在内的五部正史，荻生徂徕得到了同藩志村桢干的协助，施加了假名。关于《晋书》上志村桢干施加的训点之苦心孤诣，可以参考汤浅常山的《文会杂记》"卷之一上"，堀正修对于服部南郭所施加在《唐书》上训点的赞词，亦可见同书的"卷之三上"。②

在上述文章发表的两年前，吉川氏还在另一篇《〈和刻本正史〉景印本のために》中说道：

> 现代东洋史学的进步，当然远超江户时代之上。然而，当时汉文阅读能力并不普及，在此之际，一部六朝史的专家之书：松会堂版《晋书》，得到了荻生徂徕和柳泽藩邸同僚志村桢干的协助，施加了训点并和刻刊行，我大力推荐此本。此外，志村桢干训点的《宋书》，也是稀觏之作，我看过该书《宋书·乐志》的部分施加了唐音的假名，实在是做的漂亮极了！③

这里提到的荻生徂徕，其业绩当然享誉汉学界。志村桢干与服部南郭，在中国学者中的知名度不及荻生徂徕，但也是江户时代汉学的重要人物。吉川幸次郎提到的江户时代的五部中国中古正史，即：《晋书》《宋书》《南齐书》《梁书》《陈书》。能够得到吉川幸次郎如此盛赞的六朝史书批识本，是否名副其实呢？

对于川越藩主覆刻南监本的五本晋南朝史书系列之中，笔者曾经详细辑录、考异过《南齐书》上荻生徂徕的批识④，并就此总结出和刻本《南齐书》批校的若干方法，于2013年11月在琉球大学"校勘与经典"的国际学术研讨会上汇报

---

① ［日］长泽规矩也：《和刻本南齐书解题》，中译稿载童岭《南齐时代的文学与思想（附：南监本〈南齐书〉荻生徂徕批识辑考）》，中华书局2013年版，第182页。
② ［日］吉川幸次郎：《汲古書院版和刻漢籍のために》，《吉川幸次郎全集·第23卷》，筑摩书房1977年版，第574页。
③ ［日］吉川幸次郎：《〈和刻本正史〉景印本のために》，《吉川幸次郎全集·第23卷》，筑摩书房1977年版，第572页。
④ 前揭《南齐时代的文学与思想（附：南监本〈南齐书〉荻生徂徕批识辑考）》，第181—280页。

过《八代史籍校勘学攟逸》一文，① 此不赘述。总之，有明一代内府所刻书，大致有三：南京国子监、北京国子监、经厂。其中，南监所储皆为宋元旧版，经过了修补印行，后人称之为"三朝本"②。虽然叶德辉等人猛攻过"南监诸史"的缺点③，但也有版本文献学家明确指出不能将明本一刀切。如顾廷龙曾云："明本之于今日，其可贵诚不在宋元之下。"④

尾崎康在《正史宋元版的研究》一书中认为：

> 万历中，北京国子监刊行了二十一史。明末崇祯中，汲古阁十七史也被刊刻，尤其是后者流传相当之广，但其原刻本却极其稀见。因此，我想汲古阁本可能是被南监本替代了。明清士人获得历代历史知识的途径，一定就是南监本二十一史，这绝非过言。⑤

新近聂溦萌在《〈晋书〉版本演化考》一文中也指出："无论从何种角度而言，在清末的金陵书局本出现以前南监本都是明清《晋书》传播史的核心。"⑥

南监本在明清时代流传颇广，在书籍交流愈加频繁的近世，南监本很快即传入日本，其数量并不能满足日本江户知识人的需要，因此随即又被彼邦大量翻刻。由此，我们不妨进一步推论，南监本正史在明清时代，不仅是明清中国士人获得知识的主要来源，同时也是作为一种东亚视域内共享的知识来源。

笔者近几年在南京大学开设"五胡十六国及北朝文化史专题"研讨课，在这一时段中，最基础的史料，无外乎《晋书·载记》，虽然新近国内外学界有不少订补十六国的书籍及相关工作，如日本学界的《五胡十六国霸史辑佚》⑦，又如国内对《十六国春秋》的重新辑佚工作，等等，但对于"读"懂十六国史，《晋书·载记》依旧是我们沉潜往复含玩的核心史料。唐长孺先生称《载记》为《晋

---

① 此文改题为：《八代史籍校勘学发微——以获生徂徕批校〈南齐书〉"衍"、"脱"、"讹"、"倒"为例》，载台北早期中国史研究会（EMCH）编《早期中国史研究》第5卷第2期。
② 罗锦堂：《历代图书板本志要》，（台北）中华丛书编审委员会1958年版，第75页。
③ 叶德辉：《书林清话》卷5《明南监罚款修板之谬》，岳麓书社1999年版，第151页。
④ 顾廷龙：《明代版本图录初编·序》，载潘承弼《明代版本图录》，上海书店出版社1996年版，卷首。类似的论述又可参程千帆、徐有富《校雠广义·版本编》，齐鲁书社1998年版，第178—180页。
⑤ ［日］尾崎康：《明南北国子监二十一史について》，《正史宋元版の研究》，汲古书院1989年版，第615页。
⑥ 聂溦萌：《〈晋书〉版本演化考》，《文史》2013年第3辑。
⑦ 五胡の会编：《五胡十六国霸史辑佚》，燎原书店2012年版，此书承蒙陈翀兄代购于日本，谨表谢忱。

书》之"一大贡献"①，正此之意也。

汲古书院影印的这部和刻本《晋书·载记》部分，上面的批识即由志村桢干和荻生徂徕两人共同完成。《载记》每卷的卷末，刊刻了各自的校勘作业情况，我们现在汇集如下：

《载记》第一	右正误凡十一	荻生茂卿谨识
《载记》第二	右正误凡二十八	荻生茂卿谨识
《载记》第三	右正误凡三十五	荻生茂卿谨识
《载记》第四	右正误凡六	志村桢干谨识
《载记》第五	右正误凡七	志村桢干谨识
《载记》第六	右正误凡九	志村桢干谨识
《载记》第七	右正误凡七	志村桢干谨识
《载记》第八	右正误凡十一	荻生茂卿谨识
《载记》第九	右正误凡三十六	荻生茂卿谨识
《载记》第十	右正误凡十九	荻生茂卿谨识
《载记》第十一	右正误凡三十一	荻生茂卿谨识
《载记》第十二	右正误凡十八	荻生茂卿谨识
《载记》第十三	右正误凡八	志村桢干谨识
《载记》第十四	右正误凡六	志村桢干谨识
《载记》第十五	右正误凡五	志村桢干谨识
《载记》第十六	右正误凡六	志村桢干谨识
《载记》第十七	右正误凡二十九	荻生茂卿谨识
《载记》第十八	右正误凡十二	荻生茂卿谨识
《载记》第十九	右正误凡三十九	荻生茂卿谨识
《载记》第二十	右正误凡三十七	荻生茂卿谨识
《载记》第二十一	右正误凡三十七	荻生茂卿谨识
《载记》第二十二	右正误凡七	志村桢干谨识
《载记》第二十三	右正误凡十二	志村桢干谨识
《载记》第二十四	右正误凡五	志村桢干谨识
《载记》第二十五	右正误凡十一	志村桢干谨识
《载记》第二十六	右正误凡二十九	荻生茂卿谨识

---

① 唐长孺：《魏晋南北朝史籍举要》，《唐长孺文集》第5卷，中华书局2011年版，第18页。

《载记》第二十七	右正误凡二十五	荻生茂卿谨识
《载记》第二十八	右正误凡二十八	荻生茂卿谨识
《载记》第二十九	右正误凡十四	荻生茂卿谨识
《载记》第三十	右正误凡十七	荻生茂卿谨识

观上举资料可知，和刻本《晋书·载记》三十卷中，荻生徂徕承担了十八卷的批点，志村桢干承担了十二卷的批点，两人共批校出了545则正误。

而目前中日学者、读者最常用的《晋书》，为1974年中华书局繁体字点校本。中华书局点校本《晋书》，共十册。它的工作底本是金陵书局本，与百衲本及殿本互校。据《晋书出版说明》所言，中华书局点校本也参考了明南北监本，但"择善而从，不出校记"。①全书的点校初稿由吴则虞完成，其中第九和第十两册为《载记》与《晋书音义》，由唐长孺覆阅修改。此外，先后有杨伯峻、汪绍楹等诸多文史名家担任编辑整理工作，阵容不可谓不盛。就《载记》部分而言，至少先后经过吴则虞、唐长孺两位校勘，很多校勘记都十分精当。但是，倘若以和刻批校本《晋书》参校，依旧能发现一些新问题。

唐长孺与日本六朝史大家谷川道雄有深交，二人多有通信，且曾在武汉、京都等地互相拜访过。从时间上考察（中华本1974年出版，和刻本1971年影印），唐长孺极有可能从谷川道雄那里获得这份和刻批校本《晋书》，将和刻本批识之成果纳入《晋书·载记》的校勘记中——但这一可能性从内、外两方面都不成立：首先，中华本《晋书·载记》的校勘中，丝毫没有显示出校勘者见过和刻批校本《晋书》；其次，即使是日本的六朝史研究者（如谷川道雄），对于汲古书院"和刻本正史"系列的影印中国中古史籍丛书，也没有投入太多的关注②，遑论寄送中国友人唐长孺了③。

因此，笔者在获见和刻批校本《晋书》后，也就有了首先将《载记》部分通校一遍的想法。清儒校勘大家中，有"存古"一派，认为凡遇异文，不改为好，如黄廷鉴《校书说》。④然第一流的大家如段玉裁《经韵楼集·与诸同志书论校书

---

① 房玄龄等：《晋书》，中华书局1974年版，第4页。
② 目前可见唯一的例外是京都大学的川胜义雄，据其学生回忆，在他涉及《南齐书·竟陵王子良传》经济史料的演习课上，有师生使用过荻生徂徕的批识。参见福原启郎《魏晋政治社会史研究》（京都大学学术出版会2012年版，第450页）。
③ 即使到2007年，谷川道雄将大批藏书全部赠予武汉大学，其中亦未见和刻本《晋书》，参考石墨林编《谷川道雄教授惠赠图书数据目录》，武汉大学中国三至九世纪研究所编《魏晋南北朝隋唐史资料》第26辑（武汉大学文科学报编辑部2010年版，第287—409页）。
④ 黄廷鉴：《校书说》，转引自张舜徽选编《文献学论著辑要》，陕西人民出版社1985年版，第361—364页。

之难》有云:"校书之难,非照本改字不讹不漏之难也,定其是非之难。是非有二:曰、底本之是非;曰、立说之是非。"①

就本文涉及的校证,也是尝试在和刻本《晋书·载记》所批注的"是非"之辞基础上,做出新的断订。固然,和刻本上荻生徂徕和志村桢干二氏的批注,有迄今为止《晋书》校勘学所未涉及者;当然,也有断语不确者。对于前一种情况,笔者校证稿尽可能旁及相关史料文献,指出其精当处之所在;对于后一种情况,亦不为彼邦先贤讳,也指出其致误之所在。

陈寅恪在给沈兼士的一封信中提到:"今日训诂学之标准,凡解释一个字即是作一部文化史。"② 这样的训诂学目标,本稿虽不能至,心向往之。

以下为汲古书院和刻《晋书·载记》汉赵部校证,具体来说,即包含《刘元海载记》《刘聪载记》及《刘曜载记》共三卷。副题曰"五胡十六国霸史基础文献研究之一",笔者希望能在近年内,将《载记》全部校证一遍。

本校证稿的体例大致是:一,首顶格列南监本《晋书》原文,原句括号后为1974年中华书局点校本之页码;二,次行退两格辑录荻生徂徕、志村桢干的批识,简称"和批";三,又次行退两格为笔者之"校证"语,校证除参考异本外,亦旁涉本文开篇所举诸清儒之校勘、札记成果。

欧美学界虽然尚没有完整的《晋书》英译,但如韩大伟(David B. Honey)教授在《中世纪匈奴的中兴:刘渊晋书的传记》(*The Rise of the Medieval Hsiung-nu: The Biography of Liu Yuan*)一书中③,对《晋书·刘元海载记》进行了详细的英译,本校证稿也参考了韩大伟教授的部分英译注释成果。

载记第一　　晋书百一

后亦转至五原,连延七郡。(页2643)

　　和批:"连",旧作"运"。

　　校证:"运"字形近而误。

今离石左国城即单于徙庭众留汉。(页2645)

---

① 段玉裁:《段玉裁遗书》,大化书局1986年影印版,第1122页。
② 《陈寅恪先生来函》,葛信宜、启功整理《沈兼士学术论文集》,中华书局1986版,第202页。
③ *The Rise of the Medieval Hsiung-nu: The Biography of Liu Yuan*(《中世纪匈奴的中兴:刘渊晋书的传记》). *Papers on Inner Asia*, No. 15. Bloomington, Indiana, Research Institute for Inner Asian Studies, 1990. 此书承蒙韩大伟教授本人寄赠。

和批:"石",旧作"右"。

校证:"右"字形近而误。"离石"无误,作"右"者乃多涉传钞或刻工之误。

于扶罗死,弟呼厨泉立。(页2645)

和批:"弟",旧作"第"。

校证:"弟""第"古今字。案,《春秋繁露·考功名》"以为名定实先内弟之。"凌曙注:"弟,古第字。"又《广韵》云:"第,《说文》本作弟。"朱骏声《说文通训定声·履部》云:"《毛诗周南正义》、杨士勋《榖梁隐公疏》引《说文》有'第'字,从竹,弟声。按,即'弟'之或体。"

元海仪容机鉴,实如圣旨。(页2646)

和批:"旨"旧作"真"。

校证:"真",《说文》本作"眞",云:"仙人变形而登天也。从匕,从目,从乚。"此处"旨"字度与"眞"字形相近而误。六朝古文"真"字,如《玉篇·匕部》载又有作"叒"者,亦与"旨"形近易误也。

臣观元海之才,当今惧无其比。(页2646)

和批:"今"旧作"令"。

校证:"今""令"二字先唐古籍中或有互通例,然皆多讹误所致,如王念孙《读书杂志·汉书第十二》校"今大司农所转谷"句云:"今,当作令。"审度《晋书》文意,乃太原王济荐刘渊总以东南平吴之役,而孔恂、杨珧反对之,"惧无其比"则谓刘渊,故作"当今"为妥,"当令"于文义不合。

齐王攸时在九曲,比闻而驰遣观之。(页2647)

和批:"比"疑当作"北"。

校证:"北"字形近而误。"北""比"二字篆书不易误,唯"比"字汉魏碑刻如《史晨碑》,颇易与"北"字混,然义无通例。又,郦道元《水经注·谷水注》引《河南十二县境簿》云:"九曲渎在河南巩县西,西至洛阳。"又引阮籍《咏怀诗》云:"遥遥九曲闲,裴徊欲何之者也。"熊会贞按云:"此水亦谓之九曲渎,又名七里涧。下叙城南之谷水东流左合七里涧,即此水也。"故知作"北"于方位上亦不符合九曲与汉魏晋洛阳故城之关系,且"北闻"不成辞,当作"比闻"为是。

如之何以无萌之疑杀人侍子。（页2647）

  和批："侍"旧作"待"。

  校证：二字形近而误，当作"侍子"。义同传文所谓"咸熙中，（刘渊）为任子在洛阳"之"任子"，二辞皆亦似今语"人质"也。

以元海代为左部帅。（页2647）

  和批："帅"旧作"师"。

  校证：曹操建安年中设南匈奴五部帅，刘豹始为左部帅，"帅"字无疑。作"师"字者，恐误刻尔。

五部之众可保发已不？（页2648）

  和批：一无"已"字。

  校证：此为成都王司马颖之发问辞。案，《集韵·志韵》云："已，卒事之辞。"又常见为语终之辞，王引之《经传释词》卷1云："已为语终之词，则与矣同义。"单纯从"已"字义考察，无定否之断。然李善注陆厥《中山王孺子妾歌》引王逸注云："已矣，绝望之辞也。"结合成都王司马颖彼时之心情，或可用"绝望"二字形容之，故加"已"字为妥。

示弱于人，洛阳可复至乎？（页2648）

  和批："复"旧作"后"。

  校证：形近而误，当作"复"字。

黄巾海沸于九州。（页2649）

  和批："九"旧作"人"。

  校证：形近而误，当作"九"字。

聪回军而南，壁于洛水。（页2651）

  和批："洛"旧作"落"。

  校证："洛"与"落"二字本通。《梦溪笔谈·辩证一》："水以'漳'名、'洛'名者最多。（中略）'洛'与'落'同义，谓水自上而下有投流处。"胡道静《校证》云："本条释'漳'、释'潼'、释'洛'，盖用王安石《字说》。"今案，民国学者张宗祥《字说辑》未察沈括此条。又，郝懿行《山海经笺疏·西山经》注"爰有淫水,其清洛洛"句云:"是洛洛本作落落也。"钱大昕《廿二史考异》考《魏书·地形志》"洛聚"云:"《隋志》作'落丛'。"

载记第二　　晋书百二

聪久而许之。(页2658)

　　和批:"许"旧作"诈"。

　　校证:此为刘聪杀刘和后,群臣劝刘聪即位,刘聪让与北海王刘乂,刘乂不受固请,"聪久而许之",自立为帝,封刘乂为"皇太弟",万斯同《伪汉将相大臣表》系于永兴元年七月。故依文意此当作"许",虽然此后刘乂终死于谗言,然细审《晋书·刘聪载记》,在刘聪登基之初,似无"诈"刘乂之理。

遣其平西赵染、安西刘雅率骑二万。(页2659)

　　和批:"西"旧作"平"。

　　校证:彼时洛阳已陷,晋怀帝已被囚。刘聪乃力攻长安。以其都城平阳视之,长安在"西",故派以平西与安西二将军出征。检万斯同《伪汉将相大臣表》,嘉平年间仅记征西大将军刘骥,而漏书赵染、刘雅二人官职(赵染仅记其为安南大将军之职,未及平西将军)。以此度之,此平西与安西二职,乃刘聪临时所封也。作"平"乃误,南监本"安西刘雅"另起一行,首字"西"涉前而误刻也。

聪大怒,遣使让勒专害公辅,有无上之心。(页2659)

　　和批:"有无"旧作"友无"。

　　校证:古二字通假。《释名·释言语》云:"友,有也,相保有也。"马瑞辰《毛诗传笺通释》解《大雅·云汉》"散无友纪"句云:"友,即有之叚借。"且二字不仅形近,亦音近易混。俞樾《群经平议·礼记三》云:"友,当读为有。"

聪游猎无度,常晨出暮归。(页2661)

　　和批:"暮"旧作"墓"。

　　校证:二字唐前古籍中鲜有通假之例。唯清儒桂馥《说文解字义证·土部》有云:"谓之墓者,言其幽暗当昏暮也。"

而虔刘南鄙,沮乱边萌。(页2662)

　　和批:"乱"旧作"乳"。

校证：形近而误也，当作"乱"。

视百姓如草莽。（页2663）

和批："莽"恐当作"芥"。

校证：所批为是。王仲荦《校勘记》云："'芥'，各本作'莽'，殿本、《通志》一八六作'芥'。'草芥'用《孟子·离娄》、《左传》哀公元年文，今从殿本。"且"莽""芥"二字之义。参《方言》卷3云："苏，芥草也。江淮、南楚之间曰苏；自关而西或曰草，或曰芥；南楚、江湘之间谓之莽。"钱绎《方言笺疏》云："神农《本朝》水苏一名芥蒩，是已'莽'旧本误作'芥'，戴据薛综《西京赋》注引改作莽，音内嫫母（反）。"

元达先鏁腰而入。（页2664）

和批："腰"旧作"𦝫"。

校证："𦝫"不成字，乃刻工误刻所致。陈元达为汉赵国之大贤臣，为进谏刘聪，带"鏁"而进，自"鏁"于树，左右牵之不得。案"鏁"字，百衲本作"锁"。《集韵·果韵》："锁，银铛也。或作鏁。"又，陈元达本姓高，通常以之为华北汉人，然谷川道雄据《资治通鉴》卷85《晋纪》胡三省注，谓其"后部是匈奴五部中的北部。"（《隋唐帝国形成史论》第一章）或可从另一面解释陈元达"锁腰而入"的这种非常行为。

绿綟绶，远游冠。（页2665）

和批："绿"旧作"禄"。

校证：形近而误也。当作"绿"。"绿綟绶"见《后汉书·舆服志》，刘昭注引徐广云："金印绿綟绶。綟音戾，草名也。"

今司马邺君臣自以逼僭王畿。（页2666）

和批："以"旧作"相"。

校证：此为刘聪将赵染之长史鲁徽语，故径呼晋愍帝名号。孔颖达疏《大雅·行苇》毛传"内相亲也"云："相者，两相之辞。"审《晋书·载记》此处之意，无"两相"之意，作"以"为妥。

以司马模之强，吾取之如拉朽。（页2666）

和批："模"旧从米。

校证：当作木旁，作米者乃形近而误也。又，百衲本此处作"以司马模之彊"。"彊""强"二字通，《说文》云："彊，弓有力也。"段玉裁注云："引申为凡有力之称。又叚为强迫之强。"

刘乂恶之。（页2667）

和批："乂"旧作"又"。

校证：二字义无通例，形近而误也。

而主上过垂宽仁，犹不替二尊之位。（页2669）

和批："二"当作"贰"。

校证：《广雅·释诂二》云："贰，二也。"洪迈《容斋随笔》卷9云："古书及汉人用字，如一之与壹，二之与贰，三之与叁，其义皆同。"论"二""贰"二字，唐前典籍虽有通例（如朱骏声《说文通训定声》云："二，叚借作贰"），但"贰"有一义为"二"所无，即《玉篇·贝部》所云："贰，副也。"又，郑玄注《周礼·大宰》"立其贰"句云："贰为小宰、小司徒。"韦昭注《国语·鲁语下》"大夫有贰车"句云："贰，副也。"今案，《晋书·载记》"犹不替二尊之位"句，此为郭猗谓刘粲之说辞，主上谓刘聪无疑，若作"二尊"，意为"两位君尊"，则当指皇太弟刘乂与刘粲，于郭猗前后文意不符。且"二尊"古文常指父母，此"二"一同"二圣"之"二"义，作量词。故当作"贰尊"，谓副君、储君之意。

凡在含齿，孰不系仰。（页2669）

和批："在"旧作"但"。

校证：《说文》本义云："在，存也。"刘淇《助词辨略》卷4云："此存字，语助辞。"此为郭猗在刘粲处谮言刘乂之语。"凡在含齿"几言"凡是我部族人"之意，六朝人亦见此语，如《宋书·顾琛传》云："凡在含齿，莫不骇惋。"

昔孝成距子政之言，使王氏卒成篡逆。（页2670）

和批："王"旧作"正"。

校证：孝成谓汉成帝，子政谓刘向，王氏谓王莽。以此审之，作"正"字乃形近而误也。陈此意者为靳准，本南匈奴贵族，亦可见其熟知汉典也。

诏尚在臣闻，犹未宣露。（页2671）

和批:"闻"当作"处",草昏相误。

校证:"臣"乃侍中卜干自谓。百衲本"闻"作"间",于义尤未洽,作"诏尚在臣处"合文意。

沉等皆刀锯之余,背恩忘义之类。(页2672)

和批:"锯"旧从"足"。

校证:《说文》云:"踞,蹲也。从足,居声。"与"锯"字可通。《楚辞·大招》:"长爪踞牙。"朱熹《集注》云:"踞,疑当作锯。"王夫之《楚辞通释》云:"踞与锯同。"案,《晋书》此句为陈元达等人之谏语,"沉"百衲本作"沈",下同,谓宦官王沈。

而复以沉等助乱大政,陛下心腹四支何处无患!(页2672)

和批:"助"当作"沮",音相淆。

校证:所批甚是。此亦为陈元达等人之谏语。"助",《广韵》属鱼部"床据切";"沮",《广韵》亦属鱼部"子鱼切""将预切"或"慈吕切"。韵部相同,故音近相混淆也。案,"助""沮"二字鲜有通例,且"沮"有毁坏、废坏之义。《诗·小雅·小旻》"何日斯沮"句毛传云:"沮,坏也。"《汉书·司马迁传》"以马仆沮贰师"句颜师古注云:"沮,毁坏也。"《慧琳音义》卷45"沮怀"注云:"沮,推破也。"《玄应音义》卷3"沮坏"注云:"沮,渐也,败也。"《文选》收嵇康《幽愤诗》"神辱志沮"句李周翰注云:"沮,乱也。"

据上所考,"助乱大政"远不如"沮乱大政"之确凿。"心腹"谓刘聪中央之佞臣,"四支"据上下文意指石勒与曹嶷。今案,陈元达等人切切之心,若生于北朝,乃一崔浩、高允也!

时东宫鬼哭,赤虹经天,南有一歧;三日并照,各有两珥。(页2674)

和批:恐有脱误。

校证:东宫虽为太子之所在,然彼时无皇太子,故当为皇太弟刘乂居之。此段前文言刘聪之子刘约死,入不周山见刘渊亡灵之异谭。后文言东宫事,审其下太史令康相解释之辞,言"虹"、言"歧"、言"日",且言"月",然前文之天文异象不及言"月",荻生徂徕批"恐有脱误",或当指此。今案,若以康相之解词"月为胡王,皇汉虽苞括二京"反推,前文或可补作"[月]各有两珥"。又案,太史令康相未提"东宫鬼哭"之意,非不知也,恐不敢言尔。不久即有刘乂被废之事。

聪谓沉等言曰："而今而后，吾知卿等忠于朕也。"（页2675）

和批："谓"当作"为"。

校证："为"唐前有二音，《广韵》歌部"薳支切"（wei2）时，可与动词"谓"通假。如：王念孙《读书杂志·战国策第一》"苏代伪为齐王曰"句按语云："为，古与谓同义。"王引之《经传释词》卷2云："为，犹谓也。"然"为"读"于伪切"（wei4）时，为助字，义与"谓"不可通。如《论语》云："为人谋而不忠乎？"刘淇《助字辨略》卷4云："此为字，犹与也；凡心向其人曰为。"江蓝生《魏晋南北朝小说词语汇释》亦谓："'为'相对于'与'。"

此为王沈等设计诬陷刘乂，刘聪信之之语。详审文意，当为魏晋南北朝语法套句"为NV"式句，故当为"为沉等（N）言（V）曰"为佳，作"谓"字欠妥，且与后"言"字重。"卿等"即当谓王沈等人。此次事件之后，刘粲被立为皇太子。

是故周文造周，姒氏以兴。（页2676）

和批："造周"一作"造舟"。

校证：百衲本作"造舟"。合观上下句，"造周""造舟"于义均可。"造周"指建造周室之基础；"造舟"典出《诗·大雅·大明》："造舟为梁，不显其光。"谓周文王之成婚也。《毛诗郑笺》云："天子造舟，周制也。殷时未有等制。"杨树达《积微居小学述林》卷6《故书古史杂考之属》云："余谓造当读为聚，造舟谓聚合其舟也。"唯作"造周"之"周"字，与前"周文"重，似不合六朝文法，当以"造舟"为妥。

从麟嘉以来，乱淫于色。（页2676）

和批："淫于"一作"于淫"。

校证：钟渊映《历代建元考》谓刘聪"改元四：光兴、嘉平、建元、麟嘉"。"乱于淫色"于六朝句法较通，似作"于淫"为妥。

靳准枭声獍形，必为国患。（页2677）

和批："獍"旧从"金"。

校证：百衲本、中华书局点校本均作"镜形"，误也。案，此为刘聪中书监崔懿之临刑前之痛斥王沈等人之语。刘聪死后，靳准作乱，"刘氏男女无少长皆斩于东市"，可谓南匈奴汉国一大灾难也。此时谓之"枭声獍形"，于文义合。

案，《玉篇·犬部》："獍，兽名。"《广韵·映韵》："獍，兽名，食人。"《晋书·刘聪载记》云："靳准枭声獍形，必为国患。汝既食人，人亦当汝。"考《晋书》之"食人"义，正与《广韵》解"食人"同。故定当为"獍"字无疑。《汉魏丛书》本任昉《述异记》卷上云："獍之为兽，状如虎豹而小，始生还食父母，故曰枭獍。"且《晋书》此处"枭"与"獍"互文，作"镜"乃形近而误也。

唯其致误原委，似尚有一因。案庾信《哀江南赋》云："大则有鲸有鲵，小则为枭为獍。"本言侯景也。侯景之乱破建康城，亦如靳准之乱，滥杀无辜，故均目之为"枭獍"。倪璠注云："枭，恶鸟，即一枭；獍，恶兽，即破镜。"又引孟康曰："破镜，兽名，食父。黄帝欲绝其类，使百吏祠皆用之。破镜如豾而虎眼。"唯单言一"镜"字，误。《晋书》此书当作"枭声獍形"。

谓粲曰："吾寝疾惙顿，怪异特甚。"（页2677）

　　和批："寝"旧作"请"。

　　校证：此为刘聪死前频见怪异之语。作"请"者乃音近而误也。

伪谥曰昭武皇，庙号烈宗。（页2677）

　　和批："皇"下脱"帝"。

　　校证：百衲本等不脱。

如闻诸公将欲行伊尹、霍光之事。（页2678）

　　和批："如"字可疑。

　　校证：朱骏声《说文通训定声·女部》云："如，发语之辞。"然与《晋书》此处意有不合处。案，此为靳准将作乱前，谗于刘粲之语，全句为："如闻诸公将欲行伊尹、霍光之事，谋先诛太保及臣，以大司马统万机。陛下若不先之，臣恐祸之来也不晨则夕。""如"字前后无着落，然各本作"如"，以文意度之，似当作"比闻"。"比"者，《广雅·释诂三》云："比，近也。"孔颖达疏《左传·文公十八年》"是与比周"句云："比者，近也。"比闻者，近闻也。靳准谋乱而谗言于刘粲，若云"如闻"必不如"比闻"更显肯定之辞。

准勒兵入宫，升其光极前殿，下使甲士执粲。（页2678）

　　和批："下"字非误则衍。

　　校证："下"字与"升"字对，未审误衍之处，疑其所断非是。

屡进谠言,退而削草。(页2679)

和批:"削"旧作"创"。

校证:"创"有劈砍之义,段成式《酉阳杂俎·续集》云:"其半,有薪者创成一蹬,深六七寸余。"然唐前鲜有"创草"之成例,故疑二字形近而误也。

载记第三　　晋书百三

从元海猎于西山,遇雨,止树下。(页2683)

和批:"止"旧作"上"。

校证:作"上"者,疑乃漏刻所致也。

对手过膝。(页2683)

和批:"膝"旧作"滕"。

校证:二字形近而误也。

恐不容于世,隐迹管涔山。(页2683)

和批:"管"旧皆作"菅"。

校证:中华书局点校本校勘记云:"各本'管'作'菅',今据《御览》四五引《前赵录》、《册府》二二〇、《水经·汾水注》改。下'菅涔王'同改。"今案,《水经注疏》卷6注引《十三州志》云:"出武川之燕京山,亦管涔之异名也。"杨守敬按语云:"《御览》四五十引《水经注》云:管涔山,汾水所出,土人亦为箕管山,见多管草,或以为名,又为管子山。"和批"旧皆作",当指百衲本在内之诸本。唯中华本所附《晋书音义》云:"菅,一作管。"或唐人所见本有作"管"者。然据杨守敬按语,当作"管"为妥。又,和刻本下文亦作:"管涔王使小臣奉谒赵皇帝。"

谍者适还,云其五牛旗建。(页2685)

和批:"云"旧作"去"。

校证:两者形近而误。此乃刘曜攻雍州事。"五牛旗"谓刘曜亲率部队而至,作"去"字于上下文无着落。

若顿军城下,围人百日,不待兵刃而吾自灭。(页2685)

和批:"人"当作"及"。

校证：所批为是。案，此亦是刘曜攻雍州陈仓之时，雍州刺史杨曼与扶风太守王连相谋划之语。"若顿军城下"，谓刘曜"率中外精锐以赴之，行次雍城"。彼等以为"不待兵刃而吾自灭"。依照百纳本等通行本，中间"围人百日"四字甚不可解。当据南监本和批作"围及百日"，文意乃通。"人""及"乃形近而误也。

不如缓之，使气竭而击之。（页2687）
　　和批："击"旧作"系"。
　　校证：于文意作"击"字无疑。疑本作"系"，与"击"形近而误也。案，段玉裁《说文解字注·人部》有云："系，俗通作系。"

晋阳太守王忠、太子洗马刘绥等。（页2687）
　　和批："绥"旧作"缓"。
　　校证：二字形近而误也。刘绥为早年救助刘曜之人，《晋书·刘曜载记》后文均作"刘绥"。

大丈夫处身在世。（页2688）
　　和批："在"一作"立"。
　　校证：百衲本及中华书局点校本皆作"立"。二字形近、义近。首都图书馆藏清末钞本郭造卿《古燕史》引此句作"大丈夫处身在世"。郭为明人，所见或当为南监本之系统也。

给以衣服，资供书传。（页2688）
　　和批："书"旧作"习"。
　　校证：二字形近。"书传""习传"皆有典故，且于文意皆通。若与上句"给以衣服"校读，似作"书传"为妥。案，《后汉书·班超传》云："涉猎书传。"即此之意也。

陛下此役，以铜为棺椁，黄金饰之。（页2689）
　　和批："椁"旧作"廓"。
　　校证：《释名·释丧制》云："椁，廓也，廓落在表之言也。"

与陇西太守梁勖等降于曜。（页2691）

和批："陇"旧无"阜"傍。

校证：疑俗写脱漏"阜"傍也。

陈安使其将刘烈、赵罕袭阡城。（页2691）

和批："阡"旧作"所"。

校证：中华书局点校本校勘记云："各本'汧'作'阡'，今据本书《地理志上》及《通鉴》九二改。"案，和刻南监本批云旧本所作"所"字乃误也。中华书局校勘记云各本之"阡"字，实"阡"乃"汧"之俗写，《正字通·水部》云："汧，同汧。俗省。"《说文》云："汧，水。出扶风汧县西北，入渭。"汧城在今陕西陇县南。《汉书·地理志》上有之，属右扶风。《晋书·地理志》"汧"亦属扶风郡，并注云："吴山在西，古文以为汧山。"顾祖禹《读史方舆纪要》云："汧源废县。秦置汧县，汉因之，属右扶风。《括地志》：'故汧城在今州南三里。'"

又，《资治通鉴》卷92《晋纪十四》原文为："（陈）安乃还上邽，遣将袭汧城，拔之。"胡三省注云："汧县，属扶风郡。汧，苦坚翻。"可知此处当作"汧"字。又，"阡"与"岍"同，《玉篇·山部》云："岍，山名。"同在陇县西南部。

署其大司马刘雅为太宰。（页2693）

和批："署"旧作"置"。

校证：署某为某官，乃史籍之套词。二字形近而误也。

弃我骢骢窜岩幽，为我外援而悬头。（页2694）

和批："援"旧作"授"。

校证：此为《陇上壮士歌》（或称《壮士歌》）之歌辞。《晋书·刘曜载记》录其歌辞前有记载云："会日暮，雨甚，安弃马，与左右五六人步踰山岭，匿于溪涧。翌日寻之，遂不知所在。会连雨始霁，辅威呼延清寻其径迹，斩安于涧曲。"指其事也。又前云："（陈安）率骑数百突围而出，欲引上邽、平襄之众还解陇城之围。"即指"为我外援"事也，故知"援""授"二字乃形近而误，当作"援"无疑。

其太傅呼延晏等咸曰。（页2696）

和批："太"旧作"未"。

上邽马生牛，及诸夭变不可胜记。（页2698）

  和批："夭"一作"妖"。

  校证：为灾、异之意时，二字本通也。《庄子》"善妖善老"句郭庆藩《集释》云："夭、妖古通用。"《经典释文》释此句云："妖，本又作夭。"百衲本作"妖"字。

曜命其公卿各举博识直言之士一人。（页2698）

  和批："人"旧作"同"。

  校证：二字无通例，疑涉下句"司空刘均举参军台产"首字"司"而误钞、误刻也。

三者，历运统之极也。东为震位，王者之始次也。（页2699）

  和批："三"旧作"卫"；"震"旧作"宸"。

  校证："震""宸"二字形义俱近也。以卦象、天象而言，宸为帝位，《广韵》"天子所居"是也。李善注谢朓《始出尚书省》"宸景厌照临"句云："宸，北辰。比喻帝位也。"又，"震"为东方之卦、为长、为始。何休注《公羊传》"震之者何"句云："震，元阳之貌。"《晋书·载记》此后云："东为震位，王者之始次也。"以上下文意审之，作"震"字为妥。

  又，中华书局点校本作"历运统"，如作动词，似当以南监本"历运统"为妥。

枹罕护军辛晏。（页2700）

  和批："护"旧作"谩"。

  校证：二字形近而误也。

胤追之，及于令居，斩级二万。（页2700）

  和批："追"旧作"遣"。

  校证：二字形近。考上下文，刘曜之子刘胤，率军与前凉作战。当作"追"字无疑。

皆拜将军，封列侯。（页2700）

  和批："侯"旧作"候"。

  校证：二字形近而误也，当作"侯"。

始议增荥阳戍，杜黄马关。（页2700）

　　和批："杜"旧作"社"。

　　校证：时石勒与刘曜战，石勒先锋石虎进据石门。黄马关在荥阳之西，乃石氏必攻之地，故刘曜增兵于此。"杜"者，段玉裁《说文解字注》云："杜，借以为杜塞之杜。"又，五臣注潘岳《杨荆州诔》"杜门不出"句云："杜，闭也。"与"社"字乃形近而误也。

曜少而淫酒，末年尤甚。（页2700）

　　和批："末"旧作"永"。

　　校证：二字形近而误。"淫"字南监本作"滛"，乃六朝隋唐间"淫"之俗写字。唐张参《五经文字·水部》云："淫，久雨曰淫。作滛，讹。"

而我杀石佗。（页2701）

　　和批："他"旧作"生"。

　　校证：中华书局点校本校勘记云："各本'他'作'生'，殿本作'他'。《考证》云：本书，曜次于富平，为岳声援，岳及石他战于河滨，败之，斩他。未尝杀生。则'生'为'他'字之误无疑。案，《商榷》略同考证说，《通鉴》九四正作'他'，今从殿本。"

　　"佗"，段玉裁《说文解字注》云："佗，隶变作他，用为彼之偁。"《慧琳音义》卷25注"佗"字云："佗，正体他字也。"又，浙江大学真大成兄惠示，"他""佗"作人名在汉代已有赵他、赵佗。《晋书·刘曜载记》分别记有"石生""石他"，疑并非如中华书局校勘记之说，略考订如下。

　　前文先有云："石勒将石他自雁门出上郡。（中略）岳及石他战于河滨，败之，斩他及其甲士一千五百级。"各本作"石他"，此为败石他之战。后又有云："曜遣刘岳攻石生于洛阳。（中略）岳攻石勒盟津、石梁二戍，克之，斩获五千余级，进围石生于金墉。"各本均作"石生"，此为败石生之战。

　　刘曜此语全文为："石王仁厚，全宥至今，而我杀石佗，负盟之甚。"今案，石他之败，为石勒首先进攻，刘曜并不存在"负盟"之说；而石生之败，此战乃刘曜首先挑起，故有"负盟之甚"之说。故"石生"不烦改也。

　　或谓此战之败，史书未言石生死，后文亦见石生之事。若王鸣盛《十七史商榷》卷52《刘曜杀石生》条之所本据。然据六朝语法，"我杀石生"，"杀"字可解作灭、克。《尔雅·释诂上》云："杀，克也。"故"我杀石生"亦或可指"我杀石生（之众、之兵）"之意，非特指杀石生一人也。

又案，刘曜被擒前后，称呼羯族石氏之姓名虽有变化，如战前称石勒为"大胡"，被擒后则称石勒为"石王"。但称呼石勒下属，称呼因无改变，综合考虑，此处作"而我杀石生"不误也。

临财则忘仁义者也。投之遐远，犹惧外侵。（页2702）
　　和批："仁"旧作"人"；"投"旧作"杀"。
　　校证："仁""人"音近而误也。"投""杀"形近而误也。

粉忠贞于戎手。（页2703）
　　和批："贞"旧作"真"。
　　校证：二字音近。唐前古籍亦有通例。如《太玄·餚》"失贞也"句司马光《集注》云："王本贞作真。"《史通·载文》"采真实"句浦起龙《通释》云："一作真。"

投燓既陨，可以绝言。（页2703）
　　和批："可"旧作"乎"。
　　校证："乎以"二字难以成词，观和批南监本此字左部汙漫，或原当作"呼"，与"可"字形近而误也。

用兵则王翦之伦。（页2703）
　　和批："翦"旧作"剪"。

子远纳忠，高旄暂偃。（页2703）
　　和批："暂"旧从"土"。
　　校证："堑"字误。"子远纳忠，高旄暂偃"此八字指《刘曜载记》前文记游子远助刘曜平定氐、羌及关中事，游子远曾劝刘曜勿亲讨巴氏，有云："陛下诚能纳愚臣之计者，不劳大驾亲动，一月之中可使清定。""纳忠"与"暂偃"即典出于此。

和苞献直，酆明罢观。（页2703）
　　和批："观"旧作"觐"。
　　校证："觐"字误。"和苞献直，酆明罢观"谓刘曜起"酆明观"，立西宫，又将营寿陵之际，侍中乔豫、和苞上疏谏止之事。

而师之所处，荆棘生焉。（页2703）

  和批："棘"旧作"刺"。

  校证：二字义近、形近。《方言》卷3云："凡草木刺人江湘之间谓之棘。"段玉裁《说文解字注·戈部》云："棘者，刺也。"然"荆棘"为套词，钱大昕《十驾斋养新录》卷3《棘棘》条有云："棘，即'荆棘'之'棘'也。"作"刺"者不妥。

惟皇不范，迩甸居穹。（页2703）

  和批："惟"旧作"推"。

  校证：此《刘曜载记》之赞词。段玉裁《说文解字注·心部》云："惟，经传多用为发语之词。"王引之《经传释词》卷3云："惟，发语词也。"与"推"义无通例，二字形近而误也。

附记

关于本文序论部分对唐长孺先生未见此和刻本的推测，笔者曾求证于早年留学京都大学的张学锋教授。张教授认为，1980年秋天唐先生访问京都大学，拜访了宫崎市定先生，在这前后一定与谷川先生见过面。1987年5月中日国际共同研究《地域社会在六朝政治文化上所起的作用》实地调查时，谷川道雄为队长，第一次在武汉唐先生家中拜访了唐先生。因此，此前也许有书信交往，但没有直接见面过。

又，20世纪70年代前期中日之间除北京的极少数学者外应该没有其他的交流。真正各领域学者组成的日本学术团体第一次访华是1976年，因此唐长孺先生在复核点校《晋书·载记》时应该没有参考过和刻批校南监本。

（童岭，南京大学）

从写本到刻本演变中的书籍装帧杂考

（提纲）

孟彦弘

一 缘起

从写本到刻本，形制变了，装帧形式也会因此而变化。作为写本，因载体有简和纸的不同，装帧形式也不尽相同。

讨论敦煌文书中古书的装帧，都是"罗列"，即列举出敦煌文书中，后代均已具备的各类装帧形式。我想讨论的是，在写本时代的这些装帧形式，是怎样演变为刻本时代以蝴蝶装为主的装帧形式的？并不是写本时代的各种装帧形式，都与后来刻本时代的装帧形式有对应关系。比如，经折装，就不是从卷子本发展而来，而是从贝叶装演变而来。

刘波、林世田曾拼接 P.5019 和 BD11731《孟姜女变文》。它的一面是文字，拼接后共计至少有 25 行，且前后有残，所以原本不止此数。正反面的文字是配合着看的，即一面是文字，一面是与文字相配合的变相。我关心的问题是，这东西原本是怎么装订的？

因没机会看敦煌原卷，相关成果也未能收齐（比如法国学者戴仁的系列作品），我对敦煌学完全是外行，对相关成果和相关知识，都很缺乏。本文就想围绕写本时代的装帧及与装帧相关的一些问题，谈一些想法，也许只是些早已解决的常识问题而已。

二 帙

帙，用以包卷轴式装帧的古书，大约每十卷装为一帙。现存实物是在敦煌藏经洞发现的，用来包裹佛经经卷。方广锠曾做过专门研究，称：

> 合帙就是我国古代僧人管理大藏的办法之一。所谓合帙是依照经典本身的内容，每十卷左右分作一个单位，叫作"一帙"。合帙起于何时，现在很难查考……合帙的出现，想来并非佛教僧人的首创，而是公私藏书家在整理传统文献时的一种创造。①

这个意见当然是正确的。我想进一步强调的是，帙的使用，是以纸取代简为前提的——在使用简的时代，一卷简，体积已很庞大，没有必要、也不可能将若干卷的简合为一包。在使用纸时，一卷的体积变小，而不少书，并非一卷所可抄毕。于是，就将若干卷（通常为十卷）包在一起，以便检用，是为帙。用纸书写的卷子，每卷体积较小，十卷合为一帙，便于寻检。如使用简，则无此需要。

用帙来包裹写卷，大致有两种方法。一种是将帙的的四角打对角来包，一种是帙的宽与写卷的直高平行（在这种情况下，帙宽即大体与写卷的直高相同）。

三 界栏

在写本中，大多有界栏。有学者称，抄本的界栏是仿照简牍时代的一支一支的简②。恐不尽然。在简的时代，大多是一简一行，但也有一简上写两行者，且有专名，为"两行"。还有牍，一块木牍上可抄写若干行。比如尹湾出土的牍（一块牍长约23cm，即汉一尺；宽约7cm），吏员簿、长吏名籍等，长达21行（YM6D2正，即吏员簿），但却无划线的痕迹。这些籍簿，是官文书，而不是书籍，但抄写的方式，应该与书籍抄写的方式近似吧。

至于栏线的上下两栏，也不是模仿简册的上下编绳，因为简册的编联，并不止用两道，还有大量是用三道编绳的。

在我看来，在纸上打界栏，完全是因为纸幅较宽，不打行线，不易抄写工整。换言之，纸上的界栏，不是为了模仿或保留简的形制，而是纯粹为了需要和实用。

简的时代，一般抄写都是顶天立地，即没有留天头地角。而在抄本以及刻本

---

① 方广锠：《敦煌的经帙》上册，载《敦煌学佛学论丛》，中国佛教文化出版有限公司1998年版，第211—212页。

② 如杜伟生在《敦煌遗书的装帧和修复》中称："很多的敦煌文书上面都有栏线，上下两道，实际上就是模仿竹简上下两道编绳。竖着的小细道，实际上就是模仿竹简之间的缝。"载《敦煌与丝路文化学术讲座》第1辑，北京图书馆出版社2003年版，第527页。

时代，书籍都会留有不小的天头地角。抄本时代留下天头地角的习惯，是何以形成的呢？吴玉贵认为，这是因为纸易磨损，如抄得顶天立地，则一旦纸受磨损，文字便会因此磨泐。

四　写本与刻本的装订

简的时代，装帧较为简单，主要就是将一支支简编联为册，是为简册。当然，就抄写古籍而言，一般是先编联后抄写的。[1] 在纸的时代，装帧形式因为使用纸而可以变得空前丰富了。于是，我们在敦煌文书中看到了卷轴装、经折装、旋风装、龙鳞装等。[2] 但是，这些装帧形式之间，并不是都存在着前后演变或源渊的关系。比如，有学者已指出，经折装并不是由卷轴装变化而来，而是直接模仿梵夹装或贝叶装的。因为用经折装抄写的经卷，上面画有备穿绳的眼，是"做梵夹装之后没有切开的这种形式，就形成了经折装"[3]。敦煌文书中所出现的种种装帧形式，都是与纸质材料密不可分的。但是，这些装帧形式之间，以及它们与此后出现的刻本的装帧形式之间，未必有承袭关系。

在纸质写本时代，虽然装帧形式多样，就古书的装帧形式来说，主流是卷轴装，其次是册叶装（也称缝缋装）。卷轴装，大多是先抄写后粘连。册叶装，似乎有两种情况，一种是先装订成册，再抄写；另一种情况是，先抄写，然后再装订。

在抄本时代，先装订成册叶，然后再抄写是主流。这是为什么呢？——如果是单面抄写，抄写后再装订，粘连成卷比对折后装订成册，更为容易和方便；如果两面抄写，则先装订成册再行抄写就更便于操作——先抄于正反两面，再行装订，就颇为麻烦，除非先将纸的横长裁得较窄，像对折后的册叶那么窄。这就又涉及当时造纸的尺寸。

卷轴装，从形式来说，无疑是直接模仿简册的形式。它与简册的收卷，是有继承关系的。所不同的是，简册时代抄写古籍，是先编联成册，然后再抄写；纸的时代，是先抄写然后再粘连。这与一张纸可以抄写更多的内容而前后顺序不易弄乱有关，而先粘连为卷然后抄书，反而给抄写带来不便。

---

[1] 孟彦弘：《古书的书写格式》，载《学林漫录》第17集，中华书局2009年版。第325页。
[2] 杜伟生：《从敦煌遗书装帧谈"旋风装"》，《文献》1997年第3期；《敦煌遗书的装帧和修复》，载《敦煌与丝路文化学术讲座》第1辑，北京图书馆出版社2003年版；李致忠：《敦煌遗书中的装帧形式与书史研究中的装帧形制》，《文献》2004年第2期。
[3] 杜伟生：《敦煌遗书的装帧和修复》，《敦煌与丝路文化学术讲座》第1辑，第528页。

册叶装，我想最主要的目的是节约用纸，或充分利用纸——册叶装，可以正反两面抄写。当然，为了宗教目的，或属于官府行为，自可以不顾虑，或少顾虑纸的使用的多少问题。否则，在那个纸较为珍贵的时代，就必须考虑要尽可能节约或充分使用纸。当然，如果是利用业已废弃的纸，在其背面抄写，已经达到了充分利用纸的目的，自可不必再用册叶装，以增加麻烦。所以，有学者认为，抄经用卷轴装更为正式，而用册叶装是个人行为。[①]

无论是卷轴装，还是册叶装，与此后的刻本时代的书籍装帧形式之间，是什么关系呢？

蝴蝶装，是从哪种装帧形式演变而来的？——是从先抄写后装订的书册装来的。与卷轴装无关，与先装订再书写的册叶装也无关。先出现的，并不都能成为后出现者的"始祖"。

刻本，是先刻版，再将纸蒙在木版上上色。这样一来，与抄本所用纸相比，雕版印刷用纸相对要求较薄，因此也不宜正反两面印字。因此，刻本大都是单面印的。

一张张印好之后，如何装订呢？一种仍像抄本一样，一张张粘连成卷，或折叠后成经折装（这大多仅限于佛经？）。最早刻印的佛经就是这样。这样的装帧，不需要版心。

另一种就是有版心。现已知道，蝴蝶装是宋元时期古书装帧的主要形式，线装则是明代以后才流行开来的。蝴蝶装是将每一叶以中缝为轴心，向里（有字面）对折，然后叠成一册，将书背粘起来。[②]

这是学习抄本时代的册叶装帧。

五　版心与书耳

因为是蝴蝶装，所以版心较小，且版心的形制并不统一。同一书、同一卷，甚至同一刻工在同一卷中，所刻版心也不一样。这说明，当时，版心夹在书中间，不受重视。

因为是蝴蝶装，所以才有"书耳"。

[①] ［日］藤枝晃：《汉字的文化史》，翟德芳、孙晓林译，知识出版社1991年版。
[②] 冀淑英：《宋刻书漫谈》（初刊1964年），《冀淑英文集》，上海科学技术出版社、北京图书馆出版社2004年版，第83页。

六　刻本装帧形式的选择

刻本的装帧应该是学习了写本的装帧形式。但学习的是哪种写本的装帧形式呢？我们可以先排除几种，比如，不可能是学习卷轴装。经折装似乎是可以学习的。但是，经折装和宋元时代流行的蝴蝶装有一个质性的差异，蝴蝶装是文字向内对折，而经折装是文字向外进行折叠。

册子装最有可能成为刻本装帧的学习对象。因为纸张规格较大，不可能将展开的一张张纸直接装订。我们现在看到的实物，是将纸对折装订。具体形式有两种。

国家图书馆举办的第三次珍贵古籍展览，有大连图书馆送来的一本抄本《坛经》（以前一度以为亡佚了），标明为"缝缋装"。它是先将若干张纸摞成一叠，然后将这叠纸对折；最后，将若干叠缝成一册（本），是在每叠的折叠处缝。纸口朝外，可以两面书写。宁夏拜寺沟方塔发现有写本，也是这样的装订方式。① 这很像现代线缝装订书的形式。这种形式只能是先装订成册，然后再抄写。或者说，这就像现在的本子，是专门用于抄写的。

另一种是将每一张纸单独对折，再将对折后的纸一张一张摞起来，在折叠处装订成册。这样，每一张纸都是一个完整的正反面，一旦脱落，每一张纸的内容都是相对完整的。所以，敦煌文书中的册页，我很怀疑是先订后写。前面我们引到的 P. 5019 + BD11731 拼合而成的《孟姜女变文》，就是这种形式。这种形式，既可以先订后写，也可以先写后订。但我推测，这种形式主要是先订后写——它直接是对卷轴装的改进。而上举大连图书馆所藏《坛经》的那种缝缋装，与卷轴装之间，没有继承关系。

刻本与抄本有一处最实质的差异是，写本既可先写后装（如卷轴装、经折装），也可以先装订成册（颇类今天的本子）再抄写；而刻本却只能是先刻印后装帧。所以，刻印之后的装订，学习的是敦煌册子装中的单页装帧。换言之，从写本到刻本的装帧演变，应该是卷轴装→单页装订成的册子→刻本的蝴蝶装。

有几种方式。一是卷轴，最为常见；二是经折（将一张纸折成几折）；三是对折。对折又有两种方式，一是文字朝里，只能装订折缝处（像后代的包背装，或蝴蝶装？）；一种是文字朝外，那就只能装订纸口处（这与后代线装书的形式相同）；四是将写好的纸一张张错开粘贴在同一张纸上（像现在会计报账时的发票

---

① 牛达生：《方塔出土写本缝缋装两例》，《中国印刷》2005 年第 2 期。

的粘贴方式，有人称此即龙麟装），然后再卷起来。这是一种变相的卷轴装。

七　印章

我们发现，公文上的官印面积，从魏晋开始，似乎有越来越大的趋势。

简牍时代，印章多是印在封泥上，不能太大。官印的增大，是以用纸为前提的。

（孟彦弘，中国社会科学院）

参考文献

刘国钧：《中国古代书籍史话》，中华书局1962年版。
钱存训：《印刷发明前的中国书和文字记录》，印刷工业出版社1988年版。
曹锦炎：《古代玺印》，文物出版社2002年版。
方广锠：《敦煌的经帙》，中国佛教文化出版有限公司1998年版。
方广锠：《谈粘页装》，上海古籍出版社2010年版。
杜伟生：《敦煌遗书与中国古代手工造纸》，北京图书馆出版社2005年版。
胡平生：《简牍检署考导言》，上海古籍出版社2004年版。
荣新江：《敦煌十八讲》，北京大学出版社2001年版。
宿白：《唐宋时期的雕版印刷》，文物出版社1999年版。
孙慰祖：《孙慰祖论印文稿》，上海书店出版社1999年版。
孙慰祖：《可斋论印新稿》，上海辞书出版社2003年版。
藤枝晃、翟德芳：《汉字的文化史》，孙晓林译，知识出版社1991年版。
[日] 冨谷至：《木简竹简述说的古代中国——书写材料的文化史》，刘恒武译，人民出版社2007年版。
戴仁：《从手抄卷帙到印刷书籍》，（Du rouleau manuscrit au livre imprime, in Le texte et son inscription, Paris, CNRS, 1989）。
李致忠：《古书"旋风装"考辨》，《文物》1981年第2期。
刘波、林世田：《〈孟姜女变文〉残卷的缀合、校录及其关问题》，《文献》2009年第2期。
孟彦弘：《中国古代书写格式考》，《学林漫录》第17辑，中华书局2009年版。
牛达生：《方塔出土写本缝缋装两例》，《中国印刷》2005年第2期。
舒学：《敦煌汉文遗书中雕版印刷资料综述（白化文）》，《敦煌语言文学研究》，北京大学出版社1988年版。
宿白：《〈汉文佛籍目录〉之"一　汉文佛籍的版本问题"》，文物出版社2009年版。
徐俊：《敦煌本〈山僧歌〉缀合与S.5692蝴蝶装册的还原》，《中国典籍与文化论丛》第2辑，

1994年。

［日］安江明夫：《折本の起源考》,《汲古》2013年第63号。

［日］藤枝晃：《敦煌写本概述》,徐庆全译,《敦煌研究》1996年第2期。

戴仁：《敦煌写本中的册子》,《敦煌学论文集》,日内瓦,1979年。

荣新江：《有关敦博本禅籍的几个问题》,《辨伪与存真——敦煌学论集》,上海古籍出版社2010年版。

戴仁：《敦煌的经折装写本》,耿升译,《法国学者敦煌学论文选粹》,中华书局1993年版。

明代《蒙古山水地图》探微

张晓东

《蒙古山水地图》是一幅山水画形式的中国古代地图，大约在20世纪30年代流散日本，一直秘藏京都著名私家博物馆——藤井有邻馆，2002年，北京一家国际拍卖公司出巨资从日本购回。地图题款已失，原名无考。图背面有北京琉璃厂著名书肆尚友堂的题签《蒙古山水地图》，因而得名《蒙古山水地图》。

这幅地图采用中国地图传统方式手卷式，幅宽0.59米，长30.12米，绘于缣帛之上。图中描绘了从嘉峪关到天方的211个地名，包括道路、城池、关隘、山川、寺庙、墩台等，范围涉及亚、非两大洲的十多个国家和地区，而图上所描绘的路线正是明代丝绸之路的路线，也可称这幅地图为《明代丝绸之路地图》。

国家文物鉴定委员会主任傅熹年先生曾从艺术风格方面对地图做了初步鉴定，认为这幅图至少是明中期以前的作品。2004年2月，北京大学考古文博学院林梅村先生受委托开始研究这幅地图，经过长达八年的研究，撰写了二十余万字的同名学术著作《蒙古山水地图》于2011年由文物出版社出版发行。在这本专著里，林梅村先生认为，地图绘于明嘉靖三年至十八年之间（1524—1539年），现图只是原图的四分之三，另外四分之一则被人裁剪，地理范围从天方到鲁迷，原图应长40米。地图来源于明内府，有一件明代绘本和两个明代刻本，彩绘本是《西域土地人物图》，收入嘉靖抄绘本《甘肃镇战守图略》，刻本之一是《西域土地人物图》，收入嘉靖刻本《陕西通志》，刻本之二是《西域图略》，收入隆庆刻本《陕西四镇图说》。

林梅村先生的研究深入、全面而论据独到，使《蒙古山水地图》的价值进一步提升。但通读其专著之后，发现一些问题值得商榷。

一 地图绘制年代

林梅村先生认为《蒙古山水地图》绘于嘉靖三年至十八年之间（1524—1539年），其依据是，图中有嘉峪关，年代必在嘉靖三年明军退守嘉峪关以后。图中没有嘉峪关以西嘉靖十八年建成的"永兴后墩"（今称"长城第一墩"）等明长城烽火台，年代则早于嘉靖十八年。

若以图中有嘉峪关，就断定绘图年代必在嘉靖三年明军退守嘉峪关以后，似有不妥。嘉峪关自明洪武五年（1372年）始建，即被明朝视为华夷分界之地，所谓"设在临边极冲中地"①，洪武、永乐年间，在嘉峪关外设有七卫，俗称"关西七卫"，"关西七卫"均为羁縻卫，名义上归明政府管辖，实由察合台后裔统领，仍被视为蒙古地域。《重修肃州新志》载："关西七卫：《肃镇旧志》云：凡自兰州渡河，至肃州一千五百里，又至嘉峪关七十里，以为内地。其在嘉峪关以外，西至哈密，亦一千五百里，建设七卫：哈密、赤金蒙古、安定、阿端、曲先、罕东、罕东左。"② 因此，地图内名称起自嘉峪关，乃明人以嘉峪关外为西域的习惯做法，并非一定在嘉靖三年明军退守嘉峪关以后，才以嘉峪关为起始点。

至于此图最早于何时而作，从图中"敞剌""阿丹城""西阿丹""义班"等地名推定当在弘治之后，正德至嘉靖初年。这四个地名在弘治年间任甘肃行太仆寺卿郭绅所著的《哈密分壤》中均有记录，其中，"敞剌"在《甘肃镇战守图略》版《西域土地人物图》明彩绘本、《陕西通志》所收《西域土地人物图》和《西域土地人物略》嘉靖刻本、《陕西四镇图说》版《西域图略》隆庆刻本和《边政考》之《西域诸国》嘉靖刻本等图籍中均未发现；"义班"在《哈密分壤》中为"察班"，嘉靖中期之后的史书和地图中记述为"义班""文班""又班"等名称，均为刻板错误所致，实为"叉班"，"察班"的同音异体字；"阿丹城""西阿丹"两地名在上述图籍中都有记录。林梅村先生以两地名推断图应作于正德九年（1514年）之后，理由是此年安定和阿端两卫的撒里畏兀儿人东迁肃州，可以说言之有理，但也不能视为定论。由此推断，这幅地图的绘制不会早于弘治年间，应在此之后。

而仅以图中没有嘉峪关以西嘉靖十八年建成的"永兴后墩"（今称"长城第一墩"）等明长城烽火台，就断定年代则早于嘉靖十八年，其依据不仅过于偏颇，

---

① 高启安、邰惠莉：《肃镇华夷志校注》，甘肃人民出版社2006年版，第13页。
② 黄文炜：《重修肃州新志》，甘肃省酒泉县博物馆翻印1984年版，第26页。

而且错误不可信。首先，"长城第一墩"非"永兴后墩"，而是嘉峪关南的"讨赖河墩"，此墩修筑于数十米高的讨赖河北岸崖壁之上，墩西侧接西长城南端起点。《肃镇华夷志》记载："讨来河墩，城（肃州）西七十五里，乃边墙南近讨来河尽头之墩。"① 其次，"永兴后墩"并非建于嘉靖十八年，也不在嘉峪关西南十四里。"永兴后墩"，今称"大草滩墩"，又名"五墩山墩"，位于今嘉峪关市西大草滩水库东侧湖岸上，东距嘉峪关5千米，与《边政考·西域诸国》所载"嘉峪关西二十里，为永兴后墩"相符。"永兴后墩"位于"大草滩墩"西侧17米，早于"大草滩墩"，现呈一圆形沙砾堆，高5米，直径15米，周长51米。据《肃镇华夷志》记载："永兴后墩，在关西，离（肃州）城八十里，参将刘勋添设以备西夷烽火。今改并大草滩墩。"② "永兴后墩"建于何时没有记载，但依据史书记载可知为肃州参将刘勋监筑。刘勋任参将的时间史书上没有明确的记载，但依据《肃镇华夷志》的几处叙述可以大致勾勒出其任职时间，"嘉靖二十三年（1544年），兵备天津张愚、参将刘勋重修筑，仍又接添二里许"③。"夷厂，东关厢西北。嘉靖二十五年（1546年），参将刘勋督建，内有官厅、夷馆、门楼，规制甚备。"④ "三官庙，火神庙东。嘉靖二十六年（1547年）参将刘勋建。"⑤ "关王庙，城东把总厅右，嘉靖二十七年（1548年），参将刘勋重修。有碑记。"⑥ "嘉靖二十九年（1550年）参将刘勋新建火神庙于儒学之东，遂以旧火神庙为晏公庙。有碑记。"⑦ 从以上叙述，可以推知刘勋任参将的时间是嘉靖二十三年至二十九年，而张雨《边政考》刻于嘉靖二十六年，那么，"永兴后墩"建造时间当在嘉靖二十三年至二十五年。因此，"永兴后墩"建于嘉靖十八年的论断是错误的，以次年为绘图的下限不可信。

《蒙古山水地图》绘制的最晚时间不会晚于《陕西通志》的刻印时间嘉靖二十一年（1542年）。《陕西通志》为赵廷瑞、马理等人纂修，其卷十《土地·河套西域》中有《西域土地人物图》，林梅村先生认为，"《西域土地人物图》源于《蒙古山水地图》，证据有二：第一，《蒙古山水地图》中的某些城镇只书图像而无名称，《西域土地人物图》补充了这些名称，所书城镇亦多于《蒙古山水地图》，而多出部分显然是刊入刻本时增补的。第二，《蒙古山水地图》无人物和动

---

① 高启安、邰惠莉：《肃镇华夷志校注》，甘肃人民出版社2006年版，第192页。
② 同上书，第191页。
③ 同上书，第181页。
④ 同上书，第133页。
⑤ 同上书，第145页。
⑥ 同上书，第144页。
⑦ 同上书，第145页。

物,而《西域土地人物图》却补刻了人物和动物。"① 其在专著中做了深入详细的论述,其论据和论理可靠而可信,由此,我认为《蒙古山水地图》绘制的最晚时间在嘉靖二十一年之前。

二 地图绘制依据

林梅村先生认为《蒙古山水地图》主要取材于以下四种材料:(一)元代吴门画师李泽民所绘《声教广被图》;(二)洪武年间绘《大明混一图》;(三)明初《陈诚西域使程记图》;(四)明初傅安的西域见闻录。其论述言之有理,但并不能成为定论。因《蒙古山水地图》是内府用图,绘制时参阅《声教广被图》《大明混一图》和《陈诚西域使程记图》等图是非常必要的,可能性比较大。不过,从图中地名、山川、庙宇及城池数量、形状、开门方向、方位等标注和绘制的详细情况来看,仅参阅上述图籍并不能完成《蒙古山水地图》,此图的绘制应当依据一个文本,这个文本在绘图之前已编纂而成。又因《西域土地人物图》源于《蒙古山水地图》,《西域土地人物图》附有《西域土地人物略》,《西域土地人物略》中多数地名、山脉、河湖在《西域土地人物图》上都一一绘制,与《蒙古山水地图》中多数地名和方位也相对应,故认为,《西域土地人物略》源于绘制《蒙古山水地图》之前编写的文本。

由于《蒙古山水地图》之前编写的文本史书上没有任何记载,我只能从《西域土地人物略》知其内容大略。文本的编写是政府行为,编写人员由政府组织抽调,这些人员具备一定的知识背景。文本的取材来源于宫廷档案,这些档案既包括元代档案,还有明代陕西都司和陕西行都司等边地提供的地方志、军政图籍,明政府使者见闻录和行记,中国穆斯林的麦加朝觐行记,以及西方使者和商人提供的资料,所以出现"巡检司""饭店儿""陕西斤城""汉儿人"等一些汉胡兼有的地名。从《西域土地人物略》记述的行程、物产等情况也可以看出取材的广泛性。其一,从嘉峪关至哈密段里程、地名记述详细,里程为汉里,但无物产和居民记录,似取自边地资料;其二,从哈密至锁力旦城段里程为汉里,有物产和居民记录,可能主要取自明政府西使者行记和中国穆斯林的麦加朝觐行记;其三,从锁力旦城至迷乱力城段里程为月、汉里、程,有物产和居民记录,有"饭店儿""陕西斤城"等地名,可能主要取自中国穆斯林的麦加朝觐行记;其四,从迷乱力城至鲁迷城段无里程记载,有物产和居民记录,有"汉儿人""巡检司"

---

① 林梅村:《蒙古山水地图》,文物出版社 2011 年版,第 53 页。

等词，可能主要取自元代档案和西方使者和商人提供的资料。当然，上述并非完全确定，每段的编写虽有侧重来源，但应该是参阅了各种资料。

《西域土地人物略》中一些地名的拼写与《蒙古山水地图》上的记注相比已有所变化，说明在编写《西域土地人物略》时，虽依据文本，但地名的翻译以当时的读音为准。可能是抄写时的疏忽，把黑楼城放在撒马儿罕城之前，以至于《蒙古山水地图》把黑楼城绘在撒马儿罕城之西，而《西域土地人物图》把黑楼城绘在撒马儿罕城之东。

由此，我倾向于文本是《蒙古山水地图》绘制的依据，《西域土地人物略》源于文本，《西域土地人物图》以《西域土地人物略》为依据并参阅《蒙古山水地图》绘制而成。

综合上述各点，我认为《蒙古山水地图》的绘制时间在弘治之后，嘉靖二十一年之前。《蒙古山水地图》绘制之前应有一个编写好的文本，这个文本由政府组织有一定知识背景的人员编写，《西域土地人物略》源于这个文本。

但是，毋庸置疑，林梅村先生耗时八年时间研究《蒙古山水地图》，从中国、日本等地多方查阅资料，付出了艰辛的劳动，其最终成果专著《蒙古山水地图》意义非凡。就是因为《蒙古山水地图》这部专著，我们才第一次看到了同名地图的全貌，真正了解了地图的内涵和重要价值，在这部专著里，我们第一次知道和了解了《甘肃镇战守图略》版《西域土地人物图》明彩绘本和《陕西四镇图说》版《西域图略》隆庆刻本等图籍，由此，我们获得了更多研究明代边镇的珍贵史料。

（张晓东，嘉峪关长城博物馆）

炳灵寺的文学遗存初探

（初稿）

曹学文

炳灵寺的文学遗存包括小说、散文、诗歌、民歌、民间传说和嘛呢，等等。

一　小说

谈炳灵寺的小说应当首推唐代小说家张鷟的《游仙窟》。这部小说成书于盛唐时期，是作者张鷟以炳灵寺为背景写成的一部脍炙人口的爱情传奇小说。张鷟（约660—740年），字文成，号浮休子，深州陆泽人（今河北深县人）。其下笔敏速，言辞浮艳诙谐。《游仙窟》叙述的是作者"奉使河源（今青海）"途中，看到炳灵寺石窟积石烟云时写道："若夫积石山者，在乎金城西南，河所经也。《书》云：'导河积石，至于龙门。'即此山是也……张骞古迹，十万里之波涛，伯禹遗踪，二千年之坂隥。深谷带地，凿穿崖岸之形；高岭横天，刀削岗峦之势。烟霞子细，泉石分明，实天上之灵奇，乃人间之妙绝。目所不见，耳所不闻……古老相传云：'此是神仙窟也。'"寥寥230余字，不仅说明了炳灵寺石窟的正确方位，并且描写了夏禹治水、丝绸之路等遗迹，同时还叙述了自己与积石仙女——崔十娘幽会的浪漫爱情故事。

《游仙窟》不但在中国文学史上占有重要地位，而且在日本古代文学史上也曾产生过较深刻的影响。《游仙窟》成书不久即被日本人"出金宝"购去，在中国曾一度失传。1000多年后，时任清朝驻日本公使馆的杨守敬先生（地理学家、版本学家）在调查中国已失传而日本尚有留存的古书时才发现，并在《日本访书志》一书中首次用"游仙窟"之名予以刊载，才引起了中国学者的重视。接着，由日本古典保存会影印的醍醐本也传入我国。五四运动以后，小说受到了文化界的重视。鲁迅先生在《中国小说史略》中讲到《游仙窟》，并说"中国久失传，后人亦不复效其体制",才引起国内治文学史者的注意。近30年来,国内先后印行的《游仙窟》已有四种:古佚小说丛刊本(海宁陈氏慎初堂校印)、北新书局本(川岛校点)、神州国光社唐人小说本(汪辟疆编)和中国古典文学社本(方诗铭校注)。

《游仙窟》不仅作为日本文学作品被编入《唐物语》一书,而且还进入了日本语言教学的领域,被视为中国语言的规范读物,等同于《尔雅》《诗经》《汉书》等古代典籍。炳灵寺石窟之所以被日本人民所熟知、所重视,成为人们向往的地方,与《游仙窟》这部小说在日本流行有着十分重要的关系,每年有众多的日本游人来炳灵寺石窟参观访问,据统计,每年到炳灵寺石窟参观的外宾中日本游人要占一大半。到现在,日本专家、学者对《游仙窟》的研究始终没有停止过,来炳灵寺石窟参观访问、搞学术研究的人也络绎不绝,他们还发表了许多有价值的文章和学术报告,散见于《中国文化与研究》等相关刊物。

有关炳灵寺的文学作品当还有不少,现将新见一篇作品附于后,供进一步研究。

佛姥出世源流本记

今天佛之生也,仍生于佛弥陀者,佛之言也;观世音者,佛之心也;佛姥者,佛之身也。名虽不一,其保佑我一切众生则一也。故凡有血气者,其一切疾病患难无不赖佛力之救拔也。于是大悲观音施大法,将右眼神光化就绿色金身,下土众遂免诸苦,佛光普照,佑此下民,是佛心咒曰曾佛从此生,凡众生福禄财寿定为权衡,是为无量大法,万佛之姥得生此地,亿兆之福也,初生于公输子在汉唐以前,其陕西枹罕之西域造佛像焉。下临黄河,相一切岩石画作佛像,如大佛上下八洞者难以枚举,而佛母之像未现,盖此时上冰灵山人烟寥落,在山者只此花果草木珍禽异兽耳。其山之西有僧坐禅日久,其徒一朝备茶一竹罙,未获,复易之,次日又无,是夜,雪盈草阶,寻视踪迹,见兔踪一带直入深山,约有五里之遥,遂得所失二罙。于此又寻数步,见怪石洞中云现五色祥呈山岩,神光影内见一绿色佛像,其徒茫茫然归,以告其师。僧曰:"吾趺坐日久,得此圣像,是吾性中之佛耳。"乃移于洞外,奉供香火数月,思迁西宁。行至之苦水泉,夜宿。晨视柜中,佛身已无,僧曰:"吾未洁耳"。遂发愿刻志铭心,复奉之以行,夜梦有二八嫦娥语僧曰:"此间善男信女赖吾救度,吾不西去,汝果有诚心,白塔内有像可奉"。僧恍然大悟,警视柜中又现。僧会至洞中奉供。自此相传,遂有河湟一带并口外番鞑尽顶礼。僧后奉白塔之像以去,嗣有圣妙光华之僧募化修理佛座如须弥山之形,遂封其洞口,人不能识。后有圣僧来自天竺之外,至此问曰:"此间迁佛而封其洞,僧不能旺"。众曰:"苦不知其处。"僧遂指其地嗣。于康熙甲申十四年(1676年)六月初六主持僧杨法台引众开洞,内显五色毫光,上接青霄,天花下坠,遂降甘霖,万民信悦,众僧欣跃。速补像于洞内外,塑四大天王于左右。告竣之期复见祥光变作惠雨。由是朝礼者愈多,然年深日久,风雨颇伤。是以于(康熙)三十一年(1693年)二月,杨护都督舍资修理。仍亲至西海募化年余,重建佛座之山,内藏宝九个,般若三藏经,佛十六,画佛八十一轴,珠宝珍异约在千金外,塑金佛二十一洞,座高二丈五尺,院内楼台一并重修,但本工而墙壁未完。复于(康熙)三十九年(1701年)四月初八日,梦佛指示:于五月十八日出门,六月初三日至北汉王府赐印示募化。次年回家彩画墙壁四十八都,塑金佛三十六尊,斯足见佛恩之无涯也。但愿光重三界,普救一切众生,虽千百年后共此顶礼耳。

乾隆四十二年(1778年)丁酉二月乙卯初八日甲辰之日,告主持僧,敕封杨护都督撰。①

二 散文

在炳灵寺的历史上,遗留下来的散文不少。有些既是难得的历史史料,也是一篇文采优美的散文,比如郦道元《水经注·河水》② 的篇章:

> 河水又东,北会两川,右合二水,参差夹岸连壤,负险相望。河北有层山,山甚灵秀。山峰之上,立石数百丈,亭亭桀立,竞势争高,远望参参,若攒图之托霄上。其下层岩峭举,壁岸无阶,悬岩之中,多石室焉。室中若有积卷矣,而世士罕有津达者,因谓之积书岩。岩堂之内,每时见神人往还矣,盖鸿衣羽裳之士,练精饵食之夫耳,俗人不悟其仙者,乃谓之神鬼。彼羌目鬼曰唐述,复因名之为唐述山,指其堂密之居谓唐述窟。其怀道宗玄之士,披冠净发之徒,亦往栖讬焉。故《秦州记》曰:"河峡岸旁有二窟:一曰唐述窟,高四十丈。西二里有时亮窟,高百丈,广二十丈,深三十丈,藏古书五笥。亮,南安人也。"下封有水,导自是山。溪水南注河,谓之唐述水。

---

① 原文繁体字无标点,标点为编者所加。
② 郦道元:《水经注》卷2《河水》,中华书局2007年版,第44页。

唐代释道世《法苑珠林》：

晋初河州唐述谷寺者，在今河州西北五十里，度风林津，登长夷岭，南望名积石山，即禹贡导河之极地也。群峰竞出，各有异势，或如宝塔，或如层楼，松柏映岩，丹青饰岫，自非造化神功，何因绮丽若此。南行二十里，得其谷焉。凿山构室，接梁通水，绕寺华果蔬菜充满，今有僧住。有石门滨于河上，镌石文曰："晋泰始年之所立也"。寺东谷中，有一天寺，穷探处所，略无定址，常闻钟声。又有异僧。故号谷为唐述，羌云鬼也。所以古今入积石者，每逢仙圣，行住恍惚，现寺现僧。东西岭上出于醴泉，甜而且白，服者不老。①

王荷泽《游灵岩寺记》（《风雅堂稿》）：

康熙十九年庚申之五月，南安王荷泽与孙谦若来游。先一日从莲花寨过黄河，上驼项山。抵暮行三十里，磴道蜿蜒，坡砂滚砾，几不受足，从者挽扶而行。志上寺，过佛母殿，则峰回路转，数十折，方至大佛阁。落晖欲暝，峰朵相扎，各不欲让，且厌林木亏蔽，不荫榛棘，恐灵岩真面目，凡失于茏葱，故宁童毋如，殆烈烈数丈夫也。其突兀险仄，总不可名，而漓水之七星岩，大轮之罗汉峰，与湘楚之浯溪，姑苏之虎丘，居余所见，咸皆不屈，而苍莽则番境也。因念枹罕接西倾而下，卫霍殊勋，几不可闻。而渭桥罗拜，犹避子仪为盟主，则唐家宝应，建中之时，尚有收此土于掌握者。不令人念迅扫之功，与疏凿之力，共为积石雪山增气势耶？嘻！奔吼如河，崚嶒如寺，足添壮怀，而老惫之足，独不能着济胜之具，不免贻山林发笑耳。追念少年时，终日浪游犹不失为青鞋之一幸云。此寺旧讹炳灵，及阅宝圭元年之碑，则称灵岩寺。其名之讹久矣，今始正之。并有诗：尝拟谢灵运，惜为气力殊。降心随小路，骇浪虑轻桴。过眼峰堪画，插天阁欲扶。泱然闻土谷，罗拜礼金瞿。

除了史籍中的记载外，还有炳灵寺石窟的一些碑刻题记，是研究炳灵寺石窟的珍贵史料，也是难得的散文，有的语言优美洒脱，有的笔锋犀利深刻。比如位

---

① 释道世著，周叔迦、苏晋仁校注：《法苑珠林校注》卷39《伽蓝篇第三十六》，中华书局2003年版，第1247页。

于 148 窟北侧的《灵岩寺记》,《灵岩寺记》是开元十九年（731 年）崔琳率团出使吐蕃路过炳灵寺时留下的题记,是研究唐蕃关系不可多得的史料,但就其文采来说,是一篇难得的散文。这样的题刻还有明正德十二年（1517 年）的《大明碑》(《重修古刹灵岩寺记》)、《重修老君洞记》《高僧索南嘉措灵塔志》,等等。

另外还有些炳灵寺历代活佛高僧遗留下来的手记、遗嘱、缘簿等,除了史料价值外,也是难得的散文。如《法台张杨隆珠遗嘱》《创修丙灵寺佛功序》,等等,《创修丙灵寺佛功序》是由清末本埠名士罗锦山撰写,文辞华美,这里选一段:

且佛法之流传,由来久矣,而人或有不尊信者,以其乘幽控寂也。岂知无灭无声,历千劫而不古,若隐若现,运百福而长今。况竺阑授记,宗风振七十二章,玄奘载归,胜教扬六百余部。而要非大建寺宇,究不能推暨佛法以永万世。故西域之名山古岔,多建寺院,而要其地脉蔚异,佛尊感应者,究不若河湟之北之丙灵寺焉。寺临河岸,耸翠状西方之景,山皆宝龛,突兀现螺髻之形。以及山木之炳蔚,桔叟枫人,类多灵秀;百卉多畅茂,琪花瑶草,备输席珍。况依旧有九层大佛阁,九间睡佛殿,卧多桥,水莲洞（为西天大圣出身）,天桥洞,弥陀洞,无限胜景,一笔难尽。兼有大殿藏经楼,护法殿,菩萨殿,中有菩萨,感应如神。再若禅堂僧庵,山门照壁,无不尽美。为生民之福地,实为河湟之保障也。其禅意岂浅鲜哉?

不料同治年间,兵燹起衅,烧毁无存,于今四十余年,从无发善愿而欲修建者。今幸有愿主某某等触目伤怀,不忍坐视,立欲先修经堂二十五间,护法殿三间转五,山门三间,其修建为起功所由始。

以上这些散文都是历史时期的,1949 年以后,来炳灵寺参观游览的文人墨客所写的文章可以说是汗牛充栋,其中也不乏佳作,在这里不一一介绍。

三 诗歌

诗歌是炳灵寺历史上遗留下来的内容最丰富的文学体裁。其中不仅有唐代大诗人李白、杜甫的作品,也有名不见经传的游人题诗。这些诗歌很好地补充了史料的不足,更为人们提供了难得的文学佳作。根据我们统计,保存在史书以及题写在洞窟崖壁上的诗歌不下百余首,当然 1949 年后诗人们讴歌炳灵寺的诗歌可以出几部诗集,便不在这里表述。此处选几首古诗以供欣赏。

杜甫《秦州杂记二十首》(选二)
（一）
风林戈未息,鱼海路常难。
侯火云峰竣,悬军幕井干。
风连西极动,月过北庭寒。
故老思飞将,何时议筑坛。

（二）
唐尧真自圣,野老复何知。
晒药能无妇,应门幸有儿。
藏书闻禹穴,读记忆仇池。
为报鸳行旧,鹪鹩在一枝。

李白《凤凰曲》
嬴女吹玉箫,
吟弄天上春。
青鸾独不去,
更有携手人。
影灭彩云断,
遗声落西秦。

张籍《凉州词》(三选一)
风林关里水东流,
白草黄榆六十秋。
边将皆承主恩泽,
无人借道取凉州。

解缙《冰灵寺》
冰灵寺上山如削,
柏树龙盘点翠微。
况有冰桥最奇绝,
银虹一道似天梯。

高弘《灵岩寺》
梵官崒嵂与云齐,
风景繁华入望迷。
丈室钵龙含法雨,
禅床春燕落香泥。
烟销报殿山容净,
日转疏林树影低。
僧在定中空色相,
松窗月暝夜猿啼。

罗锦山《河州十二景》(选三)

《炳灵古渡》
寺号炳灵景色隆,
扁舟渡近梵王宫。
飞槎竞掠千山碧,
摇橹轻飘两岸红。
欸乃声从绀宇达,
往来道向祇园通。
大川利涉今犹古,
奚事挂帆待顺风。

《复咏炳灵古渡》(二首)
寺号炳灵景色幽,
梵宫岩下驾扁舟。
林穿堤树抵横岸,
近船祇园渡顺流。
系缆马嘶红蓼畔,
乘槎客歇白苹洲。
大川利涉今犹古,
那见问津是仲由。

寺号炳灵景色新，
扁舟日日渡行人。
扣舷船抵三禅座，
摇橹花飞两岸春。
绀宇崖边撑鱼舫，
梵宫檐下是通津。
大川利涉今犹古，
来往全无病涉民。

吴调元《诗一首》
山峰淘浪浪淘沙，
两岸青山隔水涯。
第一名桥留不住，
古碑含恨卧芦花。

四 民歌

　　炳灵寺的民歌以流传的花儿为主。"花儿"又叫"少年"，俗话说"陕西的乱弹（秦腔），河州的少年"。河州花儿的历史可谓源远流长，汪鸿明先生在他的论著《花儿史论》（见《中国花儿新论》，甘肃文化出版社2004年版）中论道：花儿的形成过程，从"羌族舞蹈彩陶纹盆——北宋吐蕃'踏歌'——元末莲花山'唱山'和明代花儿的全面成熟——清代光绪七年（1881年）《马五哥与尕豆妹》歌曲为标志，到同治以后河州花儿'出门人的歌'的全面繁荣这一历史脉络，分成了花儿的孕育、形成、成熟、繁盛'四部曲'"。河州花儿的大倡时代是从明代开始的，如明代万历年间，诗人高弘在河州任职时写下了"青柳垂绿夹野塘，农夫村女锄田忙。轻鞭一挥芳径去，漫涧花儿断续长"的诗句，证明早在明代时花儿已经在河州大地上流行了。

　　"花儿"在民间又叫"野曲"或"山歌"，是相对于"酒曲""宴席曲"或"秧歌曲"这样的"家曲""家歌"而言的。顾名思义，花儿是一种在山野里对唱的情歌，河州人禁忌在家里、村上或不同辈分之间唱花儿，有花儿是这样唱的："论起个班辈是尕西娘，背把身花儿（哈）漫上"，"庄子里少年（哈）漫不成，老汉们听见是骂哩"。这就形成了许多专门对唱花儿的会场，又叫山场。而有相当多的花儿会场,就依托于庙会,比较有名的有青海七里寺花儿会、老爷庙花儿会等。庙会既是佛家道家举行祭祀活动的场合,也给青年们提供了以歌传情的场地。清末一位河州诗人在《前松岩古风》诗中写道:"老僧新开浴佛节,八千游女唱牡丹",描绘的是在寺院浴佛节上唱花儿的情景,炳灵寺花儿会就是诸多寺庙花儿会的其中之一。

在炳灵寺的历史上,凡有举行佛教活动的日子里,均有不同规模的民间花儿聚会。经过长期的演变,炳灵寺的花儿会主要集中在每年农历四月十五、端午节和腊八节三个特殊的日子。其中端午节花儿会名气最大也最有特色。端午节花儿会共前后三天,如果遇上天气晴朗的日子,赶会场的人有数千之多,非常壮观和热闹。

多年来,利用在炳灵寺工作的机会,笔者搜集整理了许多有关炳灵寺的花儿。作为一种文学体裁,在这里选择几首具有炳灵寺特色的花儿从文学等角度去赏析。

(一)
寺沟里麻了(者)雨来了,
身带地草帽儿忘了。
半路上遇见个尕妹了,
手拿的礼当儿忘了。

(二)
三月里去了四月里来,
五月的端阳(哈)过来。
带上个花索了浪山来,
心上的花儿(哈)漫来。

(三)
手摇着经轮寺门上过,
要赶个五月的会哩。
你去了给我的尕妹说。
端阳上戴荷包哩。

(四)
炳灵寺上的药水泉
桦木的勺勺(啦)舀干。
喝上个药水百病散,
高兴着漫了个少年。

（五）
大佛爷坐的是炳灵寺，
背靠了崖，
面对了一座地花儿山，
阿哥们唱的是曲不是，
尕妹妹听，
劝化把人心的少年。

（六）
炳灵寺上的仙巴佛，
喇嘛爷念经（者）哩。
阿哥们走了（者）没法子活，
心口里流血着哩。

（七）
八丈八尺的大座佛，
三丈三尺的睡佛，
佛爷的面前你实话说，
佛爷们保佑的你我。

（八）
大佛（哈）凿地石崖上，
咒语（哈）刻地者心上。
你把你良心（哈）放公当，
我把我身子（哈）舍上。

（九）
牵上个尕马儿上山走，
领上个尕妹了唱走。
你说是阿哥没连手，
我俩大佛爷跟问走。

（十）
鲁班爷修（哈）的独木桥，
张国老过来者塌了。
我维的尕妹你维是好，
我把你饶，
大佛爷饶里吗不饶。

　　　　（十一）
　　上寺的喇嘛下寺的僧，
　　云法仓坐了个赤了。
　　这一响婆家人看守的紧，
　　没法子见上个面了。
　　　　（十二）
　　东来的和尚西来的佛，
　　炳灵寺修了个庙堂。
　　一肚子的冤枉给没人说，
　　半夜里眼泪儿流淌。
　　　　（十三）
　　炳灵寺沟里的花儿多，
　　花儿的身上么刺多。
　　尕妹妹心地底里鬼主意多，
　　小阿哥上过的当多。
　　　　（十四）
　　炳灵寺山上的野林柏，
　　刺梅花为王（者）里。
　　你那里招手我明白，
　　腿肚子转筋（者）里。
　　　　（十五）
　　香子娃吃草（者）香炉台，
　　鹿羔娃吃草（者）大崖（读 nai）。
　　走路的妹子脸甭买，
　　喇嘛哥不跟着你来。
　　　　（十六）
　　月亮照了个寺沟峡，
　　照到了阴山吗阳山。
　　半夜里梦见头跟前站，
　　不知是阴间吗阳间。
　　　　（十七）
　　天桥洞是佛开的，
　　佛爷是匠人们塑的。

你来寺沟是浪山的，
我来寺沟是唱的。
　　　（十八）
抬头者看了个天桥了，
低头者走了个路了，
无撼地扯心丢下了，
心肝哈你拔者去了。
　　　（十九）
炳灵寺去了时拜佛哩，
花儿的山场上浪哩，
家里头去了挨打哩，
耳朵（哈）红起了赖哩。
　　　（二十）
花开花落的四月天，
五月的端阳是一天。
美美当当的闹一天，
再来是可等个明年。

五　民间传说

　　民间传说是炳灵寺非常多见的文学体裁，1000多年来炳灵寺流传着许许多多传说故事，有些故事家喻户晓，经久不衰。有时候，人们宁肯相信传说，而不相信真实的历史，也许这就是传说故事的魅力，真实的历史随时可以湮没，但故事可以代代相传。与炳灵寺相关的民间传说故事有：《姊妹峰的传说一》《姊妹峰的传说二》《炳灵寺大佛的传说》《五僧迎舟的传说》《千手观音的传说》《文成公主的传说》《崔十娘的传说》《老君洞的传说》《唐述窟的传说》《时亮窟的传说》《鲁班滩的传说》《鲁班造天下第一桥的传说》《仙巴本郎的传说》《天桥的传说》《三佛崖的传说》《潘唐娃的传说》，等等。永靖县政协的石林生先生曾经搜集出版过有关炳灵寺传说的专辑，故事内容不在这里赘述。

六　嘛呢、嘛呢经

　　"嘛呢"一词来源于观世音菩萨的六字真言"唵嘛呢叭咪吽"中的嘛呢二字，

"嘛呢"在梵文中的原意为如意宝，表示"宝部心"，是随意变化的宝珠，比喻人的心性。据说此宝出于龙王脑中，若得此宝珠，死后可免除阿修罗趣。在藏区或藏传佛教寺院里，经常看到人们手里拿着一个小嘛呢轮一边转，一边嘴里不停地反复念着六字真言。

但在炳灵寺我们看到的"嘛呢"则是另一番情景，其形式和内容与藏区常见者既有相似之处也有很大的差别。

在炳灵寺不仅会看到插满山头的嘛呢旗帜，挂满树头的嘛呢日布，堆满山沟的嘛呢堆，写满藏文六字真言的嘛呢石，还可时常看到成群结队的人们双手合十，拉着长长的音调，反复高声地吟唱"嘛呢吧，咪啊吽，唵，嘛呢吧，咪啊吽"，"唵嘛呢叭咪吽"的嘛呢奶奶们念嘛呢或唱嘛呢，遇到盛大的佛事活动，有几十甚至成百的嘛呢奶奶们高声齐唱嘛呢经，其场面蔚为壮观。但你仔细听来，她们不只是在唱六字真言，还有很多唱词，这些唱词就是所谓的"嘛呢经"。在嘛呢唱词中不全是佛教方面的内容，涵盖面非常广，包含着佛、道、儒以及一些伦理道德中的内容。举一个例子，在《六字真言经》中就有一段：

……真金不怕大火炼，女娲炼石补真天。
海水发动坎卦显，填海不离水下山。
金翅大鹏威力显，浊气推在海外边。
我讲此话却不多，每日常常采妙药。
此种玄妙长参悟，恩者老仙无奈何。
唵嘛呢叭咪吽……

又比如《红孩菩萨降谕》：

辟地开天日月照，皇帝开科国有道，
手执净瓶怀中抱，忙驾祥云坛中到。
旋转乾坤有三教，点化万民心中懆。
……
三皇领教先还朝，三皇五帝说根苗。
大道能说天地高，在前孝子定天桥。
三纲五常时不报，忤逆闲事除根苗。
人一肘围马一犬，显化威灵乱朝现。
提起古事当数显，紫金古树金鸡喊。

菩萨云头法宝现，三朝大会难不难。
手执杨柳空中转，指破迷津上发船。

这些唱词中无不包含儒、佛、道等多方面的内容。

目前在炳灵寺见到的各种嘛呢经有几十种版本，有的是印刷的，有的是打印的，有的是手抄的。笔者目前收藏的有：

《六字真言嘛呢感本》　　　　　　　　　　　手抄本
《六字真言经》　　　　　　　　　　　　　　刻印本
《莺歌经》　　　　　　　　　　　　　　　　手抄本
《嘛呢真经》　　　　　　　　　　　　　　　刻印本
《方四娘》　　　　　　　　　　　　　　　　手抄本
《无更词》　　　　　　　　　　　　　　　　手抄本
《上香经》　　　　　　　　　　　　　　　　手抄本
《十劝化人心》　　　　　　　　　　　　　　手抄本
《先法妙经》　　　　　　　　　　　　　　　手抄本
《观世音菩萨演玄文》　　　　　　　　　　　手抄本
《坐铺禅》　　　　　　　　　　　　　　　　手抄本
《九九功夫》　　　　　　　　　　　　　　　手抄本
《三公主》　　　　　　　　　　　　　　　　手抄本
《因果报应经》　　　　　　　　　　　　　　手抄本
《十炷香》　　　　　　　　　　　　　　　　老人口授笔者录
《妙玄真经》　　　　　　　　　　　　　　　刻印本
《九天圣母与四位宣阳真人缘度同道黄庭妙经》　刻印本
《度人舟经》　　　　　　　　　　　　　　　刻印本
《红孩菩萨降谕》　　　　　　　　　　　　　手抄本

嘛呢经在炳灵寺及附近地区十分流行，炳灵寺六大活佛系统中有一个活佛叫康法台玛呢仓，据说他是以持念嘛呢经而成为活佛的。那么如此多的嘛呢经兴起于何时？从何而来？创作者都是谁？目前笔者还没见到比较权威的研究和资料。

笔者认为，嘛呢经在炳灵寺及其周边地区之所以非常兴盛，是由以下几个因素决定的。第一，炳灵寺的带动作用。到明清时期，炳灵寺的藏传佛教异常兴盛，仅隶属于炳灵寺的藏传佛教小寺院有六十余座，可以说，炳灵寺周边的小型藏传佛教寺院几乎全部隶属于炳灵寺所管，形成了以炳灵寺为中心的庞大的寺院体系。第二，炳灵寺周围宗教氛围十分浓郁，可以说，一个山头一个庙，一个村庄一个寺，这种寺、庙、观林立并存的状况，为嘛呢经的产生提供了良好的土壤。第三，当地人的多神信仰是形成嘛呢经的主要原因。炳灵寺周边的群众除了信仰佛教外，还信仰道教、儒教等，无论是寺院里的佛祖，道观里的老君，庙里的神仙，直至祠堂里的祖先都叩拜。这种信仰的多重性，促使各种宗教教派共处和融合，嘛呢经应该是各种宗教共处融合的产物。第四，据调查，在1949年前，炳灵寺周边地区，有多处大型的开坛演教的场所，参加这种场所的有道人、和尚，还有文人秀才，更多的则是多神崇拜的当地群众。笔者认为，这些嘛呢经可能是在这种场合里经过"初创"，再经过民间的口头传颂，发展、演变，最终形成并保留下来的。

（曹学文，甘肃炳灵寺文物保护研究所）

长崎贸易中的清宫刻书

——以《舶载书目》为中心

章宏伟

日本学者大庭修是持渡书资料搜集和研究的开拓者,他1963年以来长期研究日本江户时代中国书籍输入问题,整理了大量相关资料,出版了独具一格的丰硕成果,为后继者打下了坚实的基础。他编集的《江户时代唐船持渡书研究》资料编、《宫内厅书陵部藏舶载书目》都是极好的专题资料。松浦章、严绍璗、周振鹤、王勇、王宝平、胡孝德、真柳诚、巴兆祥、范金民、章宏伟等学者继起,都有论著发表。周振鹤先生曾以《戌番外船持渡书大意书》为例,分析了清乾隆时期中日书籍交流情况,并进而探索大意书内容在中国目录学与版本学研究方面的重要意义。之后花大力气梳理唐船航次与运载汉籍之间的关系,发表《清代输往日本汉籍的初步研究》。巴兆祥以地方志为例,从经济学的角度,分析了17—19世纪中叶中国输日方志的数量、渠道、价格与利润,探索了中日方志贸易的特性以及日本重视方志收集的原因,进而从一个侧面加深了人们对地方志在中日书籍交流史上意义的认识。范金民依据《唐船输出入品数量一览（1637—1833年）》一书和三份输日汉籍书目,探讨清代前期江南书籍输日的数量,书籍的出港地,输日书籍的内容、价值,以及江南书籍刻印与流通市场等问题。除了大庭修在《江户时代中国文化受容研究》中讨论过《大清会典》和《古今图书集成》,学界还没有开始关注输日的清宫刻书,研究有待深入。

一 长崎贸易中的书籍

江户时代（1603—1867年）的日本,从1633—1641年,通过幕府颁布一系列的法令,严禁日本船和日本人渡航外国;禁止天主教传入日本,停止与天主教国家葡萄牙、西班牙等国的通商贸易,而且还禁止有关天主教的书籍入境。甚至别出心裁地规定，外商在长崎登陆必须经过"踏绘"（即践踏绘有圣母玛利亚像的铜板），以考验其是不是天主教徒。除了保留与中国、荷兰在长崎进行有限制的贸易，以及通过对马藩、萨摩藩与朝鲜、琉球的来往以外，断绝与一切外国的通商与交往，形成了一个越来越严密的锁国体制。① 学术界一般用"长崎贸易"来指称江户时代发生在长崎的对外贸易活动。

以私人商船为主体的民间海外贸易活动是清初对外关系的主流。② 清朝开放海禁后，赴日贸易的商船大增，1688 年（康熙二十七年，元禄元年）达 193 艘。江户幕府随即实行贸易限制令，对每年进港的中国商船数、贸易额、贸易品以及中国商人的活动都加以严格的限制。1715 年（康熙五十四年，正德五年），幕府颁布《正德新令》，实行信牌（即发放贸易执照）贸易，每年只准 30 艘中国商船进长崎港，贸易额（主要指铜的交易额）限于 6000 贯。

到日本贸易的"唐船"经常将汉籍贩运至日本。唐船持渡成了汉籍运销日本的主要渠道，日本把这些书称为"唐船持渡书"。幕府在长崎奉行之下，设有书物目利一职，以精通汉籍的官员充当，专门负责进口中国书籍的事务。他们留下了大量的进口汉籍账目（即"书籍元账"），上面详细登记年份、中国商船的编号、船主姓名以及进口汉籍的书名、部数、套数、价格等，有时还注明此书被何人买走，对某些汉籍还写了内容提要（即"大意书"）。这些账本为研究中日文化交流史提供了宝贵的原始资料。大庭修《江户时代唐船持渡书研究》统计 17 世纪至明治维新止约 180 年间，有 8000 余种汉籍输入日本，数量非常大，传播速度非常快，对日本文化、思想影响的程度远超前代。

二 《舶载书目》记载的清宫刻书

根据现有的资料，我们可以看到，清宫所刻书籍有不少在成书后不久就被售往日本，这里揭示的只是宫内厅书陵部藏《舶载书目》所载的部分。原本还想汇总《江户时代唐船持渡书研究》资料编中的相关资料，该资料编中记录有不少渡日的清宫刻书，如清张青、梁诗正等编《御选唐宋诗醇》四十七卷目录二卷，清乾隆十六年武英殿刻四色套印本，③ 但由于数据太过庞杂，要一一加以辨证，不能凭感觉、凭印象说这本书是清宫刻本或不是清宫刻本，即使清宫刻本有这种书，

---

① ［日］信夫清三郎：《日本政治史》卷 1，周启乾译，上海译文出版社 1982 年版，第 19—20 页。
② 林仁川：《明末清初私人海上贸易》，华东师范大学出版社 1987 年版，第 176—184 页。
③ ［日］大庭修：《江户时代における唐船持渡书の研究・资料编》，关西大学东西学术研究所 1967 年版，第 587B、717C 页。

还要考察渡日时间是否在清宫刻书之前，在诸种版本的同名书中是否是最有可能的版本等，需要更多的时间，本文论述不得不局限在《舶载书目》的范围内，这是需要说明并表示遗憾的。

尽管对资料的来源范围做了收束，但我们依然可以从《舶载书目》中梳理出清宫刊刻的书籍：

表1　　　　　　　　　　《舶载书目》著录输入的清宫刻书

渡日年代	书名	作者	卷数	《舶载书目》出处	清宫刊刻年代	备注
元禄七年（康熙三十三年，1694年）	孝经衍义	清·叶方蔼等撰	一百卷首二卷	1—39	清·康熙二十九年内府刻本	
宝永二年（康熙四十四年，1705年）	古文渊鉴	清·圣祖玄烨选，徐乾学等辑并注	六十四卷	5—11	清·康熙二十四年内府刻四色套印本	
宝永六年（康熙四十八年，1709年）	御定全唐诗录	清·徐倬、徐元正编	一百卷	7—1，45（两次）	清·康熙四十五年徐倬刻进呈本①	
	御定历代赋汇	清·陈元龙等辑，清圣祖玄烨御定	正集一百四十卷外集二十卷逸句二卷补遗二十二卷目录三卷	7—3，46（两次）	清·康熙四十五年陈元龙刻进呈本	
宝永七年（康熙四十九年，1710年）	御批资治通鉴纲目②	清·宋荦等编	一百九卷	8—1	清·康熙四十六年至四十九年扬州诗局刻本	

① 关于进呈本，这里暂且算作宫廷刻书。现在学界基本上也是这样认定的，请参阅故宫博物院图书馆、辽宁省图书馆编著《清代内府刻书目录解题》，紫禁城出版社1995年版；翁连溪编著《清代内府刻书图录》，北京出版社2004年版；曹红军《清代康雍乾三朝内府刻书研究》，博士学位论文，南京师范大学，2006年。

② 《舶载书目》只著录"通鉴纲目"。《御批资治通鉴纲目》全书一百九卷，御批资治通鉴纲目前编十八卷外纪一卷举要三卷（宋金履祥撰）、御批资治通鉴纲目五十九卷首一卷（宋朱熹撰）、御批续资治通鉴纲目二十七卷（明商辂等撰）。清宋荦等编，清康熙四十六年至四十九年扬州诗局刻本，11夹50册。半叶十一行，行二十二字，小字双行同，上白口，下黑口，四周双边，双鱼尾。版框高18.9厘米，宽13.3厘米，开本高26.2厘米，宽17.4厘米。黄腊笺纸封面，太史连纸。每卷末刻卷次及"吏部尚书加二级臣宋荦谨奉□校刊"十五字。

续表

渡日年代	书名	作者	卷数	《舶载书目》出处	清宫刊刻年代	备注
	性理大全	明·胡广等编	七十卷	8—2,7（两次）	明·永乐间内府刻清康熙十二年内府补版重印本	
	文献通考	元·马端临撰	三百四十八卷	8—2,19（两次）	明·嘉靖三年司礼监刻清康熙十二年内府重修本	
	孝经衍义	清·叶方蔼等撰	一百卷首二卷	8—3	清·康熙二十九年内府刻本	
正德元年（康熙五十年，1711年）	日讲四书解义①	清·喇沙里、陈廷敬等撰	二十六卷	9—2	清·康熙十六年内府刻本	
	御制性理四书大全②	明·胡广等编	《性理大全书》七十卷，《御制四书大全》（129）十八卷	9—28	明·永乐十三年内府刻本，清康熙十二年重修本	
	性理大全	明·胡广等编	七十卷	9—31	明·永乐十三年内府刻本，清康熙十二年重修本	
	大清律③	清·刑部纂	三十卷，附则例新例	9—43	清·顺治四年刻康熙三年补刻本	

---

① 《舶载书目》只著录"四书日讲"。但实际并无以"四书日讲"为书名的，《中国古籍善本总目》著录《日讲四书解义》二十六卷（135）。

② 《舶载书目》只著录"御制性理四书大全"。但现存书籍中并无以"御制性理四书大全"为书名的，《中国古籍善本总目》著录《御制四书大全》（129）十八卷，半叶十二行，行二十二字，小字双行同，细黑口，四周双边，版框高26.7厘米，宽18.1厘米。每书卷前有字、凡例、胡广等纂修人名单。《中国古籍善本总目》著录为：明内府刻本。实际上该书与《性理大全》同为康熙十二年清内府重修本，清内府档案有记载。《性理大全书》（800）七十卷，半叶十行，行二十二字，小字双行同，四周双边，大黑口，双鱼尾。版框高26厘米，宽18.2厘米，开本高34.9厘米，宽21.8厘米。暗花浅蓝绫封面，浅黄绫手书签，开化榜纸。是书无永乐序，无明广等进书表。

③ 《舶载书目》只著录"大清律"。

续表

渡日年代	书名	作者	卷数	《舶载书目》出处	清宫刊刻年代	备注
正德二年（康熙五十一年，1712年）	大清律①	清·刑部纂	三十卷，附则例新例	10—14	清·顺治四年刻康熙三年补刻本	
	御批资治通鉴纲目②	清·宋荦等编	一百九卷	10—36，76（两次）	清·康熙四十六年至四十九年扬州诗局刻本	
	大清律集解附例	清·刚林等纂修	三十一卷	10—51，83（两次）	清·顺治四年内府刻本	
正德三年（康熙五十二年，1713年）	文献通考	元·马端临撰	三百四十八卷	11—4	明·嘉靖三年司礼监刻清康熙十二年内府重修本	
正德四年（康熙五十三年，1714年）	御批资治通鉴纲目③	清·宋荦等编	一百九卷	11—26	清·康熙四十六年至四十九年扬州诗局刻本	
享保四年（康熙五十八年，1719年）	大清会典	清·伊桑阿王熙等纂	一百六十二卷	11—34	清·康熙二十九年内府刻本	
	渊鉴斋御纂朱子全书④	清·李光地等纂修	六十六卷	11—34	清·康熙五十三年内府刻本	该书有黑口本、白口本两种，不知渡日的是哪种
享保九年（雍正二年，1724年）	御定全唐诗录⑤	清·徐倬、徐元正编	一百卷	14—24	清·康熙四十五年徐倬刻进呈本	

① 《舶载书目》只著录"大清律"。
② 《舶载书目》只著录"通鉴纲目"。
③ 《舶载书目》只著录"通鉴纲目"。
④ 《舶载书目》只著录"朱子全书"。查《中国古籍善本总目》，有书名叫《渊鉴斋御纂朱子全书》的（796），有书名叫《御纂朱子全书》的，无《朱子全书》的书名。这应是简称。
⑤ 《舶载书目》只著录"全唐诗录"。

续表

渡日年代	书名	作者	卷数	《舶载书目》出处	清宫刊刻年代	备注
	文献通考	元·马端临撰	三百四十八卷	14—25	明·嘉靖三年司礼监刻清康熙十二年内府重修本	因同船渡日的还有《续文献通考》（14—36），因而可能此《文献通考》也不是宫廷刻书
	渊鉴斋御纂朱子全书①	清·李光地等纂修	六十六卷	14—57	清·康熙五十三年内府刻本	该书有黑口本、白口本两种，不知渡日的是哪种
	大清会典	清·伊桑阿王熙等纂	一百六十二卷	14—89	清·康熙二十九年内府刻本	
	康熙字典	清·张玉书等奉敕撰	四十二卷	14—89	清·康熙五十年内府刻本	
	性理大全	明·胡广等编	七十卷	14—90	明·永乐十三年内府刻本，清康熙十二年重修本	
享保十年（雍正三年，1725年）	古香斋鉴赏袖珍五经②		八卷	15—2	清·康熙内府刻本	

---

① 《舶载书目》只著录"朱子全书"。

② 《舶载书目》只著录"五经"。《五经》在明代有刻本，但清代的印本只有康熙内府刻本《古香斋鉴赏袖珍五经八卷》和乾隆十三年武英殿刻本《钦定古香斋袖珍十种九百三卷》中的五经八卷。享保十年（1725年，雍正三年）渡日的《五经》，应该极有可能是清宫刻本。

续表

渡日年代	书名	作者	卷数	《舶载书目》出处	清宫刊刻年代	备注
	佩文斋广群芳谱①	清·汪灏等编校	一百卷目录二卷	15—2	清·康熙四十七年内府刻本	
	大清会典	清·伊桑阿王熙等纂	一百六十二卷	15—3	清·康熙二十九年内府刻本	
	大清雍正三年时宪历			15—3		
	康熙字典	清·张玉书等奉敕撰	四十二卷	15—3	清·康熙五十年内府刻本	
享保十一年（雍正四年，1726年）	御制耕织图	清·圣祖玄烨撰，宋楼寿编绘，清焦秉贞等绘，朱圭等镌	二卷	15—29	清·康熙三十五年内府刻本	耕图、织图各二十三幅，四周翠边，图版框高二四·四厘米，宽二四·四厘米，开本三四·七厘米，宽二七·七厘米
享保十一年（雍正四年，1726年）	万寿盛典初集	清·王原祁、王奕清等纂	一百二十卷	16—20	清·康熙五十四年至五十六年内府刻本	
	孝经衍义	清·叶方蔼等撰	一百卷首二卷	16—22	清·康熙二十九年内府刻本	

---

① 《舶载书目》只著录"广群芳谱"。《中国古籍善本总目》有书名叫《佩文斋广群芳谱》（955），无《广群芳谱》。《广群芳谱》应是简称。

续表

渡日年代	书名	作者	卷数	《舶载书目》出处	清宫刊刻年代	备注
	大清会典	清·伊桑阿王熙等纂	一百六十二卷	16—22	清·康熙二十九年内府刻本	
	御选历代诗馀	清·圣祖玄烨选，沈辰垣、王奕清等辑	一百二十卷	16—24	清·康熙四十六年内府刻本	
	御批资治通鉴纲目①	清·宋荦等编	一百九卷	16—27	清·康熙四十六年至四十九年扬州诗局刻本	
	舆图			16—28		怀疑是内府刻本
享保十二年（雍正五年，1727年）	割圆勾股八线表②	意大利·籍罗雅谷撰	一卷	20—31	明·崇祯年刻，清顺治二年、康熙十三年、十七年钦天监补	
享保十六年（雍正九年，1731年）	佩文斋书画谱	清·孙岳颁等纂辑	一百卷	25—2, 6（两次）	清·康熙四十七年内府刻本	
享保十七年（雍正十年，1732年）	文献通考③	元·马端临撰	三百四十八卷	25—15	明·嘉靖三年司礼监刻清康熙十二年内府重修本	因同船渡日的是《正续文献通考》（25—15），因而可能此《文献通考》也不是宫廷刻书

---

① 《舶载书目》只著录"通鉴纲目"。
② 《舶载书目》只著录"八线表"。《八线表》的书名遍查不着，明崇祯年刻，清顺治二年、康熙十三年、十七年钦天监补，明徐光启等修、比利时籍南怀仁等补修的《新法历书二十六种一百卷》，子目中有书名叫《割圆勾股八线表》，《八线表》应是《割圆勾股八线表》的简称。
③ 《舶载书目》著录的是"正续文献通考"。因此时《续文献通考》还没有清刻本，有可能连《文献通考》都不是清刻本。

续表

渡日年代	书名	作者	卷数	《舶载书目》出处	清宫刊刻年代	备注
享保八年（雍正元年，1723年）	御定全唐诗录①	清·徐倬、徐元正编	一百卷	25—17	清·康熙四十五年徐倬刻进呈本	
享保十六年（雍正九年，1731年）	雍正十年历			26—3		
享保二十一年（乾隆元年，1736年）	钦定古今图书集成图②（此图为《古今图书集成》的插图，为木板镌刻单独刷印成册）	清·蒋廷锡、陈梦雷等辑	一百一十册（但《舶载书目》记为"二十套百六十本"）	29—31	清·雍正四年内府刻本	《钦定古今图书集成》清雍正四年内府铜活字印本，一万卷目录四十卷
享保二十一年（乾隆元年，1736年）	大清律例朱注广汇全书			30—4		
元文二年（乾二年，1737年）	康熙字典	清·张玉书等奉敕撰	四十二卷	30—14	清·康熙五十年内府刻本	
元文四年（乾隆四年，1739年）	康熙字典	清·张玉书等奉敕撰	四十二卷	31—9，39（两次）	清·康熙五十年内府刻本	
	乐善堂全集	清·高宗弘历撰	四十卷目录四卷	31—21	清·乾隆二年武英殿刻本	
元文五年（乾隆五年，1740年）	御批资治通鉴纲目③	清·宋荦等编	一百九卷	32—18	清·康熙四十六年至四十九年扬州诗局刻本	

---

① 《舶载书目》只著录"全唐诗录"。
② 《舶载书目》只著录"图书集成"。
③ 《舶载书目》只著录"御批通鉴"。

续表

渡日年代	书名	作者	卷数	《舶载书目》出处	清宫刊刻年代	备注
	佩文斋咏物诗选	清·张玉书等编，清圣祖玄烨御定	四百八十六卷	32—20	清·康熙四十六年高舆校刻进呈本	
宽保元年（乾隆六年，1741年）	康熙字典	清·张玉书等奉敕撰	四十二卷	33—3，4，6，29（四次）	清·康熙五十年内府刻本	
	佩文韵府	清·张玉书、蔡升元等辑	一百六卷	33—3	清·康熙五十年扬州诗局刻本	
	乐善堂全集	清·高宗弘历撰	四十卷目录四卷	33—3，35（两次）	清·乾隆二年武英殿刻本	
	御批资治通鉴纲目①	清·宋荦等编	一百九卷	33—3	清·康熙四十六年至四十九年扬州诗局刻本	
	御批资治通鉴纲目②	清·宋荦等编	一百九卷	33—4	清·康熙四十六年至四十九年扬州诗局刻本	
宽保二年（乾隆七年，1742年）	康熙字典	清·张玉书等奉敕撰	四十二卷	35—7	清·康熙五十年内府刻本	
	全唐诗	清·曹寅、彭定求等辑	九百卷目录十二卷	35—7	清·康熙四十六年扬州诗局刻本	

---

① 《舶载书目》只著录"资治通鉴纲目"。
② 《舶载书目》只著录"通鉴纲目"。

续表

渡日年代	书名	作者	卷数	《舶载书目》出处	清宫刊刻年代	备注
宽延元年（乾隆十三年，1748年）	明史	清·张廷玉等撰	三百三十二卷目录四卷	38—1	清·乾隆四年武英殿刻二十四史本	二十四史本除《旧五代史》版心上方刻"乾隆四十九年校刊"外，其他诸史版心上方均刻"乾隆四年校刊"。《明史》在这一时期只有这一刻本
宽延元年、宝历元年（乾隆十六年，1751年）	明史	清·张廷玉等撰	三百三十二卷目录四卷	39—23	清·乾隆四年武英殿刻二十四史本	
	御批资治通鉴纲目①	清·宋荦等编	一百九卷	39—23	清·康熙四十六年至四十九年扬州诗局刻本	另外，清张廷玉等撰《御撰资治通鉴纲目三编二十卷》，清乾隆十一年苏州诗局刻本，也有可能

---

① 《舶载书目》只著录"通鉴纲目"。

续表

渡日年代	书名	作者	卷数	《舶载书目》出处	清宫刊刻年代	备注
	文献通考①	元·马端临撰	三百四十八卷	39—23	明·嘉靖三年司礼监刻清康熙十二年内府重修本	极有可能是：清乾隆十二年武英殿刻本《文献通考三百四十八卷首一卷》
	康熙字典	清·张玉书等奉敕撰	四十二卷	39—24	清·康熙五十年内府刻本	
	佩文韵府	清·张玉书、蔡升元等辑	一百六卷	39—24	清·康熙五十年扬州诗局刻本	
	全唐诗	清·曹寅、彭定求等辑	九百卷目录十二卷	39—24	清·康熙四十六年扬州诗局刻本	
	渊鉴类函	清·张英等辑	四百五十卷目录四卷	39—24	清·康熙四十九年内府刻本	
	上谕			39—28		
	钦定篆文六经②	清·李光地等辑	四十四卷	39—38	清·康熙内府刻本	

根据表 1 可以看到，渡日的清宫刻书，品种数并不多，但基本上都是大部头的典籍。912 卷《全唐诗》、486 卷《佩文斋咏物诗选》、454 卷《渊鉴类函》、348 卷《文献通考》、336 卷《明史》、187 卷《御定历代赋汇》、162 卷的《大清会典》、120 卷《万寿盛典初集》、120 卷《御选历代诗余》、109 卷《御批资治通

---

① 《舶载书目》著录的是"正文献通考"。
② 这应该是《钦定篆文六经四书六十三卷》中的一部分。《周易》十二卷、《尚书》四卷、《毛诗》四卷、《周礼》六卷、《仪礼》十七卷、《春秋》一卷、《大学》一卷、《中庸》一卷、《论语》十卷、《孟子》七卷。半叶 8 行，行 12 字，白口，左右双边，单线鱼尾，版框高 22.5 厘米，宽 15.7 厘米，开本高 19.1 厘米，宽 29.8 厘米。

鉴纲目》、106 卷《佩文韵府》、102 卷《孝经衍义》、102 卷《佩文斋广群芳谱》、100 卷《御定全唐诗录》、100 卷《佩文斋书画谱》，都是百卷以上的大书。

而且在清宫书籍刻印出来不久，就被输入日本，态度是很积极主动的，如清徐倬、徐元正编《御定全唐诗录》，康熙四十五年徐倬刻进呈本，宝永六年（康熙四十八年，1709 年）、享保九年（雍正二年，1724 年）、享保八年（雍正一年，1723 年），先后渡日 4 部；① 康熙四十五年陈元龙刻进呈本《御定历代赋汇》正集一百四十卷外集二十卷逸句二卷补遗二十二卷目录三卷，宝永六年（康熙四十八年，1709 年）渡日 2 部；② 康熙五十三年内府刻本《渊鉴斋御纂朱子全书》六十六卷，享保四年（康熙五十八年，1719 年）、享保九年（雍正二年，1724 年）先后渡来 2 部；③ 清乾隆二年武英殿刻本《乐善堂全集》四十卷目录四卷，元文四年（乾隆四年，1739 年）、宽保一年（乾隆六年，1741 年）先后渡来 3 部。④ 或许这是日方的要求，或是船头在渡日经商的过程中了解了幕府的需求，刻意寻找的结果。大庭修曾总结正德新令对于唐船贸易的影响，其中之一就是："为了设法获得法定数量之外的、特别颁发的临时信牌，唐船头竭力满足幕府的特殊订购，即对御用物和特殊知识的要求，结果导致了享保四、五年前后至十一、二年之间众多专业人才的渡来和特殊商品的输入，这些专业人才包括医生、儒士、善于骑射之人和马医等，而特殊商品中则包括大量的书籍"⑤。这些书籍都是清宫刊刻不久，就被搜罗输入日本，说明一方面是日本方面的交代，尽管可能不是交代的书名，至少也是要求船户来日时带什么书，尤其是清宫刊刻的政治制度类的书。由此可知，大庭修指出的"书籍作为一种商品，无论在种类或者是在对于日本汉籍市场的了解是，日本的读者并不需要新书。江户时代汉籍输入日本绝大部分是旧书"的结论是有失偏颇的。还可作为例证的如《槐记》享保十年七月七日条记载："近年所购求'十五省通志'，在日本共有书两部。这些书应该被收集起来。按照从江户向长崎下发预订的次序，望能将书单送出去，以便将其都收集起来。"⑥

有些清宫刻书甚至一再输入。如宝永七年（康熙四十九年，1710 年）、正德三年（康熙五十二年，1713 年）、享保九年（雍正二年，1724 年）、享保十七年（雍正十年，1732 年）、宽延四年（乾隆十六年，1751 年），先后共渡日 6 部《文

---

① 《舶载书目》7—1、45、14—24、25—17。
② 《舶载书目》7—3、46。
③ 《舶载书目》11—34、14—57。
④ 《舶载书目》31—21、33—3、35。
⑤ ［日］大庭修：《江户时代中国典籍流播日本之研究》，戚印平等译，杭州大学出版社 1998 年版，第 419 页。
⑥ 《槐记》，转引自《舶载书目》，大庭修《解题》，关西大学东西学术研究所 1972 年版，第 47 页。

献通考》；①《御批资治通鉴纲目》也应该是很受日本欢迎的史书，宝永七年（康熙四十九年，1710年）、正德二年（康熙五十一年，1712年）、正德四年（康熙五十三年，1714年）、享保十一年（雍正四年，1726年）、元文五年（乾隆五年，1740年）、宽保一年（乾隆六年，1741年）两部、宽延四年（乾隆十六年，1751年），先后渡日9部；②《康熙字典》清康熙五十年内府刊刻出版后，享保九年（雍正二年，1724年）、享保十年（雍正三年，1725年）、元文二年（乾隆二年，1737年）、元文四年（乾隆四年，1739年）、宽保一年（乾隆六年，1741年）、宽保二年（乾隆七年，1742年）、宽延四年（乾隆十六年，1751年），先后渡日11部。③

　　幕府是持渡书的主要买主，有时会订购书籍。大庭修指出："在一般情况下，唐船持渡书大多由唐船头酌情挑选后带来日本，但也有日方指名定购的例外。德川吉宗就曾一再订购书籍。这些按约带来的图书亦即所谓的'御用物'，价格也比一般书籍高得多。"④ 并举《大清会典》为例，引《好书故事》卷五十八、五十九中的"书籍八·采访"项中长崎御书付留的这样一份订单："如别纸呈告，《定例成案》《大清会典》等书籍甚为将军所好。将军订购之书籍，除书价之外，按约支付订金。加纳远江守大人嘱鄙职转告此意，望依嘱行事。当然，唐人自行舶来书籍，即便选为御用，亦一概以市价购买。《大清会典》等珍贵之书，更为此间所重，远江守大人特嘱贵职通告唐人，多多携来此类珍贵宝典。"并指出享保四年（清康熙五十八年，1719年）秋船携来的当为康熙二十九年编纂的一百六十二卷的《大清会典》，⑤ 大庭修还立专题讨论"深见有邻对《大清会典》的翻译"。据《舶载书目》，可以看到，在享保四年（11—34）之后，享保九年（雍正二年，1724年）（14—89）、享保十年（雍正三年，1725年）（15—3）、享保十一年（雍正四年，1726年）（16—22）均携来了《大清会典》。⑥ 因为《大清会典》专述典章制度，明确诸司职掌，不仅可用于了解近邻清朝的政治制度，对于日本的政治体制也有重要的参考价值，所以深为将军看重。江户时代是日本历史上一个武功文治双修的时代，社会稳定，经济繁荣，重视文教，对汉籍需求广泛。幕府的御文库是唐船持渡书的主要买主，在长崎的书物奉行、书物改役、书

---

① 《舶载书目》8—2、19、11—4、14—25、25—15、39—23。
② 《舶载书目》8—1、10—36，76、11—26、16—27、32—18、33—3、33—4、39—23。
③ 《舶载书目》14—89、15—3、30—14、31—9、39、33—3、4、6、29、35—7、39—24。
④ ［日］大庭修：《江户时代中国典籍流播日本之研究》，戚印平等译，杭州大学出版社1998年版，第202页。
⑤ 同上书，第220—221页。
⑥ 《舶载书目》14—89、15—3、16—22。

物目利等都负有为幕府选书、购书义务。德川吉宗对汉籍相当重视，唐船贩运到长崎的汉籍不少进入御文库。《有德院殿御实纪附录》记载："他常召集御侧、小姓、小纳言等，让他们搜索书籍……先下令搜寻本邦古书，后又以唐商携来之书籍杂乱，要求先提供书目御览，然后从中挑选有用之书。但他并不特意寻找诗赋、文章之类的书籍，而是专门搜集对辅国佐政有益之书，比如那些记载了中国情况的府州县志。这样，御文库藏书遂倍增于从前。"① 与《大清会典》性质相类的是元马端临撰的《文献通考》。《文献通考》从上古一直写到南宋嘉定末年，专记历代典章制度，将历代典章制度串通起来，找出历代治乱兴衰的原因，因而也是日本急需的典籍。

存疑的问题。这些书中有不少是进呈本，按照乾隆三十九年（1774年）履郡王永珹等奏酌拟存留武英殿修书处库储各种书籍折："又有自康熙年来臣工陆续奏进之书，向例不在通行之列。如《佩文韵府》，现存一千九十余部，此即外进之一种。"② 既然是进呈，而宫中尚且不予通行，刻书的臣子是断断不敢自行专断，在外销售的。这些进呈本是如何经唐船船头之手，得以贩销日本的呢？

清宫前期刻书部头最大的自然是有万卷之巨的《古今图书集成》。大庭修在《江户时代中国文化受容研究》中专门论述了《古今图书集成》的输入，认为"《古今图书集成》的输入是江户时代日中文化交流史上的一件大事"③。这部书当年初版是用铜活字摆印，是我国篇幅最为巨大的铜活字印刷书籍，共印刷装订了64部，另有样书1部。④ 大庭修同时很明确地指出，《舶载书目》第29册31页记载的"图书集成"只是《图书集成绘图》。学界对此是认同的。但《图书集成绘图》究竟是一部怎样的书，迄今没有人加以认真的探讨，裴芹说："《古今图书集成》……大量收录了图画，分编在相关的典部里。据有人统计收录图画的有28个典、1472个部，计6244幅……图画绘制精审，后曾为单独印行。"⑤ 翁连溪说："《钦定古今图书集成》卷首序文、表文及书中大量插图版画为雕版印刷。雍

---

① 《有德院殿御实纪附录》卷10，《德川实纪》第九篇，吉川弘文馆1982年版，第243页。
② 中国第一历史档案馆编：《纂修四库全书档案》一五四"履郡王永珹等奏酌拟存留武英殿修书处库贮各种书籍折"，乾隆三十九年五月十一日，上海古籍出版社1997年版，第206页。
③ ［日］大庭修：《江户时代中国典籍流播日本之研究》，戚印平等译，杭州大学出版社1998年版，第292—308页。
④ 有关《古今图书集成》雍正铜活字第一版的印数有64到66部不同的说法，请参阅裴芹《〈古今图书集成〉研究》，北京图书馆出版社2001年版；赵长海《〈古今图书集成〉版本考》，《古籍整理研究学刊》2004年第3期；曹红军《〈古今图书集成〉版本研究》，《故宫博物院院刊》2007年第3期；黄权才《〈古今图书集成〉六论》，《图书馆界》2006年第1期。
⑤ 裴芹：《〈古今图书集成〉研究》，第14页。

正四年又将书中的插图独立装订成110册,名为《钦定古今图书集成图》。"① 而《舶载书目》记载渡日的《图书集成》二十套百六十本,这二十套应该是指160册分装20函。另,《图书集成图》究竟是多大篇幅?110册,而这记载的是160本。还有图的数量,《舶载书目》详细开列"图书集成总目",计有"天文图"等19类6073页,与各位学者说的数字都对不上。而《舶载书目》所载"御制图书集成序",也不是《古今图书集成》前的御制序,至于是否是专为《钦定古今图书集成图》写的御制序,因还未及核实,待查。从《舶载书目》看到,《古今图书集成图》输入日本是在乾隆元年。这是个值得我们注意的时间节点。以往有一种认识:"雍正皇帝对于典籍较少留意。迫于《古今图书集成》是康熙帝钦定,且大部分已经印完,便采取贬人留书,借机取功的办法,乃成其全。但对于它的散发,却有所忌讳,只给了忠心不二的张廷玉等人,大部分封存起来。这正好为乾隆皇帝储备了一批稀世珍品,得以颁发七阁,奖励大臣。从《古今图书集成》方面看,是遇到了知音,虽未能流传市肆,但毕竟向民间走近了一步。"② 《舶载书目》至少也提示我们要重新思考这个问题。把《图书集成绘图》载到长崎的是以南京为基地的华商孙太源。后来,孙太源能够得到内府刻印的《古今图书集成图》,最终又把只印了60多部、近万册的巨著运到日本,就需我们对北京的宫廷刻书的流播做一番探讨。

江户时代对医书很重视,但像医家类中清乾隆七年武英殿刻本《医宗金鉴》九十卷首一卷却没有输日。

由表1做一番简单的计算,便会得出表2的数字统计。表2中卷数部分"+"后面的卷数是指输入书籍重复的书的卷数。

表2　　　　　《舶载书目》著录输入清宫刻书数量统计表

年代	种数	卷数
元禄(1688—1703)	1	102
宝永(1704—1710)	7	980+705
正德(1711—1715)	7	632+279
享保(1716—1735)	19	1615+1042
元文(1736—1740)	4	681+42
宽保(1741—1743)	2	954
宽延(1748—1750)	8	2351+336

① 翁连溪编:《清内府刻书概述》,《清代内府刻书图录》,北京出版社2004年版,第5页。
② 裴芹:《〈古今图书集成〉研究》,北京图书馆出版社2001年版,第152页。

三 携带清宫刻书渡日的唐船（出发港及船头）

那么，舶载清宫刻书到日本的是哪些唐船呢？如果能够搞清楚这些唐船的出发港及船头，对于我们探寻这些渡日清宫刻书的来源是非常需要的。这项工作还有待继续。

中国商船交易的货品可由当时的交易记录唐蛮货物账、赍来书目、大意书、商舶载来书目、舶载书目等相关史料得知，中日间交易的货品以丝绸、纺织品和药材为大宗，书籍所占的比例极少。西川如见《增补华夷通商考》一书对当时的中日贸易进行过简要总结，记载了唐船出发地及15省到长崎商人，列举了中国各省土产，其中南京、福建省特别标识出产书籍。① 《唐蛮货物帐》记录宝永六年（1709年）至正德三年（1713年）间载有书籍的船只共有14艘，数量从1箱到93箱不等，而载有书籍的船只仅有南京船和宁波船。大庭修说："然而唐船并非全部载有书籍，船中载书者主要限于南京船和宁波船。南京船，指从镇江、淮安、常州、扬州、苏州、上海、松江等地域起航的船只；宁波船，系指由浙江省的乍浦起航的船只。总之，均为来自江苏、浙江省的船只，即口船。在江户初期，如正德元年（1711年），在总数54艘的入港船只中，携带书籍的有5艘，其中3艘为宁波船，2艘为南京船。至于书籍的数量，宁波船3艘载有4箱多，南京船2艘载有达到前者10倍的41箱。"② 大庭修推断此与中国的出版业中心之所在有关。范金民依据永积洋子所著《唐船输出入品数量一览（1637—1833年）》，指出乾隆时期输入日本书籍，基本上是由江浙船特别是乍浦船承担的。③ 虽然《唐船输出入品数量一览（1637—1833年）》记载1694—1751年唐船将书籍输入日本的情形只有一例：1749年，乍浦船1只，中国历史书15066册。显然是没能全面、准确反映唐船持渡书的真实情况，但从200年的历史趋势，说乾隆时期输入日本的书籍基本上是由江浙船特别是乍浦船承担的，则是符合实际情况的。大庭修说："据我所见，持渡书籍的商船多限于南京船和宁波船，只有享保二十年（1735年）第二十番广东船和安永四年（1755年）未八番厦门船两个例外。如前所述，在元禄初年之前，来日唐船以包括福州船在内的福建船居多，但到了正德年间，来自江浙的唐船后来居上……虽然我们不能说因为应天府是书籍出版地，

---

① [日] 西川如见：《增补华夷通商考》卷1—2，洛阳书林甘节堂、学梁轩1709年刊本。
② [日] 大庭修：《关于中国书籍传入日本的研究》，北京大学历史系编《北大史学》（二），北京大学出版社1994年版。
③ 范金民：《缥囊缃帙：清代前期江南书籍的日本销场》，《史林》2010年第1期。

所以南京船和福州船就必须携来书籍，但令人困惑的是，为什么南京船带来的书籍数量颇多，而福州船却从未带过书籍。"①范金民已指出大庭修所说"福州船却从无带过书籍"与史实不尽相符。②

在还没能够对《舶载书目》记载输入清宫刻书到日本的唐船进一步明确的情况下，由现有资料记载较多携书到日本去的是口船（南京船、宁波船），也能为我们的考察留下一个基本的印象。

四　清宫刻书是如何被船头搜罗购买的

清代宫廷刻书怎么能够那么迅速地输出到日本去呢？要解决这个问题，首先要探讨清宫刻书是如何被船头搜罗购买的。如果清宫刻书秘不示人，那么一切都无从谈起。清宫刻书能够得以渡日，就需要一个开放的环境。清廷明令禁止贩运大米、铁、铁器、武器等货物出境，③对于书籍应该是实行开放的政策，海关并不禁止出境。17—19世纪中叶，即日本的江户时代，汉籍大量东传日本。④汉籍输出日本的原因是多方面的，商人逐利，文治大兴，提供了充足的货源，而政府又允许民间流通。至少，从有清一代的大环境来说，朝廷是积极推动宫廷刻书的流播的。

清代前期文化繁盛，清宫刻书很多。对于清宫刻书的用途，迄今没有专文加以认真地探讨，大家都知道清宫刻书有专供皇帝御览的，专供大内行宫园囿陈设的，有赏赐皇子臣工及外国的，有颁发各省督府、书院、寺观的，一般也都是例举式地一说。如为纂修《四库全书》，乾隆皇帝广采访求民间藏书，乾隆三十九年（1774年）上谕，进献藏书较多的江南藏书家，如进书500种以上的"鲍士恭、范懋柱、汪启淑、马裕四家，着赏《古今图书集成》各一部，以为好古之劝。又进书一百种以上之江苏周厚堉、蒋曾莹、浙江吴玉墀、孙仰曾、汪汝瑮，及朝绅中黄登贤、纪昀、励守谦、汪如藻等，亦俱藏书旧家，并着每人赏给内府初印之《佩文韵府》各一部。俾亦珍为世宝，以示嘉奖"⑤。这应该是大家传为美

---

① [日]大庭修：《江户时代中国典籍流播日本之研究》，戚印平等译，杭州大学出版社1998年版，第43页。
② 范金民：《缥囊缃帙：清代前期江南书籍的日本销场》，《史林》2010年第1期。
③ 郭蕴静：《清代商业史》，辽宁人民出版社1994年版，第342—345页。
④ 向井富编纂的《商舶载来书目》记载，1693—1803年的111年间，共有43艘中国商船到长崎港，共运去汉籍4781种。大庭修谓"自1714年至1855年，共计6118种57240册汉籍由长崎输入日本"，范金民认为大庭修的说法实在是过于保守的估计了，实际书籍册数可能要数倍于此。
⑤ 中国第一历史档案馆编：《纂修四库全书档案》一五七（上海古籍出版社1997年版，第210—211页）记："谕内阁赏鲍士恭等《古今图书集成》周厚堉等《佩文韵府》各一部，乾隆三十九年五月十四日。"

谈，并以为是宫中刻书流播民间的大项。

这可能是由于对清宫刻书的流通渠道不了解而产生的错觉。其实，清宫刻书除了专供皇帝御览和皇家陈设、赏赐和颁发外，还允许民间翻刻、请印与售卖。

允许翻刻。清代的皇帝深知"稽诸史册"的成效和对培养人才、发展学术、裨益教化的重要性，懂得"稽古右文""昌明性理"对于钳制人民思想、巩固统治的关系，有意扩大宫廷刻书的影响，曾再三地发布上谕，要求各省把典籍重刊流布，以广传颂。清廷鼓励坊间书贾将殿本书样自行刊刻、售卖。康熙五十二年（1713年）上谕："朕制《古文渊鉴》《资治通鉴纲目》等书，皆已刷印，颁赐大臣。此等书籍，特为士子学习有益而制，可速颁行直省。凡坊间书贾，有情愿刊刻售卖者，听其传布。"雍正元年（1723年）奏准，"御纂《周易折中》成，颁发中外，听其重刊，以广诵习"。乾隆六年（1741年）上谕："从前颁发圣祖仁皇帝御纂经史诸书，交直省布政使敬谨刊刻，准人刷印，并听坊间刷卖。原欲士子人人诵习，以广教泽。近闻书板收藏藩库，士子及坊间刷印者甚少。着各省抚藩将书板重加修整，俾士子易于刷印。坊间有情愿翻刻者，听其自便，毋庸禁止。"乾隆十六年（1751年）上谕："令各省布政使照《御纂折中》《传说》诸书之例，敬谨刊刻，准人刷印。并听坊间翻刻，以广诵习。"[1] 虽然允许民间（包括士绅和书商）出资翻刻内府颁发的书籍，但因工费过大，私人书坊、学子、绅士自费出资，翻刻内府刻印成套大书的实际上非常少，翻刻书籍多为官府所为，如乾隆二年（1737年）监臣杨名时等请旨翻刻殿本《御纂周易折中》版1021面，《御纂性理精义》版423面，《钦定春秋传说汇纂》版1905面，《钦定诗经传说汇纂》版1611面，《钦定书经传说汇纂》版1175面，一年时间里翻刻5种书籍雕刻版片多达6000余面。[2] 对于这时期渡日的宫廷所刻书籍来说，动辄百卷以上，民间根本不可能翻刻，一则旷日持久不易从速获利，二则投入巨大、风险也大，不符合商业逐利原则，至少对于这些渡日的唐船头来说不会做这件旷日持久的事。

自备纸墨刷印。清内府书籍刊刻刷印后，书版闲时部分书版可呈请后自备纸墨限量刷印。康熙四十五年档案记载："查前刻印清文《资治通鉴纲目》《古文渊鉴》时，皆用连四纸各印百部、榜纸各印六百部。刷印完毕，有愿刷印者，准其刷印。今八旗满洲、蒙古乃至汉军汉人皆言，皇上御制书，既予陆续

---

[1] 昆冈等修，刘启瑞等纂：《钦定大清会典事例》卷388，《续修四库全书》，上海古籍出版社2002年版，第197—199页。

[2] 文庆等纂修，郭亚南等点校：《钦定国子监志》卷66《经籍志》，北京古籍出版社2000年版，第1151页。

刊印，则俟大内印完底版闲置时，我等众人亦得以继之刷印，则仰皇恩，早得学习清语，且底版抽裂前刷印，字迹清晰等语。今欲刷印学习此书之人甚多，则照《古文渊鉴》印数刷印，或多些刷印；再对愿刷印之人，仍照前例给印，或视底版闲出即令继续刷印，请旨。""朱批：知道了。着照《古文渊鉴》例。"① 乾隆上谕称："从前奉世宗宪皇帝谕旨，将圣祖仁皇帝御刊经史诸书，颁发各省布政司，敬谨刊刻，准人刷印，并听坊间刷卖。原欲士子人人诵习，以广教泽也。近闻书板收贮藩库，士子及坊间刷印者甚少。着各抚藩留心办理，将书板重加修整，俾士民等易于刷印。有愿翻刻者，听其自便，毋庸禁止。如御纂诸书内，有为士人所宜诵习，而未经颁发者，着该督抚奏请颁发，刊板流布。至于武英殿、翰林院、国子监皆有存贮书板，亦应听人刷印。并从前内府所有各书，如满汉官员有愿购觅诵览者，概准刷印。其如何办理之处，着礼部会同各该处，定议请旨，晓谕遵行。寻议：将刷印各书，所需纸墨工价银两，逐部核定，凡满汉官员，有愿购诵者，令其在各衙门具呈，自备价值，概准刷印。有情愿捐俸若干，刷印书籍若干部者，由该衙门查明，移咨武英殿各衙门，照数给发书籍，行文户部，扣俸还项。并将武英殿各种书籍，交于崇文门监督，存贮书局，准令士子购觅。从之。"②

崇文门销售。清宫内府刻书的售卖，至晚乾隆初年就已开始。③乾隆初年多由崇文门监督处负责出售，乾隆九年奏准于武英殿修书处下设立通行书籍售卖处，专管通行书籍的发售并有专人管理。武英殿修书处所刻内板书，除遵旨颁发、陈设或赏赐外，还特意印制一些普通纸张、装潢的通行本，折合成银两，明码标价售卖。乾隆三十九年（1774年）履郡王永珹等奏酌拟存留武英殿修书处库储各种书籍折建议"请将前项书籍，无分外进内刊，凡数至一千部以上者，拟留二百部；一百五十部以上至六七百部者，拟留一百部；其一百五十部以下者，拟留五十部。此各种书籍，俱系原板初印，纸墨较通行者尤善。臣等仰体我皇上嘉惠士林有加无已之至意，合无请照通行书籍之例，概予通行，俾海内有志购书之人，咸得善本"④。应该就是交付崇文门监督存储书局销售的。"外间士子，无不群思观览，照从前颁发《御选语录》等书之例，将武英殿各种书籍，交于崇文门监督

---

① 中国第一历史档案馆编译：《康熙朝满文朱批奏折全译》，武英殿总监造赫世亨进书并请增印古文渊鉴等书折（康熙四十五年八月二十一日），中国社会科学出版社1996年版，第459页。引文中的书名号系笔者所加。
② 《清高宗实录》卷70，乾隆三年六月辛卯，《清实录》第10册，中华书局1985年版，第130页。
③ 《军机处录副奏折》，乾隆三十八年四月二十六日王际华、英廉、金简奏折。
④ 中国第一历史档案馆编译：《纂修四库全书档案》一五四"履郡王永珹等奏酌拟存留武英殿修书处库贮各种书籍折"，乾隆三十九年五月十一日，上海古籍出版社1997年版，第206—207页。

存贮书局，准令士子购览，以广见闻。"① 清内府通过上述各种方式发行出去的图书，都有详细记录，这点我们在中国科学院图书馆所藏的《清同治光绪间武英殿卖书底簿》中能够清晰地看到。武英殿是有清一代最重要的宫廷刻书处，但以前人们关注的往往在武英殿刻了什么书，对于刻书的售卖则茫无所知。由《清同治光绪间武英殿卖书底簿》开首记载"同治三年十二月底旧存银一两九钱五分五厘一毫"，可知《武英殿卖书底簿》应该是早已有之，甚或在武英殿有刻书售卖以来即有记录也未可知，可惜的是我们今天除了这册《清同治光绪间武英殿卖书底簿》外，不知还有几本类似的记账册，只能俟之于他日武英殿档案的发现了。从开首记载"同治三年十二月底旧存银一两九钱五分五厘一毫"，我们可知本册始于同治四年初，下面的第一笔记录就是"同治四年三月十六日"，也是证明。记录的最后时间是"光绪五年六月日"，一共记录了91笔，其中主要是卖书记录，但也有花银开支的记录，说明武英殿卖书的书款吏员是可以支用的。另外每笔收支都由多人经手，说明管理制度还是很严密的。从同治四年到光绪五年六月，延续时间也有15年，但售卖书籍只有70笔，反映出武英殿刻书已趋衰落，这和武英殿刻书的实际是相符的。售卖图书的品种基本都是以前的存书，而且局限在不多的几种上，应该售卖的是库存书。从《清同治光绪间武英殿卖书底簿》，我们可以看到买书的人的身份，既有郡王官吏，也有普通民人，说明武英殿刻书是对民间售卖的。② 而且像赵俊英买的书有好多是复本的，或许赵俊英就是一个从事贩运书籍的书贩，当然也可能是为人代买。

书店代销。清宫内府刻书除在崇文门零售外，后来还由书铺代卖，但乾隆时期贩卖清宫内府刻书的北京书肆似乎不多，依据李文藻的记载，乾隆三十八年京师30多家书肆中，也只有先月楼李氏一家书肆"多内板书"③。道光九年武英殿修书处档案记载："本处其销售对象除满、汉官员，军人，市民外，还发交五城书铺售卖流通。"道光九年修书处奏称："本处向例遇有聚珍摆印各书，及刷印通行各种书籍，俱发交五城领卖。令其按四季投缴价银，行文都察院照例饬交五城司坊，派令殷实铺户，第五家连名互保出俱，平价流通。"

北京是清代重要的书籍流通中心。江南的书商、出版商有在北京开设书铺的，从江南运来在江南出版或收藏的书籍。在琉璃厂经营书业的有许多来自苏州和湖

---

① 素尔讷著，霍有明等校注：《钦定学政全书》卷4"颁发书籍"，武汉大学出版社2009年版。
② 《（清同治光绪间）武英殿卖书底簿》，《四库未收书辑刊》，北京出版社2000年版，第105—139页。
③ 李文藻：《琉璃厂书肆记》，《南涧文集》卷上，《续修四库全书》，上海古籍出版社1995年版，第76—78页。

州。[①] 这些江南书商在北京自然对于内府的刻本非常了解，同时可以直接或间接购买得到清宫内府的刊本。范金民认为江南书商"是殿本流入江南书籍市场的一个重要渠道"，并说"殿本在江南书籍市场的流通的情况可以透过出口到日本的汉籍贸易来观察"。江南书商在京城经营书业，确实是清宫刻本流向江南的重要渠道。我们探寻那些唐船船头销往日本的清宫刻书的来源，有两种可能：一是船头自己或者派人直接到京城购买；二是此时在全国已经形成了一个书籍流通的网络，宫廷刻书得以通过这个书籍流通网络而流向全国各地，流到唐船船头生活的地区。唐船船头在江南书铺寻购宫廷刻书，或者唐船船头委托这些在京城经营书业的江南书商代为采购，应该比自己到京城购买更符合商业规律。

（章宏伟，故宫博物院）

[①] 李文藻：《琉璃厂书肆记》，《南涧文集》卷上，《续修四库全书》，上海古籍出版社1995年版，第78页。

会议总结

各位同仁：

大家好！经过两天的热烈讨论，会议已经进入尾声，我谨代表会务组对大会作总结发言。请大家批评指正。本次会议开得非常成功，主要收获有以下四方面：

1. 参会单位多，代表性强

本次会议代表（包括提交论文）来自日本金泽大学、日本奈良女子大学、（台湾）中正大学、北京大学、中国人民大学、中央民族大学、北京师范大学、复旦大学、厦门大学、中山大学、华东政法大学、华中科技大学、西北大学、山西大学、宁夏大学、青海师范大学、石河子大学、兰州大学、西北民族大学、兰州商学院、西北师范大学等中外20多所高校，中国社会科学院、上海社会科学院、广东省社会科学院、甘肃省社会科学院、中国国家图书馆、国家文物局、故宫博物院、甘肃省博物馆、甘肃简牍博物馆、甘肃省文物考古研究所、炳灵寺文物保护研究所、嘉峪关长城博物馆等12个科研院（馆）所，人民出版社、国家图书馆出版社及《光明日报》《学术月刊》《中国社会科学报》《甘肃社会科学》等6家杂志与出版单位。参会人员120多人，具有相当的广泛性和代表性。

2. 交流充分、主题鲜明

本次大会的参会人员由两家承办单位分别邀请，邀请的专家涉及学科范围广，交流主题针对性强。提交会议的每一篇文章都被安排发言，并确定由专人评议。大会主题发言2场，有8位学者发言。分组报告有3组9场，共45位学者发言。加上评议人，发言人数超过100人次。会场气氛热烈，会议讨论深入。

3. 会议取得了广泛的认识

本次会议至少取得四方面的认识：（1）丝绸之路的开通源于人类相互交往的需求，丝绸之路是古代中西方文明交流的第一大通道，丝绸之路开通的历史意义在于极大地丰富了世界文明的多样性。（2）丝绸之路是互通互惠之路，是古代中国向世界输出文化的通道，也是向世界学习的窗口。它既是一条中西方的贸易之路，也是一条文化传播之路。"丝绸之路"中国段丰富的文化遗产促进了近代中国及世界学术的大发展。(3) 丝绸之路文化具有多样性、开放性、包容性。中西交通、丝绸之路、华夏文明三者内涵不同，但共同涉及一个主题：华夏文明走向世界。(4) 西周穆王与西王母的交往、丝绸之路穿过齐家文化分布区、夏文化起源于西部甘肃陕西一带的渭水流域等历史线索证明，甘肃在丝绸之路形成过程中地位突出。

4. 学术考察与大会主题关联密切

学术讨论结束后，有部分学者要自行考察丝绸之路。丝绸之路的起点在中国，终点在西亚、北非、欧洲。丝绸之路线路很多，覆盖面很广，但有自己独特的典型特征。这些典型特征不在中原，在海洋上反映也不明显，而是在西北，在甘肃。考察的内容与会议主题密切，也可以说是对会议讨论中一些学术观点的实地验证。

最后，感谢《学术月刊》杂志社的积极倡导。

感谢西北师范大学校领导的大力支持。

感谢各位专家的精彩发言。

感谢在会议举办过程中付出辛勤劳动的各位会务组的老师和同学。

谢谢大家！

刘再聪

2014年8月20日

后　　记

2014年8月19—20日，"历史与展望：中西交通与华夏文明"国际学术研讨会暨丝绸之路经济带高层论坛在兰州召开。此次研讨会由上海市社会科学界联合会与甘肃"丝绸之路与华夏文明传承发展协同创新中心"联合主办，《学术月刊》杂志社和西北师范大学历史文化学院承办。来自日本金泽大学、日本奈良女子大学、北京大学、复旦大学、厦门大学、中山大学、兰州大学、（台湾）中正大学、西北师范大学及中国社会科学院、国家文物局、故宫博物院等科研院所（馆）的120余位专家参加了本次会议。

开幕式上，时任西北师范大学党委书记、甘肃"丝绸之路与华夏文明传承发展协同创新中心"主任刘基教授致欢迎辞，《学术月刊》原常务副总编夏锦乾研究员、（时任）中国秦汉史研究会会长王子今教授代表嘉宾致辞。甘肃省社会科学界联合会副主席苗德新出席开幕式，西北师范大学副校长田澍教授主持开幕式。

会议在酝酿及召开过程中，《学术月刊》的编辑周奇老师付出很多劳动。首先是积极倡议上海与兰州的两家单位合作办会，随后在会议主题设计、邀请专家名单确定及会议议程编写方面都倾注大量心血。

编入会议交流论文集的文章共61篇，本次编辑出版选定45篇，存目论文16篇。论文收录及相关需要说明的问题如下：

一、未定稿8篇。收录的45篇论文中，有8篇参会文稿被作者标明属于"草稿"或者"提纲"等。可见，这8篇论文属于未定稿。但是，作为会议论文，已经收入当时下发会议代表的会议交流论文集中。所以，编辑出版会议论文集，在收录全文的同时也将相关说明原样刊出。

二、存目16篇。有16篇论文只在目录中保留了题目，没有正文。被列入存目的原因有以下几种情况：只有摘要或题目、只有英文版而没有中文版、作者本人的决定、论文整体不够完善等。

三、论文体例及内容的确定。在45篇被收录论文中，经过初步核实后发现，有近10篇在会后经作者本人修改已经公开发表。为了保证文章主题的一致性，在整理过程中我们也参考了这些公开发表的文章。为了统一体例，按照出版社的要求，删去了文章的摘要、关键词等，所有文稿字体统一采用简体字。个别文章的材料出处信息不全，在整理过程中也尽力做了补充。

出于全面提供会议材料、真实反映会议情况的考虑，此次编辑出版论文集将符合条件的所有提交会议以及公开做交流的文章一并刊出。同时，需要说明的是，读者若要引用论文集中的某些观点，请首先参考经作者自己修改后已经公开发表的论文。

在会议召开时，参与收集论文的同学有薛艳霞、李莉、芦韬、拓天梅、马思沂、高云霞。在编辑出版时，帮助校对材料的同学有田雅宁、叶阳、宋泽玲、曾令杰。中国社会科学出版社编辑李凯凯老师在编辑出版过程中付出了辛勤劳动。对以上各位表示衷心的感谢。

编　者
2019年11月13日星期三